Georg Roeber (Hrsg.)

Die Pariser Revisionen
der Übereinkünfte zum
internationalen Urheberrecht

Schriftenreihe der UFITA Heft 50

Archiv für Urheber-, Film-, Funk- und Theaterrecht
Herausgegeben von Dr. jur. Georg Roeber, München

Die Pariser Revisionen der Übereinkünfte zum internationalen Urheberrecht

Herausgegeben von

Dr. jur. Georg Roeber, München

Mit einem Vorwort von
Professor Dr. Dr. h.c. Eugen Ulmer, München
und Beiträgen von
Ministerialrätin Elisabeth Steup, Bonn
Regierungsdirektor Dr. Erhard Bungeroth, Bonn
Rechtsanwalt Dr. Dimitrios S. Oekonomidis, München/Athen

1975

J. Schweitzer Verlag · Berlin

CIP-Kurztitelaufnahme der Deutschen Bibliothek

Die Pariser Revisionen der Übereinkünfte zum internationalen Urheberrecht
hrsg. von Georg Roeber. Mit einem Vorw. von Eugen Ulmer und Aufsätzen von Elisabeth Steup (u. a.).
(Schriftenreihe der UFITA; H. 50)
ISBN 3-8059-0378-2
NE: Roeber, Georg (Hrsg.); Steup, Elisabeth (Mitarb.)

Satz und Druck: Neuzeit-Druck, 838 Ganacker
Printed in Germany

Inhalt

Vorwort

von Professor Dr. Dr. h. c. **Eugen Ulmer**

Der Herausgeber, Dr. Roeber, hat mich gebeten, den vorliegenden Band über die Pariser Revisionen der internationalen Urheberrechtsabkommen mit einem Vorwort einzuleiten. Ich komme dieser Bitte gerne nach, nicht zuletzt im Gedanken an die Zusammenarbeit, die mich in der Delegation der Bundesrepublik Deutschland mit Ministerialrätin Steup und Regierungsdirektor Dr. Bungeroth verbunden hat, denen die eingehende Darstellung der Arbeiten an den Revisionen und ihrer Ergebnisse zu danken ist. Ihrer Erläuterung folgt eine Abhandlung von Dr. Oekonomidis über die derzeitige Lage des internationalen Urheberrechts sowie die Wiedergabe der Texte der revidierten Abkommen in der englischen und französischen Originalfassung und in der amtlichen deutschen Übersetzung.

Zu begrüßen ist auch, daß die für die Auslegung der Abkommen wichtigen Generalberichte, die von Abraham L. Kaminstein (USA) über die Revision des Welturheberrechtsabkommens und Ousmane Goundiam (Senegal) über diejenige der Berner Übereinkunft erstattet worden sind, in deutscher Übersetzung veröffentlicht werden.

Das Ziel der Pariser Revisionen war die Überwindung der Krise des internationalen Urheberrechts, deren Ursache das Stockholmer Protokoll betreffend die Entwicklungsländer und der heftige Widerstand waren, auf den die darin enthaltenen Regeln über die Möglichlichkeit der Beschränkung des Urheberrechtsschutzes in den Kreisen der Urheber und Verleger der Industriestaaten stießen. Der Ausweg aus der Krise war nicht leicht zu finden. Vorgeschlagen wurde u. a., man solle sich damit begnügen, den Entwicklungsländern das Ausscheiden aus der Berner Union durch eine Suspension der im Welturheberrechtsabkommen zugunsten des Berner Verbandes enthaltenen Schutzklausel zu erleichtern. Wir konnten diesem Vorschlag nicht zustimmen: Seine Folge wäre voraussichtlich nicht nur ein Ausscheiden der Mehrzahl der dem Berner Verband angehörenden Entwicklungsländer — zu denen u. a. Brasilien, Indien und Pakistan sowie eine größere Anzahl von afrikanischen Ländern gehören — aus der Union und damit eine Beendigung von Vertragsbeziehungen gewesen, die trotz dem Protokoll betreffend die Entwicklungsländer im ganzen noch immer einen stärkeren Urheberrechtsschutz als das Welt-

urheberrechtsabkommen gewährleisten. Der Vorschlag hätte vielmehr, da ohne eine erneute Revision der Berner Übereinkunft mit einer Ratifikation der materiellrechtlichen Bestimmungen des Stockholmer Aktes, die mit dem Protokoll betreffend die Entwicklungsländer verbunden waren, durch die Mehrzahl der Industriestaaten nicht zu rechnen war, auch zu einer Blockierung der Fortschritte geführt, die in Stockholm erzielt worden waren.

Die deutsche Delegation hatte sich daher in enger Zusammenarbeit, insbesondere mit der amerikanischen und der britischen Delegation, aber auch in freundschaftlichem Kontakt mit den Delegationen von Indien und anderen Entwicklungsländern nachdrücklich für die aufeinander abgestimmte Revision sowohl des Welturheberrechtsabkommen wie der Berner Übereinkunft eingesetzt, über deren Vorbereitung und Durchführung in diesem Band berichtet wird.

Die Regeln über die Beschränkungen des Urheberrechts, die den Entwicklungsländern gestattet werden, sind nunmehr in beiden Abkommen in übereinstimmender Weise enthalten. Ihre komplizierte Fassung ist das Ergebnis einer Reihe von Kompromissen, die im Verlaufe der Verhandlungen geschlossen werden mußten. Wir hätten uns die Regelung einfacher gewünscht. Jedenfalls liegt aber der wesentliche Unterschied gegenüber den Bestimmungen, die im Stockholmer Protokoll vorgesehen waren, darin, daß eine Beschränkung des Urheberrechts vermieden wurde, die u. a. den Nachdruck und die Übersetzung von Schul- und Lehrbüchern sowie von wissenschaftlichen Werken ohne Befragung des Berechtigten ermöglicht hätte.

Die Einschränkung des Vervielfältigungs- und Übersetzungsrechts, die den Entwicklungsländern für den Gebrauch im Zusammenhang mit systematischem Unterricht bzw. für Unterrichts-, Studien- oder Forschungszwecke gestattet wird, kann nur durch Zwangslizenzen erfolgen, deren Erteilung voraussetzt, daß bestimmte Fristen seit der ersten Veröffentlichung eingehalten werden und daß der Rechtsinhaber ohne Erfolg um die Bewilligung einer vertraglichen Lizenz ersucht worden ist. Die Erfahrung mit einer Regelung solcher Art berechtigt dabei, wie ich mit Ministerialrätin Steup glaube, zu der Hoffnung, daß die Zwangslizenzen in der Mehrzahl der Fälle nicht realisiert zu werden brauchen, daß es vielmehr auf Grund des Kontakts mit dem Rechtsinhaber zum Abschluß von Verträgen kommt, in denen die Beteiligten selbst eine befriedigende Lösung finden.

Im ganzen ist mit den Revisionen ein Interessenausgleich erreicht worden, der den berechtigten Anliegen der Entwicklungsländer Rech-

nung trägt, ohne den Urhebern und Verlegern unbillige Opfer zuzumuten. Inzwischen ist, wie in dem Bericht Steup-Bungeroth mit Angabe der Ratifikationen mitgeteilt wird, das revidierte Welturheberrechtsabkommen am 10. Juli 1974 in Kraft getreten. Der Pariser Akt der Berner Übereinkunft ist hinsichtlich der materiellrechtlichen Bestimmungen und des Anhangs betreffend die Entwicklungsländer und damit in seiner Gesamtheit am 10. Oktober 1974 in Kraft getreten. Wir hoffen, daß bald weitere Industriestaaten und Entwicklungsländer die revidierten Abkommen ratifizieren werden, deren Bewährung für die Zukunft des internationalen Urheberrechts von entscheidender Bedeutung ist.

ERSTER TEIL. TEXTE

I. Welturheberrechtsabkommen

vom 6. September 1952, revidiert am 24. Juli 1971 in Paris

Convention universelle sur le droit d'auteur

du 6 septembre 1952, révisée à Paris le 24 juillet 1971

Universal Copyright Convention

of September 6, 1952, as revised at Paris on 24 July 1971

Les Etats contractants,

Animés du désir d'assurer dans tous les pays la protection du droit d'auteur sur les œuvres littéraires, scientifiques et artistiques,

Convaincus qu'un régime de protection des droits des auteurs approprié à toutes les nations et exprimé dans une convention universelle, s'ajoutant aux systèmes internationaux déjà en vigueur, sans leur porter atteinte, est de nature à assurer le respect des droits de la personne humaine et à favoriser le développement des lettres, des sciences et des arts,

Persuadés qu'un tel régime universel de protection des droits des auteurs rendra plus facile la diffusion des œuvres de l'esprit et contribuera à une meilleure compréhension internationale,

Ont résolu de réviser la Convention universelle sur le droit d'auteur signée à Genève le 6 septembre 1952 (ci-après dénommée «La Convention de 1952») et, en conséquence,

Sont convenus de ce qui suit:

The Contracting States,

Moved by the desire to ensure in all countries copyright protection of literary, scientific and artistic works,

Convinced that a system of copyright protection appropriate to all nations of the world and expressed in a universal convention, additional to, and without impairing international systems already in force, will ensure respect for the rights of the individual and encourage the development of literature, the sciences and the arts,

Persuaded that such a universal copyright system will facilitate a wider dissemination of works of the human mind and increase international understanding,

Have resolved to revise the Universal Copyright Convention as signed at Geneva on 6 September 1952 (hereinafter called „the 1952 Convention"), and consequently,

Have agreed as follows:

Die Vertragsstaaten

— von dem Wunsch geleitet, den Schutz des Urheberrechts an Werken der Literatur, Wissenschaft und Kunst in allen Ländern zu gewährleisten,

in der Überzeugung, daß eine allen Nationen angemessene, in einem

Weltabkommen niedergelegte Regelung des Schutzes des Urheberrechts, die die bereits in Kraft befindlichen zwischenstaatlichen Ordnungen, ohne sie zu beeinträchtigen, ergänzt, die Achtung der Menschenrechte sichern und die Entwicklung der Literatur, Wissenschaft und Kunst fördern wird,

und in der Gewißheit, daß eine solche weltweite Regelung des Schutzes des Urheberrechts die Verbreitung der Geisteswerke erleichtern und zu einer besseren Verständigung unter den Nationen beitragen wird

— haben beschlossen, das am 6. September 1952 in Genf unterzeichnete Welturheberrechtsabkommen (im folgenden als „Abkommen von 1952" bezeichnet) zu revidieren, und

haben daher folgendes vereinbart:

Article I

Chaque Etat contractant s'engage à prendre toutes dispositions nécessaires pour assurer une protection suffisante et efficace des droits des auteurs et de tous autres titulaires de ces droits sur les œuvres littéraires, scientifiques et artistiques, telles que les écrits, les œuvres musicales, dramatiques et cinématographiques, les peintures, gravures et sculptures.

Article I

Each Contracting State undertakes to provide for the adequate and effective protection of the rights of authors and other copyright proprietors in literary, scientific and artistic works, including writings, musical, dramatic and cinematographic works, and paintings, engravings and sculpture.

Artikel I

Jeder Vertragsstaat verpflichtet sich, alle notwendigen Bestimmungen zu treffen, um einen ausreichenden und wirksamen Schutz der Rechte der Urheber und anderer Inhaber von Urheberrechten an den Werken der Literatur, Wissenschaft und Kunst, wie Schriftwerken, musikalischen und dramatischen Werken, Filmwerken sowie Werken der Malerei, Stichen und Werken der Bildhauerei, zu gewähren.

Article II

1. Les œuvres publiées des ressortissants de tout Etat contractant ainsi que les œuvres publiées pour la première fois sur le territoire d'un tel Etat jouissent, dans tout autre Etat contractant, de la protection que cet autre Etat accorde aux œuvres de ses ressortissants publiées

Article II

1. Published works of nationals of any Contracting State and works first published in that State shall enjoy in each other Contracting State the same protection as that other State accords to works of its nationals first published in its own territory, as well as the protection

pour la première fois sur son propre territoire, ainsi que de la protection spécialement accordée par la présente Convention.

2. Les œuvres non publiées des ressortissants de tout Etat contractant jouissent, dans tout autre Etat contractant, de la protection que cet autre Etat accorde aux œuvres non publiées de ses ressortissants, ainsi que de la protection spécialement accordée par la présente Convention.

3. Pour l'application de la présente Convention, tout Etat contractant peut, par des dispositions de sa législation interne, assimiler à ses ressortissants toute personne domiciliée sur le territoire de cet Etat.

specially granted by this Convention.

2. Unpublished works of nationals of each Contracting State shall enjoy in each other Contracting State the same protection as that other State accords to unpublished works of its own nationals, as well as the protection specially granted by this Convention.

3. For the purpose of this Convention any Contracting State may, by domestic legislation, assimilate to its own nationals any person domiciled in that State.

Artikel II

1. Veröffentlichte Werke der Angehörigen eines Vertragsstaats und die zum ersten Mal im Hoheitsgebiet eines Vertragsstaats veröffentlichten Werke genießen in jedem anderen Vertragsstaat den gleichen Schutz, den dieser andere Staat den zum ersten Mal in seinem eigenen Hoheitsgebiet veröffentlichten Werken seiner Staatsangehörigen gewährt, sowie den durch dieses Abkommen besonders gewährten Schutz.

2. Unveröffentlichte Werke der Angehörigen eines Vertragsstaats genießen in jedem anderen Vertragsstaat den gleichen Schutz, den dieser andere Staat den unveröffentlichten Werken seiner Staatsangehörigen gewährt, sowie den durch dieses Abkommen besonders gewährten Schutz.

3. Für die Anwendung dieses Abkommens kann jeder Vertragsstaat durch seine innerstaatliche Gesetzgebung seinen Staatsangehörigen die Personen gleichstellen, die ihren Wohnsitz in seinem Hoheitsgebiet haben.

Article III

1. Tout Etat contractant qui, d'après sa législation interne, exige, à titre de condition de la protection des droits des auteurs, l'accomplissement de formalités telles que dépôt, enregistrement, mention, certificats notariés, paiement de taxes, fa-

Article III

1. Any Contracting State which, under its domestic law, requires as a condition of copyright, compliance with formalities such as deposit, registration, notice, notarial certificates, payment of fees or manufacture or publication in that Contracting

brication ou publication sur le territoire national, doit considérer ces exigences comme satisfaites pour toute œuvre protégée aux termes de la présente Convention, publiée pour la première fois hors du territoire de cet Etat et dont l'auteur n'est pas un de ses ressortissants si, dès la première publication de cette œuvre, tous les exemplaires de l'œuvre publiée avec l'autorisation de l'auteur ou de tout autre titulaire de ses droits portent le symbole © accompagné du nom du titulaire du droit d'auteur et de l'indication de l'année de première publication; le symbole, le nom et l'année doivent être apposés d'une manière et à une place montrant de façon nette que le droit d'auteur est réservé.

State, shall regard these requirements as satisfied with respect to all works protected in accordance with this Convention and first published outside its territory and the author of which is not one of its nationals, if from the time of the first publication all the copies of the work published with the authority of the author or other copyright proprietor bear the symbol © accompanied by the name of the copyright proprietor and the year of first publication placed in such manner and location as to give reasonable notice of claim of copyright.

2. Les dispositions de l'alinéa 1 n'interdisent pas à un Etat contractant de soumettre à certaines formalités ou à d'autres conditions, en vue d'assurer l'acquisition et la jouissance du droit d'auteur, les œuvres publiées pour la première fois sur son territoire, ou celles de ses ressortissants, quel que soit le lieu de la publication de ces œuvres.

2. The provisions of paragraph 1 shall not preclude any Contracting State from requiring formalities or other conditions for the acquisition and enjoyment of copyright in respect of works first published in its territory or works of its nationals wherever published.

3. Les dispositions de l'alinéa 1 n'interdisent pas à un Etat contractant d'exiger d'une personne estant en justice qu'elle satisfasse, aux fins du procès, aux règles de procédure telles que l'assistance du demandeur par un avocat exerçant dans cet Etat ou le dépôt par le demandeur d'un exemplaire de l'œuvre auprès du tribunal ou d'un bureau administratif ou des deux à la fois. Toutefois, le fait de ne pas satisfaire à ces exigences n'affecte pas la validité du droit d'auteur. Aucune de ces exigences ne peut être im-

3. The provisions of paragraph 1 shall not preclude any Contracting State from providing that a person seeking judicial relief must, in bringing the action, comply with procedural requirements, such as that the complainant must appear through domestic counsel or that the complainant must deposit with the court or an administrative office, or both, a copy of the work involved in the litigation; provided that failure to comply with such requirements shall not affect the validity of the copyright, nor shall any such require-

posée à un ressortissant d'un autre Etat contractant si elle ne l'est pas aux ressortissants de l'Etat dans lequel la protection est demandée.

4. Dans chaque Etat contractant doivent être assurés des moyens juridiques pour protéger sans formalités les œuvres non publiées des ressortissants des autres Etats contractants.

5. Si un Etat contractant accorde plus d'une seule période de protection et si la première est d'une durée supérieure à l'un des minimums de temps prévus à l'article IV de la présente Convention, cet Etat a la faculté de ne pas appliquer l'alinéa 1 du présent article en ce qui concerne la deuxième période de protection ainsi que pour les périodes suivantes.

ment be imposed upon a national of another Contracting State if such requirement is not imposed on nationals of the State in which protection is claimed.

4. In each Contracting State there shall be legal means of protecting without formalities the unpublished works of nationals of other Contracting States.

5. If a Contracting State grants protection for more than one term of copyright and the first term is for a period longer than one of the minimum periods prescribed in Article IV, such State shall not be required to comply with the provisions of paragraph 1 of this Article in respect of the second or any subsequent term of copyright.

Artikel III

1 Ein Vertragsstaat, dessen innerstaatliche Rechtsvorschriften als Voraussetzung für den Urheberrechtsschutz die Erfüllung von Förmlichkeiten, wie Hinterlegung, Registrierung, Vermerk, notarielle Beglaubigungen, Gebührenzahlung, Herstellung oder Veröffentlichung in seinem eigenen Hoheitsgebiet, fordern, hat diese Erfordernisse für jedes durch dieses Abkommen geschützte und zum ersten Mal außerhalb seines Hoheitsgebiets veröffentlichte Werk, dessen Urheber nicht Angehöriger dieses Staates ist, als erfüllt anzusehen, wenn alle Werkstücke, die mit Erlaubnis des Urhebers oder eines anderen Inhabers des Urheberrechts veröffentlicht worden sind, von der ersten Veröffentlichung des Werkes an das Kennzeichen © in Verbindung mit dem Namen des Inhabers des Urheberrechts und der Jahreszahl der ersten Veröffentlichung tragen; Kennzeichen, Name und Jahreszahl sind in einer Weise und an einer Stelle anzubringen, daß sie den Vorbehalt des Urheberrechts genügend zum Ausdruck bringen.

2. Absatz 1 hindert keinen Vertragsstaat, die Erfüllung von Förmlichkeiten oder anderen Voraussetzungen für den Erwerb und die Ausübung des Urheberrechts bei Werken, die zum ersten Mal in seinem Hoheitsgebiet veröffentlicht worden sind, sowie, ohne Rücksicht auf den Ort der Veröffentlichung, bei Werken seiner Staatsangehörigen zu fordern.

3. Absatz 1 hindert keinen Vertragsstaat, von Personen, die ihre Rechte gerichtlich geltend machen, zu verlangen, daß sie in einem Rechtsstreit

bestimmte Verfahrenserfordernisse, wie die Vertretung des Klägers durch einen inländischen Rechtsbeistand oder die Hinterlegung eines Werkstücks durch den Kläger bei dem Gericht oder einer Verwaltungsbehörde oder bei beiden, erfüllen. Jedoch wird der Bestand des Urheberrechts durch die Nichterfüllung dieser Erfordernisse nicht berührt. Die Erfüllung eines Erfordernisses, das der Staat, in dem der Schutz beansprucht wird, seinen Staatsangehörigen nicht auferlegt, darf von den Angehörigen eines anderen Vertragsstaats nicht verlangt werden.

4. Jeder Vertragsstaat ist verpflichtet, den unveröffentlichten Werken der Angehörigen anderer Vertragsstaaten Rechtsschutz zu gewähren, ohne die Erfüllung von Förmlichkeiten zu verlangen.

5. Sieht ein Vertragsstaat für die Schutzdauer mehr als eine Frist vor und überschreitet die erste Frist eine der in Artikel IV vorgeschriebenen Mindestzeiten, so ist dieser Staat nicht verpflichtet, Absatz 1 auf die zweite und jede weitere Frist anzuwenden.

Article IV

1. La durée de la protection de l'œuvre est réglée par la loi de l'Etat contractant où la protection est demandée conformément aux dispositions de l'article II et aux dispositions ci-dessous.

2. (a) La durée de protection pour les œuvres protégées par la présente Convention ne sera pas inférieure à une période comprenant la vie de l'auteur et vingt-cinq années après sa mort. Toutefois, l'Etat contractant qui, à la date de l'entrée en vigueur de la présente Convention sur son territoire, aura restreint ce délai, pour certaines catégories d'œuvres, à une période calculée à partir de la première publication de l'œuvre, aura la faculté de maintenir ces dérogations ou de les étendre à d'autres catégories. Pour toutes ces catégories, la durée de protection ne sera pas inférieure à vingt-cinq années à compter de la date de la première publication.

(b) Tout Etat contractant qui, à la date de l'entrée en vigueur de la

Article IV

1. The duration of protection of a work shall be governed, in accordance with the provisions of Article II and this Article, by the law of the contracting State in which protection is claimed.

2. (a) The term of protection for works protected unter this Convention shall not be less than the life of the author and twenty-five years after his death. However, any Contracting State which, on the effective date of this Convention in that State, has limited this term for certain classes of works to a period computed from the first publication of the work, shall be entitled to maintain these exceptions and to extend them to other classes of works. For all these classes the term of protection shall not be less than twenty-five years from the date of first publication.

(b) Any Contracting State which, upon the effective date of this Con-

présente Convention sur son territoire, ne calcule pas la durée de protection sur la base de la vie de l'auteur, aura la faculté de calculer cette durée de protection à compter de la première publication de l'œuvre ou, le cas échéant, de l'enregistrement de cette œuvre préalable à sa publication; la durée de la protection ne sera pas inférieure à vingtcinq années à compter de la date de la permière publication ou, le cas échéant, de l'enregistrement de l'œuvre préalable à la publication.

(c) Si la législation de l'Etat contractant prévoit deux ou plusieurs périodes consécutives de protection, la durée de la première période ne sera pas inférieure à la durée de l'une des périodes minima déterminée aux lettres (a) et (b) cidessus.

3. Les dispositions de l'alinéa 2 ne s'appliquent pas aux œuvres photographiques, ni aux œuvres des arts appliqués. Toutefois, dans les Etats contractants qui protègent les œuvres photographiques et, en tant qu' œuvres artistiques, les œuvres des arts appliqués, la durée de la protection ne sera pas, pour ces œuvres, inférieure à dix ans.

4. (a) Aucun Etat contractant ne sera tenu d'assurer la protection d' une œuvre pendant une durée plus longue que celle fixée, pour la catégorie dont elle relève, s'il s'agit d'une œuvre non publiée, par la loi de l'Etat contractant dont l'auteur est ressortissant, et, s'il s'agit d'une œuvre publiée, par la loi de l'Etat contractant où cette œuvre a été publiée pour la première fois.

(b) Aux fins de l'application de

vention in that State, does not compute the term of protection upon the basis of the life of the author, shall be entitled to compute the term of protection from the date of the first publication of the work or from its registration prior to publication, as the case may be, provided the term of protection shall not be less than twenty-five years from the date of first publication or from its registration prior to publication, as the case may be.

(c) If the legislation of a Contracting State grants two or more successive terms of protection, the duration of the first term shall not be less than one of the minimum periods specified in sub-paragraphs (a) and (b).

3. The provisions of paragraph 2 shall not apply to photographic works or to works of applied art; provided, however, that the term of protection in those Contracting States which protect photographic works, or works of applied art in so far as they are protected as artistic works, shall not be less than ten years for each of said classes of works.

4. (a) No Contracting State shall be obliged to grant protection to a work for a period longer than that fixed for the class of works to which the work in question belongs, in the case of unpublished works by the law of the Contracting State of which the author is a national, and in the case of published works by the law of the Contracting State in which the work has been first published.

(b) For the purposes of the ap-

la lettre (a), si la législation d'un Etat contractant prévoit deux ou plusieurs périodes consécutives de protection, la durée de la protection accordée par cet Etat est considérée comme étant la somme de ces périodes. Toutefois, si pour une raison quelconque une œuvre déterminée n'est pas protégée par ledit Etat pendant la seconde période ou l'une des périodes suivantes, les autres Etats contractants ne sont pas tenus de protéger cette œuvre pendant cette seconde période ou les périodes suivantes.

5. Aux fins de l'application de l'alinéa 4, l'œuvre d'un ressortissant d'un Etat contractant publiée pour la permière fois dans un Etat non contractant sera considérée comme ayant été publiée pour la première fois dans l'Etat contractant dont l'auteur est ressortissant.

6. Aux fins de l'application de l'alinéa 4 susmentionné, en cas de publication simultanée dans deux ou plusieurs Etats contractants, l'œuvre sera considérée comme ayant été publiée pour la première fois dans l'Etat qui accorde la protection la moins longue. Est considérée comme publiée simultanément dans plusieurs pays toute œuvre qui a paru dans deux ou plusieurs pays dans les trente jours de sa permière publication.

plication of sub-paragraph (a), if the law of any Contracting State grants two or more successive terms of protection, the period of protection of that State shall be considered to be the aggregate of those terms. However, if a specified work is not protected by such State during the second or any subsequent term for any reason, the other Contracting States shall not be obliged to protect it during the second or any subsequent term.

5. For the purposes of the application of paragraph 4, the work of a national of a Contracting State, first published in a non-Contracting State, shall be treated as though first published in the Contracting State of which the author is a national.

6. For the purposes of the application of paragraph 4, in case of simultaneous publication in two or more Contracting States, the work shall be treated as though first published in the State which affords the shortest term; any work published in two or more Contracting States within thirty days of its first publication shall be considered as having been published simultaneously in said Contracting States.

Artikel IV

1. Die Schutzdauer des Werkes wird durch das Recht des Vertragsstaats, in dem der Schutz beansprucht wird, gemäß diesem Artikel und Artikel II geregelt.

2. a) Bei den durch dieses Abkommen geschützten Werken umfaßt die Schutzdauer mindestens die Lebenszeit des Urhebers und fünfundzwanzig Jahre nach seinem Tod. Jedoch kann ein Vertragsstaat, der in dem Zeit-

punkt, in dem dieses Abkommen für ihn in Kraft tritt, für bestimmte Arten von Werken die Schutzdauer auf eine von der ersten Veröffentlichung an berechnete Frist beschränkt, diese Ausnahmen aufrechterhalten und sie auf andere Arten von Werken erstrecken. Für alle diese Arten von Werken darf die Schutzdauer nicht weniger als fünfundzwanzig Jahre seit der ersten Veröffentlichung betragen.

b) Ein Vertragsstaat, der in dem Zeitpunkt, in dem dieses Abkommen für ihn in Kraft tritt, die Schutzdauer nicht auf der Grundlage der Lebenszeit des Urhebers berechnet, ist befugt, sie von der ersten Veröffentlichung des Werkes oder gegebenenfalls von der der Veröffentlichung vorausgegangenen Registrierung an zu berechnen; die Schutzdauer darf nicht weniger als fünfundzwanzig Jahre seit der ersten Veröffentlichung oder gegebenenfalls seit der ihr vorausgegangenen Registrierung betragen.

c) Sehen die innerstaatlichen Rechtsvorschriften eines Vertragsstaats zwei oder mehr aufeinanderfolgende Schutzfristen vor, so darf die Dauer der ersten Frist nicht weniger als eine der in Buchstaben a und b bezeichneten Mindestzeiten betragen.

3. Absatz 2 ist auf Werke der Fotografie und der angewandten Kunst nicht anzuwenden. Jedoch darf in den Vertragsstaaten, die Werke der Fotografie schützen oder Werken der angewandten Kunst als Kunstwerken Schutz gewähren, die Schutzdauer für diese Werke nicht weniger als zehn Jahre betragen.

4. a) Kein Vertragsstaat ist verpflichtet, einem Werk einen längeren Schutz als den zu gewähren, der für Werke dieser Art in dem Vertragsstaat, in dem das Werk zum ersten Mal veröffentlicht worden ist, oder, sofern es sich um ein unveröffentlichtes Werk handelt, in dem Vertragsstaat, dem der Urheber angehört, festgelegt ist.

b) Sehen die Rechtsvorschriften eines Vertragsstaats zwei oder mehr aufeinanderfolgende Schutzfristen vor, so wird für die Anwendung des Buchstaben a die Summe dieser Schutzfristen als die von diesem Staat gewährte Schutzdauer angesehen. Wird jedoch in diesem Staat ein bestimmtes Werk, gleichviel aus welchem Grund, während der zweiten oder einer der folgenden Fristen nicht geschützt, so sind die anderen Vertragsstaaten nicht verpflichtet, dieses Werk während der zweiten Frist oder der folgenden Fristen zu schützen.

5. Für die Anwendung des Absatzes 4 wird das Werk des Angehörigen eines Vertragsstaats, das zum ersten Mal in einem vertragsfremden Staat veröffentlicht worden ist, so angesehen, als sei es zum ersten Mal in dem Vertragsstaat veröffentlicht worden, dem der Urheber angehört.

6. Bei gleichzeitiger Veröffentlichung in zwei oder mehr Vertragsstaaten gilt das Werk für die Anwendung des Absatzes 4 als zum ersten Mal in dem Staat veröffentlicht, der die kürzeste Schutzdauer gewährt. Jedes Werk,

das innerhalb von dreißig Tagen seit seiner ersten Veröffentlichung in zwei oder mehr Vertragsstaaten erschienen ist, gilt als in diesen Staaten gleichzeitig veröffentlicht.

Article IVbis

1. Les droits visés à l'article I comprennent les droits fondamentaux qui assurent la protection des intérêts patrimoniaux de l'auteur, notamment le droit exclusif d'autoriser la reproduction par n'importe quel moyen, la représentation et l'exécution publiques, et la radiodiffusion. Les dispositions du présent article s'appliquent aux œuvres protégées par la présente Convention, soit sous leur forme originale, soit, de façon reconnaissable, sous une forme dérivée de l'œuvre originale.

2. Toutefois, chaque Etat contractant peut, par sa législation nationale, apporter des exceptions, non contraires à l'esprit et aux dispositions de la présente Convention, aux droits mentionnés à l'alinéa 1 du présent article. Les Etats faisant éventuellement usage de ladite faculté devront néanmoins accorder à chacun des droits auxquels il serait fait exception un niveau raisonnable de protection effective.

Article IVbis

1. The rights referred to in Article I shall include the basic rights ensuring the author's economic interests, including the exclusive right to authorize reproduction by any means, public performance and broadcasting. The provisions of this Article shall extend to works protected under this Convention either in their original form or in any form recognizably derived from the original.

2. However, any Contracting State may, by its domestic legislation, make exceptions that do not conflict with the spirit and provisions of this Convention, to the rights mentioned in paragraph 1 of this Article. Any State whose legislation so provides, shall nevertheless accord a reasonable degree of effective protection to each of the rights to which exception has been made.

Artikel IVbis

1. Die in Artikel I bezeichneten Rechte umfassen die grundlegenden Rechte, die die wirtschaftlichen Interessen des Urhebers schützen, insbesondere das ausschließliche Recht, die Vervielfältigung, gleichviel in welchem Verfahren, die öffentliche Aufführung und die Rundfunksendung zu erlauben. Dieser Artikel ist auf die durch dieses Abkommen geschützten Werke sowohl in ihrer ursprünglichen Form als auch in einer erkennbar von dem ursprünglichen Werk abgeleiteten Form anzuwenden.

2. Jeder Vertragsstaat kann in seiner innerstaatlichen Gesetzgebung für die in Absatz 1 bezeichneten Rechte Ausnahmen vorsehen, die dem Geist und den Bestimmungen dieses Abkommens nicht widersprechen. Jedoch muß ein Staat, der von dieser Befugnis Gebrauch macht, jedem der Rechte,

für die er Ausnahmen vorsieht, ein angemessenes Maß an wirksamem Schutz gewähren.

Article V

1. Les droits visés à l'article I comprennent le droit exclusif de faire, de publier et d'autoriser à faire et à publier la traduction des œuvres protégées aux termes de la présente Convention.

2. Toutefois, chaque Etat contractant peut, par sa législation nationale, restreindre, pour les écrits, le droit de traduction, mais en se conformant aux dispositions suivantes:

(a) Lorsque, à l'expiration d'un délai de sept années à dater de la première publication d'un écrit, la traduction de cet écrit n'a pas été publiée dans une langue d'usage général dans l'Etat contractant, par le titulaire du droit de traduction ou avec son autorisation, tout ressortissant de cet Etat contractant pourra obtenir de l'autorité compétente de cet Etat une licence non exclusive pour traduire l'œuvre dans cette langue et publier l'œuvre ainsi traduite.

(b) Cette licence ne pourra être accordée que si le requérant, conformément aux dispositions en vigueur dans l'Etat où est introduite la demande, justifie avoir demandé au titulaire du droit de traduction l'autorisation de traduire et de publier la traduction et, après dues diligences de sa part, n'a pu atteindre le titulaire du droit d'auteur ou obtenir son autorisation. Aux mêmes conditions, la licence pourra également être accordée si, pour une traduction déjà publiée dans une

Article V

1. The rights referred to in Article I shall include the exclusive right of the author to make, publish and authorize the making and publication of translations of works protected under this Convention.

2. However, any Contracting State may, by its domestic legislation, restrict the right of translation of writings, but only subject to the following provisions:

(a) If, after the expiration of a period of seven years from the date of the first publication of a writing, a translation of such writing has not been published in a language in general use in the Contracting State, by the owner of the right of translation or with his authorization, any national of such Contracting State may obtain a non-exclusive licence from the competent authority thereof to translate the work into that language and publish the work so translated.

(b) Such national shall in accordance with the procedure of the State concerned, establish either that he has requested, and been denied, authorization by the proprietor of the right to make and publish the translation, or that, after due diligence on his part, he was unable to find the owner of the right. A licence may also be granted on the same conditions if all previous editions of a translation in a language in general use in the Contracting State are out of print.

langue d'usage général dans l'Etat contractant, les éditions sont épuisées.

(c) Si le titulaire du droit de traduction n'a pu être atteint par le requérant, celui-ci doit adresser des copies de sa demande à l'éditeur dont le nom figure sur l'œuvre et au représentant diplomatique ou consulaire de l'Etat dont le titulaire du droit de traduction est ressortissant, lorsque la nationalité du titulaire du droit de traduction est connue, ou à l'organisme qui peut avoir été désigné par le gouvernement de cet Etat. La licence ne pourra être accordée avant l'expiration d'un délai de deux mois à dater de l'envoi des copies de la demande.

(d) La législation nationale adoptera les mesures appropriées pour assurer au titulaire du droit de traduction une rémunération équitable et conforme aux usages internationaux, ainsi que le paiement et le transfert de cette rémunération, et pour garantir une traduction correcte de l'œuvre.

(e) Le titre et le nom de l'auteur de l'œuvre originale doivent être également imprimés sur tous les exemplaires de la traduction publiée. La licence ne sera valable que pour l'édition à l'intérieur du territoire de l'Etat contractant où cette licence est demandée. L'importation et la vente des exemplaires dans un autre Etat contractant sont possibles si cet Etat a une langue d'usage général identique à celle

(c) If the owner of the right of translation cannot be found, then the applicant for a licence shall send copies of his application to the publisher whose name appears on the work and, if the nationality of the owner of the right of translation is known, to the diplomatic or consular representative of the State of which such owner is a national, or to the organization which may have been designated by the government of that State. The licence shall not be granted before the expiration of a period of two months from the date of the dispatch of the copies of the application.

(d) Due provision shall be made by domestic legislation to ensure to the owner of the right of translation a compensation which is just and conforms to international standards, to ensure payment and transmittal of such compensation, and to ensure a correct translation of the work.

(e) The original title and the name of the author of the work shall be printed on all copies of the published translation. The licence shall be valid only for publication of the translation in the territory of the Contracting State where it has been applied for. Copies so published may be imported and sold in another Contracting State if a language in general use in such other State is the same language as that into

dans laquelle l'œuvre a été traduite, si sa loi nationale admet la licence et si aucune des dispositions en vigueur dans cet Etat ne s'oppose à l'importation et à la vente; l'importation et la vente sur le territoire de tout Etat contractant, dans lequel les conditions précédentes ne peuvent jouer, sont réservées à la legislation de cet Etat et aux accords conclus par lui. La licence ne pourra être cédée par son bénéficiaire.

(f) La licence ne peut être accordée lorsque l'auteur a retiré de la circulation les exemplaires de l'œuvre.

which the work has been so translated, and if the domestic law in such other State makes provision for such licences and does not prohibit such importation and sale. Where the foregoing conditions do not exist, the importation and sale of such copies in a Contracting State shall be governed by its domestic law and its agreements. The licence shall not be transferred by the licensee.

(f) The licence shall not be granted when the author has withdrawn from circulation all copies of the work.

Artikel V

1. Die in Artikel I bezeichneten Rechte umfassen das ausschließliche Recht, die durch dieses Abkommen geschützten Werke zu übersetzen und die Übersetzung zu veröffentlichen, sowie das Recht, anderen die Übersetzung und die Veröffentlichung der Übersetzung zu erlauben.

2. Den Vertragsstaaten bleibt es jedoch vorbehalten, durch ihre innerstaatliche Gesetzgebung das Übersetzungsrecht an Schriftwerken einzuschränken, aber nur nach Maßgabe der folgenden Bestimmungen:

a) Ist vom Inhaber des Übersetzungsrechts oder mit seiner Erlaubnis innerhalb von sieben Jahren seit der ersten Veröffentlichung eines Schriftwerks eine Übersetzung dieses Werkes in eine in einem Vertragsstaat allgemein gebräuchliche Sprache nicht veröffentlicht worden, so kann jeder Angehörige dieses Vertragsstaats von der zuständigen Behörde des Staates eine nicht ausschließliche Lizenz zur Übersetzung des Werkes in diese Sprache und zur Veröffentlichung der Übersetzung erhalten.

b) Die Lizenz darf nur erteilt werden, wenn der Antragsteller gemäß den Rechtsvorschriften des Staates, in dem die Lizenz beantragt worden ist, nachweist, daß er um die Erlaubnis des Inhabers des Übersetzungsrechts zur Übersetzung des Werkes und zur Veröffentlichung der Übersetzung ersucht und diese nicht erhalten hat oder daß er den Rechtsinhaber trotz gehöriger Bemühungen nicht ausfindig machen konnte. Eine Lizenz kann unter denselben Bedingungen auch erteilt werden, wenn alle bisherigen Ausgaben einer Übersetzung in eine in einem Vertragsstaat allgemein gebräuchliche Sprache vergriffen sind.

c) Vermag der Antragsteller den Inhaber des Übersetzungsrechts nicht ausfindig zu machen, so hat er eine Abschrift seines Antrags dem Verleger zu senden, dessen Name auf dem Werk angegeben ist; eine weitere Abschrift hat er dem diplomatischen oder konsularischen Vertreter des Staates, dessen Angehöriger der Inhaber des Übersetzungsrechts ist, oder einer gegebenenfalls von der Regierung dieses Staates bezeichneten Stelle zuzuleiten, sofern die Staatsangehörigkeit des Inhabers des Übersetzungsrechts bekannt ist. Die Lizenz darf nicht vor Ablauf von zwei Monaten nach Absendung der Abschriften des Antrags erteilt werden.

d) Durch die innerstaatliche Gesetzgebung sind geeignete Vorschriften zu erlassen, die für den Inhaber des Übersetzungsrechts eine angemessene, internationalen Maßstäben entsprechende Vergütung vorsehen und die Zahlung und den Transfer der Vergütung sowie eine getreue Übersetzung des Werkes gewährleisten.

e) Der Originaltitel des Werkes und der Name seines Urhebers sind auf allen Werkstücken der veröffentlichten Übersetzung im Druck anzugeben. Die Lizenz berechtigt nur zur Veröffentlichung der Übersetzung im Hoheitsgebiet des Vertragsstaats, in dem sie beantragt worden ist. Werkstücke der Übersetzung dürfen in einen anderen Vertragsstaat eingeführt und dort verkauft werden, wenn die Sprache, in die das Werk übersetzt wurde, in diesem Staat allgemein gebräuchlich ist und wenn dessen innerstaatliche Rechtsvorschriften entsprechende Lizenzen zulassen und die Einfuhr und den Verkauf der Werkstücke nicht untersagen. In einem Vertragsstaat, für den diese Voraussetzungen nicht zutreffen, sind für die Einfuhr und den Verkauf der Werkstücke die innerstaatlichen Rechtsvorschriften dieses Staates und die von ihm geschlossenen Verträge maßgebend. Die Lizenz kann von dem Lizenznehmer nicht übertragen werden.

f) Eine Lizenz wird nicht erteilt, wenn der Urheber alle Werkstücke aus dem Verkehr gezogen hat.

Article V^bis^

1. Tout Etat contractant considéré comme un pays en voie de développement, conformément à la pratique établie de l'Assemblée générale des Nations Unies, peut, par une notification déposée auprès du Directeur général de l'Organisation des Nations Unies pour l'éducation, la science et la culture (ci-après dénommé «Le Directeur général») au moment de sa ratification, de son

Article V^bis^

1. Any Contracting State regarded as a developing country in conformity with the established practice of the General Assembly of the United Nations may, by a notification deposited with the Director-General of the United Nations Educational, Scientific and Cultural Organization (hereinafter called „the Director-General") at the time of its ratification, acceptance or acces-

acceptation ou de son adhésion, ou ultérieurement, se prévaloir de tout ou partie des exceptions prévues aux articles V^{ter} et V^{quater}.

2. Toute notification déposée conformément aux dispositions de l'alinéa 1 restera en vigueur pendant une période de dix ans à compter de la date de l'entrée en vigueur de la présente Convention, ou pour toute partie de cette période décennale restant à courir à la date du dépôt de la notification, et pourra être renouvelée en totalité ou en partie pour d'autres périodes de dix ans si, dans un délai se situant entre le quinzième et le troisième mois avant l'expiration de la période décennale en cours, l'Etat contractant dépose une nouvelle notification auprès du Directeur général. Des notifications peuvent également être déposées pour la première fois au cours de ces nouvelles périodes décennales conformément aux dispositions du présent article.

3. Nonobstant les dispositions de l'alinéa 2, un Etat contractant qui a cessé d'être considéré comme un pays en voie de developpement répondant à la définition de l'alinéa 1 n'est plus habilité à renouveler la notification qu'il a déposée aux termes des alinéas 1 ou 2 et, qu'il annule officiellement ou non cette notification, cet Etat perdra la possibilité de se prévaloir des exceptions prévues dans les articles V^{ter} et V^{quater} soit à l'expiration de la période décennale en cours, soit trois ans après qu'il aura cessé d'être considéré comme un pays en voie de développement, le délai qui expire le plus tard devant être appliqué.

sion or thereafter, avail itself of any or all of the exceptions provided for in Articles V^{ter} and V^{quater}.

2. Any such notification shall be effective for ten years from the date of coming into force of this Convention, or for such part of that ten-year period as remains at the date of deposit of the notification, and may be renewed in whole or in part for further periods of ten years each if, not more than fifteen or less than three months before the expiration of the relevant ten-year period, the Contracting State deposits a further notification with the Director-General. Initial notifications may also be made during these further periods of ten years in accordance with the provisions of this Article.

3. Notwithstanding the provisions of paragraph 2, a Contracting State that has ceased to be regarded as a developing country as referred to in paragraph 1 shall no longer be entitled to renew its notification made under the provisions of paragraph 1 or 2, and whether or not it formally withdraws the notification such State shall be precluded from availing itself of the exceptions provided for in Articles V^{ter} and V^{quater} at the end of the current ten-year period, or at the end of three years after it has ceased to be regarded as a developing country, whichever period expires later.

4. Les exemplaires d'une œuvre, déjà produits en vertu des exceptions prévues aux articles V^{ter} et V^{quater}, pourront continuer d'être mis en circulation après l'expiration de la période pour laquelle des notifications aux termes du présent article ont pris effet, et ce jusqu'à leur épuisement.

5. Tout Etat contractant, qui a déposé une notification conformément à l'article XIII concernant l'application de la présente Convention à un pays ou territoire particulier dont la situation peut être considérée comme analogue à celle des Etats visés à l'alinéa 1 du présent article, peut aussi, en ce qui concerne ce pays ou territoire, déposer des notifications d'exceptions et de renouvellements au titre du présent article. Pendant la période où ces notifications sont en vigueur, les dispositions des articles V^{ter} et V^{quater} peuvent s'appliquer audit pays ou territoire. Tout envoi d'exemplaires en provenance dudit pays ou territoire à l'Etat contractant sera considéré comme une exportation au sens des articles V^{ter} et V^{quater}.

4. Any copies of a work already made under the exceptions provided for in Articles V^{ter} and V^{quater} may continue to be distributed after the expiration of the period for which notifications under this Article were effective until their stock is exhausted.

5. Any Contracting State that has deposited a notification in accordance with Article XIII with respect to the application of this Convention to a particular country or territory, the situation of which can be regarded as analogous to that of the States referred to in paragraph 1 of this Article, may also deposit notifications and renew them in accordance with the provisions of this Article with respect to any such country or territory. During the effective period of such notifications, the provisions of Articles V^{ter} and V^{quater} may be applied with respect to such country or territory. The sending of copies from the country or territory to the Contracting State shall be considered as export within the meaning of Articles V^{ter} and V^{quater}.

Artikel V^{bis}

1. Jeder Vertragsstaat, der nach der bestehenden Übung der Generalversammlung der Vereinten Nationen als Entwicklungsland angesehen wird, kann durch eine bei der Ratifikation, der Annahme, dem Beitritt oder später beim Generaldirektor der Organisation der Vereinten Nationen für Erziehung, Wissenschaft und Kultur (im folgenden als „der Generaldirektor" bezeichnet) hinterlegte Notifikation einzelne oder alle der in den Artikeln V^{ter} und V^{quater} vorgesehenen Ausnahmen in Anspruch nehmen.

2. Jede Notifikation nach Absatz 1 ist während einer Frist von zehn Jahren seit Inkrafttreten dieses Abkommens oder während des nach der Hinterlegung der Notifikation noch verbleibenden Teiles dieser Zehnjahresfrist wirksam; sie kann ganz oder teilweise für jeweils weitere zehn Jahre er-

neuert werden, wenn der Vertragsstaat frühestens fünfzehn und spätestens drei Monate vor Ende der laufenden Zehnjahresfrist beim Generaldirektor eine neue Notifikation hinterlegt. Während der weiteren Zehnjahresfristen können auch erstmalige Notifikationen gemäß diesem Artikel hinterlegt werden.

3. Ungeachtet des Absatzes 2 ist ein Vertragsstaat, der nicht länger als Entwicklungsland im Sinn von Absatz 1 angesehen wird, nicht mehr berechtigt, seine nach Absatz 1 oder 2 hinterlegte Notifikation zu erneuern; gleichviel, ob dieser Staat seine Notifikation förmlich zurückzieht oder nicht, verliert er die Möglichkeit, die in den Artikeln V^{ter} und V^{quater} vorgesehenen Ausnahmen in Anspruch zu nehmen, entweder nach Ablauf der laufenden Zehnjahresfrist oder drei Jahre nach dem Zeitpunkt, in dem der Staat nicht mehr als Entwicklungsland angesehen wird, wobei die später endende Frist maßgebend ist.

4. Nach Ablauf der Frist, für die Notifikationen nach diesem Artikel wirksam waren, dürfen Werkstücke, die aufgrund der Ausnahmen in den Artikeln V^{ter} und V^{quater} bereits hergestellt worden sind, weiterhin in Verkehr gebracht werden, bis der Vorrat erschöpft ist.

5. Ein Vertragsstaat, der eine Notifikation gemäß Artikel XIII über die Anwendung dieses Abkommens auf ein bestimmtes Land oder Gebiet hinterlegt hat, dessen Lage als der Lage der in Absatz 1 bezeichneten Staaten analog erachtet werden kann, kann für dieses Land oder Gebiet auch Notifikationen gemäß diesem Artikel hinterlegen und erneuern. Solange eine solche Notifikation wirksam ist, dürfen die Artikel V^{ter} und V^{quater} auf dieses Land oder Gebiet angewandt werden. Der Versand von Werkstücken aus diesem Land oder Gebiet in den Vertragsstaat wird als Ausfuhr im Sinn der Artikel V^{ter} und V^{quater} angesehen.

Article V^{ter}

1. (a) Tout Etat contractant auquel s'applique l'alinéa 1 de l'article V^{bis} peut remplacer la période de sept ans prévue à l'alinéa 2 de l'article V par une période de trois ans ou toute période plus longue fixée par sa législation nationale. Cependant, dans le cas d'une traduction dans une langue qui n'est pas d'usage général dans un ou plusieurs pays développés, parties soit à la présente Convention, soit seulement à la Convention de 1952, une période d'un an sera substituée à ladite période de trois ans.

Article V^{ter}

1. (a) Any Contracting State to which Article V^{bis} (1) applies may substitute for the period of seven years provided for in Article V (2) a period of three years or any longer period prescribed by its legislation. However, in the case of a translation into a language not in general use in one or more developed countries that are party to this Convention or only the 1952 Convention, the period shall be one year instead of three.

(b) Tout Etat contractant auquel s'applique l'alinéa 1 de l'article V^{bis} peut, avec l'accord unanime des pays développés qui sont des Etats parties soit à la présente Convention, soit seulement à la Convention de 1952, et où la même langue est d'usage général, remplacer, en cas de traduction dans cette langue, la période de trois ans prévue à la lettre (a) ci-dessus par une autre période fixée conformément audit accord, cette période ne pouvant toutefois être inférieure à un an. Néanmoins, la présente disposition n'est pas applicable lorsque la langue dont il s'agit est l'anglais, l'espagnol, ou le français. Notification d'un tel accord sera faite au Directeur général.

(b) A Contracting State to which Article V^{bis} (1) applies may, with the unanimous agreement of the developed countries party to this Convention or only the 1952 Convention and in which the same language is in general use, substitute, in the case of translation into that language, for the period of three years provided for in sub-paragraph (a) another period as determined by such agreement but not shorter than one year. However, this sub-paragraph shall not apply where the language in question is English, French or Spanish. Notification of any such agreement shall be made to the Director-General.

(c) La licence ne pourra être accordée que si le requérant, conformément aux dispositions en vigueur dans l'Etat où est introduite la demande, justifie soit qu'il a demandé l'autorisation du titulaire du droit de traduction, soit qu'après dues diligences de sa part il n'a pas pu atteindre le titulaire du droit ou obtenir son autorisation. En même temps qu'il fait cette demande le requérant doit en informer soit le Centre international d'information sur le droit d'auteur créé par l'Organisation des Nations Unies pour l'éducation, la science et la culture, soit tout centre national ou régional d'information indiqué comme tel dans une notification déposée à cet effet auprès du Directeur général par le gouvernement de l'Etat où l'éditeur est présumé exercer la majeure partie de ses activités professionnelles.

(c) The licence may only be granted if the applicant, in accordance with the procedure in the State concerned, establishes either that he has requested, and been denied, authorization by the owner of the right of translation, or that, after due diligence on his part, he was unable to find the owner of the right. At the same time as he makes his request he shall inform either the International Copyright Information Centre established by the United Nations Educational, Scientific and Cultural Organization or any national or regional information centre which may have been designated in a notification to that effect deposited with the Director-General by the government of the State in which the publisher is believed to have his principal place of business.

(d) Si le titulaire du droit de traduction n'a pu être atteint par le

(d) If the owner of the right of translation cannot be found, the ap-

requérant, celui-ci doit adresser, par la poste aérienne, sous pli recommandé, des copies de sa demande à l'éditeur dont le nom figure sur l'œuvre et à tout centre national ou régional d'information mentionné à la lettre (c). Si l'existence d'un tel centre n'a pas été notifiée, le requérant adressera également une copie au Centre international d'information sur le droit d'auteur créé par l'Organisation des Nations Unies pour l'éducation, la science et la culture.

2. (a) La licence ne pourra être accordée au titre du présent article avant l'expiration d'un délai supplémentaire de six mois, dans le cas où elle peut être obtenue à l'expiration d'une période et trois ans; et de neuf mois, dans le cas où elle peut être obtenue à l'expiration d'une période d'un an. Le délai supplémentaire commencera à courir soit à dater de la demande d'autorisation de traduire mentionnée à la lettre (c) de l'alinéa 1, soit, dans le cas où l'identité ou l'adresse du titulaire du droit de traduction n'est pas connue, à dater de l'envoi des copies de la demande mentionnées à la lettre (d) de l'alinéa 1 en vue d'obtenir la licence.

(b) La licence ne sera pas accordée si une traduction a été publiée par le titulaire du droit de traduction ou avec son autorisation, pendant ledit délai de six ou de neuf mois.

3. Toute licence à accorder en vertu du présent article ne pourra l'être qu'à l'usage scolaire, universitaire ou de la recherche.

4. (a) La licence ne s'étendra pas à l'exportation d'exemplaires et elle ne sera valable que pour l'édition

plicant for a licence shall send, by registered airmail, copies of his application to the publisher whose name appears on the work and to any national or regional information centre as mentioned in sub-paragraph (c). If no such centre is notified he shall also send a copy to the international copyright information centre established by the United Nations Educational, Scientific and Cultural Organization.

2. (a) Licences obtainable after three years shall not be granted under this Article until a further period of six months has elapsed and licences obtainable after one year until a further period of nine months has elapsed. The further period shall begin either from the date of the request for permission to translate mentioned in paragraph 1 (c) or, if the identity or address of the owner of the right of translation is not known, from the date of dispatch of the copies of the application for a licence mentioned in paragraph 1 (d).

(b) Licences shall not be granted if a translation has been published by the owner of the right of translation or with his authorization during the said period of six or nine months.

3. Any licence under this Article shall be granted only for the purpose of teaching, scholarship or research.

4. (a) Any licence granted under this Article shall not extend to the export of copies and shall be valid

à l'intérieur du territoire de l'Etat contractant où cette licence a été demandée.

(b) Tout exemplaire publié conformément à une telle licence devra contenir une mention dans la langue appropriée précisant que l'exemplaire n'est mis en distribution que dans l'Etat contractant qui a accordé la licence; si l'œuvre porte la mention indiquée à l'alinéa 1 de l'article III, les exemplaires ainsi publiés devront porter la même mention.

(c) L'interdiction d'exporter prévue à la lettre (a) ci-dessus ne s'applique pas lorsqu'un organisme gouvernemental ou tout autre organisme public d'un Etat qui a accordé, conformément au présent article, une licence en vue de traduire une œuvre dans une langue autre que l'anglais, l'espagnol ou le français, envoie des exemplaires d'une traduction faite en vertu de cette licence à un autre pays, sous réserve que:

(i) les destinataires soient des ressortissants de l'Etat contractant qui a délivré la licence, ou des organisations groupant de tels ressortissants;

(ii) les exemplaires ne soient utilisés que pour l'usage scolaire, universitaire ou de la recherche;

(iii) l'envoi des exemplaires et leur distribution ultérieure aux destinataires soient dépourvus de tout caractère lucratif;

(iv) qu'un accord, qui sera notifié au Directeur général par l'un quelconque des gouvernements qui l'ont conclu, intervienne entre

only for publication in the territory of the Contracting State where it has been applied for.

(b) Any copy published in accordance with a licence granted under this Article shall bear a notice in the appropriate language stating that the copy is available for distribution only in the Contracting State granting the licence. If the writing bears the notice specified in Article III (1) the copies shall bear the same notice.

(c) The prohibition of export provided for in sub-paragraph (a) shall not apply where a governmental or other public entity of a State which has granted a licence under this Article to translate a work into a language other than English, French or Spanish sends copies of a translation prepared under such licence to another country if:

(i) the recipients are individuals who are nationals of the Contracting State granting the licence, or organizations grouping such individuals;

(ii) the copies are to be used only for the purpose of teaching, scholarship or research;

(iii) the sending of the copies and their subsequent distribution to recipients is without the object of commercial purpose; and

(iv) the country to which the copies have been sent has agreed with the Contracting State to allow the receipt, distribution or both

le pays auquel les exemplaires sont envoyés et l'Etat contractant en vue de permettre la réception et la distribution ou l'une de ces deux opérations.

5. Les dispositions appropriées seront prises sur le plan national pour que:

(a) la licence comporte une rémunération équitable et conforme à l'échelle des redevances normalement versées dans le cas de licences librement négociées entre les intéressés dans les deux pays concernés;

(b) la rénumération soit payée et transmise. S'il existe une réglementation nationale en matière de devisés, l'autorité compétente ne ménagera aucun effort en recourant aux mécanismes internationaux, pour aussurer la transmission de la rémunération en monnaie internationalement convertible ou en son équivalent.

6. Toute licence accordée par un Etat contractant en vertu du présent article prendra fin si une traduction de l'œuvre dans la même langue et ayant essentiellement le même contenu que l'édition pour laquelle la licence a été accordée est publiée dans ledit Etat par le titulaire du droit de traduction ou avec son autorisation, à un prix comparable à celui qui est d'usage dans ce même Etat pour des œuvres analogues. Les exemplaires déjà produits avant l'expiration de la licence pourront continuer d'être mis en circulation jusqu'à leur épuisement.

7. Pour les œuvres qui sont composées principalement d'illustrations, une licence pour la traduction du

and the Director-General has been notified of such agreement by any one of the governments which have concluded it.

5. Due provision shall be made at the national level to ensure:

(a) that the licence provides for just compensation that is consistent with standards of royalties normally operating in the case of licences freely negotiated between persons in the two countries concerned; and

(b) payment and transmittal of the compensation; however, should national currency regulations intervene, the competent authority shall make all efforts, by the use of international machinery, to ensure transmittal in internationally convertible currency or its equivalent.

6. Any licence granted by a Contracting State under this Article shall terminate if a translation of the work in the same language with substantially the same content as the edition in respect of which the licence was granted is published in the said State by the owner of the right of translation or with his authorization, at a price reasonably related to that normally charged in the same State for comparable works. Any copies already made before the licence is terminated may continue to be distributed until their stock is exhausted.

7. For works which are composed mainly of illustrations a licence to translate the text and to reproduce

texte et pour la reproduction des illustrations ne peut être octroyée que si les conditions de l'article V^{quater} sont également remplies.

8. (a) Une licence en vue de traduire une œuvre protégée par la présente Convention, publiée sous forme imprimée ou sous des formes analogues de reproduction, peut aussi être accordée à un organisme de radiodiffusion ayant son siège sur le territoire d'un Etat contractant auquel s'applique l'alinéa 1 de l'article V^{bis}, à la suite d'une demande faite dans cet Etat par ledit organisme, et aux conditions suivantes:

(i) la traduction doit être faite à partir d'un exemplaire produit et acquis conformément aux lois de l'Etat contractant;

(ii) la traduction doit être utilisée seulement dans des émissions destinées exclusivement à l'énseignement ou à la diffusion d'informations à caractère scientifique destinées aux experts d'une profession déterminée;

(iii) la traduction doit être utilisée, exclusivement aux fins énumérées au chiffre (ii) ci-dessus, par radiodiffusion légalement faite à l'intention des bénéficiaires sur le territoire de l'Etat contractant, y compris par le moyen d'enregistrements sonores ou visuels réalisés licitement et exclusivement pour cette radiodiffusion;

(iv) les enregistrements sonores ou visuels de la traduction ne peuvent faire l'objet d'échanges qu'entre des organismes de radiodiffusion ayant leur siège

the illustrations may be granted only if the conditions of Article V^{quater} are also fulfilled.

8. (a) A licence to translate a work protected under this Convention, published in printed or analogous forms of reproduction, may also be granted to a broadcasting organization having its headquarters in a Contracting State to which Article V^{bis} (1) applies, upon an application made in that State by the said organization under the following conditions:

(i) the translation is made from a copy made and acquired in accordance with the laws of the Contracting State;

(ii) the translation is for use only in broadcasts intended exclusively for teaching or for the dissemination of the results of specialized technical or scientific research to experts in a particular profession;

(iii) the translation is used exclusively for the purposes set out in condition (ii), through broadcasts lawfully made which are intended for recipients on the territory of the Contracting State, including broadcasts made through the medium of sound or visual recordings lawfully and exclusively made for the purpose of such broadcasts;

(iv) sound or visual recordings of the translation may be exchanged only between broadcasting organizations having their headquarters in the Contracting Sta-

social sur le territoire de l'Etat contractant ayant accordé une telle licence;

(v) toutes les utilisations faites de la traduction doivent être dépourvues de tout caractère lucratif.

(b) Sous réserve que tous les critères et toutes les conditions énumérés à la lettre (a) soient respectées, une licence peut également être accordée à un organisme de radiodiffusion pour traduire tout texte incorporé ou intégré à des fixations audio-visuelles faites et publiées à la seule fin d'être utilisées pour l'usage scolaire et universitaire.

(c) Sous réserve des lettres (a) et (b), les autres dispositions du présent article sont applicables à l'octroi et à l'exercice d'une telle licence.

9. Sous réserve des dispositions du présent article, toute licence accordée en vertu de celui-ci sera régie par les dispositions de l'article V, et continuera d'être régie par les dispositions de l'article V et par celles du présent article, même après la période de sept ans visée à l'alinéa 2 de l'article V. Toutefois, après l'expiration de cette période, le titulaire de la licence pourra demander qu'à celle-ci soit substituée une licence régie exclusivement par l'article V.

te granting the licence; and

(v) all uses made of the translation are without any commercial purpose.

(b) Provided all of the criteria and conditions set out in sub-paragraph (a) are met, a licence may also be granted to a broadcasting organization to translate any text incorporated in an audio-visual fixation which was itself prepared and published for the sole purpose of being used in connexion with systematic instructional activities.

(c) Subject to sub-paragraphs (a) and (b), the other provisions of this Article shall apply to the grant and exercise of the licence.

9. Subject to the provisions of this Article, any licence granted under this Article shall be governed by the provisions of Article V, and shall continue to be governed by the provisions of Article V and of this Article, even after the seven-year period provided for in Article V (2) has expired. However, after the said period has expired, the licensee shall be free to request that the said licence be replaced by a new licence governed exclusively by the provisions of Article V.

Artikel V^ter

1. a) Ein Vertragsstaat, auf den Artikel V^bis Absatz 1 anwendbar ist, kann die in Artikel V Absatz 2 vorgesehene Frist von sieben Jahren durch eine Frist von drei Jahren oder durch eine längere, in seinen innerstaatlichen Rechtsvorschriften festgelegte Frist ersetzen. Für eine Übersetzung

in eine Sprache, die nicht in einem oder mehreren der entwickelten Länder, die diesem Abkommen oder nur dem Abkommen von 1952 angehören, allgemein gebräuchlich ist, beträgt die Frist ein Jahr statt drei Jahre.

b) Ein Vertragsstaat, auf den Artikel V^{bis} Absatz 1 anwendbar ist, kann auf Grund einer einstimmigen Vereinbarung mit den entwickelten Ländern, die diesem Abkommen oder nur dem Abkommen von 1952 angehören und in denen dieselbe Sprache allgemein gebräuchlich ist, für Übersetzungen in diese Sprache die in Buchstabe a vorgesehene Frist von drei Jahren durch eine andere, in der Vereinbarung festgelegte Frist ersetzen, die aber nicht kürzer als ein Jahr sein darf. Satz 1 ist jedoch auf Übersetzungen in die englische, französische oder spanische Sprache nicht anwendbar. Jede derartige Vereinbarung wird dem Generaldirektor notifiziert.

c) Die Lizenz darf nur erteilt werden, wenn der Antragsteller gemäß den Rechtsvorschriften des Staates, in dem die Lizenz beantragt worden ist, nachweist, daß er um die Erlaubnis des Inhabers des Übersetzungsrechts ersucht und diese nicht erhalten hat oder daß er den Rechtsinhaber trotz gehöriger Bemühungen nicht ausfindig machen konnte. Gleichzeitig mit dem Gesuch an den Rechtsinhaber hat der Antragsteller entweder das von der Organisation der Vereinten Nationen für Erziehung, Wissenschaft und Kultur errichtete Internationale Informationszentrum für Urheberrecht oder jedes nationale oder regionale Informationszentrum zu unterrichten, das von der Regierung des Staates, in dem der Verleger vermutlich den Mittelpunkt seiner Geschäftstätigkeit hat, in einer beim Generaldirektor hinterlegten Notifikation bezeichnet worden ist.

d) Vermag der Antragsteller den Inhaber des Übersetzungsrechts nicht ausfindig zu machen, so hat er eine Abschrift seines Antrags mit eingeschriebener Luftpost dem Verleger, dessen Name auf dem Werk angegeben ist, und jedem in Buchstabe c bezeichneten nationalen oder regionalen Informationszentrum zu senden. Ist kein solches Zentrum notifiziert worden, so hat der Antragsteller auch dem von der Organisation der Vereinten Nationen für Erziehung, Wissenschaft und Kultur errichteten Internationalen Informationszentrum für Urheberrecht eine Abschrift zu senden.

2. a) Nach diesem Artikel darf eine nach drei Jahren erwirkbare Lizenz erst nach Ablauf einer weiteren Frist von sechs Monaten und eine nach einem Jahr erwirkbare Lizenz erst nach Ablauf einer weiteren Frist von neun Monaten erteilt werden. Die weitere Frist beginnt entweder in dem Zeitpunkt des in Absatz 1 Buchstabe c bezeichneten Gesuchs um Erlaubnis zur Übersetzung oder, sofern der Inhaber des Übersetzungsrechts oder seine Anschrift unbekannt ist, im Zeitpunkt der Absendung der in Absatz 1 Buchstabe d bezeichneten Abschriften des Lizenzantrags.

b) Eine Lizenz darf nicht erteilt werden, wenn eine Übersetzung innerhalb der genannten Frist von sechs oder neun Monaten vom Inhaber des Übersetzungsrechts oder mit seiner Erlaubnis veröffentlicht worden ist.

3. Eine Lizenz nach diesem Artikel darf nur für Unterrichts-, Studien- oder Forschungszwecke erteilt werden.

4. a) Eine nach diesem Artikel erteilte Lizenz erstreckt sich nicht auf die Ausfuhr von Werkstücken und berechtigt nur zur Veröffentlichung der Übersetzung im Hoheitsgebiet des Staates, in dem die Lizenz beantragt worden ist.

b) Alle Werkstücke, die gemäß einer nach diesem Artikel erteilten Lizenz veröffentlicht werden, haben in der betreffenden Sprache einen Vermerk zu tragen, daß sie nur in dem Vertragsstaat, der die Lizenz erteilt hat, in Verkehr gebracht werden dürfen. Trägt das Werk den in Artikel III Absatz 1 bezeichneten Vermerk, so haben die Werkstücke denselben Vermerk zu tragen.

c) Das in Buchstabe a vorgesehene Ausfuhrverbot gilt nicht, wenn eine staatliche oder andere öffentliche Stelle eines Staates, der nach diesem Artikel eine Lizenz zur Übersetzung eines Werkes in eine andere als die englische, französische oder spanische Sprache erteilt hat, Werkstücke der unter dieser Lizenz hergestellten Übersetzung in ein anderes Land versendet, sofern

i) die Empfänger entweder Einzelpersonen, die dem Vertragsstaat, der die Lizenz erteilt hat, angehören, oder Zusammenschlüsse solcher Einzelpersonen sind;

ii) die Werkstücke nur für Unterrichts-, Studien- oder Forschungszwecke bestimmt sind;

iii) der Versand der Werkstücke und ihre spätere Verteilung an die Empfänger keinen Erwerbszwecken dienen und

iv) das Land, in das die Werkstücke gesandt werden, mit dem Vertragsstaat eine Vereinbarung getroffen hat, die den Empfang, die Verteilung oder beides gestattet, und eine der beteiligten Regierungen die Vereinbarung dem Generaldirektor notifizert hat.

5. Auf nationaler Ebene ist dafür zu sorgen, daß

a) die Lizenz eine angemessene Vergütung vorsieht, die der bei frei vereinbarten Lizenzen zwischen Personen in den beiden betreffenden Ländern üblichen Vergütung entspricht, und

b) Zahlung und Transfer der Vergütung bewirkt werden; bestehen nationale Devisenbeschränkungen, so hat die zuständige Behörde unter Zuhilfenahme internationaler Einrichtungen alles ihr Mögliche zu tun, um den Transfer der Vergütung in international konvertierbarer Währung oder gleichgestellten Zahlungsmitteln sicherzustellen.

6. Jede von einem Vertragsstaat nach diesem Artikel erteilte Lizenz erlischt, wenn vom Inhaber des Übersetzungsrechts oder mit seiner Erlaubnis

eine Übersetzung des Werkes in dieselbe Sprache und mit im wesentlichen gleichem Inhalt wie die aufgrund der Lizenz herausgegebene Übersetzung in diesem Staat zu einem Preis veröffentlicht wird, der dem für vergleichbare Werke in dem Staat üblichen Preis entspricht. Werkstücke, die bereits vor Erlöschen der Lizenz hergestellt worden sind, dürfen weiterhin in Verkehr gebracht werden, bis der Vorrat erschöpft ist.

7. Für Werke, die vorwiegend aus Abbildungen bestehen, darf eine Lizenz zur Übersetzung des Textes und zur Vervielfältigung der Abbildungen nur erteilt werden, wenn auch die Voraussetzungen des Artikels V^{quater} erfüllt sind.

8. a) Eine Lizenz zur Übersetzung eines nach diesem Abkommen geschützten Werkes, das im Druck oder in einer entsprechenden Vervielfältigungsform veröffentlicht worden ist, kann auch einem Sendeunternehmen, das seinen Sitz in einem Vertragsstaat hat, auf den Artikel V^{bis} Absatz 1 zutrifft, auf seinen in diesem Staat gestellten Antrag unter folgenden Bedingungen gewährt werden:

i) die Übersetzung wird an Hand eines Werkstücks angefertigt, das in Übereinstimmung mit den Rechtsvorschriften des Vertragsstaats hergestellt und erworben wurde;

ii) die Übersetzung ist nur für den Gebrauch in Rundfunksendungen bestimmt, die ausschließlich dem Unterricht oder der Verbreitung wissenschaftlicher oder technischer Forschungsergebnisse an Sachverständige eines bestimmten Berufs dienen;

iii) die Übersetzung wird ausschließlich zu den unter Ziffer ii bezeichneten Zwecken in rechtmäßig ausgestrahlten Rundfunksendungen benutzt, die für Empfänger im Hoheitsgebiet des Vertragsstaats bestimmt sind, einschließlich der Rundfunksendungen, die mit Hilfe von rechtmäßig und ausschließlich für diese Sendungen hergestellten Aufnahmen auf Bild- oder Tonträger ausgestrahlt werden;

iv) Bild- oder Tonträger der Übersetzung dürfen nur zwischen Sendeunternehmen ausgetauscht werden, die ihren Sitz in dem Vertragsstaat haben, der die Lizenz erteilt hat, und

v) der Gebrauch der Übersetzung darf keinen Erwerbszwecken dienen.

b) Sofern alle in Buchstabe a aufgeführten Merkmale und Bedingungen erfüllt sind, kann einem Sendeunternehmen auch eine Lizenz zur Übersetzung des Textes einer audio-visuellen Festlegung erteilt werden, die selbst ausschließlich für den Gebrauch im Zusammenhang mit systematischem Unterricht hergestellt und veröffentlicht worden ist.

c) Vorbehaltlich der Buchstaben a und b sind die anderen Bestimmungen dieses Artikels auf die Erteilung und die Ausübung der Lizenz anzuwenden.

9. Vorbehaltlich der Bestimmungen dieses Artikels unterliegt jede nach diesem Artikel erteilte Lizenz dem Artikel V; sie bleibt dem Artikel V und diesem Artikel auch nach Ablauf der in Artikel V Absatz 2 vorgesehenen Frist von sieben Jahren unterworfen. Jedoch kann der Lizenznehmer nach Ablauf dieser Frist verlangen, daß diese Lizenz durch eine Lizenz ersetzt wird, die ausschließlich dem Artikel V unterliegt.

Article V^quater

1. Tout Etat contractant auquel s'applique l'alinéa 1 de l'article V^bis peut adopter les dispositions suivantes:

(a) Lorsque, à l'expiration:

(i) de la période fixée à la lettre (c) calculée à partir de la permière publication d'une édition déterminée d'une œuvre littéraire, scientifique ou artistique visée à l'alinéa 3, ou

(ii) de toute période plus longue fixée par la législation nationale de l'Etat,

des exemplaires de cette édition n'ont pas été, dans cet Etat, mis en vente pour répondre aux besoins soit du grand public, soit de l'enseignement scolaire et universitaire, à un prix comparable à celui qui est d'usage dans ledit Etat pour des œuvres analogues, par le titulaire du droit de reproduction ou avec son autorisation, tout ressortissant de cet Etat pourra obtenir, de l'autorité compétente, une licence non exclusive pour publier cette édition, à ce prix ou à un prix inférieur, pour répondre aux besoins de l'enseignement scolaire et universitaire. La licence ne pourra être accordée que si le requérant, conformément aux dispositions en vigueur dans l'Etat, ju-

Article V^quater

1. Any Contracting State to which Article V^bis (1) applies may adopt the following provisions:

(a) If, after the expiration of

(i) the relevant period specified in sub-paragraph (c) commencing from the date of first publication of a particular edition of a literary, scientific or artistic work referred to in paragraph 3, or

(ii) any longer period determined by national legislation of the State,

copies of such edition have not been distributed in that State to the general public or in connexion with systematic instructional activities at a price reasonably related to that normally charged in the State for comparable works, by the owner of the right of reproduction or with his authorization, any national of such State may obtain a non-exclusive licence from the competent authority to publish such edition at that or a lower price for use in connexion with systematic instructional activities. The licence may only be granted if such national, in accordance with the procedure of the State concerned, establishes either that he has requested, and been

stifie avoir demandé au titulaire du droit l'autorisation de publier cette œuvre et, après dues diligences de sa part, n'a pu atteindre le titulaire du droit d'auteur ou obtenir son autorisation. En même temps qu'il fait cette demande le requérant doit en informer soit le Centre international d'information sur le droit d'auteur créé par l'Organisation des Nations Unies pour l'éducation, la science et la culture, soit tout centre national ou régional d'information mentionné à la lettre (d).

(b) La licence pourra aussi être accordée aux mêmes conditions si, pendant une période de six mois, des exemplaires autorisés de l'édition dont il s'agit ne sont plus mis en vente dans l'Etat concerné pour répondre aux besoins soit du grand public, soit de l'enseignement scolaire et universitaire, à un prix comparable à celui qui est d'usage dans l'Etat pour des œuvres analogues.

(c) La période à laquelle se réfère la lettre (a) s'entend d'un délai de cinq ans. Cependant:

(i) pour les œuvres des sciences exactes et naturelles et de la technologie, cette période sera de trois ans;

(ii) pour les œuvres qui appartiennent au domaine de l'imagination telles que les romans, les œuvres poétiques, dramatiques et musicales et pour les livres d'art, cette période sera de sept ans.

denied, authorization by the proprietor of the right to publish such work, or that, after due diligence on his part, he was unable to find the owner of the right. At the same time as he makes his request he shall inform either the international copyright information centre established by the United Nations Educational, Scientific and Cultural Organization or any national or regional information centre referred to in sub-paragraph (d).

(b) A licence may also be granted on the same conditions if, for a period of six months, no authorized copies of the edition in question have been on sale in the State concerned to the general public or in connexion with systematic instructional activities at a price reasonably related to that normally charged in the State for comparable works.

(c) The period referred to in sub-paragraph (a) shall be five years except that:

(i) for works of the natural and physical sciences, including mathematics, and of technology, the period shall be three years;

(ii) for works of fiction, poetry, drama and music, and for art books, the period shall be seven years.

(d) Si le titulaire du droit de reproduction n'a pu être atteint par le requérant, celui-ci doit adresser, par la poste aérienne, sous pli recommandé, des copies de sa demande à l'éditeur dont le nom figure sur l'œuvre et à tout centre national ou régional d'information indiqué comme tel dans une notification déposée auprès du Directeur général, par l'Etat où l'éditeur est présumé exercer la majeure partie de ses activités professionnelles. En l'absence d'une pareille notification, il adressera également une copie au Centre international d'information sur le droit d'auteur créé par l'Organisation des Nations Unies pour l'éducation, la science et la culture. La licence ne pourra être accordée avant l'expiration d'un délai de trois mois à compter de l'envoi des copies de la demande.

(e) Dans le cas où elle peut être obtenue à l'expiration de la période de trois ans, la licence ne pourra être accordée au titre du présent article:

(i) qu'à l'expiration d'un délai de six mois à compter de la demande d'autorisation mentionnée à la lettre (a), ou, dans le cas où l'identité ou l'adresse du titulaire de droit de reproduction n'est pas connue, à dater de l'envoi des copies de la demande mentionnées à la lettre (d) en vue d'obtenir la licence;

(ii) que s'il n'y a pas eu pendant ce délai de mise en circulation d'exemplaires de l'édi-

(d) If the owner of the right of reproduction cannot be found, the applicant for a licence shall send, by registered air mail, copies of his application to the publisher whose name appears on the work and to any national or regional information centre identified as such in a notification deposited with the Director-General by the State in which the publisher is believed to have his principal place of business. In the absence of any such notification, he shall also send a copy to the international copyright information centre established by the United Nations Educational, Scientific and Cultural Organization. The licence shall not be granted before the expiration of a period of three months from the date of dispatch of the copies of the application.

(e) Licences obtainable after three years shall not be granted under this Article,

(i) until a period of six months has elapsed from the date of the request for permission referred to in sub-paragraph (a) or, if the identity or address of the owner of the right of reproduction is unknown, from the date of the dispatch of the copies of the application for a licence referred to in sub-paragraph (d);

(ii) if any such distribution of copies of the edition as is mentioned in sub-paragraph

tion dans les conditions prévues à la lettre (a).

(f) Le nom de l'auteur et le titre de l'édition déterminée de l'œuvre doivent être imprimés sur tous les exemplaires de la reproduction publiée. La licence ne s'étendra pas à l'exportation d'exemplaires et elle ne sera valable que pour l'édition à l'intérieur du territoire de l'Etat contractant où cette licence à été demandée. La licence ne pourra être cédée par son bénéficiaire.

(g) La législation nationale adoptera des mesures appropriées pour assurer une reproduction exacte de l'édition dont il s'agit.

(h) Une licence en vue de reproduire et de publier une traduction d'une œuvre ne sera pas accordée, au titre du présent article, dans les cas ci-après:

(i) lorsque la traduction dont il s'agit n'a pas été publiée par le titulaire du droit d'auteur ou avec son autorisation;

(ii) lorsque la traduction n'est pas dans une langue d'usage général dans l'Etat qui est habilité à délivrer la licence.

2. Les dispositions qui suivent s'appliquent aux exceptions prévues à l'alinéa 1 du présent article:

(a) Tout exemplaire publié conformément à une licence accordée au titre du présent article devra contenir une mention dans la langue appropriée précisant que l'exemplaire n'est mis en distribution que dans l'Etat contractant auquel ladite licence s'ap-

(a) has taken place during that period.

(f) The name of the author and the title of the particular edition of the work shall be printed on all copies of the published reproduction. The licence shall not extend to the export of copies and shall be valid only for publication in the territory of the Contracting State where it has been applied for. The licence shall not be transferable by the licensee.

(g) Due provision shall be made by domestic legislation to ensure an accurate reproduction of the particular edition in question.

(h) A licence to reproduce and publish a translation of a work shall not be granted under this Article in the following cases:

(i) where the translation is not published by the owner of the right of translation or with his authorization;

(ii) where the translation is not in a language in general use in the State with power to grant the licence.

2. The exceptions provided for in paragraph 1 are subject to the following additional provisions:

(a) Any copy published in accordance with a licence granted under this Article shall bear a notice in the appropriate language stating that the copy is available for distribution only in the Contracting State to which the said licence applies. If the edi-

plique; si l'œuvre porte la mention indiquée à l'alinéa 1 de l'article III, les exemplaires ainsi publiés devront porter la même mention.

(b) Les dispositions appropriées seront prises sur le plan national pour que:

(i) la licence comporte une rémunération équitable et conforme à l'échelle des redevances normalement versées dans le cas de licences librement négociées entre les intéressés dans les deux pays concernés;

(ii) la rémunération soit payée et transmise. S'il existe une réglementation nationale en matière de devises, l'autorité compétente ne ménagera aucun effort en recourant aux mécanismes internationaux, pour assurer la transmission de la rémunération en monnaie internationalement convertible ou en son équivalent.

(c) Chaque fois que des exemplaires d'une édition d'une œuvre sont mis en vente dans l'Etat contractant pour répondre aux besoins soit du grand public, soit de l'enseignement scolaire et universitaire, par le titulaire du droit de reproduction ou avec son autorisation, à un prix comparable à celui qui est d'usage dans l'Etat pour des œuvres analogues, toute licence accordée en vertu du présent article prendra fin si cette édition est dans la même langue que l'édition publiée en vertu de la licence

tion bears the notice specified in Article III (1), the copies shall bear the same notice.

(b) Due provision shall be made at the national level to ensure:

(i) that the licence provides for just compensation that is consistent with standards of royalties normally operating in the case of licences freely negotiated between persons in the two countries concerned; and

(ii) payment and transmittal of the compensation; however, should national currency regulations intervene, the competent authority shall make all efforts, by the use of international machinery, to ensure transmittal in internationally convertible currency or its equivalent.

(c) Whenever copies of an edition of a work are distributed in the Contracting State to the general public or in connexion with systematic instructional activities, by the owner of the right of reproduction or with his authorization, at a price reasonably related to that normally charged in the State for comparable works, any licence granted under this Article shall terminate if such edition is in the same language and is substantially the same in content as the edition published under the li-

et si son contenu est essentiellement le même. Les exemplaires déjà produits avant l'expiration de la licence pourront continuer d'être mis en circulation jusqu' à leur èpuisement.

(d) La licence ne peut être accordée quand l'auteur a retiré de la circulation tous les exemplaires d' une édition.

3. (a) Sous réserve des dispositions de l'alinéa (b), les œuvres littéraires, scientifiques ou artistiques auxquelles s'applique le présent article sont limitées aux œuvres publiées sous forme d'édition imprimée ou sous toute autre forme analogue de reproduction.

(b) Le présent article est également applicable à la reproduction audio-visuelle de fixations licites audio-visuelles en tant qu'elles constituent ou incorporent des œuvres protégées ainsi qu'à la traduction du texte qui les accompagne dans une langue d'usage général dans l'Etat qui est habilité à délivrer la licence, étant bien entendu que les fixations audio-visuelles dont il s'agit ont été conçues et publiées aux seules fins de l'usage scolaire et universitaire.

cence. Any copies already made before the licence is terminated may continue to be distributed until their stock is exhausted.

(d) No licence shall be granted when the author has withdrawn from circulation all copies of the edition in question.

3. (a) Subject to sub-paragraph (b), the literary, scientific or artistic works to which this Article applies shall be limited to works published in printed or analogous forms of reproduction.

(b) The provisions of this Article shall also apply to reproduction in audio-visual form of lawfully made audio-visual fixations including any protected works incorporated therein and to the translation of any incorporated text into a language in general use in the State with power to grant the licence; always provided that the audio-visual fixations in question were prepared and published for the sole purpose of being used in connexion with systematic instructional activities.

Artikel V^quater

1. Ein Vertragsstaat, auf den Artikel V^bis Absatz 1 zutrifft, kann folgende Bestimmungen annehmen:

a) Sind innerhalb

i) der in Buchstabe c festgelegten und vom Zeitpunkt der ersten Veröffentlichung einer bestimmten Ausgabe eines in Absatz 3 bezeichneten Werkes der Literatur, Wissenschaft oder Kunst an zu berechnenden Frist oder

ii) einer längeren, in seinen innerstaatlichen Rechtsvorschriften festgelegten Frist

in diesem Staat vom Inhaber des Vervielfältigungsrechts oder mit seiner Erlaubnis Werkstücke der Ausgabe zu einem Preis, der dem für vergleichbare Werke dort üblichen Preis entspricht, der Allgemeinheit oder für den Gebrauch im Zusammenhang mit systematischem Unterricht nicht zum Kauf angeboten worden, so kann jeder Angehörige dieses Staates von der zuständigen Behörde eine nicht ausschließliche Lizenz erhalten, die Ausgabe zu diesem oder einem niedrigeren Preis für den Gebrauch im Zusammenhang mit systematischem Unterricht zu veröffentlichen. Die Lizenz darf nur erteilt werden, wenn der Antragsteller gemäß den Rechtsvorschriften dieses Staates nachweist, daß er um die Erlaubnis des Rechtsinhabers zur Veröffentlichung des Werkes ersucht und diese nicht erhalten hat oder daß er den Rechtsinhaber trotz gehöriger Bemühungen nicht ausfindig machen konnte. Gleichzeitig mit dem Gesuch an den Rechtsinhaber hat der Antragsteller entweder das von der Organisation der Vereinten Nationen für Erziehung, Wissenschaft und Kultur errichtete Internationale Informationszentrum für Urheberrecht oder jedes in Buchstabe d bezeichnete nationale oder regionale Informationszentrum zu unterrichten.

b) Eine Lizenz kann unter denselben Bedingungen auch erteilt werden, wenn mit Erlaubnis des Rechtsinhabers hergestellte Werkstücke der Ausgabe zu einem Preis, der dem für vergleichbare Werke in dem Staat üblichen Preis entspricht, sechs Monate lang für die Allgemeinheit oder für den Gebrauch im Zusammenhang mit systematischem Unterricht nicht mehr zum Verkauf standen.

c) Die in Buchstabe a bezeichnete Frist beträgt fünf Jahre; dagegen beträgt sie

i) drei Jahre für Werke aus den Bereichen der Naturwissenschaften, Mathematik und Technik und

ii) sieben Jahre für Romane, Gedichte und Dramen sowie für musikalische Werke und Kunstbücher.

d) Vermag der Antragsteller den Inhaber des Vervielfältigungsrechts nicht ausfindig zu machen, so hat er eine Abschrift seines Lizenzantrags mit eingeschriebener Luftpost dem Verleger, dessen Name auf dem Werk angegeben ist, und jedem nationalen oder regionalen Informationszentrum zu senden, das von der Regierung des Staates, in dem der Verleger vermutlich den Mittelpunkt seiner Geschäftstätigkeit hat, in einer beim Generaldirektor hinterlegten Notifikation bezeichnet worden ist. Mangels einer solchen Notifikation hat er eine Abschrift auch dem von der Organisation der Vereinten Nationen für Erziehung, Wissenschaft und Kultur errichteten Internationalen Informationszentrum für Urheberrecht zu senden. Die Lizenz darf nicht vor Ablauf von drei Monaten seit Absendung der Abschriften des Antrags erteilt werden.

e) Eine nach drei Jahren erwirkbare Lizenz darf nach diesem Artikel erst erteilt werden,

i) wenn eine Frist von sechs Monaten seit dem Zeitpunkt des in Buchstabe a bezeichneten Gesuchs um Erlaubnis oder, sofern der Inhaber des Vervielfältigungsrechts oder seine Anschrift unbekannt ist, seit dem Zeitpunkt der in Buchstabe d vorgesehenen Versendung von Abschriften des Lizenzantrags abgelaufen ist, und

ii) wenn innerhalb dieser Frist Werkstücke der Ausgabe nicht, wie in Buchstabe a erwähnt, in Verkehr gebracht worden sind.

f) Der Name des Urhebers und der Titel der Ausgabe sind auf allen Werkstücken der veröffentlichten Vervielfältigung im Druck anzugeben. Die Lizenz erstreckt sich nicht auf die Ausfuhr von Werkstücken und gilt nur für die Veröffentlichung im Hoheitsgebiet des Vertragsstaats, in dem die Lizenz beantragt worden ist. Die Lizenz kann vom Lizenznehmer nicht übertragen werden.

g) Die innerstaatliche Gesetzgebung hat eine genaue Wiedergabe der Ausgabe zu gewährleisten.

h) Eine Lizenz zur Vervielfältigung und Veröffentlichung der Übersetzung eines Werkes wird nach diesem Artikel nicht erteilt,

i) wenn die Übersetzung nicht vom Inhaber des Übersetzungsrechts oder mit seiner Erlaubnis veröffentlicht worden ist oder

ii) wenn die Übersetzung nicht in einer Sprache abgefaßt ist, die in dem Staat, der zur Erteilung der Lizenz befugt ist, allgemein gebräuchlich ist.

2. Ferner gelten für die in Absatz 1 vorgesehenen Ausnahmen die folgenden Bestimmungen:

a) Alle Werkstücke, die gemäß einer nach diesem Artikel erteilten Lizenz veröffentlicht werden, haben in der betreffenden Sprache einen Vermerk zu tragen, daß sie nur in dem Vertragsstaat, auf den sich die Lizenz bezieht, in Verkehr gebracht werden dürfen. Trägt die Ausgabe den in Artikel III Absatz 1 bezeichneten Vermerk, so haben die Werkstücke denselben Vermerk zu tragen.

b) Auf nationaler Ebene ist dafür zu sorgen, daß

i) die Lizenz eine angemessene Vergütung vorsieht, die der bei frei vereinbarten Lizenzen zwischen Personen in den beiden betreffenden Ländern üblichen Vergütung entspricht, und

ii) Zahlung und Transfer der Vergütung bewirkt werden; bestehen nationale Devisenbeschränkungen, so hat die zuständige Behörde unter Zuhilfenahme internationaler Einrichtungen alles ihr Mögliche zu tun, um den Transfer der Vergütung in international konvertierbarer Währung oder gleichgestellten Zahlungsmitteln sicherzustellen.

c) Werden vom Inhaber des Vervielfältigungsrechts oder mit seiner Erlaubnis Werkstücke der Ausgabe eines Werkes in dem Vertragsstaat

dem allgemeinen Publikum oder für den Gebrauch im Zusammenhang mit systematischem Unterricht zu einem Preis, der dem für vergleichbare Werke dort üblichen Preis entspricht, zum Kauf angeboten, so erlischt jede nach diesem Artikel erteilte Lizenz, sofern diese Ausgabe in derselben Sprache abgefaßt ist und im wesentlichen den gleichen Inhalt hat wie die aufgrund der Lizenz veröffentlichte Ausgabe. Werkstücke, die bereits vor Erlöschen der Lizenz hergestellt worden sind, dürfen weiterhin in Verkehr gebracht werden, bis der Vorrat erschöpft ist.

d) Eine Lizenz wird nicht erteilt, wenn der Urheber alle Werkstücke der Ausgabe aus dem Verkehr gezogen hat.

3. a) Vorbehaltlich des Buchstaben b ist dieser Artikel nur auf Werke der Literatur, Wissenschaft oder Kunst anwendbar, die im Druck oder in einer entsprechenden Vervielfältigungsform veröffentlicht worden sind.

b) Dieser Artikel ist auch auf die audio-visuelle Vervielfältigung rechtmäßig hergestellter audio-visueller Festlegungen, soweit sie selbst geschützte Werke sind oder geschützte Werke enthalten, und auf die Übersetzung des in ihnen enthaltenen Textes in eine Sprache anwendbar, die in dem Staat, der zur Erteilung der Lizenz befugt ist, allgemein gebräuchlich ist, immer vorausgesetzt, daß die betreffenden audio-visuellen Festlegungen ausschließlich für den Gebrauch im Zusammenhang mit systematischem Unterricht hergestellt und veröffentlicht worden sind.

Article VI

Par «publication» au sens de la présente Convention, il faut entendre la reproduction sous une forme matérielle et la mise à la disposition du public d'exemplaires de l'œuvre permettant de la lire ou d'en prendre connaissance visuellement.

Article VI

„Publication", as used in this Convention, means the reproduction in tangible form and the general distribution to the public of copies of a work from which it can be read or otherwise visually perceived.

Artikel VI

Eine „Veröffentlichung" im Sinn dieses Abkommens liegt vor, wenn das Werk in einer körperlichen Form vervielfältigt und der Öffentlichkeit durch Werkstücke zugänglich gemacht wird, die es gestatten, das Werk zu lesen oder sonst mit dem Auge wahrzunehmen.

Article VII

La présente Convention ne s'applique pas aux œuvres ou aux droits sur ces œuvres qui, lors de l'entrée en vigueur de la présente Convention dans l'Etat contractant où la

Article VII

This Convention shall not apply to works or rights in works which, at the effective date of this Convention in a Contracting State where protection is claimed, are permanently

protection est demandée, auraient cessé définitivement d'être protégées dans cet Etat ou ne l'auraient jamais été.

in the public domain in the said Contracting State.

Artikel VII

Dieses Abkommen findet keine Anwendung auf Werke oder auf Rechte an Werken, die bei Inkrafttreten des Abkommens in dem Vertragsstaat, in dem der Schutz beansprucht wird, endgültig den Schutz verloren haben oder niemals geschützt waren.

Article VIII

1. La présente Convention, qui portera la date du 24 juillet 1971, sera déposée auprès du Directeur général et restera ouverte à la signature de tous les Etats parties à la Convention de 1952, pendant une période de cent vingt jours à compter de la date de la présente Convention. Elle sera soumise à la ratification ou à l'acceptation des Etats signataires.

2. Tout Etat qui n'aura pas signé la présente Convention pourra y adhérer.

3. La ratification, l'acceptation ou l'adhésion sera opérée par le dépôt d'un instrument à cet effet, auprès du Directeur général.

Article VIII

1. This Convention, which shall bear the date of 24 July 1971, shall be deposited with the Director-General and shall remain open for signature by all States party to the 1952 Convention for a period of 120 days after the date of this Convention. It shall be subject to ratification or acceptance by the signatory States.

2. Any State which has not signed this Convention may accede thereto.

3. Ratification, acceptance or accession shall be effected by the deposit of an instrument to that effect with the Director-General.

Artikel VIII

1. Dieses Abkommen, das das Datum vom 24. Juli 1971 trägt, wird beim Generaldirektor hinterlegt und liegt nach diesem Datum während eines Zeitraums von 120 Tagen zur Unterzeichnung durch alle Mitgliedstaaten des Abkommens von 1952 auf. Es bedarf der Ratifikation oder Annahme durch die Unterzeichnerstaaten.

2. Jeder Staat, der dieses Abkommen nicht unterzeichnet hat, kann ihm beitreten.

3. Ratifikation, Annahme oder Beitritt werden durch die Hinterlegung einer entsprechenden Urkunde beim Generaldirektor bewirkt.

Article IX

1. La présente Convention entrera en vigueur trois mois après le dépôt de douze instruments de ratification, d'acceptation ou d'adhésion.

2. Par la suite, la présente Convention entrera en vigueur, pour chaque Etat, trois mois après le dépôt de l'instrument de ratification, d'acceptation ou d'adhésion spécial à cet Etat.

3. L'adhésion à la présente Convention d'un Etat non partie à la Convention de 1952 constitue aussi une adhésion à ladite Convention; toutefois, si son instrument d'adhésion est déposée avant l'entrée en vigueur de la présente Convention, cet Etat pourra subordonner son adhésion à la Convention de 1952 à l'entrée en vigueur de la présente Convention. Après l'entrée en vigueur de la présente Convention, aucun Etat ne pourra adhérer exclusivement à la Convention de 1952.

4. Les relations entre les Etats parties à la présente Convention et les Etats qui sont parties seulement à la Convention de 1952 sont régies par la Convention de 1952. Toutefois, tout Etat partie seulement à la Convention de 1952 pourra déclarer par une notification déposée auprès du Directeur général qu'il admet l'application de la Convention de 1971 aux œuvres de ses ressortissants ou publiées pour la première fois sur son territoire par tout Etat partie à la présente Convention.

Article IX

1. This Convention shall come into force three months after the deposit of twelve instruments of ratification, acceptance or accession.

2. Subsequently, this Convention shall come into force in respect of each State three months after that State has deposited its instrument of ratification, acceptance or accession.

3. Accession to this Convention by a State not party to the 1952 Convention shall also constitute accession to that Convention; however, if its instrument of accession is deposited before this Convention comes into force, such State may make its accession to the 1952 Convention conditional upon the coming into force of this Convention. After the coming into force of this Convention, no State may accede solely to the 1952 Convention.

4. Relations between States party to this Convention and States that are party only to the 1952 Convention, shall be governed by the 1952 Convention. However, any State party only to the 1952 Convention may, by a notification deposited with the Director-General, declare that it will admit the application of the 1971 Convention to works of its nationals or works first published in its territory by all States party to this Convention.

Artikel IX

1. Dieses Abkommen tritt drei Monate nach Hinterlegung von zwölf Ratifikations-, Annahme- oder Beitrittsurkunden in Kraft.

2. Danach tritt dieses Abkommen für jeden Staat drei Monate nach Hinterlegung seiner Ratifikations-, Annahme- oder Beitrittsurkunde in Kraft.

3. Für einen Staat, der dem Abkommen von 1952 nicht angehört, gilt der Beitritt zu diesem Abkommen zugleich als Beitritt zu dem Abkommen von 1952; hinterlegt jedoch ein Staat seine Beitrittsurkunde vor Inkrafttreten dieses Abkommens, so kann er seinen Beitritt zu dem Abkommen von 1952 von dem Inkrafttreten dieses Abkommens abhängig machen. Nach dem Inkraftreten dieses Abkommens kann kein Staat nur dem Abkommen von 1952 beitreten.

4. Die Beziehungen zwischen den Staaten, die diesem Abkommen, und den Staaten, die nur dem Abkommen von 1952 angehören, richten sich nach dem Abkommen von 1952. Jedoch kann jeder Staat, der nur dem Abkommen von 1952 angehört, durch eine beim Generaldirektor hinterlegte Notifikation erklären, daß er die Anwendung des Abkommens von 1971 auf Werke seiner Staatsangehörigen oder auf Werke, die zum ersten Mal in seinem Hoheitsgebiet veröffentlicht worden sind, durch alle Staaten, die diesem Abkommen angehören, zuläßt.

Article X

1. Tout Etat contractant s'engage à adopter, conformément aux dispositions de sa Constitution, les mesures nécessaires pour assurer l'application de la présente Convention.

2. Il est entendu qu'à la date où la présente Convention entre en vigueur pour un Etat, cet Etat doit être en mesure, d'après sa législation nationale, d'appliquer les dispositions de la présente Convention.

Article X

1. Each Contracting State undertakes to adopt, in accordance with its Constitution, such measures as are necessary to ensure the application of this Convention.

2. It is understood that at the date this Convention comes into force in respect of any State, that State must be in a position under its domestic law to give effect to the terms of this Convention.

Artikel X

1. Jeder Vertragsstaat verpflichtet sich, gemäß seiner Verfassung die notwendigen Maßnahmen zu ergreifen, um die Anwendung dieses Abkommens zu gewährleisten.

2. Es besteht Einverständnis darüber, daß jeder Staat in dem Zeitpunkt, in dem dieses Abkommen für ihn in Kraft tritt, nach seinen innerstaatlichen Rechtsvorschriften in der Lage sein muß, den Bestimmungen dieses Abkommens Wirkung zu verleihen.

Article XI

1. Il est créé un Comité intergou-

Article XI

1. An Intergovernmental Commit-

vernemental ayant les attributions suivantes:

(a) étudier les problèmes relatifs à l'application et au fonctionnement de la Convention universelle;

(b) préparer les révisions périodiques de cette Convention;

(c) étudier tout autre problème relatif à la protection internationale du droit d'auteur, en collaboration avec les divers organismes internationaux intéressés, notamment avec l'Organisation des Nations Unies pour l'éducation, la science et la culture, l'Union internationale pour la protection des œuvres littéraires et artistiques et l'Organisation des Etats américains;

(d) renseigner les Etats parties à la Convention universelle sur ses travaux.

2. Le Comité est composé de représentants de dix-huit Etats parties à la présente Convention ou seulement à la Convention de 1952.

3. Le Comité est désigné en tenant compte d'un juste équilibre entre les intérêts nationaux sur la base de la situation géographique, de la population, des langues et du degré de développement.

4. Le Directeur général de l'Organisation des Nations Unies pour l'éducation, la science et la culture, le Directeur général de l'Organisation mondiale de la propriété intellectuelle et le Secrétaire général de l'Organisation des Etats américains, ou leurs représentants, peuvent assister aux séances du Comité avec voix consultative.

tee is hereby established with the following duties:

(a) to study the problems concerning the application and operation of the Universal Copyright Convention;

(b) to make preparation for periodic revisions of this Convention;

(c) to study any other problems concerning the international protection of copyright, in co-operation with the various interested international organizations, such as the United Nations Educational, Scientific and Cultural Organization, the International Union for the Protection of Literary and Artistic Works and the Organization of American States;

(d) to inform States party to the Universal Copyright Convention as to its activities.

2. The Committee shall consist of the representatives of eighteen States party to this Convention or only to the 1952 Convention.

3. The Committee shall be selected with due consideration to a fair balance of national interests on the basis of geographical location, population, languages and stage of development.

4. The Director-General of the United Nations Educational, Scientific and Cultural Organization, the Director-General of the World Intellectual Property Organization and the Secretary-General of the Organization of American States, or their representatives, may attend meetings of the Committee in an advisory capacity.

Artikel XI

1. Es wird ein Ausschuß von Regierungsvertretern gebildet, dem folgende Aufgaben obliegen:

a) Prüfung von Fragen, die sich auf die Anwendung und Ausführung des Welturheberrechtsabkommens beziehen;

b) Vorbereitung periodischer Revisionen dieses Abkommens;

c) Prüfung aller anderen den zwischenstaatlichen Urheberrechtsschutz betreffenden Fragen in Zusammenarbeit mit den verschiedenen interessierten zwischenstaatlichen Organisationen, insbesondere mit der Organisation der Vereinten Nationen für Erziehung, Wissenschaft und Kultur, mit dem Internationalen Verband zum Schutz von Werken der Literatur und Kunst und mit der Organisation der Amerikanischen Staaten;

d) Unterrichtung der Staaten, die dem Welturheberrechtsabkommen angehören, über seine Tätigkeit.

2. Der Ausschuß besteht aus Vertretern von achtzehn Staaten, die diesem Abkommen oder nur dem Abkommen von 1952 angehören.

3. Der Ausschuß wird unter gebührender Beachtung eines angemessenen Ausgleichs der nationalen Interessen auf der Grundlage der geographischen Lage, der Bevölkerung, der Sprachen und des Entwicklungsstadiums ausgewählt.

4. Der Generaldirektor der Organisation der Vereinten Nationen für Erziehung, Wissenschaft und Kultur, der Generaldirektor der Weltorganisation für geistiges Eigentum und der Generalsekretär der Organisation der Amerikanischen Staaten oder ihre Vertreter können an den Sitzungen des Ausschusses als Berater teilnehmen.

Article XII

Le Comité intergouvernemental convoquera des conférences de révision chaque fois que cela lui semblera nécessaire ou si la convocation est demandée par au moins dix Etats parties à la présente Convention.

Article XII

The Intergovernmental Committee shall convene a conference for revision whenever it deems necessary, or at the request of at least ten States party to this Convention.

Artikel XII

Der Ausschuß der Regierungsvertreter beruft eine Revisionskonferenz ein, wenn er es für notwendig erachtet oder wenn mindestens zehn Staaten, die diesem Abkommen angehören, es verlangen.

Article XIII

1. Tout Etat contractant peut, au moment du dépôt de l'instrument

Article XIII

1. Any Contracting State may, at the time of deposit of its instrument

de ratification, d'acceptation ou d'adhésion, ou par la suite, déclarer, par une notification adressée au Directeur général, que la présente Convention est applicable à tout ou partie des pays ou territoires dont il assure les relations extérieures; la Convention s'appliquera alors aux pays ou territoires désignés dans la notification à partir de l'expiration du délai de trois mois prévu à l'article IX. A défaut de cette notification, la présente Convention ne s'appliquera pas à ces pays ou territoires.

2. Toutefois, le présent article ne saurait en aucun cas être interprété comme impliquant la reconnaissance ou l'acceptation tacite par l'un quelconque des Etats contractants de la situation de fait de tout territoire auquel la présente Convention est rendue applicable par un autre Etat contractant en vertu du présent article.

of ratification, acceptance or accession, or at any time thereafter, declare by notification addressed to the Director-General that this Convention shall apply to all or any of the countries or territories for the international relations of which it is responsible and this Convention shall thereupon apply to the countries or territories named in such notification after the expiration of the term of three months provided for in Article IX. In the absence of such notification, this Convention shall not apply to any such country or territory.

2. However, nothing in this Article shall be understood as implying the recognition or tacit acceptance by a Contracting State of the factual situation concerning a country or territory to which this Convention is made applicable by another Contracting State in accordance with the provisions of this Article.

Artikel XIII

1. Jeder Vertragsstaat kann bei der Hinterlegung seiner Ratifikations-, Annahme- oder Beitrittsurkunde oder später durch eine an den Generaldirektor gerichtete Notifikation erklären, daß dieses Abkommen auf alle oder einzelne der Länder oder Gebiete anwendbar ist, deren auswärtige Beziehungen er wahrnimmt. Das Abkommen ist sodann auf die in der Notifikation bezeichneten Länder oder Gebiete nach Ablauf der in Artikel IX vorgesehenen Frist von drei Monaten anzuwenden. Mangels einer solchen Notifikation ist dieses Abkommen auf diese Länder und Gebiete nicht anwendbar.

2. Dieser Artikel darf jedoch nicht dahin ausgelegt werden, daß er für einen Vertragsstaat die Anerkennung oder stillschweigende Hinnahme der tatsächlichen Lage eines Landes oder Gebiets in sich schließt, auf das dieses Abkommen durch einen anderen Vertragsstaat aufgrund dieses Artikels anwendbar gemacht wird.

Article XIV

1. Tout Etat contractant aura la faculté de dénoncer la présente Con-

Article XIV

1. Any Contracting State may denounce this Convention in its own

vention en son nom propre ou au nom de tout ou partie des pays ou territoires qui auraient fait l'objet de la notification prévue à l'article XIII. La dénonciation s'effectuera par notification adressée au Director général. Cette dénonciation s'appliquera aussi à la Convention de 1952.

2. Cette dénonciation ne produira effet qu'à l'égard de l'Etat ou du pays ou territoire au nom duquel elle aura été faite et seulement douze mois après la date à laquelle la notification a été reçue.

name or on behalf of all or any of the countries or territories with respect to which a notification has been given under Article XIII. The denunciation shall be made by notification addressed to the Director-General. Such denunciation shall also constitute denunciation of the 1952 Convention.

2. Such denunciation shall operate only in respect of the State or of the country or territory on whose behalf it was made and shall not take effect until twelve months after the date of receipt of the notification.

Artikel XIV

1. Jeder Vertragsstaat kann dieses Abkommen im eigenen Namen oder im Namen aller oder einzelner der Länder oder Gebiete kündigen, für die er eine Notifikation gemäß Artikel XIII abgegeben hat. Die Kündigung erfolgt durch eine an den Generaldirektor gerichtete Notifikation. Diese Kündigung gilt auch als Kündigung des Abkommens von 1952.

2. Die Kündigung hat nur für den Staat oder für das Land oder Gebiet Wirkung, in dessen Namen sie abgegeben wird; sie wird erst zwölf Monate nach dem Tag des Eingangs der Notifikation wirksam.

Article XV

Tout différend entre deux ou plusieurs Etats contractants concernant l'interprétation ou l'application de la présente Convention qui ne sera pas réglé par voie de négociation sera porté devant la Cour internationale de justice pour qu'il soit statué par elle, à moins que les Etats en cause ne conviennent d'un autre mode de règlement.

Article XV

A dispute between two or more Contracting States concerning the interpretation or application of this Convention, not settled by negotiation, shall, unless the States concerned agree on some other method of settlement, be brought before the International Court of Justice for determination by it.

Artikel XV

Jede Streitigkeit zwischen zwei oder mehr Vertragsstaaten über die Auslegung oder Anwendung dieses Abkommens, die nicht auf dem Verhandlungsweg beigelegt wird, ist dem Internationalen Gerichtshof zur Entscheidung vorzulegen, sofern die beteiligten Staaten keine andere Regelung vereinbaren.

Article XVI

1. La présente Convention sera établie en français, en anglais et en espagnol. Les trois textes seront signés et feront également foi.

2. Il sera établi par le Directeur général, après consultation des gouvernements intéressés, des textes officiels de la présente Convention en allemand, en arabe, en italien et en portugais.

3. Tout Etat contractant ou groupe d'Etats contractants pourra faire établir par le Directeur général, en accord avec celui-ci, d'autres textes dans la langue de son choix.

4. Tous ces textes seront annexés au texte signé de la présente Convention.

Article XVI

1. This Convention shall be established in English, French and Spanish. The three texts shall be signed and shall be equally authoritative.

2. Official texts of this Convention shall be established by the Director-General, after consultation with the governments concerned, in Arabic, German, Italian and Portuguese.

3. Any Contracting State or group of Contracting States shall be entitled to have established by the Director-General other texts in the language of its choice by arrangement with the Director-General.

4. All such texts shall be annexed to the signed texts of this Convention.

Artikel XVI

1. Dieses Abkommen wird in englischer, französischer und spanischer Sprache abgefaßt. Die drei Texte sind zu unterzeichnen und sind gleichermaßen verbindlich.

2. Amtliche Texte werden vom Generaldirektor nach Konsultierung der beteiligten Regierungen in arabischer, deutscher, italienischer und portugiesischer Sprache hergestellt.

3. Jeder Vertragsstaat oder jede Gruppe von Vertragsstaaten ist berechtigt, im Einvernehmen mit dem Generaldirektor und durch ihn andere Texte in der Sprache ihrer Wahl herstellen zu lassen.

4. Alle diese Texte werden dem unterzeichneten Text dieses Abkommens beigefügt.

Article XVII

1. La présente Convention n'affecte en rien les dispositions de la Convention de Berne pour la protection des œuvres littéraires et artistiques ni l'appartenance à l'Union créée par cette dernière Convention.

2. En vue de l'application de l'alinéa précédent, une déclaration est

Article XVII

1. This Convention shall not in any way affect the provisions of the Berne Convention for the Protection of Literary and Artistic Works or membership in the Union created by that Convention.

2. In application of the foregoing paragraph, a declaration has been

annexée au présent article. Cette déclaration fait partie intégrante de la présente Convention pour les Etats liés par la Convention de Berne au 1er janvier 1951 ou qui y auront adhéré ultérieurement. La signature de la présente Convention par les Etats mentionnés ci-dessus vaut également signature de la déclaration; toute ratification ou acceptation de la présente Convention, toute adhésion à celle-ci par ces Etats emportera également ratification, acceptation ou adhésion à la déclaration.

annexed to the present Article. This declaration is an integral part of this Convention for the States bound by the Berne Convention on 1 January 1951, or which have or may become bound to it at a later date. The signature of this Convention by such States shall also constitute signature of the said declaration, and ratification, acceptance or accession by such States shall include the declaration, as well as this Convention.

Artikel XVII

1. Dieses Abkommen berührt in keiner Weise die Bestimmungen der Berner Ubereinkunft zum Schutz von Werken der Literatur und Kunst noch die Mitgliedschaft in dem durch diese Ubereinkunft geschaffenen Verband.

2. Zur Ausführung des Absatzes 1 wird diesem Artikel eine Erklärung beigefügt. Diese Erklärung ist ein integrierender Bestandteil dieses Abkommens für die am 1. Januar 1951 durch die Berner Ubereinkunft gebundenen und für die ihr später beigetretenen oder beitretenden Staaten. Die Unterzeichnung dieses Abkommens durch solche Staaten gilt auch als Unterzeichnung der Erklärung; die Ratifikation oder Annahme dieses Abkommens oder der Beitritt hierzu durch solche Staaten gilt auch als Ratifikation oder Annahme dieser Erklärung oder Beitritt zu ihr.

Article XVIII

La présente Convention n'infirme pas les conventions ou accords multilatéraux ou bilatéraux sur le droit d'auteur qui sont ou peuvent être mis en vigueur entre deux ou plusieurs républiques américaines, mais exclusivement entre elles. En cas de divergences soit entre les dispositions d'une part de l'une de ces conventions ou de l'un de ces accords en vigueur et d'autre part les dispositions de la présente Convention, soit entre les dispositions de la présente Convention et celles de toute nouvelle convention ou de tout nouvel accord qui serait établi entre

Article XVIII

This Convention shall not abrogate multilateral or bilateral copyright conventions or arrangements that are or may be in effect exclusively between two or more American Republics. In the event of any difference either between the provisions of such existing conventions or arrangements and the provisions of this Convention, or between the provisions of this Convention and those of any new convention or arrangement which may be formulated between two or more American Republics after this Convention comes into force, the convention or arran-

deux ou plusieurs républiques américaines après l'entrée en vigueur de la présente Convention, la convention ou l'accord le plus récemment établi prévaudra entre les parties. Il n'est pas porté atteinte aux droits acquis sur une œuvre, en vertu de conventions ou accords en vigueur dans l'un quelconque des Etats contractants antérieurement à la date de l'entrée en vigueur de la présente Convention dans cet Etat.

gement most recently formulated shall prevail between the parties thereto. Rights in works acquired in any Contracting State under existing conventions or arrangements before the date this Convention comes into force in such State shall not be affected.

Artikel XVIII

Dieses Abkommen läßt die mehrseitigen oder zweiseitigen Verträge oder Vereinbarungen über das Urheberrecht unberührt, die ausschließlich zwischen zwei oder mehr amerikanischen Republiken in Kraft sind oder in Kraft treten werden. Weichen die Bestimmungen solcher bereits bestehenden Verträge oder Vereinbarungen von den Bestimmungen dieses Abkommens ab oder weichen die Bestimmungen dieses Abkommens von den Bestimmungen eines neuen Vertrags oder einer neuen Vereinbarung ab, die nach dem Inkrafttreten dieses Abkommens zwischen zwei oder mehr amerikanischen Republiken geschlossen werden, so hat der zuletzt geschlossene Vertrag oder die zuletzt geschlossene Vereinbarung unter den Mitgliedstaaten des Vertrags oder der Vereinbarung den Vorrang. Unberührt bleiben die Rechte an einem Werk, die in einem diesem Abkommen angehörenden Staat aufgrund bestehender Verträge oder Vereinbarungen erworben worden sind, bevor dieses Abkommen für diesen Staat in Kraft getreten ist.

Article XIX

La présente Convention n'infirme pas les conventions ou accords multilatéraux ou bilatéraux sur le droit d'auteur en vigueur entre deux ou plusieurs Etats contractants. En cas de divergences entre les dispositions de l'une de ces conventions ou l'un de ces accords et les dispositions de la présente Convention, les dispositions de la présente Convention prévaudront. Ne seront pas affectés les droits acquis sur une œuvre en vertu de conventions ou accords en vigueur dans l'un des Etats contrac-

Article XIX

This Convention shall not abrogate multilateral or bilateral conventions or arrangements in effect between two or more Contracting States. In the event of any difference between the provisions of such existing conventions or arrangements and the provisions of this Convention, the provisions of this Convention shall prevail. Rights in works acquired in any Contracting State under existing conventions or arrangements before the date on which this Convention comes into

tants antérieurement à la date de l'entrée en vigueur de la présente Convention dans ledit Etat. Le présent article ne déroge en rien aux dispositions des articles XVII et XVIII.

force in such State shall not be affected. Nothing in this Article shall affect the provisions of Articles XVII and XVIII.

Artikel XIX

Dieses Abkommen läßt die mehrseitigen oder zweiseitigen Verträge oder Vereinbarungen über das Urheberrecht unberührt, die zwischen zwei oder mehr diesem Abkommen angehörenden Staaten in Kraft sind. Weichen die Bestimmungen eines solchen Vertrags oder einer solchen Vereinbarung von den Bestimmungen dieses Abkommens ab, so haben die Bestimmungen dieses Abkommens den Vorrang. Unberührt bleiben die Rechte an einem Werk, die in einem diesem Abkommen angehörenden Staat aufgrund bestehender Verträge oder Vereinbarungen erworben worden sind, bevor dieses Abkommen für diesen Staat in Kraft getreten ist. Die Artikel XVII und XVIII dieses Abkommens werden durch diesen Artikel in keiner Weise berührt.

Article XX

Il n'est admis aucune réserve à la présente Convention.

Article XX

Reservations to this Convention shall not be permitted.

Artikel XX

Vorbehalte zu diesem Abkommen sind nicht zulässig.

Article XXI

1. Le Directeur général enverra des copies dûment certifiées de la présente Convention aux Etats intéressés ainsi qu'au Secrétaire général des Nations Unies pour enregistrement par les soins de celui-ci.

2. En outre, il informera tous les Etats intéressés du dépôt des instruments de ratification, d'acceptation ou d'adhésion, de la date d'entrée en vigueur de la présente Convention, des notifications prévues à la présente Convention et des dénonciations prévues à l'article XIV.

Article XXI

1. The Director-General shall send duly certified copies of this Convention to the States interested and to the Secretary-General of the United Nations for registration by him.

2. He shall also inform all interested States of the ratifications, acceptances and accessions which have been deposited, the date on which this Convention comes into force, the notifications under this Convention and denunciations under Article XIV.

Artikel XXI

1. Der Generaldirektor übermittelt gehörig beglaubigte Abschriften dieses Abkommens den interessierten Staaten und zum Zweck der Registrierung dem Generalsekretär der Vereinten Nationen.

2. Er unterrichtet außerdem alle interessierten Staaten über die Hinterlegung der Ratifikations-, Annahme- und Beitrittsurkunden, über den Tag des Inkrafttretens dieses Abkommens, über die aufgrund dieses Abkommens abgegebenen Notifikationen und über die Kündigungen gemäß Artikel XIV.

Déclaration annexe relative à l'article XVII

Les Etats membres de l'Union internationale pour la protection des œuvres littéraires et artistiques (ci-après dénommée «l'Union de Berne»), parties à la présente Convention,

Désirant resserrer leurs relations mutuelles sur la base de ladite Union et éviter tout conflit pouvant résulter de la coexistence de la Convention de Berne et de la Convention universelle sur le droit d'auteur,

Reconnaissant la nécessité temporaire pour certains Etats d'adapter leur degré de protection du droit d'auteur à leur niveau de développement culturel, social et économique,

Ont, d'un commun accord, accepté les termes de la déclaration suivante:

(a) Sous réserve des dispositions de la lettre (b), les œuvres qui, aux termes de la Convention de Berne, ont comme pays d'origine un pays ayant quitté, postérieurement au 1er janvier 1951, l'Union de Berne ne seront pas protégées par la Convention universelle sur le droit d'auteur dans les pays de l'Union de Berne;

(b) Au cas où un Etat contractant est considéré comme un pays en

Appendix Declaration relating to Article XVII

The States which are members of the International Union for the Protection of Literary and Artistic Works (hereinafter called "the Berne Union") and which are signatories to this Convention,

Desiring to reinforce their mutual relations on the basis of the said Union and to avoid any conflict which might result from the co-existence of the Berne Convention and the Universal Copyright Convention,

Recognizing the temporary need of some States to adjust their level of copyright protection in accordance with their stage of cultural, social and economic development,

Have, by common agreement, accepted the terms of the following declaration:

(a) Except as provided by paragraph (b), works which, according to the Berne Convention, have as their country of origin a country which has withdrawn from the Berne Union after 1 January 1951, shall not be protected by the Universal Copyright Convention in the countries of the Berne Union.

(b) Where a Contracting State is regarded as a developing country

voie de développement, conformément à la pratique établie de l'Assemblée générale des Nations Unies, et a déposé auprès du Directeur général de l'Organisation des Nations Unies pour l'éducation, la science et la culture, au moment de son retrait de l'Union de Berne, une notification aux termes de laquelle il déclare se considérer comme en voie de développement, les dispositions de la lettre (a) ne s'appliquent pas aussi longtemps que cet Etat pourra, conformément aux dispositions de l'article V^bis^, se prévaloir des exceptions prévues par la présente Convention;

(c) La Convention universelle sur le droit d'auteur ne sera pas applicable, dans les rapports entre les pays liés par la Convention de Berne, en ce qui concerne la protection des œuvres qui, aux termes de cette Convention de Berne, ont comme pays d'origine l'un des pays de l'Union de Berne.

in conformity with the established practice of the General Assembly of the United Nations, and has deposited with the Director-General of the United Nations Educational, Scientific and Cultural Organization, at the time of its withdrawal from the Berne Union, a notification to the effect that it regards itself as a developing country, the provisions of sub-paragraph (a) shall not be applicable as long as such State may avail itself of the exceptions provided for by this Convention in accordance with Article V^bis^.

(c) The Universal Copyright Convention shall not be applicable to the relationships among countries of the Berne Union in so far as it relates to the protection of works having as their country of origin, within the meaning of the Berne Convention, a country of the Berne Union.

Zusatzerklärung zu Artikel XVII

Die Mitgliedstaaten des Internationalen Verbandes zum Schutz von Werken der Literatur und Kunst (im folgenden als „Berner Verband" bezeichnet), die diesem Abkommen angehören,

— in dem Wunsch, ihre gegenseitigen Beziehungen auf der Grundlage dieses Verbandes enger zu gestalten und jeden Konflikt zu vermeiden, der sich aus dem Nebeneinanderbestehen der Berner Übereinkunft und des Welturheberrechtsabkommens ergeben könnte,

— in Anerkennung des zeitweiligen Bedürfnisses einiger Staaten, den Umfang des Urheberrechtsschutzes dem Stand ihrer kulturellen, sozialen und wirtschaftlichen Entwicklung anzupassen,

— haben in allseitiger Übereinstimmung folgende Erklärung angenommen:

a) Vorbehaltlich des Buchstaben b werden Werke, die als Ursprungsland im Sinn der Berner Übereinkunft ein Land haben, das nach dem 1. Januar 1951 aus dem Berner Verband ausgetreten ist, in den Ländern des Berner Verbandes nicht durch das Welturheberrechtsabkommen geschützt.

b) Für einen Vertragsstaat, der nach der bestehenden Übung der Generalversammlung der Vereinten Nationen als Entwicklungsland angesehen wird und der bei seinem Austritt aus dem Berner Verband beim Generaldirektor der Organisation der Vereinten Nationen für Erziehung, Wissenschaft und Kultur eine Notifikation hinterlegt hat, daß er sich als Entwicklungsland betrachtet, ist Buchstabe a nicht anwendbar, solange dieser Staat die in diesem Abkommen vorgesehenen Ausnahmen gemäß Artikel V^bis^ in Anspruch nehmen kann.

c) Das Welturheberrechtsabkommen ist in den Beziehungen zwischen den Ländern des Berner Verbandes auf den Schutz der Werke nicht anwendbar, die als Ursprungsland im Sinn der Berner Übereinkunft ein Land des Berner Verbandes haben.

Résolution concernant l'Article XI

La Conférence de révision de la Convention universelle sur le droit d'auteur,

Ayant considéré les questions relatives au Comité intergouvernemental prévu à Article XI de la présente Convention, à laquelle la présente résolution est annexée,

Décide ce qui suit:

1. Le Comité comprendra initialement des représentants des douze Etats membres du Comité intergouvernemental créé aux termes de l'article XI de la Convention de 1952 et de la résolution qui lui est annexée et, en outre, des représentants des Etats suivants: Algérie, Australie, Japon, Mexique, Sénégal, Yougoslavie.

2. Les Etats qui ne sont pas parties à la Convention de 1952 et qui n'auront pas adhéré à la présente Convention avant la première session ordinaire du Comité qui suivra l'entrée en vigueur de la présente Convention seront remplacés par d'autres Etats qui seront désignés par le Comité, lors de sa première session ordinaire, conformément aux dispositions des alinéas 2 et 3 de l'article XI.

Resolution Concerning Article XI

The Conference for Revision of the Universal Copyright Convention,

Having considered the problems relating to the Intergovernmental Committee provided for in Article XI of this Convention, to which this resolution is annexed,

Resolves that,

1. At its inception, the Committee shall include representatives of the twelve States members of the Intergovernmental Committee established under Article XI of the 1952 Convention and the resolution annexed to it, and, in addition, representatives of the following States: Algeria, Australia, Japan, Mexico, Senegal and Yugoslavia.

2. Any States that are not party to the 1952 Convention and have not acceded to this Convention before the first ordinary session of the Committee following the entry into force of this Convention shall be replaced by other States to be selected by the Committee at its first ordinary session in conformity with the provisions of Article XI (2) and (3).

3. Dès l'entrée en vigueur de la présente Convention, le Comité prévu à l'alinéa 1 sera considéré comme constitué conformément à l'article XI de la présente Convention.

4. Le Comité tiendra une première session dans le délai d'un an à partir de l'entrée en vigueur de la présente Convention; par la suite, le Comité se réunira en session ordinaire au moins une fois tous les deux ans.

5. Le Comité élira un président et deux vice-présidents. Il établira son règlement intérieur en s'inspirant des principes suivants:

(a) La durée normale du mandat des représentants sera de six ans avec renouvellement par tiers tous les deux ans, étant toutefois entendu que les premiers mandats viendront à expiration à raison d'un tiers à la fin de la seconde session ordinaire du Comité qui suivra l'entrée en vigueur de la présente Convention, un autre tiers à la fin de sa troisième session ordinaire et le tiers restant à la fin de sa quatrième session ordinaire.

(b) Les dispositions régissant la procédure selon laquelle le Comité pourvoira aux postes vacants, l'ordre d'expiration des mandats, le droit à la réélection et les procédures d'élection devront respecter un équilibre entre la nécessité d'une continuité dans la composition et celle d'une rotation dans la représentation, ainsi que les considérations mentionnées à l'alinéa 3 de l'article XI.

3. As soon as this Convention comes into force the Committee as provided for in paragraph 1 shall be deemed to be constituted in accordance with Article XI of this Convention.

4. A session of the Committee shall take place within one year after the coming into force of this Convention; thereafter the Committee shall meet in ordinary session at intervals of not more than two years.

5. The Committee shall elect its Chairman and two Vice-Chairmen. It shall establish its Rules of Procedure having regard to the following principles:

(a) The normal duration of the term of office of the members represented on the Committee shall be six years with one-third retiring every two years, it being however understood that, of the original terms of office, one-third shall expire at the end of the Committee's second ordinary session which will follow the entry into force of this Convention, a further third at the end of its third ordinary session, and the remaining third at the end of its fourth ordinary session.

(b) The rules governing the procedure whereby the Committee shall fill vacancies, the order in which terms of membership expire, eligibility for re-election, and election procedures, shall be based upon a balancing of the needs for continuity of membership and rotation of representation, as well as the considerations set out in Article XI (3).

Expresses the wish that the United

Emet le vœu que l'Organisation des Nations Unies pour l'éducation, la science et la culture assure le secrétariat du Comité.

Nations Educational, Scientific and Cultural Organization provide its Secretariat.

Entschließung zu Artikel XI

Die Revisionskonferenz für das Welturheberrechtsabkommen

— nach Erwägung der Fragen, die den Ausschuß der Regierungsvertreter betreffen, der in Artikel XI dieses Abkommens, dem diese Entschließung beigefügt wird, vorgesehen ist,

— beschließt folgendes:

1. Der Ausschuß besteht am Anfang aus Vertretern der zwölf Staaten, die Mitglieder des nach Artikel XI des Abkommens von 1952 und der ihm beigefügten Entschließung gebildeten Ausschusses der Regierungsvertreter sind, und außerdem aus Vertretern der folgenden Staaten: Algerien, Australien, Japan, Jugoslawien, Mexiko und Senegal.

2. Die Staaten, die dem Abkommen von 1952 nicht angehören und diesem Abkommen nicht vor der ersten ordentlichen Sitzung des Ausschusses nach Inkrafttreten dieses Abkommens beigetreten sind, werden durch andere Staaten ersetzt, die der Ausschuß in seiner ersten ordentlichen Sitzung gemäß Artikel XI Absatz 2 und 3 bestimmt.

3. Mit dem Inkrafttreten dieses Abkommens gilt der in Absatz 1 vorgesehene Ausschuß als gemäß Artikel XI dieses Abkommens gebildet.

4. Innerhalb eines Jahres seit Inkrafttreten dieses Abkommens hält der Ausschuß seine erste Sitzung ab; danach tritt er mindestens alle zwei Jahre einmal zu einer ordentlichen Sitzung zusammen.

5. Der Ausschuß wählt einen Präsidenten und zwei Vizepräsidenten. Er gibt sich seine Geschäftsordnung nach den folgenden Grundsätzen:

a) Die gewöhnliche Dauer des Mandats der Ausschußmitglieder beträgt sechs Jahre; alle zwei Jahre wird der Ausschuß zu einem Drittel erneuert, wobei jedoch Einverständnis darüber besteht, daß von den ersten Mandaten ein Drittel am Ende der zweiten ordentlichen Sitzung des Ausschusses nach dem Inkrafttreten dieses Abkommens, ein weiteres Drittel am Ende der dritten ordentlichen Sitzung und das verbleibende Drittel am Ende der vierten ordentlichen Sitzung erlischt.

b) Die Regeln für das Verfahren, nach dem der Ausschuß neue Mitglieder beruft, die Reihenfolge, in der die Mandate erlöschen, die Regeln für die Wiederwahl und das Wahlverfahren sollen sowohl einen Ausgleich zwischen der notwendigen Kontinuität der Mitgliedschaft und dem erforderlichen Wechsel in der Vertretung anstreben als auch den in Artikel XI Absatz 3 erwähnten Gesichtspunkten Rechnung tragen. —

wünscht, die Organisation der Vereinten Nationen für Erziehung, Wissenschaft und Kultur möge das Sekretariat des Ausschusses stellen.

EN FOI DE QUOI les soussignés, ayant déposé leurs pleins pouvoirs respectifs, ont signé la présente Convention.

FAIT à Paris, le vingt-quatre juillet 1971, en un exemplaire unique.

IN FAITH WHEREOF the undersigned, having deposited their respective full powers, have signed this Convention.

DONE at Paris, this twenty-fourth day of July 1971, in a single copy.

ZU URKUND DESSEN haben die Unterzeichneten nach Hinterlegung ihrer Vollmachten dieses Abkommen unterschrieben.

GESCHEHEN zu Paris am 24. Juli 1971 in einer einzigen Ausfertigung.

Protocole Annexe 1

à la Convention universelle sur le droit d'auteur révisée à Paris le 24 juillet 1971 concernant la protection des œuvres des personnes apatrides et des réfugiés

Les Etats parties à la Convention universelle sur le droit d'auteur révisée à Paris le 24 julliet 1971 (ci-après dénommée «la Convention de 1971») et devenant parties au présent Protocole

Sont convenus des dispositions suivantes:

1. Les personnes apatrides et les réfugiés ayant leur résidence habituelle dans un Etat contractant sont, pour l'application de la Convention de 1971, assimilés aux ressortissants de cet Etat.

2. (a) Le présent Protocole sera signé et soumis à la ratification ou à l'acceptation par les Etats signataires, et il pourra y être adhéré, conformément aux dispositions de l'article VIII de la Convention de 1971.

Protocol 1

Annexed to the Universal Copyright Convention as revised at Paris on 24 July 1971 concerning the application of that Convention to works of Stateless persons and refugees

The States party hereto, being also party to the Universal Copyright Convention as revised at Paris on 24 July 1971 (hereinafter called „the 1971 Convention"),

Have accepted the following provisions:

1. Stateless persons and refugees who have their habitual residence in a State party to this Protocol shall, for the purposes of the 1971 Convention, be assimilated to the nationals of that State.

2. (a) This Protocol shall be signed and shall be subject to ratification or acceptance, or may be acceded to, as if the provisions of Article VIII of the 1971 Convention applied hereto.

(b) Le présent Protocole entrera en vigueur pour chaque Etat à la date du dépôt de l'instrument de ratification, d'acceptation ou d'adhésion y relatif, à condition que cet Etat soit déjà partie à la Convention de 1971.

(c) A la date d'entrée en vigueur du présent Protocole pour un Etat non partie au Protocole annexe 1 à la Convention de 1952, ce dernier sera considéré comme entré en vigueur pour cet Etat.

EN FOI DE QUOI les soussignés dûment autorisés, ont signé le présent Protocole.

FAIT à Paris, le vingt-quatre juillet 1971, en français, en anglais et en espagnol, les trois textes faisant foi, en un exemplaire unique qui sera déposé auprès du Directeur général de l'Organisation des Nations Unies pour l'education, la science et la culture, qui en adressera une copie certifiée conforme aux Etats signataires, ainsi qu'au Secrétaire général des Nations Unies pour enregistrement par les soins de celui-ci.

(b) This Protocol shall enter into force in respect of each State, on the date of deposit of the instrument of ratification, acceptance or accession of the State concerned or on the date of entry into force of the 1971 Convention with respect to such State, whichever is the later.

(c) On the entry into force of this Protocol in respect of a State not party to Protocol 1 annexed to the 1952 Convention, the latter Protocol shall be deemed to enter into force in respect of such State.

IN FAITH WHEREOF the undersigned, being duly authorized thereto, have signed this Protocol.

DONE at Paris this twenty-fourth day of July 1971, in the English, French and Spanish languages, the three texts being equally authoritative, in a single copy which shall be beposited with the Director-General of the United Nations Educational, Scientific and Cultural Organization. The Director-General shall send certified copies to the signatory States, and to the Secretary-General of the United Nations for registration.

Zusatzprotokoll 1

zum Welturheberrechtsabkommen in der am 24. Juli 1971 in Paris revidierten Fassung über die Anwendung dieses Abkommens auf Werke von Staatenlosen und Flüchtlingen

Die diesem Protokoll angehörenden Staaten, die zugleich Vertragsstaaten des am 24. Juli 1971 in Paris revidierten Welturheberrechtsabkommens (im folgenden als „Abkommen von 1971" bezeichnet) sind,

haben folgendes vereinbart:

1. Staatenlose und Flüchtlinge, die ihren gewöhnlichen Aufenthalt in einem Vertragsstaat haben, werden für die Anwendung des Abkommens von 1971 den Angehörigen dieses Staates gleichgestellt.

2. a) Dieses Protokoll ist zu unterzeichnen, bedarf der Ratifikation oder Annahme durch die Unterzeichnerstaaten und steht zum Beitritt offen; Artikel VIII des Abkommens von 1971 ist zu beachten.

b) Dieses Protokoll tritt für jeden Staat am Tag der Hinterlegung seiner Ratifikations-, Annahme- oder Beitrittsurkunde oder an dem Tag in Kraft, an dem das Abkommen von 1971 für diesen Staat in Kraft tritt, sofern dieser Tag später liegt.

c) Für einen Staat, der dem Zusatzprotokoll 1 zum Abkommen von 1952 nicht angehört, gilt das genannte Zusatzprotokoll mit Inkrafttreten dieses Protokolls für diesen Staat als in Kraft getreten.

ZU URKUND DESSEN haben die hierzu gehörig bevollmächtigten Unterzeichneten dieses Protokoll unterschrieben.

GESCHEHEN zu Paris am 24. Juli 1971 in einer einzigen Ausfertigung in englischer, französischer und spanischer Sprache, wobei jeder Text gleichermaßen verbindlich ist; diese Ausfertigung wird beim Generaldirektor der Organisation der Vereinten Nationen für Erziehung, Wissenschaft und Kultur hinterlegt. Der Generaldirektor übermittelt beglaubigte Abschriften den Unterzeichnerstaaten und zum Zweck der Registrierung dem Generalsekretär der Vereinten Nationen.

Protocole Annexe 2

à la Convention universelle sur le droit d'auteur révisée à Paris le 24 juillet 1971 concernant l'application de la Convention aux œuvres de certaines organisations internationales

Les Etats parties à la Convention universelle sur le droit d'auteur révisée a Paris le 24 juillet 1971 (ci-après dénommée «la Convention de 1971») et devenant parties au présent Protocole

Sont convenus des dispositions suivantes:

1. (a) La protection prévue à l'alinéa 1 de l'article II de la Convention de 1971 s'applique aux œuvres publiées pour la première fois par l'Organisation des Nations Unies, par les institutions spécialisées reliées aux Nations Unies ou par l'Organisation des Etats américains.

Protocol 2

Annexed to the Universal Copyright Convention as revised at Paris on 24 July 1971 concerning the application of that Convention to the works of certain international organizations

The States party hereto, being also party to the Universal Copyright Convention as revised at Paris on 24 July 1971 (hereinafter called „the 1971 Convention"),

Have accepted the following provisons:

1. (a) The protection provided for in Article II (1) of the 1971 Convention shall apply to works published for the first time by the United Nations, by the Specialized Agencies in relationship therewith, or by the Organization of American States.

(b) De même, la protection prévue à l'alinéa 2 de l'article II de la Convention de 1971 s'applique aux susdites organisations ou institutions.

2. (a) Le présent Protocole sera signé et soumis à la ratification ou à l'acceptation par les Etats signataires, et il pourra y être adhéié, conformément aux dispositions de l'article VIII de la Convention de 1971.

(b) Le présent Protocole entrera en vigueur pour chaque Etat à la date du dépôt de l'instrument de ratification, d'acceptation ou d'adhésion y relatif, à condition que cet Etat soit déjà partie à la Convention de 1971.

EN FOI DE QUOI les soussignés dûment autorisés, ont signé le présent Protocole.

FAIT à Paris, le vingt-quatre juillet 1971, en français, en anglais et en espagnol, les trois textes faisant foi, en un exemplaire unique qui sera déposé auprès du Directeur général de l'Organisation des Nations Unies pour l'éducation, la science et la culture, qui en adressera une copie certifiée conforme aux Etats signataires, ainsi qu'au Secrétaire général des Nations Unies pour enregistrement par les soins de celuici.

(b) Similarly, Article II (2) of the 1971 Convention shall apply to the said organization or agencies.

2. (a) This Protocol shall be signed and shall be subject to ratification or acceptance, or may be acceded to, as if the provisions of Article VII of the 1971 Convention applied hereto.

(b) This Protocol shall enter into force for each State on the date of deposit of the instrument of ratification, acceptance or accession of the State concerned or on the date of entry into force of the 1971 Convention with respect to such State, whichever is the later.

IN FAITH WHEREOF the undersigned, being duly authorized thereto, have signed this Protocol.

DONE at Paris, this twenty-fourth day of July 1971, in the English, French and Spanish languages, the three texts being equally authoritative, in a single copy which shall be deposited with the Director-General of the United Nations Educational, Scientific and Cultural Organization. The Director-Generai shall send certified copies to the signatory States, and to the Secretary-General of the United Nations for registration.

Zusatzprotokoll 2

zum Welturheberrechtsabkommen in der am 24. Juli 1971 in Paris revidierten Fassung über die Anwendung dieses Abkommens auf Werke bestimmter internationaler Organisationen

Die diesem Protokoll angehörenden Staaten, die zugleich Vertragsstaaten des am 24. Juli 1971 in Paris revidierten Welturheberrechtsabkommens (im folgenden als „Abkommen von 1971" bezeichnet) sind,

haben folgendes vereinbart:

1. a) Der in Artikel II Absatz 1 des Abkommens von 1971 vorgesehene Schutz wird Werken gewährt, die zum ersten Mal durch die Organisation der Vereinten Nationen, durch die mit ihr verbundenen Sonderorganisationen oder durch die Organisation der Amerikanischen Staaten veröffentlicht worden sind.

b) Ebenso ist Artikel II Absatz 2 des Abkommens von 1971 zugunsten dieser Organisationen anzuwenden.

2. a) Dieses Protokoll ist zu unterzeichnen, bedarf der Ratifikation oder Annahme durch die Unterzeichnerstaaten und steht zum Beitritt offen; Artikel VIII des Abkommens von 1971 ist zu beachten.

b) Dieses Protokoll tritt für jeden Staat am Tag der Hinterlegung seiner Ratifikations-, Annahme- oder Beitrittsurkunde oder an dem Tag in Kraft, an dem das Abkommen von 1971 für diesen Staat in Kraft tritt, sofern dieser Tag später liegt.

ZU URKUND DESSEN haben die hierzu gehörig bevollmächtigten Unterzeichneten dieses Protokoll unterschrieben.

GESCHEHEN zu Paris am 24. Juli 1971 in einer einzigen Ausfertigung in englischer, französischer und spanischer Sprache, wobei jeder Text gleichermaßen verbindlich ist; diese Ausfertigung wird beim Generaldirektor der Organisation der Vereinten Nationen für Erziehung, Wissenschaft und Kultur hinterlegt. Der Generaldirektor übermittelt beglaubigte Abschriften den Unterzeichnerstaaten und zum Zweck der Registrierung dem Generalsekretär der Vereinten Nationen.

II. Berner Übereinkunft zum Schutz von Werken der Literatur und Kunst

vom 9. September 1886,

vervollständigt in Paris am 4. Mai 1896,
revidiert in Berlin am 13. November 1908,
vervollständigt in Bern am 20. März 1914
und revidiert in Rom am 2. Juni 1928,
in Brüssel am 26. Juni 1948,
in Stockholm am 14. Juli 1967
und in Paris am 24. Juli 1971

Convention de Berne pour la protection des œuvres littéraires et artistiques du 9 septembre 1886,

complétée à Paris le 4 mai 1896,
revisée à Berlin le 13 novembre 1908,
complétée à Berne le 20 mars 1914,
et revisée à Rome le 2 juin 1928,
à Bruxelles le 26 juin 1948,
à Stockholm le 14 juillet 1967,
et à Paris le 24 juillet 1971

Berne Convention for the Protection of Literary and Artistic Works of September 9, 1886,

completed at Paris on May 4, 1896,
revised at Berlin on November 13, 1908,
completed at Berne on March 20, 1914,
and revised at Rome on June 2, 1928,
at Brussels on June 26, 1948,
at Stockholm on July 14, 1967,
and at Paris on July 24, 1971

Les pays de l'Union,

également animés du désir de protéger d'une manière aussi efficace et aussi uniforme que possible les droits des auteurs sur leurs œuvres littéraires et artistiques,

Reconnaissant l'importance des travaux de la Conférence de revision tenue à Stockholm en 1967,

Ont résolu de reviser l'Acte adopté par la Conférence de Stockholm, tout en laissant sans changement les

The countries of the Union,

being equally animated by the desire to protect, in as effective and uniform a manner as possible, the rights of authors in their literary and artistic works,

Recognizing the importance of the work of the Revision Conference held at Stockholm in 1967,

Have resolved to revise the Act adopted by the Stockholm Conference, while maintaining without

articles 1 à 20 et 22 à 26 de cet Acte.

En conséquence, les Plénipotentiaires soussignés, après présentation de leurs pleins pouvoirs, reconnus en bonne et due forme, sont convenus de ce qui suit:

change Articles 1 to 20 and 22 to 26 of that Act.

Consequently, the undersigned Plenipotentiaries, having presented their full powers, recognized as in good and due form, have agreed as follows:

Die Verbandsländer

— gleichermaßen von dem Wunsch geleitet, die Rechte der Urheber an ihren Werken der Literatur und Kunst in möglichst wirksamer und gleichmäßiger Weise zu schützen,

in Anerkennung der Bedeutung der Arbeitsergebnisse der 1967 in Stockholm abgehaltenen Revisionskonferenz

— haben beschlossen, die von der Stockholmer Konferenz angenommene Fassung dieser Übereinkunft unter unveränderter Beibehaltung der Artikel 1 bis 20 und 22 bis 26 zu revidieren.

Die unterzeichneten Bevollmächtigten haben daher nach Vorlage ihrer in guter und gehöriger Form befundenen Vollmachten folgendes vereinbart:

Article premier

Les pays auxquels s'applique la présente Convention sont constitués à l'état d'Union pour la protection des droits des auteurs sur leurs œuvres littéraires et artistiques.

Article 1

The countries to which this Convention applies constitute a Union for the protection of the rights of authors in their literary and artistic works.

Artikel 1

Die Länder, auf die diese Übereinkunft Anwendung findet, bilden einen Verband zum Schutz der Rechte der Urheber an ihren Werken der Literatur und Kunst.

Article 2

1) Les termes «œuvres littéraires et artistiques» comprennent toutes les productions du domaine littéraire, scientifique et artistique, quel qu'en soit le mode ou la forme d'expression, telles que: les livres, brochures et autres écrits; les conférences, allocutions, sermons et autres œuvres de même nature; les œuvres dramatiques ou dramatico-musicales; les œuvres choréographiques et les pantomimes; les compositions musicales avec ou sans paroles; les œuvres cinématographiques, auxquelles

Article 2

(1) The expression "literary and artistic works" shall include every production in the literary, scientific and artistic domain, whatever may be the mode or form of its expression, such as books, pamphlets and other writings; lectures, addresses, sermons and other works of the same nature; dramatic or dramatico-musical works; choreographic works and entertainments in dumb show; musical compositions with or without words, cinematographic works to which are assimilated works ex-

sont assimilées les œuvres exprimées par un procédé analogue à la cinématographie; les œuvres de dessin, de peinture, d'architecture, de sculpture, de gravure, de lithographie; les œuvres photographiques, auxquelles sont assimilées les œuvres exprimées par un procédé analogue à la photographie; les œuvres des arts appliqués; les illustrations, les cartes géographiques, les plans, croquis et ouvrages plastiques relatifs à la géographie, à la topographie, à l'architecture ou aux sciences.

pressed by a process analogous to cinematography; works of drawing, painting, architecture, sculpture, engraving and lithography; photographic works to which are assimilated works expressed by a process analogous to photography; works of applied art; illustrations, maps, plans, sketches and threedimensional works relative to geography, topography, architecture or science.

2) Est toutefois réservée aux législations des pays de l'Union la faculté de prescrire que les œuvres littéraires et artistiques ou bien l'une ou plusieurs catégories d'entre elles ne sont pas protégées tant qu'elles n'ont pas été fixées sur un support matériel.

(2) It shall, however, be a matter for legislation in the countries of the Union to prescribe that works in general or any specified categories of works shall not be protected unless they have been fixed in some material form.

3) Sont protégés comme des œuvres originales, sans préjudice des droits de l'auteur de l'œuvre originale, les traductions, adaptations, arrangements de musique et autres transformations d'une œuvre littéraire ou artistique.

(3) Translations, adaptations, arrangements of music and other alterations of a literary or artistic work shall be protected as original works without prejudice to the copyright in the original work.

4) Il est réservé aux législations des pays de l'Union de déterminer la protection à accorder aux textes officiels d'ordre législatif, administratif ou judiciaire, ainsi qu'aux traductions officielles de ces textes.

(4) It shall be a matter for legislation in the countries of the Union to determine the protection to be granted to official texts of a legislative, administrative and legal nature, and to official translations of such texts.

5) Les recueils d'œuvres littéraires ou artistiques tels que les encyclopédies et anthologies qui, par le choix ou la disposition des matières, constituent des créations intellectuelles sont portégés comme telles, sans préjudice des droits des auteurs sur chacune des œuvres qui font partie de ces recueils.

(5) Collections of literary or artistic works such as encyclopaedias and anthologies which, by reason of the selection and arrangement of their contents, constitute intellectual creations shall be protected as such, without prejudice to the copyright in each of the works forming part of such collections.

6) Les œuvres mentionnées ci-dessus jouissent de la protection dans tous les pays de l'Union. Cette protection s'exerce au profit de l'auteur et de ses ayants droit.

(6) The works mentioned in this Article shall enjoy protection in all countries of the Union. This protection shall operate for the benefit of the author and his successors in title.

7) Il est réservé aux législations des pays de l'Union de régler le champ d'application des lois concernant les œuvres des arts appliqués et les dessins et modèles industriels, ainsi que les conditions de protection de ces œuvres, dessins et modèles, compte tenu des dispositions de l'article 7.4) de la présente Convention. Pour les œuvres protégées uniquement comme dessins et modèles dans le pays d'origine, il ne peut être réclamé dans un autre pays de l'Union que la protection spéciale accordée dans ce pays aux dessins et modèles; toutefois, si une telle protection spéciale n'est pas accordée dans ce pays, ces œuvres seront protégées comme œuvres artistiques.

(7) Subject to the provisions of Article 7 (4) of this Convention, it shall be a matter for legislation in the countries of the Union to determine the extent of the application of their laws to works of applied art and industrial designs and models, as well as the conditions under which such works, designs and models shall be protected. Works protected in the country of origin solely as designs and models shall be entitled in another country of the Union only to such special protection as is granted in that country to designs and models; however, if no such special protection is granted in that country, such works shall be protected as artistic works.

8) La protection de la présente Convention ne s'applique pas aux nouvelles du jour ou aux faits divers qui ont le caractère de simples informations de presse.

(8) The protection of this Convention shall not apply to news of the day or to miscellaneous facts having the character of mere items of press information.

Artikel 2

(1) Die Bezeichnung „Werke der Literatur und Kunst" umfaßt alle Erzeugnisse auf dem Gebiet der Literatur, Wissenschaft und Kunst, ohne Rücksicht auf die Art und Form des Ausdrucks, wie: Bücher, Broschüren und andere Schriftwerke; Vorträge, Ansprachen, Predigten und andere Werke gleicher Art; dramatische oder dramatisch-musikalische Werke; choreographische Werke und Pantomimen; musikalische Kompositionen mit oder ohne Text; Filmwerke einschließlich der Werke, die durch ein ähnliches Verfahren wie Filmwerke hervorgebracht sind; Werke der zeichnenden Kunst, der Malerei, der Baukunst, der Bildhauerei, Stiche und Lithographien; photographische Werke, denen Werke gleichgestellt sind, die durch ein der Photographie ähnliches Verfahren hervorgebracht sind; Werke der angewandten Kunst; Illustrationen, geographische Karten; Pläne, Skizzen und Darstellungen plastischer Art auf den Gebieten der Geographie, Topographie, Architektur oder Wissenschaft.

(2) Der Gesetzgebung der Verbandsländer bleibt jedoch vorbehalten, die Werke der Literatur und Kunst oder eine oder mehrere Arten davon nur zu schützen, wenn sie auf einem materiellen Träger festgelegt sind.

(3) Den gleichen Schutz wie Originalwerke genießen, unbeschadet der Rechte des Urhebers des Originalwerks, die Übersetzungen, Bearbeitungen, musikalischen Arrangements und andere Umarbeitungen eines Werkes der Literatur oder Kunst.

(4) Der Gesetzgebung der Verbandsländer bleibt vorbehalten, den Schutz amtlicher Texte auf dem Gebiet der Gesetzgebung, Verwaltung und Rechtsprechung sowie der amtlichen Übersetzungen dieser Texte zu bestimmen.

(5) Sammlungen von Werken der Literatur oder Kunst, wie zum Beispiel Enzyklopädien und Anthologien, die wegen der Auswahl oder der Anordnung des Stoffes geistige Schöpfungen darstellen, sind als solche geschützt, unbeschadet der Rechte der Urheber an jedem einzelnen der Werke, die Bestandteile dieser Sammlungen sind.

(6) Die oben genannten Werke genießen Schutz in allen Verbandsländern. Dieser Schutz besteht zugunsten des Urhebers und seiner Rechtsnachfolger oder sonstiger Inhaber ausschließlicher Werknutzungsrechte.

(7) Unbeschadet des Artikels 7 Absatz 4 bleibt der Gesetzgebung der Verbandsländer vorbehalten, den Anwendungsbereich der Gesetze, die die Werke der angewandten Kunst und die gewerblichen Muster und Modelle betreffen, sowie die Voraussetzungen des Schutzes dieser Werke, Muster und Modelle festzulegen. Für Werke, die im Ursprungsland nur als Muster und Modelle geschützt werden, kann in einem anderen Verbandsland nur der besondere Schutz beansprucht werden, der in diesem Land den Mustern und Modellen gewährt wird; wird jedoch in diesem Land kein solcher besonderer Schutz gewährt, so sind diese Werke als Werke der Kunst zu schützen.

(8) Der Schutz dieser Übereinkunft besteht nicht für Tagesneuigkeiten oder vermischte Nachrichten, die einfache Zeitungsmitteilungen darstellen.

Article 2bis

1) Est réservée aux législations des pays de l'Union la faculté d'exclure partiellement ou totalement de la protection prévue à l'article précédent les discours politiques et les discours prononcés dans les débats judiciaires.

2) Est réservée également aux législations des pays de l'Union la faculté de statuer sur les conditions dans lesquelles les conférences, allocutions et autres œuvres de même nature, prononcées en public, pour-

Article 2bis

(1) It shall be a matter for legislation in the countries of the Union to exclude, wholly or in part, from the protection provided by the preceding Article political speeches and speeches delivered in the course of legal proceedings.

(2) It shall also be a matter for legislation in the countries of the Union to determine the conditions under which lectures, addresses and other works of the same nature which are delivered in public may

ront être reproduites par la presse, radiodiffusées, transmises par fil au public et faire l'objet des communications publiques visées à l'article 11bis.1) de la présente Convention, lorsqu'une telle utilisation est justifiée par le but d'information à atteindre.

3) Toutefois, l'auteur jouit du droit exclusif de réunir en recueil ses œuvres mentionnées aux alinéas précédents.

be reproduced by the press, broadcast, communicated to the public by wire and made the subject of public communication as envisaged in Article 11bis (1) of this Convention, when such use is justified by the informatory purpose.

(3) Nevertheless, the author shall enjoy the exclusive right of making a collection of his works mentioned in the preceding paragraphs.

Artikel 2bis

(1) Der Gesetzgebung der Verbandsländer bleibt vorbehalten, politische Reden und Reden in Gerichtsverhandlungen teilweise oder ganz von dem in Artikel 2 vorgesehenen Schutz auszuschließen.

(2) Ebenso bleibt der Gesetzgebung der Verbandsländer vorbehalten zu bestimmen, unter welchen Voraussetzungen Vorträge, Ansprachen und andere in der Öffentlichkeit dargebotene Werke gleicher Art durch die Presse vervielfältigt, durch Rundfunk gesendet, mittels Draht an die Öffentlichkeit übertragen werden und in den Fällen des Artikels 11bis Absatz 1 öffentlich wiedergegeben werden dürfen, wenn eine solche Benützung durch den Informationszweck gerechtfertigt ist.

(3) Der Urheber genießt jedoch das ausschließliche Recht, seine in den Absätzen 1 und 2 genannten Werke in Sammlungen zu vereinigen.

Article 3

1) Sont protégés en vertu de la présente Convention:

a) les auteurs ressortissant à l'un des pays de l'Union, pour leurs œuvres, publiées ou non;

b) les auteurs ne ressortissant pas à l'un des pays de l'Union, pour les œuvres qu'ils publient pour la première fois dans l'un de ces pays ou simultanément dans un pays étranger à l'Union et dans un pays de l'Union.

2) Les auteurs ne ressortissant pas à l'un des pays de l'Union mais ayant leur résidence habituelle dans

Article 3

(1) The protection of this Convention shall apply to:

(a) authors who are nationals of one of the countries of the Union, for their works, whether published or not;

(b) authors who are not nationals of one of the countries of the Union, for their works first published in one of those countries, or simultaneously in a country outside the Union and in a country of the Union.

(2) Authors who are not nationals of one of the countries of the Union but who have their habitual resi-

l'un de ceux-ci sont, pour l'application de la présente Convention, assimilés aux auteurs ressortissant audit pays.

3) Par «œuvres publiées», il faut entendre les œuvres éditées avec le consentement de leurs auteurs, quel que soit le mode de fabrication des exemplaires, pourvu que la mise à disposition de ces derniers ait été telle qu'elle satisfasse les besoins raisonnables du public, compte tenu de la nature de l'œuvre. Ne constituent pas une publication la représentation d'une œuvre dramatique, dramatico-musicale ou cinématographique, l'exécution d'une œuvre musicale, la récitation publique d'une œuvre littéraire, la transmission ou la radiodiffusion des œuvres littéraires ou artistiques, l'exposition d'une œuvre d'art et la construction d'une œuvre d'architecture.

4) Est considérée comme publiée simultanément dans plusieurs pays toute œuvre qui a paru dans deux ou plusieurs pays dans les trente jours de sa première publication.

dence in one of them shall, for the purposes of this Convention, be assimilated to nationals of that country.

(3) The expression „published works" means works published with the consent of their authors, whatever may be the means of manufacture of the copies, provided that the availability of such copies has been such as to satisfy the reasonable requirements of the public, having regard to the nature of the work. The performance of a dramatic, dramatico-musical, cinematographic, or musical work, the public recitation of a literary work, the communication by wire or the broadcasting of literary or artistic works, the exhibition of a work of art and the construction of a work of architecture shall not constitute publication.

(4) A work shall be considered as having been published simultaneously in several countries if it has been published in two or more countries within thirty days of its first publication.

Artikel 3

(1) Aufgrund dieser Übereinkunft sind geschützt:

a) die einem Verbandsland angehörenden Urheber für ihre veröffentlichten und unveröffentlichten Werke;

b) die keinem Verbandsland angehörenden Urheber für die Werke, die sie zum ersten Mal in einem Verbandsland oder gleichzeitig in einem verbandsfremden und in einem Verbandsland veröffentlichen.

(2) Die Urheber, die keinem Verbandsland angehören, jedoch ihren gewöhnlichen Aufenthalt in einem Verbandsland haben, sind für die Anwendung dieser Übereinkunft den Urhebern gleichgestellt, die diesem Land angehören.

(3) Unter „veröffentlichten Werken" sind die mit Zustimmung ihrer Urheber erschienenen Werke zu verstehen, ohne Rücksicht auf die Art der

Herstellung der Werkstücke, die je nach der Natur des Werkes in einer Weise zur Verfügung der Öffentlichkeit gestellt sein müssen, die deren normalen Bedarf befriedigt. Eine Veröffentlichung stellen nicht dar: die Aufführung eines dramatischen, dramatisch-musikalischen oder musikalischen Werkes, die Vorführung eines Filmwerks, der öffentliche Vortrag eines literarischen Werkes, die Übertragung oder die Rundfunksendung von Werken der Literatur oder Kunst, die Ausstellung eines Werkes der bildenden Künste und die Errichtung eines Werkes der Baukunst.

(4) Als gleichzeitig in mehreren Ländern veröffentlicht gilt jedes Werk, das innerhalb von dreißig Tagen seit der ersten Veröffentlichung in zwei oder mehr Ländern erschienen ist.

Article 4

Sont protégés en vertu de la présente Convention, même si les conditions prévues à l'article 3 ne sont pas remplies,

a) les auteurs des œuvres cinématographiques dont le producteur a son siège ou sa résidence habituelle dans l'un des pays de l'Union;

b) les auteurs des œuvres d'architecture édifiées dans un pays de l'Union ou des œuvres des arts graphiques et plastiques faisant corps avec un immeuble situé dans un pays de l'Union.

Article 4

The protection of this Convention shall apply, even if the conditions of Article 3 are not fulfilled, to:

(a) authors of cinematographic works the maker of which has his headquarters or habitual residence in one of the countries of the Union;

(b) authors of works of architecture erected in a country of the Union or of other artistic works incorporated in a building or other structure located in a country of the Union.

Artikel 4

Auch wenn die Voraussetzungen des Artikels 3 nicht vorliegen, sind durch diese Übereinkunft geschützt:

a) die Urheber von Filmwerken, deren Hersteller seinen Sitz oder seinen gewöhnlichen Aufenthalt in einem Verbandsland hat;

b) die Urheber von Werken der Baukunst, die in einem Verbandsland errichtet sind, oder von Werken der graphischen und plastischen Künste, die Bestandteile eines in einem Verbandsland gelegenen Grundstücks sind.

Article 5

1) Les auteurs jouissent, en ce qui concerne les œuvres pour lesquelles ils sont protégés en vertu

Article 5

(1) Authors shall enjoy, in respect of works for which they are protected under this Convention, in coun-

de la présente Convention, dans les pays de l'Union autres que le pays d'origine de l'œuvre, des droits que les lois respectives accordent actuellement ou accorderont par la suite aux nationaux, ainsi que des droits spécialement accordés par la présente Convention.

2) La jouissance et l'exercice de ces droits ne sont subordonnés à aucune formalité; cette jouissance et cet exercice sont indépendants de l'existence de la protection dans le pays d'origine de l'œuvre. Par suite, en dehors des stipulations de la présente Convention, l'étendue de la protection ainsi que les moyens de recours garantis à l'auteur pour sauvegarder ses droits se règlent exclusivement d'après la législation du pays où la protection est réclamée.

3) La protection dans le pays d'origine est réglée par la législation nationale. Toutefois, lorsque l'auteur ne ressortit pas au pays d'origine de l'œuvre pour laquelle il est protégé par la présente Convention, il aura, dans ce pays, les mêmes droits que les auteurs nationaux.

4) Est considéré comme pays d'origine:

a) pour les œuvres publiées pour la première fois dans l'un des pays de l'Union, ce dernier pays; toutefois, s'il s'agit d'œuvres publiées simultanément dans plusieurs pays de l'Union admettant des durées de protection différentes, celui d'entre eux dont la législation accorde la durée de protection la moins longue;

b) pour les œuvres publiées simultanément dans un pays étranger

tries of the Union other than the country of origin, the rights which their respective laws do now or may hereafter grant to their nationals, as well as the rights specially granted by this Convention.

(2) The enjoyment and the exercise of these rights shall not be subject to any formality; such enjoyment and such exercise shall be independent of the existence of protection in the country of origin of the work. Consequently, apart from the provisions of this Convention, the extent of protection, as well as the means of redress afforded to the author to protect his rights, shall be governed exclusively by the laws of the country where protection is claimed.

(3) Protection in the country of origin is governed by domestic law. However, when the author is not a national of the country of origin of the work for which he is protected under this Convention, he shall enjoy in that country the same rights as national authors.

(4) The country of origin shall be considered to be:

(a) in the case of works first published in a country of the Union, that country; in the case of works published simultaneously in several countries of the Union which grant different terms of protection, the country whose legislation grants the shortest term of protection;

(b) in the case of works published simultaneously in a country out-

à l'Union et dans un pays de l'Union, ce dernier pays;

c) pour les œuvres non publiées ou pour les œuvres publiées pour la première fois dans un pays étranger à l'Union, sans publication simultanée dans un pays de l'Union, le pays de l'Union dont l'auteur est ressortissant; toutefois,

i) s'il s'agit d'œuvres cinématographiques dont le producteur a son siège ou sa résidence habituelle dans un pays de l'Union, le pays d'origine sera ce dernier pays, et

ii) s'il s'agit d'œuvres d'architecture édifiées dans un pays de l'Union ou d'œuvres des arts graphiques et plastiques faisant corps avec un immeuble situé dans un pays de l'Union, le pays d'origine sera ce dernier pays.

side the Union and in a country of the Union, the latter country;

(c) in the case of unpublished works or of works first published in a country outside the Union, without simultaneous publication in a country of the Union, the country of the Union of which the author is a national, provided that:

(i) when these are cinematographic works the maker of which has his headquarters or his habitual residence in a country of the Union, the country of origin shall be that country, and

(ii) when these are works of architecture erected in a country of the Union or other artistic works incorporated in a building or other structure located in a country of the Union, the country of origin shall be that country.

Artikel 5

(1) Die Urheber genießen für die Werke, für die sie durch diese Übereinkunft geschützt sind, in allen Verbandsländern mit Ausnahme des Ursprungslandes des Werkes die Rechte, die die einschlägigen Gesetze den inländischen Urhebern gegenwärtig gewähren oder in Zukunft gewähren werden, sowie die in dieser Übereinkunft besonders gewährten Rechte.

(2) Der Genuß und die Ausübung dieser Rechte sind nicht an die Erfüllung irgendwelcher Förmlichkeiten gebunden; dieser Genuß und diese Ausübung sind unabhängig vom Bestehen des Schutzes im Ursprungsland des Werkes. Infolgedessen richten sich der Umfang des Schutzes sowie die dem Urheber zur Wahrung seiner Rechte zustehenden Rechtsbehelfe ausschließlich nach den Rechtsvorschriften des Landes, in dem der Schutz beansprucht wird, soweit diese Übereinkunft nichts anderes bestimmt.

(3) Der Schutz im Ursprungsland richtet sich nach den innerstaatlichen Rechtsvorschriften. Gehört der Urheber eines aufgrund dieser Übereinkunft geschützten Werkes nicht dem Ursprungsland des Werkes an, so hat er in diesem Land die gleichen Rechte wie die inländischen Urheber.

(4) Als Ursprungsland gilt:

a) für die zum ersten Mal in einem Verbandsland veröffentlichten Werke dieses Land; handelt es sich jedoch um Werke, die gleichzeitig in mehreren Verbandsländern mit verschiedener Schutzdauer veröffentlicht wurden, das Land, dessen innerstaatliche Rechtsvorschriften die kürzeste Schutzdauer gewähren;

b) für die gleichzeitig in einem verbandsfremden Land und in einem Verbandsland veröffentlichten Werke dieses letzte Land;

c) für die nichtveröffentlichten oder die zum ersten Mal in einem verbandsfremden Land veröffentlichten Werke, die nicht gleichzeitig in einem Verbandsland veröffentlicht wurden, das Verbandsland, dem der Urheber angehört; jedoch ist Ursprungsland,

i) wenn es sich um Filmwerke handelt, deren Hersteller seinen Sitz oder seinen gewöhnlichen Aufenthalt in einem Verbandsland hat, dieses Land und,

ii) wenn es sich um Werke der Baukunst, die in einem Verbandsland errichtet sind, oder um Werke der graphischen und plastischen Künste handelt, die Bestandteile eines in einem Verbandsland gelegenen Grundstücks sind, dieses Land.

Article 6

1) Lorsqu'un pays étranger à l'Union ne protège pas d'une manière suffisante les œuvres des auteurs qui sont ressortissants de l'un des pays de l'Union, ce dernier pays pourra restreindre la protection des œuvres dont les auteurs sont, au moment de la première publication de ces œuvres, ressortissants de l'autre pays et n'ont pas leur résidence habituelle dans l'un des pays de l'Union. Si le pays de la première publication fait usage de cette faculté, les autres pays de l'Union ne seront pas tenus d'accorder aux œuvres ainsi soumises à un traitement spécial une protection plus large que celle qui leur est accordée dans le pays de la première publication.

2) Aucune restriction, établie en vertu de l'alinéa précédent, ne devra

Article 6

(1) Where any country outside the Union fails to protect in an adequate manner the works of authors who are nationals of one of the countries of the Union, the latter country may restrict the protection given to the works of authors who are, at the date of the first publication thereof, nationals of the other country and are not habitually resident in one of the countries of the Union. If the country of first publication avails itself of this right, the other countries of the Union shall not be required to grant to works thus subjected to special treatment a wider protection than that granted to them in the country of first publication.

(2) No restrictions introduced by virtue of the preceding paragraph

porter préjudice aux droits qu'un auteur aura acquis sur une œuvre publiée dans un pays de l'Union avant la mise à exécution de cette restriction.

3) Les pays de l'Union qui, en vertu du présent article, restreindront la protection des droits des auteurs, le notifieront au Directeur général de l'Organisation Mondiale de la Propriété Intellectuelle (ci-après désigné «le Directeur général») par une déclaration écrite, où seront indiqués les pays vis-à-vis desquels la protection est restreinte, de même que les restrictions auxquelles les droits des auteurs ressortissant à ces pays sont soumis. Le Directeur général communiquera aussitôt le fait à tous les pays de l'Union.

shall affect the rights which an author may have acquired in respect of a work published in a country of the Union before such restrictions were put into force.

(3) The countries of the Union which restrict the grant of copyright in accordance with this Article shall give notice thereof to the Director General of the World Intellectual Property Organization (hereinafter designated as „the Director General") by a written declaration specifying the countries in regard to which protection is restricted, and the restrictions to which rights of authors who are nationals of those countries are subjected. The Director General shall immediately communicate this declaration to all the countries of the Union.

Artikel 6

(1) Wenn ein verbandsfremdes Land die Werke der einem Verbandsland angehörenden Urheber nicht genügend schützt, kann dieses letzte Land den Schutz der Werke einschränken, deren Urheber im Zeitpunkt der ersten Veröffentlichung dieser Werke Angehörige des verbandsfremden Landes sind und ihren gewöhnlichen Aufenthalt nicht in einem Verbandsland haben. Wenn das Land der ersten Veröffentlichung von dieser Befugnis Gebrauch macht, sind die anderen Verbandsländer nicht gehalten, den Werken, die in dieser Weise einer besonderen Behandlung unterworfen sind, einen weitergehenden Schutz zu gewähren als das Land der ersten Veröffentlichung.

(2) Keine nach Absatz 1 festgesetzte Einschränkung darf die Rechte beeinträchtigen, die ein Urheber an einem Werk erworben hat, das in einem Verbandsland vor dem Inkrafttreten dieser Einschränkung veröffentlicht worden ist.

(3) Die Verbandsländer, die nach diesem Artikel den Schutz der Rechte der Urheber einschränken, notifizieren dies dem Generaldirektor der Weltorganisation für geistiges Eigentum (im folgenden als „der Generaldirektor" bezeichnet) durch eine schriftliche Erklärung; darin sind die Länder, denen gegenüber der Schutz eingeschränkt wird, und die Einschränkungen anzugeben, denen die Rechte der diesen Ländern angehörenden Urheber unterworfen werden. Der Generaldirektor teilt dies allen Verbandsländern unverzüglich mit.

Article 6bis

1) Indépendamment des droits patrimoniaux d'auteur, et même après la cession desdits droits, l'auteur conserve le droit de revendiquer la paternité de l'œuvre et de s'opposer à toute déformation, mutilation ou autre modification de cette œuvre ou à toute autre atteinte à la même œuvre, préjudiciables à son honneur ou à sa réputation.

2) Les droits reconnus à l'auteur en vertu de l'alinéa 1) ci-dessus sont, après sa mort, maintenus au moins jusqu'à l'extinction des droits patrimoniaux et exercés par les personnes ou institutions auxquelles la législation nationale du pays où la protection est réclamée donne qualité. Toutefois, les pays dont la législation, en vigueur au moment de la ratification du présent Acte ou de l'adhésion à celui-ci, ne contient pas de dispositions assurant la protection après la mort de l'auteur de tous les droits reconnus en vertu de l'alinéa 1) ci-dessus ont la faculté de prévoir que certains de ces droits ne sont pas maintenus après la mort de l'auteur.

3) Les moyens de recours pour sauvegarder les droits reconnus dans le présent article sont réglés par la législation du pays où la protection est réclamée.

Article 6bis

(1) Independently of the author's economic rights, and even after the transfer of the said rights, the author shall have the right to claim authorship of the work and to object to any distortion, mutilation or other modification of, or other derogatory action in relation to, the said work, which would be prejudicial to his honor or reputation.

(2) The rights granted to the author in accordance with the preceding paragraph shall, after his death, be maintained, at least until the expiry of the economic rights, and shall be exercisable by the persons or institutions authorized by the legislation of the country where protection is claimed. However, those countries whose legislation, at the moment of their ratification of or accession to this Act, does not provide for the protection after the death of the author of all the rights set out in the preceding paragraph may provide that some of these rights may, after his death, cease to be maintained.

(3) The means of redress for safeguarding the rights granted by this Article shall be governed by the legislation of the country where protection is claimed.

Artikel 6bis

(1) Unabhängig von seinen vermögensrechtlichen Befugnissen und selbst nach deren Abtretung behält der Urheber das Recht, die Urheberschaft am Werk für sich in Anspruch zu nehmen und sich jeder Entstellung, Verstümmelung, sonstigen Änderung oder Beeinträchtigung des Werkes zu widersetzen, die seiner Ehre oder seinem Ruf nachteilig sein könnten.

(2) Die dem Urheber nach Absatz 1 gewährten Rechte bleiben nach seinem Tod wenigstens bis zum Erlöschen der vermögensrechtlichen Befugnisse in

Kraft und werden von den Personen oder Institutionen ausgeübt, die nach den Rechtsvorschriften des Landes, in dem der Schutz beansprucht wird, hierzu berufen sind. Die Länder, deren Rechtsvorschriften im Zeitpunkt der Ratifikation dieser Fassung der Übereinkunft oder des Beitritts zu ihr keine Bestimmungen zum Schutz aller nach Absatz 1 gewährten Rechte nach dem Tod des Urhebers enthalten, sind jedoch befugt vorzusehen, daß einzelne dieser Rechte nach dem Tod des Urhebers nicht aufrechterhalten bleiben.

(3) Die zur Wahrung der in diesem Artikel gewährten Rechte erforderlichen Rechtsbehelfe richten sich nach den Rechtsvorschriften des Landes, in dem der Schutz beansprucht wird.

Article 7

1) La durée de la protection accordée par la présente Convention comprend la vie de l'auteur et cinquante ans après sa mort.

2) Toutefois, pour les œuvres cinématographiques, les pays de l'Union ont la faculté de prévoir que la durée de la protection expire cinquante ans après que l'œuvre aura été rendue accessible au public avec le consentement de l'auteur, ou qu'à défaut d'un tel événement intervenu dans les cinquante ans à compter de la réalisation d'une telle œuvre, la durée de la protection expire cinquante ans après cette réalisation.

3) Pour les œuvres anonymes ou pseudonymes, la durée de la protection accordée par la présente Convention expire cinquante ans après que l'œuvre a été licitement rendue accessible au public. Toutefois, quand le pseudonyme adopté par l'auteur ne laisse aucun doute sur son identité, la durée de la protection est celle prévue à l'alinéa 1). Si l'auteur d'une œuvre anonyme ou pseudonyme révèle son identité pendant la période ci-dessus indiquée, le délai de protection applicable est celui prévu à l'alinéa 1). Les pays

Article 7

(1) The term of protection granted by this Convention shall be the life of the author and fifty years after his death.

(2) However, in the case of cinematographic works, the countries of the Union may provide that the term of protection shall expire fifty years after the work has been made available to the public with the consent of the author, or, failing such an event within fifty years from the making of such a work, fifty years after the making.

(3) In the case of anonymous or pseudonymous works, the term of protection granted by this Convention shall expire fifty years after the work has been lawfully made available to the public. However, when the pseudonym adopted by the author leaves no doubt as to his identity, the term of protection shall be that provided in paragraph (1). If the author of an anonymous or pseudonymous work discloses his identity during the above-mentioned period, the term of protection applicable shall be that provided in para-

de l'Union ne sont pas tenus de protéger les œuvres anonymes ou pseudonymes pour lesquelles il y a tout lieu de présumer que leur auteur est mort depuis cinquante ans.

4) Est réservée aux législations des pays de l'Union la faculté de régler la durée de la protection des œuvres photographiques et celle des œuvres des arts appliqués protégées en tant qu'œuvres artistiques; toutefois, cette durée ne pourra être inférieure à une période de vingt-cinq ans à compter de la réalisation d' une telle œuvre.

5) Le délai de protection postérieur à la mort de l'auteur et les délais prévus aux alinéas 2), 3) et 4) ci-dessus commencent à courir à compter de la mort ou de l'événement visé par ces alinéas, mais la durée de ces délais n'est calculée qu'à partir du 1er janvier de l'année qui suit la mort ou ledit événement.

6) Les pays de l'Union ont la faculté d'accorder une durée de protection supérieure à celles prévues aux alinéas précédents.

7) Les pays de l'Union liés par l'Acte de Rome de la présente Convention et qui accordent, dans leur législation nationale en vigueur au moment de la signature du présent Acte, des durées inférieures à celles prévues aux alinéas précédents ont la faculté de les maintenir en adhérant au présent Acte ou en le ratifiant.

8) Dans tous les cas, la durée sera réglée par la loi du pays où la protection sera réclamée; toutefois, à

graph (1). The countries of the Union shall not be required to protect anonymous or pseudonymous works in respect of which it is reasonable to presume that their author has been dead for fifty years.

(4) It shall be a matter for legislation in the countries of the Union to determine the term of protection of photographic works and that of works of applied art in so far as they are protected as artistic works; however, this term shall last at least until the end of a period of twenty-five years from the making of such a work.

(5) The term of protection subsequent to the death of the author and the terms provided by paragraphs (2), (3) and (4) shall run from the date of death or of the event referred to in those paragraphs, but such terms shall always be deemed to begin on the first of January of the year following the death or such event.

(6) The countries of the Union may grant a term of protection in excess of those provided by the preceding paragraphs.

(7) Those countries of the Union bound by the Rome Act of this Convention which grant, in their national legislation in force at the time of signature of the present Act, shorter terms of protection than those provided for in the preceding paragraphs shall have the right to maintain such terms when ratifying or acceding to the present Act.

(8) In any case, the term shall be governed by the legislation of the country where protection is claimed;

moins que la législation de ce dernier pays n'en décide autrement, elle n'excédera pas la durée fixée dans le pays d'origine de l'œuvre.

however, unless the legislation of that country otherwise provides, the term shall not exceed the term fixed in the country of origin of the work.

Artikel 7

(1) Die Dauer des durch diese Übereinkunft gewährten Schutzes umfaßt das Leben des Urhebers und fünfzig Jahre nach seinem Tod.

(2) Für Filmwerke sind die Verbandsländer jedoch befugt vorzusehen, daß die Schutzdauer fünfzig Jahre nach dem Zeitpunkt endet, in dem das Werk mit Zustimmung des Urhebers der Öffentlichkeit zugänglich gemacht worden ist, oder, wenn ein solches Ereignis nicht innerhalb von fünfzig Jahren nach der Herstellung eines solchen Werkes eintritt, fünfzig Jahre nach der Herstellung.

(3) Für anonyme und pseudonyme Werke endet die durch diese Übereinkunft gewährte Schutzdauer fünfzig Jahre, nachdem das Werk erlaubterweise der Öffentlichkeit zugänglich gemacht worden ist. Wenn jedoch das vom Urheber angenommene Pseudonym keinerlei Zweifel über die Identität des Urhebers zuläßt, richtet sich die Schutzdauer nach Absatz 1. Wenn der Urheber eines anonymen oder pseudonymen Werkes während der oben angegebenen Frist seine Identität offenbart, richtet sich die Schutzdauer gleichfalls nach Absatz 1. Die Verbandsländer sind nicht gehalten, anonyme oder pseudonyme Werke zu schützen, bei denen aller Grund zu der Annahme besteht, daß ihr Urheber seit fünfzig Jahren tot ist.

(4) Der Gesetzgebung der Verbandsländer bleibt vorbehalten, die Schutzdauer für Werke der Photographie und für als Kunstwerke geschützte Werke der angewandten Kunst festzusetzen; diese Dauer darf jedoch nicht weniger als fünfundzwanzig Jahre seit der Herstellung eines solchen Werkes betragen.

(5) Die sich an den Tod des Urhebers anschließende Schutzfrist und die in den Absätzen 2, 3 und 4 vorgesehenen Fristen beginnen mit dem Tod oder dem in diesen Absätzen angegebenen Ereignis zu laufen, doch wird die Dauer dieser Fristen erst vom 1. Januar des Jahres an gerechnet, das auf den Tod oder das genannte Ereignis folgt.

(6) Die Verbandsländer sind befugt, eine längere als die in den vorhergehenden Absätzen vorgesehene Schutzdauer zu gewähren.

(7) Die Verbandsländer, die durch die Fassung von Rom dieser Übereinkunft gebunden sind und die in ihren bei der Unterzeichnung der vorliegenden Fassung der Übereinkunft geltenden Rechtsvorschriften kürzere Schutzfristen gewähren, als in den vorhergehenden Absätzen vorgesehen sind, sind befugt, sie beim Beitritt zu dieser Fassung oder bei deren Ratifikation beizubehalten.

(8) In allen Fällen richtet sich die Dauer nach dem Gesetz des Landes, in dem der Schutz beansprucht wird; jedoch überschreitet sie, sofern die Rechtsvorschriften dieses Landes nichts anderes bestimmen, nicht die im Ursprungsland des Werkes festgesetzte Dauer.

Article 7bis

Les dispositions de l'article précédent sont également applicables lorsque le droit d'auteur appartient en commun aux collaborateurs d'une œuvre, sous réserve que les délais consécutifs à la mort de l'auteur soient calculés à partir de la mort du dernier survivant des collaborateurs.

Article 7bis

The provisions of the preceding Article shall also apply in the case of a work of joint authorship, provided that the terms measured from the death of the author shall be calculated from the death of the last surviving author.

Artikel 7bis

Die Bestimmungen des Artikels 7 sind ebenfalls anwendbar, wenn das Urheberrecht den Miturhebern eines Werkes gemeinschaftlich zusteht, wobei die an den Tod des Urhebers anknüpfenden Fristen vom Zeitpunkt des Todes des letzten überlebenden Miturhebers an gerechnet werden.

Article 8

Les auteurs d'œuvres littéraires et artistiques protégés par la présente Convention jouissent, pendant toute la durée de leurs droits sur l'œuvre originale, du droit exclusif de faire ou d'autoriser la traduction de leurs œuvres.

Article 8

Authors of literary and artistic works protected by this Convention shall enjoy the exclusive right of making and of authorizing the translation of their works throughout the term of protection of their rights in the original works.

Artikel 8

Die Urheber von Werken der Literatur und Kunst, die durch diese Übereinkunft geschützt sind, genießen während der ganzen Dauer ihrer Rechte am Originalwerk das ausschließliche Recht, ihre Werke zu übersetzen oder deren Übersetzung zu erlauben.

Article 9

1) Les auteurs d'œuvres littéraires et artistiques protégés par la présente Convention jouissent du droit exclusif d'autoriser la reproduction de ces œuvres, de quelque manière et sous quelque forme que ce soit.

Article 9

(1) Authors of literary and artistic works protected by this Convention shall have the exclusive right of authorizing the reproduction of these works, in any manner or form.

2) Est réservée aux législations des pays de l'Union la faculté de permettre la reproduction desdites œuvres dans certains cas spéciaux, pourvu qu'une telle reproduction ne porte pas atteinte à l'exploitation normale de l'œuvre ni ne cause un préjudice injustifié aux intérêts légitimes de l'auteur.

3) Tout enregistrement sonore ou visuel est considéré comme une reproduction au sens de la présente Convention.

(2) It shall be a matter for legislation in the countries of the Union to permit the reproduction of such works in certain special cases, provided that such reproduction does not conflict with a normal exploitation of the work and does not unreasonably prejudice the legitimate interests of the author.

(3) Any sound or visual recording shall be considered as a reproduction for the purposes of this Convention.

Artikel 9

(1) Die Urheber von Werken der Literatur und Kunst, die durch diese Übereinkunft geschützt sind, genießen das ausschließliche Recht, die Vervielfältigung dieser Werke zu erlauben, gleichviel, auf welche Art und in welcher Form sie vorgenommen wird.

(2) Der Gesetzgebung der Verbandsländer bleibt vorbehalten, die Vervielfältigung in gewissen Sonderfällen unter der Voraussetzung zu gestatten, daß eine solche Vervielfältigung weder die normale Auswertung des Werkes beeinträchtigt noch die berechtigten Interessen des Urhebers unzumutbar verletzt.

(3) Jede Aufnahme auf einen Bild- oder Tonträger gilt als Vervielfältigung im Sinne dieser Übereinkunft.

Article 10

1) Sont licites les citations tirées d'une œuvre, déjà rendue licitement accessible au public, à condition qu'elles soient conformes aux bons usages et dans la mesure justifiée par le but à atteindre, y compris les citations d'articles de journaux et recueils périodiques sous forme de revues de presse.

2) Est réservé l'effet de la législation des pays de l'Union et des arrangements particuliers existants ou à conclure entre eux, en ce qui concerne la faculté d'utiliser licite-

Article 10

(1) It shall be permissible to make quotations from a work which has already been lawfully made available to the public, provided that their making is compatible with fair practice, and their extent does not exceed that justified by the purpose, including quotations from newspaper articles and periodicals in the form of press summaries.

(2) It shall be a matter for legislation in the countries of the Union, and for special agreements existing or to be concluded between them, to permit the utilization, to the ex-

ment, dans la mesure justifiée par le but à atteindre, des œuvres littéraires ou artistiques à titre d'illustration de l'enseignement par le moyen de publications, d'émissions de radiodiffusion ou d'enregistrements sonores ou visuels, sous réserve qu'une telle utilisation soit conforme aux bons usages.

3) Les citations et utilisations visées aux alinéas précédents devront faire mention de la source et du nom de l'auteur, si ce nom figure dans la source.

tent justified by the purpose, of literary or artistic works by way of illustration in publications, brodcasts or sound or visual recordings for teaching, provided such utilization is compatible with fair practice.

(3) Where use is made of works in accordance with the preceding paragraphs of this Article, mention shall be made of the source, and of the name of the author if it appears thereon.

Artikel 10

(1) Zitate aus einem der Öffentlichkeit bereits erlaubterweise zugänglich gemachten Werk sind zulässig, sofern sie anständigen Gepflogenheiten entsprechen und in ihrem Umfang durch den Zweck gerechtfertigt sind, einschließlich der Zitate aus Zeitungs- und Zeitschriftenartikeln in Form von Presseübersichten.

(2) Der Gesetzgebung der Verbandsländer und den zwischen ihnen bestehenden oder in Zukunft abzuschließenden Sonderabkommen bleibt vorbehalten, die Benützung von Werken der Literatur oder Kunst in dem durch den Zweck gerechtfertigten Umfang zur Veranschaulichung des Unterrichts durch Veröffentlichungen, Rundfunksendungen oder Aufnahmen auf Bild- oder Tonträger zu gestatten, sofern eine solche Benützung anständigen Gepflogenheiten entspricht.

(3) Werden Werke nach den Absätzen 1 und 2 benützt, so ist die Quelle zu erwähnen sowie der Name des Urhebers, wenn dieser Name in der Quelle angegeben ist.

Article 10bis

1) Est réservée aux législations des pays de l'Union la faculté de permettre la reproduction par la presse, ou la radiodiffusion ou la transmission par fil au public, des articles d'actualité de discussion économique, politique ou religieuse, publiés dans des journaux ou recueils périodiques, ou des œuvres radiodiffusées ayant le même carac-

Article 10bis

(1) It shall be a matter for legislation in the countries of the Union to permit the reproduction by the press, the broadcasting or the communication to the public by wire of articles published in newspapers or periodicals on current economic, political or religious topics, and of broadcast works of the same character, in cases in which the reproduc-

tère, dans les cas où la reproduction, la radiodiffusion ou ladite transmission n'en est pas expressément réservée. Toutefois, la source doit toujours être clairement indiquée; la sanction de cette obligation est déterminée par la législation du pays où la protection est réclamée.

2) Il est également réservé aux législations des pays de l'Union de régler les conditions dans lesquelles, à l'occasion de comptes rendus des événements d'actualité par le moyen de la photographie ou de la cinématographie, ou par voie de radiodiffusion ou de transmission par fil au public, les œuvres littéraires ou artistiques vues ou entendues au cours de l'événement peuvent, dans la mesure justifiée par le but d'information à atteindre, être reproduites et rendues accessibles au public.

tion, broadcasting or such communication thereof is not expressly reserved. Nevertheless, the source must always be clearly indicated; the legal consequences of a breach of this obligation shall be determined by the legislation of the country where protection is claimed.

(2) It shall also be a matter for legislation in the countries of the Union to determine the conditions under which, for the purpose of reporting current events by means of photography, cinematography, broadcasting or communication to the public by wire, literary or artistic works seen or heard in the course of the event may, to the extent justified by the informatory purpose, be reproduced and made available to the public.

Artikel 10bis

(1) Der Gesetzgebung der Verbandsländer bleibt vorbehalten, die Vervielfältigung durch die Presse, die Rundfunksendung oder die Übertragung mittels Draht an die Öffentlichkeit von Artikeln über Tagesfragen wirtschaftlicher, politischer oder religiöser Natur, die in Zeitungen oder Zeitschriften veröffentlicht worden sind, oder von durch Rundfunk gesendeten Werken gleicher Art zu erlauben, falls die Vervielfältigung, die Rundfunksendung oder die genannte Übertragung nicht ausdrücklich vorbehalten ist. Jedoch muß die Quelle immer deutlich angegeben werden; die Rechtsfolgen der Unterlassung dieser Angabe werden durch die Rechtsvorschriften des Landes bestimmt, in dem der Schutz beansprucht wird.

(2) Ebenso bleibt der Gesetzgebung der Verbandsländer vorbehalten zu bestimmen, unter welchen Voraussetzungen anläßlich der Berichterstattung über Tagesereignisse durch Photographie oder Film oder im Weg der Rundfunksendung oder Übertragung mittels Draht an die Öffentlichkeit Werke der Literatur oder Kunst, die im Verlauf des Ereignisses sichtbar oder hörbar werden, in dem durch den Infomationszweck gerechtfertigten Umfang vervielfältigt und der Öffentlichkeit zugänglich gemacht werden dürfen.

Article 11

1) Les auteurs d'œuvres dramatiques, dramatico-musicales et musicales jouissent du droit exclusif d'autoriser:

1° la représentation et l'exécution publiques de leurs œuvres, y compris la représentation et l'exécution publiques par tous moyens ou procédés;

2° la transmission publique par tous moyens de la représentation et de l'exécution de leurs œuvres.

2) Les mêmes droits sont accordés aux auteurs d'œuvres dramatiques ou dramatico-musicales pendant toute la durée de leurs droits sur l'œuvre originale, en ce qui concerne la traduction de leurs œuvres.

Article 11

(1) Authors of dramatic, dramatico-musical and musical works shall enjoy the exclusive right of authorizing:

(i) the public performance of their works, including such public performance by any means or process;

(ii) any communication to the public of the performance of their works.

(2) Authors of dramatic or dramatico-musical works shall enjoy, during the full term of their rights in the original works, the same rights with respect to translations thereof.

Artikel 11

(1) Die Urheber von dramatischen, dramatisch-musikalischen und musikalischen Werken genießen das ausschließliche Recht, zu erlauben:

1. die öffentliche Aufführung ihrer Werke einschließlich der öffentlichen Aufführung durch irgendein Mittel oder Verfahren,
2. die öffentliche Übertragung der Aufführung ihrer Werke durch irgendein Mittel.

(2) Die gleichen Rechte werden den Urhebern dramatischer oder dramatisch-musikalischer Werke während der ganzen Dauer ihrer Rechte am Originalwerk hinsichtlich der Übersetzung ihrer Werke gewährt.

Article 11bis

1) Les auteurs d'œuvres littéraires et artistiques jouissent du droit exclusif d'autoriser:

1° la radiodiffusion de leurs œuvres ou la communication publique de ces œuvres par tout autre moyen servant à diffuser sans fil les signes, les sons ou les images;

2° toute communication publique, soit par fil, soit sans fil, de l'œuvre

Article 11bis

(1) Authors of literary and artistic works shall enjoy the exclusive right of authorizing:

(i) the broadcasting of their works or the communication thereof to the public by any other means of wireless diffusion of signs, sounds or images;

(ii) any communication to the public by wire or by rebroadcas-

radiodiffusée, lorsque cette communication est faite par un autre organisme que celui d'origine;

3° la communication publique, par haut-parleur ou par tout autre instrument analogue transmetteur de signes, de sons ou d'images, de l'œuvre radiodiffusée.

2) Il appartient aux législations des pays de l'Union de régler les conditions d'exercice des droits visés par l'alinéa 1) ci-dessus, mais ces conditions n'auront qu'un effet strictement limité au pays qui les aurait établies. Elles ne pourront en aucun cas porter atteinte au droit moral de l'auteur, ni au droit qui appartient à l'auteur d'obtenir une rémunération équitable fixée, à défaut d'accord amiable, par l'autorité compétente.

3) Sauf stipulation contraire, une autorisation accordée conformément à l'alinéa 1) du présent article n'implique pas l'autorisation d'enregistrer, au moyen d'instruments portant fixation des sons ou des images, l'œuvre radiodiffusée. Est toutefois réservé aux législations des pays de l'Union le régime des enregistrements éphémères effectués par un organisme de radiodiffusion par ses propres moyens et pour ses émissions. Ces législations pourront autoriser la conservation de ces enregistrements dans des archives officielles en raison de leur caractère exceptionnel de documentation.

ting of the broadcast of the work, when this communication is made by an organization other than the original one;

(iii) the public communication by loudspeaker or any other analogous instrument transmitting, by signs, sounds or images, the broadcast of the work.

(2) It shall be a matter for legislation in the countries of the Union to determine the conditions under which the rights mentioned in the preceding paragraph may be exercised, but these conditions shall apply only in the countries where they have been prescribed. They shall not in any circumstances be prejudicial to the moral rights of the author, nor to his right to obtain equitable remuneration which, in the absence of agreement, shall be fixed by competent authority.

(3) In the absence of any contrary stipulation, permission granted in accordance with paragraph (1) of this Article shall not imply permission to record, by means of instruments recording sounds or images, the work broadcast. It shall, however, be a matter for legislation in the countries of the Union to determine the regulations for ephemeral recordings made by a broadcasting organization by means of its own facilities and used for its own broadcasts. The preservation of these recordings in official archives may, on the ground of their exceptional documentary character, be authorized by such legislation.

Artikel 11bis

(1) Die Urheber von Werken der Literatur und Kunst genießen das ausschließliche Recht, zu erlauben:

1. die Rundfunksendung ihrer Werke oder die öffentliche Wiedergabe der Werke durch irgendein anderes Mittel zur drahtlosen Verbreitung von Zeichen, Tönen oder Bildern,
2. jede öffentliche Wiedergabe des durch Rundfunk gesendeten Werkes mit oder ohne Draht, wenn diese Wiedergabe von einem anderen als dem ursprünglichen Sendeunternehmen vorgenommen wird,
3. die öffentliche Wiedergabe des durch Rundfunk gesendeten Werkes durch Lautsprecher oder irgendeine andere ähnliche Vorrichtung zur Übertragung von Zeichen, Tönen oder Bildern.

(2) Der Gesetzgebung der Verbandsländer bleibt vorbehalten, die Voraussetzungen für die Ausübung der in Absatz 1 erwähnten Rechte festzulegen; doch beschränkt sich die Wirkung dieser Voraussetzungen ausschließlich auf das Hoheitsgebiet des Landes, das sie festgelegt hat. Sie dürfen in keinem Fall das Urheberpersönlichkeitsrecht oder den Anspruch des Urhebers auf eine angemessene Vergütung beeinträchtigen, die mangels gütlicher Einigung durch die zuständige Behörde festgesetzt wird.

(3) Sofern keine gegenteilige Vereinbarung vorliegt, schließt eine nach Absatz 1 gewährte Erlaubnis nicht die Erlaubnis ein, das durch Rundfunk gesendete Werk auf Bild- oder Tonträger aufzunehmen. Der Gesetzgebung der Verbandsländer bleibt jedoch vorbehalten, Bestimmungen über die von einem Sendeunternehmen mit seinen eigenen Mitteln und für seine eigenen Sendungen vorgenommenen ephemeren Aufnahmen auf Bild- oder Tonträger zu erlassen. Diese Gesetzgebung kann erlauben, daß die Bild- oder Tonträger aufgrund ihres außergewöhnlichen Dokumentationscharakters in amtlichen Archiven aufbewahrt werden.

Article 11ter

1) Les auteurs d'œuvres littéraires jouissent du droit exclusif d'autoriser:

1° la récitation publique de leurs œuvres, y compris la récitation publique par tous moyens ou procédés;

2° la transmission publique par tous moyens de la récitation de leurs œuvres.

2) Les mêmes droits sont accordés aux auteurs d'œuvres littéraires pendant toute la durée de leurs droits sur l'œuvre originale, en ce qui concerne la traduction de leurs œuvres.

Article 11ter

(1) Authors of literary works shall enjoy the exclusive right of authorizing:

(i) the public recitation of their works, including such public recitation by any means or process;

(ii) any communication to the public of the recitation of their works.

(2) Authors of literary works shall enjoy, during the full term of their rights in the original works, the same rights with respect to translations thereof.

Artikel 11ter

(1) Die Urheber von Werken der Literatur genießen das ausschließliche Recht, zu erlauben:

1. den öffentlichen Vortrag ihrer Werke einschließlich des öffentlichen Vortrags durch irgendein Mittel oder Verfahren,
2. die öffentliche Übertragung des Vortrags ihrer Werke durch irgendein Mittel.

(2) Die gleichen Rechte werden den Urhebern von Werken der Literatur während der ganzen Dauer ihrer Rechte am Originalwerk hinsichtlich der Übersetzung ihrer Werke gewährt.

Article 12

Les auteurs d'œuvres littéraires ou artistiques jouissent du droit exclusif d'autoriser les adaptations, arrangements et autres transformations de leurs œuvres.

Article 12

Authors of literary or artistic works shall enjoy the exclusive right of authorizing adaptations, arrangements and other alterations of their works.

Artikel 12

Die Urheber von Werken der Literatur oder Kunst genießen das ausschließliche Recht, Bearbeitungen, Arrangements und andere Umarbeitungen ihrer Werke zu erlauben.

Article 13

1) Chaque pays de l'Union peut, pour ce qui le concerne, établir des réserves et conditions relatives au droit exclusif de l'auteur d'une œuvre musicale et de l'auteur des paroles, dont l'enregistrement avec l'œuvre musicale a déjà été autorisé par ce dernier, d'autoriser l'enregistrement sonore de ladite œuvre musicale, avec, le cas échéant, les paroles; mais toutes réserves et conditions de cette nature n'auront qu'un effet strictement limité au pays qui les aurait établies et ne pourront en aucun cas porter atteinte au droit qui appartient à l'auteur d'obtenir une rémunération équitable fixée, à défaut d'accord amiable, par l'autorité compétente.

Article 13

(1) Each country of the Union may impose for itself reservations and conditions on the exclusive right granted to the author of a musical work and to the author of any words, the recording of which together with the musical work has already been authorized by the latter, to authorize the sound recording of that musical work, together with such words, if any; but all such reservations and conditions shall apply only in the countries which have imposed them and shall not, in any circumstances, be prejudicial to the rights of these authors to obtain equitable remuneration which, in the absence of agreement, shall be fixed by competent authority.

2) Les enregistrements d'œuvres musicales qui auront été réalisés dans un pays de l'Union conformément à l'article 13.3) des Conventions signées à Rome le 2 juin 1928 et à Bruxelles le 26 juin 1948 pourront, dans ce pays, faire l'objet de reproductions sans le consentement de l'auteur de l'œuvre musicale jusqu'à l'expiration d'une période de deux années à partir de la date à laquelle ledit pays devient lié par le présent Acte.

(2) Recordings of musical works made in a country of the Union in accordance with Article 13 (3) of the Conventions signed at Rome on June 2, 1928, and at Brussels on June 26, 1948, may be reproduced in that country without the permission of the author of the musical work until a date two years after that country becomes bound by this Act.

3) Les enregistrements faits en vertu des alinéas 1) et 2) du présent article et importés, sans autorisation des parties intéressées, dans un pays où ils ne seraient pas licites, pourront y être saisis.

(3) Recordings made in accordance with paragraphs (1) and (2) of this Article and imported without permission from the parties concerned into a country where they are treated as infringing recordings shall be liable to seizure.

Artikel 13

(1) Jedes Verbandsland kann für seinen Bereich Vorbehalte und Voraussetzungen festlegen für das ausschließliche Recht des Urhebers eines musikalischen Werkes und des Urhebers eines Textes, dessen Aufnahme auf einen Tonträger zusammen mit dem musikalischen Werk dieser Urheber bereits gestattet hat, die Aufnahme des musikalischen Werkes und gegebenenfalls des Textes auf Tonträger zu erlauben; doch beschränkt sich die Wirkung aller derartigen Vorbehalte und Voraussetzungen ausschließlich auf das Hoheitsgebiet des Landes, das sie festgelegt hat; sie dürfen in keinem Fall den Anspruch des Urhebers auf eine angemessene Vergütung beeinträchtigen, die mangels gütlicher Einigung durch die zuständige Behörde festgesetzt wird.

(2) Tonträger, auf die musikalische Werke in einem Verbandsland nach Artikel 13 Absatz 3 der am 2. Juni 1928 in Rom und am 26. Juni 1948 in Brüssel unterzeichneten Fassungen dieser Übereinkunft aufgenommen worden sind, können in diesem Land bis zum Ablauf einer Frist von zwei Jahren seit dem Zeitpunkt, in dem dieses Land durch die vorliegende Fassung gebunden wird, ohne Zustimmung des Urhebers des musikalischen Werkes vervielfältigt werden.

(3) Tonträger, die nach den Absätzen 1 und 2 hergestellt und ohne Erlaubnis der Beteiligten in ein Land eingeführt worden sind, in dem sie nicht erlaubt sind, können dort beschlagnahmt werden.

Article 14

1) Les auteurs d'œuvres littéraires ou artistiques ont le droit exclusif d'autoriser:

1° l'adaptation et la reproduction cinématographiques de ces œuvres et la mise en circulation des œuvres ainsi adaptées ou reproduites;

2° la représentation et l'exécution publiques et la transmission par fil au public des œuvres ainsi adaptées ou reproduites.

2) L'adaptation sous toute autre forme artistique des réalisations cinématographiques tirées d'œuvres littéraires ou artistiques reste soumise, sans préjudice de l'autorisation de leurs auteurs, à l'autorisation des auteurs des œuvres originales.

3) Les dispositions de l'article 13.1) ne sont pas applicables.

Article 14

(1) Authors of literary or artistic works shall have the exclusive right of authorizing:

(i) the cinematographic adaptation and reproduction of these works, and the distribution of the works thus adapted or reproduced;

(ii) the public performance and communication to the public by wire of the works thus adapted or reproduced.

(2) The adaption into any other artistic form of a cinematographic production derived from literary or artistic works shall, without prejudice to the authorization of the author of the cinematographic production, remain subject to the authorization of the authors of the original works.

(3) The provisions of Article 13 (1) shall not apply.

Artikel 14

(1) Die Urheber von Werken der Literatur oder Kunst haben das ausschließliche Recht, zu erlauben:

1. die filmische Bearbeitung und Vervielfältigung dieser Werke und das Inverkehrbringen der auf diese Weise bearbeiteten oder vervielfältigten Werke,
2. die öffentliche Vorführung und die Übertragung mittels Draht an die Öffentlichkeit der auf diese Weise bearbeiteten oder vervielfältigten Werke.

(2) Die Bearbeitung von Filmwerken, die auf Werken der Literatur oder Kunst beruhen, in irgendeine andere künstlerische Form bedarf, unbeschadet der Erlaubnis ihrer Urheber, der Erlaubnis der Urheber der Originalwerke.

(3) Artikel 13 Absatz 1 ist nicht anwendbar.

Article 14bis

1) Sans préjudice des droits de l'auteur de toute œuvre qui pourrait

Article 14bis

(1) Without prejudice to the copyright in any work which may

avoir été adaptée ou reproduite, l'œuvre cinématographique est protégée comme une œuvre originale. Le titulaire du droit d'auteur sur l'œuvre cinématographique jouit des mêmes droits que l'auteur d'une œuvre originale, y compris les droits visés à l'article précédent.

2) a) La détermination des titulaires du droit d'auteur sur l'œuvre cinématographique est réservée à la législation du pays où la protection est réclamée.

b) Toutefois, dans les pays de l'Union où la législation reconnaît parmi ces titulaires les auteurs des contributions apportées à la réalisation de l'œuvre cinématographique, ceux-ci, s'ils se sont engagés à apporter de telles contributions, ne pourront, sauf stipulation contraire ou particulière, s'opposer à la reproduction, la mise en circulation, la représentation et l'exécution publiques, la transmission par fil au public, la radiodiffusion, la communication au public, le sous-titrage et le doublage des textes, de l'œuvre cinématographique.

c) La question de savoir si la forme de l'engagement visé ci-dessus doit, pour l'application du sous-alinéa b) précédent, être ou non un contrat écrit ou un acte écrit équivalent est réglée par la législation du pays de l'Union où le producteur de l'œuvre cinématographique a son siège ou sa résidence habituelle. Est toutefois réservée à la législation du pays de l'Union où la protection est réclamée la faculté de prévoir que cet engagement doit être un contrat écrit ou un acte écrit équivalent. Les pays qui font usage de cette faculté devront le

have been adapted or reproduced, a cinematographic work shall be protected as an original work. The owner of copyright in a cinematographic work shall enjoy the same rights as the author of an original work, including the rights referred to in the preceding Article.

(2) (a) Ownership of copyright in a cinematographic work shall be a matter for legislation in the country where protection is claimed.

(b) However, in the countries of the Union which, by legislation, include among the owners of copyright in a cinematographic work authors who have brought contributions to the making of the work, such authors, if they have undertaken to bring such contributions, may not, in the absence of any contrary or special stipulation, object to the reproduction, distribution, public performance, communication to the public by wire, broadcasting or any other communication to the public, or to the subtitling or dubbing of texts, of the work.

(c) The question whether or not the form of the undertaking referred to above should, for the application of the preceding subparagraph (b), be in a written agreement or a written act of the same effect shall be a matter for the legislation of the country where the maker of the cinematographic work has his headquarters or habitual residence. However, it shall be a matter for the legislation of the country of the Union where protection is claimed to provide that the said undertaking shall be in a written agreement or a written act of

notifier au Directeur général par une déclaration écrite qui sera aussitôt communiquée par ce dernier à tous les autres pays de l'Union.

d) Par «stipulation contraire ou particulière», il faut entendre toute condition restrictive dont peut être assorti ledit engagement.

3) A moins que la législation nationale n'en décide autrement, les dispositions de l'alinéa 2) b) ci-dessus ne sont applicables ni aux auteurs des scénarios, des dialogues et des œuvres musicales, créés pour la réalisation de l'œuvre cinématographique, ni au réalisateur principal de celle-ci. Toutefois, les pays de l'Union dont la législation ne contient pas des dispositions prévoyant l'application de l'alinéa 2) b) précité audit réalisateur devront le notifier au Directeur général par une déclaration écrite qui sera aussitôt communiquée par ce dernier à tous les autres pays de l'Union.

the same effect. The countries whose legislation so provides shall notify the Director General by means of a written declaration, which will be immediately communicated by him to all the other countries of the Union.

(d) By „contrary or special stipulation" is meant any restrictive condition which is relevant to the aforesaid undertaking.

(3) Unless the national legislation provides to the contrary, the provisions of paragraph (2) (b) above shall not be applicable to authors of scenarios, dialogues and musical works created for the making of the cinematographic work, or to the principal director thereof. However, those countries of the Union whose legislation does not contain rules providing for the application of the said paragraph (2) (b) to such director shall notify the Director General by means of a written declaration, which will be immediately communicated by him to all the other countries of the Union.

Artikel 14bis

(1) Unbeschadet der Rechte des Urhebers jedes etwa bearbeiteten oder vervielfältigten Werkes wird das Filmwerk wie ein Originalwerk geschützt. Der Inhaber des Urheberrechts am Filmwerk genießt die gleichen Rechte wie der Urheber eines Originalwerks einschließlich der in Artikel 14 genannten Rechte.

(2) a) Der Gesetzgebung des Landes, in dem der Schutz beansprucht wird, bleibt vorbehalten, die Inhaber des Urheberrechts am Filmwerk zu bestimmen.

b) In den Verbandsländern jedoch, deren innerstaatliche Rechtsvorschriften als solche Inhaber auch Urheber anerkennen, die Beiträge zur Herstellung des Filmwerks geleistet haben, können sich diese, wenn sie sich zur Leistung solcher Beiträge verpflichtet haben, mangels gegenteiliger oder besonderer Vereinbarung der Vervielfältigung, dem Inverkehrbringen,

der öffentlichen Vorführung, der Übertragung mittels Draht an die Öffentlichkeit, der Rundfunksendung, der öffentlichen Wiedergabe, dem Versehen mit Untertiteln und der Textsynchronisation des Filmwerks nicht widersetzen.

c) Die Frage, ob für die Anwendung des Buchstaben b die Form der dort genannten Verpflichtung in einem schriftlichen Vertrag oder in einem gleichwertigen Schriftstück bestehen muß, wird durch die Rechtsvorschriften des Verbandslandes geregelt, in dem der Hersteller des Filmwerks seinen Sitz oder seinen gewöhnlichen Aufenthalt hat. Die Rechtsvorschriften des Verbandslandes, in dem der Schutz beansprucht wird, können jedoch vorsehen, daß diese Verpflichtung durch einen schriftlichen Vertrag oder durch ein gleichwertiges Schriftstück begründet sein muß. Die Länder, die von dieser Befugnis Gebrauch machen, müssen dies dem Generaldirektor durch eine schriftliche Erklärung notifizieren, der sie unverzüglich allen anderen Verbandsländern mitteilt.

d) Als „gegenteilige oder besondere Vereinbarung" gilt jede einschränkende Bestimmung, die in der vorgenannten Verpflichtung gegebenenfalls enthalten ist.

(3) Sofern die innerstaatlichen Rechtsvorschriften nichts anderes vorsehen, ist Absatz 2 Buchstabe b weder auf die Urheber der Drehbücher, der Dialoge und der musikalischen Werke anwendbar, die für die Herstellung des Filmwerks geschaffen worden sind, noch auf dessen Hauptregisseur. Die Verbandsländer jedoch, deren Rechtsvorschriften keine Bestimmungen über die Anwendung des Absatzes 2 Buchstabe b auf den Hauptregisseur vorsehen, müssen dies dem Generaldirektor durch eine schriftliche Erklärung notifizieren, der sie unverzüglich allen anderen Verbandsländern mitteilt.

Article 14ter

1) En ce qui concerne les œuvres d'art originales et les manuscrits originaux des écrivains et compositeurs, l'auteur — ou, après sa mort, les personnes ou institutions auxquelles la législation nationale donne qualité — jouit d'un droit inaliénable à être intéressé aux opérations de vente dont l'œuvre est l'objet après la première cession opérée par l'auteur.

2) La protection prévue à l'alinéa ci-dessus n'est exigible dans chaque pays de l'Union que si la législation nationale de l'auteur admet cette

Article 14ter

(1) The author, or after his death the persons or institutions authorized by national legislation, shall, with respect to original works of art and original manuscripts of writers and composers, enjoy the inalienable right to an interest in any sale of the work subsequent to the first transfer by the author of the work.

(2) The protection provided by the preceding paragraph may be claimed in a country of the Union only if legislation in the country to

protection et dans la mesure oú le permet la législation du pays oú cette protection est réclamée.

which the author belongs so permits, and to the extent permitted by the country where this protection is claimed.

3) Les modalités et les taux de la perception sont déterminés par chaque législation nationale.

(3) The procedure for collection and the amounts shall be matters for determination by national legislation.

Artikel 14ter

(1) Hinsichtlich der Originale von Werken der bildenden Künste und der Originalhandschriften der Schriftsteller und Komponisten genießt der Urheber — oder nach seinem Tod die von den innerstaatlichen Rechtsvorschriften dazu berufenen Personen oder Institutionen — ein unveräußerliches Recht auf Beteiligung am Erlös aus Verkäufen eines solchen Werkstücks nach der ersten Veräußerung durch den Urheber.

(2) Der in Absatz 1 vorgesehene Schutz kann in jedem Verbandsland nur beansprucht werden, sofern die Heimatgesetzgebung des Urhebers diesen Schutz anerkannt und soweit es die Rechtsvorschriften des Landes zulassen, in dem dieser Schutz beansprucht wird.

(3) Das Verfahren und das Ausmaß der Beteiligung werden von den Rechtsvorschriften der einzelnen Länder bestimmt.

Article 15

1) Pour que les auteurs des œuvres littéraires et artistiques protégés par la présente Convention soient, sauf preuve contraire, considérés comme tels et admis en conséquence devant les tribunaux des pays de l'Union à exercer des poursuites contre les contrefacteurs, il suffit que le nom soit indiqué sur l'œuvre en la manière usitée. Le présent alinéa est applicable, même si ce nom est un pseudonyme, dès lors que le pseudonyme adopté par l'auteur ne laisse aucun doute sur son identité.

2) Est présumé producteur de l'œuvre cinématographique sauf preuve contraire, la personne physique ou morale dont le nom est indi-

Article 15

(1) In order that the author of a literary or artistic work protected by this Convention shall, in the absence of proof to the contrary, be regarded as such, and consequently be entitled to institute infringement proceedings in the countries of the Union, it shall be sufficient for his name to appear on the work in the usual manner. This paragraph shall be applicable even if this name is a pseudonym, where the pseudonym adopted by the author leaves no doubt as to his identity.

(2) The person or body corporate whose name appears on a cinematographic work in the usual manner shall, in the absence of proof to the

qué sur ladite œuvre en la manière usitée.

3) Pour les œuvres anonymes et pour les œuvres pseudonymes autres que celles dont il est fait mention à l'alinéa 1) ci-dessus, l'éditeur dont le nom est indiqué sur l'œuvre est, sans autre preuve, réputé représenter l'auteur; en cette qualité, il est fondé à sauvegarder et à faire valoir les droits de celui-ci. La disposition du présent alinéa cesse d'être applicable quant l'auteur a révélé son identité et justifié de sa qualité.

4) a) Pour les œuvres non publiées dont l'identité de l'auteur est inconnue, mais pour lesquelles il y a tout lieu de présumer que cet auteur est ressortissant d'un pays de l'Union, il est réservé à la législation de ce pays la faculté de désigner l'autorité compétente représentant cet auteur et fondée à sauvegarder et à faire valoir les droits de celui-ci dans les pays de l'Union.

b) Les pays de l'Union qui, en vertu de cette disposition, procéderont à une telle désignation, le notifieront au Directeur général par une déclaration écrite où seront indiqués tous renseignements relatifs à l'autorité ainsi désignée. Le Directeur général communiquera aussitôt cette déclaration à tous les autres pays de l'Union.

contrary, be presumed to be the maker of the said work.

(3) In the case of anonymous than pseudonymous works, other than those referred to in paragraph (1) above, the publisher whose name appears on the work shall, in the absence of proof to the contrary, be deemed to represent the author, and in this capacity he shall be entitled to protect and enforce the author's rights. The provisions of this paragraph shall cease to apply when the author reveals his identity and establishes his claim to authorship of the work.

(4) (a) In the case of unpublished works where the identity of the author is unknown, but where there is every ground to presume that he is a national of a country of the Union, it shall be a matter for legislation in that country to designate the competent authority which shall represent the author and shall be entitled to protect and enforce his rights in the countries of the Union.

(b) Countries of the Union which make such designation under the terms of this provision shall notify the Director General by means of a written declaration giving full information concerning the authority thus designated. The Director General shall at once communicate this declaration to all other countries of the Union.

Artikel 15

(1) Damit die Urheber der durch diese Übereinkunft geschützten Werke der Literatur und Kunst mangels Gegenbeweises als solche gelten und infolgedessen vor den Gerichten der Verbandsländer zur Verfolgung der unbefugten Vervielfältiger zugelassen werden, genügt es, daß der Name in der üblichen Weise auf dem Werkstück angegeben ist. Dieser Absatz ist

anwendbar, selbst wenn dieser Name ein Pseudonym ist, sofern das vom Urheber angenommene Pseudonym keinen Zweifel über seine Identität aufkommen läßt.

(2) Als Hersteller des Filmwerks gilt mangels Gegenbeweises die natürliche oder juristische Person, deren Name in der üblichen Weise auf dem Werkstück angegeben ist.

(3) Bei den anonymen Werken und bei den nicht unter Absatz 1 fallenden pseudonymen Werken gilt der Verleger, dessen Name auf dem Werkstück angegeben ist, ohne weiteren Beweis als berechtigt, den Urheber zu vertreten; in dieser Eigenschaft ist er befugt, dessen Rechte wahrzunehmen und geltend zu machen. Die Bestimmung dieses Absatzes ist nicht mehr anwendbar, sobald der Urheber seine Identität offenbart und seine Berechtigung nachgewiesen hat.

(4) a) Für die nichtveröffentlichten Werke, deren Urheber unbekannt ist, bei denen jedoch aller Grund zu der Annahme besteht, daß ihr Urheber Angehöriger eines Verbandslandes ist, kann die Gesetzgebung dieses Landes die zuständige Behörde bezeichnen, die diesen Urheber vertritt und berechtigt ist, dessen Rechte in den Verbandsländern wahrzunehmen und geltend zu machen.

b) Die Verbandsländer, die nach dieser Bestimmung eine solche Bezeichnung vornehmen, notifizieren dies dem Generaldirektor durch eine schriftliche Erklärung, in der alle Angaben über die bezeichnete Behörde enthalten sein müssen. Der Generaldirektor teilt diese Erklärung allen anderen Verbandsländern unverzüglich mit.

Article 16

1) Toute œuvre contrefaite peut être saisie dans les pays de l'Union où l'œuvre originale a droit à la protection légale.

2) Les dispositions de l'alinéa précédent sont également applicables aux reproductions provenant d'un pays où l'œuvre n'est pas protégée ou a cessé de l'être.

3) La saisie a lieu conformément à la législation de chaque pays.

Article 16

(1) Infringing copies of a work shall be liable to seizure in any country of the Union where the work enjoys legal protection.

(2) The provisions of the preceding paragraph shall also apply to reproductions coming from a country where the work is not protected, or has ceased to be protected.

(3) The seizure shall take place in accordance with the legislation of each country.

Artikel 16

(1) Jedes unbefugt hergestellte Werkstück kann in den Verbandsländern, in denen das Originalwerk Anspruch auf gesetzlichen Schutz hat, beschlagnahmt werden.

(2) Die Bestimmungen des Absatzes 1 sind auch auf Vervielfältigungsstücke anwendbar, die aus einem Land stammen, in dem das Werk nicht oder nicht mehr geschützt ist.

(3) Die Beschlagnahme findet nach den Rechtsvorschriften jedes Landes statt.

Article 17

Les dispositions de la présente Convention ne peuvent porter préjudice, en quoi que ce soit, au droit qui appartient au Gouvernement de chacun des pays de l'Union de permettre, de surveiller ou d'interdire, par des mesures de législation ou de police intérieure, la circulation, la représentation, l'exposition de tout ouvrage ou production à l'égard desquels l'autorité compétente aurait à exercer ce droit.

Article 17

The provisions of this Convention cannot in any way affect the right of the Government of each country of the Union to permit, to control, or to prohibit, by legislation or regulation, the circulation, presentation, or exhibition of any work or production in regard to which the competent authority may find it necessary to exercise that right.

Artikel 17

Die Bestimmungen dieser Übereinkunft können in keiner Beziehung das der Regierung jedes Verbandslandes zustehende Recht beeinträchtigen, durch Maßnahmen der Gesetzgebung oder inneren Verwaltung die Verbreitung, die Aufführung oder das Ausstellen von Werken oder Erzeugnissen jeder Art zu gestatten, zu überwachen oder zu untersagen, für die die zuständige Behörde dieses Recht auszuüben hat.

Article 18

1) La présente Convention s'applique à toutes les œuvres qui, au moment de son entrée en vigueur, ne sont pas encore tombées dans le domaine public de leur pays d'origine par l'expiration de la durée de la protection.

2) Cependant, si une œuvre, par l'expiration de la durée de la protection qui lui était antérieurement reconnue, est tombée dans le domaine public du pays où la protection est réclamée, cette œuvre n'y sera pas protégée à nouveau.

Article 18

(1) This Convention shall apply to all works which, at the moment of its coming into force, have not yet fallen into the public domain in the country of origin through the expiry of the term of protection.

(2) If, however, through the expiry of the term of protection which was previously granted, a work has fallen into the public domain of the country where protection is claimed, that work shall not be protected anew.

3) L'application de ce principe aura lieu conformément aux stipulations contenues dans les conventions spéciales existantes ou à conclure à cet effet entre pays de l'Union. A défaut de semblables stipulations, les pays respectifs régleront, chacun pour ce qui le concerne, les modalités relatives à cette application.

4) Les dispositions qui précèdent s'appliquent également en cas de nouvelles accessions à l'Union et dans le cas où la protection serait étendue par application de l'article 7 ou par abandon de réserves.

(3) The application of this principle shall be subject to any provisions contained in special conventions to that effect existing or to be concluded between countries of the Union. In the absence of such provisions, the respective countries shall determine, each in so far as it is concerned, the conditions of application of this principle.

(4) The preceding provisions shall also apply in the case of new accessions to the Union and to cases in which protection is extended by the application of Article 7 or by the abandonment of reservations.

Artikel 18

(1) Diese Übereinkunft gilt für alle Werke, die bei ihrem Inkrafttreten noch nicht infolge Ablaufs der Schutzdauer im Ursprungsland Gemeingut geworden sind.

(2) Ist jedoch ein Werk infolge Ablaufs der Schutzfrist, die ihm vorher zustand, in dem Land, in dem der Schutz beansprucht wird, Gemeingut geworden, so erlangt es dort nicht von neuem Schutz.

(3) Die Anwendung dieses Grundsatzes richtet sich nach den Bestimmungen der zwischen Verbandsländern zu diesem Zweck abgeschlossenen oder abzuschließenden besonderen Übereinkünfte. Mangels solcher Bestimmungen legen die betreffenden Länder, jedes für sich, die Art und Weise dieser Anwendung fest.

(4) Die vorstehenden Bestimmungen gelten auch, wenn ein Land dem Verband neu beitritt, sowie für den Fall, daß der Schutz nach Artikel 7 oder durch Verzicht auf Vorbehalte ausgedehnt wird.

Article 19

Les dispositions de la présente Convention n'empêchent pas de revendiquer l'application de dispositions plus larges qui seraient édictées par la législation d'un pays de l'Union.

Article 19

The provisions of this Convention shall not preclude the making of a claim to the benefit of any greater protection which may be granted by legislation in a country of the Union.

Artikel 19

Die Bestimmungen dieser Übereinkunft hindern nicht daran, die Anwendung von weitergehenden Bestimmungen zu beanspruchen, die durch die Gesetzgebung eines Verbandslandes etwa erlassen werden.

Article 20

Les Gouvernements des pays de l'Union se réservent le droit de prendre entre eux des arrangements particuliers, en tant que ces arrangements conféreraient aux auteurs des droits plus étendus que ceux accordés par la Convention, ou qu'ils renfermeraient d'autres stipulations non contraires à la présente Convention. Les dispositions des arrangements existants qui répondent aux conditions précitées restent applicables.

Article 20

The Governments of the countries of the Union reserve the right to enter into special agreements among themselves, in so far as such agreements grant to authors more extensive rights than those granted by the Convention, or contain other provisions not contrary to this Convention. The provisions of existing agreements which satisfy these conditions shall remain applicable.

Artikel 20

Die Regierungen der Verbandsländer behalten sich das Recht vor, Sonderabkommen miteinander insoweit zu treffen, als diese den Urhebern Rechte verleihen, die über die ihnen durch diese Übereinkunft gewährten Rechte hinausgehen, oder andere Bestimmungen enthalten, die dieser Übereinkunft nicht zuwiderlaufen. Die Bestimmungen bestehender Abkommen, die den angegebenen Voraussetzungen entsprechen, bleiben anwendbar.

Article 21

1) Des dispositions particulières concernant les pays en voie de développement figurent dans l'Annexe.

2) Sous réserve des dispositions de l'article 28.1) b), l'Annexe forme partie intégrante du présent Acte.

Article 21

(1) Special provisions regarding developing countries are included in the Appendix.

(2) Subject to the provisions of Article 28 (1) (b), the Appendix forms an integral part of this Act.

Artikel 21

(1) Besondere Bestimmungen für Entwicklungsländer sind im Anhang enthalten.

(2) Vorbehaltlich des Artikels 28 Absatz 1 Buchstabe b ist der Anhang ein integrierender Bestandteil dieser Fassung der Übereinkunft.

Article 22

1) a) L'Union a une Assemblée composée des pays de l'Union liés par les articles 22 à 26.

Article 22

(1) (a) The Union shall have an Assembly consisting of those countries of the Union which are bound by Articles 22 to 26.

b) Le Gouvernement de chaque pays est représenté par un délégué, qui peut être assisté de suppléants, de conseillers et d'experts.

c) Les dépenses de chaque délégation sont supportées par le Gouvernement qui l'a désignée.

2) a) L'Assemblée:

i) traite de toutes les questions concernant le maintien et le développement de l'Union et l'application de la présente Convention;

ii) donne au Bureau international de la propriété intellectuelle (ci-après dénommé «le Bureau international») visé dans la Convention instituant l'Organisation Mondiale de la Propriété Intellectuelle (ci-après dénommée «l'Organisation») des directives concernant la préparation des conférences de revision, compte étant dûment tenu des observations des pays de l'Union qui ne sont pas liés par les articles 22 à 26;

iii) examine et approuve les rapports et les activités du Directeur général de l'Organisation relatifs à l'Union et lui donne toutes directives utiles concernant les questions de la compétence de l'Union;

iv) élit les membres du Comité exécutif de l'Assemblée;

v) examine et approuve les rapports et les activités de son Comité exécutif et lui donne des directives;

(b) The Government of each country shall be represented by one delegate, who may be assisted by alternate delegates, advisors, and experts.

(c) The expenses of each delegation shall be borne by the Government which has appointed it.

(2) (a)The Assembly shall:

(i) deal with all matters concerning the maintenance and development of the Union and the implementation of this Convention;

(ii) give directions concerning the preparation for conferences of revision to the International Bureau of Intellectual Property (hereinafter designated as "the International Bureau") referred to in the Convention Establishing the World Intellectual Property Organization (hereinafter designated as "the Organization"), due account being taken of any comments made by those countries of the Union which are not bound by Articles 22 to 26;

(iii) review and approve the reports and activities of the Director General of the Organization concerning the Union, and give him all necessary instructions concerning matters within the competence of the Union;

(iv) elect the members of the Executive Committee of the Assembly;

(v) review and approve the reports and activities of its Executive Committee, and give instructions to such Committee;

vi) arrête le programme, adopte le budget triennal de l'Union et approuve ses comptes de clôture;	(vi) determine the program and adopt the triennial budget of the Union, and approve its final accounts;
vii) adopte le règlement financier de l'Union;	(vii) adopt te financial regulations of the Union;
viii) crée les comités d'experts et groupes de travail qu'elle juge utiles à la réalisation des objectifs de l'Union;	(viii) establish such committees of experts and working groups as may be necessary for the work of the Union;
ix) décide quels sont les pays non membres de l'Union et quelles sont les organisations intergouvernementales et internationales non gouvernementales qui peuvent être admis à ses réunions en qualité d'observateurs;	(ix) determine which countries not members of the Union and which intergovernmental and international non-governmental organizations shall be admitted to its meetings as observers;
x) adopte les modifications des articles 22 à 26;	(x) adopt amendments to Articles 22 to 26;
xi) entreprend toute autre action appropriée en vue d'atteindre les objectifs de l'Union;	(xi) take any other appropriate action designed to further the objectives of the Union;
xii) s'acquitte de toutes autres tâches qu'implique la présente Convention;	(vii) adopt the financial regulations as are appropriate under this Convention;
xiii) exerce, sous réserve qu'elle les accepte, les droits qui lui sont conférés par la Convention instituant l'Organisation;	(xiii) subject to its acceptance, exercise such rights as are given to it in the Convention establishing the Organization.
b) Sur les questions qui intéressent également d'autres Unions administrées par l'Organisation, l'Assemblée statue connaissance prise de l'avis du Comité de coordination de l'Organisation.	(b) With respect to matters which are of interest also to other Unions administered by the Organization, the Assembly shall make its decisions after having heard the advice of the Coordination Committee of the Organization.
3) a) Chaque pays membre de l'Assemblée dispose d'une voix.	(3) (a) Each country member of the Assembly shall have one vote.
b) La moitié des pays membres de l'Assemblée constitue le quorum.	(b) One-half of the countries members of the Assembly shall constitute a quorum.
c) Nonobstant les dispositions du sous-alinéa b), si, lors d'une ses-	(c) Notwithstanding the provisions of subparagraph (b), if, in any

sion, le nombre des pays représentés est inférieur à la moitié mais égal ou supérieur au tiers des pays membres de l'Assemblée, celle-ci peut prendre des décisions; toutefois, les décisions de l'Assemblée, à l'exception de celles qui concernent sa procédure, ne deviennent exécutoires que lorsque les conditions énoncées ci-après sont remplies. Le Bureau international communique lesdites décisions aux pays membres de l'Assemblée qui n'étaient pas représentés, en les invitant à exprimer par écrit, dans un délai de trois mois à compter de la date de ladite communication, leur vote ou leur abstention. Si, à l'expiration de ce délai, le nombre des pays ayant ainsi exprimé leur vote ou leur abstention est au moins égal au nombre de pays qui faisait défaut pour que le quorum fût atteint lors de la session, lesdites décisions deviennent exécutoires, pourvu qu'en même temps la majorité nécessaire reste acquise.

d) Sous réserve des dispositions de l'article 26.2), les décisions de l'Assemblée sont prises à la majorité des deux tiers des votes exprimés.

e) L'abstention n'est pas considérée comme un vote.

f) Un délégué ne peut représenter qu'un seul pays et ne peut voter qu'au nom de celui-ci.

g) Les pays de l'Union qui ne sont pas membres de l'Assemblée sont admis à ses réunions en qualité d'observateurs.

4) a) L'Assemblée se réunit une fois tous les trois ans en session ordinaire, sur convocation du Directeur général et, sauf cas exception-

session, the number of countries represented is less than one-half but equal to or more than one-third of the countries members of the Assembly, the Assembly may make decisions but, with the exception of decisions concerning its own procedure, all such decisions shall take effect only if the following conditions are fulfilled. The International Bureau shall communicate the said decisions to the countries members of the Assembly which were not represented and shall invite them to express in writing their vote or abstention within a period of three months from the date of the communication. If, at the expiration of this period, the number of countries having thus expressed their vote or abstention attains the number of countries which was lacking for attaining the quorum in the session itself, such decisions shall take effect provided that at the same time the required majority still obtains.

(d) Subject to the provisions of Article 26 (2), the decisions of the Assembly shall require two-thirds of the votes cast.

(e) Abstentions shall not be considered as votes.

(f) A delegate may represent, and vote in the name of, one country only.

(g) Countries of the Union not members of the Assembly shall be admitted to its meetings as observers.

(4) (a) The Assembly shall meet once in every third calendar year in ordinary session upon convocation by the Director General and, in

nels, pendant la même période et au même lieu que l'Assemblée générale de l'Organisation.

b) L'Assemblée se réunit en session extraordinaire sur convocation adressée par le Directeur général, à la demande du Comité exécutif ou à la demande d'un quart des pays membres de l'Assemblée.

5) L'Assemblée adopte son règlement intérieur.

the absence of exceptional circumstances, during the same period and at the same place as the General Assembly of the Organization.

(b) The Assembly shall meet in extraordinary session upon convocation by the Director General, at the request of the Executive Committee or at the request of one-fourth of the countries members of the Assembly.

(5) The Assembly shall adopt its own rules of procedure.

Artikel 22

(1) (a) Der Verband hat eine Versammlung, die sich aus den durch die Artikel 22 bis 26 gebundenen Verbandsländern zusammensetzt.

(b) Die Regierung jedes Landes wird durch einen Delegierten vertreten, der von Stellvertretern, Beratern und Sachverständigen unterstützt werden kann.

(c) Die Kosten jeder Delegation werden von der Regierung getragen, die sie entsandt hat.

(2) (a) Die Versammlung

i) behandelt alle Fragen betreffend die Erhaltung und die Entwicklung des Verbandes sowie die Anwendung dieser Übereinkunft;

ii) erteilt dem Internationalen Büro für geistiges Eigentum (im folgenden als „das Internationale Büro" bezeichnet), das in dem Übereinkommen zur Errichtung der Weltorganisation für geistiges Eigentum (im folgenden als „die Organisation" bezeichnet) vorgesehen ist, Weisungen für die Vorbereitung der Revisionskonferenzen unter gebührender Berücksichtigung der Stellungnahmen der Verbandsländer, die durch die Artikel 22 bis 26 nicht gebunden sind;

iii) prüft und billigt die Berichte und die Tätigkeit des Generaldirektors der Organisaton betreffend den Verband und erteilt ihm alle zweckdienlichen Weisungen in Fragen, die in die Zuständigkeit des Verbandes fallen;

iv) wählt die Mitglieder des Exekutivausschusses der Versammlung;

v) prüft und billigt die Berichte und die Tätigkeit ihres Exekutivausschusses und erteilt ihm Weisungen;

vi) legt das Programm fest, beschließt den Dreijahres-Haushaltsplan des Verbandes und billigt seine Rechnungsabschlüsse;

vii) beschließt die Finanzvorschriften des Verbandes;

viii) bildet die Sachverständigenausschüsse und Arbeitsgruppen, die sie zur Verwirklichung der Ziele des Verbandes für zweckdienlich hält;

ix) bestimmt, welche Nichtmitgliedländer des Verbandes, welche zwischenstaatlichen und welche internationalen nichtstaatlichen Organisationen zu ihren Sitzungen als Beobachter zugelassen werden;

x) beschließt Änderungen der Artikel 22 bis 26;

xi) nimmt jede andere Handlung vor, die zur Erreichung der Ziele des Verbandes geeignet ist;

xii) nimmt alle anderen Aufgaben wahr, die sich aus dieser Übereinkunft ergeben;

xiii) übt vorbehaltlich ihres Einverständnisses die ihr durch das Übereinkommen zur Errichtung der Organisation übertragenen Rechte aus.

b) Über Fragen, die auch für andere von der Organisation verwaltete Verbände von Interesse sind, entscheidet die Versammlung nach Anhörung des Koordinierungsausschusses der Organisation.

(3) a) Jedes Mitgliedland der Versammlung verfügt über eine Stimme.

b) Die Hälfte der Mitgliedländer der Versammlung bildet das Quorum (die für die Beschlußfähigkeit erforderliche Mindestzahl).

c) Ungeachtet des Buchstaben b kann die Versammlung Beschlüsse fassen, wenn während einer Tagung die Zahl der vertretenen Länder zwar weniger als die Hälfte, aber mindestens ein Drittel der Mitgliedländer der Versammlung beträgt; jedoch werden diese Beschlüsse mit Ausnahme der Beschlüsse über das Verfahren der Versammlung nur dann wirksam, wenn die folgenden Bedingungen erfüllt sind: Das Internationale Büro teilt diese Beschlüsse den Mitgliedländern der Versammlung mit, die nicht vertreten waren, und lädt sie ein, innerhalb einer Frist von drei Monaten vom Zeitpunkt der Mitteilung an schriftlich ihre Stimme oder Stimmenthaltung bekanntzugeben. Entspricht nach Ablauf der Frist die Zahl der Länder, die auf diese Weise ihre Stimme oder Stimmenthaltung bekanntgegeben haben, mindestens der Zahl der Länder, die für die Erreichung des Quorums während der Tagung gefehlt hatte, so werden die Beschlüsse wirksam, sofern gleichzeitig die erforderliche Mehrheit noch vorhanden ist.

d) Vorbehaltlich des Artikels 26 Absatz 2 faßt die Versammlung ihre Beschlüsse mit einer Mehrheit von zwei Dritteln der abgegebenen Stimmen.

e) Stimmenthaltung gilt nicht als Stimmabgabe.

f) Ein Delegierter kann nur ein Land vertreten und nur in dessen Namen abstimmen.

g) Die Verbandsländer, die nicht Mitglied der Versammlung sind, werden zu den Sitzungen der Versammlung als Beobachter zugelassen.

(4) a) Die Versammlung tritt nach Einberufung durch den Generaldirektor alle drei Jahre einmal zu einer ordentlichen Tagung zusammen, und zwar

abgesehen von außergewöhnlichen Fällen, zu derselben Zeit und an demselben Ort wie die Generalversammlung der Organisation.

b) Die Versammlung tritt nach Einberufung durch den Generaldirektor zu einer außerordentlichen Tagung zusammen, wenn der Exekutivausschuß oder ein Viertel der Mitgliedländer der Versammlung es verlangt.

(5) Die Versammlung gibt sich eine Geschäftsordnung.

Article 23

1) L'Assemblée a un Comité exécutif.

2) a) Le Comité exécutif est composé des pays élus par l'Assemblée parmi les pays membres de celle-ci. En outre, le pays sur le territoire duquel l'Organisation a son siège dispose, ex officio, d'un siège au Comité, sous réserve des dispositions de l'article 25.7) b).

b) Le Gouvernement de chaque pays membre du Comité exécutif est représenté par un délégué, qui peut être assisté de suppléants, de conseillers et d'experts.

c) Les dépenses de chaque délégation sont supportées par le Gouvernement qui l'a désignée.

3) Le nombre des pays membres du Comité exécutif correspond au quart du nombre des pays membres de l'Assemblée. Dans le calcul des sièges à pourvoir, le reste subsistant après la division par quatre n'est pas pris en considération.

4) Lors de l'élection des membres du Comité exécutif, l'Assemblée tient compte d'une répartition géographique équitable et de la néces-

Article 23

(1) The Assembly shall have an Executive Committee.

(2) (a) The Executive Committee shall consist of countries elected by the Assembly from among countries members of the Assembly. Furthermore, the country on whose territory the Organization has its headquarters shall, subject to the provisions of Article 25 (7) (b), have an ex officio seat on the Committee.

(b) The Government of each country member of the Executive Committee shall be represented by one delegate, who may be assisted by alternate delegates, advisors, and experts.

(c) The expenses of each delegation shall be borne by the Government which has appointed it.

(3) The number of countries members of the Executive Committee shall correspond to one-fourth of the number of countries members of the Assembly. In establishing the number of seats to be filled, remainders after division by four shall be disregarded.

(4) In electing the members of the Executive Committee, the Assembly' shall have due regard to an equitable geographical distribution

sité pour les pays parties aux Arrangements particuliers qui pourraient être établis en relation avec l'Union d'être parmi les pays constituant le Comité exécutif.

5) a) Les membres du Comité exécutif restent en fonctions à partir de la clôture de la session de l'Assemblée au cours de laquelle ils ont été élus jusqu'au terme de la session ordinaire suivante de l'Assemblée.

b) Les membres du Comité exécutif sont rééligibles dans la limite maximale des deux tiers d'entre eux.

c) L'Assemblée réglemente les modalités de l'élection et de la réélection éventuelle des membres du Comité exécutif.

6) a) Le Comité exécutif:

i) prépare le projet d'ordre du jour de l'Assemblée;

ii) soumet à l'Assemblée des propositions relatives aux projets de programme et de budget triennal de l'Union préparés par le Directeur général;

iii) se prononce, dans les limites du programme et du budget triennal, sur les programmes et budget annuels préparés par le Directeur général;

iv) soumet à l'Assemblée, avec les commentaires appropriés, les rapports périodiques du Directeur général et les rapports annuels de vérification des comptes;

v) prend toutes mesures utiles en vue de l'exécution du pro-

and to the need for countries party to the Special Agreements which might be established in relation with the Union to be among the countries constituting the Executive Committee.

(5) (a) Each member of the Executive Committee shall serve from the close of the session of the Assembly which elected it to the close of the next ordinary session of the Assembly.

(b) Members of the Executive Committee may be re-elected, but not more than two-thirds of them.

(c) The Assembly shall establish the details of the rules governing the election and possible re-election of the members of the Executive Committee.

(6) (a) The Executive Committee shall:

(i) prepare the draft agenda of the Assembly;

(ii) submit proposals to the Assembly respecting the draft program and triennial budget of the Union prepared by the Director General;

(iii) approve, within the limits of the program and the triennial budget, the specific yearly budgets and programs prepared by the Director General;

(iv) submit, with appropriate comments, to the Assembly the periodical reports of the Director General and the yearly audit reports on the accounts;

(v) in accordance with the decisions of the Assembly and ha-

gramme de l'Union par le Directeur général, conformément aux décisions de l'Assemblée et en tenant compte des circonstances survenant entre deux sessions ordinaires de ladite Assemblée;

vi) s'acquitte de toutes autres tâches qui lui sont attribuées dans le cadre de la présente Convention.

b) Sur les questions qui intéressent également d'autres Unions administrées par l'Organisation, le Comité exécutif statue connaissance prise de l'avis du Comité de coordination de l'Organisation.

7) a) Le Comité exécutif se réunit une fois par an en session ordinaire, sur convocation du Directeur général, autant que possible pendant la même période et au même lieu que le Comité de coordination de l'Organisation.

b) Le Comité exécutif se réunit en session extraordinaire sur convocation adressée par le Directeur général, soit à l'initiative de celui-ci, soit à la demande de son président ou d'un quart de ses membres.

8) a) Chaque pays membre du Comité exécutif dispose d'une voix.

b) La moitié des pays membres du Comité exécutif constitue le quorum.

c) Les décisions sont prises à la majorité simple des votes exprimés.

d) L'abstention n'est pas considérée comme un vote.

ving regard to circumstances arising between two ordinary sessions of the Assembly, take all necessary measures to ensure the execution of the program of the Union by the Director General;

(vi) perform such other functions as are allocated to it under this Convention.

(b) With respect to matters which are of interest also to other Unions administered by the Organization, the Executive Committee shall make its decisions after having heard the advice of the Coordination Committee of the Organization.

(7) (a) The Executive Committee shall meet once a year in ordinary session upon convocation by the Director General, preferably during the same period and at the same place as the Coordination Committee of the Organization.

(b) The Executive Committee shall meet in extraordinary session upon convocation by the Director General, either on his own initiative, or at the request of its Chairman or one-fourth of its members.

(8) (a) Each country member of the Executive Committee shall have one vote.

(b) One-half of the members of the Executive Committee shall constitute a quorum.

(c) Decisions shall be made by a simple majority of the votes cast.

(d) Abstentions shall not be considered as votes.

e) Un délégué ne peut représenter qu'un seul pays et ne peut voter qu'au nom de celui-ci.

9) Les pays de l'Union qui ne sont pas membres du Comité exécutif sont admis à ses réunions en qualité d'observateurs.

10) Le Comité exécutif adopte son règlement intérieur.

(e) A delegate may represent, and vote in the name of, one country only.

(9) Countries of the Union not members of the Executive Committee shall be admitted to its meetings as observers.

(10) The Executive Committee shall adopt its own rules of procedure.

Artikel 23

(1) Die Versammlung hat einen Exekutivausschuß.

(2) (a) Der Exekutivausschuß setzt sich aus den von der Versammlung aus dem Kreis ihrer Mitgliedländer gewählten Ländern zusammen. Außerdem hat das Land, in dessen Hoheitsgebiet die Organisation ihren Sitz hat, vorbehaltlich des Artikels 25 Absatz 7 Buchstabe b ex officio einen Sitz im Ausschuß.

b) Die Regierung jedes Mitgliedlandes des Exekutivausschusses wird durch einen Delegierten vertreten, der von Stellvertretern, Beratern und Sachverständigen unterstützt werden kann.

c) Die Kosten jeder Delegation werden von der Regierung getragen, die sie entsandt hat.

(3) Die Zahl der Mitgliedländer des Exekutivausschusses entspricht einem Viertel der Zahl der Mitgliedländer der Versammlung. Bei der Berechnung der zu vergebenden Sitze wird der nach Teilung durch vier verbleibende Rest nicht berücksichtigt.

(4) Bei der Wahl der Mitglieder des Exekutivausschusses trägt die Versammlung einer angemessenen geographischen Verteilung und der Notwendigkeit Rechnung, daß unter den Ländern des Exekutivausschusses Vertragsländer der Sonderabkommen sind, die im Rahmen des Verbandes errichtet werden könnten.

(5) a) Die Mitglieder des Exekutivausschusses üben ihr Amt vom Schluß der Tagung der Versammlung, in deren Verlauf sie gewählt worden sind, bis zum Ende der darauffolgenden ordentlichen Tagung der Versammlung aus.

b) Höchstens zwei Drittel der Mitglieder des Exekutivausschusses können wiedergewählt werden.

c) Die Versammlung regelt die Einzelheiten der Wahl und der etwaigen Wiederwahl der Mitglieder des Exekutivausschusses.

(6) a) Der Exekutivausschuß

i) bereitet den Entwurf der Tagesordnung der Versammlung vor;

ii) unterbreitet der Versammlung Vorschläge zu den vom Generaldirektor vorbereiteten Entwürfen des Programms und des Dreijahres-Haushaltsplans des Verbandes;

iii) stellt im Rahmen des Programms und des Dreijahres-Haushaltsplans die vom Generaldirektor vorbereiteten Jahresprogramme und Jahreshaushaltspläne auf;

iv) unterbreitet der Versammlung mit entsprechenden Bemerkungen die periodischen Berichte des Generaldirektors und die jährlichen Berichte über die Rechnungsprüfung;

v) trifft alle zweckdienlichen Maßnahmen zur Durchführung des Programms des Verbandes durch den Generaldirektor in Übereinstimmung mit den Beschlüssen der Versammlung und unter Berücksichtigung der zwischen zwei ordentlichen Tagungen der Versammlung eintretenden Umstände;

vi) nimmt alle anderen Aufgaben wahr, die ihm im Rahmen dieser Übereinkunft übertragen werden.

b) Über Fragen, die auch für andere von der Organisation verwaltete Verbände von Interesse sind, entscheidet der Exekutivausschuß nach Anhörung des Koordinierungsausschusses der Organisation.

(7) a) Der Exekutivausschuß tritt nach Einberufung durch den Generaldirektor jedes Jahr einmal zu einer ordentlichen Tagung zusammen, und zwar möglichst zu derselben Zeit und an demselben Ort wie der Koordinierungsausschuß der Organisation.

b) Der Exekutivausschuß tritt nach Einberufung durch den Generaldirektor zu einer außerordentlichen Tagung zusammen, entweder auf Initiative des Generaldirektors oder wenn der Vorsitzende oder ein Viertel der Mitglieder des Exekutivausschusses es verlangt.

(8) a) Jedes Mitgliedland des Exekutivausschusses verfügt über eine Stimme.

b) Die Hälfte der Mitgliedländer des Exekutivausschusses bildet das Quorum.

c) Die Beschlüsse werden mit einfacher Mehrheit der abgegebenen Stimmen gefaßt.

d) Stimmenthaltung gilt nicht als Stimmabgabe.

e) Ein Delegierter kann nur ein Land vertreten und nur in dessen Namen abstimmen.

(9) Die Verbandsländer, die nicht Mitglied des Exekutivausschusses sind, werden zu dessen Sitzungen als Beobachter zugelassen.

(10) Der Exekutivausschuß gibt sich eine Geschäftsordnung.

Article 24

1) a) Les tâches administratives incombant à l'Union sont assurées par le Bureau international, qui succède au Bureau de l'Union réuni avec le Bureau de l'Union institué par la Convention internationale pour la protection de la propriété industrielle.

b) Le Bureau international assure notamment le secrétariat des divers organes de l'Union.

c) Le Directeur général de l'Organisation est le plus haut fonctionnaire de l'Union et la représente.

2) Le Bureau international rassemble et publie les informations concernant la protection du droit d'auteur. Chaque pays de l'Union communique aussitôt que possible au Bureau international le texte de toute nouvelle loi ainsi que tous textes officiels concernant la protection du droit d'auteur.

3) Le Bureau international publie un périodique mensuel.

4) Le Bureau international fournit à tout pays de l'Union, sur sa demande, des renseignements sur les questions relatives à la protection du droit d'auteur.

5) Le Bureau international procède à des études et fournit des services destinés à faciliter la protection du droit d'auteur.

6) Le Directeur général et tout membre du personnel désigné par lui prennent part, sans droit de vote, à toutes les réunions de l'Assemblée, du Comité exécutif et de tout autre

Article 24

(1) (a) The administrative tasks with respect to the Union shall be performed by the International Bureau, which is a continuation of the Bureau of the Union united with the Bureau of the Union established by the International Convention for the Protection of Industrial Property.

(b) In particular, the International Bureau shall provide the secretariat of the various organs of the Union.

(c) The Director General of the Organization shall be the chief executive of the Union and shall represent the Union.

(2) The International Bureau shall assemble and publish information concerning the protection of copyright. Each country of the Union shall promptly communicate to the International Bureau all new laws and official texts concerning the protection of copyright.

(3) The International Bureau shall publish a monthly periodical.

(4) The International Bureau shall, on request, furnish information to any country of the Union on matters concerning the protection of copyright.

(5) The International Bureau shall conduct studies, and shall provide services, designed to facilitate the protection of copyright.

(6) The Director General and any staff member designated by him shall participate, without the right to vote, in all meetings of the Assembly, the Executive Committee

comité d'experts ou groupe de travail. Le Directeur général ou un membre du personnel désigné par lui est d'office secrétaire de ces organes.

and any other committee of experts or working group. The Director General, or a staff member designated by him, shall be ex officio secretary of these bodies.

7) a) Le Bureau international, selon les directives de l'Assemblée et en coopération avec le Comité exécutif, prépare les conférences de revision des dispositions de la Convention autres que les articles 22 à 26.

(7) (a) The International Bureau shall, in accordance with the directions of the Assembly and in cooperation with the Executive Committee, make the preparations for the conferences of revision of the provisions of the Convention other than Articles 22 to 26.

b) Le Bureau international peut consulter des organisations intergouvernementales et internationales non gouvernementales sur la préparation des conférences de revision.

(b) The International Bureau may consult with intergouvernmental and international non-governmental organizations concerning preparations for conferences of revision.

c) Le Directeur général et les personnes désignées par lui prennent part, sans droit de vote, aux délibérations dans ces conférences.

(c) The Director General and persons designated by him shall take part, without the right to vote, in the discussions at these conferences.

8) Le Bureau international exécute toutes autres tâches qui lui sont attribuées.

(8) The International Bureau shall carry out any other tasks assigned to it.

Artikel 24

(1) a) Die Verwaltungsaufgaben des Verbandes werden vom Internationalen Büro wahrgenommen, das an die Stelle des mit dem Verbandsbüro der internationalen Übereinkunft zum Schutz des gewerblichen Eigentums vereinigten Büros des Verbandes tritt.

b) Das Internationale Büro besorgt insbesondere das Sekretariat der verschiedenen Organe des Verbandes.

c) Der Generaldirektor der Organisation ist der höchste Beamte des Verbandes und vertritt den Verband.

(2) Das Internationale Büro sammelt und veröffentlicht Informationen über den Schutz des Urheberrechts. Jedes Verbandsland teilt so bald wie möglich dem Internationalen Büro alle neuen Gesetze und anderen amtlichen Texte mit, die den Schutz des Urheberrechts betreffen.

(3) Das Internationale Büro gibt eine monatlich erscheinende Zeitschrift heraus.

(4) Das Internationale Büro erteilt jedem Verbandsland auf Verlangen Auskünfte über Fragen betreffend den Schutz des Urheberrechts.

(5) Das Internationale Büro unternimmt Untersuchungen und leistet Dienste zur Erleichterung des Schutzes des Urheberrechts.

(6) Der Generaldirektor und die von ihm bestimmten Mitglieder des Personals nehmen ohne Stimmrecht an allen Sitzungen der Versammlung, des Exekutivausschusses und aller anderen Sachverständigenausschüsse oder Arbeitsgruppen teil. Der Generaldirektor oder ein vom ihm bestimmtes Mitglied des Personals ist von Amts wegen Sekretär dieser Organe.

(7) a) Das Internationale Büro bereitet nach den Weisungen der Versammlung und in Zusammenarbeit mit dem Exekutivausschuß die Konferenzen zur Revision der Bestimmungen der Übereinkunft mit Ausnahme der Artikel 22 bis 26 vor.

b) Das Internationale Büro kann bei der Vorbereitung der Revisionskonferenzen zwischenstaatliche sowie internationale nichtstaatliche Organisationen konsultieren.

c) Der Generaldirektor und die von ihm bestimmten Personen nehmen ohne Stimmrecht an den Beratungen dieser Konferenzen teil.

(8) Das Internationale Büro nimmt alle anderen Aufgaben wahr, die ihm übertragen werden.

Article 25

1) a) L'Union a un budget.

b) Le budget de l'Union comprend les recettes et les dépenses propres à l'Union, sa contribution au budget des dépenses communes aux Unions, ainsi que, le cas échéant, la somme mise à la disposition du budget de la Conférence de l'Organisation.

c) Sont considérées comme dépenses communes aux Unions les dépenses qui ne sont pas attribuées exclusivement à l'Union mais également à une ou plusieurs autres Unions administrées par l'Organisation. La part de l'Union dans ces dépenses communes est proportionnelle à l'intérêt que ces dépenses présentent pour elle.

Article 25

(1) (a) The Union shall have a budget.

(b) The budget of the Union shall include the income and expenses proper to the Union, its contribution to the budget of expenses common to the Unions, and, where applicable, the sum made available to the budget of the Conference of the Organization.

(c) Expenses not attributable exclusively to the Union but also to one or more other Unions administered by the Organization shall be considered as expenses common to the Unions. The share of the Union in such common expenses shall be in proportion to the interest the Union has in them.

2) Le budget de l'Union est arrêté compte tenu des exigences de coordination avec les budgets des autres Unions administrées par l'Organisation.

3) Le budget de l'Union est financé par les ressources suivantes:

i) les contributions des pays de l'Union;

ii) les taxes et sommes dues pour les services rendus par le Bureau international au titre de l'Union;

iii) le produit de la vente des publications du Bureau international concernant l'Union et les droits afférents à ces publications;

iv) les dons, legs et subventions;

v) les loyers, intérêts et autres revenus divers.

4) a) Pour déterminer sa part contributive dans le budget, chaque pays de l'Union est rangé dans une classe et paie ses contributions annuelles sur la base d'un nombre d'unités fixé comme suit:

Classe I	25
Classe II	20
Classe III	15
Classe IV	10
Classe V	5
Classe VI	3
Classe VII	1

b) A moins qu'il ne l'ait fait précédemment, chaque pays indique, au moment du dépôt de son instrument de ratification ou d'adhésion, la classe dans laquelle il désire être rangé. Il peut changer de classe. S'il choisit une classe inférieure, le pays doit en faire part à l'Assemblée lors

(2) The budget of the Union shall be established with due regard to the requirements of coordination with the budgets of the other Unions administered by the Organization.

(3) The budget of the Union shall be financed from the following sources:

(i) contributions of the countries of the Union;

(ii) fees and charges due for services performed by the International Bureau in relation to the Union;

(iii) sale of, or royalties on, the publications of the International Bureau concerning the Union;

(iv) gifts, bequests, and subventions;

(v) rents, interests, and other miscellaneous income.

(4) (a) For the purpose of establishing its contribution towards the budget, each country of the Union shall belong to a class, and shall pay its annual contributions on the basis of a number of units fixed as follows:

Class I	25
Class II	20
Class III	15
Class IV	10
Class V	5
Class VI	3
Class VII	1

(b) Unless it has already done so, each country shall indicate, concurrently with depositing its instrument of ratification or accession, the class to which it wishes to belong. Any country may change class. If it chooses a lower class, the country must announce it to the Assembly

d'une de ses sessions ordinaires. Un tel changement prend effet au début de l'année civile suivant ladite session.

c) La contribution annuelle de chaque pays consiste en un montant dont le rapport à la somme totale des contributions annuelles au budget de l'Union de tous les pays est le même que le rapport entre le nombre des unités de la classe dans laquelle il est rangé et le nombre total des unités de l'ensemble des pays.

d) Les contributions sont dues au premier janvier de chaque année.

e) Un pays en retard dans le paiement de ses contributions ne peut exercer son droit de vote, dans aucun des organes de l'Union dont il est membre, si le montant de son arriéré est égal ou supérieur à celui des contributions dont il est redevable pour les deux années complètes écoulées. Cependant, un tel pays peut être autorisé à conserver l'exercise de son droit de vote au sein dudit organe aussi longtemps que ce dernier estime que le retard résulte de circonstances exceptionnelles et inévitables.

f) Dans le cas où le budget n'est pas adopté avant le début d'un nouvel exercice, le budget de l'année précédente est reconduit selon les modalités prévues par le règlement financier.

5) Le montant des taxes et sommes dues pour des services rendus par le Bureau international au titre de l'Union est fixé par le Directeur général, qui en fait rapport à l'Assemblée et au Comité exécutif.

at one of its ordinary sessions. Any such change shall take effect at the beginning of the calendar year following the session.

(c) The annual contribution of each country shall be an amount in the same proportion to the total sum to be contributed to the annual budget of the Union by all countries as the number of its units is to the total of the units of all contributing countries.

(d) Contributions shall become due on the first of January of each year.

(e) A country which is in arrears in the payment of its contributions shall have no vote in any of the organs of the Union of which it is a member if the amount of its arrears equals or exceeds the amount of the contributions due from it for the preceding two full years. However, any organ of the Union may allow such a country to continue to exercise its vote in that organ if, and as long as, it is satisfied that the delay in payment is due to exceptional and unavoidable circumstances.

(f) If the budget is not adopted before the beginning of a new financial period, it shall be at the same level as the budget of the previous year, in accordance with the financial regulations.

(5) The amount of the fees and charges due for services rendered by the International Bureau in relation to the Union shall be etablished, and shall be reported to the Assembly and the Executive Committee, by the Director General.

6) a) L'Union possède un fonds de roulement constitué par un versement unique effectué par chaque pays de l'Union. Si le fonds devient insuffisant, l'Assemblée décide de son augmentation.

b) Le montant du versement initial de chaque pays au fonds précité ou de sa participation à l'augmentation de celui-ci est proportionnel à la contribution de ce pays pour l'année au cours de laquelle le fonds est constitué ou l'augmentation décidée.

c) La proportion et les modalités de versement sont arrêtées par l'Assemblée, sur proposition du Directeur général et après avis du Comité de coordination de l'Organisation.

7) a) L'Accord de siège conclu avec le pays sur le territoire duquel l'Organisation a son siège prévoit que, si le fonds de roulement est insuffisant, ce pays accorde des avances. Le montant de ces avances et les conditions dans lesquelles elles sont accordées font l'objet, dans chaque cas, d'accords séparés entre le pays en cause et l'Organisation. Aussi longtemps qu'il est tenu d'accorder des avances, ce pays dispose ex officio d'un siège au Comité exécutif.

b) Le pays visé au sous-alinéa a) et l'Organisation ont chacun le droit de dénoncer l'engagement d'accorder des avances moyennant notification par écrit. La dénonciation prend effet trois ans après la fin de l'année au cours de laquelle elle a été notifiée.

(6) (a) The Union shall have a working capital fund which shall be constituted by a single payment made by each country of the Union. If the fund becomes insufficient, an increase shall be decided by the Assembly.

(b) The amount of the initial payment of each country to the said fund or of its participation in the increase thereof shall be a proportion of the contribution of that country for the year in which the fund is established or the increase decided.

(c) The proportion and the terms of payment shall be fixed by the Assembly on the proposal of the Director General and after it has heard the advice of the Coordination Committee of the Organization.

(7) (a) In the headquarters agreement concluded with the country on the territory of which the Organization has its headquarters, it shall be provided that, whenever the working capital fund is insufficient, such country shall grant advances. The amount of these advances and the conditions on which they are granted shall be the subject of separate agreements, in each case, between such country and the Organization. As long as it remains under the obligation to grant advances, such country shall have an ex officio seat on the Executive Committee.

(b) The country referred to in subparagraph (a) and the Organization shall each have the right to denounce the obligation to grant advances, by written notification. Denunciation shall take effect three years after the end of the year in which it has been notified.

8) La vérification des comptes est assurée, selon les modalités prévues par le règlement financier, par un ou plusieurs pays de l'Union ou par des contrôleurs extérieurs, qui sont, avec leur consentement, désignés par l'Assemblée.

(8) The auditing of the accounts shall be effected by one or more of the countries of the Union or by external auditors, as provided in the financial regulations. They shall be designated, with their agreement, by the Assembly.

Artikel 25

(1) a) Der Verband hat einen Haushaltsplan.

b) Der Haushaltsplan des Verbandes umfaßt die eigenen Einnahmen und Ausgaben des Verbandes, dessen Beitrag zum Haushaltsplan der gemeinsamen Ausgaben der Verbände sowie gegebenenfalls den dem Haushaltsplan der Konferenz der Organisation zur Verfügung gestellten Betrag.

c) Als gemeinsame Ausgaben der Verbände gelten die Ausgaben, die nicht ausschließlich dem Verband, sondern auch einem oder mehreren anderen von der Organisation verwalteten Verbänden zuzurechnen sind. Der Anteil des Verbandes an diesen gemeinsamen Ausgaben entspricht dem Interesse, das der Verband an ihnen hat.

(2) Der Haushaltsplan des Verbandes wird unter Berücksichtigung der Notwendigkeit seiner Abstimmung mit den Haushaltsplänen der anderen von der Organisation verwalteten Verbände aufgestellt.

(3) Der Haushaltsplan des Verbandes umfaßt folgende Einnahmen:

i) Beiträge der Verbandsländer;

ii) Gebühren und Beiträge für Dienstleistungen des Internationalen Büros im Rahmen des Verbandes;

iii) Verkaufserlöse und andere Einkünfte aus Veröffentlichungen des Internationalen Büros, die den Verband betreffen;

iv) Schenkungen, Vermächtnisse und Zuwendungen;

v) Mieten, Zinsen und andere verschiedene Einkünfte.

(4) a) Jedes Verbandsland wird zur Bestimmung seines Beitrags zum Haushaltsplan in eine Klasse eingestuft und zahlt seine Jahresbeiträge auf der Grundlage einer Zahl von Einheiten, die wie folgt festgesetzt wird:

Klasse I	25
Klasse II	20
Klasse III	15
Klasse IV	10
Klasse V	5
Klasse VI	3
Klasse VII	1

b) Falls es dies nicht schon früher getan hat, gibt jedes Land gleichzeitig mit der Hinterlegung seiner Ratifikations- oder Beitrittsurkunde die

Klasse an, in die es eingestuft zu werden wünscht. Es kann die Klasse wechseln. Wählt es eine niedrigere Klasse, so hat es dies der Versammlung auf einer ihrer ordentlichen Tagungen mitzuteilen. Ein solcher Wechsel wird zu Beginn des auf diese Tagung folgenden Kalenderjahres wirksam.

c) Der Jahresbeitrag jedes Landes besteht aus einem Betrag, der in demselben Verhältnis zu der Summe der Jahresbeiträge aller Länder zum Haushaltsplan des Verbandes steht wie die Zahl der Einheiten der Klasse, in die das Land eingestuft ist, zur Summe der Einheiten aller Länder.

d) Die Beträge werden am 1. Januar jedes Jahres fällig.

e) Ein Land, das mit der Zahlung seiner Beiträge im Rückstand ist, kann sein Stimmrecht in keinem der Organe des Verbandes, denen es als Mitglied angehört, ausüben, wenn der rückständige Betrag die Summe der von ihm für die zwei vorhergehenden vollen Jahre geschuldeten Beiträge erreicht oder übersteigt. Jedoch kann jedes dieser Organe einem solchen Land gestatten, das Stimmrecht in diesem Organ weiter auszuüben, wenn und solange es überzeugt ist, daß der Zahlungsrückstand eine Folge außergewöhnlicher und unabwendbarer Umstände ist.

f) Wird der Haushaltsplan nicht vor Beginn eines neuen Rechnungsjahres beschlossen, so wird der Haushaltsplan des Vorjahres nach Maßgabe der Finanzvorschriften übernommen.

(5) Die Höhe der Gebühren und Beträge für Dienstleistungen des Internationalen Büros im Rahmen des Verbandes wird vom Generaldirektor festgesetzt, der der Versammlung und dem Exekutivausschuß darüber berichtet.

(6) a) Der Verband hat einen Betriebsmittelfonds, der durch eine einmalige Zahlung jedes Verbandslandes gebildet wird. Reicht der Fonds nicht mehr aus, so beschließt die Versammlung seine Erhöhung.

b) Die Höhe der erstmaligen Zahlung jedes Landes zu diesem Fonds oder sein Anteil an dessen Erhöhung ist proportional zu dem Beitrag dieses Landes für das Jahr, in dem der Fonds gebildet oder die Erhöhung beschlossen wird.

c) Dieses Verhältnis und die Zahlungsbedingungen werden von der Versammlung auf Vorschlag des Generaldirektors und nach Äußerung des Koordinierungsausschusses der Organisation festgesetzt.

(7) a) Das Abkommen über den Sitz, das mit dem Land geschlossen wird, in dessen Hoheitsgebiet die Organisation ihren Sitz hat, sieht vor, daß dieses Land Vorschüsse gewährt, wenn der Betriebsmittelfonds nicht ausreicht. Die Höhe dieser Vorschüsse und die Bedingungen, unter denen sie gewährt werden, sind in jedem Fall Gegenstand besonderer Vereinbarungen zwischen diesem Land und der Organisation. Solange dieses Land verpflichtet ist, Vorschüsse zu gewähren, hat es ex officio einen Sitz im Exekutivausschuß.

b) Das unter Buchstabe a bezeichnete Land und die Organisation sind berechtigt, die Verpflichtung zur Gewährung von Vorschüssen durch schriftliche Notifikation zu kündigen. Die Kündigung wird drei Jahre nach Ablauf des Jahres wirksam, in dem sie notifiziert worden ist.

(8) Die Rechnungsprüfung wird nach Maßgabe der Finanzvorschriften von einem oder mehreren Verbandsländern oder von außenstehenden Rechnungsprüfern vorgenommen, die mit ihrer Zustimmung von der Versammlung bestimmt werden.

Article 26

1) Des propositions de modification des articles 22, 23, 24, 25 et du présent article peuvent être présentées par tout pays membre de l'Assemblée, par le Comité exécutif ou par le Directeur général. Ces propositions sont communiquées par ce dernier aux pays membres de l'Assemblée six mois au moins avant d'être soumises à l'examen de l'Assemblée.

2) Toute modification des articles visés à l'alinéa 1) est adoptée par l'Assemblée. L'adoption requiert les trois quarts des votes exprimés; toutefois, toute modification de l'article 22 et du présent alinéa requiert les quatre cinquièmes des votes exprimés.

3) Toute modification des articles visés à l'alinéa 1) entre en vigueur un mois après la réception par le Directeur général des notifications écrites d'acceptation, effectuée en conformité avec leurs règles constitutionnelles respectives, de la part des trois quarts des pays qui étaient membres de l'Assemblée au moment où la modification a été adoptée. Toute modification desdits articles ainsi acceptée lie tous les pays qui sont membres de l'Assemblée au moment où la modification entre en vigueur ou qui en deviennent mem-

Article 26

(1) Proposals for the amendment of Articles 22, 23, 24, 25, and the present Article, may be initiated by any country member of the Assembly, by the Executive Committee, oı by the Director General. Such proposals shall be communicated by the Director General to the member countries of the Assembly at least six months in advance of their consideration by the Assembly.

(2) Amendments to the Articles referred to in paragraph (1) shall be adopted by the Assembly. Adoption shall require three-fourths of the votes cast, provided that any amendment of Article 22, and of the present paragraph, shall require four-fifths of the votes cast.

(3) Any amendment to the Articles referred to in paragraph (1) shall enter into force one month after written notifications of acceptance, effected in accordance with their respective constitutional processes, have been received by the Director General from three-fourths of the countries members of the Assembly at the time it adopted the amendment. Any amendment to the said Articles thus accepted shall bind all the countries which are members of the Assembly at the time the amendment enters into for-

bres à une date altérieure; toutefois, toute modification qui augmente les obligations financières des pays de l'Union ne lie que ceux d'entre eux qui ont notifié leur acceptation de ladite modification.

ce, or which become members thereof at a subsequent date, provided that any amendment increasing the financial obligations of countries of the Union shall bind only those countries which have notified their acceptance of such amendment.

Artikel 26

(1) Vorschläge zur Änderung der Artikel 22, 23, 24, 25 und dieses Artikels können von jedem Mitgliedland der Versammlung, vom Exekutivausschuß oder vom Generaldirektor vorgelegt werden. Diese Vorschläge werden vom Generaldirektor mindestens sechs Monate, bevor sie in der Versammlung beraten werden, den Mitgliedländern der Versammlung mitgeteilt.

(2) Jede Änderung der in Absatz 1 bezeichneten Artikel wird von der Versammlung beschlossen. Der Beschluß erfordert drei Viertel der abgegebenen Stimmen; jede Änderung des Artikels 22 und dieses Absatzes erfordert jedoch vier Fünftel der abgegebenen Stimmen.

(3) Jede Änderung der in Absatz 1 bezeichneten Artikel tritt einen Monat nach dem Zeitpunkt in Kraft, zu dem die schriftlichen Notifikationen der verfassungsmäßig zustande gekommenen Annahme des Änderungsvorschlags von drei Vierteln der Länder, die im Zeitpunkt der Beschlußfassung über die Änderung Mitglied der Versammlung waren, beim Generaldirektor eingegangen sind. Jede auf diese Weise angenommene Änderung der genannten Artikel bindet alle Länder, die im Zeitpunkt des Inkrafttretens der Änderung Mitglied der Versammlung sind oder später Mitglied werden; jedoch bindet eine Änderung, die die finanziellen Verpflichtungen der Verbandsländer erweitert, nur die Länder, die die Annahme dieser Änderung notifiziert haben.

Article 27

1) La présente Convention sera soumise à des revisions en vue d'y introduire les améliorations de nature à perfectionner le système de l'Union.

2) A cet effet, des conférences auront lieu, successivement, dans l'un des pays de l'Union, entre les délégués desdits pays.

3) Sous réserve des dispositions de l'article 26 applicables à la modi-

Article 27

(1) This Convention shall be submitted to revision with a view to the introduction of amendments designed to improve the system of the Union.

(2) For this purpose, conferences shall be held successively in one of the countries of the Union among the delegates of the said countries.

(3) Subject to the provisions of Article 26 which apply to the amend-

fication des articles 22 à 26, toute revision du présent Acte, y compris l'Annexe, requiert l'unanimité des votes exprimés.

ment of Articles 22 to 26, any revision of this Act, including the Appendix, shall require the unanimity of the votes cast.

Artikel 27

(1) Diese Übereinkunft soll Revisionen unterzogen werden, um Verbesserungen herbeizuführen, die geeignet sind, das System des Verbandes zu vervollkommnen.

(2) Zu diesem Zweck werden der Reihe nach in einem der Verbandsländer Konferenzen zwischen den Delegierten dieser Länder stattfinden.

(3) Vorbehaltlich des für die Änderung der Artikel 22 bis 26 maßgebenden Artikels 26 bedarf jede Revision dieser Fassung der Übereinkunft einschließlich des Anhangs der Einstimmigkeit unter den abgegebenen Stimmen.

Article 28

1) a) Chacun des pays de l'Union qui a signé le présent Acte peut le ratifier et, s'il ne l'a pas signé, peut y adhérer. Les instruments de ratification ou d'adhésion sont déposés auprès du Directeur général.

b) Chacun des pays de l'Union peut déclarer dans son instrument de ratification ou d'adhésion que sa ratification ou son adhésion n'est pas applicable aux articles 1 à 21 et à l'Annexe; toutefois, si ce pays a déjà fait une déclaration selon l'article VI. 1) de l'Annexe, il peut seulement déclarer dans ledit instrument que sa ratification ou son adhésion ne s'applique pas aux articles 1 à 20.

c) Chacun des pays de l'Union qui, conformément au sous-alinéa b), a exclu des effets de sa ratification ou de son adhésion les dispositions visées dans ledit sous-alinéa peut, à tout moment ultérieur, déclarer qu'il étend les effets de sa ratification ou de son adhésion à ces dis-

Article 28

(1) (a) Any country of the Union which has signed this Act may ratify it, and, if it has not signed it, may accede to it. Instruments of ratification or accession shall be deposited with the Director General.

(b) Any country of the Union may declare in its instrument of ratification or accession that its ratification or accession shall not apply to Articles 1 to 21 and the Appendix, provided that, if such country has previously made a declaration under Article VI (1) of the Appendix, then it may declare in the said instrument only that its ratification or accession shall not apply to Articles 1 to 20.

(c) Any country of the Union which, in accordance with subparagraph (b), has excluded provisions therein referred to from the effects of its ratification or accession may at any later time declare that it extends the effects of its ratification or accession to those provisions.

positions. Une telle déclaration est déposée auprès du Directeur général.

2) a) Les articles 1 à 21 et l'Annexe entrent en vigueur trois mois après que les deux conditions suivantes ont été remplies:

i) cinq pays de l'Union au moins ont ratifié le présent Acte ou y ont adhéré sans faire de déclaration selon l'alinéa 1) b),

ii) l'Espagne, les Etats-Unis d'Amérique, la France et le Royaume-Uni de Grande-Bretagne et d'Irlande du Nord sont devenus liés par la Convention universelle sur le droit d'auteur, telle qu'elle a été revisée à Paris le 24 juillet 1971.

b) L'entrée en vigueur visée au sous-alinéa a) est effective à l'égard des pays de l'Union qui, trois mois au moins avant ladite entrée ments de ratification ou d'adhésion ne contenant pas de déclaration selon l'alinéa 1) b).

c) A l'égard de tout pays de l'Union auquel le sous-alinéa b) n'est pas applicable et qui ratifie le présent Acte ou y adhère sans faire de déclaration selon l'alinéa 1) b), les articles 1 à 21 et l'Annexe entrent en vigueur trois mois après la date à laquelle le Directeur général a notifié le dépôt de l'instrument de ratification ou d'adhésion considéré, à moins qu'une date postérieure n'ait été indiquée dans l'instrument déposé. Dans ce dernier cas, les articles 1 à 21 et l'Annexe entrent en vigueur à l'égard de ce pays à la date ainsi indiquée.

en vigueur, ont déposé des instru-

Such declaration shall be deposited with the Director General.

(2) (a) Articles 1 to 21 and the Appendix shall enter into force three months after both of the following two conditions are fulfilled:

(i) at least five countries of the Union have ratified or acceded to this Act without making a declaration under paragraph (1) (b),

(ii) France, Spain, the United Kingdom of Great Britain and Northern Ireland, and the United States of America, have become bound by the Universal Copyright Convention as revised at Paris on July 24, 1971.

(b) The entry into force referred to in subparagraph (a) shall apply to those countries of the Union which, at least three months before the said entry into force, have deposited instruments of ratification or accession not containing a declaration under paragraph (1) (b).

c) With respect to any country of the Union not covered by subparagraph (b) and which ratifies or accedes to this Act without making a declaration under paragraph (1) (b), Articles 1 to 21 and the Appendix shall enter into force three months after the date on which the Director General has notified the deposit of the relevant instrument of ratification or accession, unless a subsequent date has been indicated in the instrument deposited. In the latter case, Articles 1 to 21 and the Appendix shall enter into force with respect to that country on the date thus indicated.

d) Les dispositions des sous-alinéas a) à c) n'affectent pas l'application de l'article VI de l'Annexe.

3) A l'égard de tout pays de l'Union qui ratifie le présent Acte ou y adhère avec ou sans déclaration selon l'alinéa 1) b), les articles 22 à 38 entrent en vigueur trois mois après la date à laquelle le Directeur général a notifié le dépôt de l'instrument de ratification ou d'adhésion considéré, à moins qu'une date postérieure n'ait été indiquée dans l'instrument déposé. Dans ce dernier cas, les articles 22 à 38 entrent en vigueur à l'égard de ce pays à la date ainsi indiquée.

(d) The provisions of subparagraphs (a) to (c) do not affect the application of Article VI of the Appendix.

(3) With respect to any country of the Union which ratifies or accedes to this Act with or without a declaration made under paragraph (1) (b), Articles 22 to 38 shall enter into force three months after the date on which the Director General has notified the deposit of the relevant instrument of ratification or accession, unless a subsequent date has been indicated in the instrument deposited. In the latter case, Articles 22 to 38 shall enter into force with respect to that country on the date thus indicated.

Artikel 28

(1) a) Jedes Verbandsland kann diese Fassung der Übereinkunft ratifizieren, wenn es sie unterzeichnet hat, oder ihr beitreten, wenn es sie nicht unterzeichnet hat. Die Ratifikations- oder Beitrittsurkunden werden beim Generaldirektor hinterlegt.

b) Jedes Verbandsland kann in seiner Ratifikations- oder Beitrittsurkunde erklären, daß sich seine Ratifikation oder sein Beitritt nicht auf die Artikel 1 bis 21 und den Anhang erstreckt; hat jedoch ein Verbandsland bereits eine Erklärung nach Artikel VI Absatz 1 des Anhangs abgegeben, so kann es in der Urkunde nur erklären, daß sich seine Ratifikation oder sein Beitritt nicht auf die Artikel 1 bis 20 erstreckt.

c) Jedes Verbandsland, das gemäß Buchstabe b die dort bezeichneten Bestimmungen von der Wirkung seiner Ratifikation oder seines Beitritts ausgenommen hat, kann zu jedem späteren Zeitpunkt erklären, daß es die Wirkung seiner Ratifikation oder seines Beitritts auf diese Bestimmungen erstreckt. Eine solche Erklärung wird beim Generaldirektor hinterlegt.

(2) a) Die Artikel 1 bis 21 und der Anhang treten drei Monate nach Erfüllung der beiden folgenden Voraussetzungen in Kraft:

i) mindestens fünf Verbandsländer haben diese Fassung der Übereinkunft ohne Erklärung nach Absatz 1 Buchstabe b ratifiziert oder sind ihr ohne eine solche Erklärung beigetreten;

ii) Frankreich, Spanien, das Vereinigte Königreich von Großbritannien und Nordirland und die Vereinigten Staaten von Amerika sind durch das in Paris am 24. Juli 1971 revidierte Welturheberrechtsabkommen gebunden.

b) Das Inkrafttreten nach Buchstabe a ist für diejenigen Verbandsländer wirksam, die ihre Ratifikations- oder Beitrittsurkunden ohne Erklärung nach Absatz 1 Buchstabe b und mindestens drei Monate vor dem Inkrafttreten hinterlegt haben.

c) Für jedes Verbandsland, auf das Buchstabe b nicht anwendbar ist und das ohne Abgabe einer Erklärung nach Absatz 1 Buchstabe b diese Fassung der Übereinkunft ratifiziert oder ihr beitritt, treten die Artikel 1 bis 21 und der Anhang drei Monate nach dem Zeitpunkt in Kraft, in dem der Generaldirektor die Hinterlegung der betreffenden Ratifikations- oder Beitrittsurkunde notifiziert, sofern nicht in der hinterlegten Urkunde ein späterer Zeitpunkt angegeben ist. In diesem Fall treten die Artikel 1 bis 21 und der Anhang für dieses Land zu dem angegebenen Zeitpunkt in Kraft.

d) Die Buchstaben a bis c berühren die Anwendung des Artikels VI des Anhangs nicht.

(3) Für jedes Verbandsland, das mit oder ohne Erklärung nach Absatz 1 Buchstabe b diese Fassung der Übereinkunft ratifiziert oder ihr beitritt, treten die Artikel 22 bis 38 drei Monate nach dem Zeitpunkt in Kraft, in dem der Generaldirektor die Hinterlegung der betreffenden Ratifikations- oder Beitrittsurkunde notifiziert, sofern nicht in der hinterlegten Urkunde ein späterer Zeitpunkt angegeben ist. In diesem Fall treten die Artikel 22 bis 38 für dieses Land zu dem angegebenen Zeitpunkt in Kraft.

Article 29

1) Tout pays étranger à l'Union peut adhérer au présent Acte et devenir, de ce fait, partie à la présente Convention et membre de l'Union. Les instruments d'adhésion sont déposés auprès du Directeur général.

2) a) Sous réserve du sous-alinéa b), la présente Convention entre en vigueur à l'égard de tout pays étranger à l'Union trois mois après la date à laquelle le Directeur général a notifié le dépôt de son instrument d'adhésion, à moins qu'une date postérieure n'ait été indiquée dans l'instrument déposé. Dans ce dernier cas, la présente Convention entre en vigueur à l'égard de ce pays à la date ainsi indiquée.

Article 29

(1) Any country outside the Union may accede to this Act and thereby become party to this Convention and a member of the Union. Instruments of accession shall be deposited with the Director General.

(2) (a) Subject to subparagraph (b), this Convention shall enter into force with respect to any country outside the Union three months after the date on which the Director General has notified the deposit of its instrument of accession, unless a subsequent date has been indicated in the instrument deposited. In the latter case, this Convention shall enter into force with respect to that country on the date thus indicated.

b) Si l'entrée en vigueur en application du sous-alinéa a) précède l'entrée en vigueur des articles 1 à 21 et de l'Annexe en application de l'article 28.2) a), ledit pays sera lié, dans l'intervalle, par les articles 1 à 20 de l'Acte de Bruxelles de la présente Convention, qui sont substitués aux articles 1 à 21 et à l'Annexe.

(b) If the entry into force according to subparagraph (a) precedes the entry into force of Articles 1 to 21 and the Appendix according to Article 28 (2) (a), the said country shall, in the meantime, be bound, instead of by Articles 1 to 21 and the Appendix, by Articles 1 to 20 of the Brussels Act of this Convention.

Artikel 29

(1) Jedes verbandsfremde Land kann dieser Fassung der Übereinkunft beitreten und dadurch Vertragspartei dieser Übereinkunft und Mitglied des Verbandes werden. Die Beitrittsurkunden werden beim Generaldirektor hinterlegt.

(2) a) Vorbehaltlich des Buchstaben b tritt diese Übereinkunft für jedes verbandsfremde Land drei Monate nach dem Zeitpunkt in Kraft, in dem der Generaldirektor die Hinterlegung der betreffenden Beitrittsurkunde notifiziert, sofern nicht in der hinterlegten Urkunde ein späterer Zeitpunkt angegeben ist. In diesem Fall tritt die Übereinkunft für dieses Land zu dem angegebenen Zeitpunkt in Kraft.

b) Tritt diese Übereinkunft gemäß Buchstabe a für ein verbandsfremdes Land vor dem Zeitpunkt in Kraft, in dem die Artikel 1 bis 21 und der Anhang gemäß Artikel 28 Absatz 2 Buchstabe a in Kraft treten, so ist dieses Land in der Zwischenzeit statt durch die Artikel 1 bis 21 und den Anhang durch die Artikel 1 bis 20 der Brüsseler Fassung dieser Übereinkunft gebunden.

Article 29bis

La ratification du présent Acte ou l'adhésion à cet Acte par tout pays qui n'est pas lié par les articles 22 à 38 de l'Acte de Stockholm de la présente Convention vaut, à seule fin de pouvoir appliquer l'article 14.2) de la Convention instituant l'Organisation, ratification de l'Acte de Stockholm ou adhésion à cet Acte avec la limitation prévue par l'article 28.1) b) i) dudit Acte.

Article 29bis

Ratification of or accession to this Act by any country not bound by Articles 22 to 38 of the Stockholm Act of this Convention shall, for the sole purposes of Article 14 (2) of the Convention establishing the Organization, amount to ratification of or accession to the said Stockholm Act with the limitation set forth in Article 28 (1) (b) (i) thereof.

Artikel 29bis

Die Ratifikation dieser Fassung der Übereinkunft oder der Beitritt zu ihr durch ein Land, das nicht durch die Artikel 22 bis 38 der Stockholmer Fas-

sung dieser Übereinkunft gebunden ist, gilt, und zwar einzig und allein zum Zweck der Anwendung des Artikels 14 Absatz 2 des Übereinkommens zur Errichtung der Organisation, als Ratifikation der Stockholmer Fassung oder als Beitritt zu ihr mit der in ihrem Artikel 28 Absatz 1 Buchstabe b Ziffer i vorgesehenen Beschränkung.

Article 30

1) Sous réserve des exceptions permises par l'alinéa 2) du présent article, par l'article 28.1) b), par l'article 33.2), ainsi que par l'Annexe, la ratification ou l'adhésion emporte de plein droit accession à toutes les clauses et admission à tous les avantages stipulés par la présente Convention.

2) a) Tout pays de l'Union ratifiant le présent Acte ou y adhérant peut, sous réserve de l'article V.2) de l'Annexe, conserver le bénéfice des réserves qu'il a formulées antérieurement, à la condition d'en faire la déclaration lors du dépôt de son instrument de ratification ou d'adhésion.

b) Tout pays étranger à l'Union peut déclarer, en adhérant à la présente Convention et sous réserve de l'article V.2) de l'Annexe, qu'il entend substituer, provisoirement au moins, à l'article 8 du présent Acte, concernant le droit de traduction, les dispositions de l'article 5 de la Convention d'Union de 1886 complétée à Paris en 1896, étant bien entendu que ces dispositions ne visent que la traduction dans une langue d'usage général dans ce pays. Sous réserve de l'article I.6) b) de l'Annexe, tout pays a la faculté d'appliquer, en ce qui concerne le droit de traduction des œuvres ayant pour pays d'origine un pays faisant usage d'une telle réserve, une pro-

Article 30

(1) Subject to the exceptions permitted by paragraph (2) of this Article, by Article 28 (1) (b), by Article 33 (2), and by the Appendix, ratification or accession shall automatically entail acceptance of all the provisions and admission to all the advantages of this Convention.

(2) (a) Any country of the Union ratifying or acceding to this Act may, subject to Article V (2) of the Appendix, retain the benefit of the reservations it has previously formulated on condition that it makes a declaration to that effect at the time of the deposit of its instrument of ratification or accession.

(b) Any country outside the Union may declare, in acceding to this Convention and subject to Article V (2) of the Appendix, that it intends to substitute, temporarily at least, for Article 8 of this Act concerning the right of translation, the provisions of Article 5 of the Union Convention of 1886, as completed at Paris in 1896, on the clear understanding that the said provisions are applicable only to translations into a language in general use in the said country. Subject to Article I (6) (b) of the Appendix, any country has the right to apply, in relation to the right of translation of works whose country of origin is a country availing itself of such a re-

tection équivalente à celle accordée par ce dernier pays.

c) Tout pays peut, à tout moment, retirer de telles réserves, par notification adressée au Directeur général.

servation, a protection which is equivalent to the protection granted by the latter country.

(c) Any country may withdraw such reservations at any time by notification addressed to the Director General.

Artikel 30

(1) Vorbehaltlich der durch Absatz 2 dieses Artikels, durch Artikel 28 Absatz 1 Buchstabe b und Artikel 33 Absatz 2 sowie durch den Anhang zugelassenen Ausnahmen bewirkt die Ratifikation oder der Beitritt von Rechts wegen die Annahme aller Bestimmungen und die Zulassung zu allen Vorteilen dieser Übereinkunft.

(2) (a) Jedes Verbandsland, das diese Fassung der Übereinkunft ratifiziert oder ihr beitritt, kann vorbehaltlich des Artikels V Absatz 2 des Anhangs die früher erklärten Vorbehalte aufrechterhalten, sofern es bei der Hinterlegung seiner Ratifikations- oder Beitrittsurkunde eine entsprechende Erklärung abgibt.

b) Jedes verbandsfremde Land kann vorbehaltlich des Artikels V Absatz 2 des Anhangs beim Beitritt zu dieser Übereinkunft erklären, daß es den das Übersetzungsrecht betreffenden Artikel 8 dieser Fassung wenigstens vorläufig durch die Bestimmungen des Artikels 5 der im Jahre 1896 in Paris vervollständigten Verbandsübereinkunft von 1886 ersetzen will, wobei Einverständnis darüber besteht, daß diese Bestimmungen nur auf Übersetzungen in eine in diesem Land allgemein gebräuchliche Sprache anwendbar sind. Vorbehaltlich des Artikels I Absatz 6 Buchstabe b des Anhangs ist jedes Verbandsland befugt, hinsichtlich des Übersetzungsrechts an Werken, deren Ursprungsland von einem solchen Vorbehalt Gebrauch macht, den Schutz anzuwenden, der dem vom Ursprungsland gewährten Schutz entspricht.

c) Jedes Land kann solche Vorbehalte jederzeit durch eine an den Generaldirektor gerichtete Notifikation zurückziehen.

Article 31

1) Tout pays peut déclarer dans son instrument de ratification ou d'adhésion, ou peut informer le Directeur général par notification écrite à tout moment ultérieur, que la présente Convention est applicable à tout ou partie des territoires, désignés dans la déclaration ou la no-

Article 31

(1) Any country may declare in its instrument of ratification or accession, or may inform the Director General by written notification at any time thereafter, that this Convention shall be applicable to all or part of those territories, designated in the declaration or notification.

tification, pour lesquels il assume la responsabilité des relations extérieures.

2) Tout pays qui a fait une telle déclaration ou effectué une telle notification peut, à tout moment, notifier au Directeur général que la présente Convention cesse d'être applicable à tout ou partie de ces territoires.

3) a) Toute déclaration faite en vertu de l'alinéa 1) prend effet à la même date que la ratification ou l'adhésion dans l'instrument de laquelle elle a été incluse, et toute notification effectuée en vertu de cet alinéa prend effet trois mois après sa notification par le Directeur général.

b) Toute notification effectuée en vertu de l'alinéa 2) prend effet douze mois après sa réception par le Directeur général.

4) Le présent article ne saurait être interprété comme impliquant la reconnaissance ou l'acceptation tacite par l'un quelconque des pays de l'Union de la situation de fait de tout territoire auquel la présente Convention est rendue applicable par un autre pays de l'Union en vertu d'une déclaration faite en application de l'alinéa 1).

for the external relations of which it is responsible.

(2) Any country which has made such a declaration or given such a notification may, at any time, notify the Director General that this Convention shall cease to be applicable to all or part of such territories.

(3) (a) Any declaration made under paragraph (1) shall take effect on the same date as the ratification or accession in which it was included, and any notification given under that paragraph shall take effect three months after its notification by the Director General.

(b) Any notification given under paragraph (2) shall take effect twelve months after its receipt by the Director General.

(4) This Article shall in no way be understood as implying the recognition or tacit acceptance by a country of the Union of the factual situation concerning a territory to which this Convention is made applicable by another country of the Union by virtue of a declaration under paragraph (1).

Artikel 31

(1) Jedes Land kann in seiner Ratifikations- oder Beitrittsurkunde erklären oder zu jedem späteren Zeitpunkt dem Generaldirektor schriftlich notifizieren, daß diese Übereinkunft auf alle oder einzelne in der Erklärung oder Notifikation bezeichnete Gebiete anwendbar ist, für deren auswärtige Beziehungen es verantwortlich ist.

(2) Jedes Land, das eine solche Erklärung oder eine solche Notifikation abgegeben hat, kann dem Generaldirektor jederzeit notifizieren, daß diese Übereinkunft auf alle oder einzelne dieser Gebiete nicht mehr anwendbar ist.

(3) (a) Jede in der Ratifikations- oder Beitrittsurkunde abgegebene Erklärung gemäß Absatz 1 wird gleichzeitig mit der Ratifikation oder dem Beitritt und jede Notifikation gemäß Absatz 1 wird drei Monate nach ihrer Notifizierung durch den Generaldirektor wirksam.

(b) Jede Notifikation gemäß Absatz 2 wird zwölf Monate nach ihrem Eingang beim Generaldirektor wirksam.

(4) Dieser Artikel darf nicht dahin ausgelegt werden, daß er für ein Verbandsland die Anerkennung oder stillschweigende Hinnahme der tatsächlichen Lage eines Gebiets in sich schließt, auf das diese Übereinkunft durch ein anderes Verbandsland aufgrund einer Erklärung nach Absatz 1 anwendbar gemacht wird.

Article 32

1) Le présent Acte remplace dans les rapports entre les pays de l'Union, et dans la mesure où il s'applique, la Convention de Berne du 9 septembre 1886 et les Actes de revision subséquents. Les Actes précédemment en vigueur conservent leur application, dans leur totalité ou dans la mesure où le présent Acte ne les remplace pas en vertu de la phrase précédente, dans les rapports avec les pays de l'Union qui ne ratifieraient pas le présent Acte ou n'y adhéreraient pas.

2) Les pays étrangers à l'Union qui deviennent parties au présent Acte l'appliquent, sous réserve des dispositions de l'alinéa 3), à l'égard de tout pays de l'Union qui n'est pas lié par cet Acte ou qui, bien qu'en étant lié par celui-ci, a fait la déclaration prévue à l'article 28.1) b). Lesdits pays admettent que le pays de l'Union considéré, dans ses relations avec eux:

i) applique les dispositions de l' Acte le plus récent par lequel il est lié, et

ii) sous réserve de l'article I.6) de l'Annexe, a la faculté d'adapter

Article 32

(1) This Act shall, as regards relations between the countries of the Union, and to the extent that it applies, replace the Berne Convention of September 9, 1886, and the subsequent Acts of revision. The Acts previously in force shall continue to be applicable, in their entirety or to the extent that this Act does not replace them by virtue of the preceding sentence, in relations with countries of the Union which do not ratify or accede to this Act.

(2) Countries outside the Union which become party to this Act shall, subject to paragraph (3), apply it with respect to any country of the Union not bound by this Act or which, although bound by this Act, has made a declaration pursuant to Article 28 (1) (b). Such countries recognize that the said country of the Union, in its relations with them:

(i) may apply the provisions of the most recent Act by which it is bound, and

(ii) subject to Article I (6) of the Appendix, has the right to adapt

la protection au niveau prévu par le présent Acte.

3) Tout pays qui a invoqué le bénéfice de l'une quelconque des facultés prévues par l'Annexe peut appliquer les dispositions de l'Annexe qui concernent la ou les facultés dont il a invoqué le bénéfice dans ses relations avec tout autre pays de l'Union qui n'est pas lié par le présent Acte, à condition que ce dernier pays ait accepté l'application desdites dispositions.

the protection to the level provided for by this Act.

(3) Any country which has availed itself of any of the faculties provided for in the Appendix may apply the provisions of the Appendix relating of the faculty or faculties of which it has availed itself in its relations with any other country of the Union which is not bound by this Act, provided that the latter country has accepted the application of the said provisions.

Artikel 32

(1) Diese Fassung der Übereinkunft ersetzt in den Beziehungen zwischen den Verbandsländern und in dem Umfang, in dem sie anwendbar ist, die Berner Übereinkunft vom 9. September 1886 und die folgenden revidierten Fassungen dieser Übereinkunft. Die früheren Fassungen bleiben in ihrer Gesamtheit oder in dem Umfang, in dem diese Fassung sie nicht gemäß Satz 1 ersetzt, in den Beziehungen zu den Verbandsländern anwendbar, die diese Fassung der Übereinkunft weder ratifizieren noch ihr beitreten.

(2) Die verbandsfremden Länder, die Vertragsparteien dieser Fassung der Übereinkunft werden, wenden sie vorbehaltlich des Absatzes 3 im Verhältnis zu jedem Verbandsland an, das nicht durch diese Fassung der Übereinkunft gebunden ist oder das zwar durch diese Fassung gebunden ist, aber die in Artikel 28 Absatz 1 Buchstabe b vorgesehene Erklärung abgegeben hat. Diese Länder lassen es zu, daß ein solches Verbandsland in seinen Beziehungen zu ihnen

i) die Bestimmungen der jüngsten Fassung der Übereinkunft, durch die es gebunden ist, anwendet und

ii) vorbehaltlich des Artikels I Absatz 6 des Anhangs befugt ist, den Schutz dem in dieser Fassung der Übereinkunft vorgesehenen Stand anzupassen.

(3) Jedes Land, das eine der im Anhang vorgesehenen Befugnisse in Anspruch genommen hat, kann die diese Befugnis betreffenden Bestimmungen des Anhangs in seinen Beziehungen zu jedem anderen Verbandsland anwenden, das nicht durch diese Fassung der Übereinkunft gebunden ist, aber die Anwendung dieser Bestimmungen zugelassen hat.

Article 33

1) Tout différend entre deux ou plusieurs pays de l'Union concernant l'interprétation ou l'application

Article 33

(1) Any dispute between two or more countries of the Union concerning the interpretation or ap-

de la présente Convention, qui ne sera pas réglé par voie de négociation, peut être porté par l'un quelconque des pays en cause devant la Cour internationale de Justice par voie de requête conforme au Statut de la Cour, à moins que les pays en cause ne conviennent d'un autre mode de règlement. Le Bureau international sera informé par le pays requérant du différend soumis à la Cour; il en donnera connaissance aux autres pays de l'Union.

2) Tout pays peut, au moment où il signe le présent Acte ou dépose son instrument de ratification ou d'adhésion, déclarer qu'il ne se considère pas lié par les dispositions de l'alinéa 1). En ce qui concerne tout différend entre un tel pays et tout autre pays de l'Union, les dispositions de l'alinéa 1) ne sont pas applicables.

3) Tout pays qui a fait une déclaration conformément aux dispositions de l'alinéa 2) peut, à tout moment, la retirer par une notification adressée au Directeur général.

plication of this Convention, not settled by negotiation, may, by any one of the countries concerned, be brought before the International Court of Justice by application in conformity with the Statute of the Court, unless the countries concerned agree on some other method of settlement. The country bringing the dispute before the Court shall inform the International Bureau; the International Bureau shall bring the matter to the attention of the other countries of the Union.

(2) Each country may, at the time it signs this Act or deposits its instrument of ratification or accession, declare that it does not consider itself bound by the provisions of paragraph (1). With regard to any dispute between such country and any other country of the Union, the provisions of paragraph (1) shall not apply.

(3) Any country having made a declaration in accordance with the provisions of paragraph (2) may, at any time, withdraw its declaration by notification addressed to the Director General.

Artikel 33

(1) Jede Streitigkeit zwischen zwei oder mehr Verbandsländern über die Auslegung oder Anwendung dieser Übereinkunft, die nicht auf dem Verhandlungsweg beigelegt wird, kann von jedem beteiligten Land durch eine dem Statut des Internationalen Gerichtshofs entsprechende Klage diesem Gerichtshof zur Entscheidung vorgelegt werden, sofern die beteiligten Länder keine andere Regelung vereinbaren. Das Land, das die Streitigkeit vor diesen Gerichtshof bringt, hat dies dem Internationalen Büro mitzuteilen; das Büro setzt die anderen Verbandsländer davon in Kenntnis.

(2) Jedes Land kann bei der Unterzeichnung dieser Fassung der Übereinkunft oder bei der Hinterlegung seiner Ratifikations- oder Beitrittsurkunde erklären, daß es sich durch Absatz 1 nicht gebunden betrachtet. Auf

Streitigkeiten zwischen einem solchen Land und jedem anderen Verbandsland ist Absatz 1 nicht anwendbar.

(3) Jedes Land, das eine Erklärung gemäß Absatz 2 abgegeben hat, kann sie jederzeit durch eine an den Generaldirektor gerichtete Notifikation zurückziehen.

Article 34

1) Sous réserve de l'article 29bis, aucun pays ne peut adhérer, après l'entrée en vigueur des articles 1 à 21 et de l'Annexe, à des Actes antérieurs de la présente Convention ni les ratifier.

2) Après l'entrée en vigueur des articles 1 à 21 et de l'Annexe, aucun pays ne peut faire de déclaration en vertu de l'article 5 du Protocole relatif aux pays en voie de développement annexé à l'Acte de Stockholm.

Article 34

(1) Subject to Article 29bis, no country may ratify or accede to earlier Acts of this Convention once Articles 1 to 21 and the Appendix have entered into force.

(2) Once Articles 1 to 21 and the Appendix have entered into force, no country may make a declaration under Article 5 of the Protocol Regarding Developing Countries attached to the Stockholm Act.

Artikel 34

(1) Vorbehaltlich des Artikels 29bis kann kein Land nach Inkrafttreten der Artikel 1 bis 21 und des Anhangs frühere Fassungen dieser Übereinkunft ratifizieren noch ihnen beitreten.

(2) Nach Inkrafttreten der Artikel 1 bis 21 und des Anhangs kann kein Land eine Erklärung gemäß Artikel 5 des der Stockholmer Fassung dieser Übereinkunft beigefügten Protokolls betreffend die Entwicklungsländer abgeben.

Article 35

1) La présente Convention demeure en vigueur sans limitation de durée.

2) Tout pays peut dénoncer le présent Acte par notification adressée au Directeur général. Cette dénonciation emporte aussi dénonciation de tous les Actes antérieurs et ne produit son effet qu'à l'égard du pays qui l'a faite, la Convention restant en vigueur et exécutoire à l'égard des autres pays de l'Union.

Article 35

(1) This Convention shall remain in force without limitation as to time.

(2) Any country may denounce this Act by notification addressed to the Director General. Such denunciation shall constitute also denunciation of all earlier Acts and shall affect only the country making it, the Convention remaining in full force and effect as regards the other countries of the Union.

3) La dénonciation prend effet un an après le jour où le Directeur général a reçu la notification.

4) La faculté de dénonciation prévue par le présent article ne peut être exercée par un pays avant l'expiration d'un délai de cinq ans à compter de la date à laquelle il est devenu membre de l'Union.

(3) Denunciation shall take effect one year after the day on which the Director General has received the notification.

(4) The right of denunciation provided by this Article shall not be exercised by any country before the expiration of five years from the date upon which it becomes a member of the Union.

Artikel 35

(1) Diese Übereinkunft bleibt ohne zeitliche Begrenzung in Kraft.

(2) Jedes Land kann diese Fassung der Übereinkunft durch eine an den Generaldirektor gerichtete Notifikation kündigen. Diese Kündigung gilt auch als Kündigung aller früheren Fassungen und hat nur Wirkung für das Land, das sie erklärt hat; für die übrigen Verbandsländer bleibt die Übereinkunft in Kraft und wirksam.

(3) Die Kündigung wird ein Jahr nach dem Tag wirksam, an dem die Notifikation beim Generaldirektor eingegangen ist.

(4) Das in diesem Artikel vorgesehene Kündigungsrecht kann von einem Land nicht vor Ablauf von fünf Jahren nach dem Zeitpunkt ausgeübt werden, in dem es Mitglied des Verbandes geworden ist.

Article 36

1) Tout pays partie à la présente Convention s'engage à adopter, conformément à sa constitution, les mesures nécessaires pour assurer l'application de la présente Convention.

2) Il est entendu qu'au moment où un pays devient lié par la présente Convention, il doit être en mesure, conformément à sa législation interne, de donner effet aux dispositions de la présente Convention.

Article 36

(1) Any country party to this Convention undertakes to adopt, in accordance with its constitution, the measures necessary to ensure the application of this Convention.

(2) It is unterstood that, at the time a country becomes bound by this Convention, it will be in a position under its domestic law to give effect to the provisions of this Convention.

Artikel 36

(1) Jedes Vertragsland dieser Übereinkunft verpflichtet sich, gemäß seiner Verfassung die notwendigen Maßnahmen zu ergreifen, um die Anwendung dieser Übereinkunft zu gewährleisten.

(2) Es besteht Einverständnis darüber, daß jedes Land in dem Zeitpunkt, in dem es durch diese Übereinkunft gebunden wird, nach seinen innerstaatlichen Rechtsvorschriften in der Lage sein muß, den Bestimmungen dieser Übereinkunft Wirkung zu verleihen.

Article 37

1) a) Le présent Acte est signé en un seul exemplaire dans les langues anglaise et française et, sous réserve de l'alinéa 2), est déposé auprès du Directeur général.

b) Des textes officiels sont établis par le Directeur général, après consultation des Gouvernements intéressés, dans les langues allemande, arabe, espagnole, italienne et portugaise, et dans les autres langues que l'Assemblée pourra indiquer.

c) En cas de contestation sur l'interprétation des divers textes, le texte français fera foi.

2) Le présent Acte reste ouvert à la signature jusqu'au 31 janvier 1972. Jusqu'à cette date, l'exemplaire visé à l'alinéa 1) a) sera déposé auprès du Gouvernement de la République française.

3) Le Directeur général transmet deux copies certifiées conformes du texte signé du présent Acte aux Gouvernements de tous les pays de l'Union et, sur demande, au Gouvernement de tout autre pays.

4) Le Directeur général fait enregistrer le présent Acte auprès du Secrétariat de l'Organisation des Nations Unies.

5) Le Directeur général notifie aux Gouvernements de tous les pays de l'Union les signatures, les dépôts

Article 37

(1) (a) This Act shall be signed in a single copy in the French and English languages and, subject to paragraph (2), shall be deposited with the Director General.

(b) Official texts shall be established by the Director General, after consultation with the interested Governments, in the Arabic, German, Italian, Portuguese and Spanish languages, and such other languages as the Assembly may designate.

(c) In case of differences of opinion on the interpretation of the various texts, the French text shall prevail.

(2) This Act shall remain open for signature until January 31, 1972. Until that date, the copy referred to in paragraph (1) (a) shall be deposited with the Gouvernment of the French Republic.

(3) The Director General shall certify and transmit two copies of the signed text of this Act to the Governments of all countries of the Union and, on request, to the Government of any other country.

(4) The Director General shall register this Act with the Secretariat of the United Nations.

(5) The Director General shall notify the Governments of all countries of the Union of signatures, de-

d'instruments de ratification ou d'adhésion et de déclarations comprises dans ces instruments ou faites en application des articles 28.1) c), 30.2) a) et b) et 33.)2, l'entrée en vigueur de toutes dispositions du présent Acte, les notifications de dénonciation et les notifications faites en application des articles 30.2) c), 31.1) et 2), 33.3) et 38.1), ainsi que les notifications visées dans l'Annexe.

posits of instruments of ratification or accession and any declarations included in such instruments or made pursuant to Articles 28 (1) (c), 30 (2) (a) and (b), and 33 (2), entry into force of any provisions of this Act, notifications of denunciation, and notifications pursuant to Articles 30 (2) (c), 31 (1) and (2), 33 (3), and 38 (1), as well as the Appendix.

Artikel 37

(1) (a) Diese Fassung der Übereinkunft wird in einer einzigen Ausfertigung in englischer und französischer Sprache unterzeichnet und vorbehaltlich des Absatzes 2 beim Generaldirektor hinterlegt.

b) Amtliche Texte werden vom Generaldirektor nach Konsultierung der beteiligten Regierungen in arabischer, deutscher, italienischer, portugiesischer und spanischer Sprache sowie in anderen Sprachen hergestellt, die die Versammlung bestimmen kann.

c) Bei Streitigkeiten über die Auslegung der verschiedenen Texte ist der französische Text maßgebend.

(2) Diese Fassung der Übereinkunft liegt bis 31. Januar 1972 zur Unterzeichnung auf. Bis zu diesem Datum bleibt die in Absatz 1 Buchstabe a bezeichnete Ausfertigung bei der Regierung der Französischen Republik hinterlegt.

(3) Der Generaldirektor übermittelt zwei beglaubigte Abschriften des unterzeichneten Textes dieser Fassung der Übereinkunft den Regierungen aller Verbandsländer und der Regierung jedes anderen Landes, die es verlangt.

(4) Der Generaldirektor läßt diese Fassung der Übereinkunft beim Sekretariat der Vereinten Nationen registrieren.

(5) Der Generaldirektor notifiziert den Regierungen aller Verbandsländer die Unterzeichnungen, die Hinterlegungen von Ratifikations- oder Beitrittsurkunden sowie die in diesen Urkunden enthaltenen oder gemäß Artikel 28 Absatz 1 Buchstabe c, Artikel 30 Absatz 2 Buchstaben a und b und Artikel 33 Absatz 2 abgegebenen Erklärungen, das Inkrafttreten aller Bestimmungen dieser Fassung der Übereinkunft, die Notifikationen von Kündigungen und die Notifikationen gemäß Artikel 30 Absatz 2 Buchstabe c, Artikel 31 Absätze 1 und 2, Artikel 33 Absatz 3 und Artikel 38 Absatz 1 sowie die im Anhang vorgesehenen Notifikationen.

Article 38

1) Les pays de l'Union qui n'ont pas ratifié le présent Acte ou qui n'y ont pas adhéré et qui ne sont pas liés par les articles 22 à 26 de l'Acte den Stockholm peuvent, jusqu'au 26 avril 1975, exercer, s'ils le désirent, les droits prévus par lesdits articles comme s'ils étaient liés par eux. Tout pays qui désire exercer lesdits droits dépose à cette fin auprès du Directeur général une notification écrite qui prend effet à la date de sa réception. De tels pays sont réputés être membres de l'Assemblée jusqu'à ladite date.

2) Aussi longtemps que tous les pays de l'Union ne sont pas devenus membres de l'Organisation, le Bureau international de l'Organisation agit également en tant que Bureau de l'Union, et le Directeur général en tant que Directeur de ce Bureau.

3) Lorsque tous les pays de l'Union sont devenus membres de l'Organisation, les droits, obligations et biens du Bureau de l'Union sont dévolus au Bureau international de l'Organisation.

Article 38

(1) Countries of the Union which have not ratified or acceded to this Act and which are not bound by Articles 22 to 26 of the Stockholm Act of this Convention may, until April 26, 1975, exercise, if they so desire, the rights provided under the said Articles as if they were bound by them. Any country desiring to exercise such rights shall give written notification to this effect to the Director General; this notification shall be effective on the date of its receipt. Such countries shall be deemed to be members of the Assembly until the said date.

(2) As long as all the countries of the Union have not become Members of the Organization, the International Bureau of the Organization shall also function as the Bureau of the Union, and the Director General as the Director of the said Bureau.

(3) Once all the countries of the Union have become Members of the Organization, the rights, obligations, and property, of the Bureau of the Union shall devolve on the International Bureau of the Organization.

Artikel 38

(1) Verbandsländer, die diese Fassung der Übereinkunft weder ratifiziert haben noch ihr beigetreten sind und die nicht durch die Artikel 22 bis 26 der Stockholmer Fassung dieser Übereinkunft gebunden sind, können, wenn sie dies wünschen, bis zum 26. April 1975 die in diesen Artikeln vorgesehenen Rechte so ausüben, als wären sie durch diese Artikel gebunden. Jedes Land, das diese Rechte auszuüben wünscht, hinterlegt zu diesem Zweck beim Generaldirektor eine schriftliche Notifikation, die im Zeitpunkt ihres Eingangs wirksam wird. Solche Länder gelten bis zu dem genannten Tag als Mitglieder der Versammlung.

(2) Solange nicht alle Verbandsländer Mitglieder der Organisation geworden sind, handelt das Internationale Büro der Organisation zugleich als Büro des Verbandes und der Generaldirektor als Direktor dieses Büros.

(3) Sobald alle Verbandsländer Mitglieder der Organisation geworden sind, gehen die Rechte und Verpflichtungen sowie das Vermögen des Büros des Verbandes auf das Internationale Büro der Organisation über.

Annexe

Article I

1) Tout pays considéré, conformément à la pratique établie de l'Assemblée générale des Nations Unies, comme un pays en voie de développement, qui ratifie le présent Acte, dont la présente Annexe forme partie intégrante, ou qui y adhère et qui, eu égard à sa situation économique et à ses besoins sociaux ou culturels, ne s'estime pas en mesure dans l'immédiat de prendre les dispositions propres à assurer la protection de tous les droits tels que prévus dans le présent Acte, peut, par une notification déposée auprès du Directeur général, au moment du dépôt de son instrument de ratification ou d'adhésion ou, sous réserve de l'article V. 1) c), à toute date ultérieure, déclarer qu'il invoquera le bénéfice de la faculté prévue par l'article II ou de celle prévue par l'article III ou de l'une et l'autre de ces facultés. Il peut, au lieu d'invoquer le bénéfice de la faculté prévue par l'article II, faire une déclaration conformément à l'article V.1) a).

2) a) Toute déclaration faite aux termes de l'alinéa 1) et notifiée avant l'expiration d'une période de dix ans, à compter de l'entrée en vigueur des articles 1 à 21 et de la présente Annexe conformément à l'article 28.2), reste valable jusqu'à l'expiration de ladite période. Elle peut être renouvelée en tout ou en partie pour d'autres périodes succes-

Appendix

Article I

(1) Any country regarded as a developing country in conformity with the established practice of the General Assembly of the United Nations which ratifies or accedes to this Act, of which this Appendix forms an integral part, and which, having regard to its economic situation and its social or cultural needs, does not consider itself immediately in a position to make provision for the protection of all the rights as provided for in this Act, may, by a notification deposited with the Director General at the time of depositing its instrument of ratification or accession or, subject to Article V (1) (c), at any time thereafter, declare that it will avail itself of the faculty provided for in Article II, or of the faculty provided for in Article III, or of both of those faculties. It may, instead of availing itself of the faculty provided for in Article II, make a declaration according to Article V (1) (a).

(2) (a) Any declaration under paragraph (1) notified before the expiration of the period of ten years from the entry into force of Articles 1 to 21 and this Appendix according to Article 28 (2) shall be effective until the expiration of the said period. Any such declaration may be renewed in whole or in part for periods of ten years each by a noti-

sives de dix ans par notification déposée auprès du Directeur général pas plus de quinze mois mais pas moins de trois mois avant l'expiration de la période décennale en cours.

b) Toute déclaration faite aux termes de l'alinéa 1) et notifiée après l'expiration d'une période de dix ans, à compter de l'entrée en vigueur des articles 1 à 21 et de la présente Annexe conformément à l'article 28.2), reste valable jusqu'à l'expiration de la période décennale en cours. Elle peut être renouvelée comme prévu dans la seconde phrase du sous-alinéa a).

3) Tout pays de l'Union qui a cessé d'être considéré comme un pays en voie de développement tel que visé à l'alinéa 1) n'est plus habilité à renouveler sa déclaration telle que prévue à l'alinéa 2) et, qu'il retire ou non officiellement sa déclaration, ce pays perdra la possibilité d'invoquer le bénéfice des facultés visées à l'alinéa 1), soit à l'expiration de la période décennale en cours, soit trois ans après qu'il aura cessé d'être considéré comme un pays en voie de développement, le délai qui expire le plus tard devant être appliqué.

4) Lorsqu'au moment où la déclaration faite aux termes de l'alinéa 1) ou de l'alinéa 2) cesse d'être valable il y a en stock des exemplaires produits sous l'empire d'une licence accordée en vertu des dispositions de la présente Annexe, de tels exemplaires pourront continuer d'être mis en circulation jusqu'à leur épuisement.

5) Tout pays qui est lié par les dispositions du présent Acte et qui

fication deposited with the Director General not more than fifteen months and not less than three months before the expiration of the ten-year period then running.

(b) Any declaration under paragraph (1) notified after the expiration of the period of ten years from the entry into force of Articles 1 to 21 and this Appendix according to Article 28 (2) shall be effective until the expiration of the ten-year period then running. Any such declaration may be renewed as provided for in the second sentence of subparagraph (a).

(3) Any country of the Union which has ceased to be regarded as a developing country as referred to in paragraph (1) shall no longer be entitled to renew its declaration as provided in paragraph (2), and, whether or not it formally withdraws its declaration, such country shall be precluded from availing itself of the faculties referred to in paragraph (1) from the expiration of the ten-year period then running or from the expiration of a period of three years after it has ceased to be regarded as a developing country, whichever period expires later.

(4) Where, at the time when the declaration made under paragraph (1) or (2) ceases to be effective there are copies in stock which were made under a licence granted by virtue of this Appendix, such copies may continue to be distributed until their stock is exhausted.

(5) Any country which is bound by the provisions of this Act and

a déposé une déclaration ou une notification conformément à l'article 31.1) au sujet de l'application dudit Acte à un territoire particulier dont la situation peut être considérée comme analogue à celle des pays visés à l'alinéa 1) peut, à l'égard de ce territoire, faire la déclaration visée à l'alinéa 1) et la notification de renouvellement visée à l'alinéa 2). Tant que cette déclaration ou cette notification sera valable, les dispositions de la présente Annexe s'appliqueront au territoire à l'égard duquel elle a été faite.

which has deposited a declaration or a notification in accordance with Article 31 (1) with respect to the application of this Act to a particular territory, the situation of which can be regarded as analogous to that of the countries referred to in paragraph (1), may, in respect of such territory, make the declaration referred to in paragraph (1) and the notification of renewal referred to in paragraph (2). As long as such declaration or notification remains in effect, the provisions of this Appendix shall be applicable to the territory in respect of which it was made.

6) a) Le fait qu'un pays invoque le bénéfice de l'une des facultés visées à l'alinéa 1) ne permet pas à un autre pays de donner, aux œuvres dont le pays d'origine est le premier pays en question, une protection inférieure à celle qu'il est obligé d'accorder selon les articles 1 à 20.

(6) (a) The fact that a country avails itself of any of the faculties referred to in paragraph (1) does not permit another country to give less protection to works of which the country of origin is the former country than it is obliged to grant under Articles 1 to 20.

b) La faculté de réciprocité prévue par l'article 30.2) b), deuxième phrase, ne peut, jusqu'à la date à laquelle expire de délai applicable conformément à l'article I.3), être exercée pour les œuvres dont le pays d'origine est un pays qui a fait une déclaration conformément à l'article V.1 a).

(b) The right to apply reciprocal treatment provided for in Article 30 (2) (b), second sentence, shall not, until the date on which the period applicable under Article I (3) expires, be exercised in respect of works the country of origin of which is a country which has made a declaration according to Article V (1) (a).

Anhang

Artikel I

(1) Jedes Land, das nach der bestehenden Übung der Generalversammlung der Vereinten Nationen als Entwicklungsland angesehen wird und das diese Fassung der Übereinkunft, deren integrierender Bestandteil dieser Anhang ist, ratifiziert oder ihr beitritt und das sich auf Grund seiner wirtschaftlichen Lage und seiner sozialen oder kulturellen Bedürfnisse nicht

sogleich imstande sieht, den Schutz aller in dieser Fassung der Übereinkunft vorgesehenen Rechte zu gewährleisten, kann durch eine bei Hinterlegung seiner Ratifikations- oder Beitrittsurkunde oder, vorbehaltlich des Artikels V Absatz 1 Buchstabe c, zu jedem späteren Zeitpunkt beim Generaldirektor hinterlegte Notifikation erklären, daß es die in Artikel II oder die in Artikel III vorgesehene Befugnis oder beide Befugnisse in Anspruch nimmt. Es kann, statt die in Artikel II vorgesehene Befugnis in Anspruch zu nehmen, eine Erklärung nach Artikel V Absatz 1 Buchstabe a abgeben.

(2) a) Jede Erklärung nach Absatz 1, die vor Ablauf einer mit Inkrafttreten der Artikel 1 bis 21 und dieses Anhangs gemäß Artikel 28 Absatz 2 beginnenden Frist von zehn Jahren notifiziert wird, ist bis zum Ablauf dieser Frist wirksam. Sie kann ganz oder teilweise für jeweils weitere zehn Jahre durch eine frühestens fünfzehn und spätestens drei Monate vor Ende der laufenden Zehnjahresfrist beim Generaldirektor zu hinterlegende Notifikation erneuert werden.

b) Jede Erklärung nach Absatz 1, die nach Ablauf einer mit Inkrafttreten der Artikel 1 bis 21 und dieses Anhangs gemäß Artikel 28 Absatz 2 beginnenden Frist von zehn Jahren notifiziert wird, ist bis zum Ablauf der dann laufenden Zehnjahresfrist wirksam. Sie kann gemäß Buchstabe a Satz 2 erneuert werden.

(3) Ein Verbandsland, das nicht länger als Entwicklungsland im Sinn von Absatz 1 angesehen wird, ist nicht mehr berechtigt, seine Erklärung gemäß Absatz 2 zu erneuern; gleichviel, ob dieses Land seine Erklärung förmlich zurückzieht oder nicht, verliert es die Möglichkeit, die in Absatz 1 genannten Befugnisse in Anspruch zu nehmen, entweder nach Ablauf der laufenden Zehnjahresfrist oder drei Jahre nach dem Zeitpunkt, in dem das Land nicht mehr als Entwicklungsland angesehen wird, wobei die später endende Frist maßgebend ist.

(4) Sind in dem Zeitpunkt, in dem eine gemäß den Absätzen 1 oder 2 abgegebene Erklärung ihre Wirkung verliert, noch Werkstücke vorrätig, die auf Grund einer nach diesem Anhang gewährten Lizenz hergestellt worden sind, so dürfen sie weiterhin in Verkehr gebracht werden, bis der Vorrat erschöpft ist.

(5) Jedes Land, das durch diese Fassung der Übereinkunft gebunden ist und nach Artikel 31 Absatz 1 eine Erklärung oder eine Notifikation über die Anwendung dieser Fassung der Übereinkunft auf ein bestimmtes Gebiet abgegeben hat, dessen Lage als der Lage der in Absatz 1 bezeichneten Länder analog erachtet werden kann, kann für dieses Gebiet die Erklärung gemäß Absatz 1 abgeben und die Notifikation der Erneuerung gemäß Absatz 2 hinterlegen. Solange eine solche Erklärung oder Notifikation wirksam ist, sind die Bestimmungen dieses Anhangs auf das Gebiet, für das die Erklärung abgegeben oder die Notifikation hinterlegt worden ist, anwendbar.

(6) a) Nimmt ein Verbandsland eine der in Absatz 1 vorgesehenen Befugnisse in Anspruch, so berechtigt dies die anderen Verbandsländer nicht, den Werken, deren Ursprungsland dieses Verbandsland ist, weniger Schutz zu gewähren, als sie nach den Artikeln 1 bis 20 zu gewähren haben.

b) Die in Artikel 30 Absatz 2 Buchstabe b Satz 2 vorgesehene Befugnis, Schutz nur nach Maßgabe der Gegenseitigkeit zu gewähren, darf bis zu dem Zeitpunkt, in dem die nach Artikel I Absatz 3 maßgebende Frist abläuft, nicht in bezug auf Werke ausgeübt werden, deren Ursprungsland eine Erklärung gemäß Artikel V Absatz 1 Buchstabe a abgegeben hat.

Article II

1) Tout pays qui a déclaré qu'il invoquera le bénéfice de la faculté prévue par le présent article sera habilité, pour ce qui concerne les œuvres publiées sous forme imprimée ou sous toute autre forme analogue de reproduction, à substituer au droit exclusif de traduction prévu par l'article 8 un régime de licences non exclusives et incessibles, accordées par l'autorité compétente dans les conditions ci-après et conformément à l'article IV.

2) a) Sous réserve de l'alinéa 3), lorsque, à l'expiration d'une période de trois années ou d'une période plus longue déterminée par la législation nationale dudit pays, à compter de la première publication d'une œuvre, la traduction n'en a pas été publiée dans une langue d'usage général dans ce pays, par le titulaire du droit de traduction ou avec son autorisation, tout ressortissant dudit pays pourra obtenir une licence pour faire une traduction de l'œuvre dans ladite langue et publier cette traduction sous forme imprimée ou sous toute autre forme analogue de reproduction.

b) Une licence peut aussi être accordée en vertu du présent article si toutes les éditions de la traduc-

Article II

(1) Any country which has declared that it will avail itself of the faculty provided for in this Article shall be entitled, so far as works published in printed or analogous forms of reproduction are concerned, to substitute for the exclusive right of translation provided for in Article 8 a system of non-exclusive and non-transferable licenses, granted by the competent authority under the following conditions and subject to Article IV.

(2) (a) Subject to paragraph (3), if, after the expiration of a period of three years, or of any longer period determined by the national legislation of the said country, commencing on the date of the first publication of the work, a translation of such work has not been published in a language in general use in that country by the owner of the right of translation, or with his authorization, any national of such country may obtain a license to make a translation of the work in the said language and publish the translation in printed or analogous forms of reproduction.

(b) A license under the conditions provided for in this Article may also be granted if all the edi-

tion publiée dans la langue concernée sont épuisées.

3) a) Dans le cas de traductions dans une langue qui n'est pas d'usage général dans un ou plusieurs pays développés, membres de l'Union, une période d'une année sera substituée à la période de trois années visée à l'alinéa 2) a).

b) Tout pays visé à l'alinéa 1) peut, avec l'accord unanime des pays développés, membres de l'Union, dans lesquels la même langue est d'usage général, remplacer, dans le cas de traductions vers cette langue, la période de trois ans visée à l'alinéa 2) a) par une période plus courte fixée conformément audit accord, cette période ne pouvant toutefois être inférieure à une année. Néanmoins, les dispositions de la phrase précédente ne sont pas applicables lorsque la langue dont il s'agit est l'anglais, l'espagnol ou le français. Tout accord en ce sens sera notifié au Directeur général par les Gouvernements qui l'auront conclu.

4) a) Toute licence visée au présent article ne pourra être accordée avant l'expiration d'un délai supplémentaire de six mois, dans le cas où elle peut être obtenue à l'expiration d'une période de trois années, et de neuf mois, dans le cas où elle peut être obtenue à l'expiration d'une période d'une année

i) à compter de la date à laquelle le requérant accomplit les formalités prévues par l'article IV.1);

ii) ou bien, si l'identité ou l'adresse du titulaire du droit de traduc-

tions of the translation published in the language concerned are out of print.

(3) (a) In the case of translations into a language which is not in general use in one or more developed countries which are members of the Union, a period of one year shall be substituted for the period of three years referred to in paragraph (2) (a).

(b) Any country referred to in paragraph (1) may, with the unanimous agreement of the developed countries which are members of the Union and in which the same language is in general use, substitute, in the case of translations into that language, for the period of three years referred to in paragraph (2) (a) a shorter period as determined by such agreement but not less than one year. However, the provisions of the foregoing sentence shall not apply where the language in question is English, French or Spanish. The Director General shall be notified of any such agreement by the Governments which have concluded it.

(4) (a) No license obtainable after three years shall be granted under this Article until a further period of six months has elapsed, and no license obtainable after one year shall be granted under this Article until a further period of nine months has elapsed

(i) from the date on which the applicant complies with the requirements mentioned in Article IV (1), or

(ii) where the identity or the address of the owner of the right

tion n'est pas connue, à compter de la date à laquelle le requérant procède, comme prévu à l'article IV.2), à l'envoi des copies de la requête soumise par lui à l'autorité qui a compétence pour accorder la licence.

b) Si, durant le délai de six ou de neuf mois, une traduction dans la langue pour laquelle la requête a été soumise est publiée par le titulaire du droit de traduction ou avec son autorisation, aucune licence ne sera accordée en vertu du présent article.

5) Toute licence visée au présent article ne pourra être accordée qu'à l'usage scolaire, universitaire ou de la recherche.

6) Si la traduction d'une œuvre est publiée par le titulaire du droit de traduction ou avec son autorisation à un prix comparable à celui qui est en usage dans le pays en cause pour des œuvres analogues, toute licence accordée en vertu du présent article prendra fin si cette traduction est dans la même langue et son contenu essentiellement le même que celle et celui de la traduction publiée en vertu de la licence. La mise en circulation de tous les exemplaires déjà produits avant l'expiration de la licence pourra se poursuivre jusqu'à leur épuisement.

7) Pour les œuvres qui sont composées principalement d'illustrations, une licence pour faire et publier une traduction du texte et pour reproduire et publier les illustrations ne peut être accordée que si les conditions de l'article III sont également remplies.

8) Aucune licence ne peut être accordée en vertu du présent article

of translation is unknown, from the date on which the applicant sends, as provided for in Article IV (2), copies of his application submitted to the authority competent to grant the license.

(b) If, during the said period of six or nine months, a translation in the language in respect of which the application was made is published by the owner of the right of translation or with his authorization, no license under this Article shall be granted.

(5) Any license under this Article shall be granted only for the purpose of teaching, scholarship or research.

(6) If a translation of a work is published by the owner of the right of translation or with his authorization at a price reasonably related to that normally charged in the country for comparable works, any license granted under this Article shall terminate if such translation is in the same language and with substantially the same content as the translation published under the license. Any copies already made before the license terminates may continue to be distributed until their stock is exhausted.

(7) For works which are composed mainly of illustrations, a licence to make and publish a translation of the text and to reproduce and publish the illustrations may be granted only if the conditions of Article III are also fulfilled.

(8) No license shall be granted under this Article when the author

lorsque l'auteur a retiré de la circulation tous les exemplaires de son œuvre.

9) a) Une licence pour faire une traduction d'une œuvre qui a été publiée sous forme imprimée ou sous toute autre forme analogue de reproduction peut aussi être accordée à tout organisme de radiodiffusion ayant son siège dans un pays visé à l'alinéa 1), à la suite d'une demande faite auprès de l'autorité compétente de ce pays par ledit organisme, pourvu que toutes les conditions suivantes soient remplies:

i) la traduction est faite à partir d'un exemplaire produit et acquis en conformité avec la législation dudit pays;

ii) la traduction est utilisable seulement dans les émissions destinées à l'enseignement ou à la diffusion d'informations à caractère scientifique ou technique destinées aux experts d'une profession déterminée;

iii) la traduction est utilisée exclusivement aux fins énumérées au point ii) dans des émissions faites licitement et destinées aux bénéficiaires sur le territoire dudit pays, y compris les émissions faites au moyen d'enregistrements sonores ou visuels réalisés licitement et exclusivement pour de telles émissions;

iv) toutes les utilisations faites de la traduction n'ont aucun caractère lucratif.

b) Des enregistrements sonores ou visuels d'une traduction qui a été faite par un organisme de radiodiffusion sous l'empire d'une licence

has withdrawn from circulation all copies of his work.

(9) (a) A license to make a translation of a work which has been published in printed or analogous forms of reproduction may also be granted to any broadcasting organization having its headquarters in a country referred to in paragraph (1), upon an application made to the competent authority of that country by the said organization, provided that all of the following conditions are met:

(i) the translation is made from a copy made and acquired in accordance with the laws of the said country;

(ii) the translation is only for use in broadcasts intended exclusively for teaching or for the dissemination of the results of specialized technical or scientific research to experts in a particular profession;

(iii) the translation is used exclusively for the purposes referred to in condition (ii) through broadcasts made lawfully and intended for recipients on the territory of the said country, including broadcasts made through the medium of sound or visual recordings lawfully and exclusively made for the purpose of such broadcasts;

(iv) all uses made of the translation are without any commercial purpose.

(b) Sound or visual recordings of a translation which was made by a broadcasting organization under a license granted by virtue of this pa-

accordée en vertu du présent alinéa peuvent, aux fins et sous réserve des conditions énumérées dans le sous-alinéa a) et avec l'accord de cet organisme, être aussi utilisés par tout autre organisme de radiodiffusion ayant son siège dans le pays dont l'autorité compétente a accordé la licence en question.

c) Pourvu que tous les critères et conditions énumérés au sous-alinéa a) soient respectés, une licence peut également être accordée à un organisme de radiodiffusion pour traduire tout texte incorporé dans une fixation audio-visuelle faite et publiée aux seules fins de l'usage scolaire et universitaire.

d) Sous réserve des sous-alinéas a) à c), les dispositions des alinéas précédents sont applicables à l'octroi et à l'exercice de toute licence accordée en vertu du présent alinéa.

ragraph may, for the purposes and subject to the conditions referred to in subparagraph (a) and with the agreement of that organization, also be used by any other broadcasting organization having its headquarters in the country whose competent authority granted the license in question.

(c) Provided that all of the criteria and conditions set out in subparagraph (a) are met, a license may also be granted to a broadcasting organization to translate any text incorporated in an audio-visual fixation where such fixation was itself prepared and published for the sole purpose of being used in connection with systematic instructional activities.

(d) Subject to subparagraphs (a) to (c), the provisions of the preceding paragraphs shall apply to the grant and exercise of any license granted under this paragraph.

Artikel II

(1) Jedes Land, das erklärt hat, es werde die in diesem Artikel vorgesehene Befugnis in Anspruch nehmen, ist berechtigt, für Werke, die im Druck oder in einer entsprechenden Vervielfältigungsform veröffentlicht worden sind, das in Artikel 8 vorgesehene ausschließliche Übersetzungsrecht durch ein System nicht ausschließlicher und unübertragbarer Lizenzen zu ersetzen, die von der zuständigen Behörde unter den folgenden Voraussetzungen und gemäß Artikel IV erteilt werden.

(2) a) Ist vom Inhaber des Übersetzungsrechts oder mit seiner Erlaubnis innerhalb einer Frist von drei Jahren oder einer längeren, in den innerstaatlichen Rechtsvorschriften des Landes festgelegten Frist seit der ersten Veröffentlichung eines Werkes eine Übersetzung des Werkes in eine in diesem Land allgemein gebräuchliche Sprache nicht veröffentlicht worden, so kann jeder Angehörige des Landes eine Lizenz zur Übersetzung des Werkes in diese Sprache und zur Veröffentlichung der Übersetzung im Druck oder in einer entsprechenden Vervielfältigungsform erhalten; Absatz 3 bleibt vorbehalten.

b) Eine Lizenz kann aufgrund dieses Artikels auch erteilt werden, wenn alle Ausgaben der in der betreffenden Sprache veröffentlichten Übersetzung vergriffen sind.

(3) a) Für Übersetzungen in eine Sprache, die nicht in einem oder mehreren der entwickelten Länder, die Mitglieder des Verbandes sind, allgemein gebräuchlich ist, wird die in Absatz 2 Buchstabe a genannte Frist von drei Jahren durch eine Frist von einem Jahr ersetzt.

b) Jedes in Absatz 1 bezeichnete Land kann aufgrund einer einstimmigen Vereinbarung mit den entwickelten Ländern, die Mitglieder des Verbandes sind und in denen dieselbe Sprache allgemein gebräuchlich ist, für Übersetzungen in diese Sprache die in Absatz 2 Buchstabe a genannte Frist von drei Jahren durch eine kürzere, in der Vereinbarung festgelegte Frist ersetzen, die aber nicht weniger als ein Jahr betragen darf. Satz 1 ist jedoch auf Übersetzungen in die englische, französische oder spanische Sprache nicht anwendbar. Jede derartige Vereinbarung wird dem Generaldirektor von den Regierungen, die sie getroffen haben, notifiziert.

(4) a) Nach diesem Artikel darf eine nach drei Jahren erwirkbare Lizenz erst nach Ablauf einer weiteren Frist von sechs Monaten und eine nach einem Jahr erwirkbare Lizenz erst nach Ablauf einer weiteren Frist von neun Monaten erteilt werden, beginnend

i) in dem Zeitpunkt, in dem der Antragsteller die in Artikel IV Absatz 1 vorgesehenen Erfordernisse erfüllt, oder,

ii) sofern der Inhaber des Übersetzungsrechts oder seine Anschrift unbekannt ist, in dem Zeitpunkt, in dem der Antragsteller, wie in Artikel IV Absatz 2 vorgesehen, Abschriften seines bei der zuständigen Behörde gestellten Lizenzantrags absendet.

b) Wird vom Inhaber des Übersetzungsrechts oder mit seiner Erlaubnis innerhalb der genannten Frist von sechs oder neun Monaten eine Übersetzung in die Sprache veröffentlicht, für die die Lizenz beantragt worden ist, so darf keine Lizenz nach diesem Artikel erteilt werden.

(5) Eine Lizenz nach diesem Artikel darf nur für Unterrichts-, Studien- oder Forschungszwecke erteilt werden.

(6) Wird eine Übersetzung des Werkes vom Inhaber des Übersetzungsrechts oder mit seiner Erlaubnis zu einem Preis veröffentlicht, der dem für vergleichbare Werke in dem Land üblichen Preis entspricht, so erlischt jede nach diesem Artikel erteilte Lizenz, sofern diese Übersetzung in derselben Sprache abgefaßt ist und im wesentlichen den gleichen Inhalt hat wie die auf Grund der Lizenz veröffentlichte Übersetzung. Werkstücke, die bereits vor Erlöschen der Lizenz hergestellt worden sind, dürfen weiterhin in Verkehr gebracht werden, bis der Vorrat erschöpft ist.

(7) Für Werke, die vorwiegend aus Abbildungen bestehen, darf eine Lizenz zur Herstellung und Veröffentlichung einer Übersetzung des Textes

und zur Vervielfältigung und Veröffentlichung der Abbildungen nur erteilt werden, wenn auch die Voraussetzungen des Artikels III erfüllt sind.

(8) Aufgrund dieses Artikels darf keine Lizenz erteilt werden, wenn der Urheber alle Werkstücke aus dem Verkehr gezogen hat.

(9) a) Eine Lizenz zur Übersetzung eines Werkes, das im Druck oder in einer entsprechenden Vervielfältigungsform veröffentlicht worden ist, kann auch jedem Sendeunternehmen, das seinen Sitz in einem in Absatz 1 bezeichneten Land hat, auf seinen an die zuständige Behörde dieses Landes gerichteten Antrag erteilt werden, sofern alle folgenden Bedingungen erfüllt sind:

i) die Übersetzung wird an Hand eines Werkstücks angefertigt, das in Übereinstimmung mit den Rechtsvorschriften dieses Landes hergestellt und erworben wurde;

ii) die Übersetzung ist nur für den Gebrauch in Rundfunksendungen bestimmt, die ausschließlich dem Unterricht oder der Verbreitung wissenschaftlicher oder technischer Forschungsergebnisse an Sachverständige eines bestimmten Berufs dienen;

iii) die Übersetzung wird ausschließlich zu den unter Ziffer ii bezeichneten Zwecken in rechtmäßig ausgestrahlten Rundfunksendungen benutzt, die für Empfänger im Hoheitsgebiet dieses Landes bestimmt sind, einschließlich der Rundfunksendungen, die mit Hilfe von rechtmäßig und ausschließlich für diese Sendungen hergestellten Aufnahmen auf Bild- oder Tonträger ausgestrahlt werden;

iv) der Gebrauch der Übersetzung darf keinen Erwerbszwecken dienen.

b) Aufnahmen einer Übersetzung auf Bild- oder Tonträger, die von einem Sendeunternehmen aufgrund einer nach diesem Absatz erteilten Lizenz angefertigt worden ist, dürfen mit Zustimmung dieses Unternehmens zu den in Buchstabe a genannten Zwecken und Bedingungen auch von anderen Sendeunternehmen benutzt werden, die ihren Sitz in dem Land haben, dessen zuständige Behörde die Lizenz erteilt hat.

c) Sofern alle in Buchstabe a aufgeführten Merkmale und Bedingungen erfüllt sind, kann einem Sendeunternehmen auch eine Lizenz zur Übersetzung des Textes einer audio-visuellen Festlegung erteilt werden, die selbst ausschließlich für den Gebrauch im Zusammenhang mit systematischem Unterricht hergestellt und veröffentlicht worden ist.

d) Vorbehaltlich der Buchstaben a bis c sind die vorausgehenden Absätze auf die Erteilung und die Ausübung jeder Lizenz anzuwenden, die aufgrund dieses Absatzes erteilt wird.

Article III

1) Tout pays qui a déclaré qu'il invoquera le bénéfice de la faculté

Article III

(1) Any country which has declared that it will avail itself of the

prévue par le présent article sera habilité à substituer au droit exclusif de reproduction prévu à l'article 9 un régime de licences non exclusives et incessibles, accordées par l'autorité compétente dans les conditions ci-après et conformément à l'article IV.

2) a) A l'égard d'une œuvre à laquelle le présent article est applicable en vertu de l'alinéa 7) et lorsque, à l'expiration

i) de la période fixée à l'alinéa 3) et calculée à partir de la première publication d'une édition déterminée d'une telle œuvre, ou

ii) d'une période plus longue fixée par la législation nationale du pays visé à l'alinéa 1) et calculée à partir de la même date,

des exemplaires de cette édition n'ont pas été mis en vente, dans ce pays, pour répondre aux besoins, soit du grand public, soit de l'enseignement scolaire et universitaire, par le titulaire du droit de reproduction ou avec son autorisation, à un prix comparable à celui qui est en usage dans ledit pays pour des œuvres analogues, tout ressortissant dudit pays pourra obtenir une licence pour reproduire et publier cette édition, à ce prix ou à un prix inférieur, en vue de répondre aux besoins de l'enseignement scolaire et universitaire.

b) Une licence pour reproduire et publier une édition qui a été mise en circulation comme le décrit le sous-alinéa a) peut aussi être accordée en vertu des conditions prévues par le présent article si, après l'expiration de la période applicable,

faculty provided for in this Article shall be entitled to substitute for the exclusive right of reproduction provided for in Article 9 a system of non-exclusive and non-transferable licenses, granted by the competent authority under the following conditions and subject to Article IV.

(2) (a) If, in relation to a work to which this Article applies by virtue of paragraph (7), after the expiration of

(i) the relevant period specified in paragraph (3), commencing on the date of first publication of a particular edition of the work, or

(ii) any longer period determined by national legislation of the country referred to in paragraph (1), commencing on the same date,

copies of such edition have not been distributed in that country to the general public or in connection with systematic instructional activities, by the owner of the right of reproduction or with his authorization, at a price reasonably related to that normally charged in the country for comparable works, any national of such country may obtain a license to reproduce and publish such edition at that or a lower price for use in connection with systematic instructional activities.

(b) A license to reproduce and publish an edition which has been distributed as described in subparagraph (a) may also be granted under the conditions provided for in this Article if, after the expiration of the applicable period, no autho-

édition ne sont plus en vente, pendes exemplaires autorisés de cette dant une durée de six mois, dans le pays concerné pour répondre aux besoins, soit du grand public, soit de l'enseignement scolaire et universitaire, à un prix comparable à celui qui est demandé dans ledit pays pour des œuvres analogues.

rized copies of that edition have been on sale for a period of six months in the country concerned to the general public or in connection with systematic instructional activities at a price reasonably related to that normally charged in the country for comparable works.

3) La période à laquelle se réfère l'alinéa 2) a) i) est de cinq années. Toutefois,

i) pour les œuvres qui traitent des sciences exactes et naturelles et de la technologie, elle sera de trois années;

ii) pour les œuvres qui appartiennent au domaine de l'imagination, telles que les romans, les œuvres poétiques, dramatiques et musicales, et pour les livres d'art, elle sera de sept années.

(3) The period referred to in paragraph (2) (a) (i) shall be five years, except that

(i) for works of the natural and physical sciences, including mathematics, and of technology, the period shall be three years;

(ii) for works of fiction, poetry, drama and music, and for art books, the period shall be seven years.

4) a) Dans le cas où elle peut être obtenue à l'expiration d'une période de trois années, la licence ne pourra être accordée en vertu du présent article avant l'expiration d'un délai de six mois

i) à compter de la date à laquelle le requérant accomplit les formalités prévues par l'article IV.1);

ii) ou bien, si l'identité ou l'adresse du titulaire du droit de reproduction n'est pas connue, à compter de la date à laquelle le requérant procède, comme prévu à l'article IV.2), à l'envoi des copies de la requête soumise par lui à l'autorité qui a compétence pour accorder la licence.

(4) (a) No license obtainable after three years shall be granted under this Article until a period of six months has elapsed

(i) from the date on which the applicant complies with the requirements mentioned in Article IV (1), or

(ii) where the identity or the address of the owner of the right of reproduction is unknown, from the date on which the applicant sends, as provided for in Article IV (2), copies of his application submitted to the authority competent to grant the license.

b) Dans les autres cas et si l'article IV.2) est applicable, la licence ne pourra être accordée avant

(b) Where licenses are obtainable after other periods and Article IV (2) is applicable, no license shall

l'expiration d'un délai de trois mois à compter de l'envoi des copies de la requête.

c) Si durant le délai de six ou de trois mois visé aux sous-alinéas a) et b) la mise en vente comme le décrit l'alinéa 2) a) a eu lieu, aucune licence ne sera accordée en vertu du présent article.

d) Aucune licence ne peut être accordée lorsque l'auteur a retiré de la circulation tous les exemplaires de l'édition pour la reproduction et la publication de laquelle la licence a été demandée.

5) Une licence en vue de reproduire et de publier une traduction d'une œuvre ne sera pas accordée, en vertu du présent article, dans les cas ci-après:

i) lorsque la traduction dont il s'agit n'a pas été publiée par le titulaire du droit de traduction ou avec son autorisation;

ii) lorsque la traduction n'est pas faite dans une langue d'usage général dans le pays où la licence est demandée.

6) Si des exemplaires d'une édition d'une œuvre sont mis en vente dans le pays visé à l'alinéa 1) pour répondre aux besoins, soit du grand public, soit de l'enseignement scolaire et universitaire, par le titulaire du droit de reproduction ou avec son autorisation, à un prix comparable à celui qui est en usage dans ledit pays pour des œuvres analogues, toute licence accordée en vertu du présent article prendra fin si cette édition est dans la même langue et son contenu essentiellement le même que celle et celui de

be granted until a period of three months has elapsed from the date of the dispatch of the copies of the application.

(c) If, during the period of six or three months referred to in subparagraphs (a) and (b), a distribution as described in paragraph (2) (a) has taken place, no license shall be granted under this Article.

(d) No license shall be granted if the author has withdrawn from circulation all copies of the edition for the reproduction and publication of which the license has been applied for.

(5) A license to reproduce and publish a translation of a work shall not be granted under this Article in the following cases:

(i) where the translation was not published by the owner of the right of translation or with his authorization, or

(ii) where the translation is not in a language in general use in the country in which the license is applied for.

(6) If copies of an edition of a work are distributed in the country referred to in paragraph (1) to the general public or in connection with systematic instructional activities, by the owner of the right of reproduction or with his authorization, at a price reasonably related to that normally charged in the country for comparable works, any license granted under this Article shall terminate if such edition is in the same language and with substantially the same content as the edition which was published under the said licen-

l'édition publiée en vertu de la licence. La mise en circulation de tous les exemplaires déjà produits avant l'expiration de la licence pourra se poursuivre jusqu'à leur épuisement.

se. Any copies already made before the license terminates may continue to be distributed until their stock is exhausted.

7) a) Sous réserve du sous-alinéa b), les œuvres auxquelles le présent article est applicable ne sont que les œuvres publiées sous forme imprimée ou sous toute autre forme analogue de reproduction.

b) Le présent article est également applicable à la reproduction audio-visuelle de fixations licites audio-visuelles en tant qu'elles constituent ou incorporent des œuvres protégées ainsi qu'à la traduction du texte qui les accompagne dans une langue d'usage général dans le pays où la licence est demandée, étant bien entendu que les fixations audio-visuelles dont il s'agit ont été conçues et publiées aux seules fins de l'usage scolaire et universitaire.

(7) (a) Subject to subparagraph (b), the works to which this Article applies shall be limited to works published in printed or analogous forms of reproduction.

(b) This Article shall also apply to the reproduction in audio-visual form of lawfully made audio-visual fixations including any protected works incorporated therein and to the translation of any incorporated text into a language in general use in the country in which the license is applied for, always provided that the audio-visual fixations in question were prepared and published for the sole purpose of being used in connection with systematic instructional activities.

Artikel III

(1) Jedes Land, das erklärt hat, es werde die in diesem Artikel vorgesehene Befugnis in Anspruch nehmen, ist berechtigt, das in Artikel 9 vorgesehene ausschließliche Vervielfältigungsrecht durch ein System nicht ausschließlicher und unübertragbarer Lizenzen zu ersetzen, die von der zuständigen Behörde unter den folgenden Voraussetzungen und gemäß Artikel IV erteilt werden.

(2) a) Sind Werkstücke einer bestimmten Ausgabe eines Werkes, auf das dieser Artikel gemäß Absatz 7 anwendbar ist, innerhalb

i) der in Absatz 3 festgelegten und vom Zeitpunkt der ersten Veröffentlichung einer bestimmten Ausgabe an zu berechnenden Frist oder

ii) einer längeren, in den innerstaatlichen Rechtsvorschriften des in Absatz 1 bezeichneten Landes festgelegten und von demselben Zeitpunkt an zu berechnenden Frist

in diesem Land vom Inhaber des Vervielfältigungsrechts oder mit seiner Erlaubnis zu einem Preis, der dem dort für vergleichbare Werke üblichen

Preis entspricht, der Allgemeinheit oder für den Gebrauch im Zusammenhang mit systematischem Unterricht nicht zum Kauf angeboten worden, so kann jeder Angehörige dieses Landes eine Lizenz erhalten, die Ausgabe zu diesem oder einem niedrigeren Preis für den Gebrauch im Zusammenhang mit systematischem Unterricht zu vervielfältigen und zu veröffentlichen.

b) Eine Lizenz zur Vervielfältigung und Veröffentlichung einer Ausgabe, die, wie in Buchstabe a beschrieben, in Verkehr gebracht worden ist, kann unter den in diesem Artikel vorgesehenen Voraussetzungen auch erteilt werden, wenn nach Ablauf der maßgebenden Frist in dem Land mit Erlaubnis des Rechtsinhabers hergestellte Werkstücke dieser Ausgabe zu einem Preis, der dem dort für vergleichbare Werke üblichen Preis entspricht, sechs Monate lang für die Allgemeinheit oder für den Gebrauch im Zusammenhang mit systematischem Unterricht nicht mehr zum Verkauf standen.

(3) Die in Absatz 2 Buchstabe a Ziffer i bezeichnete Frist beträgt fünf Jahre; dagegen beträgt sie

i) drei Jahre für Werke aus den Bereichen der Naturwissenschaften, Mathematik und Technik und

ii) sieben Jahre für Romane, Gedichte und Dramen sowie für musikalische Werke und Kunstbücher.

(4) a) Eine nach drei Jahren erwirkbare Lizenz darf nach diesem Artikel erst nach Ablauf einer Frist von sechs Monaten erteilt werden, beginnend

i) in dem Zeitpunkt, in dem der Antragsteller die in Artikel IV Absatz 1 vorgesehenen Erfordernisse erfüllt, oder,

ii) sofern der Inhaber des Vervielfältigungsrechts oder seine Anschrift unbekannt ist, in dem Zeitpunkt, in dem der Antragsteller, wie in Artikel IV Absatz 2 vorgesehen, Abschriften seines bei der zuständigen Behörde gestellten Lizenzantrags absendet.

b) Sind Lizenzen nach anderen Fristen erwirkbar und ist Artikel IV Absatz 2 anzuwenden, so darf eine Lizenz nicht vor Ablauf einer Frist von drei Monaten seit Absendung der Abschriften des Lizenzantrags erteilt werden.

c) Werden innerhalb der in den Buchstaben a und b genannten Fristen von sechs oder drei Monaten Werkstücke der Ausgabe, wie in Absatz 2 Buchstabe a beschrieben, zum Kauf angeboten, so darf keine Lizenz nach diesem Artikel erteilt werden.

d) Keine Lizenz wird erteilt, wenn der Urheber alle Werkstücke der Ausgabe, für die eine Lizenz zur Vervielfältigung und Veröffentlichung beantragt worden ist, aus dem Verkehr gezogen hat.

(5) Eine Lizenz zur Vervielfältigung und Veröffentlichung der Übersetzung eines Werkes wird nach diesem Artikel nicht erteilt,

i) wenn die Übersetzung nicht vom Inhaber des Übersetzungsrechts oder mit seiner Erlaubnis veröffentlicht worden ist oder

ii) wenn die Übersetzung nicht in einer Sprache abgefaßt ist, die in dem Land, in dem die Lizenz beantragt worden ist, allgemein gebräuchlich ist.

(6) Werden vom Inhaber des Vervielfältigungsrechts oder mit seiner Erlaubnis Werkstücke der Ausgabe eines Werkes in dem in Absatz 1 bezeichneten Land der Allgemeinheit oder für den Gebrauch im Zusammenhang mit systematischem Unterricht zu einem Preis, der dem für vergleichbare Werke dort üblichen Preis entspricht, zum Kauf angeboten, so erlischt jede nach diesem Artikel erteilte Lizenz, sofern diese Ausgabe in derselben Sprache abgefaßt ist und im wesentlichen den gleichen Inhalt hat wie die aufgrund der Lizenz veröffentlichte Ausgabe. Werkstücke, die bereits vor Erlöschen der Lizenz hergestellt worden sind, dürfen weiterhin in Verkehr gebracht werden, bis der Vorrat erschöpft ist.

(7) a) Vorbehaltlich des Buchstaben b ist dieser Artikel nur auf Werke anwendbar, die im Druck oder in einer entsprechenden Vervielfältigungsform veröffentlicht worden sind.

b) Dieser Artikel ist auch auf die audio-visuelle Vervielfältigung rechtmäßig hergestellter audio-visueller Festlegungen, soweit sie selbst geschützte Werke sind oder geschützte Werke enthalten, und auf die Übersetzung des in ihnen enthaltenen Textes in eine Sprache anwendbar, die in dem Land, in dem die Lizenz beantragt worden ist, allgemein gebräuchlich ist, immer vorausgesetzt, daß die betreffenden audio-visuellen Festlegungen ausschließlich für den Gebrauch im Zusammenhang mit systematischem Unterricht hergestellt und veröffentlicht worden sind.

Article IV

1) Toute licence visée à l'article II ou à l'article III ne pourra être accordée que si le requérant, conformément aux dispositions en vigueur dans le pays en cause, justifie avoir demandé au titulaire du droit l'autorisation de faire une traduction et de la publier ou de reproduire et publier l'édition, selon le cas, et n'a pu obtenir son autorisation, ou, après dues diligences de sa part, n'a pu l'atteindre. En même temps qu'il fait cette demande au titulaire du droit, le requérant doit en informer tout centre national ou international d'information visé à l'alinéa 2).

Article IV

(1) A license under Article II or Article III may be granted only if the applicant, in accordance with the procedure of the country concerned, establishes either that he has requested, and has been denied, authorization by the owner of the right to make and publish the translation or to reproduce and publish the edition, as the case may be, or that, after due diligence on his part, he was unable to find the owner of the right. At the same time as making the request, the applicant shall inform any national or international information center referred to in paragraph (2).

2) Si le titulaire du droit n'a pu être atteint par le requérant, celui-ci doit adresser, par la poste aérienne, sous pli recommandé, des copies de la requête soumise par lui à l'autorité qui a compétence pour accorder la licence, à l'éditeur dont le nom figure sur l'œuvre et à tout centre national ou international d'information qui peut avoir été désigné, dans une notification déposée à cet effet auprès du Directeur général, par le Gouvernement du pays où l'éditeur est présumé avoir le siège principal de ses opérations.

(2) If the owner of the right cannot be found, the applicant for a license shall send, by registered airmail, copies of his application, submitted to the authority competent to grant the license, to the publisher whose name appears on the work and to any national or international information center which may have been designated, in a notification to that effect deposited with the Director General, by the Government of the country in which the publisher is believed to have his principial place of business.

3) Le nom de l'auteur doit être indiqué sur tous les exemplaires de la traduction ou de la reproduction publiée sous l'empire d'une licence accordée en vertu de l'article II ou de l'article III. Le titre de l'œuvre doit figurer sur tous ces exemplaires. S'il s'agit d'une traduction, le titre original de l'œuvre doit en tout cas figurer sur tous ceux-ci.

(3) The name of the author shall be indicated on all copies of the translation or reproduction published under a license granted under Article II or Article III. The title of the work shall appear on all such copies. In the case of a translation, the original title of the work shall appear in any case on all the said copies.

4) a) Toute licence accordée en vertu de l'article II ou de l'article III ne s'étendra pas à l'exportation d'exemplaires et elle ne sera valable que pour la publication de la traduction ou de la reproduction, selon le cas, à l'intérieur du territoire du pays où cette licence a été demandée.

(4) (a) No license granted under Article II or Article III shall extend to the export of copies, and any such license shall be valid only for publication of the translation or of the reproduction, as the case may be, in the territory of the country in which it has been applied for.

b) Aux fins de l'application du sous-alinéa a), doit être regardé comme exportation l'envoi d'exemplaires à partir d'un territoire vers le pays qui, pour ce territoire, a fait une déclaration conformément à l'article I.5).

(b) For the purposes of subparagraph (a), the notion of export shall include the sending of copies from any territory to the country which, in respect of that territory, has made a declaration under Article I (5).

c) Lorsqu'un organisme gouvernemental ou tout autre organisme public d'un pays qui a accordé, con-

(c) Where a governmental or other public entity of a country which has granted a license to make

formément à l'article II, une licence de faire une traduction dans une langue autre que l'anglais, l'espagnol ou le français envoie des exemplaires de la traduction publiée en vertu d'une telle licence à un autre pays, une telle expédition ne sera pas considérée, aux fins du sous-alinéa a), comme étant une exportation si toutes les conditions suivantes sont remplies:

i) les destinataires sont des particuliers ressortissants du pays dont l'autorité compétente a accordé la licence, ou des organisations groupant de tels ressortissants;

ii) les exemplaires ne sont utilisés que pour l'usage scolaire, universitaire ou de la recherche;

iii) l'envoi des exemplaires et leur distribution ultérieure aux destinataires n'ont aucun caractère lucratif; et

iv) le pays auquel les exemplaires ont été envoyés a conclu un accord avec le pays dont l'autorité compétente a délivré la licence pour en autoriser la réception, ou la distribution, ou ces deux opérations, et le Gouvernement de ce dernier pays a notifié au Directeur général un tel accord.

5) Tout exemplaire publié sous l'empire d'une licence accordée en vertu de l'article II ou de l'article III doit contenir une mention dans la langue appropriée précisant que l'exemplaire n'est mis en circulation que dans le pays ou le territoire auquel ladite licence s'applique.

6) a) Des mesures appropriées seront prises sur le plan national pour que

a translation under Article II into a language other than English, French or Spanish sends copies of a translation published under such license to another country, such sending of copies shall not, for the purposes of subparagraph (a), be considered to constitute export if all of the following conditions are met:

(i) the recipients are individuals who are nationals of the country whose competent authority has granted the license, or organizations grouping such individuals;

(ii) the copies are to be used only for the purpose of teaching, scholarship or research;

(iii) the sending of the copies and their subsequent distribution to recipients is without any commercial purpose; and

(iv) the country to which the copies have been sent has agreed with the country whose competent authority has granted the license to allow the receipt, or distribution, or both, and the Director General has been notified of the agreement by the Government of the country in which the license has been granted.

(5) All copies published under a license granted by virtue of Article II or Article III shall bear a notice in the appropriate language stating that the copies are available for distribution only in the country or territory to which the said license applies.

(6) (a) Due provision shall be made at the national level to ensure

i) la licence comporte en faveur du titulaire du droit de traduction ou de reproduction, selon le cas, une rémunération équitable et conforme à l'échelle des redevances normalement versées dans le cas de licences librement négociées entre les intéressés dans les deux pays concernés; et

ii) soient assurés le paiement et le transfert de cette rémunération; s'il existe une réglementation nationale en matière de devises, l'autorité compétente ne ménagera aucun effort, en recourant aux mécanismes internationaux, pour assurer le transfert de la rémunération en monnaie internationalement convertible ou en son équivalent.

b) Des mesures appropriées seront prises dans le cadre de la législation nationale pour que soit garantie une traduction correcte de l'œuvre ou une reproduction exacte de l'édition dont il s'agit, selon le cas.

(i) that the license provides, in favour of the owner of the right of translation or of reproduction, as the case may be, for just compensation that is consistent with standards of royalties normally operating on licenses freely negotiated between persons in the two countries concerned, and

(ii) payment and transmittal of the compensation: should national currency regulations intervene, the competent authority shall make all efforts, by the use of international machinery, to ensure transmittal in internationally convertible currency or its equivalent.

(b) Due provision shall be made by national legislation to ensure a correct translation of the work, or an accurate reproduction of the particular edition, as the case may be.

Artikel IV

(1) Eine Lizenz nach Artikel II oder III darf nur erteilt werden, wenn der Antragsteller gemäß den Rechtsvorschriften des betreffenden Landes nachweist, daß er um die Erlaubnis des Rechtsinhabers je nachdem zur Übersetzung des Werkes und zur Veröffentlichung der Übersetzung oder zur Vervielfältigung und Veröffentlichung der Ausgabe ersucht und diese nicht erhalten hat oder daß er den Rechtsinhaber trotz gehöriger Bemühungen nicht ausfindig machen konnte. Gleichzeitig mit dem Gesuch an den Rechtsinhaber hat der Antragsteller jedes in Absatz 2 bezeichnete nationale oder internationale Informationszentrum zu unterrichten.

(2) Vermag der Antragsteller den Rechtsinhaber nicht ausfindig zu machen, so hat er eine Abschrift seines an die zuständige Behörde gerichteten Lizenzantrags mit eingeschriebener Luftpost dem Verleger, dessen Name auf dem Werk angegeben ist, und jedem nationalen oder internationalen Informationszentrum zu senden, das gegebenenfalls von der Regierung des Landes, in dem der Verleger vermutlich den Mittelpunkt seiner Geschäfts-

tätigkeit hat, in einer beim Generaldirektor hinterlegten Notifikation bezeichnet worden ist.

(3) Der Name des Urhebers ist auf allen Werkstücken einer Übersetzung oder einer Vervielfältigung, die aufgrund einer nach Artikel II oder III erteilten Lizenz veröffentlicht wird, anzugeben. Der Titel des Werkes ist auf allen Werkstücken aufzuführen. Bei einer Übersetzung ist jedenfalls der Originaltitel auf allen Werkstücken anzugeben.

(4) a) Eine nach Artikel II oder III erteilte Lizenz erstreckt sich nicht auf die Ausfuhr von Werkstücken und berechtigt je nachdem nur zur Veröffentlichung der Übersetzung oder der Vervielfältigung im Hoheitsgebiet des Landes, in dem die Lizenz beantragt worden ist.

b) Für die Anwendung des Buchstaben a wird auch der Versand von Werkstücken von einem Gebiet nach dem Land, das für dieses Gebiet eine Erklärung nach Artikel I Absatz 5 abgegeben hat, als Ausfuhr angesehen.

c) Versendet eine staatliche oder andere öffentliche Stelle eines Landes, das nach Artikel II eine Lizenz zur Übersetzung in eine andere als die englische, französische oder spanische Sprache erteilt hat, Werkstücke der unter dieser Lizenz veröffentlichten Übersetzung in ein anderes Land, so wird dieser Versand nicht als Ausfuhr im Sinn von Buchstabe a angesehen, sofern alle folgenden Voraussetzungen erfüllt sind:

i) die Empfänger sind Einzelpersonen, die dem Land, dessen zuständige Behörde die Lizenz erteilt hat, angehören, oder Zusammenschlüsse solcher Einzelpersonen;

ii) die Werkstücke sind nur für Unterrichts-, Studien- oder Forschungszwecke bestimmt;

iii) der Versand der Werkstücke und ihre spätere Verteilung an die Empfänger dienen keinen Erwerbszwecken;

iv) das Land, in das die Werkstücke gesandt werden, hat mit dem Land, dessen zuständige Behörde die Lizenz erteilt hat, eine Vereinbarung getroffen, die den Empfang, die Verteilung oder beides gestattet, und die Regierung dieses Landes hat dem Generaldirektor die Vereinbarung notifiziert.

(5) Alle Werkstücke, die aufgrund einer nach Artikel II oder III erteilten Lizenz veröffentlicht werden, haben in der betreffenden Sprache einen Vermerk zu tragen, daß sie nur in dem Land oder Gebiet, auf das sich die Lizenz bezieht, in Verkehr gebracht werden dürfen.

(6) a) Auf nationaler Ebene ist dafür zu sorgen, daß

i) die Lizenz zugunsten des Inhabers des Übersetzungsrechts oder des Inhabers des Vervielfältigungsrechts eine angemessene Vergütung vorsieht, die der bei frei vereinbarten Lizenzen zwischen Personen in den beiden betreffenden Ländern üblichen Vergütung entspricht, und

ii) Zahlung und Transfer der Vergütung sichergestellt werden; bestehen nationale Devisenbeschränkungen, so hat die zuständige Behörde unter Zuhilfenahme internationaler Einrichtungen alles ihr Mögliche zu tun, um den Transfer der Vergütung in international konvertierbarer Währung oder gleichgestellten Zahlungsmitteln sicherzustellen.

b) Die innerstaatliche Gesetzgebung hat eine getreue Übersetzung des Werkes oder eine genaue Wiedergabe der Ausgabe zu gewährleisten.

Article V

1) a) Tout pays habilité à déclarer qu'il invoquera le bénéfice de la faculté prévue par l'article II peut, lorsqu'il ratifie le présent Acte, ou y adhère, au lieu de faire une telle déclaration,

i) faire, s'il est un pays auquel l'article 30.2) a) est applicable, une déclaration aux termes de cette disposition pour ce qui concerne le droit de traduction;

ii) faire, s'il est un pays auquel l'article 30.2) a) n'est pas applicable, et même s'il n'est pas un pays étranger à l'Union, une déclaration comme prévue par l'article 30.2) b), première phrase.

b) Dans le cas d'un pays qui a cessé d'être considéré comme un pays en voie de développement tel que visé à l'article I.1), une déclaration faite conformément au présent alinéa reste valable jusqu'à la date à laquelle expire le délai applicable conformément à l'article I.3).

c) Tout pays qui a fait une déclaration conformément au présent alinéa ne peut invoquer ultérieurement le bénéfice de la faculté prévue par l'article II, même s'il retire ladite déclaration.

2) Sous réserve de l'alinéa 3), tout pays qui a invoqué le bénéfice de la faculté prévue par l'article II

Article V

(1) (a) Any country entitled to make a declaration that it will avail itself of the faculty provided for in Article II may, instead, at the time of ratifying or acceding to this Act:

(i) if it is a country to which Article 30 (2) (a) applies, make a declaration under that provision as far as the right of translation is concerned;

(ii) if it is a country to which Article 30 (2) (a) does not apply, and even if it is not a country outside the Union, make a declaration as provided for in Article 30 (2) (b), first sentence.

(b) In the case of a country which ceases to be regarded as a developing country as referred to in Article I (1), a declaration made according to this paragraph shall be effective until the date on which the period applicable under Article I (3) expires.

(c) Any country which has made a declaration according to this paragraph may not subsequently avail itself of the faculty provided for in Article II even if it withdraws the said declaration.

(2) Subject to paragraph (3), any country which has availed itself of the faculty provided for in Article II

ne peut faire ultérieurement une déclaration conformément à l'alinéa 1).

3) Tout pays qui a cessé d'être considéré comme un pays en voie de développement tel que visé à l'article I.1) pourra, deux ans au plus tard avant l'expiration du délai applicable conformément à l'article I.3), faire une déclaration au sens de l'article 30.2) b), première phrase, nonobstant le fait qu'il ne s'agit pas d'un pays étranger à l'Union. Cette déclaration prendra effet à la date à laquelle expire le délai applicable conformément à l'article I.3).

may not subsequently make a declaration according to paragraph (1).

(3) Any country which has ceased to be regarded as a developing country as referred to in Article I (1) may, not later than two years prior to the expiration of the period applicable under Article I (3), make a declaration to the effect provided for in Article 30 (2) (b), first sentence, notwithstanding the fact that it is not a country outside the Union. Such declaration shall take effect at the date on which the period applicable under Article I (3) expires.

Artikel V

(1) a) Jedes Land, das zu erklären berechtigt ist, es werde die in Artikel II vorgesehene Befugnis in Anspruch nehmen, kann stattdessen bei der Ratifikation oder beim Beitritt zu dieser Fassung,

i) sofern es ein Land ist, auf das Artikel 30 Absatz 2 Buchstabe a zutrifft, hinsichtlich des Übersetzungsrechts eine Erklärung nach dieser Bestimmung abgeben;

ii) sofern es ein Land ist, auf das Artikel 30 Absatz 2 Buchstabe a nicht zutrifft, und selbst wenn es sich nicht um ein verbandsfremdes Land handelt, die in Artikel 30 Absatz 2 Buchstabe b Satz 1 vorgesehene Erklärung abgeben.

b) Eine nach diesem Absatz abgegebene Erklärung bleibt für ein Land, das nicht länger als Entwicklungsland im Sinn von Artikel I Absatz 1 angesehen wird, bis zu dem Zeitpunkt wirksam, in dem die nach Artikel I Absatz 3 maßgebende Frist abläuft.

c) Ein Land, das eine Erklärung nach diesem Absatz abgegeben hat, kann die in Artikel II vorgesehene Befugnis nicht mehr in Anspruch nehmen, selbst wenn es die Erklärung zurückzieht.

(2) Vorbehaltlich des Absatzes 3 kann ein Land, das die in Artikel II vorgesehene Befugnis in Anspruch genommen hat, keine Erklärung nach Absatz 1 mehr abgeben.

(3) Ein Land, das nicht länger als Entwicklungsland im Sinn von Artikel I Absatz 1 angesehen wird, kann, obwohl es kein verbandsfremdes Land ist, bis zu zwei Jahren vor Ablauf der nach Artikel I Absatz 3 maßgebenden Frist die in Artikel 30 Absatz 2 Buchstabe b Satz 1 vorgesehene Erklärung abgeben. Diese Erklärung wird in dem Zeitpunkt wirksam, in dem die nach Artikel I Absatz 3 maßgebende Frist abläuft.

Article VI

1) Tout pays de l'Union peut déclarer, à partir de la date du présent Acte et à tout moment avant de devenir lié par les articles 1 à 21 et par la présente Annexe:

i) s'il s'agit d'un pays qui, s'il était lié par les articles 1 à 21 et par la présente Annexe, serait habilité à invoquer le bénéfice des facultés visées à l'article I.1), qu'il appliquera les dispositions de l'article II ou de l'article III, ou bien des deux, aux œuvres dont le pays d'origine est un pays qui, en application du point ii) ci-après, accepte l'application de ces articles à de telles œuvres ou qui est lié par les articles 1 à 21 et par la présente Annexe; une telle déclaration peut se référer à l'article V au lieu de l'article II;

ii) qu'il accepte l'application de la présente Annexe aux œuvres dont il est le pays d'origine, par les pays qui ont fait une déclaration en vertu du point i) ci-dessus ou une notification en vertu de l'article I.

2) Toute déclaration selon l'alinéa 1) doit être faite par écrit et déposée auprès du Directeur général. Elle prend effet à la date de son dépôt.

Article VI

(1) Any country of the Union may declare, as from the date of this Act, and at any time before becoming bound by Articles 1 to 21 and this Appendix:

(i) if it is a country which, were it bound by Articles 1 to 21 and this Appendix, would be entitled to avail itself of the faculties referred to in Article I (1), that it will apply the provisions of Article II or of Article III or of both to works whose country of origin is a country which, pursuant to (ii) below, admits the application of those Articles to such works, or which is bound by Articles 1 to 21 and this Appendix; such declaration may, instead of referring to Article II, refer to Article V;

(ii) that it admits the application of this Appendix to works of which it is the country of origin by countries which have made a declaration under (i) above or a notification under Article I.

(2) Any declaration made under paragraph (1) shall be in writing and shall be deposited with the Director General. The declaration shall become effective from the date of its deposit.

Artikel VI

(1) Ein Verbandsland kann vom Zeitpunkt der Unterzeichnung dieser Fassung der Übereinkunft an jederzeit, bevor es durch die Artikel 1 bis 21 und diesen Anhang gebunden ist,

i) erklären — sofern es berechtigt wäre, die in Artikel I Absatz 1 be-

zeichneten Befugnisse in Anspruch zu nehmen, wenn es durch die Artikel 1 bis 21 und diesen Anhang gebunden wäre —, daß es die Artikel II oder III oder beide Artikel auf Werke anwenden wird, deren Ursprungsland ein Land ist, das gemäß Ziffer ii die Anwendung dieser Artikel auf solche Werke zuläßt oder das durch die Artikel 1 bis 21 und diesen Anhang gebunden ist; die Erklärung kann sich statt auf Artikel II auf Artikel V beziehen;

ii) erklären, daß es die Anwendung dieses Anhangs auf Werke, deren Ursprungsland es ist, durch die Länder zuläßt, die eine Erklärung nach Ziffer i abgegeben oder eine Notifikation nach Artikel I hinterlegt haben.

(2) Jede Erklärung nach Absatz 1 muß schriftlich abgefaßt und beim Generaldirektor hinterlegt werden. Sie wird im Zeitpunkt ihrer Hinterlegung wirksam.

EN FOI DE QUOI, les soussignés, dûment autorisés à cet effet, ont signé le présent Acte.

FAIT à Paris, le 24 juillet 1971.

IN WITNESS WHEREOF, the undersigned, being duly authorized thereto, have signed this Act.

DONE at Paris on July 24, 1971.

ZU URKUND DESSEN haben die hierzu gehörig bevollmächtigten Unterzeichneten diese Fassung der Übereinkunft unterschrieben.

GESCHEHEN zu Paris am 24. Juli 1971.

Zweiter Teil. Berichte

I. Welturheberrechtsabkommen

1. Bericht des Generalberichterstatters

der Konferenz für die Revision des Welturheberrechtsabkommens, die in Paris vom 5. bis 24. Juli 1971 im Gebäude der UNESCO stattgefunden hat.*)

Einleitung:

1. Als Generalberichterstatter habe ich die Ehre, Ihnen den folgenden Bericht über die Konferenz zur Revision des Welturheberrechtsabkommens vorzulegen, die im Juli 1971 stattgefunden hat. Die Protokolle über die Beratungen sowohl des Plenums als auch des Hauptausschusses enthalten eine chronologische Aufzeichnung der Diskussionen, und ich habe nicht die Absicht, diese Aufzeichnung hier zu wiederholen. Ich beabsichtige vielmehr, über die Ergebnisse der Konferenz einschließlich der von den Delegierten angenommenen Texte und der Interpretationen, die die Konfernz zu einigen Vorschriften gegeben hat, zu berichten und sie zu analysieren.

2. Sofern nicht der Zusammenhang es erfordert, werde ich weder aufzeigen, in welchem Stadium der Konferenz eine bestimmte Diskussion stattfand, noch zwischen den Diskussionen des Plenums und des Hauptausschusses unterscheiden. Der Einfachheit halber werde ich außerdem zur Identifizierung bestimmter Dokumente eine Kurzform verwenden (zum Beispiel: „UCC/13" und nicht „INLA/UCC/13, Paris, 7. Juli 1971, Original: Englisch").

3. Über die beachtliche Reihe von Entwicklungen und Vorbereitungsarbeiten, die zu dieser Revisionskonferenz geführt haben, enthält der Einführungsbericht des UNESCO-Sekretariats (UCC/4) eine sehr gute Zusammenfassung; daher wird hier darüber nicht erneut berichtet. Grundlage des Programms der Konferenz war ein Entwurf (UCC/3), den der Regierungsausschuß des Welturheberrechtsabkommens in seiner zweiten außerordentlichen Sitzung im September 1970 in Paris ausgearbeitet hat und den ich künftig als „IGCC-Entwurf" bezeichnen werde. Das System der Numerierung der Artikel ist glücklicherweise im Welturheberrechtsabkommen von 1952, im IGCC-Entwurf und im revidierten Text, wie er von der Pariser Konferenz angenommen worden ist, das gleiche geblieben.

4. Ich werde die Vorrechte meines Amtes nutzen, um einige persönliche Bemerkungen am Ende dieses Berichts zu machen; über einen Punkt möchte ich jedoch schon hier sprechen. Die Konferenz sah sich der Aufgabe gegenüber, einen revidierten Text eines weltweiten Abkommens mit einem außerordentlich schwierigen und technischen Gegenstand auszuarbeiten, sehr unterschiedliche Zwecke und Bedürfnisse in Einklang zu bringen, den revi-

*) Die Übersetzung besorgten die Verfasser des Beitrages Steup/Bungeroth, siehe unten S. 327.

dierten Text soweit wie möglich in Übereinstimmung mit der gleichzeitigen Revision der sehr unterschiedlichen Berner Übereinkunft zu bringen und all dies in einer außerordentlich kurzen Zeit zu tun. Die erfolgreiche Bewältigung dieser Aufgabe scheint mir eine außerordentliche Leistung zu sein; ich stellte fest, daß die üblichen bitteren Reden über die Notwendigkeit eines „Geistes internationaler Zusammenarbeit" fehlten, und mir wurde klar, daß solche Bemerkungen nicht erforderlich waren, weil dieser Geist wirklich vorhanden war. Für mich zumindest illustriert das Ergebnis der Pariser Konferenz eine Bemerkung von William James, daß „wirkliche Kultur von Zuneigung und Bewunderung und nicht von Abneigung und Verachtung lebt".

Ziel und Organisation der Konferenz

5. Zahlreiche vorbereitende Sitzungen seit 1966 hatten ergeben, daß Hauptzweck der Pariser Konferenz nicht eine vollständige Revision des Welturheberrechtsabkommens war. Ihr wesentliches Ziel war es, die praktischen Bedürfnisse der Entwicklungsländer nach einem erleichterten Zugang zu Lehrmaterial, wissenschaftlichen Werken und Werken aus dem Bereich der Technik zu befriedigen, ohne die Struktur und den Umfang des Urheberrechtsschutzes zu beeinträchtigen, der von entwickelten Ländern sowohl auf Grund des Welturheberrechtsabkommens als auch auf Grund der Berner Übereinkunft gewährt wird. Der IGCC-Entwurf war unter Beachtung dieses wesentlichen, aber beschränkten Ziels ausgearbeitet worden.

6. Nach der von der Konferenz beschlossenen Geschäftsordnung wurden die Plenarsitzungen und die Sitzungen des Hauptausschusses öffentlich abgehalten. Alle Vertragsstaaten des Welturheberrechtsabkommens waren berechtigt, Delegierte mit Teilnahme- und Stimmrecht zu entsenden. Beobachter ohne Stimmrecht konnten von den Mitgliedstaaten der UNESCO und anderer Organisationen im System der Vereinten Nationen und von verschiedenen anderen zwischenstaatlichen und internationalen nicht-zwischenstaatlichen Organisationen entsandt werden. Insgesamt entsandten 45 Vertragsstaaten des Welturheberrechtsabkommens Delegationen; Beobachter von 30 anderen Staaten, 3 zwischenstaatlichen Organisationen und 16 internationalen nicht-zwischenstaatlichen Organisationen nahmen an der Konferenz teil. Die Arbeitssprachen der Konferenz waren Englisch, Französisch und Spanisch; in Übereinstimmung mit Artikel 29 der Geschäftsordnung stellte die Delegation der Bundesrepublik Deutschland eine englische Übersetzung für die von ihren Mitgliedern in deutscher Sprache abgegebenen Erklärungen (UCC/INF. 5).

7. Eine endgültige Liste der Teilnehmer an der Pariser Konferenz ist in Dokument UCC/INF. 4, eine vollständige Liste des Präsidiums in Dokument UCC/INF. 7 enthalten. Wie in Nummer 13 dieses Berichts ausgeführt, waren 27 Staaten mit Zeichnungsvollmachten für das revidierte Abkommen versehen.

8. Wegen ihrer wechselseitigen Beziehungen und wegen ihrer gegenseitigen Abhängigkeit in einigen Fällen wurden die Revisionskonferenzen für

das Welturheberrechtsabkommen und die Berner Übereinkunft — wie es die Resolution Nr. 1 (XR. 2), die vom Regierungsausschuß des Welturheberrechtsabkommens auf seiner zweiten außerordentlichen Sitzung am 11. September 1970 angenommen wurde, ausdrückt — „zu derselben Zeit und an demselben Ort abgehalten". Dank der großzügigen Einladung der UNESCO fanden beide Revisionskonferenzen vom 5. Juli bis zum 24. Juli 1971 im UNESCO-Gebäude in Paris statt; jedoch wurden die Sitzungen der beiden Konferenzen nicht gleichzeitig abgehalten.

9. Um Überschneidungen zu vermeiden, hatte das Sekretariat ein umfassendes Programm (UCC/INF. 2) ausgearbeitet; dieses Programm konnte im wesentlichen eingehalten werden. Die Revisionskonferenz für das Welturheberrechtsabkommen trat zuerst zusammen; sie hielt Plenarsitzungen während des Vormittags des 5. Juli 1971, eines Teils des Nachmittags desselben Tages und der ersten Hälfte des Vormittags des 6. Juli ab; der Hauptausschuß für das Welturheberrechtsabkommen tagte während des verbleibenden Teils der Woche vom Dienstagvormittag (6. Juli) bis zum späten Samstagnachmittag (10. Juli). Nach einer Eröffnungssitzung am 5. Juli trat das Plenum der Revisionskonferenz für die Berner Übereinkunft am Montag, dem 12. Juli, erneut zusammen; die Sitzungen des Hauptausschusses für die Berner Übereinkunft begannen ebenfalls an diesem Tag. Die Konferenz für die Berner Übereinkunft unterbrach dann ihre Beratungen, um es dem Redaktionsausschuß für das Welturheberrechtsabkommen zu ermöglichen, auf der Grundlage der bereits vom Hauptausschuß für das Welturheberrechtsabkommen getroffenen Entscheidungen eine vorläufige Fassung der Vorschriften auszuarbeiten, mit denen beide Konferenzen befaßt waren. Der Redaktionsausschuß für das Welturheberrechtsabkommen hielt am Dienstag dem 13. Juli, eine ganztägige Sitzung ab und beendete die Ausarbeitung eines Textentwurfs in einer Sitzung am frühen Freitagmorgen (16. Juli). Die letzte Woche wurde zwischen beiden Konferenzen aufgeteilt; die formelle Unterzeichnung der beiden neuen Übereinkünfte fand am Samstag, dem 24. Juli 1971, statt. Angesichts dieses gedrängten Zeitplans ist die Ungeduld, mit der alle Delegierten den Jahrestag der Erstürmung der Bastille, den 14. Juli 1971, erwarteten, und die Freude, mit der sie den französischen Nationalfeiertag mitfeierten, leicht zu verstehen.

Eröffnungssitzung

10. Der Generaldirektor der Organisation der Vereinten Nationen für Erziehung, Wissenschaft und Kultur, Herr René Maheu, eröffnete die Konferenz mit einer beredten Ansprache (DG/11/6), in der er die Delegierten namens der UNESCO willkommen hieß. Der Generaldirektor wies auf den offensichtlichen Gegensatz zwischen dem großen Bedürfnis der Länder mit schmalem Einkommen, Zugang zu Wissen und Kenntnissen zu erhalten, und den moralischen und materiellen Interessen der Urheber hin, gab jedoch seiner festen persönlichen Überzeugung Ausdruck, daß sich diese keineswegs unvereinbaren Ziele in Wahrheit ergänzen. Er unterstrich die Bedeutung, die den Beratungen der Konferenz nicht nur hinsichtlich der zu er-

wartenden kurzfristig nutzbringenden Ergebnisse, sondern auch für den Fortschritt der Menschheit zukomme. Herr Maheu bezeichnete die Kultur als „die umfassendste Synthese der verschiedenen Betätigungen und Schöpfungen des menschlichen Geistes" und betonte zum Schluß, daß „die UNESCO, auf deren Anregung das Welturheberrechtsabkommen vorbereitet wurde und die eine umfassende Zuständigkeit und weitreichende Verantwortung für den Schutz geistiger Schöpfungen beansprucht, erwartet, daß Ihre Arbeit einen entscheidenden Beitrag zur Erfüllung eines der wesentlichen Ziele der UNESCO, nämlich der Förderung des Rechts auf Kultur durch den Ausbau der internationalen Zusammenarbeit, leisten wird".

11. Die erste Handlung der Konferenz in der Eröffnungssitzung war die Wahl des Präsidenten des Plenums. Auf Vorschlag des Botschafters Pio Archi, des Leiters der Delegation Italiens, den die Delegationen Kanadas, Tunesiens, Belgiens, der Bundesrepublik Deutschland, Spaniens, Japans, der Vereinigten Staaten von Amerika und der Niederlande unterstützten, wurde Botschafter Pierre Charpentier, der Leiter der französischen Delegation, durch Akklamation zum Präsidenten der Konferenz gewählt.

12. Botschafter Charpentier nahm das Amt an und dankte der Konferenz herzlich für die Ehre, die ihm und seinem Land erwiesen wurde. Er sprach von den schwierigen Beratungen, auf die die Konferenz zurückgehe, und den Lehren, die man aus ihnen ziehen könne. Der Präsident unterstrich, daß grundsätzlich das in Sachfragen bereits erzielte Einverständnis die Grenze möglicher Zugeständnisse darstelle. Er drückte sein Vertrauen in den Erfolg der Konferenz aus und erinnerte die Delegierten an die einzig wesentliche Bedingung für einen solchen Erfolg: Dieses Abkommen muß, wie jedes andere, nicht nur angenommen und unterzeichnet, sondern auch weithin ratifiziert und ausgeführt werden.

Ausschuß zur Prüfung der Vollmachten

13. Die Konferenz wählte dann einen Ausschuß zur Prüfung der Vollmachten, der aus Delegierten von sieben Ländern bestand: Argentinien, Belgien, Japan, Kenia, Libanon, Ungarn und Vereinigte Staaten von Amerika. Der Ausschuß zur Prüfung der Vollmachten wählte den Leiter der Delegation Argentiniens, Botschafter José M. G. Alvarez de Toledo, zum Vorsitzenden und legte am 5. Juli seinen ersten Bericht (UCC/8) vor. Wie in den Berichten des Ausschusses (UCC/8, UCC/35 und UCC/43) aufgezeigt, überreichten 27 Länder Vollmachten, die zur Unterzeichnung des revidierten Abkommens berechtigten.

Geschäftsordnung

14. Der vom Regierungsausschuß des Welturheberrechtsabkommens gebilligte Entwurf der Geschäftsordnung (UCC/2) wurde ohne eine ins einzelne gehende Diskussion und ohne wesentliche Änderungen angenommen (UCC/2 Rev.). Man kam überein, daß nach Artikel 4 Abs. 2 jede zur Teilnahme vorläufig zugelassene Delegation Vollmachten in gehöriger Form „vor der letzten Plenarsitzung" vorzulegen habe. Zu Artikel 8 nahm die

Konferenz nicht die Vorschrift an, daß der Präsident und der Generalberichterstatter der Konferenz diese Funktionen auch im Hauptausschuß ausüben. Die revidierte Geschäftsordnung sieht ein Präsidium vor, das aus dem Präsidenten, den neun Vizepräsidenten, dem Generalberichterstatter der Konferenz, dem Vorsitzenden und den stellvertretenden Vorsitzenden des Hauptausschusses, dem Vorsitzenden des Ausschusses zur Prüfung der Vollmachten und dem Vorsitzenden des Redaktionsausschusses besteht. Der Redaktionsausschuß, der zunächst acht gewählte Mitglieder umfaßte, wurde später auf neun Mitglieder erweitert; der Vorsitzende des Hauptausschusses und der Generalberichterstatter gehörten ihm kraft Amtes an.

Präsidium, Ausschüsse und Annahme der Tagesordnung

15. Auf Vorschlag des Präsidenten der Konferenz wurden die Leiter der Delegationen der folgenden neun Staaten einstimmig zu Vizepräsidenten der Konferenz gewählt: Dänemark, Guatemala, Italien, Japan, Kanada, Kenia, Mexiko, Spanien und Tschechoslowakei. In meiner Eigenschaft als Mitvorsitzender der Delegation der Vereinigten Staaten von Amerika hatte ich die Ehre, zum Generalberichterstatter vorgeschlagen und gewählt zu werden.

16. Obgleich die vorläufige Tagesordnung (UCC/1) die Berufung eines Redaktionsausschusses nicht vor Abschluß der Beratungen des Hauptausschusses vorsah, wurde Übereinstimmung darüber erzielt, daß die sofortige Berufung des Redaktionsausschusses die Arbeit der Konferenz erleichtern werde. Auf Vorschlag des Präsidenten wurde der Redaktionsausschuß aus den Delegierten Argentiniens, Frankreichs, Indiens, Japans, Kanadas, Kenias, der Niederlande, Spaniens und des Vereinigten Königreichs sowie dem Vorsitzenden des Hauptausschusses und dem Generalberichterstatter als Mitgliedern kraft Amtes gebildet.

17. Später wurde vorgeschlagen, daß wegen des Ineinandergreifens und der außerordentlich engen Verwandtschaft der Aufgaben der Redaktionsausschüsse für das Welturheberrechtsabkommen und die Berner Übereinkunft diejenigen Mitglieder (einschließlich der Mitglieder kraft Amtes) des Redaktionsausschusses für die Berner Übereinkunft, die nicht zugleich Mitglieder des Redaktionsausschusses für das Welturheberrechtsabkommen waren, berechtigt sein sollten, als Beobachter an den Arbeiten des Redaktionsausschusses für das Welturheberrechtsabkommen teilzunehmen, soweit es sich um beide Ausschüsse interessierende Angelegenheiten handele. Dieser Vorschlag fand weitgehende Unterstützung und wurde ohne Gegenstimme angenommen, obgleich der Ansicht des spanischen Delegierten, daß Redaktionsausschüsse grundsätzlich klein sein sollten — daß eigentlich der beste Redaktionsausschuß aus nur 3 Mitgliedern bestehe, von denen eines krank sei und ein anderes sich verspäte — gewisses Wohlwollen entgegengebracht wurde. Der Redaktionsausschuß für das Welturheberrechtsabkommen wählte den Delegierten des Vereinigten Königreichs, Herrn William Wallace, zum Vorsitzenden und den Leiter der Delegation der Niederlande, Herrn W. L. Haardt, zum stellvertretenden Vorsitzenden.

18. Die vorläufige Tagesordnung (UCC/1) wurde mit der bereits genannten Änderung angenommen.

Grundsatzdiskussion

19. Der Präsident erteilte jeder Delegation das Wort, die eine Grundsatzerklärung zum Gegenstand der Konferenz abgeben wollte, und nicht weniger als 20 Delegationen machten in folgender Reihenfolge davon Gebrauch: das Vereinigte Königreich, Italien, Belgien, Mexiko, die Bundesrepublik Deutschland, die Vereinigten Staaten von Amerika, Frankreich, Kuba, Ungarn, Israel, Kanada, Japan, Spanien, Argentinien, Senegal, Uruguay, Schweiz, Kenia, Finnland und die Tschechoslowakei. Wie der Präsident nach Abgabe der Grundsatzerklärungen feststellte, fand das Programm der Konferenz allgemeine Zustimmung. Ein Delegierter nach dem anderen lobte die lange Vorbereitungsarbeit, die in dem IGCC-Entwurf ihren Niederschlag gefunden habe, als gründlich, rechtlich gut begründet und realistisch. In vielen Fällen erwähnten die Redner die Teilnahme von Vertretern ihrer eigenen Regierung an dieser Vorbereitungsarbeit. Sehr häufig wurde unterstrichen, daß der IGCC-Entwurf einen gerechten und vernünftigen, aber auch äußerst schwierigen, wenn nicht gar heiklen Interessenausgleich enthalte. Immer wieder wurde darauf hingewiesen, wie wichtig es sei, diesen Interessenausgleich zu erhalten und bei einer Verbesserung des Textes in technischer Hinsicht keine weitgehenden oder grundsätzlichen Änderungen vorzunehmen, die dem sorgfältig abgestimmten Kompromiß zwischen den Bedürfnissen der Entwicklungsländer und den Interessen der Urheber die Grundlage völlig entziehen könnten.

20. Diese Ansicht wurde so häufig geäußert, daß der Delegierte Spaniens sich veranlaßt sah, von einer eintönigen, aber willkommenen Einmütigkeit zu sprechen und der Hoffnung Ausdruck zu geben, daß die Konferenz sich unter diesen Umständen als ein Orchester und nicht als eine Gruppe von Solisten erweisen werde. Der Delegierte des Vereinigten Königreichs betonte, wie dies der Präsident der Konferenz bereits getan hatte, daß für einige Länder der im IGCC-Entwurf enthaltene Kompromiß bis an die äußerste Grenze des Annehmbaren gehe. Andere Delegierte, insbesondere die Delegierten der Tschechoslowakei und Uruguays, führten aus, daß sie den Grundgedanken des Vorhabens zustimmten, sich jedoch frei fühlten, klarstellende Änderungen vorzuschlagen oder zu unterstützen. Der Delegierte Argentiniens erkannte die Bedeutung der unternommenen Bemühungen an, hielt aber die vorgeschlagenen Verfahren für verbesserungsbedürftig, um sicher zu stellen, daß sowohl die Ausnahmen als auch die Lizenzen die angestrebten Ziele auf dem Gebiet der Erziehung erreichen und daß sie nicht zu ungerechtfertigten Ergebnissen führen oder Sonderinteressen fördern, die keinen Schutz benötigen. Der Delegierte Argentiniens schlug daher einige Änderungen vor, die den einwandfreien Gebrauch der vorgesehenen Erleichterungen garantieren sollten: die Einführung eines außerordentlichen Rechtsbehelfs bei Mißbrauch oder Unbilligkeit und zugleich die Sicherung eines wirksamen Schutzes der grundlegenden Rechte der Urheber.

21. Der Delegierte Kubas bekräftigte die unerschütterliche Entschlossenheit seiner Regierung, durch Anerkennung der hervorragenden sozialen Funktion der Geistesarbeiter, denen der Staat, damit sie ihre Aufgabe erfüllen können, sowohl materiellen Wohlstand als auch Freiheit sichern müsse, die Kultur zu einem Grundrecht des Volkes und zu einem Teil des Wohlstands aller zu machen. Jedoch sei nach seiner Ansicht die gesamte rechtliche Struktur des Urheberrechts, wie sie im Welturheberrechtsabkommen zum Ausdruck komme, auf einem System aufgebaut, das die Ausbeutung der Geistesarbeiter zugunsten kapitalistischer oder monopolistischer Unternehmen fördere. Seine Regierung befürworte daher einen möglichst freien Zugang zu Geisteswerken ohne irgendwelche wirtschaftliche oder geographische Hindernisse; der Entwurf für die Revision des Welturheberrechtsabkommens stelle, da er auf unannehmbaren Rechtsgrundsätzen aufbaue, seiner Ansicht nach lediglich eine Bemäntelung der Lage dar.

22. Der Delegierte Kanadas betonte das große Interesse seiner Regierung an dem Problem des internationalen Urheberrechts und an den Beratungen der Konferenz. Dieses besondere Interesse ergebe sich aus einem Zusammenwirken von Faktoren, insbesondere aus dem Bestehen von zwei Sprachen und Kulturen in Kanada und aus den Problemen, Urheberrechtsschutz und technische Entwicklung in einem sehr großen Land in Einklang zu bringen. Zu einem gewissen Grade, fügte er hinzu, „sind wir alle Entwicklungsländer". Kanada insbesondere fühle sich sowohl als entwickeltes Land als auch als Entwicklungsland und sei daher in der einmaligen Lage, die Bedürfnisse beider Seiten zu verstehen.

23. Der Beobachter des Senegal sprach als Vertreter eines Landes, das noch nicht so lange unabhängig ist, daß es auf der Genfer Konferenz im Jahre 1952 vertreten sein konnte, und unterstrich die Notwendigkeit, das Welturheberrechtsabkommen zu einem wirklich weltweiten Abkommen zu machen. Er forderte nachdrücklich, daß es bei einem Konflikt zwischen kulturellen und wirtschaftlichen Interessen nur recht und billig sei, daß die wirtschaftlichen Interessen zurückstehen müßten.

24. Der ungarische Delegierte erkannte das Bedürfnis nach einer realistischen Lösung an und billigte ohne Vorbehalt die Bestrebungen zur Revision des Welturheberrechtsabkommens. Er war zugleich der Auffassung, daß die gegenwärtigen Probleme der Entwicklungsländer auf dem Gebiet der Erziehung und der Kultur das Ergebnis ihres früheren Status kolonialer Abhängigkeit seien und daß jede Anstrengung unternommen werden müsse, um ihren Bürgern baldigen Zugang zu urheberrechtlich geschützten Werken zu gewähren und gleichzeitig den Urhebern, deren Werke benutzt werden, eine angemessene Vergütung zu sichern. Er kündigte an, daß die Urheber Ungarns bereit seien, unentgeltlich zur Übersetzung ihrer Werke in die Landessprache eines jeden Entwicklungslandes beizutragen, und daß die zuständigen ungarischen Behörden die Urheber aller Werke, die zu diesem Zweck benutzt werden, entschädigen würden.

25. Der Delegierte der Bundesrepublik Deutschland begrüßte nicht nur den im IGCC-Entwurf erreichten gerechten Ausgleich zwischen den Bedürf-

nissen der Entwicklungsländer und den Interessen der Urheber, sondern auch die Verbesserung des allgemeinen Schutzniveaus in diesem Entwurf. Mit Nachdruck wies er darauf hin, daß eine Abstimmung zwischen den Revisionen des Welturheberrechtsabkommens und der Berner Übereinkunft besonders wichtig sei, ein Punkt, auf den auch der Delegierte Japans großen Wert legte.

26. Der japanische Delegierte bedauerte, daß viele asiatische Länder keiner der beiden Übereinkünfte angehören, und gab der Hoffnung Ausdruck, daß eine erfolgreiche, aufeinander abgestimmte Revision der beiden Übereinkünfte zu weiteren Ratifikationen führen und neue kulturelle Bindungen zwischen entwickelten und Entwicklungsländern schmieden werde.

27. Bei der Zusammenfassung der Grundsatzdiskussion dankte der Präsident der Konferenz für den offenbaren Geist harmonischen Einverständnisses. Er bat nachdrücklich diejenigen Regierungen, die materielle Änderungen vorzuschlagen beabsichtigten, sie im Lichte der allgemeinen Überzeugung, daß ein realistischer und brauchbarer Kompromiß bereits erzielt worden sei, erneut zu überdenken, und warnte, daß jeder Versuch, grundsätzliche Änderungen vorzunehmen, den Erfolg der Konferenz gefährden könne.

Hauptausschuß und Arbeitsgruppen

28. Der Präsident der Konferenz forderte dann die Delegierten auf, den Vorsitzenden und zwei stellvertretende Vorsitzende des Hauptausschusses zu wählen. Nach Artikel 8 der Geschäftsordnung war der Hauptausschuß ein Ausschuß, „an dessen Beratungen alle Delegationen teilnehmen können", mit der Aufgabe, „die Vorschläge für die Revision des Welturheberrechtsabkommens und der ihm beigefügten Protokolle im einzelnen zu prüfen und Textentwürfe zur Vorlage in der Plenarsitzung der Konferenz" auszuarbeiten.

29. Auf Vorschlag der Delegation der Vereinigten Staaten von Amerika, den die Delegationen der Bundesrepublik Deutschland, Frankreichs, Belgiens, Indiens, Italiens, Japans, Kenias, Marokkos und Spaniens unterstützten, wurde der Leiter der Delegation Tunesiens, Herr Rafik Said, zum Vorsitzenden und die Leiter der Delegationen Brasiliens und des Vereinigten Königreichs zu stellvertretenden Vorsitzenden einstimmig gewählt.

30. Bei Übernahme des Vorsitzes dankte Herr Said der Konferenz für ihr Vertrauen und für die Ehre, die sie seinem Lande und ihm erwiesen habe. Er erinnerte daran, daß die dem Hauptausschuß vorliegenden Vorschläge das Ergebnis der Bemühungen hervorragender Urheberrechtsexperten in zwölf vorbereitenden Sitzungen seien und daß durch guten Willen und harte Arbeit ein Interessenausgleich habe erzielt werden können. Unter Hinweis auf die in den Grundsatzerklärungen zum Ausdruck gekommene zustimmende Haltung gab er der Überzeugung Ausdruck, daß begründeter Anlaß zu Optimismus bestehe.

31. Im Verlauf seiner Arbeit setzte der Hauptausschuß gemäß Artikel 6 der Geschäftsordnung drei Arbeitsgruppen ein. Die erste Arbeitsgruppe,

die in erster Linie zur Prüfung der von der Delegation Indiens vorgeschlagenen Änderungen (UCC/14) der Vorschriften über die Übersetzungslizenz (Artikel V^{ter}) gebildet worden war, deren Auftrag aber auf andere die Artikel V^{ter} und V^{quater} betreffende Fragen ausgedehnt wurde, leitete der Vorsitzende des Hauptausschusses; sie bestand aus den Delegierten Brasiliens, Frankreichs, Italiens, Kenias, Mexikos, Schwedens, des Vereinigten Königreichs und der Vereinigten Staaten von Amerika. Die zweite Arbeitsgruppe, die sich ebenfalls mit Artikel V^{ter} befaßte, wurde auf Grund eines Vorschlags der Delegation Brasiliens über die Tragweite des Exportsverbots (UCC/20) eingesetzt. Diese Arbeitsgruppe bestand aus Brasilien, der Bundesrepublik Deutschland, Frankreich, Israel, Kenia, dem Vereinigten Königreich und den Vereinigten Staaten von Amerika; sie wurde von Professor Ulmer von der Delegation der Bundesrepublik Deutschland geleitet. Die dritte Arbeitsgruppe befaßte sich mit dem Vorschlag der Delegation Kenias (UCC/13), unter gewissen Umständen die Erteilung einer Übersetzungslizenz zu Rundfunkzwecken zuzulassen. Vorsitzender dieser Gruppe war Herr da Costa von der Delegation Brasiliens; ihr gehörten Vertreter folgender Delegationen an: Brasilien, Frankreich, Israel, Kenia, Mexiko, Schweiz, Vereinigtes Königreich und Vereinigte Staaten von Amerika. Die Ergebnisse dieser Arbeitsgruppen werden bei Artikel V^{ter} in den entsprechenden Abschnitten erörtert.

32. Am 15. Juli 1971 brachten vier afrikanische Mitgliedstaaten des Berner Verbands (die Demokratische Republik Kongo, die Volksrepublik Kongo, die Elfenbeinküste und Niger) in der Sitzung des Hauptausschusses für die Berner Übereinkunft einen Vorschlag (B/DC/25) ein. Obgleich der Senegal nicht unter den Unterzeichnern dieses Vorschlags aufgeführt war, wurde im Verlauf der Diskussion klargestellt, daß er Mitunterzeichner war. Dieser Vorschlag strebte grundsätzlich an, Entwicklungsländern gleicher Sprache die Möglichkeit einer gemeinsamen Lizenz zur Übersetzung oder Vervielfältigung zu geben. Im Hinblick auf die notwendige Abstimmung zwischen den beiden revidierten Übereinkünften wurde zur Prüfung des Vorschlags eine gemeinsame Arbeitsgruppe beider Hauptausschüsse unter dem Vorsitz von Professor Ulmer, dem Vorsitzenden des Hauptausschusses für die Berner Übereinkunft und Delegierten der Bundesrepublik Deutschland, gebildet. Die gemeinsame Arbeitsgruppe bestand aus Vertretern der folgenden Staaten: Argentinien, Elfenbeinküste, Frankreich, Indien, Kenia, Vereinigtes Königreich und Vereinigte Staaten von Amerika. Der Vorsitzende des Hauptausschusses für das Welturheberrechtsabkommen nahm an den Beratungen als Mitglied kraft Amtes teil. Über die Ergebnisse der Arbeitsgruppe wird, soweit sie das Welturheberrechtsabkommen betreffen, weiter unten im Anschluß an die Erörterung der Artikel V^{ter} und V^{quater} berichtet.

Bezeichnung und Präambel des Abkommens

33. Die Konferenz nahm den Vorschlag des Vorsitzenden des Hauptausschusses an, dem zu unterzeichnenden Text folgende Bezeichnung zu ge-

ben: „Welturheberrechtsabkommen, revidiert am 24. Juli 1971 in Paris". Diese Bezeichnung wurde sowohl einer Bezeichnung des revidierten Abkommens als „Pariser Fassung" als auch einer längeren Formulierung wie etwa „Welturheberrechtsabkommen vom 6. September 1952, revidiert am 24. Juli 1971 in Paris" vorgezogen. Die Entscheidung der Konferenz erlaubte die Streichung des Wortes „revidiert", das in einer Reihe von Artikeln des IGCC-Entwurfs erschien, und man kam überein, daß diese Streichung im ganzen Text vorgenommen werden sollte. Es bestand Einverständnis darüber, daß sich der Ausdruck „dieses Abkommen" an allen Stellen, an denen er im Pariser Text erscheint, auf die revidierte Fassung von 1971 bezieht, und daß immer dann, wenn eine Unterscheidung zwischen den beiden Texten notwendig erscheint, die Vorschrift jeweils die Bezeichnungen „das Abkommen von 1952" oder „dieses Abkommen" verwendet.

34. Zur Präambel hatte der IGCC-Entwurf keine Änderungen vorgeschlagen. Die Konferenz beschloß jedoch, um auf die Art ihrer Arbeit im Jahre 1971 hinzuweisen, am Ende der Präambel einen Absatz anzufügen, der ausdrücklich feststellt, daß die Vertragsstaaten „beschlossen haben, das am 6. September 1952 in Genf unterzeichnete Welturheberrechtsabkommen (im folgenden als „Abkommen von 1952" bezeichnet) zu revidieren...".

35. Es bestand außerdem Einverständnis darüber, daß der Ausdruck „Vertragsstaat", der in der Präambel und im gesamten Text sowohl in der Einzahl als auch in der Mehrzahl benutzt wird, sich auf die Vertragsstaaten des Abkommens von 1971 bezieht.

36. Die Erörterung dieser Punkte und der Probleme der Beziehungen zwischen Staaten, die das Abkommen von 1971 ratifizieren oder ihm beitreten, und Staaten, die nur dem Abkommen von 1952 angehören, führte zu der Frage, ob wir es mit einem oder zwei Abkommen zu tun haben. Diese Frage wird in diesem Bericht später in Zusammenhang mit den Artikeln IX und XI behandelt.

Artikel I bis Artikel IV

37. Die Artikel I und III wurden wörtlich so belassen, wie sie im Text von 1952 stehen. Artikel II, der den Grundsatz der Inländerbehandlung sowohl für veröffentlichte als auch für unveröffentlichte Werke enthält, war im IGCC-Entwurf um einen ausdrücklichen Hinweis auf „den durch dieses Abkommen besonders gewährten Schutz" ergänzt worden. Die Konferenz nahm diese Änderung sowohl in Absatz 1 als auch Absatz 2 des Artikels II an.

38. Im Zusammenhang mit Artikel II Abs. 3 stellte der Beobachter des Senegal die Frage nach der Rechtsstellung der Flüchtlinge, die in einem Vertragsstaat ihren Wohnsitz haben. Es wurde beschlossen, diese Frage bis zur Diskussion der dem Abkommen von 1952 beigefügten Protokolle, insbesondere des Protokolls 1, das die Gleichstellung von Flüchtlingen und Staatenlosen mit Staatsangehörigen betrifft, zurückzustellen. Diese Frage wird auch in diesem Bericht im Zusammenhang mit den Protokollen erörtert.

39. In Zusammenhang sowohl mit Artikel IV als auch mit Artikel V wurde darauf hingewiesen, daß das Fehlen einer Kennzeichnung der Unterabschnitte durch Buchstaben oder Zahlen das Zitieren erschwere. Die Konferenz beschloß daher, im Text von 1952 die geringfügigen Änderungen vorzunehmen, die zur Beseitigung dieses Mangels notwendig sind.

Artikel IVbis

40. Der erste völlig neue und einer der bedeutendsten Artikel, den der Hauptausschuß zu beraten hatte, war Artikel IVbis. Gemäß der Washingtoner Empfehlung war es Hauptzweck dieser Vorschrift, die ausdrückliche Verpflichtung zum Schutz der „grundlegenden Rechte, die den Inhalt des Rechts des Urhebers auf wirtschaftliche Nutzung des Werks bilden", einschließlich der drei namentlich erwähnten Rechte, des Vervielfältigungsrechts, des Senderechts und des Rechts der öffentlichen Wiedergabe, in das Welturheberrechtsabkommen aufzunehmen.

41. Artikel IVbis, wie er von der Konferenz angenommen wurde, zielt auf eine Ausfüllung und nähere Umschreibung der in Artikel I des Abkommens enthaltenen Verbindlichkeit, daß „jeder Vertragsstaat sich verpflichtet, alle notwendigen Bestimmungen zu treffen, um einen ausreichenden und wirksamen Schutz der Rechte der Urheber und anderer Inhaber von Urheberrechten zu gewähren". Absatz 1 des neuen Artikels stellt klar, daß diese Rechte „die grundlegenden Rechte, die die wirtschaftlichen Interessen der Urheber schützen", umfassen; die „grundlegenden Rechte" sind weiter dahin näher umschrieben, daß sie drei ausschließliche Rechte des Urhebers einschließen: das ausschließliche Recht, „die Vervielfältigung, gleichviel in welchem Verfahren", zu erlauben, das ausschließliche Recht, „die öffentliche Aufführung" zu erlauben und das ausschließliche Recht, „die Rundfunksendung" zu erlauben. Wie im IGCC-Entwurf vorgeschlagen, ist der Umfang dieser Rechte weit genug, die Vervielfältigung, Aufführung und Sendung des Werkes, gleichgültig ob es in seiner ursprünglichen Form benutzt wird oder ob der Benutzer es „in einer erkennbar von dem ursprünglichen Werk abgeleiteten Form" vervielfältigt, aufführt oder sendet, zu erfassen.

42. Auf Grund eines Vorschlags Argentiniens (UCC/7) befaßte sich die Konferenz mit der Frage, ob die in Artikel IVbis Abs. 1 aufgeführten Rechte um das „Urheberpersönlichkeitsrecht", das heißt das „Recht, die Urheberschaft an einem Werk für sich in Anspruch zu nehmen und sich jeder Entstellung, Verstümmelung, sonstigen Änderung oder Beeinträchtigung des Werkes zu widersetzen, die der Ehre oder dem Ruf des Urhebers abträglich sein könnte", erweitert werden sollten. Eine Reihe von Delegationen befürwortete den Grundsatz, daß das Persönlichkeitsrecht eines der grundlegenden Rechte des Urhebers ist. Andererseits wiesen mehrere Delegationen, insbesondere die Delegation Italiens, darauf hin, daß der Vorschlag eine grundlegende Abkehr von dem Abkommen von 1952 bedeuten würde

und daß einige dem Welturheberrechtsabkommen jetzt angehörende Staaten, unter anderen Kenia und die Vereinigten Staaten von Amerika, in ihrer innerstaatlichen Gesetzgebung dieses Recht nicht anerkennen. Ferner wurde auf das besondere Ziel der Washingtoner Empfehlung hingewiesen, bestimmte „wirtschaftliche" Rechte und Interessen der Urheber ausdrücklich anzuerkennen, was deutlich das Urheberpersönlichkeitsrecht nicht einschließen sollte. Es wurde befürchtet, daß eine Verpflichtung zur Anerkennung des Urheberpersönlichkeitsrechts dem gesamten Programm für die Revision sowohl des Welturheberrechtsabkommens als auch der Berner Übereinkunft den Todesstoß versetzen könnte.

43. Im endgültigen Text wurde das Wort „wirtschaftliche" beibehalten, aber in der Aufzählung der besonderen Rechte das Wort „ausschließliche" hinzugefügt. Obgleich viele Delegationen hofften, daß sich die Vertragsstaaten bei diesem Wortlaut veranlaßt sähen, das Urheberpersönlichkeitsrecht ebenso wie die wirtschaftlichen Rechte zu gewähren, war die Konferenz der Auffassung, daß nach dem Abkommen von 1971 kein Staat verpflichtet sei, das Urheberpersönlichkeitsrecht zu schützen. Außerdem bestand Einverständnis darüber, daß die in Artikel IVbis Abs. 1 verwendeten Wörter „umfassen" und „einschließlich"[2]) nicht im Sinne einer abschließenden und erschöpfenden Aufzählung auszulegen sind.

44. Eine grundsätzliche Frage der Auslegung des Abkommens von 1971 wurde in Verbindung mit Artikel IVbis und in anderem Zusammenhang mehrfach während der Konferenz angesprochen. Die Konferenz kam überein, daß es allgemeines Ziel des Abkommens von 1971 sein solle, daß ein Staat, der dem Welturheberrechtsabkommen von 1952 angehört und die grundlegenden Rechte der Urheber achtet, sein nationales Recht nicht ändern müsse, wenn er dem Abkommen von 1971 angehören wolle. Nach dem neuen Abkommen hätten selbstverständlich Entwicklungsländer die Möglichkeit, gemäß Artikel V^{ter} und V^{quater} Zwangslizenzsysteme einzuführen; jedoch bestand Einverständnis darüber, daß kein Land, das die Verpflichtungen des Abkommens von 1952 erfüllt und die wesentlichen Grundsätze des Urheberrechtsschutzes achtet, gezwungen sei, neue Verpflichtungen zu übernehmen, um dem Abkommen von 1971 anzugehören.

45. Diese Frage gewann bei der Beratung des zweiten Vorschlags der Argentinischen Republik (UCC/7) zu Artikel IVbis noch größere Bedeutung. Artikel IVbis Abs. 2 des IGCC-Entwurfs sah vor, daß trotz der ausdrücklichen Nennung ausschließlicher Rechte in Absatz 1 jeder Vertragsstaat von diesen Rechten Ausnahmen zulassen könne, so lange diese Ausnahmen „dem Geist und den Bestimmungen" des Abkommens von 1971 „nicht widersprechen", vorausgesetzt, daß der Staat „jedem der Rechte, für die er Aus-

---

[2]) Anmerkung der Übersetzer: Im französischen Text des Artikels IVbis wurde bei der Schlußredaktion der Ausdruck „y compris" durch den Ausdruck „notamment" ersetzt. Daher verwendet der Amtliche Text in deutscher Sprache den Ausdruck „insbesondere".

nahmen vorsieht, ein angemessenes Maß an wirksamem Schutz" gewährt. Der Vorschlag Argentiniens hätte das Recht eines jeden Staates, Ausnahmen vorzusehen, auf Fälle beschränkt, in denen „das Werk zu Unterrichtszwecken in Bildungseinrichtungen benutzt werden soll und den Empfängern unentgeltlich zur Verfügung gestellt wird"; für die Fälle der Funksendung enthielt der Vorschlag die weitere Einschränkung, daß das Sendeunternehmen keinen Gewinn erzielen darf. Die Konferenz sah den Vorschlag Argentiniens als zu einschränkend an und gab einer nachgiebigeren Fassung den Vorzug, die in Einklang mit den Grundgedanken des Abkommens von 1952 steht und der Mannigfaltigkeit unterschiedlicher Rechtsordnungen, wirtschaftlicher und sozialer Verhältnisse und kultureller Gegebenheiten Rechnung tragen kann. Ein in der Stellungnahme der Regierung der schweizerischen Eidgenossenschaft enthaltener Vorschlag (UCC/5, Anhang, Seite 11) wurde ebenfalls beraten; er wurde jedoch nicht angenommen, weil er als Zulassung allgemeiner Zwangslizenzsysteme für alle Arten von Werken ausgelegt werden könnte. Die Delegation der Bundesrepublik Deutschland wies auf den von ihr vorgeschlagenen Wortlaut hin, der in den vom vorbereitenden Ausschuß erstellten Entwurf als Alternative B (UCC/4, Seite 15) aufgenommen worden war; sie erklärte jedoch, daß sie den Wortlaut des IGCC-Entwurfs als annehmbar ansehe, sofern in diesem Bericht die Grenzen der Ausnahmen angegeben würden.

46. Die Konferenz stimmte der Annahme des Wortlauts des IGCC-Entwurfs vorbehaltlich geringfügiger redaktioneller Änderungen zu und kam überein, daß die Vorschrift hinsichtlich der sich aus dem Wortlaut ergebenden klärungsbedürftigen Fragen wie folgt ausgelegt werden soll:

1. Die Ausnahmen dürfen „dem Geist" des Abkommens von 1971 „nicht widersprechen".

Man war der Auffassung, daß zusätzlich zu dem Erfordernis eines „ausreichenden und wirksamen Schutzes" in Artikel I der „Geist" des Abkommens auch die in Artikel 27 Abs. 1 und 2 der Allgemeinen Erklärung der Menschenrechte genannten Grundsätze umfaßt, nämlich daß jeder Mensch das Recht hat, „am kulturellen Leben der Gemeinschaft frei teilzunehmen", und daß jeder Mensch ebenso das Recht hat „auf Schutz der moralischen und materiellen Interessen, die sich aus jeder wissenschaftlichen, literarischen oder künstlerischen Produktion ergeben, deren Urheber er ist".

2. Der Grundsatz des „a contrario"

Nummer 83 des Berichts des Regierungsausschusses des Welturheberrechtsabkommens, der dem IGCC-Entwurf beigefügt ist (UCC/4, Anhang IX, Seite 9), gibt die Ansicht des Ausschusses wieder, daß „die Aufnahme besonderer Vorschriften in das Abkommen, die den Entwicklungsländern erlauben, gewisse Werke und Übersetzungen unter Zwangslizenzen zu veröffentlichen, a contrario bedeutet, daß vorbehaltlich der Vorschriften des Artikels V die entwickelten Länder keinesfalls ein allgemeines Zwangs-

lizenzsystem zur Veröffentlichung literarischer, wissenschaftlicher oder künstlerischer Werke vorsehen dürfen". Die Konferenz nahm diesen Grundsatz an, wobei Einverständnis darüber bestand, daß ein „allgemeines System" entweder ein System bedeutet, das auf bestimmte Werkgattungen hinsichtlich aller Nutzungsarten angewendet wird, oder ein System, das auf alle Werkgattungen hinsichtlich einer bestimmten Nutzungsart anwendbar ist.

3. Die Ausnahmen dürfen „den Bestimmungen" des Abkommens von 1971 „nicht widersprechen".

Den Hinweis auf „die Bestimmungen" des revidierten Abkommens legte die Konferenz in Ergänzung zum Grundsatze „a contrario" als Bezugnahme auf die Artikel V^{ter} und V^{quater} aus. Das bedeutet, daß ein Staat, der kein Entwicklungsland im Sinne von Artikel V^{bis} ist, nicht berechtigt ist, den in Artikel V^{ter} und V^{quater} vorgesehenen Systemen ähnliche Zwangslizenzsysteme einzuführen.

4. Der Staat muß jedem der aufgeführten Rechte „ein angemessenes Maß an wirksamem Schutz" gewähren

Es bestand Einverständnis darüber, daß nach Artikel IVbis Abs. 2 Satz 2 kein Staat berechtigt ist, von der Gewährung von Rechten hinsichtlich der Vervielfältigung, der öffentlichen Aufführung oder der Rundfunksendung gänzlich abzusehen, daß ferner etwaige Ausnahmen eine vernünftige Grundlage haben müssen und nicht willkürlich angewendet werden dürfen und daß die wirksame Durchsetzung des gewährten Schutzes durch die Gesetze des Vertragsstaats gewährleistet sein muß.

Artikel V

47. Artikel V des Abkommens von 1952, der das Übersetzungsrecht regelt, erwies sich als eines der schwierigsten Probleme, denen sich die Genfer Konferenz von 1952 gegenüber sah; diese Vorschrift stellt in der Fassung, in der sie jetzt im Welturheberrechtsabkommen erscheint, einen unter Schwierigkeiten ausgewogenen Interessenausgleich dar. In allen zum IGCC-Entwurf führenden Vorbereitungssitzungen bestand Einverständnis darüber, den geltenden Wortlaut nicht anzutasten und ihn unverändert als Unterbau für die besonderen, auf Entwicklungsländer anwendbaren Übersetzungsvorschriften des Artikels V^{ter} zu verwenden.

48. Bei der ersten Beratung dieser Frage schloß sich der Hauptausschuß für das Welturheberrechtsabkommen diesem Grundsatz an; nur sehr geringfügige Folgeänderungen redaktioneller Art wurden vorgeschlagen. Um Absatz 1, die grundlegende, das ausschließliche Übersetzungsrecht des Urhebers regelnde Bestimmung des Artikels V, dem neuen Artikel IVbis, der die anderen grundlegenden Rechte regelt, anzupassen, wurden im Einleitungssatz die Worte „Das Urheberrecht umfaßt das ausschließliche Recht . . ."

durch die Worte „Die in Artikel I bezeichneten Rechte umfassen das ausschließliche Recht..." ersetzt.

49. Nach einigen Sitzungen des Hauptausschusses für die Berner Übereinkunft wurde jedoch mehr und mehr deutlich, daß eine einheitliche Terminologie in beiden Übereinkünften zur Abgrenzung der als Landessprachen anzusehenden Sprachen notwendig war. Die schließlich angenommene Formulierung „eine in einem Vertragsstaat allgemein gebräuchliche Sprache" wird im einzelnen im Zusammenhang mit Artikel V^ter^ erörtert werden. Die Konferenz kam überein, die gegenwärtige Formulierung „die Landessprache ... oder eine der Landessprachen" der neuen Formulierung anzupassen, und nahm ausschließlich zu diesem Zweck geringfügige redaktionelle Änderungen an vier Stellen in Artikel V vor. Es bestand Einverständnis darüber, daß die Pariser Konferenz keine Änderung der Auslegung der Formulierung des Abkommens von 1952 beabsichtigte, sondern daß der einzige Zweck der Änderung die Übereinstimmung in der Terminologie war.

50. In der dritten Konferenzwoche gehörten die Beratungen in den Sitzungen der Hauptausschüsse für die Berner Übereinkunft und das Welturheberrechtsabkommen und in den Plenarsitzungen der Konferenz für das Welturheberrechtsabkommen über die verschiedenen, zur Erlangung von Übersetzungs- und Vervielfältigungslizenzen vorgeschriebenen Verfahren zu den dornenvollsten und zeitraubendsten, die die Delegierten durchzustehen hatten. Artikel V des Abkommens von 1952 sah ein Verfahren für die Erteilung von Übersetzungslizenzen vor; der IGCC-Entwurf hatte dieses Verfahren unverändert für Artikel V^{ter} übernommen, war aber in Artikel^{quater} von ihm abgewichen; weitere Abweichungen waren in dem vom Hauptausschuß für die Berner Übereinkunft angenommenen Entwurf enthalten. Im Kreis der Delegierten aus Entwicklungsländern war man darüber beunruhigt, wie all diese verschiedenen Regelungen in der innerstaatlichen Gesetzgebung und Praxis in Übereinstimmung gebracht und ausgeführt werden könnten. Ein Vorschlag, durch Änderung sowohl des Artikels V als auch der Artikel V^{ter} und V^{quater} ein gewisses Maß an Einheitlichkeit zu erreichen, wurde von der Delegation des Vereinigten Königreichs vorgelegt (UCC/39), aber angesichts der allgemeinen Zurückhaltung gegenüber weiteren Änderungen in Artikel V zurückgezogen. Die Delegation des Vereinigten Königreichs brachte daraufhin einen Vorschlag (UCC/41) ein, der ausschließlich durch eine Änderung des Artikels V^{ter} eine gewisse Einheitlichkeit herbeiführen sollte; dieser Vorschlag, der mit einigen Änderungen in den Einzelheiten angenommen wurde, wird im Zusammenhang mit Artikel V^{ter} erörtert werden.

51. Der Delegierte Indiens wies darauf hin, daß die Formulierung in Artikel V Abs. 2 Buchstabe d „durch die innerstaatliche Gesetzgebung sind geeignete Vorschriften zu erlassen" in den entsprechenden Bestimmungen des Artikels V^{ter} und des Entwurfs für die revidierte Fassung der Berner Übereinkunft geändert worden war, und schlug vor, die Worte „durch

die innerstaatliche Gesetzgebung" durch die Worte „auf nationaler Ebene" zu ersetzen. Auch hier behielt jedoch das allgemeine Widerstreben, Artikel V in der Sache zu ändern, die Oberhand; der Vorschlag wurde zurückgezogen, jedoch wurden Änderungen in den Artikeln V^{ter} und V^{quater} vorgenommen, um das gewünschte Ergebnis hinsichtlich der auf Grund dieser Vorschriften erteilten Lizenzen zu erreichen.

52. Nach dem Wortlaut des Artikels V kann eine Zwangslizenz zur Übersetzung unter bestimmten Voraussetzungen „jedem Angehörigen" eines Vertragsstaats erteilt werden. Der Delegierte Indiens verlangte eine Klarstellung, daß der Ausdruck „Angehörige" juristische Personen, Regierungsstellen, Gesellschaften und andere Rechtsgebilde umfasse. Dieser Auslegung wurde auf der Pariser Konferenz nicht widersprochen; jedoch wurde Einverständnis darüber erzielt, daß eine ausdrückliche Definition im Text nicht notwendig sei. Dieselbe Frage wird in anderem Zusammenhang in Abschnitt II des Berichts des Generalberichterstatters der Genfer Konferenz von 1952 erörtert, wo folgende Auslegung gegeben wird: „Der Präsident legte dar, daß es Sache jedes Vertragsstaats sei, das Wort „Angehörige" nach seinen eigenen Rechtsvorschriften auszulegen; das Abkommen sei nicht dahin auszulegen, daß es irgendeinem Vertragsstaat die Verpflichtung auferlege, auf dem Gebiet des Urheberrechts außer natürlichen Personen auch juristische Personen und andere Vereinigungen anzuerkennen; die Konvention verlange lediglich, daß ein Staat dieselbe Auslegung hinsichtlich fremder Staatsangehöriger wie hinsichtlich seiner eigenen Staatsangehörigen anwende; daher müsse zum Beispiel ein Staat, der Werke seiner eigenen Gesellschaften schütze, auch Werke solcher Gesellschaften anderer Vertragsstaaten schützen".

Artikel V^{bis}

53. Einer der Grundgedanken der Washingtoner Empfehlung war es, das Welturheberrechtsabkommen und die Berner Übereinkunft in gleichem Sinne und gleichzeitig zu revidieren, um zugunsten der Entwicklungsländer beschränkte Zwangslizenzsysteme hinsichtlich Übersetzungen und Vervielfältigungen zu ermöglichen. Artikel V^{bis} ist der erste von drei neuen Artikeln im revidierten Welturheberrechtsabkommen, die dieses Ziel anstreben; ihm entspricht in der Revision der Berner Übereinkunft der Artikel I des Anhangs zur Pariser Fassung der Berner Übereinkunft. Zweck dieses Artikels ist die Regelung der Voraussetzungen, die ein Staat erfüllen muß, und des Verfahrens, das er einzuhalten hat, um die Sondervorschriften der zwei folgenden Artikel über die Übersetzung und Vervielfältigung in Anspruch nehmen zu können. Artikel V^{bis} ist die erste und wahrscheinlich die wichtigste, wenn auch nicht die einzige Vorschrift der revidierten Fassung, die das sehr schwierige Problem aufwirft: Was ist ein „Entwicklungsland"? Der Ausdruck wird in den Absätzen 1 und 3 des Artikels V^{bis} ausdrücklich und in Absatz 5 durch Verweisung verwandt. Nach Absatz 1 ist jeder Vertragsstaat, „der nach der bestehenden Übung der Generalver-

sammlung der Vereinten Nationen als Entwicklungsland angesehen wird", berechtigt, zu dem Zeitpunkt, zu dem er Vertragsstaat des Welturheberrechtsabkommens wird, oder zu jedem späteren Zeitpunkt dem Generaldirektor der UNESCO zu notifizieren, daß er alle oder einzelne der Vorschriften der Artikel V^{ter} und V^{quater} anwenden wird. Nach Absatz 2 ist diese Notifikation während der ersten zehn Jahre nach Inkrafttreten des Abkommens von 1971 wirksam und kann von dem Vertragsstaat jeweils für weitere zehn Jahre erneuert werden. Absatz 3 sieht vor, daß der Staat, wenn er nicht länger als „Entwicklungsland" angesehen wird, nicht mehr berechtigt ist, die Notifikation zu erneuern und — nach Ablauf einer Übergangsfrist — die Ausnahmebestimmungen anzuwenden. Die in Absatz 1 enthaltene Formel stammt aus dem am 27. Juni 1969 angenommenen Bericht eines Unterausschusses des Regierungsausschusses des Welturheberrechtsabkommens (IGC/SC/6). Obgleich der Zusammenhang durch die Washingtoner Empfehlung und spätere Ereignisse erheblich geändert wurde, wurde die Formel selbst ohne große Erörterung angenommen und blieb im wesentlichen unverändert. Der entscheidende Teil der angenommenen Formel stimmt wörtlich mit der auf der Stockholmer Konferenz unter Schwierigkeiten ausgearbeiteten Formulierung überein: „... nach der bestehenden Übung der Generalversammlung der Vereinten Nationen als Entwicklungsland angesehen...". Eine andere Bestimmung, die einer in Stockholm angenommenen Bestimmung entspricht und die in Paris in der revidierten Fassung der Berner Übereinkunft beibehalten wurde, — „und das sich auf Grund seiner wirtschaftlichen Lage und seiner sozialen oder kulturellen Bedürfnisse nicht sogleich imstande sieht, den Schutz aller in dieser Fassung der Übereinkunft vorgesehenen Rechte zu gewährleisten..." — wurde für das Welturheberrechtsabkommen von 1971 nicht angenommen, weil allgemein die Ansicht bestand, daß diese Bestimmung der grundlegenden Voraussetzung nichts hinzufüge.

54. Der IGCC-Entwurf sah in Absatz 2 des Artikels V^{bis} vor, daß ein Entwicklungsland eine nach Absatz 1 abgegebene Notifikation „während des Jahres, das dem Ende der jeweiligen Frist von zehn Jahren vorausgeht", erneuern könne. Die Konferenz nahm einen Vorschlag der Delegation Japans (UCC/9) an, die vorgesehene Erneuerungsfrist — das Jahr, das dem Ende der Frist von zehn Jahren unmittelbar vorausgeht — durch eine Jahresfrist zu ersetzen, die „frühestens 15 Monate" vor Ende der Frist von zehn Jahren beginnt und „spätestens 3 Monate" vor deren Ende abläuft. Zweck dieser Änderung war es, die Notifikation so rechtzeitig zu verlangen, daß andere Vertragsstaaten vorher genau wissen können, ob die Zehnjahresfrist zu einem bestimmten Zeitpunkt endet oder nicht.

55. Derselbe japanische Vorschlag (UCC/9) warf im Zusammenhang mit Absatz 3 die Frage auf, ob die variable Übergangsfrist, die einem Staat, der nicht mehr als Entwicklungsland angesehen wird, zugestanden wird, nicht zu lang und unbestimmt sei. Nach dem IGCC-Entwurf könnte — um ein extremes Beispiel zu bilden — ein Staat 1975 eine Notifikation erneuern,

im Jahre 1976 den Status eines Entwicklungslandes verlieren und dennoch die Vorteile der Artikel V^ter und V^quater bis 1985 genießen. Die Konferenz kam überein, die Bestimmung des IGCC-Entwurfs mit einigen klarstellenden Änderungen beizubehalten, weil der Übergang vom Entwicklungsland zum entwickelten Land schrittweise vor sich gehen werde und die Bestimmung daher nachgiebig genug sein müsse, schrittweise Anpassungen zu ermöglichen.

56. Absatz 4 sieht vor, daß Werkstücke, die auf Grund der Ausnahmen in den Artikeln V^ter und V^quater hergestellt worden sind, weiterhin in Verkehr gebracht werden dürfen, selbst wenn diese Ausnahmen nicht mehr anwendbar sind. Dies rief eine Diskussion über die Frage hervor, ob dieses Vorrecht zeitlich beschränkt werden solle. Die Konferenz nahm den Vorschlag einer bestimmten zeitlichen Beschränkung nicht an, ergänzte aber den Wortlaut dahin, daß er die Verbreitung nur gestattet, „bis der Vorrat erschöpft ist".

57. Sinn des Absatzes 5 des Artikels V^bis ist es, klarzustellen, daß ein Vertragsstaat, der eine Notifikation gemäß Artikel XIII für ein abhängiges Land oder Gebiet abgegeben hat, für dieses Land oder Gebiet auch eine Notifikation gemäß Artikel V^bis abgeben kann. Auf Grund eines Vorschlags der Delegation Argentiniens (UCC/7) wurde ausdrücklich vorgesehen, daß die Ausfuhrvorschriften der Artikel V^ter und V^quater auf die Beziehungen zwischen dem Vertragsstaat und dem von ihm abhängigen Land oder Gebiet anwendbar sind.

Die Frage der materiellen Gegenseitigkeit

58. Während der Aussprache über Artikel V^bis warf die Delegation Schwedens die Frage (UCC/12) auf, ob im Hinblick darauf, daß der Entwurf der revidierten Berner Übereinkunft eine Vorschrift enthält, die die Anwendung der materiellen Gegenseitigkeit gegenüber Staaten untersagt, die von den besonderen Übersetzungs- und Vervielfältigungslizenzen Gebrauch machen, in die revidierte Fassung des Welturheberrechtsabkommens eine ähnliche Vorschrift aufgenommen werden sollte. In der Sache selbst bestanden keine Meinungsverschiedenheiten: Die Konferenz war einhellig der Auffassung, daß bei diesem Sachverhalt die materielle Gegenseitigkeit nicht angewendet werden könne. Man kam außerdem zu Beginn der Erörterung überein, daß eine solche Bestimmung, sofern sie in den Text des Welturheberrechtsabkommens aufgenommen werden sollte, nicht in Artikel V^bis, sondern in einer allgemeinen Vorschrift weiter hinten im Text des Welturheberrechtsabkommens enthalten sein sollte. Die Frage beschränkte sich daher darauf, ob die Erklärung, daß die Anwendung der materiellen Gegenseitigkeit nicht erlaubt sei, in das Abkommen selbst oder in diesen Generalbericht aufgenommen werden sollte.

59. Im Hauptausschuß für das Welturheberrechtsabkommen wurden zu dieser Frage, die in zwei besonderen Sitzungen des Redaktionsausschusses

beraten wurde, unterschiedliche Auffassungen vertreten. Der Redaktionsausschuß arbeitete den Entwurf eines neuen Artikels (UCC/24 Rev.) und den Entwurf eines Abschnitts für diesen Generalbericht (UCC/28) auf der Grundlage eines dem Redaktionsausschuß von der Delegation Frankreichs vorgelegten Vorschlags (UCC/CR. 1) aus. Der Hauptausschuß beschloß mit 17 gegen 10 Stimmen bei 2 Enthaltungen, den Entwurf eines neuen Artikels VIIbis nicht in das Abkommen aufzunehmen. Ohne Widerspruch wurde dann beschlossen, den vom Redaktionsausschuß vorgeschlagenen Wortlaut (UCC/ 28) in diesen Bericht aufzunehmen; ich verdanke daher dem Redaktionsausschuß und der Delegation Frankreichs die folgenden fünf Absätze:

Die Konferenz beriet die Frage, ob der Text des revidierten Abkommens eine ausdrückliche Vorschrift enthalten solle, die jede materielle Gegenseitigkeit gegenüber einem Staat untersagt, der von den in dem Abkommen genannten Ausnahmen Gebrauch macht, gleichgültig, ob es sich um die besonderen Ausnahmen in den Artikeln V^ter und V^quater zugunsten von Entwicklungsländern oder um die in Artikel IVbis vorgesehenen Ausnahmen allgemeiner Art handelt.

Übereinstimmung wurde über folgende Grundsätze erzielt:

(1) Hinsichtlich der materiellen Gegenseitigkeit sollte kein Unterschied zwischen den Ausnahmen in Artikel V^ter und V^quater und denen in Artikel IVbis gemacht werden.

(2) Die Tatsache, daß ein Staat eine Ausnahme in Anspruch nimmt, berechtigt in keinem Fall die anderen Vertragsstaaten, den Umfang des Schutzes für Werke, deren Ursprungsland dieser Staat ist, zu beschränken.

(3) Der Grundsatz des Ausschlusses der materiellen Gegenseitigkeit ist bereits in dem Abkommen von 1952 enthalten. Er folgt aus dem Grundsatz der Gleichstellung ausländischer Urheber und Werke mit Urhebern eigener Staatsangehörigkeit und ihren Werken.

Die Tatsache, daß materielle Gegenseitigkeit nur in einem genau bezeichneten Punkt, nämlich der Schutzdauer, erlaubt ist, unterstreicht, daß dies die einzige Ausnahme von dem allgemeinen Grundsatz ist, und daß dort, wo der Wortlaut keine ausdrückliche Regelung trifft, er nur im Lichte des Grundsatzes des Ausschlusses der Gegenseitigkeit ausgelegt werden kann.

Daher hätte die Aufnahme eines besonderen Artikels, daß die Inanspruchnahme von Ausnahmen durch einen Staat nicht zu Vergeltungsmaßnahmen auf der Grundlage des Grundsatzes der materiellen Gegenseitigkeit berechtigt, als Umkehrung der Vermutung für den Ausschluß der materiellen Gegenseitigkeit ausgelegt werden können, die allgemein für das Abkommen von 1952 gilt; folglich hätten diejenigen Staaten, die weiterhin ausschließlich dem Abkommen von 1952 angehören, dieses Abkommen künftig dahin auslegen können, daß es auf dem Grundsatz der materiellen Gegenseitigkeit aufbaue.

Um eine derartige Auslegung zu vermeiden und im Hinblick auf die einhellige Auffassung, daß jede Möglichkeit der Vergeltung auf der Grundlage des Gedankens der materiellen Gegenseitigkeit ausgeschlossen sei, war die Konferenz der Ansicht, daß die Aufnahme eines Artikels, der die materielle Gegenseitigkeit ausdrücklich ausschließt, keinen Nutzen bringe und nur den allgemein angenommenen Grundsatz schwächen würde, der weiterhin sowohl dem revidierten Abkommen als auch dem Abkommen von 1952 zugrunde liegen soll.

Artikel V^{ter}

60. Wie vor zwanzig Jahren in Genf war die Frage der Übersetzungsrechte das schwierigste und zeitraubendste Problem, dem sich die Pariser Konferenz gegenübersah. In den vergangenen zwanzig Jahren hatten Art und Umfang dieses Problems einige grundlegende Änderungen erfahren, die vor allem auf der Entstehung neuer unabhängiger Staaten mit einem sehr großen Bedürfnis nach Entwicklung auf dem Gebiet der Erziehung beruhen. Diese Änderungen spiegeln sich in den Unterschieden wider, die zwischen Artikel V, der Vorschrift aus dem Jahre 1952, der die Vertragsstaaten zur Gewährung ausschließlicher Übersetzungsrechte verpflichtet, ihnen aber erlaubt, nach sieben Jahren unter bestimmten Voraussetzungen Zwangslizenzen zu erteilen, und Artikel V^{ter} bestehen, der dieselbe Verpflichtung den dem Abkommen angehörenden Entwicklungsländern auferlegt, ihnen aber die Erteilung von Zwangslizenzen nach Ablauf von nur einem oder drei Jahren, wenn auch unter erheblich strengeren Voraussetzungen, erlaubt.

61. Die grundlegende Vorschrift des Artikels V^{ter} ist in seinem Einleitungsabsatz enthalten: Wenn ein Vertragsstaat ein „Entwicklungsland" im Sinne und unter den Voraussetzungen des Artikels V^{bis} ist, kann er die Siebenjahresfrist für die ausschließlichen Übersetzungsrechte auf drei Jahre verkürzen; „für eine Übersetzung in eine Sprache, die nicht in einem oder mehreren der entwickelten Länder allgemein gebräuchlich ist", die einer der beiden Fassungen des Welturheberrechtsabkommens angehören, kann diese Frist auf ein Jahr herabgesetzt werden.

62. Die Delegation Indiens legte den Vorschlag (UCC/14) vor, die Einjahresfrist zu halbieren, da im Hinblick darauf, daß es sich nur um nicht ausschließliche Lizenzen für lokale Sprachen handele, eine Ausschließlichkeitsfrist von sechs Monaten lang genug sei, um die Interessen der Urheberrechtsinhaber zu schützen. Dieser Vorschlag stieß auf starken Widerstand von Delegationen entwickelter Länder, nicht nur, weil er das Gleichgewicht dessen störte, was ständig, wenn auch nicht sehr elegant, als „Kompromißpaket" (package deal) bezeichnet wurde, sondern auch, weil in der Praxis sechs Monate nicht lang genug seien, dem Urheber die Möglichkeit zu geben, einen Übersetzer seiner Wahl zu beauftragen und die notwendigen Vorbereitungen für die Herstellung und Veröffentlichung der von ihm genehmigten Übersetzung zu treffen. Nach einer Sitzung einer Arbeitsgruppe

über diese Frage zog die Delegation Indiens vorläufig ihren Vorschlag unter der Bedingung zurück, daß die Konferenz grundsätzlich den Vorschlägen der Delegation Kenias (UCC/13) zustimme, die nun in Absatz 1 und 9 des Artikels V^ter^ enthalten sind.

63. Die Entscheidung, ob nach Absatz 1 Buchstabe a des Artikels V^ter^ die Frist drei Jahre oder ein Jahr beträgt, hängt davon ab, ob es sich um eine Übersetzung „in eine Sprache, die nicht in einem oder mehreren der entwickelten Länder, ... allgemein gebräuchlich ist", handelt. Die Bedeutung des Ausdrucks „allgemein gebräuchlich" wurde mehrfach während der Konferenz erörtert; wie im Fall des Ausdrucks „Entwicklungsland" stellte man fest, daß eine ganz genaue Definition zwar nicht möglich ist, aber kein besserer Ausdruck gefunden werden konnte. Als Ausgangspunkt wurde ohne Widerspruch vorgeschlagen, daß jede Sprache, die offiziell zu einer der Landessprachen eines Staates erklärt worden sei, als „allgemein gebräuchlich" angesehen werden solle. Das Hauptproblem stellen die Sprachen dar, die, ohne zur Landessprache erklärt zu sein, von einem erheblichen Teil der Gesamtbevölkerung eines Landes einschließlich der Bevölkerung bestimmter Regionen dieses Landes oder seiner außerhalb liegenden Gebiete gesprochen oder gelesen werden. Obgleich der Gebrauch einer Sprache durch zehn vom Hundert oder mehr der Gesamtbevölkerung eines Landes möglicherweise ein vernünftiges Abgrenzungskriterium darstellen würde, war man der Auffassung, daß kein gegriffener Vom-Hundert-Satz angewandt werden könne und daß dieser Satz gemäß den sehr unterschiedlichen demographischen Gegebenheiten einschließlich regionaler und ethnischer Gruppen innerhalb eines Landes und anderer sozialer und politischer Umstände notwendigerweise unterschiedlich sein werde. Jedenfalls wurde eindeutig klargestellt, daß unter allen Umständen die drei sogenannten „Weltsprachen" (Französisch, Englisch und Spanisch) als „in einem oder mehreren der entwickelten Länder allgemein gebräuchlich" anzusehen seien.

64. Es bestand Einverständnis darüber, daß der Ausdruck „entwickelte Länder" in diesem Zusammenhang die Länder bezeichnet, die nicht „nach der bestehenden Übung der Generalversammlung der Vereinten Nationen als Entwicklungsländer" anzusehen sind. Jedoch lehnte die Konferenz einen japanischen Vorschlag (UCC/9) ab, den Wortlaut des Artikels V^ter^ in diesem Sinne zu ergänzen, weil diese Änderung in Grenzfällen zu einer gewissen Unsicherheit führen könne.

65. Andererseits brachte die Delegation Kenias einen Vorschlag (UCC/13) ein, der den Begriff „entwickelte Länder" einschränkender umschrieb und eine nachgiebige Formulierung vorsah, um gewissen besonderen Umständen Rechnung zu tragen. Obgleich die japanische Delegation darauf hinwies, daß für eine Unterscheidung zwischen allgemein gebräuchlichen Sprachen in entwickelten Ländern, die Mitglied des Welturheberrechtsabkommens sind, und allgemein gebräuchlichen Sprachen in entwickelten Ländern, die dem Welturheberrechtsabkommen nicht angehören, kein vernünftiger

Grund bestehe, wurde beschlossen, Artikel V^{ter} gemäß dem Vorschlag Kenias zu ergänzen. Nach dem von der Konferenz angenommenen Wortlaut ist die Einjahresfrist gemäß Artikel V^{ter} Absatz 1 Buchstabe a anwendbar, wenn es sich um eine Übersetzung in eine Sprache handelt, die nicht in einem entwickelten Land, das entweder der Fassung des Welturheberrechtsabkommens von 1952 oder der Fassung von 1971 angehört, allgemein gebräuchlich ist. Ergänzend wurde eine neue Vorschrift (Buchstabe b) eingefügt, nach der es möglich ist, die Wirkung der Vorschriften in Buchstabe a zu ändern, sofern eine einstimmige Vereinbarung aller entwickelten Länder, die dem Welturheberrechtsabkommen angehören und in denen eine bestimmte Sprache mit Ausnahme der englischen, französischen und spanischen Sprache allgemein gebräuchlich ist, erzielt werden kann.

66. Mit anderen Worten, ein Entwicklungsland kann ein Werk nach Artikel V^{ter} Absatz 1 Buchstabe b nach einem Jahr statt nach drei Jahren unter folgenden Bedingungen übersetzen: (a) das Werk wird nicht in eine der drei „Weltsprachen" übersetzt; (b) das Werk wird in eine Sprache übersetzt, die in einem oder mehreren entwickelten Ländern allgemein gebräuchlich ist, die entweder der Fassung des Welturheberrechtsabkommens von 1952 oder der Fassung von 1971 angehören; (c) diese Länder vereinbaren einstimmig, daß die Dreijahresfrist durch eine Frist von einem Jahr (oder mehr) ersetzt wird, und (d) dem Generaldirektor der UNESCO wird die schriftliche Vereinbarung notifiziert. Es bestand klares Einverständnis darüber, daß jede solche Vereinbarung ein formelles Tätigwerden auf Regierungsebene eines jeden in Betracht kommenden entwickelten Landes voraussetzt und daß sie Bedingungen enthalten kann wie zum Beispiel die Bedingung, daß sie sich nur auf gewisse Werkgattungen, etwa Werke aus dem Bereich der Technik oder wissenschaftliche Werke, bezieht. Es wurde außerdem ausdrücklich festgelegt, daß das ausschließliche Übersetzungsrecht in die englische, französische oder spanische Sprache in keinem Fall auf eine kürzere als die in Artikel V^{ter} Absatz 1 Buchstabe a vorgesehene Mindestfrist von drei Jahren beschränkt werden kann. Es bestanden gewisse Bedenken, insbesondere seitens der italienischen Delegation, hinsichtlich der Wirkung besonderer Vereinbarungen, wie sie Artikel V^{ter} Absatz 1 Buchstabe b und Absatz 4 Buchstabe c erlaubt, für die anderen Vertragsstaaten eines mehrseitigen Abkommens. Die Konferenz war jedoch der Auffassung, daß in Ausnahmefällen, die einen gewissen Grad von Flexibilität erfordern, solche Sondervereinbarungen gerechtfertigt werden könnten.

67. Während der ersten Aussprache über Artikel V^{ter} beriet der Hauptausschuß einen Änderungsvorschlag der Delegation Schwedens (UCC/16), der zum Ziel hatte, das Verfahren für die Fälle, in denen der „Inhaber des Übersetzungsrechts nicht ausfindig gemacht werden kann", in Übereinstimmung mit den Vorschriften des Artikels V^{quater} über die Vervielfältigung zu bringen. Diese Vorschriften unterscheiden sich in einigen Einzelheiten von den Verfahrensvorschriften des Artikels V, auf die Artikel V^{ter} des IGCC-Entwurfs verwies. Obgleich bei der ersten Beratung im Hauptaus-

schuß unterschiedliche Auffassungen zu dieser Frage vertreten wurden und die schwedische Delegation ihren Vorschlag zurückzog, wurde die Beratung über diese Frage erneut eröffnet und der schwedische Vorschlag im wesentlichen schließlich angenommen.

68. Wie bereits bei der Erörterung des Artikels V angemerkt, wurden gegen Ende der Konferenz alle Anstrengungen unternommen, um soweit wie möglich die verschiedenen Verfahren in Übereinstimmung zu bringen, die bei der Erteilung von Zwangslizenzen nach den Artikeln V^{ter} und V^{quater} des Welturheberrechtsabkommens von 1971 und nach Artikel IV des Anhangs zur Pariser Fassung der Berner Übereinkunft von 1971 einzuhalten sind. Da bereits entschieden worden war, das in Artikel V des Welturheberrechtsabkommens vorgesehene Verfahren nicht zu ändern, kam die Konferenz überein, auf der Grundlage eines Vorschlags der Delegation des Vereinigten Königreichs (UCC/41) für die nach Artikel V^{ter} gewährten Übersetzungslizenzen ein etwas unterschiedliches Verfahren anzunehmen.

69. Der Vorschlag des Vereinigten Königreichs wurde mit gewissen Änderungen als Buchstabe c und d des Absatzes 1 von Artikel V^{ter} eingefügt; er schreibt für die Erteilung von Zwangslizenzen gemäß Artikel V^{ter} im wesentlichen das gleiche Verfahren vor, wie es für die Erteilung von Vervielfältigungslizenzen gemäß Artikel V^{quater} vorgesehen ist. Dieses Verfahren wird später im Zusammenhang mit Artikel V^{quater} behandelt werden. Der einzige wesentliche Unterschied zwischen den in Artikel V^{ter} und V^{quater} für Übersetzungs- und Vervielfältigungslizenzen vorgesehenen Verfahren und den in Artikel IV des Anhangs zur neuen Fassung der Berner Übereinkunft vorgeschriebenen Verfahren besteht in der besonderen Erwägung des „von der Organisation der Vereinten Nationen für Erziehung, Wissenschaft und Kultur errichteten Internationalen Informationszentrums für Urheberrecht" im Welturheberrechtsabkommen.

70. Die Bestimmungen des Absatzes 2 des endgültigen Wortlauts des Artikels V^{ter}, die im IGCC-Entwurf in Absatz 5 enthalten waren, sehen Fristen vor, die von der Übersendung eines in Absatz 1 Buchstabe c vorgesehenen Gesuchs um Erlaubnis zur Übersetzung oder von der in Absatz 1 Buchstabe d vorgesehenen Absendung von Abschriften eines Antrags auf Erteilung einer Zwangslizenz zur Übersetzung an laufen. Die ziemlich schwierige Vorschrift in Artikel V^{ter} kann wie folgt zusammengefaßt werden:

(1) Beträgt die gemäß Artikel V^{ter} anwendbare Frist drei Jahre, darf „vor Ablauf einer weiteren Frist von sechs Monaten", die im Zeitpunkt des Gesuchs oder der Absendung der Abschriften des Antrags beginnt, keine Zwangslizenz erteilt werden;

(2) Beträgt die gemäß Artikel V^{ter} anwendbare Frist ein Jahr, darf „vor Ablauf einer weiteren Frist von neun Monaten" keine Zwangslizenz erteilt werden.

71. Die Konferenz nahm eine von der Delegation Schwedens vorgeschlagene Änderung (UCC/16) an, die klarstellt, daß die Veröffentlichung „durch den Inhaber des Übersetzungsrechts oder mit seiner Erlaubnis" während der Sechs- oder Neunmonatsfrist die Erteilung einer Zwangslizenz ausschließt. Hinsichtlich der Auslegung wurde Übereinstimmung erzielt, daß nach dieser Vorschrift

(1) die formellen Gesuche und Anträge, die die Sechs- oder Neunmonatsfrist in Lauf setzen, sich deutlich auf die Erteilung einer Lizenz gemäß Artikel V^{ter} beziehen müssen,

(2) sich niemand auf die Voraussetzung des Artikels V Absatz 2 Buchstabe c berufen kann, daß „der Inhaber des Übersetzungsrechts nicht ausfindig gemacht werden kann", wenn der Inhaber des Urheberrechts der zuständigen Behörde des Entwicklungslandes eine Liste der Werke übersandt hat, für die er die Übersetzungsrechte besitzt,

(3) die Zusatzfrist sechs Monate und nicht neun Monate in solchen Fällen beträgt, in denen die Einjahresfrist anwendbar gewesen wäre, aber das Gesuch oder der Antrag nicht vor Ablauf von drei Jahren gestellt wird.

72. Der Hauptausschuß beriet die Frage, ob die Hauptfrist von drei Jahren und die Zusatzfrist von sechs Monaten sowie die Hauptfrist von einem Jahr und die Zusatzfrist von neun Monaten gleichzeitig oder nacheinander laufen sollten. Die Delegation Indiens vertrat die Ansicht, daß die Hauptfrist von drei Jahren und die Zusatzfrist von sechs Monaten sowie die Hauptfrist von einem Jahr und die Zusatzfrist von neun Monaten in jedem Falle gleichzeitig laufen und einander überschneiden könnten. Die Mehrheit der Mitglieder des Hauptausschusses war jedoch der Auffassung, daß Haupt- und Zusatzfristen nacheinander ablaufen sollten. Nach dieser Auslegung bedeutet die Verwendung des Wortes „weitere", daß die Hauptfrist abgelaufen sein muß, bevor die Zusatzfrist nach Artikel V^{ter} Absatz 2 beginnen kann; das Fehlen des Wortes „weitere" in der entsprechenden Vorschrift des Artikels V^{quater} bedeutet, daß im Falle der Vervielfältigung die Fristen gleichzeitig laufen können.

73. Absatz 3 bestimmt, daß Lizenzen nach Artikel V^{ter} nur für „Unterrichts-, Studien- oder Forschungszwecke" erteilt werden können. Nach Auffassung der Konferenz bezieht sich das Wort „Studienzwecke" in diesem Ausdruck nicht nur auf die Unterweisung in allen Stufen von Lehranstalten, Grundschulen und höheren Schulen, Akademien und Universitäten, sondern auch auf einen weiten Bereich organisierter Bildungsveranstaltungen, gleichgültig für welche Altersstufe sie bestimmt sind und welchem Studienfach sie sich widmen. Die Konferenz war außerdem der Auffassung, daß das Wort „Forschungszwecke" nicht dahin ausgelegt werden darf, daß nach Artikel V^{ter} die Übersetzung urheberrechtlich geschützter Werke durch Forschungseinrichtungen der Industrie oder durch private Unternehmen zulässig ist, die Forschung zu gewerblichen Zwecken betreiben. Die Konferenz

lehnte jedoch einen Vorschlag der Delegation Argentiniens (UCC/7) als zu einschränkend ab, der die Anwendung des Artikels V^{ter} auf Übersetzungen „zugunsten amtlicher oder amtlich anerkannter Erziehungs- oder Forschungseinrichtungen" beschränkt hätte.

74. Absatz 4 Buchstabe a des Artikels V^{ter} bringt wie der entsprechende Absatz 1 Buchstabe f des die Vervielfältigungen regelnden Artikels V^{quater} eine Grundregel zum Ausdruck, auf der beide Vorschriften aufbauen: Werkstücke, die auf Grund einer entweder nach Artikel V^{ter} oder nach Artikel V^{quater} erteilten Zwangslizenz hergestellt worden sind, dürfen nicht ausgeführt werden, und die Zwangslizenz „berechtigt nur zur Veröffentlichung in dem Hoheitsgebiet des Vertragsstaates, in dem die Lizenz beantragt worden ist". Ein Vorschlag der Delegation Argentiniens (UCC/7), die Gültigkeit der Lizenz sowohl vom Druck als auch von der Veröffentlichung im Hoheitsgebiet des die Lizenz erteilenden Staates abhängig zu machen, führte zu einer der wesentlichen Auseinandersetzungen der Pariser Konferenz. Der argentinische Vorschlag wurde nicht angenommen; jedoch wurde nach der Zusammenkunft und dem Bericht der Gemeinsamen Arbeitsgruppe des Hauptausschusses für das Welturheberrechtsabkommen und des Hauptausschusses für die Berner Übereinkunft Einverständnis über eine in diesen Bericht aufzunehmende Auslegung erzielt. Da diese Auslegung sowohl Artikel V^{ter} als auch Artikel V^{quater} betrifft, erscheint sie in einem besonderen Abschnitt im Anschluß an den Bericht über Artikel V^{quater}.

75. Nach Buchstabe b des Absatzes 4 des Artikels V^{ter} müssen, wie bereits im IGCC-Entwurf vorgesehen, Werkstücke, die auf Grund einer Zwangslizenz veröffentlicht werden, einen Vermerk tragen, der klarstellt, daß sie nur in dem die Lizenz erteilenden Staat in Verkehr gebracht werden dürfen. Auf Grund eines Vorschlags der Delegation der Vereinigten Staaten von Amerika (UCC/18) wurden die Bestimmungen des Buchstaben b dahin ergänzt, daß die Beibehaltung des in Artikel III Absatz 1 vorgesehenen Urheberrechtsvermerks auf allen Werkstücken einer auf Grund einer Zwangslizenz veröffentlichten Übersetzung verlangt wird.

76. Ein besonderes Problem, das sich aus dem Wunsch bestimmter Entwicklungsländer ergab, ihre in anderen Ländern lebenden Staatsangehörigen mit auf Grund des Artikels V^{ter} hergestellten Übersetzungen zu versorgen, wurde durch einen Vorschlag der Delegation Brasiliens (UCC/20) aufgeworfen. Die Ziele dieses Vorschlags fanden auf der Konferenz ein günstiges Echo, jedoch waren einige Delegationen der Auffassung, daß diese Frage keine Änderung des Wortlauts des Abkommens erfordere, da die Übersendung einzelner Werkstücke zum persönlichen Gebrauch nicht als „Ausfuhr" angesehen werden könne. Andere Delegationen wünschten dagegen die Regelung dieser Frage in einer neuen Vorschrift, obgleich anerkannt wurde, daß weder der ursprüngliche Vorschlag (UCC/20) noch seine verbesserte Fassung (UCC/20 Rev.) die zur allgemeinen Annahme erforderlichen Einschränkungen und Sicherungen enthielt.

77. Bei der Abstimmung entschied der Hauptausschuß, diese Frage in einer neuen Vorschrift in Artikel V^{ter} zu regeln, und beauftragte eine Arbeitsgruppe, einen Entwurf auszuarbeiten (UCC/26). Der Entwurf der Arbeitsgruppe wurde mit geringfügigen redaktionellen Änderungen von der Konferenz angenommen und als Buchstabe c in Absatz 4 des Artikels V^{ter} eingefügt.

78. Nach dieser Vorschrift ist das Ausfuhrverbot in den Fällen nicht anwendbar, in denen eine Behörde oder andere öffentliche Stelle des die Lizenz erteilenden Staates Werkstücke einer Übersetzung ins Ausland sendet, jedoch nur:

(a) wenn es sich nicht um eine Übersetzung in die englische, französische oder spanische Sprache handelt;

(b) wenn die Empfänger Einzelpersonen, die dem die Lizenz erteilenden Staat angehören, oder Gruppen solcher Einzelpersonen sind;

(c) wenn die Werkstücke ausschließlich zu Unterrichts-, Studien- oder Forschungszwecken verwandt werden und Versand oder Verteilung „keinen Erwerbszwecken" dienen, und

(d) wenn das Land, in das die Werkstücke gesandt werden, den Empfang, die Verteilung oder beides gestattet hat und diese Zustimmung dem Generaldirektor der UNESCO notifiziert worden ist.

79. Der Ausdruck „keinen Erwerbszwecken dienen", der dem Ausdruck „nicht zu dem Zweck, finanzielle Vorteile zu erzielen" vorgezogen und schließlich angenommen wurde, ist hier, wie auch an anderen Stellen, dahin auszulegen, daß private auf Gewinnerzielung ausgerichtete Unternehmen die zugelassenen Handlungen nicht vornehmen dürfen, daß es aber öffentlichen oder staatlichen Stellen nicht versagt ist, ein Entgelt zur Deckung ihrer Kosten zu erheben. Man war außerdem der Ansicht, daß das Land, in das die Werkstücke gesandt werden, gleichgültig ob es ein Vertragsstaat des Welturheberrechtsabkommens ist oder nicht, den Empfang oder die Verteilung der Werkstücke gestatten und daß seine Zustimmung dem Generaldirektor der UNESCO notifiziert werden muß.

80. Absatz 5, der Höhe und Zahlung der für die Zwangslizenzen vorgesehenen Vergütung regelt, ist ohne wesentliche Änderungen aus dem IGCC-Entwurf übernommen worden. Jedoch enthält Artikel V^{ter} in seinem Absatz 6 eine neue Vorschrift, die auf einen Vorschlag der Delegation Schwedens (UCC/16) zurückgeht, der seinerseits auf einer entsprechenden Vorschrift in Artikel V^{quater} Absatz 2 Buchstabe c beruht. Die neue Vorschrift sieht vor, daß eine Lizenz nach Artikel V^{ter} endet, wenn eine genehmigte Übersetzung des Werks „in dieselbe Sprache und mit im wesentlichen gleichem Inhalt zu einem Preis, der dem für vergleichbare Werke in dem Land üblichen Preis entspricht", veröffentlicht wird.

81. Absatz 7, der wörtlich aus dem IGCC-Entwurf übernommen wurde, handelt von Werken, „die vorwiegend aus Abbildungen bestehen". Er ge-

stattet die Übersetzung des Textes zugleich mit der Vervielfältigung der Abbildungen nur unter den Voraussetzungen des Artikels V^{quater}. Diese Vorschrift wurde als in erster Linie auf Kunstbücher anwendbar ausgelegt, und es bestand Einverständnis darüber, daß die Frage, ob ein bestimmtes Werk „vorwiegend" aus Abbildungen besteht, der Beurteilung durch die zuständige Behörde überlassen bleiben sollte.

82. Ein Vorschlag der Delegation Kenias (UCC/13), einen neuen Artikel $V^{quinquies}$ aufzunehmen, der ein beschränktes Übersetzungsrecht zu Funkzwecken gewähren sollte, war ebenfalls Gegenstand lebhafter Erörterungen auf der Pariser Konferenz. Der Vorschlag, der keiner Vorschrift im IGCC-Entwurf entsprach und der nicht Teil eines früheren „Kompomißpakets (package deal)" war, beruhte auf der Voraussetzung, daß die Artikel V und V^{ter}, die ausschließlich die Veröffentlichung von Übersetzungen regeln, keine Übersetzungen für Funksendungen zulassen, wenn nicht eine Sondervorschrift zu diesem Zweck hinzugefügt wird. Zur Begründung des Vorschlags wurde mit Nachdruck geltend gemacht, daß Funksendungen eine immer wichtiger werdende Rolle in den Erziehungsprogrammen der Entwicklungsländer, die sowohl unter Lehrermangel als auch unter Mangel an Büchern leiden, spielen und daß für diese Länder eine Übersetzungslizenz für Funksendungen mindestens ebenso wichtig wie eine Lizenz zum Zwecke der Veröffentlichung ist.

83. Bei Beginn der Aussprache fanden die Ziele des Vorschlags Unterstützung oder zumindest Sympathie. Die Delegation Argentiniens bezweifelte jedoch, ob es ratsam sei, den Vorschlag auf der Konferenz zu behandeln. Die argentinische Delegation erkannte zwar die Bedeutung von Funksendungen als Mittel der Erziehung in Entwicklungsländern an, war aber der Auffassung, daß die Frage, bevor sie einer Revisionskonferenz vorgelegt werde, einer gründlicheren Prüfung auf Regierungsebene bedürfe, da sie in den vorbereitenden Sitzungen nicht beraten worden sei. Zu dem vorgeschlagenen Wortlaut wurde eine Reihe von Fragen aufgeworfen; zur Prüfung des Problems im einzelnen wurde eine Arbeitsgruppe eingesetzt. Diese Gruppe erzielte eine vorläufige Einigung über die Grundprinzipien, und die Delegationen Kenias und der Vereinigten Staaten von Amerika wurden gebeten, einen neuen Wortlaut auszuarbeiten (UCC/27). Dieser Wortlaut wurde nach verhältnismäßig geringfügigen Änderungen durch den Hauptausschuß und den Redaktionsausschuß von der Konferenz verabschiedet und als Absatz 8 des Artikels V^{ter} in das Abkommen aufgenommen.

84. Nach Absatz 8 Buchstabe a kann einem Sendeunternehmen in einem dem Welturheberrechtsabkommen angehörenden Entwicklungsland eine Lizenz zur Übersetzung eines nach dem Abkommen von 1971 geschützten Werks, das „im Druck oder in einer entsprechenden Vervielfältigungsform" veröffentlicht worden ist, unter folgenden Bedingungen erteilt werden:

(1) Das Werkstück, nach dem übersetzt wird, muß „in Übereinstimmung mit den Rechtsvorschriften" des die Lizenz erteilenden Staates „hergestellt

und erworben" sein. Wie in Nr. 34 des Berichts des Generalberichterstatters der Pariser Konferenz zur Revision der Berner Übereinkunft (B/DC/36) ausgeführt ist, wurde dieser Wortlaut dahin ausgelegt, „daß das Werkstück nach den Rechtsvorschriften dieses Landes nicht ein rechtswidriges Werkstück ist".

(2) Einziger Zweck der Übersetzung muß ihre Verwendung in Funksendungen sein, und einziger Zweck der Funksendungen, in denen die Übersetzung benutzt wird, muß entweder „Unterricht" oder „die Verbreitung wissenschaftlicher oder technischer Forschungsergebnisse an Sachverständige eines bestimmten Berufs" sein. Die letztere Formulierung wurde als annehmbar angesehen, nachdem mehrere Delegierte ihre Unzufriedenheit mit einer einfachen Bezugnahme auf die „Forschung" zum Ausdruck gebracht hatten.

(3) Die Übersetzung muß tatsächlich ausschließlich für die erwähnten Arten von Funksendungen benutzt werden, und die Funksendungen müssen für Empfänger im Hoheitsgebiet des die Lizenz erteilenden Staates bestimmt sein. Solange die Funksendungen zum Empfang im Gebiet dieses Staates bestimmt sind, wird die Lizenz nicht berührt, wenn Zuhörer oder Zuschauer in anderen Ländern die Sendungen ebenfalls empfangen.

(4) Die Funksendungen können entweder „unmittelbar", das heißt gleichzeitig mit der Erzeugung der Töne oder Bilder, aus denen sie bestehen, oder „mit Hilfe von Aufnahmen auf Bild- oder Tonträger" ausgestrahlt werden. Im letzteren Fall müssen die Bild- oder Tonträger rechtmäßig und ausschließlich zu dem oben unter Ziffer 2 erwähnten Zweck hergestellt sein. Solange es sich um Funksendungen handelt, macht es keinen Unterschied, ob die Sendung eine Rundfunk- oder Fernsehsendung ist und ob sie über Erd- oder Satellitenrelais ausgestrahlt wird. Der Begriff „Bild- oder Tonträger" umfaßt alle Arten von Ton- und Bildfestlegungen, insbesondere Filme, Schallplatten sowie Tonbänder und Bildaufzeichnungen in ihren verschiedenen Formen.

(5) Werden für die Funksendung Bild- oder Tonträger benutzt, dürfen sie nur zwischen Sendeunternehmen ausgetauscht werden, die ihren Sitz in dem die Lizenz erteilenden Staat haben. Keinesfalls dürfen diese Bild- und Tonträger über die Grenzen des Landes hinaus versandt werden, noch dürfen sie innerhalb des Landes verkauft, vermietet oder zum Gegenstand von Lizenzverträgen gemacht werden.

(6) Der Gebrauch der Übersetzung einschließlich der Funksendung selbst und der Austausch von Bild- oder Tonträgern darf „keinen Erwerbszwecken dienen". Die Konferenz vertrat die Auffassung, daß im Zusammenhang mit Funksendungen der Ausdruck „keinen Erwerbszwecken dienen" bedeutet, daß das Sendeunternehmen selbst nicht ein privates, auf Gewinnerzielung ausgerichtetes Unternehmen ist und daß in das Programm, in dem die Übersetzung verwendet wird, keine Wirtschaftswerbung eingeblendet wird. Es

bestand jedoch nicht die Absicht, dem Sendeunternehmen die Sendung von Wirtschaftswerbung zu anderen Zeiten zu versagen oder die weit verbreiteten Fälle auszuschließen, in denen die Eigentümer der Empfangsgeräte eine Gebühr zu zahlen haben.

85. Nach Absatz 8 Buchstabe b darf eine Lizenz unter denselben Bedingungen auch für die Übersetzung „des Textes einer audio-visuellen Festlegung" erteilt werden, „die selbst ausschließlich für den Gebrauch im Zusammenhang mit systematischem Unterricht hergestellt und veröffentlicht worden ist". Hier handelt es sich nur um veröffentlichtes Unterrichtsmaterial wie zum Beispiel Lehrfilme und zu Lehrzwecken hergestellte Videokassetten, Bildstreifen und Diapositive, die mit einem Text, der Teil einer Tonspur oder eines begleitenden Tonträgers sein kann, verbunden sind.

86. Ein Punkt von überragender Bedeutung wurde mehrfach während der Aussprache über den Absatz 8 betont: Die auf Grund dieser Vorschrift erteilte Lizenz kann nur die Übersetzung als solche und nichts Weiteres dekken. Sie kann kein Bearbeitungsrecht, insbesondere nicht das Recht, ein nicht-dramatisches Werk für die Bühne zu bearbeiten, noch ein Recht zur Verwendung in Filmwerken einräumen; sie gestattet nicht die Funksendung der Übersetzung oder die Herstellung von „ephemeren" oder anderen Aufnahmen. Diese Rechte beruhen auf anderen Vorschriften des Welturheberrechtsabkommens und auf dem nationalen Recht, und keine der Bestimmungen des Absatzes 8 soll den urheberrechtlichen Schutz dieser Rechte beeinträchtigen oder ersetzen. Einziger Zweck des Absatzes 8 ist es, die Übersetzung zu Zwecken der Funksendung unter gewissen Bedingungen zu gestatten.

87. Absatz 9 regelt die wichtige Frage der Beziehungen zwischen Artikel V und V^{ter}. Er sieht zunächst vor, daß die Vorschriften des Artikels V, soweit sie nicht durch Sondervorschriften des Artikels V^{ter} ersetzt werden, auf alle unter einer Zwangslizenz hergestellten Übersetzungen voll anwendbar sind. Diese Anwendbarkeit durch Verweisung bedeutet folgendes:

(1) Das Werk, das auf Grund einer Lizenz übersetzt wird, muß ein „Schriftwerk" sein. Dieser Begriff hat unter Artikel I des Welturheberrechtsabkommens eine eingeschränkte Bedeutung, obgleich sein Umfang umstritten ist. Nach herrschender Ansicht umfassen „Schriftwerke" nicht „musikalische und dramatische Werke, Filmwerke sowie Werke der Malerei, Stiche und Werke der Bildhauerei". Nach dieser Auslegung ist Artikel V^{ter} außer in den in Absatz 7 und Absatz 8 Buchstabe b besonders geregelten Fällen eines in Kunstbüchern oder audio-visuellen Festlegungen enthaltenen Textes nur auf nicht-dramatische Texte anwendbar. Die Delegation Kenias vertrat jedoch die Ansicht, daß dramatische Texte in den Anwendungsbereich der Artikel V und V^{ter} fallen können. Die Konferenz stellte ausdrücklich fest, daß Worte, Verse oder Texte musikalischer Kompositionen nicht von dem Übersetzungsvorrecht des Artikels V^{ter} erfaßt werden.

(2) In der von der Konferenz geänderten Form beschränkt Artikel V die Zwangslizenz auf Übersetzungen in eine in dem die Lizenz erteilenden Staat „allgemein gebräuchliche Sprache".

(3) Alle in Artikel V enthaltenen Bedingungen und Sicherungen der Rechte des Urhebers sind vollständig in Artikel V^{ter} übernommen worden. Dazu gehört, daß der Originaltitel des Werks und der Name seines Urhebers auf den Werkstücken der unter einer Lizenz veröffentlichten Übersetzung erscheinen müssen, daß die Lizenz nicht übertragbar ist, daß eine getreue Übersetzung des Werkes gewährleistet sein muß und daß keine Lizenz erteilt werden darf, wenn der Urheber alle Werkstücke aus dem Verkehr gezogen hat. Daraus folgt außerdem, daß außer in den Fällen des Absatzes 8 die Lizenz nur zu dem beschränkten Zweck, „das Werk zu übersetzen und die Übersetzung zu veröffentlichen", erteilt werden darf. Wegen der engen Definition, die dem Wort „Veröffentlichung" in Artikel VI des Welturheberrechtsabkommens gegeben wird, kann nach Artikel V^{ter} keine Lizenz zur Verbreitung des Werks in Form von Tonträgern oder in irgendeiner anderen Form außer einer Form, die es gestattet, „das Werk zu lesen oder sonst mit dem Auge wahrzunehmen", erteilt werden. Nach Artikel V darf keine Übersetzungslizenz erteilt werden, wenn eine vom Rechtsinhaber genehmigte Übersetzung in der in Betracht kommenden Sprache irgendwo während des anwendbaren Ausschließlichkeitszeitraums veröffentlicht wurde und so lange wie irgendeine frühere Ausgabe einer solchen Übersetzung noch nicht vergriffen ist.

(4) Man war außerdem der Auffassung, daß in den Fällen, in denen der Urheberrechtsinhaber ein angemessenes Angebot für eine Übersetzungslizenz gemacht hat, die Ablehnung des Lizenzsuchers diesem nicht das Recht auf eine Zwangslizenz gibt.

(5) In diesem Zusammenhang stellte die Konferenz ausdrücklich fest, daß in Fällen, in denen das Werk, für das eine Übersetzungslizenz beantragt ist, selbst die Übersetzung eines urheberrechtlich geschützten Werkes ist, die Erlaubnis nicht nur des Inhabers des Urheberrechts an der Übersetzung, sondern auch des Urhebers des Originalwerks, auf dem diese Übersetzung beruht, nachgesucht und verweigert worden sein muß. Dieser Grundsatz ist gleichermaßen auf jede Form der Bearbeitung oder Umarbeitung anwendbar, die urheberrechtlich geschütztes Material verschiedener Rechtsinhaber enthält.

(6) Die Konferenz war außerdem der Ansicht, daß der Urheber oder ein anderer Urheberrechtsinhaber, wenn eine Zwangslizenz nach Artikel V^{ter} oder V^{quater} gewährt wird, ausdrücklich über die Bedingungen der Lizenz, einschließlich der Zahlungs- und Überweisungsbedingungen für die ihm zustehende Vergütung, unterrichtet werden soll. Eine ähnliche Auslegung ist in Nr. 39 des Berichts des Generalberichterstatters der Revisionskonferenz für die Berner Übereinkunft (B/DC/36) enthalten, nach der die zuständige Behörde vor der Erteilung einer Lizenz zur Übersetzung oder Ver-

vielfältigung „sicherstellen soll, daß es dem Rechtsinhaber möglich ist, Kenntnis vom Lizenzantrag zu erhalten und die ihm angemessen erscheinenden Schritte zu unternehmen". Andererseits sieht Nr. 32 des Berichts für die Berner Übereinkunft als Bedingung für die Beendigung einer Zwangslizenz durch Herausgabe einer autorisierten Auflage vor, daß in den Fällen, in denen der Urheberrechtsinhaber Kenntnis von der Zwangslizenz hat, er „regelmäßig den Lizenzinhaber darüber unterrichten soll, daß eine von ihm autorisierte Übersetzung veröffentlicht wird".

88. Absatz 9 regelt auch den Stand einer auf Grund des Artikels V^{ter} erteilten Lizenz nach Ablauf von sieben Jahren nach der ersten Veröffentlichung des Werkes, wenn jeder Vertragsstaat, ein entwickeltes Land oder ein Entwicklungsland, eine Zwangslizenz nach Artikel V zu günstigeren als den in Artikel V^{ter} vorgeschriebenen Bedingungen erhalten kann. Wie es der IGCC-Entwurf bereits vorsah, wird dem Lizenzinhaber in dem Entwicklungsland ein Wahlrecht gegeben: Er kann einfach die Lizenz nach Artikel V^{ter} aufrecht erhalten oder, wenn er dies wünscht, eine neue Lizenz nach Artikel V unter Einhaltung des gesamten in diesem Artikel vorgeschriebenen Verfahrens erlangen.

Artikel V^{quater}

89. Nach Überquerung der stürmischen Meere des Artikels V^{ter} schien die Konferenz, als sie mit der Prüfung des Artikels V^{quater} begann, einen ruhigen Hafen zu erreichen. Der größte Teil des IGCC-Entwurfs blieb unverändert; die Erörterungen betrafen die Klarstellung von Einzelfragen und die Notwendigkeit, den Wortlaut des Welturheberrechtsabkommens und der Berner Übereinkunft soweit wie möglich in Übereinstimmung zu bringen.

90. Insgesamt sind die Vorschriften des Artikels V^{quater} nach dem Muster der Vorschriften des Artikels V^{ter} ausgestaltet, enthalten aber eine Reihe von Unterschieden sowohl sachlicher als auch redaktioneller Art. Die sachlichen Unterschiede beruhen darauf, daß verschiedene Rechte betroffen sind: Einerseits das Recht zur Übersetzung und Veröffentlichung der Übersetzung eines Werks, andererseits das Recht zur Veröffentlichung der Vervielfältigung einer besonderen Ausgabe eines Werks. Die redaktionellen Unterschiede beruhen weitgehend darauf, daß Artikel V^{quater} ein eigenständiger Artikel ist, während Artikel V^{ter} auf Artikel V beruht und eine Reihe von Vorschriften des Artikels V durch Verweisung einbezieht.

91. Absatz 1 Buchstabe a enthält die Grundregel für die Erteilung von Zwangslizenzen auf Grund des Artikels V^{quater}. Sind nach Ablauf einer vorgeschriebenen Frist Werkstücke einer bestimmten Ausgabe eines Werks in einem Entwicklungsland weder der Allgemeinheit noch für den Gebrauch im Zusammenhang mit systematischem Unterricht zum Kauf angeboten worden, so kann eine Zwangslizenz zur Veröffentlichung dieser Ausgabe in dem die Lizenz erteilenden Staat beantragt werden. Hinsichtlich des für die

Werkstücke verlangten Preises sieht Buchstabe a eine zweifache Voraussetzung vor: Der Inhaber des Urheberrechts kann die Lizenz nicht verhindern, sofern er nicht Werkstücke „zu einem Preis" zum Kauf anbietet, „der dem für vergleichbare Werke dort üblichen Preis" entspricht, während die auf Grund einer Zwangslizenz hergestellten Werkstücke ebenfalls zu diesem oder einem niedrigeren Preis verkauft werden müssen.

92. Eine weitere grundlegende Bedingung für die Erteilung einer Lizenz ist es, daß sie ausschließlich zur Veröffentlichung für den Gebrauch im Zusammenhang mit „systematischem Unterricht" gewährt werden darf. Dieser Ausdruck soll nicht nur mit dem formellen oder informellen Lehrplan einer Erziehungseinrichtung verbundene Tätigkeiten, sondern auch systematische außerschulische Erziehung umfassen. Obgleich man die Möglichkeit des Verkaufs der unter einer Zwangslizenz hergestellten Werkstücke in Betracht zog, wurde ebenso daran erinnert, daß die zuständige Behörde in einem Entwicklungsland, bei der ein Lizenzantrag gestellt wird, verpflichtet ist, festzustellen, daß die Lizenz die Bedürfnisse eines im einzelnen bezeichneten „systematischen Unterrichts" befriedigt. Eine Lizenz muß verweigert werden, wenn dieser Zweck gegenüber dem wirklichen Zweck der Vervielfältigung nur einen Nebenzweck darstellt.

93. Eine andere wichtige Bedingung des Buchstaben a ist in dem Ausdruck „bestimmte Ausgabe" inbegriffen. Ist ein Werk in mehreren Ausgaben veröffentlicht worden, sind die für jede Ausgabe anzuwendenden Fristen unabhängig voneinander. Daher sollte eine Lizenz zur Vervielfältigung der letzten Ausgabe selbst dann verweigert werden, wenn die für frühere Ausgaben anwendbaren Fristen abgelaufen sind. Nach Artikel V^quater Absatz 3 können außer für audio-visuelle Festlegungen Lizenzen „nur" für Werke, „die im Druck oder in einer entsprechenden Vervielfältigungsform veröffentlicht worden sind", erteilt werden.

94. Das in Artikel V^quater vorgesehene Verfahren zur Einleitung einer Lizenzerteilung entspricht im wesentlichen dem in den Artikels V und V^ter vorgesehenen Verfahren: Der Lizenzsucher muß sich gehörig darum bemüht haben, eine vertragliche Lizenz auszuhandeln oder den Rechtsinhaber ausfindig zu machen. Die Ausführungen dieses Berichts zu den entsprechenden Vorschriften des Artikels V^ter sind für Artikel V^quater gleichermaßen anwendbar.

95. Die Delegationen Japans (UCC/11) und der Bundesrepublik Deutschland (UCC/15) schlugen vor, in die Vorschrift, die die Erteilung einer Lizenz zuläßt, wenn eine bestimmte Ausgabe in dem die Lizenz erteilenden Staat nicht mehr erhältlich ist, entsprechend dem Entwurf für die Revidierte Berner Übereinkunft die Bedingung einzufügen, daß diese Ausgabe mindestens sechs Monate lang nicht mehr zum Verkauf stand. Diese Vorschläge wurden angenommen; die Vorschrift ist in Artikel V^quater Absatz 1 Buchstabe b enthalten.

96. Die anwendbare Ausschließlichkeitsfrist, in der für eine bestimmte Ausgabe keine Lizenz nach Artikel V^{quater} erteilt werden darf, beginnt im Zeitpunkt der ersten Veröffentlichung dieser Ausgabe. Die im IGCC-Entwurf angenommene Kompromißlösung, die je nach der Art des Werkes unterschiedliche Fristen festsetzt, wurde von der Konferenz unverändert übernommen und ist in Buchstabe c enthalten. Grundsätzlich beträgt die Frist fünf Jahre; jedoch ist eine Frist von drei Jahren für „Werke aus den Bereichen der Naturwissenschaften, Mathematik und Technik" und eine Frist von sieben Jahren für „Romane, Gedichte und Dramen sowie für musikalische Werke und Kunstbücher" vorgesehen.

97. Wie bereits ausgeführt, bestehen Unterschiede zwischen den Verfahren der Zwangslizenzerteilung nach Artikel V einerseits und nach Artikel V^{ter} und V^{quater} andererseits. Ein Vorschlag der Delegation Argentiniens, ein in den Einzelheiten ausführlicher geregeltes Verfahren vorzusehen (UCC/7), wurde, als er keine Unterstützung erhielt, zurückgezogen.

98. Alle drei Artikel (V, V^{ter} und V^{quater}) schreiben vor, daß der Lizenzsucher in dem Verfahren, das in dem die Lizenz erteilenden Staat vorgesehen ist, eine der beiden folgenden Tatsachen nachweisen muß: Entweder daß er um eine Lizenz nachgesucht hat, sein Gesuch aber abgelehnt worden ist, oder daß er trotz „gehöriger Bemühungen" nicht in der Lage war, den Rechtsinhaber ausfindig zu machen. Nummer 37 des Berichts der Konferenz zur Revision der Berner Übereinkunft stellt in diesem Zusammenhang fest: „Es bestand Einverständnis darüber, daß das an den Rechtsinhaber gerichtete Gesuch angeben muß, daß — sofern die Erlaubnis versagt wird — auf die Versagung ein Antrag auf Erteilung einer [Zwangs-]Lizenz gestützt werden kann."

99. Ist der Rechtsinhaber bekannt, schreibt Artikel V lediglich vor, daß der Lizenzsucher dem Rechtsinhaber ein Gesuch übersendet und die Annahme oder Verweigerung abwartet. Artikel V^{ter} und V^{quater} fügen in diesem Fall ein zusätzliches Erfordernis hinzu: Gleichzeitig mit dem Gesuch hat der Lizenzsucher auch entweder das von der UNESCO errichtete Internationale Informationszentrum für Urheberrecht oder „jedes nationale oder regionale Informationszentrum" zu unterrichten, „das von der Regierung des Staates, in dem der Verleger vermutlich den Mittelpunkt seiner Geschäftstätigkeit hat, in einer beim Generaldirektor [der UNESCO] hinterlegten Notifikation bezeichnet worden ist".

100. Kann der Rechtsinhaber nicht ausfindig gemacht werden, schreibt Artikel V die Übersendung einer Abschrift des Zwangslizenzantrags an den Verleger vor, dessen Name auf den Werkstücken angegeben ist; sofern die Staatsangehörigkeit des Inhabers des Übersetzungsrechts bekannt ist, muß eine weitere Abschrift „dem diplomatischen oder konsularischen Vertreter des Staates, dessen Angehöriger der Inhaber des Übersetzungsrechts ist, oder einer gegebenenfalls von der Regierung dieses Staates bezeichneten Stelle" zugeleitet werden. Nach Artikel V^{ter} und V^{quater} müssen die Ab-

schriften des Antrags mit eingeschriebener Luftpost versandt werden; zusätzlich zu der Abschrift, die an den Verleger zu senden ist, muß eine weitere Abschrift dem offiziell benannten nationalen oder regionalen Informationszentrum oder, wenn ein solches nicht benannt worden ist, dem UNESCO-Zentrum zugeleitet werden.

101. Trotz der Formulierungsschwierigkeiten, die sich bei der Neufassung des Abkommens von 1952 ergaben, wird sich dieses Verfahrensdickicht vermutlich in der Praxis als nicht so undurchdringlich erweisen, wie es jetzt scheint, obgleich es in einigen Fällen durch die geringfügig abweichenden Erfordernisse der Pariser Fassung der Berner Übereinkunft noch dichter wird. Die offensichtliche Schwierigkeit der Lizenzerteilungsverfahren veranlaßte die Delegation Indiens, einen Vorschlag (UCC/37) für einen neuen Artikel vorzulegen, der vorsah, daß Maßnahmen, die in dem Bemühen, die Erfordernisse zu erfüllen, guten Glaubens ergriffen werden, als wirksam anzusehen sind, selbst wenn von dem strengen Buchstaben der vorgeschriebenen Verfahren etwas abgewichen wird. Die Konferenz jedoch nahm diesen Vorschlag weder als Ergänzung des Abkommens noch als in diesen Bericht aufzunehmende Auslegung an. Es wurde darauf hingewiesen, daß es den Gerichten eines jeden Landes obliege, über die Gültigkeit von Zwangslizenzen zu entscheiden, die von den Behörden dieses Landes erteilt werden, und daß eine Auslegung, die ausdrücklich Abweichungen von den Erfordernissen des Abkommens erlaube, zu Verwirrung und unbilligen Ergebnissen führen könne.

102. Artikel V^{quater} Absatz 1 Buchstabe e sieht vor, daß in Fällen, in denen die Ausschließlichkeitsfrist drei Jahre beträgt, keine Lizenz vor Ablauf von sechs Monaten vom Zeitpunkt des Gesuchs oder des Antrags erteilt werden darf. Die Konferenz war einstimmig der Auffassung, daß — anders als die Sechs- oder Neunmonatsfrist des Artikels V^{ter} Absatz 2 — die Sechsmonatsfrist des Artikels V^{quater} Absatz 1 Buchstabe e gleichzeitig mit der dreijährigen Ausschließlichkeitsfrist laufen kann. Um Übereinstimmung mit Artikel V^{ter} Absatz 2 Buchstabe b herzustellen und um Fällen Rechnung zu tragen, in denen die Sechsmonatsfrist nach dem Ende der Dreijahresfrist abläuft, nahm die Konferenz jedoch den Vorschlag der schwedischen Delegation (UCC/17) an, daß die Zwangslizenz zu verweigern ist, wenn eine genehmigte Ausgabe während der Sechsmonatsfrist in dem Staat in Verkehr gebracht wird.

103. Bei den Artikeln V, V^{ter} und V^{quater} ergab sich das besondere Problem, nach welcher Frist eine Zwangslizenz in Fällen erteilt werden kann. in denen der Rechtsinhaber nicht ausfindig zu machen ist; dieses Problem ist in jedem der Artikel unterschiedlich geregelt. Artikel V schreibt vor, daß „die Lizenz nicht vor Ablauf einer Frist von zwei Monaten nach Absendung der Abschriften des Antrags erteilt werden darf". Diese Zusatzfrist ist in Artikel V^{ter} jedoch nicht vorgesehen, weil bereits Zusatzfristen von sechs oder neun Monaten nach Absendung der Abschriften des Antrags ab-

laufen müssen. Andererseits sieht, da die in Artikel V^{quater} vorgesehene Zusatzfrist von sechs Monaten gleichzeitig mit der grundlegenden Ausschließlichkeitsfrist von drei, fünf oder sieben Jahren laufen kann, Absatz 1 Buchstabe d vor, daß in den Fällen, in denen der Rechtsinhaber nicht ausfindig zu machen ist, „die Lizenz nicht vor Ablauf einer Frist von drei Monaten seit Absendung der Abschriften des Antrags erteilt werden" darf.

104. Es wurde in Betracht gezogen, daß bei Inkrafttreten des Abkommens von 1971 für ein bestimmtes Entwicklungsland zahlreiche Werke, die vor mehr als drei, fünf oder sieben Jahren veröffentlicht worden sind, grundsätzlich der Erteilung einer Zwangslizenz unterliegen. Es wurde jedoch darauf hingewiesen, daß den Urheberrechtsinhabern in den entwickelten Ländern die Zeit zwischen Unterzeichnung des Abkommens und dem Tage seines Inkrafttretens — drei Monate nachdem zwölf Staaten das Abkommen ratifiziert haben oder ihm beigetreten sind — und zusätzlich die Frist von drei Monaten zwischen dem Zeitpunkt, in dem andere Staaten ihre Ratifikations- oder Beitrittsurkunden hinterlegen, und dem Zeitpunkt, in dem das Abkommen von 1971 für diese Staaten in Kraft tritt, zur Verfügung stehen, um Vorbereitungen zur Erteilung vertraglicher Lizenzen zu treffen. Die Konferenz beschloß, daß es einem künftigen Zwangslizenznehmer nicht erlaubt sein solle, für irgendein Werk Gesuche oder Anträge zur Vorbereitung der Erteilung einer Zwangslizenz zu stellen, bevor das Abkommen von 1971 in seinem Staat in Kraft getreten ist.

105. Artikel V^{quater} Absatz 1 Buchstabe f übernimmt mehrere der in den Artikeln V und V^{ter} für Übersetzungen enthaltenen Schutzvorschriften. Die Werkstücke der veröffentlichten Vervielfältigungen müssen den Namen des Urhebers und den Titel der besonderen Ausgabe tragen. Die von Artikel V übernommene Bedingung, daß der Lizenznehmer die Lizenz nicht übertragen kann, ist in dieser Vorschrift ebenso enthalten wie die außerordentlich wichtige Bestimmung: „Die Lizenz erstreckt sich nicht auf die Ausfuhr von Werkstücken und gilt nur für die Veröffentlichung im Hoheitsgebiet des Vertragsstaats, in dem die Lizenz beantragt worden ist." Diese Bestimmung wird im nächsten Abschnitt dieses Berichts behandelt.

106. Die Delegation der Argentinischen Republik schlug vor, Buchstabe f um die Bestimmung, daß „jede Vervielfältigung des Werks originalgetreu sein soll", zu ergänzen. Auf Buchstabe g aufmerksam gemacht, der vorsieht, daß „die innerstaatliche Gesetzgebung eine genaue Wiedergabe der Ausgabe zu gewährleisten" hat, erklärte sich die argentinische Delegation zur Zurückziehung ihres Vorschlags unter der Bedingung bereit, daß Einverständnis darüber bestehe, daß beide Formulierungen die gleiche Bedeutung hätten. Dieser Auslegung wurde nicht widersprochen.

107. Artikel V^{quater} Absatz 1 Buchstabe h enthält für die zur Erteilung von Zwangslizenzen zuständige Behörde eine wichtige Beschränkung hinsichtlich der Vervielfältigung von Übersetzungen. Der von der Konferenz angenommene Wortlaut dieser Vorschrift untersagt die Erteilung einer Li-

zenz zur Vervielfältigung und Veröffentlichung eines Werks, das seinerseits eine Übersetzung aus einer anderen Sprache ist, wenn eine der beiden folgenden Voraussetzungen vorliegt:

(a) „wenn die Übersetzung nicht vom Inhaber des Übersetzungsrechts oder mit seiner Erlaubnis veröffentlicht worden ist" oder

(b) „wenn die Übersetzung nicht in einer Sprache abgefaßt ist, die in dem Staat, der zur Erteilung der Lizenz befugt ist, allgemein gebräuchlich ist."

108. Nach der ersten dieser Voraussetzungen darf ein Staat keine Lizenz zur Vervielfältigung einer Übersetzung erteilen, die ihrerseits auf Grund der Zwangslizenzvorschriften der Artikel V oder V^{ter} hergestellt und veröffentlicht worden ist. Dies war teilweise der Sinn eines klarstellenden Zusatzes, den die Delegation Japans vorschlug (UCC/11) und der vorsah, daß „eine Lizenz zur Vervielfältigung und Veröffentlichung einer Übersetzung eines Werkes nur erteilt werden darf, wenn sie das in Artikel V Absatz 1 gewährleistete Recht des Urhebers des Originalwerks nicht beeinträchtigt". Die Konferenz nahm den Grundsatz an, daß bei der Vervielfältigung einer Übersetzung die Erlaubnis sowohl des Inhabers des Urheberrechts am Originalwerk als auch des Inhabers des Urheberrechts an der Übersetzung eingeholt werden muß; die japanische Delegation zog ihren Vorschlag unter der Bedingung zurück, daß der Grundsatz in diesem Bericht erwähnt werde.

109. Artikel V^{quater} Absatz 2 stellt mehrere zusätzliche Erfordernisse für die Erteilung von Zwangslizenzen zur Veröffentlichung von Vervielfältigungen auf:

(1) Die unter der Lizenz in Verkehr gebrachten Werkstücke haben Vermerke zu tragen, die den in Artikel V^{ter} Absatz 4 Buchstabe b vorgesehenen und in diesem Bericht bei dieser Vorschrift behandelten Vermerken entsprechen.

(2) Dem Artikel V^{ter} Absatz 5 entsprechende Bestimmungen gewährleisten dem Urheberrechtsinhaber eine angemessene Vergütung sowie ihre Zahlung und Überweisung.

(3) Wie in Artikel V^{ter} Absatz 6 kann eine Zwangslizenz beendigt werden, wenn autorisierte Werkstücke in dem die Lizenz erteilenden Staat unter bestimmten Voraussetzungen zum Kauf angeboten werden. Gemäß Artikel V^{quater} Absatz 2 Buchstabe c fallen die Rechte zurück, wenn eine autorisierte Ausgabe, die „in derselben Sprache abgefaßt ist und im wesentlichen den gleichen Inhalt hat wie die auf Grund der Lizenz veröffentlichte Ausgabe", zu dem üblichen Preis der Allgemeinheit oder für den Gebrauch im Zusammenhang mit systematischem Unterricht zum Kauf angeboten wird.

(4) Ferner ist wie im letzten Absatz des Artikels V die Erteilung einer Lizenz ausgeschlossen, wenn der Urheber sich entschlossen hat, alle Werkstücke der Ausgabe aus dem Verkehr zu ziehen.

110. Schließlich stellt Absatz 3 Buchstabe b im Anschluß an den allgemeinen Grundsatz, daß einer Zwangslizenz gemäß Artikel V^{quater} nur Werke

unterliegen, die „im Druck oder in einer entsprechenden Vervielfältigungsform veröffentlicht worden sind", diesen Werken die „audio-visuellen Festlegungen, soweit sie selbst geschützte Werke sind oder geschützte Werke enthalten", gleich, jedoch nur, sofern die Festlegungen ihrerseits „ausschließlich für den Gebrauch im Zusammenhang mit systematischem Unterricht hergestellt und veröffentlicht worden sind". Nach Buchstabe b, der gemäß einem Vorschlag der Delegation des Vereinigten Königreichs (UCC/10) geändert wurde, kann für eine audio-visuelle Festlegung, die ausschließlich zur Verwendung bei einer lehrplanmäßigen Unterrichtung hergestellt worden ist, eine Lizenz zur Vervielfältigung in audio-visueller Form zu demselben beschränkten Zweck erteilt werden, sofern für die Vervielfältigung eine Festlegung benutzt wird, die ihrerseits rechtmäßig hergestellt wurde. Buchstabe b erlaubt außerdem, daß die Lizenz zur Herstellung und Veröffentlichung einer Vervielfältigung audio-visueller Festlegungen die „Übersetzung des in ihnen enthaltenen Textes in eine Sprache", die in dem die Lizenz erteilenden Staat „allgemein gebräuchlich ist", umfaßt.

111. Die Tatsache, daß sowohl Artikel V^{ter} Absatz 8 Buchstabe b als auch Artikel V^{quater} Absatz 3 Buchstabe b Lizenzen behandeln, die die Übersetzung eines in einer audio-visuellen Festlegung enthaltenen Textes umfassen, führte verständlicherweise zu einiger Verwirrung hinsichtlich der Frage, welche Ausschließlichkeitsfrist anzuwenden sei; ein Vorschlag der Delegation Japans (UCC/11) griff dieses Problem auf. Bei der Aussprache ergab sich folgende Auslegung der beiden Vorschriften:

(1) Nach Artikel V^{ter} kann die Lizenz nur die Übersetzung des Textes für Funksendungen umfassen. Diese Vorschrift ist bei Übersetzung des Textes der Tonspur eines Lehrfilms oder einer Bildaufzeichnung, die rechtmäßig auf dem Markt erworben worden sind, und bei Verwendung der Übersetzung in einer neuen („synchronisierten") Tonspur oder in Untertiteln anwendbar.

(2) Nach Artikel V^{quater} Absatz 3 Buchstabe b vervielfältigt der Lizenzinhaber die gesamte audio-visuelle Festlegung; dabei kann er den Text der Tonspur übersetzen und zusammen mit der Vervielfältigung der Bilder die Übersetzung durch Aufzeichnung auf Tonträger oder Bildträger vervielfältigen. Die in diesem Fall anwendbare Frist ist gemäß Artikel V^{quater} Absatz 1 Buchstabe c je nach Art des Werkes verschieden.

112. Im Lichte dieser Erklärung zog die japanische Delegation ihren Vorschlag zurück. Außerdem bestand klares Einverständnis auf der Konferenz, daß ein Zwangslizenzinhaber sich keinesfalls auf Artikel V^{quater} Absatz 3 Buchstabe b berufen kann, um die Vervielfältigung von Filmen oder Aufzeichnungen, die zu Aufführungszwecken oder anderen gewerblichen Zwekken hergestellt worden sind, oder die Vervielfältigung eines Filmwerks, das auf einem dramatisierten Roman oder einem anderen literarischen Werk beruht, zu rechtfertigen, weil solche Werke nicht ausschließlich für den Gebrauch im Zusammenhang mit systematischem Unterricht hergestellt und veröffentlicht worden sind.

113. Da Artikel V^quater^ Absatz 3 Buchstabe b lediglich die Vorschriften der vorangegangenen Absätze dieses Artikels für sinngemäß anwendbar erklärt, mögen einige der dort verwendeten Ausdrücke ein wenig seltsam erscheinen, wenn man sie auf audio-visuelle Festlegungen anwendet. Es bestand Einverständnis darüber, daß im Zusammenhang mit audio-visuellen Festlegungen der Begriff „Veröffentlichung", wie er in Artikel VI umschrieben ist, einschließt, daß Werkstücke der Festlegungen, die Bilder oder eine Kombination von Bildern und Tönen enthalten, auf dem Markt angeboten werden und gekauft, vermietet oder gemietet werden können. Der Begriff „Ausgabe" soll sich bei audio-visuellen Festlegungen auf eine bestimmte Fassung des Werks beziehen.

Auslegung des Verbots der Ausfuhr und der Verbreitung außerhalb des Hoheitsgebiets

114. Wie oben im Zusammenhang sowohl mit Artikel V^{ter} Absatz 4 Buchstabe a als auch mit Artikel V^{quater} Absatz 1 Buchstabe f angemerkt, wurde eine Gemeinsame Arbeitsgruppe des Hauptausschusses für das Welturheberrechtsabkommen und des Hauptausschusses für die Berner Übereinkunft eingesetzt, um einen von einer Gruppe afrikanischer Staaten eingebrachten Vorschlag zur Änderung der Berner Übereinkunft zu beraten. Nach der Prüfung durch die Gemeinsame Arbeitsgruppe kam man vorläufig überein, einen erläuternden Abschnitt zu dieser Frage in die Berichte beider Konferenzen aufzunehmen; eine kleine gemeinsame Arbeitsgruppe, die aus den Delegationen der Elfenbeinküste, des Vereinigten Königreichs, der Vereinigten Staaten von Amerika und Kenias bestand, trat zusammen, um einen Entwurf (UCC/32 Add. 1) auszuarbeiten. Dieser Entwurf wurde mit gewissen Änderungen von der Konferenz angenommen und ist in den Nummern 115 und 116 dieses Berichts enthalten.

115. Aus den Vorschriften des Artikels V^{ter} Absatz 4 Buchstabe a und des Artikels V^{quater} Absatz 1 Buchstabe f, die die Ausfuhr von Werkstücken untersagen und vorsehen, daß die Lizenz nur zur Veröffentlichung im Hoheitsgebiet des Vertragsstaats berechtigt, in dem die Lizenz beantragt worden ist, folgt, daß diese Bestimmungen als Verbot für den Lizenzinhaber anzusehen sind, Werkstücke außerhalb des Hoheitsgebiets des Vertragsstaats, der die Lizenz erteilt, herstellen zu lassen. Jedoch war man der Auffassung, daß dieses Verbot nicht anwendbar ist, wenn alle folgenden Bedingungen erfüllt sind:

a) Der Vertragsstaat, der die Lizenz erteilt, verfügt in seinem Hoheitsgebiet nicht über die zum Druck oder zur Vervielfältigung erforderliche Ausrüstung, oder die vorhandene Ausrüstung ist aus wirtschaftlichen oder praktischen Gründen zur Herstellung der Werkstücke nicht verwendbar.

b) Das Land, in dem die Vervielfältigung vorgenommen wird, ist Mitglied des Berner Verbands oder Vertragsstaat des Welturheberrechtsabkommens.

c) Alle hergestellten Werkstücke werden dem Lizenzinhaber in einer Sendung oder mehreren Sammelfrachten zur Verbreitung ausschließlich in dessen Land zugesandt; der Vertrag zwischen dem Lizenzinhaber und der Einrichtung, die die Vervielfältigung vornimmt, sieht dies ausdrücklich vor und legt außerdem fest, daß die Einrichtung garantiert, daß die Vervielfältigung nach dem Recht des Landes, in dem sie vorgenommen wird, zulässig ist.

d) Der Lizenzinhaber vergibt den Vervielfältigungsauftrag nicht an ein Unternehmen, das eigens zu dem Zweck errichtet wurde, Vervielfältigungsstücke von Werken herzustellen, für die eine Lizenz nach Artikel V^{ter} oder V^{quater} erteilt worden ist.

e) Alle hergestellten Werkstücke tragen den in Artikel V^{ter} Absatz 4 Buchstabe b und in Artikel V^{quater} Absatz 2 Buchstabe a vorgesehenen Vermerk.

Einverständnis bestand ebenfalls darüber, daß die genannten Bedingungen nur auf Werke, die im Druck oder in einer entsprechenden Vervielfältigungsform veröffentlicht worden sind, und auf die Einfügung übersetzter Texte in audio-visuelle Festlegungen anwendbar sind.

Ferner bestand Einverständnis darüber, daß durch diese Auslegung ein Land, in dem die Vervielfältigung vorgenommen werden soll, nicht verpflichtet wird, Handlungen zuzulassen, die Urheberrechtsverletzungen darstellen.

116. Allgemeines Einverständnis bestand darüber, daß die Vorschriften der Artikel V^{ter} und V^{quater} weder dem Inhaber der Zwangslizenz die Beauftragung eines Übersetzers in einem anderen Land untersagen noch anderen Zwangslizenznehmern, die zur Veröffentlichung einer Übersetzung in derselben Sprache in anderen Ländern berechtigt sind, verbieten, dieselbe Übersetzung zu benutzen, selbstverständlich vorausgesetzt, daß die Übersetzung nicht bereits veröffentlicht worden ist. Dieselbe Auslegung gilt hinsichtlich der Personen, die mit den vorbereitenden Redaktionsarbeiten betraut sind.

Artikel VI, VII und VIII

117. Diese drei Artikel regeln die Bedeutung des Begriffs „Veröffentlichung", den Ausschluß der Rückwirkung des Abkommens hinsichtlich der Werke, die in einem Vertragsstaat bereits endgültig nicht geschützt sind, sowie die Unterzeichnung, die Ratifikation und den Beitritt. Sie waren in den Vorbereitungsarbeiten für die Konferenz niemals aufgegriffen worden und wurden von der Konferenz ohne Aussprache wörtlich übernommen.

Artikel IX

118. Artikel IX des Abkommens von 1971 erscheint auf den ersten Blick als eine Schlußvorschrift unter vielen anderen; dennoch kann seine Bedeutung für das Welturheberrechtsabkommen und dessen Zukunft nicht nach-

drücklich genug unterstrichen werden. Es ist diese Vorschrift, die das Verhältnis zwischen den Staaten, die dem Abkommen von 1952 angehören und dem Abkommen von 1971 nicht beitreten, einerseits und den Staaten, die nur dem Abkommen von 1971 beitreten, andererseits regelt. Da dies die erste Revision des Welturheberrechtsabkommens ist, wird das Vorbild, das Artikel IX im Abkommen von 1971 setzt, wahrscheinlich so lange fortwirken, wie es ein Welturheberrechtsabkommen gibt.

119. Die ersten beiden Absätze des Artikels IX lösten keine Erörterung aus und wurden von der Konferenz ohne Abweichung vom IGCC-Entwurf angenommen. Absatz 1 sieht lediglich vor, daß das Abkommen von 1971 drei Monate nach dem Zeitpunkt in Kraft tritt, in dem zwölf Staaten ihre Ratifikations-, Annahme- oder Beitrittsurkunden hinterlegt haben, und Absatz 2 fügt hinzu, daß danach das Abkommen für einen Staat drei Monate nach Hinterlegung seiner Urkunde in Kraft tritt.

120. Absatz 3, der ebenfalls ohne Aussprache angenommen wurde, verdient eine besondere Erwähnung. Er sieht vor, daß ein Staat, der dem Abkommen von 1952 nicht angehört und dem Abkommen von 1971 beitritt, automatisch Vertragsstaat des Abkommens von 1952 wird und daß nach Inkrafttreten des Abkommens von 1971 Beitritte ausschließlich zum Abkommen von 1952 nicht mehr möglich sind. Diese Bestimmung stellt sicher, daß zwischen zwei Mitgliedern des Welturheberrechtsabkommens stets eine gemeinsame Fassung besteht und die Rechtsgrundlage ihrer gegenseitigen Pflichten auf dem Gebiet des Urheberrechts bildet; sie ermöglicht es zugleich aber auch, daß das Abkommen von 1971 das Abkommen von 1952 in dem Maße ersetzt, in dem die Zahl der Ratifikationen und Beitritte zunimmt.

121. Für die Entwicklungsländer bestand in Paris das Problem, im größtmöglichen Ausmaß Sicherheit zu erhalten, daß die entwickelten Mitgliedsländer des Welturheberrechtsabkommens die Anwendung der Vorschriften der Artikel V^bis, V^ter und V^quater auf ihre Werke gestatten werden. Der IGCC-Entwurf versuchte, eine gewisse Sicherheit durch eine Regelung zu geben, nach der ein entwickeltes Land, das nur dem Abkommen von 1952 angehört, formell notifizieren kann, daß es die Anwendung des Abkommens von 1971 auf seine Werke nicht erlaube; daraus hätte sich im Gegenschluß ergeben, daß die Unterlassung der Notifikation bedeutet, daß das Abkommen von 1971 anwendbar ist.

122. Zum ausdrücklichen Bedauern mehrerer Delegierter wurde diese Regelung auf der Pariser Konferenz nicht angenommen. Die Bedenken gegen sie waren juristischer Art und gingen von dem Grundsatz aus, daß ein Staat keinesfalls durch einen Text, den er nicht angenommen hat, gebunden werden oder als gebunden gelten kann.

123. Es war auf der Konferenz von 1971 offensichtlich, daß die Auffassungen in dieser Frage so unerschütterlich waren, daß sie eine Annahme

der Regelung des IGCC-Entwurfs nicht zuließen; eine Ersatzregelung wurde gemeinsam von den Delegationen Dänemarks, Finnlands, Japans, Norwegens, Österreichs, Schwedens und der Schweiz (UCC/21) und gesondert von der Delegation Frankreichs (UCC/23) vorgeschlagen. Diese beiden Vorschläge zur Änderung des Absatzes 4 hätten, obgleich sie unterschiedlich gefaßt waren, dasselbe Ergebnis gehabt: Gehört der Staat X nur dem Abkommen von 1952 und der Staat Y sowohl dem Abkommen von 1952 als auch dem Abkommen von 1971 an, so ist für ihre Beziehungen das Abkommen von 1952 maßgebend; jedoch kann der Staat X dem Generaldirektor der UNESCO notifizieren, daß er dem Staat Y die Anwendung des Abkommens von 1971 auf seine Werke gestattet.

124. Die nach einer langen Aussprache und drei Abstimmungen schließlich als Absatz 4 des Artikels IX angenommene Regelung unterscheidet sich sowohl von dem IGCC-Entwurf als auch von den Vorschlägen UCC/21 und UCC/23. Nach dem endgültigen Wortlaut kann ein Staat, der nur dem Abkommen von 1952 angehört, durch Notifikation erklären, daß er die Anwendung des Abkommens von 1971 auf seine Werke „durch alle Staaten, die diesem Abkommen angehören," zuläßt. Diese Regelung, die auf einem Vorschlag der Delegation der Bundesrepublik Deutschland beruht, versagt einem Staat, der nur dem Abkommen von 1952 angehört, die Möglichkeit, unter den Vertragsstaaten des Abkommens von 1971 diejenigen auszuwählen, denen er die Anwendung des neuen Abkommens auf seine Werke gestattet.

125. Die angenommene Vorschrift hat, wenn der Staat X nur dem Abkommen von 1952 angehört und die Staaten Y und Z Vertragsstaaten sowohl des Abkommens von 1971 als auch (möglicherweise automatisch) des Abkommens von 1952 sind, folgende Wirkungen:

(1) Allgemeine Regel ist es, daß, obgleich für die Beziehungen zwischen den Staaten Y und Z das Abkommen von 1971 maßgeblich ist, für die Beziehungen eines jeden von ihnen zu dem Staat X das Abkommen von 1952 maßgeblich ist.

(2) Wenn der Staat X sich entschließt, eine Notifikation zu hinterlegen, die es den Vertragsstaaten des Abkommens von 1971 erlaubt, dieses Abkommen auf seine Werke anzuwenden, muß er die Vorrechte gleichermaßen dem Staat Y und dem Staat Z gewähren, ohne daß deren Annahme erforderlich wäre.

(3) Hinterlegt der Staat X die Notifikation und ratifiziert er das Abkommen von 1971 nicht, so kann er hinsichtlich seiner eigenen Werke keinerlei Rechte nach dem Abkommen von 1971 in Anspruch nehmen.

126. Zu Beginn der Aussprache gab die Delegation Kenias der Hoffnung Ausdruck, daß es bei einer Notifikationsregelung den entwickelten Ländern möglich sein werde, Notifikationen zu hinterlegen, durch die sie selbst vor Inkrafttreten des neuen Abkommens die Anwendung der weniger strengen Anforderungen des Abkommens von 1971 zulassen. Jedoch wurde der Ge-

danke, wie in Artikel V des Stockholmer Protokolls vorzeitige Notifikationen zuzulassen, letztlich aufgegeben. Aus dem Wortlaut des Artikels IX Absatz 4, wie er von der Konferenz angenommen wurde, ergibt sich eindeutig, daß Notifikationen von ausschließlich dem Abkommen von 1952 angehörenden Staaten, durch die die Anwendung des Abkommens von 1971 zugelassen wird, erst bei Inkrafttreten des Abkommens von 1971 und dann auch nur hinsichtlich der durch dieses Abkommen gebundenen Länder wirksam werden.

127. Hauptproblem der Aussprache war es, ob es dem Staat X, der dem Abkommen von 1952 angehört, möglich sein soll, eine Notifikation zu hinterlegen, in der er die durch sie betroffenen Vertragsstaaten des Abkommens von 1971 auswählt. Die Delegation Frankreichs vertrat den Standpunkt, daß es nach dem Grundsatz der nationalen Souveränität einem Staat freistehen solle, die Länder zu benennen, denen er die Anwendung der Vorschriften eines Abkommens, dem er nicht angehört, gestattet. Die Delegation des Vereinigten Königreichs war der Auffassung, daß es sich nicht um ein schwerwiegendes Problem handele; da kein entwickeltes Land, das jetzt dem Welturheberrechtsabkommen angehört, gezwungen sei, zur Ratifikation des Abkommens von 1971 sein nationales Recht zu ändern, bestünde für die entwickelten Länder kaum Anlaß, eine Notifikation über die Zulassung der Anwendung des Abkommens von 1971 zu hinterlegen, statt das gesamte Abkommen zu ratifizieren. Die Delegation der Bundesrepublik Deutschland stimmte dem zu und bemerkte, daß in diesem Zusammenhang die Erleichterung der Erteilung der in Artikel V des Abkommens von 1952 vorgesehenen Zwangslizenzen für Übersetzungen durch Artikel V^{ter} des neuen Abkommens die einzige praktische Frage darstelle.

Artikel X

128. Dieser Artikel, der den Vertragsstaaten die Ausführung der Vorschriften des Abkommens durch das innerstaatliche Recht auferlegt, wurde von der Konferenz mit einer von der Delegation Österreichs (UCC/19) vorgeschlagenen Änderung angenommen. Nach dem Wortlaut des Abkommens von 1952 muß ein Staat zu dem Zeitpunkt, in dem er seine Ratifikations-, Annahme- oder Beitrittsurkunde hinterlegt, in der Lage sein, die Bestimmungen des Abkommens anzuwenden. Durch die Änderung wird eine zusätzliche Frist von mindestens drei Monaten zugestanden, das heißt bis zu dem Zeitpunkt, zu dem das Abkommen für den Staat in Kraft tritt. Es bestand Einverständnis darüber, daß in den Vertragsstaaten, deren Verfassung die unmittelbare Anwendung von Verträgen vorsieht, keine besondere Gesetzgebung zur Ausführung von Vorschriften des Abkommens von 1971, die sich ihrer Natur nach zur unmittelbaren Anwendung eignen, notwendig ist.

Artikel XI und Entschließung zu Artikel XI

129. Eine Frage von praktischer wie theoretischer Bedeutung ergibt sich aus Artikel XI, der den Regierungsausschuß des Welturheberrechtsabkom-

mens errichtet, und der Entschließung zu diesem Artikel, die das für die Zusammensetzung und die Wahl des Ausschusses maßgebliche Verfahren regelt. Von Anfang an bestand Ubereinstimmung darüber, daß der Ausschuß mit gegenwärtig 12 Mitgliedern erweitert werden sollte; obgleich unterschiedliche Auffassungen über die Frage, wie der Ausschuß gebildet werden sollte, bestanden, schien eine Gesamtzahl von 18 Mitgliedern allgemein annehmbar. Die Wurzel des Problems war die Grundsatzfrage, ob wir ein Abkommen, zwei getrennte Abkommen oder ein System von zwei zu einem Abkommen verbundenen Verträgen haben werden. Die Pariser Konferenz hat keine eindeutige Antwort auf diese Frage gegeben, aber die Aussprache und ihre Ergebnisse lassen folgende Schlußfolgerungen zu:

(1) Niemand kann ernsthaft vertreten, daß es nach dem Inkrafttreten des Abkommens von 1971 nur ein Welturheberrechtsabkommen gibt.

(2) Andererseits lassen die Entscheidungen der Konferenz zu Artikel IX und insbesondere zu Artikel XI nicht die Behauptung zu, daß es künftig zwei völlig getrennte, unabhängige und rechtlich unverbundene Abkommen geben wird.

(3) Allgemein ausgedrückt ist das Endergebnis, daß künftig zwei Abkommen bestehen werden, die den gleichen Namen tragen, eine Reihe gleicher Vorschriften enthalten und miteinander verbunden sind.

Diese Analyse, die die Ansicht der Mehrzahl der Delegationen wiederzugeben scheint, führt hinsichtlich der Zusammensetzung des Regierungsausschusses, der das Abkommen von 1971 verwaltet wird, zu schwerwiegenden praktischen Problemen. Unter den gegebenen Umständen schien jedoch keine bessere Lösung als die des vorgeschlagenen Entwurfs für Artikel XI möglich.

130. Absatz 1 des Artikels XI regelt die Pflichten des Regierungsausschusses; gemäß der angenommenen Änderung umfaßt die Zuständigkeit des Ausschusses die Verwaltung „des Welturheberrechtsabkommens", das heißt, jeder der beiden Fassungen. Die Delegation Kubas erklärte, daß sie sich gezwungen sähe, gegen diesen Artikel zu stimmen, weil er in Absatz 1 Buchstabe c und in Absatz 4 die Organisation der Amerikanischen Staaten erwähne, die nach Ansicht des kubanischen Delegierten — abgesehen von anderen im Plenum dargelegten Bedenken — keine zwischenstaatliche Organisation sei, die auf die gleiche Stufe wie die UNESCO, der Berner Verband oder die Weltorganisation für geistiges Eigentum gestellt werden könne. In anderem Zusammenhang legte Dr. Saba die Gründe für die Erwähnung der Organisation der Amerikanischen Staaten dar und wies darauf hin, daß diese Organisation im Welturheberrechtsabkommen bereits in der Fassung von 1952 erwähnt werde.

Absatz 2 des IGCC-Entwurfs hatte lediglich vorgesehen, daß „der Ausschuß aus den Vertretern von achtzehn Vertragsstaaten bestehen soll". Ein während der ersten Erörterung des Problems im Hauptausschuß gemachter Vorschlag führte zu der Formulierung „Vertreter von achtzehn Staaten, die

diesem Abkommen oder nur dem Abkommen von 1952 angehören"; diese Formulierung wurde angenommen. Ein späterer Vorschlag der Delegation Brasiliens, der die Möglichkeit einer Beschränkung der Mitgliedschaft im Regierungsausschuß auf nur dem Abkommen von 1971 angehörende Staaten zum Ziel hatte, wurde zur Abstimmung gestellt und mit knapper Mehrheit abgelehnt (15 Stimmen für, 17 Stimmen gegen den Vorschlag bei 2 Enthaltungen). Die gleiche Frage wurde im Zusammenhang mit der Entschließung zu Artikel XI erneut aufgeworfen und wird weiter unten behandelt werden. Der verbleibende Teil des Artikels XI wurde ohne größere Erörterungen angenommen. Im Zusammenhang mit Absatz 3 unterstrich die Delegation Japans die große Bedeutung eines geographischen Gleichgewichts bei der Zusammensetzung des Ausschusses und einer Vergrößerung der Zahl asiatischer Mitglieder im Abkommen.

131. Als Ergebnis läßt sich feststellen, daß nach Inkrafttreten des Abkommens von 1971 der Regierungsausschuß streng juristisch gesehen aus zwei Ausschüssen bestehen wird, die zu einem Ausschuß zusammengefaßt sind. Jedoch werden Sitzungen und Beratungen gemeinsam sein und die Entscheidung im Namen des Regierungsausschusses als eines einzigen Organs getroffen werden.

132. Bei der Entschließung zu Artikel XI wurden die Absätze 1, 2 und 3 ohne ausführliche Aussprache angenommen. Nach Auffassung der Konferenz hat der neue Ausschuß mit 18 Mitgliedern bis zum Inkrafttreten des Abkommens von 1971 keine Rechtsgrundlage oder Zuständigkeit.

133. Die Delegationen Brasiliens und Tunesiens legten einen Vorschlag (UCC/30) mit dem Ziel vor, einen neuen Absatz 1bis mit folgendem Wortlaut einzufügen: „Alle Staaten, die dieses Abkommen nicht vor der zweiten ordentlichen Sitzung des Ausschusses nach Inkrafttreten dieses Abkommens ratifiziert haben, werden durch Staaten, die diesem Abkommen angehören und von dem Ausschuß gemäß den Vorschriften des Absatzes 3 des Artikels XI bestimmt werden, ersetzt." Dieser Vorschlag stieß auf den Widerspruch mehrerer Delegationen, insbesondere der Delegation der Bundesrepublik Deutschland, die darlegten, daß der Zwangsausschluß von Staaten, die nur dem Abkommen von 1952 angehören, getrennte Regierungsausschüsse für jedes Abkommen rechtfertigen und tatsächlich zur Bildung solcher Ausschüsse führen könnte. Zur Abstimmung gestellt, wurde der Vorschlag Brasiliens und Tunesiens mit knapper Mehrheit abgelehnt (14 Stimmen für, 15 Stimmen gegen den Vorschlag bei 5 Enthaltungen).

134. Hinsichtlich des Absatzes 4[3]) der Entschließung wurde beschlossen, den IGCC-Entwurf dahin zu ändern, daß zwei Vizepräsidenten und von Anfang an gestaffelte Zeiten für die Mitgliedschaft vorgesehen werden. Ein Vorschlag der Delegation Italiens (UCC/22 Corr. 1) hatte zum Ziel, im An-

---

[3]) Anmerkung der Übersetzer: „Absatz 4" bezieht sich auf den IGCC-Entwurf; jetzt Absatz 5.

schluß an den Ausdruck des Wunsches, daß die UNESCO das Sekretariat des Regierungsausschusses stellt, die Worte anzufügen: „wenn möglich, in Verbindung mit der Weltorganisation für geistiges Eigentum". Der italienische Delegierte erinnerte daran, daß sein Land eines der ersten gewesen sei, das besondere urheberrechtliche Vorschriften zugunsten der Entwicklungsländer vorgeschlagen habe und das aus diesem Grunde den Gedanken, eine Verbindung zwischen den beiden Übereinkünften zu schaffen, unterstützt habe. Er erkenne an, daß in der gegenwärtigen Lage eine formelle Verbindung unmöglich sei, gebe aber nichtsdestoweniger der Hoffnung Ausdruck, daß der hervorragende Geist der Zusammenarbeit und der Abstimmung der Bemühungen, der die UNESCO und die WIPO verbinde, erhalten bleiben und sich noch verstärken möge.

135. Herr Claude Lussier, der den Generaldirektor der UNESCO auf der Pariser Konferenz vertrat, gab einen Überblick über die historischen Probleme, Rechtsfragen und Zuständigkeitsfragen, die der italienische Vorschlag aufwerfe. Er erinnerte an die umfassende und fruchtbare Zusammenarbeit zwischen den Sekretariaten in der Vergangenheit und bei dieser Konferenz und vertrat die Ansicht, daß, wenn diese Zusammenarbeit mit dem Wort „Verbindung" gemeint sei, keine Änderung der Entschließung notwendig sei. Er bestätigte erneut die feste Entschlossenheit der UNESCO, ihre volle Zuständigkeit auf dem Gebiet des Urheberrechts weiterhin wahrzunehmen. Eine Reihe von Delegationen betonte ihre Zufriedenheit mit der gegenwärtigen Zusammenarbeit der beiden Sekretariate und gab der Hoffnung Ausdruck, daß diese Zusammenarbeit fortgesetzt und in den kommenden Jahren erweitert werde. Mehrere Delegationen, insbesondere die Delegationen Frankreichs und Brasiliens, erklärten, daß sie weitere formelle Verbindungen zwischen dem Berner Verband und dem Welturheberrechtsabkommen ablehnten. Der Delegierte des Vereinigten Königreichs sprach sich zwar für ein einziges Sekretariat im Rahmen der WIPO als Endziel aus, erkannte aber an, daß dies im gegenwärtigen Zeitpunkt nicht möglich sei. Nachdem die Delegation Italiens erklärt hatte, daß sie auf ihrem Vorschlag nicht bestehe, kam die Konferenz überein, daß der Bericht bei der Wiedergabe dieser Aussprache die Ansicht der Konferenz, daß die Beziehungen zwischen den Sekretariaten der UNESCO und der WIPO und die Zusammenarbeit zwischen den Ausschüssen der beiden Übereinkünfte in der Vergangenheit hervorragend gewesen seien, und die Hoffnung der Konferenz, daß diese harmonische und enge Zusammenarbeit künftig fortgesetzt werde, klar zum Ausdruck bringen soll.

136. In einer der Schlußsitzungen des Plenums wurden Vorschläge der Delegationen Israels (UCC/36) und des Vereinigten Königreichs (UCC/38) zur Änderung der Entschließung gemeinsam beraten; der israelische Vorschlag wurde mit gewissen Änderungen als Absatz 2 der Entschließung angenommen. Er sieht vor, daß jeder Staat, der dem Abkommen von 1952 nicht angehört und dem Abkommen von 1971 nicht vor der ersten ordentlichen Sitzung des neuen Regierungsausschusses beigetreten ist, durch

einen anderen, von den übrigen Mitgliedern des Ausschusses zu wählenden Staat ersetzt wird. Die Konferenz wählte dann durch Akklamation sechs zusätzliche Mitglieder des neuen Regierungsausschusses: Algerien, Australien, Japan, Jugoslawien, Mexiko und Senegal. Die Delegation Israels sprach sich zwar nicht gegen die Liste aus, gab jedoch der Hoffnung Ausdruck, daß künftig dem Grundsatz einer angemessenen geographischen Verteilung und einer stärkeren Vertretung der Länder, die sich in einem Zwischenstadium der Entwicklung befinden, größere Aufmerksamkeit geschenkt werde. Mehrere andere Delegationen unterstützten diese Ansicht, und die Delegation Österreichs betonte, daß entwickelten Ländern mit kleiner Bevölkerungszahl in Zukunft eine angemessenere Vertretung in dem Ausschuß gewährt werden solle.

Artikel XII bis XVI

137. Artikel XII, der die Einberufung von Konferenzen zu künftigen Revisionen des Welturheberrechtsabkommens regelt, wurde geändert, um dem Regierungsausschuß das Recht zur Einberufung einer Revisionskonferenz entweder auf Grund eigener Initiative oder auf Verlangen von wenigstens zehn Vertragsstaaten des Abkommens von 1971 zu geben. Dem Artikel XIII wurde ein neuer Absatz angefügt, der klarstellt, daß die Entscheidung eines Vertragsstaats, das Abkommen auf ein Land oder Gebiet, „dessen auswärtige Beziehungen er wahrnimmt", für anwendbar zu erklären, nicht die „Anerkennung oder stillschweigende Hinnahme" irgendeiner politischen Lage durch einen anderen Vertragsstaat bedeutet. Der IGCC-Entwurf für Artikel XIV und der ursprüngliche Text des Artikels XV wurden von der Konferenz ohne Änderung angenommen. In Absatz 2 des Artikels XVI wurde die arabische Sprache zusätzlich zu der deutschen, italienischen und portugiesischen Sprache als eine der Sprachen aufgenommen, in denen Amtliche Texte des Abkommens hergestellt werden.

Artikel XVII und die Zusatzerklärung

138. Artikel XVII und seine Zusatzerklärung stellen die „Schutzvorschrift zugunsten der Berner Übereinkunft" und einen der wichtigsten Kompromisse der Genfer Konferenz dar, die im Jahre 1952 das Welturheberrechtsabkommen ausgearbeitet hat. In ihrer gegenwärtigen Fassung gibt die Vorschrift in den Beziehungen zwischen zwei Ländern der Berner Übereinkunft den Vorrang gegenüber dem Welturheberrechtsabkommen, wenn beide Länder beiden Übereinkünften angehören; ebenso bedeutsam ist es, daß die Vorschrift ein dem Berner Verband angehörendes Land hindert, den Verband zu verlassen und den Schutz seiner Werke in den Ländern, die sowohl dem Berner Verband als auch dem Welturheberrechtsabkommen angehören, auf der Grundlage des Welturheberrechtsabkommens zu sichern. Der IGCC-Entwurf hatte zum Ziel, für Entwicklungsländer die zweite Bedingung zu beseitigen und ihnen freizustellen, einer der Übereinkünfte oder

beiden anzugehören, ohne Schutzverlust oder Vergeltungsmaßnahmen fürchten zu müssen.

139. Ein Änderungsvorschlag der Delegation Portugals (UCC/25) ging noch erheblich weiter. Er hatte zum Ziel, für alle Mitglieder des Berner Verbands, gleichgültig ob sie entwickelte Länder, Entwicklungsländer oder Länder in einem Zwischenstadium sind, jede Vergeltungsgefahr zu beseitigen, da er keinerlei Konsequenzen im Welturheberrechtsabkommen vorsah, wenn ein Land sich entscheidet, die Berner Übereinkunft zu verlassen. Dieser Vorschlag stieß auf Wohlwollen, erhielt aber wenig Unterstützung und rief weithin Bedenken hervor. Bei der Zurücknahme seines Vorschlags unterstrich der Delegierte Portugals den Widerstand seines Landes gegen ein Zwangssystem, wie es in der „Schutzvorschrift zugunsten der Berner Übereinkunft" enthalten sei, und erklärte, daß Portugal sich allen künftigen Bemühungen, den Schutzumfang unter der Berner Übereinkunft zu verbessern, widersetzen werde, wenn nicht gleichzeitig eine Atmosphäre freier Wahl wiederhergestellt werde, die er in den internationalen Urheberrechtsangelegenheiten als wesentlich ansehe. Nach dieser Aussprache nahm die Konferenz Artikel XVII und die Zusatzerklärung, wie sie im IGCC-Entwurf vorgeschlagen worden waren, mit geringfügigen redaktionellen Änderungen an.

Artikel XVIII bis XXI

140. Die verbleibenden Artikel wurden mit wenigen geringfügigen technischen Änderungen so angenommen, wie sie im IGCC-Entwurf vorgeschlagen worden waren.

Die Protokolle

141. Die Delegation der Bundesrepublik Deutschland schlug der Konferenz vor (UCC/29), zum Abkommen von 1971 zwei neue Protokolle, die den Protokollen 1 und 2 des Abkommens von 1952 entsprechen, zu beschließen, um Zweifel über die Anwendbarkeit der Protokolle zu vermeiden. Wegen des umfassenden Netzes gegenseitiger Beziehungen zwischen den Abkommen von 1952 und 1971 und den Protokollen erforderte dieser Vorschlag einige schwierige Änderungen; er wurde jedoch von der Konferenz grundsätzlich angenommen. Es bestand Einverständnis darüber, daß die Bedeutung des Wortes „Flüchtlinge" in Protokoll 1 einer genauen Umschreibung nicht zugänglich ist, daß aber die Auslegung, die diesem Begriff in verschiedenen internationalen Verträgen einschließlich des Genfer Abkommens vom 28. Juli 1951[4]) gegeben wird, berücksichtigt werden solle.

Ein persönliches Nachwort

142. Ehe ich als Ihr Generalberichterstatter meine Feder niederlege, ist es mir ein Bedürfnis, all denen meinen Dank zu sagen, die mir bei der

[4]) Anmerkung der Übersetzer: Es handelt sich um das Abkommen über die Rechtsstellung der Flüchtlinge vom 28. Juli 1951 (Bundesgesetzbl. 1953 II S. 559, 560).

Ausarbeitung des Berichts geholfen haben. Die Mitglieder meiner eigenen Delegation, die Beiträge leisteten, insbesondere meine Kollegin und zuverlässige Freundin Barbara Ringer, wissen bereits um meine Dankbarkeit, aber es gibt andere, die eine besondere Anerkennung verdienen.

143. Zuerst fühle ich mich sehr in der Schuld des UNESCO-Sekretariats, insbesondere von Dr. Saba, Herrn Claude Lussier und Fräulein Marie-Claude Dock, der Generalsekretärin der Konferenz, für ihre unermüdliche Liebenswürdigkeit, Zusammenarbeit und Hilfe. Ich habe Fräulein Dock und ihren so aufopfernden Mitarbeiterstab in dieser Konferenz und zahllosen früheren Sitzungen beobachtet und daraus die Gewißheit erlangt, daß sie das Geheimnis kennen, wie man ständig ohne Schlaf leben kann, und daß sie es den Delegierten aus Furcht davor nicht offenbaren, daß die Sitzungen dann täglich 24 und nicht nur 15 Stunden dauern würden. Jedem, der sich darüber wundert, wie in einer Konferenz wie dieser täglich Berge von Dokumenten in drei Sprachen magisch erscheinen, gebe ich den Rat, einen Blick hinter die Szene zu tun, um die dafür aufgewandte erstaunliche Menge von Arbeit und Zeit zu erkennen.

144. Wie einige andere alte Urheberrechtsstreiter auf dieser Konferenz bin ich mir bewußt, daß der Saal X des UNESCO-Gebäudes von dem Geist einiger der großen Männer, denen wir die Existenz des Welturheberrechtsabkommens verdanken, durchdrungen war. Ich kann nicht widerstehen, einer Generation, der ihre Namen völlig unbekannt sind, einige von ihnen hier zu nennen: Marcel Plaisant, Henry Puget, Plinio Bolla, Antonio Pennetta, François Hepp, Sir John Blake, der Generalberichterstatter der Genfer Konferenz war und dessen Bericht diesen Bericht in den Schatten stellt, und schließlich meinen Freund und Mentor Arthur Fisher.

145. Ich habe meine vorzeitige Pensionierung als Register of Copyright der Vereinigten Staaten von Amerika bekanntgegeben, und der Erfolg dieser Konferenz bedeutet mir sehr viel mehr als eine Quelle des Stolzes. Albert Camus[5]) hat 1948 dies gesagt:

> „Stellen wir uns Menschen vor, die sich entschließen, unter allen Umständen der Gewalt das Beispiel, der Bevormundung den guten Rat, der Beschimpfung das Gespräch und der List die schlichte Ehrlichkeit entgegenzusetzen, Menschen, die alle Vorteile der heutigen Gesellschaft ausschlagen und nur die Pflichten und die Verantwortung annehmen, die sie an andere Menschen binden. Stellen wir uns vor, daß sie sich der Aufgabe widmen, vor allem die Erziehung und dann die Presse und die öffentliche Meinung an diesen Verhaltensgrundsätzen auszurichten. Diese Menschen würden sich nicht von einem Trugbild leiten lassen, das ist ohne weiteres einsichtig, sondern aus redlichstem Sinn

---

[5]) Anmerkung der Übersetzer: Das Originalzitat ist entnommen aus Albert Camus: „Actuelles (Chroniques 1944—1948)", Gallimard 1950, 12. Aufl. 1953, S. 173/174, und stammt aus einem Beitrag, der unter dem Titel „Un nouveau contrat social" erstmals im November 1948 im „Combat" erschien.

für die Wirklichkeit handeln. Sie würden die Zukunft bereiten und dadurch schon heute einige der Mauern niederreißen, die uns bedrücken. Wenn Wirklichkeitssinn die Kunst ist, zugleich der Gegenwart und der Zukunft Rechnung zu tragen, das Beste mit den geringsten Opfern zu erreichen, wer vermag nicht zu sehen, daß die leuchtendste Wirklichkeit ihr Teil sein wird?"

146. Wenn ich in künftigen Jahren diesen Bericht wieder einmal ansehe und an seinem Schluß die bewegenden Worte Camus erneut lese, werde ich nicht in erster Linie an die Erfolge dieser Konferenz, so groß sie auch sein mögen, denken. Vor allem werde ich mich der Männer und Frauen erinnern, deren leuchtender Wirklichkeitssinn auf dieser Konferenz dem internationalen Urheberrecht in Wahrheit die Zukunft bereitet hat.

24. Juli 1971 — Abraham L. Kaminstein

2. Persönliche Auffassungen des Generalberichterstatters Abraham L. Kaminstein zu den maßgebenden Kriterien für die Auslegung des Begriffs „Entwicklungsländer"*)

Die Frage nach den Kriterien, die bei der Bestimmung, was ein „Entwicklungsland" ist, anzuwenden sind, wurde zuerst auf dem Afrikanischen Symposium über Urheberrecht in Brazzaville 1963 gestellt. Trotz des umfangreichen und eingehenden Schrifttums, das seitdem erschienen ist, kann eine endgültige Antwort auf diese Frage nicht erteilt werden. Während der Pariser Konferenz wurde der Generalberichterstatter gebeten, seine Ansicht darzulegen; die folgenden Ausführungen sind der Versuch, dieser Bitte nachzukommen. Diese Stellungnahme ist rein persönlich. Obwohl sie zum Teil auf Erörterungen der Frage während der Pariser Konferenz beruht, kann sie keinesfalls als Wiedergabe der Ansichten anderer Delegierter oder als Teil des Generalberichts der Konferenz angesehen werden.

Einziges Kriterium zur Bestimmung, ob ein Land „Entwicklungsland" ist oder nicht, ist es, ob es „nach der bestehenden Übung der Generalversammlung der Vereinten Nationen als Entwicklungsland angesehen wird". Für dieses grundlegende Kriterium sind vier ziemlich eindeutige Umstände aufgezeigt worden:

1. Es handelt sich um ein grundsätzlich objektives und nicht so sehr um

*) Die Übersetzung besorgten die Verfasser des Beitrages Steup/Bungeroth, siehe unten S. 327.

ein subjektives Kriterium. Ein Staat kann selbst nicht einfach entscheiden, ob er die Artikel V^ter und V^quater anwenden will; er muß vor Hinterlegung einer Notifikation feststellen, ob er nach den Grundsätzen der Vereinten Nationen als Entwicklungsland angesehen werden kann.

2. Das Kriterium beruht ausschließlich auf der bestehenden Übung der Generalversammlung der Vereinten Nationen. Es beruht nicht auf wirtschaftlichen Umständen, die dieser Übung zugrunde liegen mögen, wie zum Beispiel der industriellen Ausrüstung, den Ausfuhren, der industriellen Produktion für den inländischen Verbrauch, der Ausnutzung von Bodenschätzen und der landwirtschaftlichen Nutzung, dem Anteil der in der Landwirtschaft Beschäftigten an der Gesamtbevölkerung und der finanziellen Lage; das Kriterium beruht auch nicht auf sozialen und kulturellen Umständen wie Bildungseinrichtungen, Beseitigung des Analphabetentums, Buchproduktion und Buchhandel sowie Ausbreitung von Film, Rundfunk und Fernsehen.

3. Das Kriterium ist ausschließlich wirtschaftlicher Art, weil die Übung der Vereinten Nationen bei der Bestimmung, ob ein Land ein Entwicklungsland ist, zumindest grundsätzlich allein auf wirtschaftlichen Umständen beruht.

4. Einem Amtsträger oder Organ wie dem Generaldirektor, dem Exekutivrat oder der Generalkonferenz der UNESCO oder dem Regierungsausschuß des Welturheberrechtsabkommens wäre es nicht möglich, darüber zu urteilen, ob ein bestimmter Staat ein Entwicklungland ist oder nicht. Die mangelnde Zuverlässigkeit von Listen, in denen die Entwicklungsländer aufgeführt sind, und die Auseinandersetzungen, die sie hervorrufen, selbst wenn sie nur als unverbindliche Richtlinien herausgegeben werden, sind allgemein bekannt, und es würde unzumutbar und sinnlos sein, von einer zwischenstaatlichen Stelle die Übernahme einer solchen Aufgabe zu verlangen. Es ist Sache des einzelnen Staates, die maßgebliche Übung der Vereinten Nationen zu prüfen und so objektiv wie möglich zu entscheiden, ob er nach dieser Übung die Voraussetzungen für Entwicklungsländer erfüllt oder nicht.

Mit der Frage, worin „die bestehende Übung der Generalversammlung der Vereinten Nationen" tatsächlich besteht, gelangen wir auf ein weniger dornenreiches Gebiet. Um eine Bemerkung, die der spanische Delegierte auf der Pariser Konferenz in einem anderen Zusammenhang machte, abzuwandeln: Statt zu vieler Fragen und keiner Lösung haben wir eine Lösung und zu viele Fragen. Mit etwas Ausdauer können wir jedoch einige konkrete Tatsachen entdecken, die uns leiten können:

1. Der Beitragsausschuß der Vereinten Nationen tritt alle drei Jahre zusammen, um eine Liste der von den Mitgliedstaaten zu erhebenden Beiträge aufzustellen. Gemäß der Entschließung 2118 (XX) der Generalversammlung der Vereinten Nationen soll der Ausschuß „auf die Lage der Entwicklungsländer wegen ihrer besonderen wirtschaftlichen und finanziellen Probleme angemessen Rücksicht nehmen"; die Beschlüsse des Ausschusses beruhen

auf den Unterlagen des Statistischen Amts der Vereinten Nationen über das Pro-Kopf-Einkommen. Der letzte Bericht des Ausschusses (A 8011) wurde der Generalversammlung auf ihrer 25. Sitzung im Jahre 1970 vorgelegt; die Generalversammlung nahm die Entschließung 2654 (XXV) über die Staffelung der anteiligen Beiträge zu den Ausgaben der Vereinten Nationen für die Haushaltsjahre 1971, 1972 und 1973 an. Die Länder, auf die in diesem Bericht „angemessen Rücksicht genommen" wurde und die daher als „Entwicklungsländer" eingestuft wurden, waren solche Länder, deren Statistiken über das Volkseinkommen für die Jahre 1966 bis 1968 ein Pro-Kopf-Einkommen von höchstens 300 Dollar auswiesen.

2. Die Übung hinsichtlich der Festsetzung der anteiligen Beiträge ist unzweifelhaft der beste Ausgangspunkt für die Entscheidung, ob ein Land ein Entwicklungsland ist; sie kann aber nicht als allein maßgebend angesehen werden. Ein Staat kann wegen einer inneren Krisenlage vorübergehend von der Beitragspflicht befreit werden; ein Staat kann aus politischen oder anderen besonderen Gründen oder lediglich deshalb nicht einbezogen werden, weil er seine Unabhängigkeit erst nach dem für die Einstufung maßgeblichen Zeitraum erlangt hat. Jedoch sollte, sofern die Beitragsermäßigung für einen Mitgliedstaat der Vereinten Nationen nicht ausschließlich auf einer vorübergehenden Notlage beruht, ein in diese Gruppe eingestufter Staat als Entwicklungsland im Sinne von Artikel V^{bis} angesehen werden.

3. Obgleich das Kriterium des ermäßigten Beitrags zu den Ausgaben der Vereinten Nationen zuverlässiger als jeder andere Umstand erscheint, scheint die Stockholmer Konferenz ein völlig anderes Kriterium, die wirtschaftliche Hilfe, zugrunde gelegt zu haben. Der Bericht des Hauptausschusses II über das Stockholmer Protokoll bezieht sich nur auf „die Hilfe aus dem Entwicklungsprogramm der Vereinten Nationen durch die Vereinten Nationen oder ihre Sonderorganisationen". Ein Kriterium, das allein auf die wirtschaftliche Hilfe abstellt, ist weithin als unangemessen bezeichnet worden, und die Kritik war noch stärker, wenn dieses Kriterium auf Hilfe aus dem Entwicklungsprogramm der Vereinten Nationen beschränkt wurde. Die verschiedenen Listen von Ländern, die Hilfe aus dem Bereich der Vereinten Nationen einschließlich des Entwicklungsprogramms der Vereinten Nationen und der Konferenz der Vereinten Nationen für Handel und Entwicklung (UNCTAD) erhalten, führen Länder auf, die eindeutig keine Entwicklungsländer sind, und lassen andere aus, die unbestritten Entwicklungsländer sind. Außerdem wechseln die Listen jährlich und sind niemals auf dem letzten Stand. Andererseits wird die Stellung eines Staates, der sich trotz der Tatsache, daß er hinsichtlich der Beiträge zum Haushalt der Vereinten Nationen keine Sonderbehandlung genießt, als Entwicklungsland ansieht, verstärkt, wenn er wirtschaftliche Hilfe von den Vereinten Nationen oder einer ihrer Sonderorganisationen zur Verbesserung der allgemeinen Bedingungen erhält, auf denen die nationale Unterentwicklung beruht.

4. Zusammenfassend kann gesagt werden, daß das beste Kriterium die Berechnung der Beiträge zum Haushalt der Vereinten Nationen auf der Grundlage des Pro-Kopf-Einkommens ist, daß dieses Kriterium aber nicht automatisch angewandt werden kann. In Zweifels- und Grenzfällen kann auch die von den Vereinten Nationen gewährte Hilfe berücksichtigt werden, und es mag einige wenige Sonderfälle geben, in denen die einzigen realistischen Kriterien die Vernunft und die Weltmeinung sind.

1. Rapport du Rapporteur Général

de la Conférence de revision de la Convention universelle sur le droit d'auteur

Maison de l'Unesco, Paris 5-24 juillet 1971

Introduction

1. J'ai l'honneur, en ma qualité de rapporteur général, de présenter le rapport ci-après de la Conférence de revision de la Convention universelle sur le droit d'auteur, qui s'est tenue en juillet 1971. On trouvera dans les procès-verbaux de la Conférence plénière et de la Commission principale un compte rendu chronologique des débats que je n'ai pas l'intention de refaire ici. Mon propos est plutôt de relater et d'analyser les résultats de la Conférence, notamment le texte adopté par les délégués et les interprétations données par la Conférence à un certain nombre de dispositions.

2. A moins que le contexte ne m'y oblige, je ne m'efforcerai pas d'indiquer à quel moment de la Conférence un débat déterminé a eu lieu, ni de distinguer entre les débats des séances plénières et ceux de la Commission principale. Pour simplifier les choses, j'utiliserai en outre pour désigner les documents, une formule abrégée (par exemple: „UCC/13" au lieu de „INLA/UCC/13, Paris le 7 juillet 1971, traduit de l'anglais").

3. Le rapport introductif préparé par le Secrétariat de l'Unesco (UCC/4) résume fort bien la remarquable série de développements et de travaux préparatoires qui ont abouti à la présente conférence de revision et je ne referai pas cet historique. Le programme de la Conférence était fondé sur un texte proposé par le Comité intergouvernemental du droit d'auteur lors de sa deuxième session extraordinaire tenue à Paris en septembre 1970 (UCC/3), texte que je désignerai sous le nom de „texte du CIDA". Fort heureusement, le système de numérotation des subdivisions est resté le même depuis la Convention universelle sur le droit d'auteur de 1952 jusqu'au texte revisé, adopté par la Conférence de Paris, en passant par le texte du CIDA.

4. J'userai des prérogatives que me confère ma fonction pour formuler quelque remarques personnelles à la fin du présent rapport; mais il y a une chose que je crois devoir dire dès à présent. Il faut constater que la Conférence a dû élaborer un texte portant revision d'une convention mondiale sur une question hautement complexe et technique, concilier des objectifs et des besoins très éloignés et s'assurer que le texte ainsi revisé soit aussi conforme que possible aux revisions parallèles de la Convention de Berne sur le droit d'auteur, qui est fort différente; et tout cela dans un délai extrêmement court. Que la Conférence ait réussi à s'acquitter de cette tâche me parait extraordinaire; observant qu'on n'avait pas échangé les amers propos habituels sur la nécessité d'un „esprit de coopération internationale", j'ai

compris que pareils discours étaient inutiles parce que cet esprit de coopération était bien là. Pour moi, tout au moins, le résultat de la Conférence de Paris illustre la remarque de William James qui disait que „la vraie culture vit de sympathies et d'admirations et non d'aversions et de mépris".

But et Organisation de la Conférence

5. Les très nombreuses réunions préparatoires qui se sont succédé depuis 1966 ont fait ressortir que l'objectif fondamental de la Conférence de Paris n'était pas d'aboutir à une revision complète de la Convention universelle sur le droit d'auteur; il s'agissait essentiellement de répondre aux besoins pratiques des pays en voie de développement qui doivent pouvoir accéder facilement aux oeuvres dans les domaines éducatif, scientifique et technique, sans affaiblir la structure et la portée de la protection assurée en matière de droit d'auteur par les pays développés en vertu de la Convention universelle sur le droit d'auteur et de la Convention de Berne. Le texte du CIDA avait été rédigé en fonction de cet objectif essentiel quoique limité.

6. Conformément au Règlement intérieur adopté par la Conférence, les séances plénières et les séances de la Commission principale ont été publiques. Tous les Etats parties à la Convention universelle sur le droit d'auteur avaient le droit d'envoyer des délégués ayant voix délibérative. Les Etats membres de l'Unesco ou d'autres organisations du système des Nations Unies, ainsi que diverses autres organisations intergouvernementales et organisations internationales non gouvernementales, pouvaient envoyer des observateurs sans droit de vote. En tout 45 Etats parties à la Convention universelle sur le droit d'auteur ont envoyé des délégations, et des observateurs de 30 autres Etats, de trois organisations intergouvernementales et de 16 organisations internationales non gouvernementales ont assisté à la Conférence. Les langues de travail de la Conférence étaient l'anglais, l'espagnol et le français; conformément à l'article 29 du Règlement intérieur, la délégation de la République fédérale d'Allemagne a assuré l'interprétation en anglais des déclarations faites en allemand par ses membres (UCC/INF. 5).

7. On trouvera la liste définitive des participants à la Conférence de Paris dans le document UCC/INF. 4 et la liste complète des membres de son Bureau dans le document UCC/INF. 7. Ainsi qu'il est indiqué au paragraphe 13 du présent rapport 27 Etats avaient les pleins pouvoirs nécessaires pour signer la Convention revisée.

8. En raison de leur parenté et, dans certains cas, de leur interdépendance, la Conférence de revision de la Convention universelle sur le droit d'auteur et la Conférence de revision de la Convention de Berne se sont tenues „à la même date et au même lieu", conformément à la résolution n° 1 (XR. 2) adoptée par le Comité intergouvernemental du droit d'auteur à sa deuxième session extraordinaire, le 11 septembre 1970. Grâce à l'invitation généreuse de l'Unesco, les deux conférences de revision se sont donc tenues

à la Maison de l'Unesco, à Paris, du 5 au 24 juillet 1971, mais leurs réunions respectives n'ont jamais eu lieu simultanément.

9. Pour éviter tout chevauchement, le Secrétariat avait mis au point un programme de travail complexe (UCC/INF. 2) et ce dispositif a été jugé dans l'ensemble acceptable. La Conférence de revision de la Convention universelle sur le droit d'auteur s'est réunie la première: ses séances plénières ont eu lieu le matin du 5 juillet 1971, une partie de l'après-midi du même jour et la première partie de la matinée du 6 juillet, tandis que sa Commission principale a tenu ses séances pendant le reste de la semaine, de la matinée du mardi 6 juillet à la fin de l'après-midi du samedi 10 juillet. Après sa séance d'ouverture qui a eu lieu le 5 juillet, l'Assemblée plénière de la Conférence de revision de la Convention de Berne s'est réunie à nouveau le lundi 12 juillet et les réunions de sa Commission principale ont également débuté ce même jour. Elle a ensuite suspendu ses travaux afin de permettre au Comité de rédaction de la Convention universelle sur le droit d'auteur de rédiger des textes provisoires des articles intéressant les deux Conférences, sur la base des décisions déjà prises par la Commission principale de la Conférence de revision de la Convention universelle. Le Comité de rédaction de la Convention universelle s'est réuni toute la journée du mardi 13 juillet et a terminé la rédaction d'un projet de texte lors d'une séance qui s'est tenue au début de la matinée du vendredi 16 juillet. La dernière semaine a été partagée entre les deux Conférences et les cérémonies de signature des deux nouvelles Conventions se sont déroulées le samedi 24 juillet 1971. En présence d'un programme aussi chargé, il est facile de comprendre l'impatience avec laquelle tous les délégués ont attendu l'anniversaire, le 14 juillet 1971, de la prise de la Bastille et le plaisir qu'ils ont eu à célébrer la fête nationale française.

Séance d'ouverture

10. M. René Maheu, directeur général de l'Organisation des Nations Unies pour l'éducation, la science et la culture, a ouvert la Conférence par une éloquente allocution (DG/71/6) dans laquelle il a souhaité la bienvenue aux délégués au nom de l'Unesco. Le Directeur général a noté l'apparente contradiction qui existe entre le grand besoin d'accès à la connaissance qu'éprouvent les pays pauvres en ressources et les intérêts moraux et matériels des créateurs intellectuels; mais il a exprimé sa ferme conviction que loin d'être inconciliables, ces objectifs sont en fait complémentaires. Il a souligné l'importance des travaux de la Conférence non seulement du point de vue de leurs avantages potentiels à court terme, mais aussi pour le progrès de l'humanité. Considérant la culture comme „la synthèse la plus compréhensive et la signification la plus haute des diverses activités et créations de l'esprit humain", M. Maheu a conclu en soulignant que „l'Unesco, qui eut l'initiative de l'élaboration de la Convention universelle et qui revendique une compétence et des responsabilités étendues

dans le domaine de la protection de la création intellectuelle, attend des efforts accomplis par les participants une contribution décisive à la réalisation d'un de ses objectifs essentiels: la promotion du droit à la culture par l'organisation de la coopération internationale".

11. La première préoccupation de la Conférence à sa séance d'ouverture a été de procéder à l'élection du Président de l'Assemblée plénière. Sur la proposition de S. Exc. M. Pio Archi, ambassadeur et chef de la délégation de l'Italie, appuyé par les délégations du Canada, de la Tunisie, de la Belgique, de la République fédérale d'Allemagne, de l'Espagne et du Japon, des Etats-Unis d'Amérique et des Pays-Bas, S. Exc. M. Pierre Charpentier, ambassadeur et chef de la délégation française, a été élu par acclamation président de la Conférence.

12. En acceptant cette fonction, M. Charpentier a remercié vivement la Conférence de l'honneur qui était fait à lui-même et à son pays. Il a ensuite parlé de la tâche ardue qui attendait la Conférence et des leçons à en tirer. Le Président a souligné que l'accord déjà obtenu sur les questions de fond constituait généralement la limite des concessions possibles. En exprimant sa confiance dans le succès des travaux de la Conférence, il a rappelé aux délégués que celui-ci ne serait assuré qu'à la condition unique et essentielle que la Convention, comme toute autre, soit non seulement adoptée et signée, mais aussi largement ratifiée et appliquée.

Comité de vérification des pouvoirs

13. La Conférence a ensuite élu un Comité de vérification des pouvoirs composé des délégués de sept pays: Argentine, Belgique, Etats-Unis d'Amérique, Hongrie, Japon, Kenya et Liban. Le Comité de vérification des pouvoirs a élu pour président S. Exc. M. José M. G. Alvarez de Toledo, ambassadeur et chef de la délégation de l'Argentine; il a presenté son premier rapport le 5 juillet (UCC/8). Comme l'indiquent les rapports du Comité (UCC/8, UCC/35 et UCC/43), 27 pays ont présenté des pouvoirs les habilitant à signer la Convention revisée.

Règlement intérieur

14. Le Règlement intérieur provisoire approuvé par le Comité intergouvernemental du droit d'auteur (UCC/2) a été adopté sans long débat et sans grandes modifications (UCC/2/Rev.). Il a été convenu, aux termes du paragraphe 2 de l'article 4, que toute délégation autorisée à siéger provisoirement devrait présenter ses pouvoirs en bonne et due forme „avant la dernière séance plénière". Pour ce qui est de l'article 8, la Conférence a décidé de ne pas adopter la règle selon laquelle le président et le rapporteur général de la Conférence devraient également remplir ces fonctions à la Commission principale. Ainsi revisé, le Règlement intérieur a établi un Bureau comprenant le président, les neuf vice-présidents, le rapporteur général de la Conférence, le président et les vice-présidents de la Commission

principale, le président du Comité de vérification des pouvoirs et le président du Comité de rédaction. Il avait été décidé initialement que le Comité de rédaction comprendrait huit membres élus, plus le président de la Commission principale et le rapporteur général ès qualités; ce nombre de huit membres élus a été ensuite porté à neuf.

Bureau, Comités et Adoption de l'Ordre du Jour

15. Sur la proposition du Président de la Conférence, les chefs de délégation des neuf Etats ci-après ont été élus vice-présidents à l'unanimité: Canada, Danemark, Espagne, Guatemala, Italie, Japon, Kenya, Mexique et Tchécoslovaquie. En ma qualité de coprésident de la délégation des Etats-Unis d'Amérique, j'ai eu l'honneur d'être élu Rapporteur général.

16. Bien que l'ordre du jour provisoire (UCC/1) n'ait pas prévu la désignation d'un Comité de rédaction avant la fin des débats au sein de la Commission principale, il a été décidé que la désignation immédiate de ce Comité faciliterait les travaux de la Conférence. Sur proposition du Président, les délégués de l'Argentine, du Canada, de l'Espagne, de la France, de l'Inde, du Japon, du Kenya, des Pays-Bas et du Royaume-Uni ont été désignés pour constituer le Comité de rédaction avec en outre le Président de la Commission principale et le Rapporteur général ès qualités.

17. Il a été proposé ensuite et en raison des liens complexes et extrêmement étroits qui existaient entre les tâches respectives du Comité de rédaction de la Convention universelle et du Comité de rédaction de la Convention de Berne, que les membres (y compris les membres ès qualités) du Comité de rédaction de la Convention de Berne qui n'étaient pas également membres du Comité de rédaction de la Convention universelle seraient invités à participer à titre d'observateurs aux travaux de ce dernier pour les questions d'intérêt commun. Bien que l'observation du délégué de l'Espagne selon lequel, en règle générale, les comités de rédaction doivent comprendre peu de membres — le meilleur comité de rédaction étant même celui qui comprend trois membres, dont l'un est malade et un autre en retard — ait trouvé chez certains un écho favorable, la proposition a été largement appuyée et adoptée sans opposition. Le Comité de rédaction de la Convention universelle a élu pour président M. William Wallace, délégué du Royaume-Uni, et comme vice-président M. W. L. Haardt, chef de la délégation des Pays-Bas.

18. L'ordre du jour provisoire (UCC/1) a été adopté compte tenu de la modification déjà notée.

Discussion Générale

19. Sur l'invitation du Président, pas moins de 20 délégations souhaitant faire une déclaration d'ordre général sur les travaux de la Conférence ont pris la parole, dans l'ordre suivant: Royaume-Uni, Italie, Belgique, Mexique, République fédérale d'Allemagne, Etats-Unis d'Amérique, France, Cuba,

Hongrie, Israël, Canada, Japon, Espagne, Argentine, Sénégal, Uruguay, Suisse, Kenya, Finlande et Tchécoslovaquie. Comme l'a constaté le Président à l'issue des interventions, un sentiment très généralement favorable au programme de la Conférence s'est dégagé. L'un après l'autre les délégués ont fait l'éloge du long travail préparatoire dont a bénéficié le texte du CIDA, qu'ils ont estimé très complet, bien fondé juridiquement et réaliste. Dans de nombreux cas, les orateurs ont rappelé que des représentants de leur gouvernement avaient participé à ce travail. Il à été souligné à maintes reprises que le texte du CIDA représentait un équilibre juste et raisonnable, mais, néanmoins, extrêmement délicat sinon précaire. Un sujet sans cesse évoqué a été la nécessité de maintenir cet équilibre et d'améliorer le texte sur les questions d'ordre technique, sans y introduire d'amendements excessifs ou fondamentalement différents, qui risqueraient de bouleverser toute la base de ce compromis soigneusement dosé entre les besoins des pays en voie de développement et les intérêts des auteurs.

20. Ce point de vue a été réaffirmé si souvent que le délégué de l'Espagne en est venu à trouver monotone, bien que satisfaisante, l'unanimité qui se dégageait, et a exprimé l'espoir que la Conférence se révèle dans ces conditions être un orchestre, plutôt qu'un groupe de solistes. Le délégué du Royaume-Uni a tenu à rappeler une observation antérieure du Président de la Conférence à savoir que pour certains pays le compromis que constituait le texte du CIDA représentait presque l'extrême limite de ce qui peut être accepté. D'autres délégués, notamment ceux de la Tchécoslovaquie et de l'Uruguay, ont indiqué que, tout en étant favorables à l'esprit général du projet, ils se considéraient libres de présenter ou d'appuyer des amendements tendant à le clarifier. Le délégué de l'Argentine a constaté l'importance des efforts qui avaient été faits mais a estimé que les procédures proposées devraient être améliorées afin d'être assuré que les exceptions aussi bien que les licences aboutiront aux avantages escomptés dans le domaine de l'éducation et qu'elles ne conduiront pas à des résultats injustifiés ou ne favoriseront des intérêts particuliers qui n'ont pas besoin de protection. Le délégué de l'Argentine a, en conséquence, soumis quelques amendements visant à garantir un usage correct des concessions envisagées, telle la reconnaissance d'un remède exceptionnel aux situations abusives ou injustes et, en même temps, la garantie aux auteurs d'une protection effective de leurs droits fondamentaux.

21. Le délégué de Cuba a réaffirmé la décision inébranlable de son gouvernement de faire de la culture le patrimoine et la richesse de tous en reconnaissant l'éminente fonction sociale du travailleur intellectuel auquel l'Etat doit assurer le bien-être et la liberté pour qu'il accomplisse sa mission. Cependant il a estimé que toute la structure juridique du droit d'auteur, telle que définie dans la Convention internationale, repose sur un système qui encourage l'exploitation des travailleurs intellectuels au profit d'entreprises capitalistes ou monopolistes. Le gouvernement cubain est donc parti-

san de l'accès le plus libre possible aux œuvres de l'esprit, sans aucun obstacle d'ordre économique ou géographique; or, comme le présent projet de revision de la Convention universelle sur le droit d'auteur est fondé sur des normes juridiques inacceptables, ce projet, est à son avis, un simple paliatif.

22. Le délégué du Canada a exposé le grand intérêt que son gouvernement porte aux problèmes du droit d'auteur international et aux travaux de la Conférence. Cet intérêt particulier s'explique par un ensemble de facteurs parmi lesquels figurent la coexistence au Canada de deux langues et de deux cultures, ainsi que les problèmes que pose la recherche d'un équilibre entre la protection du droit d'auteur et les innovations technologiques dans un pays immense. Dans une certaine mesure a-t-il ajouté, „nous sommes tous des pays en voie de développement". Ainsi le Canada se sent à la fois développé et en voie de développement, et il occupe donc une position privilégiée pour comprendre les besoins des uns et des autres.

23. Prenant la parole en tant que représentant d'un pays indépendant depuis trop peu de temps pour avoir pu être représenté en 1952 à la Conférence de Genève, l'observateur du Sénégal a souligné la nécessité de faire en sorte que la Convention universelle sur le droit d'auteur soit véritablement universelle. Il a vivement insisté sur le fait que, lorsque des intérêts culturels et des intérêts économiques entrent en conflit, il n'est que juste et équitable que les premiers l'emportent.

24. Le délégué de la Hongrie a reconnu la nécessité d'une solution réaliste et a approuvé sans réserve les efforts actuellement déployés pour reviser la Convention universelle sur le droit d'auteur. En même temps, il a estimé que les problèmes d'ordre éducatif et culturel qui se posent actuellement aux pays en voie de développement résultaient de leur ancienne situation de dépendance coloniale, et qu'aucun effort ne devait être négligé pour que les citoyens de ces pays puissent accéder rapidement aux œuvres de l'esprit tout en assurant une rémunération équitable aux auteurs dont les œuvres sont utilisées. Il a annoncé que les auteurs hongrois étaient prêts à contribuer gratuitement à la traduction de leurs œuvres dans la langue nationale de tout pays en voie de développement et que les organes compétents hongrois étaient disposés à indemniser les auteurs des ouvrages ainsi utilisés.

25. Le délégué de la République fédérale d'Allemagne s'est félicité non seulement du juste équilibre réalisé dans le texte du CIDA entre les besoins des pays en voie de développement et ceux des auteurs, mais aussi de l'amélioration du niveau général de protection prévu par ce texte. Il a souligné l'importance d'une corrélation entre la revision de la Convention universelle et la revision de la Convention de Berne, point qu'a également relevé le délégué du Japon.

26. Le délégué du Japon a regretté que de nombreux pays d'Asie ne soient jamais devenus parties à aucune des deux conventions; il a exprimé

l'espoir qu'une revision coordonnée et réussie des deux conventions permette un plus drand nombre de ratifications et l'établissement de nouveaux liens culturels entre les pays développés et les pays en voie de développement.

27. Le Président de la Conférence, résumant le débat général, s'est déclaré satisfait de l'esprit d'entente harmonieuse qui de toute évidence s'y est manifesté. Il a demandé instamment aux gouvernements qui envisageaient de présenter des amendements sur des questions de fond de considérer ces amendements en tenant compte de l'accord général qui s'est dégagé et selon lequel un compromis réaliste et efficace a déjà été obtenu; il les a mis en garde contre la tentation de procéder à des changements fondamentaux qui risqueraient de compromettre le succès de la Conférence.

Commission principale et groupes de travail

28. Le Président de la Conférence a ensuite invité les délégués à élire un président et deux vice-présidents de la Commission principale. Aux termes de l'article 8 du règlement intérieur, la Commission principale est en effet une commission „aux travaux de laquelle toutes les délégations sont invitées à prendre part", et qui est chargée de procéder „à l'examen détaillé des propositions relatives à la revision de la Convention universelle sur le droit d'auteur et de ses instruments annexes" et d'établir „des projets de textes qu'elle présente à la Conférence au cours d'une séance plénière".

29. Sur proposition de la délégation des Etats-Unis d'Amérique, appuyée par les délégations de la République fédérale d'Allemagne, de la Belgique, de l'Espagne, de la France, de l'Inde, de l'Italie, du Japon, du Kenya et du Maroc, la Conférence a élu à l'unanimité M. Rafik Saïd, chef de la délégation de la Tunisie, président et les chefs des délégations du Brésil et du Royaume-Uni, vice-présidents.

30. En prenant ses fonctions, S. Exc. M. Saïd a remercié la Conférence de la confiance qu'elle lui témoignait et de l'honneur qu'elle faisait à son pays et à lui-même. Il a rappelé que les propositions dont s'occupait la Commission étaient le résultat des efforts déployés par d'éminents experts en matière de droit d'auteur au cours de 12 réunions préparatoires, et qu'un équilibre avait été atteint grâce à la bonne volonté et au travail de ces experts. Se référant à la tendance positive des déclarations liminaires, il a estimé que d'excellentes raisons de se montrer optimiste existaient.

31. Au cours de ses travaux, et conformément à l'article 6 du Règlement intérieur, la Commission principale a constitué trois groupes de travail. Le premier qui était chargé essentiellement d'examiner les amendements aux dispositions relatives aux licences de traduction (article V^{ter}) proposés par la délégation de l'Inde (UCC/14), mais dont le mandat a été étendu à d' autres questions relevant des articles V^{ter} et V^{quater}, a été présidé par le Président de la Commission principale. Il comprenait les délégués du Brésil, des Etats-Unis d'Amérique, de la France, de l'Italie, du Kenya, du Mexique,

du Royaume-Uni et de la Suède. Le deuxième, qui s'est occupé également de l'article V^{ter}, fut créé pour donner suite à une proposition de la délégation du Brésil (UCC/20) concernant la portée de l'interdiction d'exporter; ce groupe se composait des délégués de la République fédérale d'Allemagne, du Brésil, des Etats-Unis d'Amérique, de la France, d'Israël, du Kenya et du Royaume-Uni et était présidé par le professeur Ulmer, de la délégation de la République fédérale d'Allemagne. Le troisième groupe de travail a considéré la proposition de la délégation du Kenya (UCC/13) visant à permettre l'octroi d'une licence de traduction à des fins de radiodiffusion dans certaines circonstances. Ce groupe, que présidait M. da Costa, de la délégation du Brésil, se composait de représentants des délégations suivantes: Brésil, Etats-Unis d'Amérique, France, Israël, Kenya, Mexique, Royaume-Uni et Suisse. Les résultats des travaux de ces groupes de travail seront examinés sous les rubriques appropriées à l'occasion de l'étude de l'article V^{ter}.

32. Le 15 juillet 1971, au cours de la réunion de la Commission principale de la Conférence de revision de la Convention de Berne, une proposition (B/DC/25) a été présentée par quatre Etats membres africains de l'Union de Berne (République démocratique du Congo, République populaire du Congo, Côte-d'Ivoire et Niger). Bien que le Sénégal ne figure pas parmi les auteurs de cette proposition, il a néanmoins été reconnu comme tel au cours de la discussion. D'une manière générale ce projet tend à donner aux pays en voie de développement utilisant une même langue la possibilité d'obtenir une licence commune pour une traduction ou une reproduction. En vue d'assurer la concordance nécessaire entre les deux Conventions revisées, un groupe de travail composé de membres des deux Commissions principales et chargé d'examiner cette proposition a été établi sous la présidence du professeur Ulmer, président de la Commission principale de la Conférence de revision de la Convention de Berne et délégué de la République fédérale d'Allemagne. Ce groupe de travail mixte comprenait les représentants des Etats suivants: Argentine, Côte-d'Ivoire, Etats-Unis d'Amérique, France, Inde, Kenya et Royaume-Uni. Le Président de la Commission principale de la Conférence de revision de la Convention universelle sur le droit d'auteur faisait également partie ès qualités de ce groupe de travail. Les résultats des travaux de ce groupe de travail mixte, en ce qui concerne la Convention universelle sur le droit d'auteur, seront exposés ci-dessous immédiatement après la discussion des articles V^{ter} et V^{quater}.

Titre et préambule

33. La Conférence a décidé d'adopter la suggestion du Président de la Commission principale tendant à ce que le texte à signer reçoive le titre suivant: „Convention universelle sur le droit d'auteur revisée à Paris le 24 juillet 1971". Cette formule a été préférée à celle qui désignerait la Convention revisée comme l'„Acte de Paris" ou à une formulation plus longue telle que „Convention universelle sur le droit d'auteur du 6 sep-

tembre 1952, revisée à Paris le 24 juillet 1971". Cette décision de la Conférence a rendu possible l'omission du mot „revisée" qui figurait dans un certain nombre d'articles du texte du CIDA et il a été décidé de supprimer ce terme dans tout le texte. Il a été entendu que chaque fois que l'expression „la présente Convention" apparaitrait dans le texte de Paris, elle désignerait le texte revisé de 1971, et que chaque fois qu'il serait nécessaire de distinguer entre les deux textes, la disposition préciserait „la Convention de 1952" ou „la présente Convention".

34. En ce qui concerne le préambule, le texte du CIDA n'avait suggéré aucune modification. Toutefois, pour tenir compte de la nature de ses travaux, la Conférence a décidé d'ajouter à la fin du préambule un paragraphe affirmant expressément que les Etats contractants „ont résolu de reviser la Convention universelle sur le droit d'auteur signée à Genève le 6 septembre 1952 (ci-après appelée la Convention de 1952) . . ."

35. Il a également été décidé que l'expression „Etat contractant" employée dans le préambule et dans tout le corps du texte, au singulier comme au pluriel, désigne un ou des Etats parties à la Convention de 1971.

36. Les débats sur ces points, et les problèmes posés par les relations entre les Etats qui ratifieront la Convention de 1971 ou y adhéreront et les Etats qui ne seront parties qu'à la Convention de 1952, nous ont amenés à nous demander si nous avions affaire à une ou à deux conventions. Cette question sera examinée plus loin lorsque seront abordés les articles IX et XI.

Articles I-IV

37. Les articles I et III ont été maintenus exactement tels qu'ils étaient rédigés dans le texte de 1952. L'article II, qui établit le principe fondamental du traitement national accordé aux œuvres publiées et aux œuvres non publiées, avait été modifié dans le texte du CIDA afin d'inclure une référence supplémentaire à „la protection spécialement accordée par la présente Convention". La Conférence a adopté cet amendement aux paragraphes 1 et 2 de l'article II.

38. En ce qui concerne l'article II (3), l'observateur du Sénégal a demandé des informations au sujet du statut des réfugiés domiciliés sur le territoire d'un Etat contractant. Il a été décidé de renvoyer l'examen de cette question jusqu'au moment où l'on étudierait les protocoles annexés à la Convention de 1952, notamment le Protocole 1 relatif à l'assimilation des réfugiés et des apatrides. Cette question sera également examinée dans le présent rapport en même temps que les protocoles.

39. En ce qui concerne les articles IV et V, il a été fait observer que l'absence d'un système d'identification des sous-paragraphes par des lettres ou des numéros rend difficile l'indication des références. La Conférence a donc décidé d'apporter au texte de 1952 les modifications mineures nécessaires pour remédier à cet inconvénient.

Article IVbis

40. Le premier article entièrement nouveau, examiné par la Commission principale, et l'un des plus importants, a été l'article IVbis. Conformément à la Recommandation de Washington, l'objectif fondamental de cette disposition est de faire figurer dans la Convention universelle sur le droit d'auteur l'obligation expresse de protéger „les droits fondamentaux constituant le contenu du droit patrimonial d'auteur", notamment trois droits mentionnés expressément: les droits de reproduction, de radiodiffusion, et de représentation ou exécution publique.

41. Tel qu'il a été adopté par la Conférence, l'article IVbis tend à donner un contenu et un sens supplémentaires à l'obligation figurant à l'article I de la Convention, selon lequel „chaque Etat contractant s'engage à prendre toutes dispositions nécessaires pour assurer une protection suffisante et efficace des droits des auteurs et de tous autres titulaires de ces droits...". Le paragraphe 1 du nouvel article définit ces droits comme comprenant „les droits fondamentaux qui assurent la protection des intérêts patrimoniaux de l'auteur" et ces „droits fondamentaux" sont eux-mêmes définis comme désignant trois droits exclusifs de l'auteur: le droit exclusif d'autoriser „la reproduction par n'importe quel moyen", le droit exclusif d'autoriser „la représentation et l'exécution publiques, et le droit exclusif d'autoriser „la radiodiffusion". Comme l'a proposé le texte du CIDA, les droits en question sont assez larges pour englober la reproduction, la représentation ou l'exécution et la radiodiffusion de l'œuvre, qu'elle soit utilisée sous sa forme originale, ou que l'utilisateur la reproduise, la représente ou l'exécute ou la diffuse „sous une forme dérivée de l'œuvre originale".

42. Sur une proposition de l'Argentine (UCC/7), la Conférence a examiné la question de savoir si les droits énumérés à l'article IVbis (1) devaient être étendus et inclure le „droit moral" de l'auteur, à savoir „le droit de revendiquer la paternité de l'œuvre et de s'opposer à toute déformation, mutilation ou autre modification de celle-ci ou à toute autre atteinte à ladite œuvre qui porterait préjudice à l'honneur ou à la réputation de l'auteur". Un certain nombre de délégations se sont déclarées en faveur du principe selon lequel le droit moral est l'un des droits les plus fondamentaux de l'auteur. D'autre part plusieurs délégations, dont celle de l'Italie, ont fait observer que cette proposition s'écartait radicalement de la Convention universelle de 1952 et que certains Etats actuellement parties à la Convention, notamment les Etats-Unis d'Amérique, le Kenya et d'autres Etats encore, ne reconnaissent pas ce droit dans leur législation nationale. Il a été fait référence au but spécifique de la Recommandation de Washington, qui était de reconnaître expressément certains droits ou intérêts „patrimoniaux" de l'auteur, mais ne visait certainement pas à englober ses droits moraux. La crainte a été exprimée que l'obligation de reconnaître les droits moraux ne portât un coup fatal à tout le travail de revision de la Convention universelle et de la Convention de Berne.

43. Dans le texte final, le terme „patrimonial" a été conservé; toutefois dans l'énumération des droits, le terme „exclusif" a été ajouté. De nombreuses délégations ont dès lors exprimé l'espoir que cette formulation inciterait les Etats contractants à accorder des droits moraux aussi bien que des droits pécuniaires; néanmoins il a été entendu qu'aucun Etat ne sera tenu par la Convention de 1971 de protéger les droits moraux des auteurs. Il a également été entendu que les mots „comprend" et „y compris" qui figurent à l'article IVbis (1) ne doivent pas être interprétés comme limitatifs ou exhaustifs.

44. Un élément fondamental de l'interprétation de la Convention de 1971 a été évoqué à plusieurs reprises durant la Conférence, à l'occasion de l'examen de l'article IVbis et dans plusieurs autres contextes. La Conférence a estimé que le principe général de la Convention de 1971 devrait être qu'aucun Etat actuellement partie à la Convention universelle sur le droit d'auteur de 1952 qui respecte les droits fondamentaux des auteurs ne saurait être astreint à apporter des modifications à sa législation nationale s'il veut adhérer à la Convention de 1971. Aux termes de la nouvelle Convention, les pays en voie de développement auraient bien entendu la possibilité d'introduire des régimes de licences obligatoires conformément aux articles V^ter^ et V^quater^, mais il a été convenu qu'aucun pays respectant actuellement les obligations imposées par la Convention de 1952 et les principes fondamentaux de la protection du droit d'auteur ne serait tenu d'assumer de nouvelles obligations pour adhérer à la Convention de 1971.

45. Ce point a pris une importance encore plus grande lors de l'examen d'une deuxième proposition d'amendement à l'article IVbis, émanant de la délégation de la République argentine (UCC/7). L'alinéa 2 du texte du CIDA disposait que, bien que l'alinéa 1 se réfère à des droits exclusifs, tout Etat contractant peut apporter des exceptions à ces droits pourvu qu'elles soient „non contraires à l'esprit et aux dispositions" de la Convention de 1971 et pourvu que l'Etat en question accorde „à chacun des droits auxquels il serait fait exception un niveau raisonnable de protection effective". La proposition de l'Argentine aurait eu pour effet de limiter le droit d'un Etat de formuler des exceptions dans le cas où „l'œuvre [serait] utilisée dans des établissements d'enseignement, à des fins éducatives, et [...] mise gratuitement à la disposition des destinataires"; elle prévoyait en outre qu'en cas de radiodiffusion, les organismes intéressés ne devaient en tirer aucun avantage pécuniaire. Cette proposition a été jugée trop restrictive par la Conférence, qui a préféré une formule plus souple conforme à l'esprit de la Convention de 1952, et susceptible de convenir à des systèmes juridiques, à des situations économiques et sociales et à des facteurs culturels très divers. Une proposition figurant dans les observations du gouvernement suisse (UCC/5, annexe p. 15) a également été examinée; mais elle n'a pas été adoptée pour le motif qu'elle pourrait être interprétée comme permettant l'établissement de régimes

généraux de licences obligatoires pour toutes les catégories d'œuvres. Le délégué de la République fédérale d'Allemagne s'est référé à propos de ce même alinéa au libellé proposé comme variante B dans le texte rédigé par le Comité préparatoire ad hoc (UCC/4, p. 16); mais il a déclaré qu'il considérait le texte du Comité intergouvernemental du droit d'auteur comme acceptable pourvu que les limites aux exceptions soient clairement indiquées dans le présent rapport.

46. La Conférence a décidé que, sous réserve de modifications d'ordre rédactionnel très mineures, le texte du CIDA devait être retenu et qu'il convenait d'interpréter comme suit divers points de ce texte nécessitant une clarification:

(1) Les exceptions ne doivent pas être „contraires à l'esprit" de la Convention de 1971. On a estimé qu'outre l'obligation d'une „protection suffisante et efficace" prévue à l'article I, l'„esprit" de la Convention englobait également les principes exprimés aux alinéas 1 et 2 de l'article 27 de la Déclaration universelle des droits de l'homme, à savoir que toute personne a le droit de „prendre part librement à la vie culturelle de la communauté" et que chacun a aussi le droit „à la protection des intérêts moraux et matériels découlant de toute production scientifique, littéraire ou artistique dont il est l'auteur".

(2) Le „principe a contrario". Le paragraphe 83 du rapport du Comité intergouvernemental du droit d'auteur accompagnant le texte du CIDA (UCC/4, annexe IX, p. 10) exprimait l'opinion du Comité selon laquelle „l'inclusion dans la Convention de dispositions spéciales permettant aux pays en voie de développement de publier certains ouvrages et traductions en vertu de licences obligatoires signifie, a contrario, que sous réserve des dispositions de l'article V, les pays développés ne pourront instaurer aucun régime général de licence obligatoire visant la publication des œuvres littéraires, scientifiques et artistiques". La Conférence a fait sien ce principe, étant entendu que l'expression „régime général" vise soit un système applicable à un type particulier d'œuvres eu égard à toutes les formes d'utilisation, soit un système appicable à tous les types d'œuvres eu égard à une forme particulière d'utilisation.

(3) Les exceptions ne doivent pas être „contraires aux dispositions" de la Convention de 1971. Comme corollaire du principe „a contrario" la Conférence a interprété la référence aux „dispositions" de la Convention revisée comme visant les articles V^ter et V^quater. Cela signifie qu'un Etat qui n'est pas considéré comme un pays en voie de développement en vertu de l'article V^bis ne devrait pas avoir le droit d'instituer de régimes de licences analogues à ceux que prévoient les articles V^ter et V^quater.

(4) L'Etat doit accorder „un niveau raisonnable de protection effective" à chacun des droits énoncés. Il a été entendu qu'aux termes de la deuxième phrase de l'alinéa 2 de l'article

IVbis, aucun Etat ne pourrait s'abstenir d'assurer la protection de tous droits de reproduction, de représentation ou d'exécution publique ou de radiodiffusion, que les exceptions apportées devraient avoir un fondement logique et ne pas être appliquées arbitrairement, et que la protection consentie devrait être efficacement assurée par la législation de l'Etat contractant.

Article V

47. L'article V de la Convention de 1952 relatif au droit de traduction a posé l'un des problèmes les plus épineux auxquels la Conférence de Genève de 1952 ait eu à faire face et cette disposition, sous la forme qu'elle revêt actuellement dans la Convention universelle sur le droit d'auteur, constitue un compromis difficilement équilibré. Lors des réunions préparatoires et jusqu'au CIDA, il a été convenu de ne rien changer au texte existant et de l'utiliser tel quel pour étayer les dispositions spéciales de l'article V^ter, relatives à la traduction qui sont applicables aux pays en voie de développement.

48. Lorsqu'elle a examiné cette question pour la première fois, la Commission principale de la Conférence de revision de la Convention universelle sur le droit d'auteur s'en est tenue à ce principe, et n'a suggéré que les modifications de forme tout à fait mineures qui s'imposaient. Afin que l'article V, alinéa 1, qui établit le droit exclusif de l'auteur en matière de traduction, coïncide avec le nouvel article IVbis, qui définit les autres droits fondamentaux, les mots „Les droits visés à l'article I comprennent le droit exclusif de ..." ont été substitués à l'expression „le droit d'auteur comprend le droit exclusif de ...".

49. A la suite des réunions de la Commission principale de la Conférence de revision de la Convention de Berne, il est toutefois devenu de plus en plus évident qu'il y avait lieu d'uniformiser la terminologie des deux Conventions en ce qui concerne la qualification d'une langue par rapport à un pays. La formule retenue en définitive, „langue d'usage général" dans l'Etat sera examinée en détail à propos de l'article V^ter. En conséquence la Conférence a décidé d'aligner la rédaction actuelle de l'article V, lorsqu'il est question de l'„une des langues nationales" de l'Etat, sur cette nouvelle formule et à cette seule fin elle a introduit de légères modifications de forme à quatre reprises dans l'article V. Il a été entendu que, ce faisant, la Conférence de Paris n'avait nullement l'intention de modifier l'interprétation de l'expression existant dans le texte de 1952, et que ce changement ne procédait que du souci d'uniformiser la terminologie.

50. Au cours de la troisième semaine de la Conférence les discussions portant sur les diverses procédures requises pour l'obtention des licences de traduction et de reproduction furent, tout au long des réunions des Commissions principales des Conférences de revision des Conventions uni-

verselle et de Berne aussi bien que des sessions plénières de la Conférence de revision de la Convention universelle, parmi les plus épineuses et les plus longues que les délégués aient eu à subir. L'article V de la Convention de 1952 avait institué une procédure relative à l'octroi de licences de traduction; le projet du CIDA avait repris cette même procédure dans l'article V^ter mais s'en était écarté à l'article V^quater; de nouvelles divergences furent introduites dans le projet adopté par la Commission principale de la Conférence de revision de la Convention de Berne. Dès lors certains délégués de pays en voie de développement s'inquiétèrent de la manière dont toutes ces variantes pourraient être conciliées et introduites dans la législation nationale et la pratique.

Une proposition visant à atteindre un certain degré d'uniformité, par modification de l'article V ainsi que des articles V^ter et V^quater fut déposée par la délégation du Royaume-Uni (UCC/39) mais fut retirée au vu de la crainte générale manifestée vis-à-vis de tout changement à l'article V. La délégation du Royaume-Uni déposa alors une proposition (UCC/41) tendant à réaliser quelque uniformité par le moyen d'un amendement à l'article V^ter seulement; cette proposition qui fut adoptée avec quelques modifications de détails, sera traitée dans le chapitre relatif à l'article V^ter.

51. Le délégué de l'Inde ayant noté à l'article V, alinéa 2, lettre (d), que la phrase „la législation nationale adoptera les mesures appropriées . ." avait été remplacée par une formulation équivalente dans l'article V^ter et dans le projet de texte de la Convention de Berne revisée, suggéra que les mots „sur le plan national" soient remplacés par les mots „par la législation nationale". A nouveau la crainte de procéder à tout changement matériel à l'article V a prévalu et la proposition fut retirée; toutefois des amendements furent apportés aux articles V^ter et V^quater afin d'atteindre ce résultat en ce qui concerne les licences octroyées dans le cadre de ces dispositions.

52. Aux termes de l'article V, une licence obligatoire de traduction peut être accordée sous certaines conditions à „tout ressortissant" d'un Etat contractant. Le représentant de l'Inde a demandé qu'il soit précisé que le mot „ressortissant" couvre également les personnes morales, les organismes gouvernementaux, les sociétés et autres entités dotées de la personnalité juridique. Personne à la Conférence de Paris ne s'est opposé à cette interprétation, mais il a été convenu qu'il n'y avait pas lieu de définir explicitement ce terme dans la Convention. Ce point est évoqué dans un contexte différent à propos de l'article II, dans le rapport du Rapporteur général de la Conférence tenue à Genève en 1952, où apparaît l'interprétation suivante: „Le Président a exposé qu'il appartenait à chaque Etat contractant d'interpréter le mot „ressortissant" conformément à sa législation propre, et qu'il ne fallait pas que la Convention fût interprétée comme imposant à l'un quelconque des Etats contractants l'obligation de reconnaître, dans le domaine du droit d'auteur, les personnes morales et juridiques au même titre que les personnes physiques, alors qu'elle requiert

simplement les Etats d'appliquer aux ressortissants étrangers le même régime qu'à leurs propres ressortissants. Ainsi, un Etat accordant la protection aux œuvres de ses propres personnes morales devrait faire bénéficier de la même protection les œuvres des personnes morales des autres Etats contractants."

Article V^{bis}

53. L'une des idées fondamentales incluse dans la recommandation de Washington était de reviser parallèlement et simultanément la Convention universelle et la Convention de Berne, pour faire bénéficier les pays en voie de développement de régimes limités de licences obligatoires en matière de traduction et de reproduction. L'article V^{bis} est le premier des trois nouveaux articles de la Convention universelle visant cet objectif; son homologue dans la Convention de Berne revisée est l'article I de l'annexe à l'Acte de Paris de la Convention de Berne. Cet article a pour but de définir les critères auxquels un Etat doit satisfaire et les modalités de procédure qu'il doit observer pour bénéficier des dispositions spéciales en matière de traduction et de reproduction contenues dans les deux articles qui le suivent. L'article V^{bis} est la première et probablement la plus significative — mais non la seule — des dispositions du texte revisé qui pose un problème difficile: Qu'est-ce qu'un „pays en voie de développement"? Cette expression apparaît expressément dans les alinéas (1) et (3) et il y est fait référence dans l'alinéa (5) de l'article V^{bis}. D'après l'alinéa (1), tout Etat contractant „qui est considéré comme un pays en voie de développement conformément à la pratique établie de l'Assemblée générale des Nations Unies", peut, au moment où il devient partie à la Convention universelle sur le droit d'auteur ou ultérieurement, notifier au Directeur général de l'Unesco qu'il se prévaudra de tout ou partie des dispositions des articles V^{ter} et V^{quater}. Aux termes de l'alinéa (2), cette notification reste en vigueur pendant une période de dix ans à compter de la date d'entrée en vigueur de la Convention de 1971 et peut être renouvelée par l'Etat contractant pour d'autres périodes de dix ans. L'alinéa (3) dispose que l'Etat contractant qui cesse d'être considéré comme un „pays en voie de développement" n'est plus habilité à renouveler la notification décennale ni, après un certain délai, à se prévaloir des exceptions. La formule de l'alinéa (1) est reprise du rapport adopté le 27 juin 1969 par un sous-comité institué par le Comité intergouvernemental du droit d'auteur de la Convention universelle (IGC/SC/6). Bien que le contexte en ait été sensiblement modifié par la recommandation de Washington et les événements ultérieurs, cette formule a été acceptée sans trop de discussion et est restée à peu près intacte. Le membre de phrase essentiel est celui qui a été laborieusement mis au point à Stockholm: „considéré comme un pays en voie de développement conformément à la pratique établie de l'Assemblée générale des Nations Unies..." Une clause analogue à celle adoptée à Stockholm et retenue dans l'annexe à l'Acte de Paris de la Convention de Berne: „et qui, eu

égard à sa situation économique et à ses besoins culturels ou sociaux, ne s'estime pas en mesure, dans l'immédiat, de prendre les dispositions propres à assurer la protection de tous les droits tels que prévus dans le présent Acte..." ne fut pas adoptée dans la Convention universelle de 1971 en raison du sentiment général que cela n'ajoutait rien au critère de base.

54. L'alinéa (2) de l'article V^{bis} du texte CIDA prévoyait qu'un pays en voie de développement pourrait renouveler une notification déposée conformément aux dispositions de l'alinéa (1) „pendant l'année précédant l'expiration de la période décennale en cours". La Conférence a adopté un amendement présenté par la délégation du Japon (UCC/9) et tendant à substituer à la période prévue pour le renouvellement — soit l'année précédant l'expiration — un délai se situant entre le quinzième et le troisième mois avant l'expiration. Cet amendement vise à obtenir qu'un délai suffisant sépare la notification de l'expiration de façon que les autres Etats contractants sachent exactement si la période décennale expirera à une certaine date ou non.

55. A propos de l'alinéa (3), la délégation du Japon, dans le même amendement (UCC/9), posait la question de savoir si le délai laissé à un Etat qui a cessé d'être un pays en voie de développement n'était pas trop long et insuffisamment délimité. Aux termes du texte du CIDA, un Etat pourrait, pour prendre un cas extrême, renouveler sa notification en 1975, cesser d'être un pays en voie de développement en 1976 et continuer nonobstant à bénéficier des dispositions des articles V^{ter} et V^{quater} jusqu'en 1985. La Conférence a décidé de retenir le texte proposé par le CIDA avec certains amendements destinés à le rendre plus clair; elle a estimé, en effet, que le passage d'un pays de l'état de sous-développement à l'état de développement se fait progressivement et que les dispositions de la Convention devaient être suffisamment souples pour permettre les ajustements correspondants.

56. L'alinéa (4) prévoit que les exemplaires produits en vertu des exceptions prévues aux articles V^{ter} et V^{quater} pourront continuer d'être mis en circulation même lorsque ces exceptions auront cessé d'être applicables. Un débat a eu lieu sur l'opportunité de limiter dans le temps ce privilège. La Conférence a refusé de fixer une limite précise, comme une proposition l'y invitait, mais a amendé le texte en précisant que ces exemplaires pourront continuer d'être mis en circulation „jusqu'à leur épuisement".

57. L'alinéa (5) de l'article V^{bis} vise à préciser que tout Etat contractant qui a déposé une notification conformément à l'article XIII concernant l'application de la Convention à un pays ou territoire dont il assure les relations extérieures peut aussi déposer des notifications au titre de l'article V^{bis} en ce qui concerne ce pays ou territoire. Conformément à une proposition de la délégation de l'Argentine (UCC/7), le texte a été amendé de façon à indiquer expressément que les dispositions des articles V^{ter}

et V^{quater} relatives à l'exportation s'appliquent également aux relations entre l'Etat contractant et le pays ou territoire dont il assure les relations extérieures.

La question de la réciprocité matérielle

58. Au cours de l'examen de l'article V^{bis}, la délégation de la Suède a posé la question de savoir (UCC/12) si, du fait que le texte proposé pour la Convention de Berne revisée contient une disposition qui interdit d'appliquer la réciprocité matérielle à l'encontre des Etats qui feraient usage des licences spéciales de traduction et de reproduction, le texte revisé de la Convention universelle ne devrait pas contenir une disposition analogue. Il n'y a eu aucun désaccord sur le fond de la question: la Conférence a décidé à l'unanimité que la réciprocité matérielle ne saurait être appliquée en l'espèce. Il a également été convenu au commencement des débats que si le texte de la Convention universelle devait contenir une telle disposition, celle-ci devrait figurer non à l'article V^{bis}, mais dans une clause générale placée plus loin dans le texte de la Convention. Le problème s'est donc limité à la question de savoir si le principe de l'absence de réciprocité matérielle devait trouver place dans le texte même de la Convention ou dans le présent Rapport général.

59. Les membres de la Commission principale se sont divisés sur cette question, qui a fait l'objet de deux séances spéciales du Comité de rédaction. Le Comité a élaboré un projet de texte d'un nouvel article (UCC/24/rev.) et un projet de section du Rapport général (UCC/28) sur la base de celui qui lui avait été présenté par la délégation de la France (UCC/CR. 1). La Commission principale a décidé, par 17 voix contre 10, avec 2 abstentions, de ne pas faire figurer le texte proposé d'un nouvel article VIIbis dans la Convention. Elle a ensuite décidé, sans opposition, de faire figurer le texte proposé par le Comité de rédaction (UCC/28) dans le présent rapport, et c'est donc au Comité et à la délégation de la France que je suis redevable des cinq alinéas suivants:

La Conférence s'est posé la question de savoir si le texte de la Convention revisée devait comporter ou non une disposition expresse interdisant toute réciprocité matérielle à l'égard d'un Etat qui ferait usage des exceptions mentionnées dans la présente Convention, qu'il s'agisse des exceptions spéciales prévues par les articles V^{ter} et V^{quater} en faveur des pays en voie de développement ou des exceptions de caractère général prévues à l'article IVbis.

Un accord général s'est dégagé sur les idées suivantes:

1. Aucune discrimination ne saurait être instituée, en regard de la réciprocité matérielle, entre les exceptions des articles V^{ter} et V^{quater} et celles de l'article IVbis.
2. Le fait pour un Etat de se prévaloir de toute exception ne saurait en aucun cas permettre aux autres Etats contractants de réduire le niveau

de protection qu'ils accordent aux œuvres originaires du pays qui s'est prévalu des exceptions.

3. Le principe d'absence de réciprocité matérielle existe déjà dans la Convention de 1952. Il découle du principe de l'assimilation de l'étranger au national.

Le fait que cette réciprocité ne soit permise que sur un point précis, celui de la durée de la protection, souligne qu'il s'agit de la seule exception à un principe général et qu'en cas de silence du texte ce dernier ne peut être interprété qu'à la lumière du principe de non-réciprocité.

En conséquence, il est apparu que l'insertion d'un article spécial spécifiant que l'usage des exceptions ne permet aucune rétorsion au nom du principe de la réciprocité matérielle pourrait être interprétée comme un renversement de la présomption d'absence de réciprocité matérielle qui gouverne la Convention de 1952 et qu'en conséquence, les Etats qui demeureraient parties seulement à la Convention de 1952 pourraient désormais interpréter cette Convention comme étant gouvernée par le principe de la réciprocité matérielle.

Pour éviter une telle distorsion et prenant acte d'un accord général excluant toute possibilité de rétorsion fondée sur la notion de réciprocité matérielle, la Conférence a estimé que l'insertion d'un article excluant expressément la réciprocité matérielle est inutile et ne ferait qu'affaiblir un principe admis par tous, qui doit continuer à gouverner tant la présente Convention que la Convention de 1952.

Article V^{ter}

60. Comme à Genève, il y a 20 ans, c'est la question du droit de traduction qui a été la plus délicate parmi celles qui étaient soumises à la Conférence de Paris et celle qui a été le plus longuement examinée. Au cours des 20 dernières années, la nature et la complexité du problème ont subi certaines transformations profondes dues essentiellement à l'avénement de nouveaux Etats indépendants dont les besoins en matière de développement éducatif sont immenses. Ces transformations se reflètent dans les différences existant entre l'article V du texte de 1952 en vertu duquel les Etats contractants sont tenus d'accorder un droit exclusif de traduction, mais peuvent sous certaines conditions, accorder des licences obligatoires après un délai de sept ans, et l'article V^{ter} qui impose les mêmes obligations aux Etats contractants en voie de développement, mais autorise l'octroi de licences obligatoires après un délai de un ou trois ans seulement, en fixant toutefois des conditions sensiblement plus strictes.

61. La disposition fondamentale de l'article V^{ter} est énoncée au premier alinéa: lorsqu'un Etat contractant est considéré comme un „pays en voie de développement" au sens de l'article V^{bis} et selon les conditions qui y sont définies, il peut remplacer la période de sept ans prévue pour le droit exclusif de traduction par une période de trois ans; et „dans le cas d'une

traduction dans une langue qui n'est pas d'usage général dans un ou plusieurs pays développés" parties à l'un des deux textes de la Convention universelle, cette période de trois ans peut être ramenée à un an.

62. La délégation de l'Inde a proposé (UCC/14) de réduire de moitié la période d'un an en faisant valoir que les licences non exclusives de traduction dans les langues locales étant seules en question, six mois d'exclusivité seraient suffisants pour protéger les intérêts du titulaire du droit d'auteur. Cette proposition s'est heurtée à une vive opposition de la part de délégations de pays développés, non seulement parce qu'elle compromettait, à leur avis, ce que l'on a constamment, sinon élégamment appelé l'„arrangement en bloc" (package deal), mais aussi que, dans la pratique, une période de six mois ne serait pas assez longue pour permettre à l'auteur de trouver le traducteur de son choix et de prendre des dispositions pour faire établir et publier la traduction autorisée. Après la réunion d'un Groupe de travail sur cette question, la délégation de l'Inde a provisoirement retiré sa proposition à la condition que la Conférence accepte dans leur principe les propositions de la délégation du Kenya (UCC/13) qui figurent maintenant aux alinéas 1 et 9 de l'article V^{ter}.

63. La période prévue à l'alinéa 1 (a) de l'article V^{ter} est de trois ans ou d'un an selon que la traduction est ou non établie „dans une langue qui n'est pas d'usage général dans un ou plusieurs pays développés...". Le sens de l'expression „d'usage général" a fait l'objet de plusieurs discussions pendant la Conférence et, comme pour l'expression „pays en voie de développement", on a constaté que, malgré l'impossibilité de définir nettement ces expressions, il n'a pas été possible d'en trouver de meilleures. Comme point de départ, il a été proposé sans que cela ait soulevé d'objections de considérer comme étant „d'usage général" toute langue officiellement reconnue comme l'une des langues nationales d'un pays. Le principal problème qui se pose est celui des langues qui, sans être des langues nationales, sont parlées ou lues par un pourcentage important de la population totale d'un pays y compris les populations des territoires extérieurs aussi bien que des territoires métropolitains de ce pays; on aurait peut-être pu raisonnablement retenir comme critère l'emploi d'une langue par 10% au moins de la population totale d'un pays, mais on a estimé qu'il n'était pas possible de fixer un pourcentage arbitraire et que ce chiffre devait nécessairement varier en fonction de facteurs démographiques très variés, notamment des groupements régionaux et ethniques existant dans un pays, ainsi que de diverses autres données sociales et politiques. En tout état de cause, il a été clairement précisé que les trois langues dites „mondiales" l'anglais, l'espagnol, le français, seraient, à toutes fins, considérées comme étant „d'usage général dans un ou plusieurs pays développés".

64. Il a été entendu que dans ce contexte, l'expression „pays développés" vise les pays qui ne sont pas considérés comme des „pays en voie de développement, conformément à la pratique établie de l'Assemblée

générale des Nations Unies". Cependant, la Conférence n'a pas accepté une proposition de la délégation japonaise (UCC/9) tendant à modifier en ce sens le texte de l'article V^{ter} pour le motif que, dans les cas litigieux, cette modification pourrait introduire un élément d'incertitude.

65. Par contre, la délégation du Kenya a déposé une proposition (UCC/ 13) qui, en fait, définissait à cette fin les „pays développés" plus restrictivement et fournissait une formule souple applicable à certains cas spéciaux. Bien que la délégation du Japon ait fait observer qu'il serait peu raisonnable d'établir une distinction entre langues d'usage général dans des pays développés qui sont des Etats contractants de la Convention universelle et langues d'usage général dans des pays développés qui ne sont pas parties à cet instrument, il a été décidé d'amender cet article conformément à la proposition du Kenya. Selon la rédaction adoptée par la Conférence, la période d'un an prévue à l'article V^{ter} 1 (a) est applicable si l'œuvre est traduite dans une langue qui n'est pas d'usage général dans un pays développé partie soit au texte de 1952 soit au texte de 1971 de la Convention universelle sur le droit d'auteur. En contrepartie la Conférence a ajouté au texte un nouveau sous-alinéa (b) en vertu duquel il est possible de modifier l'effet des dispositions du sous-alinéa (a) si l'on arrive à obtenir l'accord unanime de tous les pays développés parties à la Convention universelle, où la même langue, à l'exception de l'anglais, de l'espagnol et du français, est d'usage général.

66. En d'autres termes, un pays en voie de développement peut traduire une œuvre en application de l'alinéa 1 (b) de l'article V^{ter} dans un délai d'un an au lieu de trois ans, à la condition: (a) que l'œuvre ne soit pas traduite dans une des trois „langues mondiales"; (b) que lœuvre soit traduite dans une langue d'usage général dans un ou plusieurs pays développés parties soit au texte de 1952 soit au texte de 1971 de la Convention universelle sur le droit d'auteur; (c) que ces pays acceptent unanimement de remplacer la période de trois ans par une autre période, d'un an ou plus et (d) que le Directeur général de l'Unesco reçoive notification de cet accord écrit. Il a été clairement entendu que tout accord de ce genre nécessiterait une action officielle au niveau de l'exécutif de chacun des pays développés intéressés et qu'il pourrait prévoir certaines conditions, par exemple qu'il ne serait applicable qu'à certaines catégories d' œuvres telles que les ouvrages techniques et scientifiques. Il a également été stipulé qu'en aucun cas la durée du droit exclusif de traduction en anglais, en espagnol, ou en français, ne saurait être réduite au-dessous du minimum de trois ans prévu par l'article V^{ter} 1 (a). Certaines inquiétudes ont été exprimées, notamment par la délégation italienne, quant à l'incidence d'arrangements particuliers tels que ceux qui sont autorisés aux alinéas 1 (b) et 4 (c) de l'article V^{ter} sur les autres Etats parties à une convention multilatérale. La Conférence a estimé cependant que, dans des cas exceptionnels exigeant une certaine souplesse, pareils arrangements sont justifiés.

67. Lors de la première discussion de l'article V^{ter}, la Commission principale a examiné un amendement présenté par la délégation de la Suède (UCC/16) qui avait pour but d'uniformiser la procédure à suivre „si le titulaire du droit de traduction n'a pu être atteint" avec les dispositions de l'article V^{quater} relatif à la reproduction. Celles-ci diffèrent sur quelques points de détail de la procédure décrite dans l'article V, procédure reprise *mutatis mutandis* dans le texte de l'article V^{ter} du CIDA. Bien que la Commission principale, au premier examen, ait été partagée à ce sujet et que la délégation de la Suède ait retiré sa proposition, la question a été réouverte et le contenu de la proposition de la Suède a été finalement retenu.

68. Comme cela a été indiqué ci-dessus lors de la discussion de l'article V, tous les efforts ont tendu à la fin de la Conférence à uniformiser autant que possible les différentes procédures à accomplir pour l'octroi de licences obligatoires aux termes des articles V^{ter} et V^{quater} de la Convention universelle de 1971 et de l'article IV de l'annexe à l'Acte de Paris de 1971 de la Convention de Berne. La décision ayant été prise de ne pas changer la procédure déjà établie par l'article V de la Convention universelle, la Conférence a été d'accord pour adopter une procédure quelque peu différente en ce qui concerne les licences de traduction prévues par l'article V^{ter} sur la base d'une proposition de la délégation du Royaume-Uni (UCC/41).

69. La proposition du Royaume-Uni qui, après avoir été quelque peu amendée, a été introduite en tant que lettres (c) et (d) de l'article V^{ter}, alinéa 1, institue pour l'octroi de licences de traduction aux termes de l'article V^{ter} la même procédure que celle établie pour l'octroi de licences de reproduction en vertu de l'article V^{quater}. Cette procédure sera examinée plus en détail lors de l'étude de ce dernier article. La seule différence essentielle entre les procédures établies dans les articles V^{ter} et V^{quater} pour les licences de traduction et de reproduction et celle instituée dans l'article IV de l'Annexe au nouveau texte de la Convention de Berne concerne la mention expresse dans la Convention universelle du „Centre international d'information sur le droit d'auteur créé par l'Organisation des Nations Unies pour l'éducation, la science et la culture".

70. L'alinéa 2 du texte final de l'article V^{quater} qui constituait l'alinéa 5 du texte proposé par le CIDA prévoit des délais supplémentaires à compter du dépôt de la demande d'autorisation de traduire aux termes de la lettre (c) de l'alinéa 1 ou de l'envoi des copies de la demande en vue de l'octroi d'une licence obligatoire de traduction en vertu de la lettre (d) de l'alinéa 1. Le libellé assez compliqué de l'article V^{ter} peut être résumé comme suit:

(1) Lorsque la période prévue par l'article V^{ter} est de trois ans, aucune licence obligatoire ne peut être accordée „avant l'expiration d'un délai supplémentaire de six mois" à dater de la demande ou de l'envoi des copies de la demande;

(2) Lorsque la période prévue par l'article V^ter^ est d'un an, aucune licence obligatoire ne peut être accordée avant l'expiration d'un délai supplémentaire de neuf mois.

71. La Conférence a adopté un amendement proposé par la délégation de la Suède (UCC/16) et précisant que la publication „par le titulaire du droit de traduction ou avec son autorisation" pendant le délai de six ou neuf mois fait obstacle à l'octroi d'une licence obligatoire. Il a été décidé, aux fins de l'interprétation de ce texte, qu'aux termes de cette disposition:

(1) Les demandes officielles qui ouvrent le délai supplémentaire de six ou de neuf mois doivent se référer clairement à l'octroi d'une licence au titre de l'article V^{ter}.

(2) Si le titulaire du droit d'auteur a déposé auprès de l'autorité compétente du pays en voie de développement intéressé une liste des œuvres sur lesquelles il est titulaire du droit de traduction, on ne peut faire valoir qu'aux termes de l'article V (2) (c), „le titulaire du droit de traduction n'a pu être atteint".

(3) Dans les cas où le délai d'un an aurait été applicable mais où la demande n'est pas présentée avant l'expiration d'un délai de trois ans, le délai supplémentaire est de six mois et non de neuf mois.

72. La Commission principale s'est penchée sur la question de savoir si les délais de trois ans/six mois et de un an/neuf mois sont concomitants ou consécutifs. La délégation de l'Inde a exprimé l'opinion que les délais de trois ans/six mois et d'un an/neuf mois peuvent, dans chaque cas, courir simultanément ou se chevaucher. Toutefois, l'opinion majoritaire qui a prévalu est celle selon laquelle l'intention était que ces périodes soient consécutives. Selon cette interprétation, l'emploi du mot „supplémentaire" signifie que le délai de base doit s'être écoulé avant que les délais prévus à l'article V^{ter} (2) puissent commencer à courir, et l'absence du mot „supplémentaire" dans la disposition équivalente de l'article V^{quater} signifie qu'en cas de reproduction, les délais sont concomitants.

73. L'alinéa (3) spécifie que les licences accordées en vertu de l'article V^{ter} ne peuvent l'être qu'à „l'usage scolaire, universitaire ou de la recherche". Selon l'interprétation de la Conférence, les mots „scolaire et universitaire" dans cette expression, vise non seulement l'instruction dispensée à tous les niveaux dans les établissements d'enseignement, les écoles primaires et secondaires, les collèges universitaires et les universités, mais aussi une large gamme d'activités éducatives organisées à l'intention de personnes de tous les âges et portant sur toutes les disciplines. La Conférence a également décidé que le mot „recherche" ne saurait recevoir une interprétation de nature à autoriser des instituts de recherche industrielle ou des entreprises privées faisant des recherches à des fins commerciales à traduire, en application de l'article V^{ter} des œuvres protégées. Cependant, la Conférence a rejeté comme trop restrictive une proposition de la délégation de l'Argentine (UCC/7) qui aurait eu pour

effet de n'appliquer l'article V^ter^ qu'aux traductions dont le bénéficiaire est „un établissement d'enseignement ou de recherche officiel, ou officiellement agréé".

74. L'alinéa 4 (a) de l'article V^{ter}, comme son homologue l'alinéa 1 (f) de l'article V^{quater} relatif aux reproductions, énonce une règle fondamentale qui est à la base de ces deux dispositions, à savoir que les exemplaires publiés conformément à une licence obligatoire accordée en vertu de l'article V^{ter} ou de l'article V^{quater} ne peuvent pas être exportés, et que la licence „ne sera valable que pour l'édition à l'intérieur du territoire de l'Etat contractant où cette licence a été demandée". Une proposition de la délégation de l'Argentine (UCC/7) tendant à faire dépendre la validité d'une licence à la fois de l'impression et de la publication à l'intérieur du territoire de l'Etat qui accorde la licence, a suscité l'une des principales controverses de la Conférence de Paris. L'amendement argentin n'a pas été adopté; mais à la suite de la réunion et du rapport d'un groupe de travail mixte des Commissions principales des deux Conférences de revision, on est parvenu à un accord sur une interprétation à faire figurer dans le présent rapport. Etant donné que cette interprétation a trait à la fois à l'article V^{ter} et a l'article V^{quater}, elle figurera dans une section distincte, après le rapport sur l'article V^{quater}.

75. Aux termes de la lettre (b) de l'article V^{ter} (4), comme dans le texte du CIDA, tout exemplaire publié conformément à une licence doit contenir une mention précisant qu'il n'est mis en distribution que dans l'Etat qui a accordé la licence. Sur proposition de la délégation des Etats-Unis d'Amérique (UCC/18), ce texte a été modifié de façon à exiger l'apposition, sur tous les exemplaires d'une traduction publiée en vertu d'une licence obligatoire, de la mention de réserve du droit d'auteur prévue à l'alinéa 1 de l'article III.

76. Une proposition de la délégation du Brésil (UCC/20) a soulevé un problème particulier résultant du désir de certains pays en voie de développement de fournir à leurs ressortissants vivant à l'étranger des traductions établies en vertu de l'article V^{ter}. L'intention qui était à la base de cette proposition a généralement trouvé un écho favorable; toutefois certaines délégations ont estimé que cette question ne nécessitait pas de modification du texte puisqu'il a été reconnu que l'envoi d'exemplaires isolés destinés à une utilisation personnelle ne pouvait être considéré comme une „exportation". D'autres délégués se sont déclarés en faveur d'une nouvelle disposition à ce sujet, bien qu'il ait été constaté que ni la proposition initiale (UCC/20), ni une version modifiée de celle-ci (UCC/20 rev.) ne contenaient les restrictions et les sauvegardes nécessaires pour pouvoir être acceptées par toutes les délégations.

77. Lorsque la question a été mise aux voix, la Commission principale a décidé de faire figurer une disposition à ce sujet dans l'article V^{ter} et a chargé un groupe de travail d'élaborer un texte (UCC/26). Après y

avoir apporté de légères modifications d'ordre rédactionnel, la Conférence a adopté le texte du groupe de travail qui est devenu la lettre (c) de l'article V^{ter} (4).

78. Aux termes de cette disposition, l'interdiction d'exporter ne s'applique pas lorsqu'un organisme gouvernemental ou tout autre organisme public d'un Etat qui a accordé une licence envoie des exemplaires d'une traduction à un autre pays, mais cela seulement (a) si la traduction n'est pas en anglais, en espagnol ou en français, (b) si les destinataires sont des ressortissants de l'Etat contractant qui a délivré la licence ou des organisations groupant de tels ressortissants, (c) si les exemplaires sont utilisés exclusivement pour l'usage scolaire, universitaire ou de la recherche et si l'envoi des exemplaires et leur distribution sont dépourvus de tout „caractère lucratif", enfin (d) si le pays auquel les exemplaires sont envoyés a permis la réception et la distribution ou l'une de ces deux opérations et si cet accord a été notifié au Directeur général de l'Unesco.

79. L'expression „dépourvus de tout caractère lucratif", (without the object of commercial purpose), qui a été finalement retenue de préférence à l'expression „dénués de tout but lucratif" (without the object of financial gain), doit être interprétée ici (et ailleurs) comme interdisant aux entreprises privées à but lucratif de se livrer aux activités autorisées, mais non comme interdisant aux organismes publics ou gouvernementaux de prévoir la compensation de leurs débours. On a également estimé que le pays auquel sont adressés les exemplaires — qu'il soit ou non partie à la Convention universelle — est tenu d'autoriser la réception ou la distribution des exemplaires et que son accord soit notifié au Directeur général de l'Unesco.

80. L'alinéa (5), qui traite du montant et du versement de la rémunération prévue pour les licences obligatoires, a été repris sans changement essentiel du texte du CIDA. Toutefois, l'article V^{ter} contient une nouvelle disposition, qui est l'alinéa (6); elle résulte d'une proposition de la délégation de la Suède (UCC/16), qui était elle-même fondée sur la disposition correspondante de l'article V^{quater} (2) (c). En effet, cette disposition prévoit que toute licence accordée en vertu de l'article V^{ter} prend fin si une traduction autorisée de l'œuvre „dans la même langue et ayant essentiellement le même contenu" est publiée „à un prix comparable à celui qui est d'usage dans ledit pays pour des œuvres comparables".

81. L'alinéa 7, également repris du texte du CIDA, traite des œuvres „composées principalement d'illustrations". Il autorise la traduction du texte en même temps que la reproduction des illustrations aux seules conditions prévues par l'article V^{quater}. Cette disposition a été interprétée comme s'appliquant principalement aux livres d'art, et il a été convenu que la question de savoir si une œuvre déterminée est „principalement" composée d'illustrations doit être laissée à l'appréciation de l'autorité compétente.

82. Une proposition de la délégation du Kenya (UCC/13) tendant à ajouter un nouvel article V^{quinquies} accordant un droit de traduction limité aux fins de radiodiffusion a également suscité beaucoup de controverses à la Conférence de Paris. Cette proposition, qui ne correspondait à aucune de celles du texte du CIDA et qui ne figurait dans aucun texte d'ensemble antérieur, reposait sur l'hypothèse que les articles V et V^{ter}, qui traitent exclusivement de la publication des traductions, ne permettraient pas les traductions aux fins de radiodiffusion à moins qu'on n'ajoute dans la Convention une disposition spéciale à cet effet. On a fait valoir à l'appui de cette proposition que la radiodiffusion commence à jouer un rôle de plus en plus important dans les programmes d'éducation des pays en voie de développement qui manquent de livres et d'enseignants et qu'une licence de traduction aux fins de radiodiffusion présente pour ces pays au moins autant d'importance qu'une licence aux fins de publication.

83. Au début du débat, certains délégués ont déclaré qu'ils étaient en faveur de cette proposition, ou du moins qu'ils en comprenaient les motifs. La délégation de l'Argentine toutefois s'est demandé s'il était opportun de traiter de cette proposition durant la présente Conférence. Bien qu'elle reconnaisse l'importance de la radiodiffusion comme méthode d'enseignement dans les pays en voie de développement, la délégation de l'Argentine avait l'impression, qu'étant donné que cette question n'avait pas été examinée au cours des travaux préparatoires, elle nécessitait d'être plus largement étuidée au niveau gouvernemental avant d'être soumise à la Conférence de revision. Un certain nombre de problèmes sont apparus au sujet du texte proposé, et un groupe de travail a été constitué pour examiner la question en détail. Ce groupe est parvenu à un accord provisoire sur des principes généraux et les délégations du Kenya et des Etats-Unis d'Amérique ont été priées de rédiger un nouveau texte (UCC/27). Ce texte, auquel la Commission principale et le Comité de rédaction ont apporté des modifications relativement mineures, a été adopté par la Conférence et constitue l'alinéa 8 de l'article V^{ter}.

84. En vertu de l'alinéa 8 (a), une licence en vue de taduire une œuvre protégée par la Convention de 1971 et publiée „sous forme imprimée ou sous des formes analogues de reproduction" peut être accordée à un organisme de radiodiffusion ayant son siège dans un pays en voie de développement partie à la Convention universelle sur le droit d'auteur, aux conditions suivantes:

(1) La traduction doit être faite à partir d'un exemplaire produit et acquis conformément aux lois de l'Etat qui a accordé la licence. Comme il est précisé à l'alinéa 34 du rapport du Rapporteur général de la Conférence de Paris pour la revision de la Convention de Berne (B/DC/36) cette expression signifie „que l'exemplaire n'est pas un exemplaire illicite aux termes des lois de ce pays".

(2) Le seul but de la traduction doit être son utilisation dans des émis-

sions, et le seul but des émissions utilisant cette traduction doit être soit „l'enseignement", soit „la diffusion d'informations à caractère scientifique destinées aux experts d'une profession déterminée". Cette dernière rédaction a été trouvée acceptable après que plusieurs délégués eurent déclaré qu'une simple référence à la „recherche" ne leur donnait pas satisfaction.

(3) La traduction doit être utilisée exclusivement aux fins qui viennent d'être énumérées, par radiodiffusion légalement faite à l'intention des bénéficiaires sur le territoire de l'Etat qui a accordé la licence. Du moment que les émissions sont destinées à être reçues sur le territoire de cet Etat, le fait que des auditeurs ou téléspectateurs d' autres pays les reçoivent aussi n'affexte pas la licence.

(4) Les émissions peuvent être „en direct", c'est-à-dire concomitantes avec les sons ou les images qui en sont l'objet, ou être réalisées „par le moyen d'enregistrements sonores ou visuels". Dans ce dernier cas, les enregistrements doivent être réalisés licitement et exclusivement aux fins mentionnées à l'alinéa (2) ci-dessus. Du moment qu'il y a radiodiffusion, peu importe qu'il s'agisse d'émissions radiophoniques ou télévisées, et qu'elles fassent appel à des relais terrestres ou par satellites. L'expression „enregistrements sonores ou visuels", comprend tous les types de fixations sonores et visuelles, notamment les films, les phonogrammes, et les diverses formes de bandes sonores et vidéo.

(5) Si des enregistrements sonores ou visuels sont utilisés pour les émissions, ils ne peuvent faire l'objet d'échanges qu'entre des organismes de radiodiffusion ayant leur siège social sur le territoire de l'Etat qui a accordé la licence. En aucun cas ces enregistrements ne peuvent sortir des frontières du pays et ne peuvent faire l'objet de vente, de location ou d'arrangements en vue de l'octroi d'une licence à l'intérieur du pays.

(6) Toutes les utilisations faites de la traduction y compris la radiodiffusion elle-même et tout échange d'enregistrements doivent être „dépourvues de tout caractère lucratif". La Conférence a estimé que, dans le contexte de la radiodiffusion, l'expression „dépourvues de tout caractère lucratif" signifie que l'organisme de radiodiffusion lui-même n'est pas une société privée fonctionnant à des fins lucratives et qu'aucune publicité commerciale n'apparaît dans l'emission où figure la traduction. Mais elle n'est pas destinée à empêcher cet organisme de diffuser de la publicité commerciale à d'autres moments, ou à exclure la situation normale des propriétaires de postes récepteurs qui versent une redevance.

85. Selon la lettre (b) de l'alinéa (8), une licence peut également être accordée dans les mêmes conditions pour traduire „tout texte incorporé ou intégré à des fixations audio-visuelles faites et publiées à la seule fin d'être utilisées pour l'usage scolaire et universitaire". Il s'agit ici exclusi-

vement de matériels d'enseignement publiés, comme par exemple des films et des vidéo-cassettes, des films fixes et des diapositives, combinés à un texte qui peut faire partie d'une bande sonore ou d'un enregistrement d'accompagnement.

86. Un point d'une grande importance a été plusieurs fois repris au cours de l'examen de l'alinéa (8): la licence accordée en vertu de cette disposition ne porte que sur l'acte de traduction et rien de plus. Elle ne donne aucun droit d'adaptation, notamment d'adaptation dramatique, ou d'utilisation dans des œuvres cinématographiques et elle n'autorise ni ne sanctionne la diffusion de la traduction ou la fabrication d'enregistrements éphémères ou autres. Ces droits reposent sur d'autres dispositions de la Convention et la législation domestique, et rien dans l'alinéa (8) ne porte atteinte ou ne remplace la protection du droit d'auteur en ce qui concerne ces prérogatives. Le seul but de l'alinéa (8) est d'autoriser la traduction à des fins de radiodiffusion dans certaines conditions.

87. L'alinéa (9) régit la question importante des relations entre les articles V et V^{ter}. Il prévoit tout d'abord que, lorsqu'elles ne sont pas remplacées par les dispositions spéciales de l'article V^{ter}, les dispositions de l'article V sont intégralement applicables à toutes les traductions faites en vertu de licences obligatoires. Cette application par simple référence a plusieurs conséquences:

(1) L'œuvre traduite sous licence doit être un „écrit". Ce terme a un sens restreint selon l'article premier de la Convention universelle sur le droit d'auteur, bien que son champ d'application soit discuté. L'interprétation la plus généralement admise est que le terme „écrits" ne comprend pas „les œuvres musicales, dramatiques et cinématographiques, les peintures, gravures et sculptures". Sauf lorsqu'un texte est incorporé dans des livres d'art ou des fixations audio-visuelles, qui font l'objet des alinéas (7) et (8) (b) de l'article V^{ter}, cet article ne s'applique qu'aux textes non dramatiques. La délégation du Kenya a cependant exprimé l'avis que les œuvres dramatiques pouvaient entrer dans le champ d'application des articles V et V^{ter}. La Conférence a stipulé expressément que les termes, morceaux lyriques, ou textes de composition musicale n'entraient pas dans le cas des traductions visées par l'article V^{ter}.

(2) Tel qu'il a été modifié par la Conférence, l'article V limite la licence obligatoire aux traductions dans „une langue d'usage général" dans l'Etat qui délivre la licence.

(3) Toutes les conditions et garanties des droits des auteurs, figurant à l'article V, s'appliquent *mutatis mutandis* à l'article V^{ter}. Ce sont les suivantes: le titre et le nom de l'auteur de l'œuvre originale doivent être imprimés sur les exemplaires de la traduction publiée sous licence, la licence ne peut être cédée, une traduction correcte de l'œuvre doit être assurée, et aucune licence n'est accordée lorsqu'

un auteur a retiré de la circulation tous les exemplaires de son œuvre. Cela signifie également que, sous réserve des dispositions de l'alinéa (8), la licence ne peut être accordée qu'à des fins limitées: „traduire l'œuvre et publier l'œuvre ainsi traduite". En raison de la définition restrictive donnée au mot „publication" dans l'article VI de la Convention universelle sur le droit d'auteur, aucune licence ne peut être accordée en vertu de l'article V^{ter} pour mettre en circulation l'œuvre sous la forme d'enregistrements sonores ou toute autre forme que celle „permettant de la lire ou d'en prendre connaissance visuellement". Aux termes de l'article V, aucune licence de traduction ne peut être accordée si une traduction autorisée dans la langue dont il s'agit a été publiée pendant la période correspondante d'éxclusivité, et aussi longtemps qu'une édition antérieure de cette traduction reste disponible.

(4) On a également estimé que, lorsque le titulaire du droit d'auteur a fait une offre raisonnable en vue d'autoriser une traduction, le refus de l'éventuel titulaire de la licence ne lui donne pas droit à une licence obligatoire.

(5) Dans ce contexte, il a été expressément entendu par la Conférence, que, lorsque l'œuvre pour laquelle on demande une licence de traduction est elle-même une traduction d'une œuvre protégée par le droit d'auteur, c'est non seulement au titulaire du droit d'auteur pour la traduction intermédiaire, mais également à l'auteur de l' œuvre originale sur laquelle repose celle-ci, qu'il appartient de donner ou de refuser cette autorisation. Ce principe s'applique également à toutes formes d'adaptation ou de transformation comprenant des textes protégés par le droit d'auteur et émanant de plusieurs titulaires de droit.

(6) La Conférence a également estimé que, lorsqu'une licence obligatoire est accordée en vertu soit de l'article V^{ter}, soit de l'article V^{quater}, il convient de notifier expressément à l'auteur ou à tout autre titulaire du droit d'auteur les conditions de la licence et notamment celles qui concernent le paiement et le transfert de la rémunération qui doit lui être versée. Une interprétation semblable figure dans l'alinéa 39 du Rapport du Rapporteur général de la Conférence de revision de la Convention de Berne (B/DC/36) selon laquelle l'autorité compétente doit, en cas d'octroi d'une licence de traduction ou de reproduction, „prendre des mesures qui puissent donner au titulaire du droit l'occasion d'être informé de la requête et de pouvoir aussi agir en conséquence". Réciproquement, lorsque le titulaire du droit d'auteur a eu connaissance d'une licence obligatoire, l'alinéa 32 du Rapport de la Conférence de revision de la Convention de Berne envisage comme condition pour mettre fin à la licence par suite de la publication autorisée "que le détenteur de la licence devrait être normalement informé par le titulaire du

droit de traduction ... qu'une traduction autorisée par lui est publiée".

88. L'alinéa (9) traite également du cas d'une licence accordée en vertu de l'article V^{ter}, sept ans après la première publication d'une œuvre, alors que tout Etat contractant, développé ou en voie de développement, peut obtenir une licence obligatoire en vertu de l'article V, à des conditions plus libérales que celles que définit l'article V^{ter}. Comme le texte du CIDA l'avait déjà prévu, deux possibilités s'offrent au titulaire d'une licence dans un pays en voie de développement: il peut simplement maintenir en vigueur la licence obtenue selon l'article V^{ter} ou, s'il le désire, il peut obtenir une nouvelle licence au titre de l'article V en suivant toutes les procédures prévues dans cet article.

Article V^{quater}

89. Après avoir traversé les eaux agitées de l'article V^{ter}, la Conférence a semblé aborder une zone plus calme avec l'examen de l'article V^{quater}. Le texte du CIDA est resté intact dans sa plus grande partie et le débat a porté sur la clarification de détails et sur la nécessité d'harmoniser autant que possible le texte de la Convention universelle et celui de la Convention de Berne.

90. Dans l'ensemble, les dispositions de l'article V^{quater} suivent le même schéma que celles de l'article V^{ter}, à l'exception de quelques différences de fond et de forme. Les différences de fond proviennent de ce que l'on traite ici et là de droits différents: droits de traduction d'une œuvre et de publication de cette traduction d'une part; droit de publication de la reproduction d'une édition déterminée d'une œuvre, d'autre part. Les différences de forme tiennent principalement au fait que l'article V^{ter} étant basé sur l'article V il se réfère à un certain nombre de ses dispositions alors que l'article V^{quater} est entièrement autonome.

91. L'alinéa (1) (a) pose la règle fondamentale applicable à l'obtention d'une licence obligatoire au titre de l'article V^{quater}. Lorsque, à l'expiration d'une période donnée, des exemplaires d'une édition déterminée d'une œuvre n'ont pas été, dans un pays en voie de développement, mis en vente pour répondre aux besoins soit du public, soit de l'enseignement scolaire et uinversitaire, il est possible d'obtenir une licence obligatoire pour publier cette édition sur le territoire de l'Etat qui accorde la licence. La lettre (a) prévoit ici une double condition en ce qui concerne le prix de vente des exemplaires: le titulaire du droit d'auteur ne peut faire échec à la licence que s'il met en vente des exemplaires „à un prix comparable à celui qui est d'usage dans ledit Etat pour des œuvres analogues", tandis que les exemplaires publiés en vertu d'une licence obligatoire doivent également être mis en vente à ce prix ou à un prix inférieur.

92. Une autre condition fondamentale de l'octroi de la licence de publication est qu'elle soit accordée exclusivement „pour répondre aux be-

soins de l'enseignement scolaire et universitaire". Cette expression doit s'entendre comme désignant non seulement les activités liées aux programmes scolaires et extrascolaires d'un établissement d'enseignement, mais aussi toutes les formes organisées d'éducation extrascolaire. Bien que l'on ait envisagé la possibilité de permettre la vente des exemplaires reproduits au titre d'une licence obligatoire, il a également été rappelé que l'autorité compétente d'un pays en voie de développement à laquelle est soumise une demande de licence est tenue de vérifier si la licence répond aux besoins „de l'enseignement scolaire et universitaire". La licence doit être refusée si ces objectifs s'avèrent être en fait subsidiaires.

93. Enfin une condition importante posée par la lettre (a) ressort implicitement de l'expression „édition déterminée". Lorqu'une œuvre fait l'objet d'éditions successives, les délais correspondant aux diverses éditions fixés par l'article V^{quater} sont indépendants les uns des autres. En conséquence, il y a lieu de refuser une licence de reproduction pour la dernière édition même si les délais applicables aux éditions précédentes sont expirés. Aux termes de l'alinéa 3 de l'article V^{quater}, et sous réserve des fixations audio-visuelles, les œuvres pour lesquelles des licences peuvent être accordées „sont limitées aux œuvres publiées sous forme d' édition imprimée ou sous toute autre forme analogue de reproduction".

94. La procédure pour obtenir une licence au titre de l'article V^{quater} est, pour l'essentiel, la même que celle que prévoient les articles V et V^{ter}: le demandeur doit justifier avoir fait diligence pour trouver le titulaire du droit d'auteur et obtenir son autorisation. Les remarques formulées dans le présent rapport au sujet des dispositions correspondantes de l'article V^{ter} valent également pour l'article V^{quater}.

95. La délégation du Japon (UCC/11) et la délégation de la République fédérale d'Allemagne (UCC/15) ont proposé, conformément au projet de texte de la Convention de Berne revisée, d'insérer ici une disposition permettant d'accorder une licence lorsqu'une édition déterminée cesse d' être disponible dans l'Etat qui accorde la licence à condition que cette indisponibilité se prolonge pendant une durée d'au moins six mois. Ces propositions ont été adoptées, et cette disposition figure maintenant à la lettre (b) de l'article V^{quater} (1).

96. Le délai d'exclusivité, pendant lequel aucune licence ne peut être délivrée au titre de l'article V^{quater} pour une édition déterminée, commence à courir à compter de la date de la première publication de cette édition. La formule de compromis adoptée dans le texte du CIDA, qui fait varier le délai selon la nature de l'œuvre, a été conservée par la Conférence et se trouve à la lettre (c). En principe, le délai est de cinq ans; mais il est ramené à trois ans pour les „œuvres des sciences exactes et naturelles et de la technologie" et porté à sept ans pour les „œuvres qui appartiennent au domaine de l'imagination telles que les romans, les œuvres poétiques, drammatiques et musicales, et [...] les livres d'art".

97. Comme on l'a déjà noté, il existe des différences entre la procédure d'obtention des licences obligatoires prévue par l'article V et celles prévues par les articles V^ter et V^quater. Une proposition de la délégation de l'Argentine tendant à instaurer une procédure plus détaillée et plus élaborée (UCC/7) a été, faute d'appui, retirée.

98. Les trois articles (V, V^ter et V^quater) disposent que, conformément aux procédures en vigueur dans l'Etat dispensateur de la licence, le requérant doit établir l'un ou l'autre des deux faits suivants: soit qu'il avait sollicité une licence et que sa demande a été rejetée, soit que, après dues diligences de sa part, il n'a pu atteindre le titulaire du droit. Le paragraphe 37 du rapport de la Conférence de revision de la Convention de Berne dit à ce propos: „Il a été entendu que la demande d'autorisation qui est adressée au titulaire du droit doit indiquer que, si une telle autorisation est refusée, un tel refus pourra être à la base d'une demande de licence [obligatoire]".

99. Lorsque le titulaire du droit est connu, l'article V prévoit seulement que le requérant doit lui envoyer une demande et attendre son autorisation ou son refus. Les articles V^ter et V^quater prévoient cependant une exigence supplémentaire dans cette hypothèse: en même temps qu'il introduit sa demande le requérant doit aussi en informer soit le centre international d'information sur le droit d'auteur créé par l'Unesco, soit „tout centre national ou régional d'information indiqué comme tel dans une notification déposée auprès du Directeur général [de l'Unesco], par l'Etat où l' éditeur est présumé exercer la majeure partie de ses activités professionnelles".

100. Si le titulaire ne peut être atteint, l'article V requiert l'envoi d'une copie de la demande de licence à l'éditeur dont le nom figure sur l'œuvre; et, lorsque la nationalité du titulaire du droit de traduction est connue, l'envoi d'une autre copie au représentant diplomatique ou consulaire de l'Etat dont ledit titulaire est ressortissant ou à l'organisme qui peut avoir été désigné par le gouvernement de cet Etat. Aux termes des articles V^ter et V^quater, les copies de la demande doivent être envoyées par la poste aérienne, sous pli recommandé, en outre une copie doit également être adressée au centre national ou régional d'information officiellement désigné ou, à défaut, au centre d'information créé par l'Unesco.

101. Malgré les difficultés d'ordre rédactionnel auxquelles on s'est heurté en révisant la Convention de 1952, cette procédure compliquée s'avèrera sans doute moins lourde en fait qu'il n'apparaît maintenant, et ce, bien que sa complexité soit accentuée dans certains cas en raison des dispositions quelque peu différentes de l'Acte de Paris de la Convention de Berne. L'apparente complexité des procédures à suivre pour obtenir une licence a déterminé la délégation de l'Inde à déposer une proposition (UCC/37) qui tend à introduire un nouvel article disposant que les mesures prises de bonne foi en vue de satisfaire aux obligations convention-

nelles devraient être considérées comme valables même si les modalités prescrites n'ont pas été rigoureusement suivies. Cependant la Conférence n'a pas accepté d'introduire cette proposition ni dans le texte de la Convention, ni même dans le rapport à titre interprétatif. Il y fut objecté qu'il appartenait aux tribunaux de chaque Etat de décider souverainement de la validité des licences obligatoires octroyées par les autorités dudit Etat, et que toute interprétation expressément donnée et tendant à permettre de s'écarter des dispositions de la Convention pourrait entraîner de la confusion et des conséquences peu équitables.

102. Il est prévu, à l'article V^{quater} alinéa (1) (e) que, dans le cas où la période d'exclusivité est de trois ans, aucune licence ne peut être accordée avant l'expiration d'un délai de six mois à compter de la date de la demande. La Conférence a estimé à l'unanimité qu' à la différence des périodes de six et de neuf mois prévues à l'alinéa 2 de l'article V^{ter}, la période de six mois dont il est question à l'article V^{quater} (1) (e) peut courir en même temps que la période d'exclusivité de trois ans. Toutefois, pour assurer la concordance avec la lettre (b) de l'article V^{ter} (2) et tenir compte des cas où la période de six mois se terminerait après la clôture de la période de trois ans, la Conférence a adopté une proposition de la délégation suédoise (UCC/17) stipulant que la licence obligatoire ne serait pas accordée si une édition autorisée était distribuée dans l'Etat pendant la période de six mois.

103. Les articles V, V^{ter} et V^{quater} soulèvent le problème particulier de savoir à partir de quelle date une licence obligatoire peut être accordée lorsque le titulaire du droit ne peut être atteint; la question est traitée différemment dans chacun de ces articles. L'article V dispose que „la licence ne pourra être accordée avant l'expiration d'un délai de deux mois à dater de l'envoi des copies de la demande". Toutefois cette période supplémentaire n'est pas prévue à l'article V^{ter} puisqu'il y est déjà exigé que s'écoule un délai de six ou de neuf mois à compter de l'envoi des copies de la demande. D'autre part, le délai de six ou de neuf mois prévu à l'article V^{quater} pouvant courir simultanément avec les périodes originaires d'exclusivité de trois, cinq ou sept ans, l'alinéa 1 (d) dispose que lorsque le titulaire ne peut être trouvé, „la licence ne pourra être accordée avant l'expiration d'un délai de trois mois à compter de l'envoi des copies de la demande".

104. On a noté que lors de l'entrée en vigueur de la Convention de 1971 dans un pays en voie de développement déterminée, de nombreuses œuvres publiées plus de trois, cinq ou sept ans auparavant deviendraient, en principe, susceptibles de faire l'objet de licences obligatoires. On a toutefois fait observer que les titulaires du droit d'auteur dans les pays développés auraient le temps entre la date de la signature de la Convention et celle de son entrée en vigueur (trois mois après que 12 Etats l'auraient ratifiée ou y auraient adhéré, plus les trois mois séparant la date à laquelle d' autres Etats déposeraient leurs instruments de ratification ou d'adhésion

de celle où la Convention de 1971 entrerait en vigueur pour eux) de prendre des dispositions pour accorder des licences contractuelles. La Conférence a décidé qu'aucun bénéficiaire éventuel d'une licence obligatoire ne serait autorisé à présenter une demande de licence pour une œuvre quelconque avant que la Convention de 1971 soit entrée en vigueur dans l'Etat dont il est ressortissant.

105. La lettre (f) de l'article V^{quater} alinéa (1) reprend plusieurs des clauses de sauvegarde contenues dans les articles V et V^{ter} à propos des traductions. Les exemplaires de la reproduction publiée doivent porter le nom de l'auteur et le titre de l'édition dont il s'agit. La clause, reprise de l'article V, selon laquelle la licence ne peut être cédée par son bénéficiaire figure dans cette disposition, de même que la règle très importante selon laquelle „la licence ne s'étendra pas à l'exportation d'exemplaires et elle ne sera valable que pour l'édition à l'intérieur de l'Etat contractant où cette licence a été demandée". On reviendra sur ce point à la section suivante du rapport.

106. La délégation de la République argentine a proposé de modifier la lettre (f) par l'addition d'une clause stipulant que „la reproduction de l'œuvre doit être fidèle à l'original". Après que son attention eut été attirée sur la lettre (g) où il est prévu que „la législation nationale adoptera des mesures appropriées pour assurer une reproduction exacte de l'édition dont il s'agit", la délégation de l'Argentine a accepté de retirer sa proposition, à condition qu'il soit entendu que ces deux phrases ont la même signification. Aucun délégué n'a contesté cette interprétation.

107. La lettre (h) de l'article V^{quater} (1) contient une restriction importante aux pouvoirs de l'autorité qui accorde une licence obligatoire en ce qui concerne les reproductions de traductions. Telle que l'a adoptée la Conférence, cette disposition interdit l'octroi d'une licence pour la reproduction et la publication d'un ouvrage qui est lui-même une traduction d'une autre langue dans les cas suivants: „(a) Lorsque la traduction dont il s'agit n'a pas été publiée par le titulaire du droit d'auteur ou avec son autorisation; (b) lorsque la traduction n'est pas dans une langue d'usage général dans l'Etat qui délivre la licence."

108. Aux termes de la première de ces hypothèses un Etat ne devrait pas accorder de licences en vue de reproduire une traduction établie et publiée en vertu des dispositions des articles V ou V^{ter} relatives aux licences obligatoires. Tel était, en partie, le sens d'un amendement proposé, à titre d'éclaircissement, par la délégation du Japon (UCC/11) et prévoyant qu'„une licence en vue de reproduire et de publier une œuvre ne peut être accordée que si elle ne porte pas atteinte au droit de l'auteur sur l'œuvre originale qui est stipulé à l'alinéa 1 de l'article V". La Conférence a admis le principe selon lequel, lorsqu'il s'agit de reproduire une traduction, une autorisation doit être demandée aux titulaires du droit d'auteur tant pour le texte original que pour la traduction, et la délé-

gation du Japon a retiré son amendement, à condition qu'il soit fait état de ce principe dans le rapport.

109. L'alinéa 2 de l'article V^{quater} établit plusieurs autres conditions qui régissent l'octroi de licences obligatoires en vue de la publication de reproductions:

(1) Les exemplaires distribués au titre de la licence doivent contenir des mentions semblables à celles qui sont requises à l'article V^{ter} (4) (b) et qui ont été examinées dans le présent rapport à propos de cette disposition.

(2) Des dispositions parallèles à celles de l'article V^{ter} (5) assurent au titulaire du droit d'auteur une rémunération équitable, ainsi que le paiement et la transmission de celle-ci.

(3) Ainsi que le prévoit l'alinéa 6 de l'article V^{ter}, une licence obligatoire peut prendre fin si des exemplaires autorisés de l'œuvre sont mis en vente sous certaines conditions dans l'Etat qui délivre la licence. Dans le contexte de l'article V^{quater} (2) (c), la licence prend fin en cas de vente au grand public ou pour les besoins de l'enseignement scolaire et universitaire, à un prix normal, d'une édition autorisée si elle „est dans la même langue que l'édition publiée en vertu de la licence et si son contenu est essentiellement le même".

(4) De même, comme cela est prévu au dernier alinéa de l'article V, l'octroi d'une licence est interdit si l'auteur décide de retirer de la circulation tous les exemplaires d'une édition.

110. Enfin, une fois posée la règle générale suivant laquelle les œuvres soumises au régime de la licence obligatoire en vertu de l'article V^{quater} sont „les œuvres publiées sous forme d'édition imprimée ou sous toute autre forme analogue de reproduction", l'alinéa 3 (b) assimile à ces œuvres les „fixations... audio-visuelles en tant qu'elles constituent ou incorporent des œuvres protégées" par la présente Convention, mais seulement si ces fixations „ont été conçues et publiées aux seules fins de l' usage scolaire et universitaire". En vertu de la lettre (b), modifiée selon une proposition de la délégation du Royaume-Uni (UCC/10), une fixation audio-visuelle élaborée uniquement en vue d'être utilisée dans l'enseignement scolaire et universitaire peut faire l'objet d'une licence de reproduction sous forme audio-visuelle aux mêmes fins limitées, à condition que cette reproduction soit réalisée à partir d'une fixation elle-même licite. Cette disposition prévoit aussi que la licence de reproduction et de publication des fixations peut couvrir la „traduction du texte qui les accompagne dans une langue d'usage général dans l'Etat qui est habilité à délivrer la licence".

111. Des références à des licences concernant la traduction de textes inclus dans des fixations audio-visuelles figurant tant à l'article V^{ter} (8) (b) qu'à l'article V^{quater} (3) (b) certaines confusions compréhensibles ont eu lieu quant à la période d'exclusivité à retenir. Ce problème a été traité

dans une proposition de la délégation du Japon (UCC/11). Voici l'interprétation de ces deux dispositions telle qu'elle s'est dégagée du débat.

(1) En vertu de l'article V^ter, la licence ne peut couvrir que la traduction de textes destinés à la radiodiffusion. Elle serait accordée, par exemple, pour la traduction de la piste sonore d'un film éducatif ou d'un enregistrement magnétoscopique acquis licitement sur le marché, en vue de l'incorporation de cette traduction dans une nouvelle piste sonore („doublage") ou de son emploi dans des sous-titres visuels.

(2) Au titre de l'article V^quater (3) (b), le bénéficiaire de la licence reproduirait intégralement la fixation audio-visuelle et, ce faisant, pourrait traduire la piste sonore et reproduire cette traduction acoustiquement ou visuellement en même temps que les images. Les périodes d'exclusivité retenues dans ce cas varieraient selon la nature de l'œuvre, conformément à l'article V^quater (1) (c).

112. A la suite de cette explication, la délégation japonaise a retiré sa proposition. En outre, il a été clairement entendu par la Conférence que le bénéficiaire d'une licence obligatoire ne pourrait en aucun cas se prévaloir de l'article V^quater (3) (b) pour reproduire des films ou des bandes de caractère commercial produits pour des spectacles ou à d'autres fins commerciales, ni pour reproduire une œuvre cinématographique tirée d'une adaptation dramatique d'un roman ou d'une œuvre littéraire, ces œuvres n'étant pas élaborées et publiées dans le but exclusif d'être utilisées pour les besoins de l'enseignement scolaire et universitaire.

113. La lettre (b) de l'article V^quater (3) étendant mutatis mutandis aux fixations audio-visuelles les dispositions des alinéas antérieurs de cet article, certains des termes y utilisés peuvent sembler inadéquats dans ce contexte. Il a été entendu que, lorsqu'il est fait référence à des fixations audio-visuelles, la notion de publication telle qu'elle est définie à l'article VI s'applique également à la mise en circulation sur le marché d'exemplaires de fixations incorporant des images ou une combinaison de sons et d'images, qui peuvent être achetés, offerts en location ou pris en location. En ce qui concerne les fixations audio-visuelles, le terme „édition" s'entend d'une version déterminée de l'œuvre.

Interprétation des interdictions relatives à l'exportation et à la distribution extraterritoriale

114. Ainsi qu'il est indiqué ci-dessus à propos des articles V^ter (4) et V^quater (1) (f) un groupe de travail mixte constitué par les Commissions principales des Conférences de revision de la Convention universelle sur le droit d'auteur et de la Convention de Berne a été créé pour étudier une proposition d'amendement à la Convention de Berne, présentée par quelques pays africains. Après examen par ce Groupe de travail mixte, il a été décidé à titre provisoire d'inclure un passage interprétatif à ce

sujet dans les rapports des deux conférences, et un petit groupe de travail mixte, composé des délégations de la Côte-d'Ivoire, du Royaume-Uni, des Etats-Unis d'Amérique et du Kenya s'est réuni pour rédiger un texte (UCC/32 Add. 1). Moyennant certains amendements ce texte a été accepté par la Conférence et figure aux paragraphes 115 et 116 du présent rapport.

115. Il découle des dispositions de l'article V^{ter} (4) (a) et de l'article V^{quater} (1) (f) interdisant l'exportation d'exemplaires et stipulant que la licence ne sera valable que pour l'édition à l'intérieur du territoire de l'Etat contractant où cette licence a été demandée, que ces dispositions sont considérées comme interdisant à un titulaire de licence de faire reproduire des exemplaires à l'extérieur du territoire de l'Etat contractant qui accorde la licence. Cependant, on estime que cette interdiction n'est pas applicable lorsque les circonstances ci-après sont réunies:

(a) L'Etat contractant qui accorde la licence ne possède pas, à l'intérieur de son territoire, de moyens d'impression ou de reproduction ou, si ces moyens existent, ils ne peuvent, pour des raisons d'ordre économique ou pratique, assurer la reproduction des exemplaires;

(b) le pays où s'effectue le travail de reproduction est membre de l'Union de Berne ou partie à la Convention universelle sur le droit d'auteur;

(c) tous les exemplaires reproduits sont envoyés au titulaire de la licence en un ou plusieurs envois groupés pour être distribués exclusivement dans le pays dudit titulaire; en outre, le contrat entre le titulaire de la licence et l'établissement qui effectue le travail de reproduction le stipule et prévoit, par ailleurs, que l'établissement donne sa garantie que le travail de reproduction est autorisé par la loi dans le pays où il est effectué;

(d) le titulaire de la licence ne confie pas le travail de reproduction à un établissement spécialement créé en vue de faire reproduire des exemplaires d'ouvrages pour lesquels une licence a été accordée en vertu de l'article V^{ter} ou de l'article V^{quater} et

(e) tous les exemplaires reproduits contiennent la mention prévue aux articles V^{ter} (4) (b) et V^{quater} (2) (a).

Il est également entendu que les conditions qui précèdent s'appliquent seulement aux ouvrages publiés sous forme d'éditions imprimées ou sous toute autre forme analogue de reproduction et à l'incorporation, dans des matériels audio-visuels, des textes traduits.

Il a été entendu également que ce paragraphe n'exige pas qu'un pays dans lequel la copie sera reproduite permette ce qui serait autrement une atteinte au droit d'auteur.

116. Il a été admis de façon générale qu'aucune disposition de l'article V^{ter} et de l'article V^{quater} n'interdisait au titulaire d'une licence obligatoire d'utiliser un traducteur dans un autre pays, ou à d'autres titulaires de licences obligatoires autorisés à publier une traduction dans la même lan-

gue dans d'autres pays, d'utiliser la même traduction, dans l'hypothèse évidemment où la traduction n'a pas déjà été publiée. La même interprétation s'applique en ce qui concerne les personnes chargées du travail préparatoire de mise au point rédactionnelle.

Articles VI, VII et VIII

117. Ces trois articles traitent respectivement de la signification du terme „publication", de la nonrétroactivité de la Convention eu égard aux œuvres qui auraient déjà définitivement cessé d'être protégées dans un Etat contractant, et de la signature, de la ratification et de l'adhésion. Ils n'ont à aucun moment figuré à l'ordre du jour des travaux de la Conférence et ont été acceptés mot pour mot par la Conférence sans débat.

Article IX

118. L'article IX de la Convention de 1971 ne paraît être au premier abord qu'une disposition finale parmi d'autres, mais on ne saurait trop insister sur son importance pour la Convention universelle sur le droit d'auteur et pour l'avenir de celle-ci. Il régit les relations entre, d'une part, les Etats parties au texte de 1952 qui n'adhèrent pas au texte de 1971 et, d'autre part, les Etats qui adhèrent uniquement au texte de 1971. Etant donné qu'il s'agit de la première revision de la Convention universelle sur le droit d'auteur, il semble probable que la formule de l'article IX tel qu'il se présente dans le texte de 1971 durera aussi longtemps que la Convention elle-même.

119. Les deux premiers alinéas de l'article IX n'ont fait l'objet d'aucun débat et la Conférence les a adoptés sans modifier le texte du CIDA. L'alinéa (1) prévoit simplement que la Convention de 1971 entrera en vigueur trois mois après que 12 Etats auront déposé un instrument de ratifivation, d'acceptation ou d'adhésion et l'alinéa (2) ajoute que, par la suite, la Convention entrera en vigueur dans un Etat trois mois après le dépôt de l'instrument propre à cet Etat.

120. L'alinéa (3) qui a été également accepté sans débat, mérite une mention spéciale. Il prévoit en effet que, si un Etat n'est pas partie à la Convention de 1952 mais adhère à la Convention de 1971, il devient automatiquement partie à la Convention de 1952 et qu'après l'entrée en vigueur de la Convention de 1971, il ne sera plus possible d'adhérer exclusivement à la Convention de 1952. Cette disposition a pour effet de proposer un texte commun aux Etats qu'ils soient parties à la Convention universelle sur le droit d'auteur de 1952 ou à celle de 1971, donnant ainsi une base juridique à leurs obligations réciproques en matière de droit d'auteur, mais elle permet aussi au texte de 1971 de remplacer en fin de compte le texte de 1952, à mesure que le nombre des ratifications et des adhésions augmentera.

121. Le problème qui s'est posé à la Conférence de Paris en ce qui concerne les pays en voie de développement a été de faire en sorte que dans la plus large mesure possible, les pays développés parties à la Convention universelle sur le droit d'auteur de 1952 acceptent que les dispositions des articles V^{bis}, V^{ter} et V^{quater} soient appliquées à leurs œuvres. Le texte du CIDA a cherché à obtenir ce résultat en proposant un système selon lequel un pays développé partie à la seule Convention de 1952 pourrait déclarer, par une notification officielle, ne pas admettre l'application de la Convention de 1971 à ses œuvres; il en serait résulté implicitement que le fait de ne pas déposer cette notification aurait signifié que la Convention de 1971 serait applicable.

122. Ce système n'a pas été accepté par la Conférence de Paris, au regret de plusieurs délégués. Les objections qu'il a suscitées étaient de nature juridique, et s'appuyaient sur le principe qu'en aucun cas un Etat ne peut être lié ou être présumé lié par un texte qu'il n'a pas accepté.

123. Il est apparu à la Conférence de 1971 sur les vues sur ce point étaient trop fermes pour que la formule proposée dans le texte du CIDA puisse être adoptée; des solutions de rechange ont été présentées d'une part conjointement par les délégations de l'Autriche, du Danemark, de la Finlande, du Japon, de la Norvège, de la Suède et de la Suisse (UCC/21) et, d'autre part, par la délégation française (UCC/23). Ces deux amendements à l'alinéa (4), bien que libellés différemment auraient abouti au même résultat: lorsque l'Etat X est partie à la seule Convention de 1952 et que l'Etat Y est partie aux deux Conventions (1952 et 1971), leurs relations sont régies par la Convention de 1952; mais l'Etat X peut déclarer, par une notification déposée auprès du Directeur général de l'Unesco, qu'il permettra à l'Etat Y d'appliquer la Convention de 1971 à ses œuvres.

124. La formule qui a finalement été retenue, après un long débat et trois votes, pour constituer l'alinéa (4) de l'article IX, est différente à la fois du texte du CIDA et du système proposé dans les documents UCC/21 et UCC/23. Selon le texte définitif, un Etat partie à la seule Convention de 1952, peut par notification, déclarer qu'il admet l'application de la Convention de 1971 „par tout Etat partie à la présente Convention". Cette formule, qui est basée sur une proposition de la délégation de la République fédérale d'Allemagne, ne permet pas à un Etat partie uniquement au texte de 1952 de choisir parmi les Etats parties à la Convention de 1971 ceux qu'il autorisera à appliquer le nouveau texte à ses œuvres.

125. La disposition adoptée a les conséquences suivantes lorsque l'Etat X est partie à la seule Convention de 1952 et que les Etats Y et Z sont parties à la fois au texte de 1971 et (automatiquement peut-être) au texte de 1952:

(1) La règle générale est que, bien que les relations entre les Etats Y et Z soient régies par le texte de 1971, les relations de chacun d'eux avec l'Etat X sont régies par le texte de 1952;

(2) Si l'Etat X décide de déposer une notification permettant aux Etats parties au texte de 1971 d'appliquer ce texte à ses œuvres, les privilèges doivent s'étendre aux Etats Y et Z, également et sans qu'une acceptation de leur part soit nécessaire;

(3) Si l'Etat X fait la notification et ne ratifie pas la Convention de 1971, il ne peut prétendre à aucun droit en vertu de cette Convention pour ce qui concerne ses propres œuvres.

126. Au début des débats, la délégation du Kenya a exprimé le souhait que les pays développés aient la possibilité de déclarer par un système de notifications, qu'ils acceptent l'application des conditions moins rigoureuses de la Convention de 1971 avant même l'entrée en vigueur de cette Convention. Mais l'idée de notifications déposées à l'avance, telle qu'elle apparaît dans l'article V du Protocole de Stockholm, a été définitivement abandonnée. Il ressort clairement du texte de l'article IX (4), tel qu'il a été adopté, que les notifications déposées par des Etats parties à la seule Convention de 1952 permettant l'application de la Convention de 1971, ne prendront effet qu'après l'entrée en vigueur de la Convention de 1971 et seulement en ce qui concerne les pays liés par celle-ci.

127. La principale question soulevée au cours des débats a été de savoir si l'Etat X, partie à la Convention de 1952, pourrait déposer une notification sélective lui permettant de désigner les Etats parties à la Convention de 1971 qui en subiraient l'incidence. La délégation de la France a déclaré que, conformément aux principes de la souveraineté nationale, un Etat doit être libre de désigner les pays qu'il autorise à appliquer les termes d'un traité auquel il n'a pas été partie. La délégation du Royaume-Uni a estimé qu'il ne s'agissait pas là d'un problème important; puisqu' aucun pays développé actuellement partie à la Convention universelle sur le droit d'auteur n'est tenu de modifier sa législation pour ratifier la Convention de 1971, il n'y a guère de raison pour que ces pays déposent une notification d'acceptation au lieu de ratifier la Convention elle-même. La délégation de la République fédérale d'Allemagne a été du même avis, en faisant observer que la seule question pratique à cet égard a trait à la libéralisation par l'article V^{ter} de la nouvelle Convention, de la licence obligatoire de traduction, prévue à l'article V de la Convention de 1952.

Article X

128. Cet article, aux termes duquel les Etats parties à la présente Convention s'engagent à en appliquer les dispositions dans le cadre de leur législation nationale, a été adopté par la Conférence, avec un amendement proposé par la délégation de l'Autriche (UCC/19). Aux termes du texte de 1952, tout Etat doit être en mesure d'appliquer les dispositions de la Convention au moment du dépôt de son instrument de ratification, d'acceptation ou d'adhésion. L'amendement dont il s'agit prévoit un délai supplémentaire d'au moins trois mois, à savoir jusqu'à la date de l'entrée

en vigueur de la Convention dans l'Etat. Il a été entendu que dans les pays dont la Constitution prévoit que les traités peuvent être exécutoires par eux-mêmes, aucune législation spéciale n'était nécessaire pour mettre en application celles des dispositions de la Convention de 1971 qui, par leur nature, sont susceptibles d'une application directe.

Article XI et résolution concernant l'article XI

129. L'article XI, qui institue le Comité intergouvernemental de la Convention universelle sur le droit d'auteur, et la résolution concernant cet article, qui énonce les règles régissant la composition du Comité et l'élection de ses membres, posent un problème d'intérêt pratique et théorique. Il a été décidé dès le début que la composition du Comité, qui compte actuellement 12 membres, devrait être élargie; bien qu'il y ait eu des divergences de vues sur le mode de désignation du Comité, le chiffre de 18 membres a paru acceptable à tous. Le fond du problème était la question de savoir si nous aurons une convention, deux conventions distinctes ou un système de deux conventions intégrées en une seule. La Conférence de Paris n'a pas donné de réponse très nette à cette question mais les débats ont permis de dégager les conclusions suivantes:

(1) Nul ne peut sérieusement affirmer qu'après l'entrée en vigueur de la Convention de 1971, il n'y aura qu'une seule Convention universelle sur le droit d'auteur;

(2) Inversement, la décision prise par la Conférence sur l'article IX et surtout sur l'article XI interdit de soutenir qu'il y aura deux conventions complètement distinctes, indépendantes et sans aucun rapport juridique entre elles;

(3) Le résultat final en termes généraux, est qu'il y aura deux conventions portant le même nom, contenant un certain nombre de dispositions identiques et ayant certains liens.

Cette analyse, qui semble refléter le point de vue de la plupart des délégations, soulève des problèmes pratiques sérieux en ce qui concerne la composition du Comité intergouvernemental qui administrera la Convention de 1971. Dans ces conditions, il a semblé qu'il n'y avait pas de meilleure solution que celle prévue par l'avant-projet de l'article XI.

130. L'alinéa (1) de l'article XI énonce les attributions du Comité intergouvernemental; tel qu'il a été modifié, le mandat de ce Comité comprend l'administration de „la Convention universelle", c'est-à-dire de l'un ou l'autre texte ou des deux textes. La délégation de Cuba a précisé qu'elle se verrait obligé de voter contre cet article parce qu'il mentionne en ses alinéas (1) (c) et (4) l'Organisation des Etats américains qui, de l'avis du délégué de Cuba, outre les autres considérations formulées en session plénière, n'est pas une organisation intergouvernementale qu'il convient de placer sur le même pied que l'Unesco, l'Union de Berne ou l'Organisation mondiale de la propriété intellectuelle. Par la suite, M. Saba a indiqué

les raisons pour lesquelles l'Organisation des Etats américains avait été mentionnée et il a fait observer que cette organisation figurait déjà dans le texte de la Convention universelle de 1952.

L'alinéa (2) du texte du CIDA disposait simplement que „le Comité est composé de représentants de 18 Etats contractants". Une suggestion, formulée lors du premier débat consacré à ce problème par la Commission principale, a abouti à la formule „représentants de 18 Etats parties à la présente Convention ou seulement à la Convention de 1952" qui a été adoptée. Une proposition ultérieure de la délégation du Brésil tendant à n'accorder le droit d'être représentés au CIDA qu'aux Etats parties à la seule Convention de 1971 a été mise aux voix et rejetée à une faible majorité (par 17 voix contre 15, avec 2 abstentions). La même argumentation a également été développée au sujet de la résolution relative à l'article XI et il en sera question ci-dessous. Les autres dispositions de l'article XI lui-même ont été adoptées sans grand débat. A propos de l'alinéa (3), la délégation du Japon a souligné combien il importait que la composition du Comité respecte l'équilibre géographique et que davantage d'Etats asiatiques adhèrent à la Convention.

131. Il apparaît donc qu'après l'entrée en vigueur de la Convention de 1971, le Comité intergouvernemental du droit d'auteur sera constitué du point de vue strictement juridique, de deux comités. Mais, les séances et les travaux seront communs et les décisions seront prises au nom du Comité intergouvernemental du droit d'auteur comme s'il s'agissait d'un organe unique.

132. Pour ce qui est de la résolution concernant l'article XI, ses alinéas (1), (2), et (3) ont été adoptés sans grande discussion. Il a été entendu que le nouveau Comité de 18 membres n'aurait aucune existence ou compétence juridique avant l'entrée en vigueur de la Convention de 1971.

133. Les délégations du Brésil et de la Tunisie ont présenté une proposition (UCC/30) qui aurait eu pour effet d'ajouter un nouvel alinéa (1bis) ainsi libellé: „Tous les Etats qui n'auraient pas ratifié la présente Convention avant la deuxième session ordinaire du Comité qui suivra l'entrée en vigueur de la présente Convention seront remplacés par des Etats parties à la présente Convention, désignés par le Comité, conformément aux considérations mentionnées à l'alinéa (3) de l'article XI." Cette proposition s'est heurtée à l'opposition de plusieurs délégations, notamment celle de la République fédérale d'Allemagne, qui ont fait observer que l'exclusion obligatoire des Etats parties à la seule Convention de 1952 ne pourrait se justifier, et risquerait même d'avoir pour effet l'établissement d'un comité intergouvernemental distinct pour chaque Convention. Mise aux voix, la proposition du Brésil et de la Tunisie a été rejetée à une faible majorité (15 voix contre 14, avec 5 abstentions).

134. En ce qui concerne l'alinéa (4) de la résolution, il a été décidé de modifier le texte du CIDA de façon à prévoir deux vice-présidents et à

assurer dès le début la rotation des membres. La délégation de l'Italie a présenté une proposition (UCC/22 Corr. 1) tendant à ajouter, après l'expression du voeu que l'Unesco assure le secrétariat du CIDA, les mots „si possible en liaison avec l'Organisation mondiale de la propriété intellectuelle". Le délégué de l'Italie a rappelé que son pays avait été l'un des premiers à proposer que des dispositions spéciales en matière de droit d'auteur soient prises en faveur des pays en voie de développement et avait appuyé l'idée d'instituer à cette fin un lien entre les conventions universelle et de Berne. Tout en reconnaissant que la situation ne permettait pas d'établir un lien formel entre les deux textes, il a néanmoins exprimé l'espoir que l'excellent esprit de coopération et de concertation régnant entre l'Unesco et l'OMPI demeurerait et même se renforcerait.

135. M. Claude Lussier, représentant du Directeur général de l'Unesco aux Conférences de Paris, a passé en revue les questions historiques, juridiques et de compétence complexes que posait la proposition de la délégation de l'Italie. Il a rappelé la coopération complète et fructueuse qui s'était établie et se poursuivait entre les secrétariats et il a exprimé l'opinion que, si c'était cela que visait le mot „liaison", il n'était pas nécessaire de modifier la résolution. Il a réaffirmé que l'Unesco était fermement résolue à continuer de s'acquitter de toutes ses responsabilités dans le domaine du droit d'auteur. Un certain nombre de délégations ont souligné qu'elles étaient satisfaites de l'actuelle coopération entre les deux secrétariats et ont exprimé l'espoir que cette coopération se poursuivrait et se renforcerait au cours des années à venir. Plusieurs délégations, notamment celles de la France et du Brésil, se sont déclarées hostiles à l'institution de nouveaux liens formels entre l'Union de Berne et la Convention universelle sur le droit d'auteur. Le délégué du Royaume-Uni, tout en se déclarant en faveur d'un secrétariat unique sous les auspices de l'OMPI comme objectif ultime, a reconnu que ce n'était pas possible pour le moment. La délégation de l'Italie, ayant déclaré qu'elle n'insisterait pas sur le maintien de la proposition, la Conférence a décidé que la partie du rapport concernant ce débat devrait indiquer qu'elle estime que les relations entre le Secrétariat de l'Unesco et celui de l'OMPI, ainsi que la collaboration entre les Comités des deux Conventions, avaient été excellentes dans le passé, et qu'elle espère que cette coopération harmonieuse et étroite continuera dans l'avenir.

136. A l'une des dernières séances plénières les propositions d'amendement à la résolution concernant l'article XI déposées par les délégations d'Israël (UCC/36) et du Royaume-Uni (UCC/38) furent examinées ensemble et, moyennant certains aménagements, la proposition israélienne fut adoptée en tant qu'alinéa 2 de ladite résolution. Celui-ci dispose que tout Etat qui n'est pas partie à la Convention de 1952 et qui n'aura pas adhéré à la Convention de 1971 avant la première session ordinaire du nouveau Comité intergouvernemental, sera remplacé par un autre Etat qui sera désigné par les autres membres du Comité. La Conférence procéda alors

par acclamations à l'élection des six membres supplémentaires du nouveau Comité intergouvernemental: Algérie, Australie, Japon, Mexique, Sénégal et Yougoslavie. La délégation d'Israël, bien que n'ayant pas d'objections à faire valoir contre cette liste, a exprimé l'espoir qu'à l'avenir une plus grande attention sera apportée à la recherche d'une équitable répartition géographique, de même qu'à une plus forte représentation des pays qui se trouvent dans un état intermédiaire de développement. Plusieurs autres délégations ont appuyé ce point de vue et la délégation de l'Autriche fit valoir qu'il conviendrait que les petits pays développés soient, à l'avenir, plus équitablement représentés au Comité.

Articles XII - XVI

137. L'article XII qui traite de la convocation de conférences pour de futures revisions de la Convention universelle sur le droit d'auteur a été amendé afin de confier au Comité intergouvernemental la responsabilité de convoquer une conférence de revision soit de sa propre initiative, soit à la demande d'au moins dix Etats parties à la Convention de 1971. Un nouveau paragraphe a été ajouté à l'article XIII afin d'indiquer que la décision d'un Etat contractant de déclarer la Convention applicable à un pays ou territoire dont il assure les relations extérieures ne saurait en aucun cas impliquer „la reconnaissance ou l'acceptation tacite" de cette situation politique par un autre Etat contractant. Le texte de l'article XIV du CIDA et le texte original de l'article XV furent adoptés sans modifications. Au paragraphe (2) de l'article XVI, l'arabe a été ajouté à l'allemand, à l'italien et au portugais comme l'une des langues dans lesquelles seront établis des textes officiels de la Convention.

Article XVII et Déclaration annexe

138. L'article XVII et la Déclaration annexe y relative constituent la „clause de sauvegarde de la Convention de Berne", c'est-à-dire l'un des pricipaux compromis auxquels était parvenue la Conférence de Genève qui avait élaboré la Convention universelle en 1952. Aux termes des dispositions actuelles, la Convention de Berne l'emporte sur la Convention universelle dans les rapports entre deux pays qui sont l'un et l'autre parties à ces deux conventions; fait également important, ces dispositions empêchent un pays appartenant à l'Union de Berne de se retirer de cette Union et de s'en remettre à la Convention universelle pour assurer la protection de ses œuvres dans les pays qui sont membres de l'Union de Berne et parties à la Convention universelle. Le texte du CIDA supprime cette dernière règle lorsqu'il s'agit de pays en voie de développement et les laisse libres d'être parties aux deux Conventions ou à l'une d'entre elles seulement, sans risque de s'exposer à des mesures de rétorsion ou d'être privés de protection.

139. Un amendement proposé par la délégation du Portugal (UCC/25) serait allé encore plus loin. En effet, il aurait écarté tout risque de ré-

torsion pour tous les membres de l'Union de Berne, qu'il s'agisse de pays développés, en voie de développement ou parvenus à un stade intermédiaire de développement, en faisant en sorte qu'un pays qui déciderait de dénoncer la Convention de Berne n'en subisse aucune conséquence dans le cadre de la Convention universelle. Cette proposition a été accueillie avec sympathie, mais elle a reçu peu d'appuis et a soulevé beaucoup d' objections. En retirant sa proposition, le délégué du Portugal a réaffirmé l'opposition de son pays contre le système de coercition qu'implique la „clause de sauvegarde de la Convention de Berne" et a déclaré que le Portugal s'élèvera contre tous les efforts qui seraient déployés ultérieurement pour élever le niveau de la protection accordée par la Convention de Berne, à moins que ne soit en même temps établi un climat de libre choix qu'il juge essentiel dans les questions internationales de droit d'auteur. A la suite de ce débat, la Conférence a adopté l'article XVII et la Déclaration annexe tels qu'ils étaient proposés dans le texte du CIDA, sous réserve de légères modifications d'ordre rédactionnel.

Articles XVIII-XXI

140. Les articles restants ont été adoptés sous la forme proposée dans le texte du CIDA moyennant quelques petites modifications d'ordre technique.

Les Protocoles

141. Afin d'éviter tout doute quant à l'application des Protocoles annexes, la délégation de la République fédérale d'Allemagne a proposé (UCC/29) que la Conférence adopte deux nouveaux protocoles annexes à la Convention de 1971, correspondant en fait aux Protocoles 1 et 2 de la Convention de 1952. Etant donné le réseau complexe des relations existant entre les textes et protocoles de 1952 et de 1971, cette proposition a nécessité quelques modifications minutieuses mais fut acceptée en substance par la Conférence.

Il fut entendu que le mot „réfugiés" dans le Protocole 1 n'était pas susceptible de définition précise mais que les interprétations données à ce terme dans diverses conventions internationales, y compris la Convention de Genève du 28 juillet 1951 devraient être prises en considération.

Quelques mots encore, à titre personnel

142. Avant de terminer sa tâche, votre Rapporteur général tient à exprimer ses remerciements à tous ceux qui l'ont aidé à rédiger ce rapport. Les membres de ma propre délégation qui y ont apporté leur contribution notamment ma collègue et amie fidèle Barbara Ringer, connaissent déjà mes sentiments de gratitude; mais il en est d'autres qui méritent quelques mots de reconnaissance particulière.

143. Je me sens singulièrement obligé, tout d'abord, envers le Secrétariat de l'Unesco, notamment M. Saba, M. Claude Lussier et Mlle Marie-Claude Dock, secrétaire général de la Conférence, pour leur amabilité, leur

esprit de coopération et leur aide inlassables. Ayant observé Mlle Dock et ses collaborateurs si dévoués au cours de la présente réunion et des innombrables autres qui l'ont précédée, j'ai acquis la certitude qu'ils ont appris le secret qui leur permet de vivre indéfiniment sans sommeil, et qu'ils ne veulent pas le révéler aux délégués dans la crainte que les réunions ne durent alors 24 heures sur 24, au lieu de 15 heures seulement. A celui qui se demanderait comment des montagnes de documents surgissent magiquement et chaque jour en trois langues pour une séance comme celle-ci, je suggérerais qu'il aille jeter un coup d'oeil derrière les décors pour se rendre compte de l'étonnante quantité de travail et de temps qui s'y dépense.

144. Puis, comme quelques autres vétérans du droit d'auteur qui assistaient à cette Conférence, je sais bien que la salle X de la Maison de l'Unesco était hantée par l'esprit de certains des grands hommes à qui nous devons l'existence de la Convention universelle du droit d'auteur. A une génération à qui leurs noms sont complètement inconnus, je ne peux résister au désir d'en citer quelques-uns ici: Marcel Plaisant, Henry Puget, Plinio Bolla, Antonio Pennetta, François Hepp, Sir John Blake, qui était rapporteur général à Genève et dont le rapport rend le mien bien pâle par comparaison, enfin mon ami et mentor Arthur Fisher.

145. J'ai annoncé que je dois abandonner prochainement ma charge de Register of Copyrights des Etats-Unis d'Amérique et la réussite de cette Conférence est pour moi bien plus qu'une raison de fierté. En 1948, Albert Camus a dit ceci:

„... disons que des hommes qui décideraient d'opposer, en toutes circonstances, l'exemple à la puissance, la prédication à la domination, le dialogue à l'insulte et le simple honneur à la ruse; qui refuseraient tous les avantages de la société actuelle et n'accepteraient que les devoirs et les charges qui les lient aux autres hommes; qui s'appliqueraient à orienter l'enseignement surtout, la presse et l'opinion ensuite, suivant les principes de conduite dont il a été question jusqu'ici, ces hommes-là n'agiraient pas dans le sens de l'utopie, c'est l'évidence même, mais selon le réalisme le plus honnête. Ils prépareraient l'avenir et, par là, feraient dès aujourd'hui, tomber quelques-uns des murs qui nous oppressent. Si le réalisme est l'art de tenir compte, à la fois, du présent et de l'avenir, d'obtenir le plus en sacrifiant le moins, qui ne voit que la réalité la plus aveuglante serait alors leur part?"

146. Lorsque, dans les années à venir, je jetterai à nouveau les yeux sur ce rapport, et que je relirai les paroles émouvantes de Camus à sa dernière page, ma première pensée ne sera pas pour les travaux accomplis par cette Conférence, si grands soient-ils. Avant toute autre chose, je me souviendrai des hommes et des femmes dont le réalisme lucide, au cours de ces Conférences, a préparé en vérité l'avenir du droit d'auteur international.

24 juillet 1971 Abraham L. Kaminstein

2. Vues personnelles de M. Abraham L. Kaminstein, rapporteur général, concernant les critères applicables à la définition des pays en voie de développement

La question des critères à appliquer pour déterminer ce qu'est un "pays en voie de développement" a été évoquée pour la première fois à la Réunion africaine d'étude sur le droit d'auteur tenue à Brazzaville en 1963. Malgré l'abondance et la richesse de la documentation qui s'est accumulée depuis lors, cette question n'a pas encore reçu de réponse définitive. A la Conférence de Paris, le rapporteur général a été invité à faire connaître ses vues, et c'est en réponse à cette invitation qu'ont été rédigés les paragraphes qui suivent. Les opinions qui s'y expriment sont purement personnelles. Bien qu'elles soient en partie fondées sur les débats qui ont eu lieu pendant la Conférence de Paris, elles ne sauraient en aucun cas être considérées comme reflétant la manière de voir d'autres délégués ou comme susceptibles d'être incorporées au Rapport général relatif à la Conférence de Paris.

Le seul moyen auquel on puisse recourir pour savoir si un pays est ou non "en voie de développement" consiste à se demander s'il est "... considéré comme un pays en voie de développement conformément à la pratique établie de l'Assemblée générale des Nations Unies ... ". Ce critère de base appelle toutefois quatre observations assez précises:

(1) Il est essentiellement objectif plutôt que subjectif. Il ne s'agit pas simplement, pour l'Etat, de décider lui-même s'il désire appliquer les articles V^{ter} et V^{quater}, il doit, avant de déposer une notification, déterminer s'il peut être considére comme un pays en voie de développement d'après les normes des Nations Unies.

(2) Ce critère repose exclusivement sur la pratique établie de l'Assemblée générale des Nations Unies. Il n'est pas détermine par les facteurs économiques dont s'inspire cette pratique, tels que l'équipement industriel, les exportations, la production industrielle destinée à la consommation intérieure, l'utilisation des ressources minérales et agricoles, la proportion de la population occupée dans l'agriculture, et la situation monétaire; il n'est pas non plus déterminé par des facteurs sociaux et culturels comme les moyens d'éducation, l'alphabétisme, la production de livres et leur commerce, le développement du cinéma et de la radiodiffusion-télévision.

(3) Ce critère est d'ordre strictement économique, car les pratiques suivies par l'Organisation des Nations Unies, pour déterminer si un pays est en voie de développement, se fondent exclusivement, du moins en théorie, sur des facteurs économiques.

(4) Il serait impossible à un fonctionnaire tel que le Directeur général ou à un organisme tel que le Conseil exécutif, la Conférence générale de

l'Unesco ou le Comité intergouvernemental du droit d'auteur, de se prononcer sur le point de savoir si tel ou tel Etat contractant est ou non un pays en voie de développement. Le caractère incertain des listes de pays en voie de développement, les controverses qu'elles suscitent lorsqu'on en présente, même à titre indicatif, sont bien connues et il serait injuste et dénué de sens de demander à un organisme intergouvernemental de s'attaquer à pareille tâche. C'est au pays qu'il appartient d'examiner les pratiques pertinentes de l'Organisation des Nations Unies et de décider, aussi objectivement que possible, s'il est fondé à se considérer, à ce titre, comme un pays en voie de développement.

On pénètre sur un terrain bien moins épineux quand il s'agit de définir ce que sont effectivement "les pratiques établies de l'Assemblée générale des Nations Unies". Pour paraphraser une observation faite à un autre propos par le représentant de l'Espagne, au lieu d'avoir trop de questions sans aucune solution, nous avons une solution, mais trop de questions. On arrive toutefois, avec un peu de persévérance, à découvrir quelques faits concrets qui éclairent la question.

(1) Le Comité des contributions des Nations Unies se réunit tous les trois ans pour arrêter la liste des contributions à fournir par les pays membres. En vertu de la résolution 2118 (XX) de l'Assemblée générale des Nations Unies, il doit „prêter dûment attention à la situation des pays en voie de développement en raison de leurs problèmes économiques et financiers particuliers", et ses décisions se fondent sur les données relatives au revenu par habitant, fournies par le Bureau de statistiques des Nations Unies. Le dernier rapport du Comité (A/8011) a été soumis à l'Assemblée générale à sa vingt-cinquième session (1970); l'Assemblée a adopté la résolution 2654 (XXV) relative au barème des quotes-parts pour la répartition des dépenses de l'Organisation des Nations Unies pour les exercices financiers 1971, 1972 et 1973. Les pays auxquels on a "dûment prêté attention" dans ce rapport, et qui ont de ce fait été classés dans la catégorie des "pays en voie de développement", sont ceux dont les statistiques relatives au revenu national pour la période 1966—1968 faisaient apparaître un revenu par habitant égal ou inférieur à 300 dollars.

(2) La pratique établie concernant l'établissement des quotes-parts fournit incontestablement le meilleur point de départ pour décider si un pays est "en voie de développement", mais elle ne saurait être considérée comme déterminante. Un Etat peut être temporairement dispensé du paiement intégral de sa quote-part parce qu'il traverse une crise intérieure, un pays peut ne pas être inclus dans le barème pour des raisons politiques ou autres, ou encore tout simplement parce qu'il a accédé à l'indépendance après la période considérée pour l'établissement du barème en vigueur. Toutefois, à moins que la réduction de la quote-part d'un Etat membre de l'Organisation des Nations Unies soit due uniquement à une situation d' urgence temporaire, un Etat qui figure dans ce groupe devrait être con-

sidéré comme un pays en voie de développement aux termes de l'article V^{bis}.

(3) Bien que le fait, pour un pays, de verser une contribution réduite aux dépenses de l'ONU semble plus sûr que tout autre critère, la Conférence de Stockholm paraît avoir adopté le critère, entièrement différent, de l'aide économique. En fait, le rapport de la Commission principale II sur le Protocole de Stockholm ne mentionne qu' "une assistance du Programme des Nations Unies pour le développement par l'intermédiaire de l'Organisation des Nations Unies ou des institutions spécialisées". On a largement constaté que la fourniture d'une aide économique constituait un critère insuffisant, surtout si cette aide est limitée à celle qui provient du PNUD. Les diverses listes existantes d'Etats qui bénéficient d'une aide fournie par un organisme placé sous les auspices de l'Organisation des Nations Unies, y compris le PNUD et la Conférence des Nations Unies sur le commerce et le développement (CNUCED), comprennent des pays qui, de toute évidence, ne sont pas en voie de développement et en omettent d'autres qui sans conteste le sont. En outre, elles varient chaque année et ne sont jamais à jour. D'un autre côté, un pays qui se considérerait comme en voie de développement bien que ne bénéficiant pas d'un régime de faveur pour ce qui est de sa contribution au budget de l'Organisation des Nations Unies verrait sa position renforcée s'il recevait de cette Organisation ou de l'une de ses institutions spécialisées une aide économique, destinée à favoriser son développement national.

(4) Disons, pour récapituler, que le calcul des contributions au budget de l'Organisation des Nations Unies sur la base du revenu par habitant est le meilleur critère, mais qu'il ne peut être appliqué automatiquement. Dans les cas douteux ou limites, on peut faire entrer en ligne de compte l'aide reçue de l'Organisation des Nations Unies; dans quelques cas spéciaux enfin, les seuls critères applicables seront ceux du bon sens et de l'opinion mondiale.

1. Report of the General Rapporteur

of the Conference for Revision of the Universal Copyright Convention Unesco House, Paris 5-24 July 1971

Introduction

1. It is my honour as General Rapporteur to present the following report of the July 1971 Conference for Revision of the Universal Copyright Convention. The summary records of the work of both the plenary sessions and the Main Commission contain a chronological record of the debates, and my purpose here is not to duplicate that account. It is, instead, to report and analyse the final accomplishments of the Conference, including the text adopted by the delegates and the interpretations given by the Conference of a number of provisions.

2. Unless the context makes it necessary, I shall not attempt to indicate at what point in the Conference a particular discussion took place, or to differentiate between discussions in the plenary sessions and those in the Main Commission. For simplicity's sake, I shall also use an abbreviated formula when identifying specific documents (for example: „UCC/13" rather than „INLA/UCC/13, Paris, 7 July 1971, Original English").

3. The remarkable series of developments and preparatory work leading up to this revision conference are well summarized in the Introductory Report prepared by the Unesco Secretariat (UCC/4), and will not be repeated here. The programme of the Conference was based upon a text proposed by the Intergovernmental Copyright Committee at its second extraordinary session held in Paris in September 1970 (UCC/3), and I shall refer to it henceforth as the „IGCC text". Fortunately, the basic system for numbering sections has remained consistent from the 1952 Universal Copyright Convention through the IGCC text to the revised text adopted by the Paris Conference.

4. I shall exercise the prerogatives of my office to make a few personal remarks at the end of this report, but there is something I feel I should say now. Consider the task facing this Conference: to prepare a revised text of a world-wide convention on a highly complex and technical subject; to reconcile widely divergent purposes and needs; to make the revised text as consistent as possible with concurrent revisions in the quite different Berne Copyright Convention; and to do all this in an extremely short time. The successful accomplishment of this task strikes me as extraordinary; noting the absence of the usual bitter speeches about the need for „a spirit of international cooperation", I realized they were not necessary because the spirit was really there. For me, at least, the outcome of the Paris Conference exemplifies a remark of William James that „real culture lives by sympathies and admirations, not by dislikes and disdains".

The Purpose and Organization of the Conference

5. As it emerged from a plethora of preparatory meetings going back to 1966, the basic purpose behind the Paris Conference was less than a complete revision of the Universal Copyright Convention. Essentially its purpose was to satisfy the practical needs of developing countries for ready access to satisfy the practical needs of developing countries for ready access to educational, scientific, and technical works, without weakening the structure and scope of copyright protection offered by developed countries under both the Universal Copyright Convention and the Berne Convention. The IGCC text was drafted with this vital but limited goal in mind.

6. Under the Rules of Procedure adopted by the Conference, the plenary sessions and meetings of the Main Commission were held in public. All States party to the Universal Copyright Convention were entitled to send delegates with the right of participation and voting. Non-voting observers could be sent by States members of Unesco or other organizations within the United Nations system, and by various other intergovernmental and international non-governmental organizations. In all, 45 States Party to the Universal Copyright Convention sent delegations, and the Conference was attended by observers from 30 other States, 3 intergovernmental organizations and 16 international non-governmental organizations. The working languages of the Conference were English, French, and Spanish, and in accordance with Rule 29 of the Rules of Procedure, the delegation of the Federal Republic of Germany provided an interpretation into English of its members' statements made in German (UCC/INF. 5).

7. A final list of the participants in the Paris Conference will be found in UCC/INF. 4 and a complete list of its officers appears in UCC/INF. 7. As noted in paragraph 13 of this report, 27 States were empowered to sign the revised Convention.

8. Because of their interrelationship and, in some cases, their interdependence, the Conferences for revision of the Universal Copyright Convention and the Berne Convention, in the words of Resolution No. 1 (XR. 2) adopted by the Intergovernmental Copyright Committee at its second extraordinary session on 11 September 1970, were „held at the same time and place". This is, at the generous invitation of Unesco, the two revision Conferences both met at Unesco House in Paris from 5 July through 24 July 1971, but none of their respective sessions were held simultaneously.

9. To avoid overlapping an intricate work programme was drafted by the Secretariat (UCC/INF. 2), and it was possible to adhere to this schedule for the most part. In effect, the UCC Conference met first, with plenary sessions during the morning of 5 July 1971, part of the afternoon of that day, and the first part of the morning of 6 July, and with meetings of the UCC Main Commission for the remainder of the week, beginning on the morning of Tuesday, 6 July, and continuing until late afternoon on Satur-

day, 10 July. After an opening session on 5 July, the Plenary Assembly of the Berne Revision Conference met again on Monday, 12 July, and the meetings of the Berne Main Commission also started on that day. It then adjourned to allow the UCC Drafting Committee to prepare provisional texts of the articles of mutual concern to the two Conferences, on the basis of decisions already taken by the UCC Main Commission. The UCC Drafting Committee held an all-day session on Tuesday, 13 July, and finished a draft text in an early morning session on Friday, 16 July. The last week was divided between the two Conferences, with formal signature of the two new conventions on Saturday, 24 July 1971. With this tight schedule it is easy to understand the anticipation with which all delegates awaited Bastille Day, 14 July 1971, and the pleasure with which they joined in celebrating the French national holiday.

Opening session

10. Mr. René Maheu, Director-General of the United Nations Educational, Scientific and Cultural Organization, opened the Conference with an eloquent address (DG/11/6) welcoming the delegates on behalf of Unesco. The Director-General noted the apparent contradiction between the great needs for access to knowledge by countries with scarce resources and the moral and material interest of authors, but expressed his firm personal conviction that, far from being irreconcilable, these aims are actually complementary. He stressed the importance of the Conference's work not only in its potential short-range benefits but also for the progress of mankind. Speaking of culture as „the fullest synthesis of the various activities and creations of the human mind", Mr. Maheu concluded by emphasizing that „Unesco, on whose initiative the Universal Copyright Convention was prepared, and which claims extensive competence and far-reaching responsibilities with regard to the protection of intellectual creation, expects that your efforts will make a decisive contribution to the achievement of one of its essential aims, namely the promotion of the right to culture through the organization of international co-operation".

11. The first act of the opening session was to elect the President of the Plenary Assembly. On the proposal of Ambassador Pio Archi, head of the delegation of Italy, supported by the delegations of Canada, Tunisia, Belgium, the Federal Republic of Germany, Spain, Japan, the United States of America, and the Netherlands, Ambassador Pierre Charpentier, head of the French delegation, was elected President of the Conference by acclamation.

12. In accepting his office, Ambassador Charpentier warmly thanked the Conference for the honour accorded to him and to his country. He then spoke feelingly of the arduous work that lay behind the Conference and of the lessons to be learned from it. The President stressed that, in general, the agreement already achieved on matters of substance represented the

limits of possible concessions. In expressing his confidence in the success of the Conference, he reminded the delegates of the one essential condition for that success: that this convention, like any other, must not only be adopted and signed, but must also be widely ratified and implemented.

Credentials Committee

13. The Conference then proceeded to elect a Credentials Committee consisting of delegates from seven countries: Argentina, Belgium, Hungary, Japan, Kenya, Lebanon and the United States of America. The Credentials Committee elected as its Chairman Ambassador José M. G. Alvarez de Toledo, head of the delegation of Argentina, and the Committee submitted its first report on 5 July (UCC/8). As shown in the Committee's reports (UCC/8, UCC/35 and UCC/43), 27 countries presented credentials empowering them to sign the revised convention.

Rules of Procedure

14. The Draft Rules of Procedure approved by the Intergovernmental Copyright Committee (UCC/2), were adopted without extensive discussion or amendment (UCC/2 Rev.). It was agreed, under paragraph 2 of Rule 4, that any delegation seated provisionally should be required to present its credentials in proper form „before the last plenary session". Under Rule 8, the Conference decided not to bind itself to a requirement that the President and the General Rapporteur of the Conference also serve in these capacities in the Main Commission. As revised, the Rules of Procedure established a Bureau consisting of the President, the nine Vice-Presidents, the General Rapporteur of the Conference, the Chairman and Vice-Chairmen of the Main Commission, the Chairman of the Credentials Committee, and the Chairman of the Drafting Committee. The size of the latter committee was initially set at eight elected members and was later enlarged to nine, with the Chairman of the Main Commission and the General Rapporteur also serving in an ex-officio capacity.

Officers, Committees, and Adoption of Agenda

15. Upon the proposal of the President of the Conference, nine Vice-Presidents representing the following delegations were elected unanimously: Canada, Czechoslovakia, Denmark, Guatemala, Italy, Japan, Kenya, Mexico and Spain. In my capacity as Co-Chairman of the delegation of the United States of America, I was honoured to be proposed and elected as General Rapporteur.

16. Although the Provisional Agenda (UCC/1) had not envisioned the appointment of a Drafting Committee until the work of the Main Commission was completed, it was agreed that immediate appointment of the Committee would facilitate the Conference's work. Upon the proposal of

the President, the Drafting Committee consisted of the delegates of Argentina, Canada, France, India, Kenya, Japan, the Netherlands, Spain and the United Kingdom, in addition to the ex-officio membership of the President of the Main Commission and the General Rapporteur.

17. It was later proposed that, because of the complex and extremely close interrelationship between the respective tasks of the UCC and Berne Drafting Committees, those members (including members ex-officio) of the Berne Drafting Committee that were not also members of the UCC Drafting Committee be invited to participate as observers in the latter's work on matters of mutual concern. Although there was some sympathy with the Spanish delegate's view that as a rule drafting committees should be small — that indeed the best drafting committee consists of three members of whom one is sick and another is late — there was much support for this proposal and it was accepted without dissent. The UCC Drafting Committee elected as its Chairman Mr. William Wallace, delegate of the United Kingdom, and, as its Vice-Chairman, Mr. W. L. Haardt, head of the delegation of the Netherlands.

18. With the change already noted, the Provisional Agenda (UCC/1), was adopted.

General opening discussion

19. The President offered the floor to any delegation wishing to make a general statement on the work of the Conference, and no less than twenty accepted his invitation in this order: the United Kingdom, Italy, Belgium, Mexico, the Federal Republic of Germany, the United States of America, France, Cuba, Hungary, Israel, Canada, Japan, Spain, Argentina, Senegal, Uruguay, Switzerland, Kenya, Finland and Czechoslovakia. As noted by the President at the end of the interventions, the general sentiment in favour of the programme of the Conference was overwhelming. Delegate after delegate praised the long preparatory work that had gone into the IGCC text as thorough, legally sound, and realistic. In many cases the speaker recalled the participation of representatives of his own government in that work. There were constant references to the IGCC text as a fair and reasonable balance, but one that was extremely delicate if not precarious. A recurring theme was the importance of maintaining that balance, and of improving the text on technical matters without introducing excessive or fundamentally different amendments that could upset the entire basis for the carefully co-ordinated compromise between the needs of developing countries and the interests of authors.

20. These points were reiterated so often that the delegate of Spain was prompted to refer to their boring, though welcome, unanimity, and he voiced the hope that the Conference would thus prove to be an orchestra rather than a group of soloists. The delegate of the United Kingdom stressed a point, made earlier by the President of the Conference, that

for some countries the compromise embodied in the IGCC text represented almost the extreme limit of the acceptable. Other delegates, including those of Czechoslovakia and Uruguay, indicated that, while favouring the general spirit of the project, they felt themselves free to offer or support clarifying amendments. The delegate of Argentina noted the importance of the efforts being made, but felt that the proposed procedures should be improved to assure that the exceptions as well as the licences lead to the desired educational benefits, and that they do not produce unjustified results or promote special interests that need no protection. The Argentine delegate had therefore proposed some amendments aimed at guaranteeing the proper use of the proposed concessions: to provide an exceptional remedy to situations involving abuse or injustice, and at the same time to assure to authors the effective protection of their fundamental rights.

21. The delegate of Cuba reaffirmed the unshakeable decision of his government to make culture a fundamental patrimonial right and a part of the general wealth of everyone, by recognizing the pre-eminent social function of intellectual workers, to whom the State must assure both material well-being and freedom in order for them to accomplish their mission. However, he felt that the entire legal structure of copyright, as expressed in the International Convention, was based on a system encouraging the exploitation of intellectual workers for the benefit of capitalistic or monopolistic enterprises. Thus, his government favours the freest possible access to works of the mind without any economic or geographic barriers; and, since it is based upon unacceptable legal norms, the present project for UCC revision was, in his opinion, merely a palliative.

22. The delegate of Canada emphasized the great interest of his government in the problems of international copyright and the work of the Conference. This special interest arises from a combination of factors, including the existence within Canada of dual languages and cultures, and the problems of reconciling copyright protection and technological innovations in a country of immense size. To some extent, he suggested, „we are all developing countries". Canada in particular feels itself to be both developed and developing, and is thus in a unique position to understand the needs on both sides.

23. Speaking as a representative of a country too newly independent to have been represented at the Geneva Conference in 1952, the observer of Senegal stressed the need to make the Universal Copyright Convention truly universal. He urged that, where cultural and economic interests come into conflict, it is only just and right that the latter should yield.

24. The Hungarian delegate recognized the need for a realistic solution, and approved without reservation the present efforts to revise the UCC. At the same time, he felt that the present educational and cultural problems of the developing countries are the result of their former status as colonial dependencies, and that every effort must be made to give their

citizens rapid access to works while ensuring the fair remuneration of the authors whose works are used. He announced that the authors of Hungary are prepared to contribute freely to the translation of their works into the national language of any developing country, and that the competent Hungarian authorities are prepared to indemnify the authors of all works used for these purposes.

25. The delegate of the Federal Republic of Germany welcomed not only the just balance achieved in the IGCC text between the needs of developing countries, and of authors, but also the improvement in the general level of protection in the text. He stressed the importance of correlation between the revisions of the Universal and Berne Conventions, a point also emphasized by the delegate of Japan.

26. The Japanese delegate regretted that many Asian countries have never become party to either Convention, and expressed the hope that a successful co-ordinated revision of the two Conventions would lead to more ratifications and to the forging of new cultural links between developed and developing countries.

27. The President of the Conference, in summarizing the general discussion, expressed gratification at the obvious spirit of harmonious accord. He urged those governments contemplating the proposal of amendments on matters of substance to consider them in the light of the general agreement that a realistic and workable compromise had already been reached, and warned that any effort to make fundamental changes could endanger the success of the Conference.

Main Commission and working parties

28. The President of the Conference next called upon the delegates to elect a chairman and two vice-chairmen of the Main Commission. Under Rule 8 of the Rules of Procedure, the Main Commission was, in effect, a „committee of the whole", charged with the responsibility for making „a detailed study of the proposals for revision of the Universal Copyright Convention and the instruments annexed thereto", and for preparing „draft texts for submission to the Conference at a plenary meeting".

29. Upon the nomination of the delegation of the United States of America, supported by the delegations of Belgium, France, the Federal Republic of Germany, India, Italy, Japan, Kenya, Morocco and Spain, the Conference unanimously elected Mr. Rafik Saïd, the head of the Tunisian delegation as its Chairman, and the heads of the delegations of Brazil and the United Kingdom as Vice-Chairmen.

30. Upon taking the chair Mr. Saïd thanked the Conference for its confidence and for the honour done to his country and to him. He recalled that the proposals before the Committee were the result of the efforts of outstanding copyright experts over the course of twelve preparatory meetings, and that a balance had been achieved through goodwill and hard

work. Referring to the affirmative tone of the general opening statements, he felt that there was considerable reason for optimism.

31. During the course of its work, and in accordance with Rule 6 of the Rules of Procedure, the Main Commission established three working parties. The first, which was formed primarily to deal with amendments to the translation licence provisions (Article V^{ter}) proposed by the delegation of India (UCC/14), but was expanded to include other questions under Articles V^{ter} and V^{quater}, was chaired by the Chairman of the Main Commission and consisted of the delegates of Brazil, France, Italy, Kenya, Mexico, Sweden, the United Kingdom and the United States of America. The second, which also involved Article V^{ter}, was prompted by a proposal of the delegation of Brazil (UCC/20) concerning the scope of the export prohibition. This group consisted of Brazil, France, the Federal Republic of Germany, Israel, Kenya, the United Kingdom and the United States of America, and was chaired by Professor Ulmer of the delegation of the Federal Republic of Germany. The third working party dealt with the proposal of the delegation of Kenya (UCC/13) to permit the issuance of a translation licence for broadcasting purposes under certain circumstances. The Chairman of this group was Mr. da Costa of the delegation of Brazil, and included representatives of the following delegations: Brazil, France, Israel, Kenya, Mexico, Switzerland, the United Kingdom and the United States of America. The results of these working parties will be discussed under the appropriate headings in connexion with Article V^{ter}.

32. On 15 July 1971, during the meeting of the Berne Main Commission, a proposal (B/DC/25) was tabled by four African States members of the Berne Union (the Democratic Republic of the Congo, the People's Republic of the Congo, Ivory Coast and Niger). Although Senegal was not listed as one of the sponsors of the proposal, it was identified as such during the discussions. This proposal in general concerned the possibility for developing countries having a common language to obtain a joint licence for translation or reproduction. Because of the need for consistency between the two revised conventions, a Joint Working Party of both Main Commissions to consider this proposal was established under the Chairmanship of Professor Ulmer, Chairman of the Berne Main Commission and delegate of the Federal Republic of Germany. The Joint Working Party consisted of representatives of the following States: Argentina, France, India, Ivory Coast, Kenya, the United Kingdom and the United States of America. The Chairman of the Main Commission of the UCC also participated as an ex-officio member. The results of its work as regards the Universal Copyright Convention will be reported below immediately following the discussions of Articles V^{ter} and V^{quater}.

Title and Preamble

33. The Conference agreed to adopt the suggestion of the Chairman of the Main Commission that the text to be signed be given the following

title: „Universal Copyright Convention as revised at Paris on 24 July 1971". This formula was preferred to one that would refer to the revised convention as the „Paris Act", and to a longer formulation such as „Universal Copyright Convention of 6 September 1952, revised at Paris on 24 July 1971". The Conference's decision permitted dropping the word „revised" as it appeared in a number of articles of the IGCC text, and it was agreed that this deletion should be made throughout. It was understood that, whenever the phrase „this Convention" appears in the Paris text, it refers to the 1971 revision and, wherever it is necessary to differentiate between the two texts, the provision would refer to „the 1952 Convention" and to „this Convention".

34. As to the Preamble, the IGCC text had suggested no changes. However, to take account of the nature of its action in 1971, the Conference agreed to add a paragraph at the end of the Preamble stating explicitly that the Contracting States „have resolved to revise the Universal Copyright Convention as signed at Geneva on 6 September 1952 (hereinafter called 'the 1952 Convention'), . . . ".

35. It was also agreed that the phrase „Contracting State", which is used in the Preamble and throughout the body of the text in both the singular and plural, refers to a State party to the 1971 Convention.

36. The discussions on these points, and the problems of relationships between those States that ratify or accede to the 1971 Convention and those States that are party to the 1952 Convention only, raised the question of whether we are here dealing with one Convention or two. It will be discussed later in this report in connexion with Articles IX and XI.

Articles I-IV

37. Articles I and III were left exactly as they stand in the 1952 text. Article II, which establishes the basic principle of national treatment for both published and unpublished works, had been amended in the IGCC text to include an additional reference to „the protection specially granted by this Convention". The Conference adopted this amendment in both paragraphs (1) and (2) of Article II.

38. In connexion with Article II (3), the observer of Senegal inquired concerning the status of domiciled refugees. It was agreed to defer this question until the discussion of the Protocols attached to the 1952 Convention, including Protocol 1 dealing with the assimilation of refugees and stateless persons. The point will also be discussed in this report in connexion with the Protocols.

39. In connexion with both Article IV and Article V, it was pointed out that the lack of any system of lettering or numbering the subordinate paragraphs has made referencing difficult. The Conference therefore agreed to make the minor amendments in the 1952 text necessary to remedy this defect.

Article IVbis

40. The first entirely new article to be discussed by the Main Commission, and one of the most important, was Article IVbis. In accordance with the Washington Recommendation, the basic purpose of the provision is to include in the Universal Copyright Convention an explicit requirement for the protection of „the basic rights constituting the author's economic right", including three rights mentioned by name: reproduction, broadcasting, and public performance.

41. As adopted by the Conference, Article IVbis is intended to give further body and meaning to the obligation, contained in Article I of the Convention, that „each Contracting State undertakes to provide for the adequate and effective protection of the rights of authors and other copyright proprietors . . .". Paragraph (1) of the new article defines these rights as including „the basic rights ensuring the author's economic interests", and these „basic rights" are further defined to include three exclusive rights of the author: the exclusive right to authorize „reproduction by any means", the exclusive right to authorize „public performance", and the exclusive right to authorize „broadcasting". As proposed in the IGCC text, the rights referred to are broad enough to cover reproduction, performance and broadcasting of the work whether it is used unchanged from its original form, or whether the user reproduces, performs, or broadcasts it „in any form recognizably derived from the original".

42. Prompted by a proposal of Argentina (UCC/7), the Conference considered whether the rights enumerated in Article IVbis (1) should be expanded to include the „moral right" of the author: that is, „the right to claim authorship of a work and to oppose any distortion, mutilation or other change in that work, or any interference with the work that might be prejudicial to the author's honour or good name". A number of delegations expressed themselves as favouring the principle that the moral right is one of the most fundamental of the author's rights. On the other hand, the point was made by several delegations, notably that of Italy, that the proposal would mark a radical departure from the 1952 Universal Convention, and that some States now party to the UCC including Kenya, the United States of America and others, do not recognize this right under their statutory law. Reference was made to the specific goal of the Washington Recommendation, which was the express recognition of certain „economic" rights or interests of the authors but was clearly not intended to extend to the author's moral rights. Fears were expressed that a requirement for recognition of moral rights would be fatal to the entire programme for revising both the Universal and the Berne Conventions.

43. In the final text, the word „economic" was retained, but in the enumeration of specific rights the word „exclusive" was added. Although it was the hope of many delegations that, under this wording, Contracting States would be moved to grant moral as well as pecuniary rights, it was

the understanding of the Conference that no State would be obliged, under the 1971 Convention, to grant protection for the moral rights of the author. It was also understood that the words „include" and „including" in Article IVbis (1) were not to be interpreted as limitative or exhaustive.

44. A fundamental point of interpretation of the 1971 Convention was referred to several times during the Conference, in connexion with Article IVbis and in several other contexts. The Conference agreed the general aim of the 1971 Convention should be that no State that is now party to the Universal Copyright Convention of 1952, and that now respects the fundamental rights of authors, should be required to make any changes in its domestic law as a condition to adhering to the 1971 Convention. Under the new Convention, developing countries would, of course, have an opportunity to introduce compulsory licensing systems in accordance with Articles V^{ter} and V^{quater}, but it was understood that no country now meeting the obligations of the 1952 Convention and according basic copyright protection would be required to assume new obligations in order to adhere to the 1971 Convention.

45. This point assumed even greater significance during the consideration of a second proposal of the delegation of the Argentine Republic (UCC/7) for amendment of Article IVbis. Paragraph (2) of the IGCC text of that article provided that, despite the specification of exclusive rights in paragraph (1), a Contracting State could make exceptions to these rights as long as they „do not conflict with the spirit and provisions" of the 1971 Convention, and provided the State accords „a reasonable degree of effective protection to each of the rights to which exception has been made". The proposal of Argentina would have limited the right of a State to make exceptions to cases where „the work is to be used in educational establishments for teaching purposes and reaches the recipients free of charge" with the added limitation that, in cases of broadcasting, the stations receive no profit. This was considered too limitative by the Conference, which preferred a more flexible formula, one that was consistent with the spirit of the 1952 Convention and capable of accommodating a great variety of legal systems, economic and social situations, and cultural factors. A proposal included in the comments of the Swiss Government (UCC/5, Annex, p. 11), was also considered, but was not accepted on the ground that it might be interpreted as allowing general compulsory licensing systems for all types of works. The delegation of the Federal Republic of Germany referred to the wording for this provision put forward as Alternative B in the text prepared by the Ad Hoc Preparatory Commitee (UCC/4, p. 15), but declared that it regarded the IGCC text as acceptable, if the limits to the exceptions are clearly indicated in this report.

46. The Conference agreed that, subject to very minor drafting changes, the IGCC text should be accepted and that various points raised by its wording should be interpreted as follows:

1. The exceptions must not „conflict with the spirit" of the 1971 Convention.

It was considered that, in addition to the requirement for „adequate and effective protection" in Article I, the „spirit" of the Convention also comprehended the convictions expressed in paragraphs 1 and 2 of the Universal Declaration of Human Rights: that everyone has a right „freely to participate in the cultural life of the community", and that everyone equally has a right „to the protection of the moral and material interests resulting from any scientific, literary or artistic production of which he is the author".

2. The „a contrario principle".

Paragraph 83 of the Intergovernmental Copyright Committee Report accompanying the IGCC text (UCC/4, Annex IX, p. 9) stated the view of the Committee that „the inclusion in the Convention of special provisions allowing developing countries to publish certain works and translations under compulsory licences, means a contrario that, except as provided in Article V, there could be no question of developed countries instituting a general system of compulsory licensing for the publication of literary, scientific or artistic works". The Conference adopted this principle, it being understood that a „general system" referred either to a system applying to a specific type of work with respect to all forms of uses, or to a system applying to all types of works with respect to a particular form of use.

3. The exceptions must not „conflict with the provisions" of the 1971 Convention.

As a corollary to the „a contrario" principle, the Conference understood the reference to „the provisions" of the revised Convention as referring to Articles V^{ter} and V^{quater}. This means that a State not qualifying as a developing country under Article V^{bis} would not be entitled to institute licensing systems similar to those provided in Articles V^{ter} and V^{quater}.

4. The State must accord „a reasonable degree of effective protection" to each of the rights named.

It was understood that, under the second sentence of paragraph 2 of Article IVbis, no State would be entitled to withhold entirely all rights with respect to reproduction, public performance, or broadcasting, that where exceptions are made they must have a logical basis and must not be applied arbitrarily, and that the protection offered must be effectively enforced by the laws of the Contracting State.

Article V

47. Article V of the 1952 Convention, dealing with translation rights, proved to be one of the most difficult problems faced by the 1952 Geneva Conference, and the provision as it now exists in the Universal Copyright Convention in itself represents a delicately balanced compromise. In all of the preparatory meetings leading to the IGCC it was agreed not to

tamper with the existing text, and to use it intact as an underpinning for the special translation provisions applicable to developing countries in Article V^{ter}.

48. When it first considered the question, the UCC Main Commission adhered to this principle, and only very minor consequential drafting changes were suggested. To conform paragraph (1), the basic clause of Article V establishing the author's exclusive right of translation, to the new Article IVbis establishing his other basic rights, the opening phrase was changed from „Copyright shall include the exclusive right to . . ." to „The rights referred to in Article I shall include the exclusive right of the author to . . . ".

49. Following meetings of the Berne Convention Main Commission, however, it became increasingly apparent that there was a need for uniform terminology throughout both Conventions when identifying a language with a country for various purposes. The formula finally accepted, „a language in general use" in the State, will be discussed in detail in connexion with Article V^{ter}. The Conference agreed to conform the present language of Article V, which refers to the „national language or languages" of the State, to this new formula, and made minor drafting changes in four places in Article V to accomplish this limited result. It was understood that there was no intention on the part of the Paris Conference to change the interpretation of the phrase as it exists in the 1952 text, and that the only purpose of the change was consistency of terminology.

50. In the third week of the Conference the discussions of the various procedures required for obtaining translation and reproduction licences, during the meetings of the Berne and Universal Convention Main Commissions as well as the plenary sessions of the UCC, were among the thorniest and most time-consuming that the delegates had to endure. Article V of the 1952 Convention had established a procedure with respect to translation licences granted under it; the IGCC draft had imported this procedure intact into Article V^{ter}, but had diverged from it in connexion with Article V^{quater}, and there were further divergences in the draft adopted by the Berne Main Commission. Concern was expressed among delegates from developing countries as to how all these variations could be reconciled and implemented in domestic legislation and practice. A proposal to achieve some degree of uniformity by amending Article V, as well as Articles V^{ter} and V^{quater}, was put forward by the delegation of the United Kingdom (UCC/39), but was withdrawn in the face of a general reluctance to make further changes in Article V. The delegation of the United Kingdom then submitted a proposal (UCC/41) to achieve some uniformity through an amendment of Article V^{ter} alone; this proposal, which was adopted with some changes in detail, will be discussed in connexion with Article V^{ter}.

51. The delegate of India, noting that the phrase „due provision shall be made by domestic legislation" in paragraph (d) of Article V (2) had been

changed in equivalent provisions of Article V^{ter} and in the draft text of the revised Berne Convention suggested that the words „at the national level" be substituted for the words „by domestic legislation". Again, the reluctance to make material changes in Article V prevailed and the proposal was withdrawn, but amendments were made in Articles V^{ter} and V^{quater} to accomplish the result with respect to licences issued under those provisions.

52. Under the language of Article V, a compulsory translation licence may be granted under certain conditions to „any national" of a Contracting State. The delegate of India asked that it be made clear that the term „national" includes legal entities, government bodies, corporate bodies, and other artificial persons. There was no dissent from this interpretation at the Paris Conference, but it was agreed that there was no need to define the term explicitly in the text. The point is discussed in a different context under Article II of the Report of the Rapporteur-General of the 1952 Geneva Conference, where the following interpretation appears: „The President suggested that it was a matter for each Contracting State to interpret the word 'nationals' according to its own rule of law; the Convention was not to be regarded as imposing on any Contracting State the obligation of recognizing for copyright purposes legal and moral persons as well as physical persons, but only requiring that a State should apply the same interpretation to foreign nationals as to its own nationals; for example, a State protecting the works of its own incorporated bodies should protect also the works of such bodies of other Contracting States".

Article V^{bis}

53. One of the fundamental ideas behind the Washington Recommendation was to have parallel and concurrent revisions of the Universal and Berne Conventions to make limited compulsory licensing systems available for the benefit of developing countries with respect to translations and reproductions. Article V^{bis} is the first of the three new articles in the revised UCC intended to accomplish this goal; its counterpart in the Berne revision is Article I of the Appendix to the Paris Act of the Berne Convention. The purpose of this article is to establish the criteria a State must meet, and the procedural machinery it must observe to take advantage of the special translation and reproduction provisions in the two articles that follow it. Article V^{bis} is the first and probably the most significant, though not the only, provision in the revised text that raises that most perplexing of problems: What is a „developing country"? The term appears expressly in paragraphs (1) and (3) and by reference in paragraph (5) of Article V^{bis}. Under paragraph (1), any Contracting State „regarded as a developing country in conformity with the established practice of the General Assembly of the United Nations" is entitled, at the time it becomes a party to the Universal Copyright Convention or at any later time, to notify the Director-General of Unesco that it will apply some or all of the provisions of

Articles V^{ter} and V^{quater}. Under paragraph (2), this notification is effective during the first ten years after the coming into force of the 1971 Convention, and the Contracting States may renew its notification at ten-year intervals thereafter. Paragraph (3) provides that, when the State ceases to be regarded as a „developing country", it is precluded from making the decennial notification and, following a grace period, from applying the exceptions. The formula contained in paragraph (1) emerged from the report adopted on 27 June 1969 by a sub-committee established by the UCC Intergovernmental Copyright Committee (IGG/SC/6). Although its context was changed considerably by the Washington Recommendation and later events, the formula itself has been accepted without much discussion and has remained basically intact. The operative phrase adopted was the one evolved at Stockholm: „... regarded as a developing country in conformity with the established practice of the General Assembly of the United Nations...". Another clause, similar to one adopted at Stockholm and retained in the Berne revision at Paris — „and which, having regard to its economic situation and its social or cultural needs, does not consider itself immediately in a position to make provision for the protection of all the rights as provided for in this Act, ..." — was not adopted in the 1971 Universal Convention because of the general feeling that it added nothing to the basic criterion.

54. The IGCC text of paragraph (2) of Article V^{bis} had provided that a developing country could renew a notification made under paragraph (1) riod". The Conference accepted an amendment offered by the delegation of Japan (UCC/9) to change the renewal period from the year immediately preceding the expiration date to a one-year period „not more than fifteen or less than three months" before expiration. The purpose was to require notification sufficiently in advance of expiration to allow other Contracting „during the year preceding the expiration of the relevant ten-year pe- States to know definitely whether the ten-year period would expire on a given date or not.

55. In connexion with paragraph (3), the same Japanese proposal (UCC/9) raised a question as to whether the variable grace period allowed after a State has ceased to be developing was not too long and indefinite. Under the IGCC text, to take an extreme example, a State could renew a notification in 1975, cease to be developing in 1976, and yet enjoy the benefits of Articles V^{ter} and V^{quater} until 1985. The Conference agreed to retain the IGCC formula, with some clarifying amendments, on the ground that the transition within a country from a developing to a developed stage would be gradual, and that the provision should be flexible enough to allow for gradual adjustments.

56. Paragraph (4) allows for the disposition of copies already made under the exceptions of Articles V^{ter} and V^{quater} even after those exceptions have ceased to be applicable. This provoked a discussion as to whether some time-limit should be imposed on this privilege. The Conference re-

jected the proposal for a definite time-limit, but amended the text to allow distribution only „until their stock is exhausted".

57. The intention of paragraph (5) of Article V^bis^ is to make clear that, where a Contracting State has made a declaration under Article XIII with respect to a dependent country or territory, it could also make a notification under Article V^bis^ on behalf of that country or territory. In line with a proposal by the delegation of Argentina (UCC/7), the text was amended to provide explicitly that the export provisions of Articles V^ter^ and V^quater^ are fully applicable as between the Contracting State and its dependency in this situation.

The question of material reciprocity

58. During the discussion of Article V^bis^ the delegation of Sweden raised a question (UCC/12) as to whether, because the proposed text of the revised Berne Convention contains a provision prohibiting the application of material reciprocity against States availing themselves of the special translation and reproduction licences, the revised text of the UCC should not contain a similar provision. There was no disagreement whatever upon the substance of this matter: the Conference unanimously agreed that material reciprocity could not be applied in this situation. It was also agreed early in the discussion that, if the UCC text was to contain such a provision, it should not appear in Article V^bis^ but in a general clause later in the Convention text. The question resolved itself into whether the declaration against material reciprocity should go into the text of the Convention or be contained in this General Report.

59. The UCC Main Commission was divided on this question, which was the subject of two special meetings of the Drafting Committee. This Committee produced the draft text of a new article (UCC/24 Rev.) and the draft of a section of this General Report (UCC/28), which had been submitted to the Drafting Committee by the delegation of France (UCC/CR. 1). The Main Commission voted not to include the proposed text of a new Article VIIbis in the Convention, with 17 delegations voting against inclusion, ten voting for, and two abstaining from the vote. Thereupon it was decided, without dissent, to include the Drafting Committee's proposed language (UCC/28) in this report, and I am, therefore, indebted to that Committee, and the delegation of France, for the following five paragraphs:

The Conference considered whether the text of the revised convention should or should not include an express provision prohibiting all material reciprocity in respect of a State availing itself of the exceptions mentioned in this Convention — whether these were the special exceptions provided for in Articles V^ter^ and V^quater^ in favour of developing countries, or the exceptions of a general nature provided for in Article IVbis.

There was general agreement on the following:

(1) With regard to material reciprocity, no discrimination should be

made between the exceptions in Articles V^ter and V^quater and those in Article IVbis.

(2) The fact of a State's availing itself of any exception should in no case permit other Contracting States to reduce the level of protection granted by them to works originating in the State in question.

(3) The principle of the absence of material reciprocity already exists in the 1952 Convention. It derives from the principle of the assimilation of foreign authors and works to national authors and works.

The fact that such reciprocity is permitted on only one, precisely specified point, viz. the duration of protection, underlines the fact that this constitutes the sole exception to a general principle and that where the text is silent, it can only be interpreted in the light of the principle of non-reciprocity.

It therefore appeared that the inclusion of a special article specifying that the fact of a State's availing itself of exceptions would not permit any retaliation under the principle of material reciprocity, could be interpreted as a reversal of the presumption of absence of material reciprocity which governed the 1952 Convention and that consequently, States remaining party to the 1952 Convention alone, would in future be able to interpret that Convention as being governed by the principle of material reciprocity.

To avoid any such interpretation and taking note of a general agreement excluding all possibility of retaliation based on the idea of material reciprocity, the Conference was of the opinion that the inclusion of an article expressly excluding material reciprocity could serve no useful purpose and would only weaken a principle which was generally accepted and which should continue to govern both the present Convention and the Convention of 1952.

Article V^ter

60. As at Geneva twenty years before, the question of translation rights was the most difficult and time-consuming problem the Paris Conference had to face. In the intervening twenty years the nature and complexity of the problem had undergone some fundamental changes, resulting primarily from the emergence of newly-independent nations with immense demands for educational development. These changes are reflected in the differences between Article V, the 1952 provision obligating Contracting States to grant exclusive translation rights but allowing them to grant compulsory licences after seven years under certain conditions, and Article V^ter, imposing the same obligations on Contracting States that are developing countries, but allowing compulsory licensing after periods of only one or three years, though under considerably stricter conditions.

61. The basic formula of Article V^ter is stated in its opening paragraph: If a Contracting State is a „developing country", under the meaning and

conditions of Article V^{bis}, it may reduce the seven-year period of absolutely exclusive translation rights to three years; and „in the case of a translation into a language not in general use in one or more developed countries" that are party to either text of the UCC, the period can be further reduced to one year.

62. The delegation of India put forward a proposal (UCC/14) to cut the one-year period in half, on the ground that, since only non-exclusive licences into local languages were involved, six months of exclusivity would be long enough to protect the copyright owner's interests. This proposal met with strong opposition from delegations representing developed countries, not only because it disturbed the balance of what was constantly if inelegantly referred to as the „package deal", but also because, as a practical matter, six months was not long enough to allow the author to secure a translator of his own choice and to arrange for preparation and publication of the authorized translation. Following the meeting of a working party on the question, the delegation of India provisionally withdrew its proposal on condition that the Conference accept in principle the proposals of the delegation of Kenya (UCC/13), which now figure in paragraphs (1) and (9) of Article V^{ter}.

63. The key to the dividing line between the three-year and one-year periods provided by paragraph (1)(a) of Article V^{ter} is whether the translation is „into a language not in general use in one or more developed countries . . .". The meaning of the phrase „in general use" was discussed at several points during the Conference and, as in the case of the meaning of „developing countries", it was apparent that although no rigid definition was possible, no better term could be found. As a starting point, it was suggested without dissent that any language officially identified as one of the national languages of a country would be considered „in general use". The principal problem arises where, although not identified as a national language, a particular language is spoken or read by a significant percentage of the total population of a country, including the populations of regions of a country and of outlying territories. Although a reasonable dividing line for guidance on this question might be the use of a language by ten per cent or more of the total population of a country, it was considered that no percentage figure could be applied arbitrarily, and would necessarily vary in accordance with a wide range of demographic factors including regional and ethnic groupings within a country and other social and political circumstances. In any case, it was clearly understood that for all purposes the three so-called „world languages" (French, English and Spanish) would be considered „in general use in one or more developed countries".

64. It was understood that „developed countries" in this context referred to countries not regarded as „developing countries in conformity with the established practice of the General Assembly of the United Nations". How-

ever, the Conference did not accept a Japanese proposal (UCC/9) to amend the text of Article V^{ter} along these lines, on the ground that in borderline cases it might introduce uncertainties.

65. On the other hand, the delegation of Kenya put forward a proposal (UCC/13) which, in effect, defined „developed countries" more limitatively for this purpose and provided a flexible formula to cover certain special situations. Although the Japanese delegation pointed out that it would be unreasonable to make a distinction between languages in general use in developed countries that are UCC Contracting States and languages in general use in developed countries that are not, it was agreed to amend the article in accordance with the Kenyan proposal. Under the text adopted by the Conference, the one-year period would be applicable under Article V^{ter} (1) (a) if the translation is into a language not in general use in any developed country that is party to either the 1952 or the 1971 texts of the Universal Copyright Convention. Correspondingly, a new sub-paragraph (b) was added under which it would be possible to alter the effect of sub-paragraph (a) if unanimous agreement could be obtained from all of the developed UCC countries in which a particular language, other than English, French, and Spanish, is in general use.

66. In other words, a developing country can make a translation under paragraph (1)(b) of Article V^{ter} within one year rather than three under the following conditions: (a) if the translation is not into one of the three „world languages"; (b) if it is into a language in general use in one or more developed countries party to either the 1952 or the 1971 texts of the Universal Copyright Convention; (c) if these countries unanimously agree among themselves that another period of one year (or more) may be substituted; and (d) if the Director-General of Unesco is notified of the written agreement. It was clearly understood that any such agreement would require formal action at the executive level by each and every one of the developed countries concerned, and that it could stipulate conditions such as, for example, that it applied only to certain types of works such as technical and scientific works. It was also stipulated that in no case could the exclusive right of translation into English, French or Spanish be reduced below the three-year minimum provided in Article V^{ter} (1) (a). There were some misgivings, especially upon the part of the Italian delegation, about the effect of private arrangements, such as those allowed in paragraphs (1) (b) and (4) (c) of Article V^{ter}, upon the other States party to a multilateral convention. However, the Conference agreed that, in exceptional cases where a degree of flexibility was needed, these separate arrangements could be justified.

67. During its first discussion of Article V^{ter}, the Main Commission considered an amendment offered by the delegation of Sweden (UCC/16) intended to bring the procedure to be followed „if the owner of the right of translation cannot be found" into line with the provisions of Article V^{quater}

on reproductions. These differ in some of their details from the procedure outlined in Article V, which was incorporated by reference in Article V^{ter} of the IGCC text. Although the Main Commission was, on first consideration, divided on the question and the Swedish delegation withdrew its proposal, the question was reopened and the Swedish proposal was, in substance, eventually adopted.

68. As noted above in connexion with the discussion of Article V, strenuous efforts were made toward the end of the Conference to conform, as much as possible, the various procedures required for the granting of compulsory licences under Articles V^{ter} and V^{quater} of the 1971 Universal Convention and under Article IV of the Appendix to the 1971 Paris Act of the Berne Convention. Having decided not to change the procedure already established in Article V of the UCC, the Conference agreed to a somewhat different procedure with respect to translation licences granted under Article V^{ter}, on the basis of a proposal of the delegation of the United Kingdom (UCC/41).

69. The United Kingdom proposal, with certain amendments, was added as sub-paragraphs (c) and (d) of paragraph (1) of Article V^{ter}, and establishes essentially the same procedure for the granting of translation licences under Article V^{ter} as that established for the granting of reproduction licences under Article V^{quater}. This procedure will be discussed further in connexion with the latter Article. The only essential difference between the procedures for translation and reproduction licences set forth in Articles V^{ter} and V^{quater}, and those prescribed in Article IV of the Appendix to the new Berne text, involve the specific mention in the former of „The International Copyright Information Centre established by the United Nations Educational, Scientific and Cultural Organization".

70. Paragraph (2) of the final 1971 text of Article V^{ter}, which had been paragraph (5) of the IGCC text, provides for grace periods following the filing of a request for permission to translate under paragraph (1)(c), or the dispatch of the copies of an application for the granting of a compulsory translation licence under paragraph (1)(d). The rather complicated formula in Article V^{ter} can be summarized as follows:

(1) Where the applicable period under Article V^{ter} is three years, no compulsory licence may be granted until a „further period of six months has elapsed" from the date of the request or of the dispatch of the copies of the application; and

(2) Where the applicable period under Article V^{ter} is one year, no compulsory licence may be granted until „a further period of nine months has elapsed".

71. The Conference adopted an amendment proposed by the delegation of Sweden (UCC/16) making clear that publication „by the owner of the translation or with his authorization" during the six- or nine-month period

would preclude the granting of a compulsory licence. It was agreed, as a matter of interpretation, that under this provision:

(1) The formal requests or applications that start the six- or nine-month grace periods running should clearly refer to the grant of a licence under Article V^{ter};

(2) If the copyright owner has filed a list of the works for which he holds translation rights with the competent authority in the developing country, it cannot be argued under Article V (2)(c) that „the owner of the right of translation cannot be found";

(3) In cases where the one-year period would have been applicable but the request or application is not filed until after three years, the grace period would be six months rather than nine months.

72. The Main Commission considered the question whether the three-year /six-month and the one-year/nine-month periods were concurrent or consecutive. The delegation of India held the view that the three-year/six-month and the one-year/nine-month periods could, in each case, run concurrently or overlap each other. It was, however, the prevailing view in the Commission that the periods were intended to be consecutive. Under this interpretation, the use of the word „further" implied that it was necessary for the basic period to have run its course before the grace periods under V^{ter} (2) could start, and that the absence of the word „further" in the equivalent provision in Article V^{quater} implied that, in the cases of reproduction, the periods could be concurrent.

73. Paragraph (3) specifies that licences under Article V^{ter} can be granted only for the purpose of „teaching, scholarship or research". It was the understanding of the Conference that the word „scholarship" in this phrase refers not only to instructional activities at all levels in tutorial institutions, primary and secondary schools, colleges, and universities, but also to a wide range of organized educational activities intended for participation at any age level and devoted to the study of any subject. The Conference also agreed that the word „research" cannot be interpreted to permit the translation, under Article V^{ter}, of copyrighted works by industrial research institutes or by private corporations doing research for commercial purposes. However, the Conference declined to accept, as too limitative, a proposal by the delegation of Argentina (UCC/7), that would have confined the effect of Article V^{ter} to translations made „for the benefit of official or officially recognized establishments of education or research".

74. Paragraph (4)(a) of Article V^{ter}, like its counterpart in paragraph (1)(f) of Article V^{quater} dealing with reproductions, states a fundamental rule underlying both provisions: that copies produced in accordance with a compulsory licence issued under either Article V^{ter} or V^{quater} cannot be exported, and that the licence is „valid only for publication in the territory of the Contracting State where it has been applied for". A proposal of the delegation of Argentina (UCC/7), to make the validity of a licence dependent

upon both printing and publication in the territory of the licensing State, provoked one of the major controversies of the Paris Conference. The Argentine amendment was not adopted, but, following the meeting and report of a Joint Working Party of the Main Commissions of both the UCC and the Berne Conferences, agreement was reached upon an interpretation to be included in this report. Since it deals with both Articles V^{ter} and V^{quater}, this interpretation will be found in a separate section following the report on Article V^{quater}.

75. Under sub-paragraph (b) of Article V^{ter} (4), as under the IGCC text, copies published under a licence must bear a notice making clear they are available for distribution only in the licensing State. As proposed by the delegation of the United States of America (UCC/18), the sub-paragraph was amended to require retention of the copyright notice provided in Article III (1) on any copies of a translation published under a compulsory licence.

76. A special problem, arising from the desire of certain developing countries to supply communities of their nationals living in other countries with translations prepared under V^{ter}, was raised by a proposal of the delegation of Brazil (UCC/20). There was general sympathy with the aims behind the proposal, but some delegations felt that the matter did not require a textual amendment since it was acknowledged that the sending of individual copies for personal use could not be regarded as „export". Other delegations preferred to have a new provision on the subject, although it was recognized that neither the original proposal (UCC/20) nor a revision of it (UCC/20 Rev.) contained the restrictions and safeguards necessary for general acceptance.

77. When the matter was put to a vote, the Main Commission decided to include a provision on the subject in Article V^{ter}, and a working group was appointed to prepare a text (UCC/26). With minor technical amendments the working group's text was accepted by the Conference, and now appears as sub-paragraph (c) of Article V^{ter} (4).

78. Under this provision the ban upon exports is inapplicable to cases where a governmental or public entity of a licensing State sends copies of a translation abroad, but only: (a) if the translation is not in English, French, or Spanish; (b) if the recipients are individuals or collective groups who are nationals of the licensing State; (c) if the copies are used exclusively for purposes of teaching, scholarship, or research and are sent or distributed „without the object of commercial purpose"; and (d) if the country to which the copies are addressed has agreed to allow their receipt, distribution, or both, and the Director-General of Unesco has been notified of this agreement.

79. The phrase „without the object of commercial purpose", which was finally adopted in preference to „without the object of financial gain", was understood here, as elsewhere, to exclude private enterprises operated for

profit-making purposes from engaging in the permitted activities, but not to preclude public or government organizations from making charges intended to recover their costs. It was also considered that, whether or not the country to which the copies are sent is a party to the UCC, it must agree to allow the copies to be received or distributed, and a notification of its agreement must be sent to the Director-General of Unesco.

80. Paragraph (5), which deals with the amount and payment of compensation under compulsory licences, had appeared in the IGCC text, and was retained without any substantial change. A new provision in Article V^{ter}, however, is paragraph (6), derived from a proposal of the delegation of Sweden (UCC/16) which in turn was based upon a corresponding provision in Article V^{quater} (2) (c). In effect, it provides for the termination of a licence under Article V^{ter} if an authorized translation of the work „in the same language and with substantially the same content" is published „at a price reasonably related to that normally charged in the country for comparable works".

81. Paragraph (7), maintained verbatim from the IGCC text, deals with works „composed mainly of illustrations". It allows for the translation of the text, along with the reproduction of the illustrations, only under the conditions of Article V^{quater}. This provision was interpreted as applying primarily to art books, and it was agreed that the question of whether a given work was „mainly" composed of illustrations should be left to the competent authority.

82. A prosposal of the delegation of Kenya (UCC/13) to add a new Article V^{quinquies}, granting a limited translation right for purposes of broadcasting, was also the subject of much discussion at the Paris Conference. The proposal, which had no counterpart in the IGCC text, and was not part of any previous „package deal", was based on the assumption that Articles V and V^{ter} which deal exclusively with the publication of translations would not permit translations for broadcasting unless a special provision to this effect were added. In support of the proposal it was urged that broadcasting is coming to play a more and more important part in the educational programmes of developing countries suffering from shortages of both books and teachers, and that a translation licence for broadcasting is at least as important to these countries as a licence for purposes of publication.

83. At the outset of the disscussions there were expressions of support for, or at least in sympathy with, the aims of the proposal. The delegation of Argentina, however, questioned the advisability of dealing with the proposal during the present Conference. Although it appreciated the importance of broadcasting as an educational medium in developing countries, the Argentine delegation felt that, since the question had not been considered during the preparatory meetings, it required more thorough study at the governmental level before being submitted to a revision conference. A number of questions were raised concerning the proposed text, and a working

group was established to consider the question in detail. This group reached a provisional accord on general principles, and the delegations of Kenya and the United States of America were asked to formulate a new text (UCC/27). This text, with relatively minor changes by the Main Commission and the Drafting Committee, was adopted by the Conference and appears in the text as paragraph (8) of Article V^{ter}.

84. Under paragraph (8)(a), a licence to translate a work that is protected under the 1971 Convention and has been published in „printed or analogous forms of reproduction", may be granted to a broadcasting organization in a developing country party to the UCC under the following conditions:

(1) The copy from which the translation is made must have been „made and acquired in accordance with the laws" of the licensing State. As stated in paragraph 34 of the Report of the General Rapporteur of the Paris Conference for Revision of the Berne Convention (B/DC/36), this language was interpreted to mean „that the copy must not be an infringing copy according to the laws of that country".

(2) The sole purpose of the translation must be for broadcasting, and the sole purpose of the broadcasts using the translation must be either „teaching" or „the dissemination of the results of specialized technical or scientific research to experts in a particular profession". The latter formulation was found acceptable after several delegates had expressed dissatisfaction with a mere reference to „research".

(3) The translation must in fact be used solely for the types of broadcasting just mentioned, and the broadcasts must go to recipients on the territory of the licensing State. As long as the broadcasts are intended for reception on the State's territory, the license is not affected if listeners or viewers in other countries also receive them.

(4) The broadcasts may either be „live", in the sense that they are concurrent with the sounds or visual images involved, or they may be made „through the medium of sound or visual recordings". In the latter case, the recordings must be made lawfully and for the sole purpose mentioned in paragraph (2), above. As long as broadcasting takes place, it makes no difference wheter it is radio or television and whether it involves terrestrial or satellite relays. The term „sound or visual recordings" includes all types of aural and visual fixations, including films, phonograms, and audio and video tapes in their various manifestations.

(5) If sound or visual recordings are used for the broadcasts, they can only be exchanged between broadcasting organizations whose headquarters are all in the licensing State. Under no circumstances could these recordings be sent beyond the frontiers of the country, nor could they be the subject of sales, rentals, or licensing arrangements within the country.

(6) All of the uses of the translation including the broadcasting itself and

any exchange of recordings, must be „without any commercial purpose". The Conference agreed that, in the context of broadcasting, the phrase „without any commercial purpose" means that the broadcasting organization itself is not a private corporation operated for profit-making purposes and that no commercial advertising is included in the programme incorporating the translation. It was not, however, intended to preclude the organization from broadcasting commercial advertising at other times, or to exclude the common situation in which the owners of receiving sets are charged a licence fee.

85. Under sub-paragraph (b) of paragraph (8) a licence may also be granted under all of the same conditions for the translation of „any text incorporated in an audio-visual fixation which was itself prepared and published for the sole purpose of being used in connexion with systematic instructional activities". Here the subject matter involved consists exclusively of published teaching materials such as, for example, instructional films and video cassettes, filmstrips, slides, and transparencies, combined with some textual element which may be part of a sound track or of an accompanying recording.

86. A point of paramount importance was emphasized several times during the discussions of paragraph (8): the licence granted under it can cover only the act of translation, and nothing more. It cannot convey any rights of adaptation, including adaptation of a non-dramatic work to dramatic form, or use in cinematographic works and it does not authorize or sanction the broadcasting of the translation or the making of „ephemeral" or other recordings. These rights rest on other provisions of the Convention and local law, and nothing in paragraph (8) is intended to impinge upon or supersede copyright protection for these rights. The sole purpose of paragraph (8) is to authorize translation for purposes of broadcasting under certain circumstances.

87. Paragraph (9) is the provision governing the important question of the interrelationship between Articles V and V^{ter}. It first provides that, where they are not superseded by the special provisions of Article V^{ter}, the provisions of Article V shall be fully applicable to all translations made under compulsory licences. This incorporation by reference means several things:

(1) The work translated under a licence must be a „writing". This term has a limited meaning under Article I of the Universal Copyright Convention, although its scope is a matter of some dispute. The interpretation most commonly held is that „writings" do not include „musical, dramatic and cinematographic works, and paintings, engravings and sculpture". Under this interpretation, except for the cases of text incorporated in art books and audio-visual fixations, specially dealt with in paragraphs (7) and (8) (b) of Article V^{ter}, the article applies only to non-dramatic text matter. The delegation of Kenya expressed the view, however, that dramatic texts can come within the scope of Articles V and V^{ter}. The Conference expressly

stipulated that the words, lyrics, or text of musical compositions were not covered by the translation privileges of Article V^{ter}.

(2) As amended by the Conference, Article V limits the compulsory licence to translations into „a language in general use" in the State granting the licence.

(3) All of the various conditions and safeguards of authors' rights built into Article V are transferred intact into Article V^{ter}. These include the requirements that the original title and name of the author appear on the copies of the translation published under a licence, that the licence is not transferable, that a correct translation of the work is assured, and that no licence shall be granted when the author has withdrawn all copies of his work from circulation. It also means that, except as provided under paragraph (8), the licence can be issued only for limited purposes: „to translate the work and publish the work so translated". Because of the limited definition given to the word „publication" in Article VI of the Universal Copyright Convention, no licence can be granted under Article V^{ter} to distribute the work in the form of sound recordings or in any other form except one „from which it can be read or otherwise visually perceived". Under the terms of Article V, no licence to translate can be granted if an authorized translation in the language in question has been published anywhere during the relevant period of exclusivity, and as long as any previous edition of such a translation is still in print.

(4) It was also considered that, where the copyright owner has made a reasonable offer to license a translation, the prospective licensee's refusal will not entitle him to a compulsory licence.

(5) In this context, the Conference expressly agreed that, where the work for which a translation licence is sought is itself a translation of a copyrighted work, permission must be sought from, and denied by, not only the owner of copyright in the intermediate translation, but also the author of the original work on which it is based. This principle would apply equally to any form of adaptation or derivative work incorporating copyrighted material of diverse ownership.

(6) It was also the sense of the Conference that, where a compulsory licence is granted under either Article V^{ter} or Article V^{quater}, the author or other copyright owner should be notified expressly of the conditions of the licence, including the conditions involving payment and transfer of the compensation due him. A similar point of interpretation is stated in paragraph 39 of the Report of the General Rapporteur of the Berne Revision Conference (B/DC/36) as obliging the competent authority, in cases where a translation or reproduction licence is to be granted, to „take reasonable steps to ensure that the owner of the right has an opportunity to be aware of the application and to take such measures as may seem to him appropriate". Conversely, where the copyright owner is aware of a compulsory licence, paragraph 32 of the Berne Report suggests that, as a

condition for terminating the licence by bringing out an authorized edition, „the licensee should be given reasonable notice by the owner of the right of translation, of the publication of a translation authorized by him".

88. Paragraph (9) also deals with the status of a licence granted under Article V^{ter} after seven years from the first publication of a work, when any Contracting State, developed or developing, can obtain a compulsory licence under Article V on more liberal conditions than those laid out in Article V^{ter}. As the IGCC text had also provided, the licensee in the developing country is given an option: he may simply allow the V^{ter} licence to remain in effect or, if he wishes, he may obtain a new licence under Article V by going through all the procedures provided in that Article.

Article V^{quater}

89. After crossing the stormy seas of Article V^{ter}, the Conference seemed to be entering a calm harbour when it got to Article V^{quater}. For the most part the IGCC text remained intact, and the discussions involved the clarification of details and the need to conform the UCC and Berne texts as much as possible.

90. The provisions of Article V^{quater} as a whole are patterned on those in Article V^{ter}, but with a number of differences in both substance and form. The substantive differences stem from the different rights involved: translation and publication of the translation of a work on the one hand, and publication of a reproduction of a particular edition of a work on the other. The formal differences stem largely from the fact that, while Article V^{ter} is based on Article V and incorporates a number of its provisions by reference, Article V^{quater} stands entirely on its own.

91. Sub-paragraph (a) of paragraph (1) establishes the basic rule for compulsory licensing under Article V^{quater}. If, after a stated period, copies of a particular edition of a work have not been distributed in a developing country, either to the general public or in connexion with systematic instructional activities, a compulsory licence can be obtained to publish that particular edition in the licensing State. The sub-paragraph adopts a two-way standard as to the price charged for the copies: the copyright owner cannot defeat a licence unless he distributes copies „at a price reasonably related to that normally charged in the State for comparable works" but the copies under a compulsory licence must also be distributed at that or a lower price.

92. A basic condition of the licence is that it be granted solely for publication in connexion with „systematic instructional activities". This term is intended to include not only activities connected with the formal and informal curriculum of an educational institution, but also systematic out-of-school education. Although the possibility of the sale of copies reproduced under a compulsory licence was envisaged, it was also recalled

that the competent authority in a developing country to whom a request for a licence has been referred would be under a duty to determine that the licence would fulfil the need of specified „systematic instructional activities". A licence would necessarily be refused if such activities were in fact incidental to the actual purpose of the reproduction.

93. Another important condition of sub-paragraph (a) is implicit in the phrase „particular edition". Where a work has been published in successive editions, the relevant time periods are independent for each edition. Thus, a licence to reproduce the latest edition should be refused even if the applicable time periods for earlier editions have expired. Under paragraph (3) of Article V^{quater}, except for audio-visual fixations the works for which licences can be granted are „limited to works published in printed or analogous forms of reproduction".

94. The initial procedure for obtaining a licence under Article V^{quater} is essentially the same as that provided by Articles V and V^{ter}: the prospective licencee must have made efforts in good faith to negotiate a licence or to find the owner of the right. The remarks made in this report concerning the corresponding provisions in Article V^{ter} are equally applicable in Article V^{quater}.

95. Both the delegations of Japan (UCC/11) and the Federal Republic of Germany (UCC/15) proposed, in conformity with the draft text of the revised Berne Convention, to insert, into the provision allowing a licence to issue if a particular edition has ceased to be available in the licensing State, the condition that the edition in question has been unavailable for at least six months. These proposals were adopted, and the provision is now found in sub-paragraph (b) of Article V^{quater} (1).

96. The applicable periods of exclusivity, during which no licence can be issued under Article V^{quater}, for a particular edition, begin on the date of first publication of that edition. The compromise formula adopted in the IGCC text, which varies the terms in accordance with the nature of the work, remained unaltered by the Conference and is found in sub-paragraph (c). In general the period is five years, but a three-year period is applicable to „works of the natural and physical sciences, including mathematics, and of technology", and the term is seven years for „works of fiction, poetry, drama and music, and for art books".

97. As already noted, there are differences between the procedure for obtaining compulsory licences under Article V and that under Articles V^{ter} and V^{quater}. A proposal by the delegation of Argentina to establish a more detailed and elaborate procedure (UCC/7) was withdrawn when it received no support.

98. All three Articles (V, V^{ter} and V^{quater}) require that, in accordance with procedures established by the licensing State, the person seeking a licence must establish one or the other of two facts: either (a) that he had requested

a licence and his request has been denied; or (b) that after „due diligence" he had been unable to find the owner of the right involved. Paragraph 37 of the Report of the Berne Revision Conference states in this context: „It was understood that the request for authorization addressed to the owner of the right must indicate that, if such authorization is denied, the denial might serve as the basis for applying for a [compulsory] licence".

99. Where the owner of the right is known, Article V merely requires the prospective licensee to send him a request and wait for acceptance or denial. Articles V^ter and V^quater add an additional requirement in this case: at the same time he makes his request he must also inform either the International Copyright Information Centre established at Unesco, or „any national or regional information centre which may have been designated in a notification to that effect deposited with the Director-General [of Unesco] by the government of the State in which the publisher is believed to have his principal place of business".

100. Where the owner cannot be found, Article V requires the sending of a copy of the application for the compulsory licence to the publisher whose name appears in the copies; and, if the nationality of the owner of the translation right is known, another copy must be sent „to the diplomatic or consular representative of the State of which such owner is a national, or to the organization which may have been designated by the government of that State". Under Articles V^ter and V^quater, the copies of the application must be sent by registered air-mail; in addition to the copy required to be sent to the publisher, another copy must be sent to the officially-designated national or regional information centre or, if there is none, to the Unesco Centre.

101. Despite the awkward drafting problems presented by revising the 1952 Convention, this procedural thicket will probably prove less formidable in practice than it now seems, though its density is increased in some cases by the slightly different requirements of the Paris Act of the Berne Convention. The apparent complexity of the licensing procedures prompted the delegation of India to put forward a proposal (UCC/37) for a new article stating that, an effort in good faith to comply with the requirements would be considered valid even if there were some deviation from the strict letter of the prescribed procedures. However, the Conference did not accept this proposal, either as an amendment or as an interpretation in the Report. It was pointed out that it is the responsibility of the courts in each country to decide the validity of compulsory licences granted by the authorities in that country, and that an interpretation expressly allowing departures from the requirements of the Convention could produce confusion and unfair results.

102. Sub-paragraph (b) of Article V^quater (1) provides, in cases where the period of exclusivity is three years, that no licence shall be issued until six months from the date of the request or application. It was the unanimous

view of the Conference that, unlike the six- and nine-month periods provided under Article V^{ter} (2), the six-month period in Article V^{quater} (1)(d) can run concurrently with the three-year period of exclusivity. However, to be consistent with Article V^{ter} (2) (b), and to take account of situations when the six-month period ends after the end of the three-year period, the Conference adopted a proposal of the Swedish delegation (UCC/17) to require denial of a compulsory licence if an authorized edition is distributed in the State during the six-month period.

103. A special problem arises under Articles V, V^{ter} and V^{quater} with respect to how soon a compulsory licence can be granted in cases where the owner of the right cannot be found, and it is handled differently in each of the articles. Article V provides that „the licence shall not be granted before the expiration of a period of two months from the date of the dispatch of the copies of the application". However, this additional period is not provided in Article V^{ter}, since grace periods of six or nine months are already required to elapse following the dispatch of the copies of the application. On the other hand, since the six-month grace period provided in Article V^{quater} can run concurrently with the basic three-, five-, or seven-year periods of exclusivity, paragraph (1) (d) provides that, where the owner cannot be found, „the licence shall not be granted before the expiration of a period of three months from the date of dispatch of the copies of the application".

104. It was considered that, upon the coming into force of the 1971 Convention in a particular developing country, a large body of literature published more than three, five, or seven years earlier would theoretically become available for compulsory licensing. It was pointed out, however, that copyright owners in developed countries would have the time between signature of the Convention and the date of its coming into force — three months after twelve States have ratified or acceded to it — plus the additional three months following the time other States deposit their instruments of ratification or accession and the coming into force of the 1971 Convention in them, to make arrangements for granting voluntary licences. The Conference agreed that no prospective compulsory licensee should be permitted to send the requests or applications leading to a compulsory licence for any work until after the 1971 Convention has come into effect in his State.

105. Sub-paragraph (f) of Article V^{quater} (1) combines several of the safeguard provisions found in Articles V and V^{ter} in connexion with translations. The copies of the published reproduction must bear the author's name and the title of the particular edition. The requirement, taken from Article V, that the licence shall not be transferable by the licensee, is included in the provision, as is the extremely important stipulation that „the licence shall not extend to the export of copies and shall be valid only for publication in the territory of the Contracting State where it has been applied for". This provision will be taken up in the next section of the Report.

106. The delegation of the Argentine Republic proposed to amend sub-paragraph (f) by the addition of a clause stating that „any reproduction of the work shall be faithful to the original". When attention was called to sub-paragraph (g), providing that „due provision shall be made by domestic legislation to ensure an accurate reproduction of the particular edition in question", the Argentine delegation agreed to withdraw its proposal on condition that it was accepted that the meaning of the two statements is the same. There was no dissent from this interpretation.

107. Sub-paragraph (h) of Article V^quater (1) contains an important limitation on the compulsory licensing authority with respect to reproductions of translations. As adopted by the Conference, this provision precludes the granting of a licence for the reproduction and publication of a work that is itself a translation from another language in either of two cases: (a) „where the translation was not published by the owner of the right of translation or with his authorization"; or (b) „where the translation is not in a language in general use in the State with power to grant the licence".

108. Under the first of these conditions, a State would be precluded from granting a licence to reproduce a translation that itself had been made and published under the compulsory licensing provisions of Article V or V^ter. This was partly the sense of a clarifying amendment offered by the delegation of Japan (UCC/11), which would have provided that „A licence to reproduce and publish a translation of a work may be granted only if it does not prejudice the right of the author in the original work provided for in paragraph (1) of Article V". The Conference accepted the principle that, where a reproduction of a translation is involved, licences must be sought from the owners of copyright in both the original text and the translation, and the Japanese delegation withdrew its amendment upon condition that the principle be expressed in this Report.

109. Paragraph (2) of Article V^quater establishes several additional conditions governing the granting of compulsory licences for the publication of reproductions:

(1) The copies distributed under the licence bear the same types of notices as those required in Article V^ter (4) (b), and discussed in this Report in that connexion.

(2) The requirements for ensuring that the copyright owner receives just compensation and for its payment and transmittal, parallel those in Article V^ter (5).

(3) As in Article V^ter (6), a compulsory licence can be cut off if authorized copies of the work are made available in the licensing State under certain conditions. In the context of Article V^quater (2) (c), the recapture will operate if there is a distribution to the general public or in connexion with systematic instructional activities, at a normal price, of an authorized edition that „is in the same lan-

guage and is substantially the same in content as the edition published under the licence".

(4) Again, as in the last paragraph of Article V, the granting of a licence is precluded if the author chooses to withdraw all copies of the edition from circulation.

110. Finally, after stating the general rule that the works subject to compulsory licensing under Article V^{quater} are „works published in printed or analogous forms o reproduction", sub-paragraph (b) of paragraph (3) provides for the assimilation to these works of „audio-visual fixations including any protected works incorporated therein", but only if the fixations were themselves „prepared and published for the sole purpose of being used in connexion with systematic instructional activities". Under sub-paragraph (b), amended in accordance with a proposal of the delegation of the United Kingdom (UCC/10), an audio-visual fixation prepared solely for use in curricular education could be licensed for reproduction in audio-visual form for the same limited purpose, if the reproduction is done from a fixation that itself had been lawfully made. The sub-paragraph also allows the reproduction-publication licence to cover the „translation of any incorporated text into a language in general use" in the licensing State.

111. The presence of references to licences covering translation of text incorporated in an audio-visual fixation both in Article V^{ter} (8) (b) and in Article V^{quater} (3) (b) led to some understandable confusion as to the period of years applicable, and this problem was taken up in a proposal offered by the delegation of Japan (UCC/11). The interpretation of the two provisions that emerged is as follows:

(1) Under Article V^{ter} the licence can cover only translation of text for broadcasting purposes. Typically, it would be employed for the translation of the soundtrack of a teaching film or video-tape that had been lawfully acquired on the market, and the use of the translation in a new („dubbed") soundtrack or for visible sub-titles.

(2) Under Article V^{quater} (3) (b), the licensee would reproduce the entire audio-visual fixation, and as part of the process he could translate the soundtrack and reproduce the translation aurally or visually along with his reproduction of the visual images. The periods applicable in that situation would vary depending upon the nature of the work in accordance with Article V^{quater} (1) (c).

112. In the light of this explanation the Japanese delegation withdrew its proposal. It was also the clear understanding of the Conference that under no circumstances would Article V^{quater} (3) (b) serve as the basis for a compulsory licensee justifying reproduction of commercial films or tapes produced for theatrical or other commercial purposes, nor could it justify the reproduction of a cinematographic work based upon a dramatized work of fiction or belles-lettres, since such works were not prepared and published for the sole purpose of use in systematic education.

113. Because of the assimilative nature of sub-paragraph (b) of Article V^{quater} (3), some of the terminology in the earlier provisions sounds a little odd when applied to audio-visual fixations. It was understood that, in the context of audio-visual fixation, the concept of „publication" as defined in Article VI included the availability on the open market of copies of fixations incorporating visual images or a combination of sounds and images, which could be bought, leased, or rented. The term „edition" in connexion with audio-visual fixations is considered to refer to a particular version of the work.

Interpretation of prohibitions upon export and extra-territorial distribution

114. As indicated above in connexion with both Article V^{ter} (4) (a) and Article V^{quater} (1) (f), a Joint Working Group of the Main Committee of the Universal Copyright Convention and the Berne Convention was formed to consider a proposal for amendment of the Berne Convention presented by a group of African countries. After discussion by the Joint Working Group, it was tentatively agreed that an interpretation of the problem should be included in the Reports of the two Conferences, and a small joint working party, consisting of the delegations of the Ivory Coast, the United Kingdom, the United States of America, and Kenya, met to prepare a text (UCC/32 Add. 1). With certain amendments this text was accepted by the Conference, and appears as paragraphs 115 and 116 of this Report.

115. It follows from the provisions of Article V^{ter} (4) (a) and of Article V^{quater} (1) (f) prohibiting the export of copies and prescribing that the licence shall be valid only for publication in the territory of the Contracting State where it has been applied for, that these provisions are considered as prohibiting a licensee from having copies reproduced outside the territory of the Contracting State granting the licence. However, it is considered that this prohibition does not apply under the following conditions:

(a) the Contracting State granting the licence has within its territory, no printing or reproduction facilities, or, such facilities exist but are incapable for economic or practical reasons of reproducing the copies;

(b) the country where the work of reproduction is done is a member of the Berne Union or a party to the Universal Copyright Convention;

(c) all copies reproduced are sent to the licensee in one or more bulk shipments for distribution exclusively in the licensee's country and the contract between the licensee and the establishment doing the work of reproduction so requires, and provides further that the establishment guarantees that the work of reproduction is lawful in the country where it is done;

(d) the licensee does not entrust the work of reproduction to an establishment specially created for the purpose of having copies reproduced

of works for which a licence has been granted under Article V^ter^ or Article V^quater^; and

(e) all copies reproduced bear a notice in accordance with Article V^ter^ (4) (b), and Article V^quater^ (2) (a).

It is also understood that the foregoing conditions only apply to works published in printed or analagous forms of reproduction and to the incorporation in audio-visual fixations of translated texts.

It was further understood that this paragraph does not require any country in which the copies are reproduced to permit what would otherwise be an infringement of copyright.

116. It was generally accepted that nothing in Article V^ter^ and V^quater^ prohibited a compulsory licensee from employing a translator in another country, or other compulsory licensees, licensed to publish a translation in the same language in other countries, from using the same translation, assuming, of course, that the translation has not already been published. The same interpretation applies with respect to persons entrusted with doing the preparatory editorial work.

Articles VI, VII and VIII

117. These three articles deal respectively with the meaning of „publication", with the Convention's lack of retroactive effect upon the protection of works already permanently in the public domain of a Contracting State, and with matters of signature, ratification, and accession. They had at no time figured in the preparatory work of the Conference, and were accepted verbatim by the Conference without debate.

Article IX

118. Article IX of the 1971 Convention looks at first glance like just one more „back-of-the-book" provision, but its importance to the Universal Copyright Convention and its future cannot be overestimated. This is the provision that regulates relations between, on the one hand, States party to the 1952 text who never accede to the 1971 text and, on the other, States who accede only to the 1971 text. Since this is the first revision of the Universal Copyright Convention, the pattern for Article IX being set in the 1971 text seems likely to last as long as there is a UCC.

119. The first two paragraphs of Article IX attracted no discussion, and were adopted by the Conference without change from the IGCC text. Paragraph (1) simply provides that the 1971 Convention will come into effect three months after twelve States have deposited their instruments of ratification, acceptance or accession, and paragraph (2) adds that thereafter the Convention will come into force in a State three months after its instrument has been deposited.

120. Paragraph (3), which was also accepted without debate, does deserve special note. In effect it provides that, if a State is not party to the 1952 Convention and accedes to the 1971 Convention, it automatically becomes a party to the 1952 Convention and that, after the 1971 Convention comes into force, no further accessions to the 1952 Convention alone will be possible. This assures the existence of a common text between any two UCC members, thus providing a legal basis for their mutual copyright obligations, but at the same time allows the 1971 text eventually to supersede the 1952 text as it attracts more and more ratifications and accessions.

121. The problem for developing countries at Paris was, to the fullest extent possible, to gain assurance that developed UCC countries would allow the provisions of Articles V^{bis}, V^{ter} and V^{quater} to be applied to their works. The IGCC text sought to provide some assurance by a system under which a developed country party only to the 1952 Convention could make a formal notification that it would not allow the 1971 Convention to be applied to its works; the negative implication would have been that the failure to file the notification meant that the 1971 Convention could be applied.

122. To the expressed regret of several delegates, this scheme did not survive at the Paris Conference. The objections to it were juridical in nature, based on the principle that under no circumstances can a State be bound or be presumed to be bound, by a text it has not accepted.

123. It was apparent at the 1971 Conference that the views on this point were too strong to allow for adoption of the formula of the IGCC text, and an alternative plan was put forward jointly by the delegations of Austria, Denmark, Finland, Japan, Norway, Sweden and Switzerland (UCC/21), and separately by the delegation of France (UCC/23). These two amendments of paragraph (4), though worded differently, would have reached the same result: where State X is party only to the 1952 Convention and State Y is party to both the 1952 and the 1971 Conventions, their relations are governed by the 1952 Convention; but State X may notify the Director-General of Unesco that it will allow State Y to apply the 1971 Convention to its works.

124. What finally emerged as paragraph (4) of Article IX, after a long debate and three votes, was a formula different from either the IGCC text or the scheme of UCC/21 and UCC/23. Under the final text, a State party only to the 1952 Convention may, by notification, declare that it will admit the application of the 1971 Convention to its works „by all States party to this Convention". This formula, which was based on a proposal of the delegation of the Federal Republic of Germany, does not permit a State party only to the 1952 text to select from among the States party to the 1971 Convention those it will allow to apply the new text to its works.

125. The provision adopted has the following results where State X is party to the 1952 Convention only, and States Y and Z are party to both the 1971 and (automatically, perhaps) the 1952 text:

(1) The general rule is that, although the relations between States Y and Z are governed by the 1971 text, their separate relations with State X are each governed by the 1952 text.

(2) If State X chooses to file a notification allowing States parties to the 1971 text to apply that text to its works, the privileges must extend to both States Y and Z equally and without requiring any acceptance on their part.

(3) If State X does make the notification and does not ratify the 1971 Convention, it cannot claim any rights under the 1971 Convention with respect to its own works.

126. At the outset of the debates the delegation of Kenya expressed some hope that, under a system of notifications, developed countries would be able to make notifications accepting the application of the less stringent requirements of the 1971 Convention even in advance of the coming into force of the new Convention. However, the idea of advance notifications, as under Article V of the Stockholm Protocol, was dropped and not revived. It is clear from the text of Article IX (4) as adopted that notifications by States party only to the 1952 Convention allowing the application of the 1971 Convention will have effect only after the 1971 Convention has come into force, and then only with respect to countries bound by it.

127. The main issue during the debates was whether State X, the party to the 1952 Convention, could make its notification selective as to the 1971 countries affected by it. The delegation of France took a position in favour of the principle that, under theories of national sovereignty, a State should be left free to name those countries it would allow to apply the terms of a treaty to which it was not a party. The delegation of the United Kingdom did not feel that this was a serious problem; since no developed country now party to the UCC would be required to change its law to ratify the 1971 Convention, there would be little reason for them to make a notification of acceptance rather than ratifying the entire Convention. The delegation of the Federal Republic of Germany agreed, noting that the only practical question in this context relates to the liberalization of the compulsory licence for translations of Article V of the 1952 Convention by Article V^{ter} of the new Convention.

Article X

128. This article, which requires States parties to the Convention to implement its provisions under domestic law, was accepted by the Conference with an amendment proposed by the delegation of Austria (UCC/19). Under the 1952 text a State was obliged to be able to give effect to the terms of the Convention at the time its instrument of ratification, acceptance or accession is deposited. Under the amendment an additional period of at least three months is allowed, that is, to the date when the Convention comes into force in the State. It was understood that, in cases where the consti-

tution of a Contracting State provides that treaties are self-executing, no separate legislation would be necessary to implement any provisions of the 1971 Convention that are, by their nature, susceptible of direct application.

Article XI and Resolution concerning Article XI

129. A problem of both practical and theoretical significance is presented by Article XI, which establishes the Intergovernmental Committee of the Universal Copyright Convention, and the resolution concerning it, which delineates the procedures governing the membership and election procedure of the Committee. It was agreed, from the outset, that the Commitee should be enlarged from its present 12 members, and although there were differences as to how it should be composed, a total membership of 18 seemed generally acceptable. The real root of the problem involved the fundamental question of whether we will have one convention, two separate conventions, or a system involving two conventions in one. No absolutely clear-cut answer to this question emerged at the Paris Conference, but the debates and their results lend weight to the following conclusions:

(1) No one can seriously argue that, following the entry into force of the 1971 Convention, there is only one Universal Copyright Convention.

(2) Conversely, the action of the Conference on Article IX, and particularly on Article XI, precludes the argument that there will be two completely separate, independent, and legally unrelated conventions.

(3) The final result, in general terms, is that there will be two conventions sharing the same name and a number of the same provisions, and with links between them.

This analysis, which seems to reflect the thinking of most delegations, leads to severe practical problems concerning the composition and membership of the Intergovernmental Copyright Committee administering the Convention of 1971. Under the circumstances there seemed no better solution than the proposed draft of Article XI.

130. Paragraph (1) of Article XI prescribes the duties of the Intergovernmental Committee, and, as amended, its terms of reference comprehend „the Universal Copyright Convention", meaning either or both texts. The delegation of Cuba made clear that it would be required to vote against this Article because of its references, in paragraphs (1) (c) and (4), to the Organization of American States which, in the opinion of the Cuban delegate, in addition to other considerations set forth during the plenary session is not an intergovernmental organization that should be placed on the same footing as Unesco, the Berne Union, or the World Intellectual Property Organization. In a later context, Dr. Saba presented the reasons for including the Organization of American States and pointed out that this organization was mentioned in the 1952 text of the UCC.

Paragraph (2) of the IGCC text had provided simply that „the Committee

shall consist of the representatives of eigtheen Contracting States". A suggestion made during the first discussion of the problem in the Main Commission produced a text referring to „representatives of eighteen States party to this Convention or only to the 1952 Convention", and this was accepted. A later proposal by the delegation of Brazil aimed at eventually restricting membership on the IGCC to States party only to the 1971 Convention was voted upon and narrowly defeated (15 votes for, 17 against, with two abstentions). The same point was also raised in the context of the resolution accompanying Article XI, and will be discussed below. The remainder of Article XI itself was accepted without much further discussion. In connexion with paragraph (3), the delegation of Japan emphasized the great importance of balancing the Committee geographically and of increasing Asian membership in the Convention.

131. The result appears to be that, after the coming into force of the 1971 Convention, the Intergovernmental Copyright Committee will, in strict legal terms, consist of two committees merged into one. However, the sittings and work will be done together, and the decisions will be taken in the name of the Intergovernmental Copyright Committee as a single body.

132. Turning to the resolution accompanying Article XI, paragraphs (1), (2) and (3) were adopted without extensive debate. It was the understanding of the Conference that the new 18-member Committee would have no legal standing or competence until the 1971 Convention has come into force.

133. A proposal by the delegations of Brazil and Tunisia (UCC/30) would have added a new paragraph (1)^{bis}, reading as follows: „Any States that have not ratified this Convention before the second ordinary session following the entry into force of this Convention shall be replaced by States Parties to this Convention designated by the Committee in conformity with the provisions of paragraph (3) of Article XI". This met with opposition from several delegations, including that of the Federal Republic of Germany, which pointed out that the compulsory exclusion of States Parties to the 1952 Convention only, could justify, and might well produce, separate Intergovernmental Copyright Committees for each Convention. When the question was put to a vote, the proposal of Brazil and Tunisia was narrowly defeated (14 votes for, 15 against, with five abstentions).

134. With respect to paragraph (4) of the resolution, it was agreed to amend the IGCC text to provide for two Vice-Chairmen and to have staggered terms of office from the outset. A proposal of the delegation of Italy (UCC/22 Corr. 1) would have added, following expression of the wish that Unesco provide the secretariat of the IGCC, the words: „if possible in liaison with the World Intellectual Property Organization". The Italian delegate recalled that Italy had been in the forefront of proposals to provide special copyright provisions in favour of developing countries, and had supported the idea of a link between the two Conventions for this purpose. Recognizing that a formal link was impossible in the present situation, he

nevertheless expressed the hope that the excellent spirit of co-operation and co-ordinated endeavour now existing between Unesco and WIPO would continue and become even stronger.

135. Mr. Claude Lussier, representing the Director-General of Unesco at the Paris Conferences, reviewed the complex historical, legal, and jurisdictional questions raised by the Italian proposal. He recalled the full and productive co-operation between the secretariats in the past and at the present meeting, and he felt that, if this is what the word „liaison" refers to, no amendment of the resolution is necessary. He reiterated the firm determination of Unesco to continue to assume its full responsibilities in the field of copyright. A number of delegations underlined their satisfaction with the present co-operative work of the two secretariats, and expressed the hope that this cooperation would continue and expand in the years to come. Several delegations, notably those of France and Brazil, expressed their opposition to further formal links between the Berne Union and the Universal Copyright Convention. The United Kingdom delegate, while favouring a single secretariat under WIPO auspices as an ultimate goal, recognized that this was not possible at the present time. The delegation of Italy having declared that it would not insist upon maintaining its proposal, the Conference agreed that, in reporting this debate, the Report should clearly reflect its view that the relations between the Unesco and WIPO Secretariats and the collaboration between the Committees of the two Conventions have been excellent in the past, and its hope that this harmonious and close co-operation should continue in the future.

136. At one of the closing plenary sessions, proposals for amendment of the resolution by the delegations of Israel (UCC/36) and the United Kingdom (UCC/38) were considered together, and with certain amendments the Israeli proposal was adopted as paragraph 2 of the resolution. It provides that any State that is not party to the 1952 Convention, and that has not acceded to the 1971 Convention before the first ordinary session of the new Intergovernmental Committee, would be replaced by another State to be chosen by the other members of the Committee. The Conference then proceeded to elect six additional members of the new Intergovernmental Committee by acclamation: Algeria, Australia, Japan, Mexico, Senegal and Yugoslavia. The delegation of Israel, while expressing no disagreement with this list, hoped that in the future greater attention would be given to the principle of equitable geographical distribution, as well as stronger representation from countries in an intermediate stage of development. Several other delegations supported this view, and the delegation of Austria stressed that developed countries with small populations should in future be given more adequate representation on the Committee.

Articles XII-XVI

137. Article XII, dealing with the convening of conferences for future revisions of the Universal Copyright Convention, was amended to give the

prerogative of convening a revision conference to the Intergovernmental Committee, either at its own initiative or at the request of at least ten States party to the 1971 Convention. A new paragraph was added to Article XIII making clear that the action of a Contracting State, in declaring the Convention applicable to a country or territory „for the international relations of which it is responsible", cannot imply „recognition or tacit acceptance" of any political situation by another Contracting State. The IGCC text of Article XIV, and the original text of Article XV, were adopted by the Conference without change. In paragraph (2) of Article XVI, Arabic was added to German, Italian and Portuguese as one of the languages in which an official text of the Convention is to be established.

Article XVII and the Appendix Declaration

138. Article XVII and its Appendix Declaration constitute the „Berne Safeguard Clause", one of the major compromises of the Geneva Conference establishing the UCC in 1952. The provision as it now exists makes the Berne Convention predominant over the UCC as between two countries, both of which belong to the two Conventions; and, equally important, it would preclude a Berne country from leaving the Berne Union and relying on the Universal Convention for protection of its works in Berne Union-UCC countries. The IGCC text would remove the latter condition with respect to developing countries, leaving them free, without fear of retaliation or loss of protection, to be party to either or both Conventions.

139. An amendment proposed by the delegation of Portugal (UCC/25) would have gone much further. In effect, it would have removed the danger of retaliation for all Berne members, developed, developing, or in an intermediate stage, by attaching no consequences, under the UCC, if any country chose to denounce the Berne Convention. This proposal attracted a sympathetic response, but it received little support and general opposition. In withdrawing his proposal the delegate of Portugal reiterated his country's opposition to the system of coercion implicit in the „Berne Safeguard Clause", and declared that Portugal would oppose any future efforts to increase the level of protection under Berne unless they were accompanied by the restoration of a climate of free choice, which he considered essential in international copyright matters. Following this debate the Conference adopted Article XVII and the Appendix Declaration as proposed in the IGCC text, subject to minor drafting amendments.

Articles XVIII-XXI

140. The remaining articles were adopted as proposed in the IGCC text, with a few minor technical amendments.

The Protocols

141. The delegation oft the Federal Republic of Germany proposed (UCC/29) that, to avoid any doubt as to their application, the Conference adopt

two new Protocols, corresponding in effect to Protocols 1 and 2 of the 1952 Convention, to the 1971 Convention. Because of the complex network of interrelationships among the 1952 and 1971 texts and Protocols, this proposal required some intricate revisions, but was accepted in substance by the Conference. It was understood that the meaning of the word „refugees" in Protocol 1 is not capable of precise definition, but that the interpretations given to the term in various international instruments, including the Geneva Convention of 28 July 1951, should be taken into account.

A Personal Afterword

142. Before I lay down my pen as your General Rapporteur I am impelled to express my thanks to all those who have assisted in the preparation of the Report. Those of my own delegation who contributed to it, especially my colleague and close friend, Barbara Ringer, know already of my gratitude, but there are others who deserve some special recognition.

143. I feel a great sense of obligation first of all, to the Unesco Secretariat, including Dr. Saba, Mr. Claude Lussier, and Miss Marie-Claude Dock, the General Secretary of the Conference, for their unfailing courtesy, co-operation and assistance. From my observation of Miss Dock and her dedicated staff over this and countless earlier meetings, I am convinced that they have learned the secret of how to live indefinitely without sleep, and are not revealing it to the delegates for fear the meetings would then go on 24 hours a day rather than merely fifteen. To anyone who has wondered how mountains of documents magically appear daily in three languages during a meeting like this, I suggest that he take a look behind the scenes at the astonishing amounts of time and effort involved.

144. Next, like a few other old copyright compaigners at this Conference, I am aware that Salle X of Unesco House was haunted by the spirits of some of the great men to whom we owe the existence of the Universal Copyright Convention. To a generation completely unfamiliar with their names, I cannot resist citing a few of them here: Marcel Plaisant, Henry Puget, Plinio Bolla, Antonio Pennetta, François Hepp, Sir John Blake, who was Rapporteur-Général at Geneva and whose report puts this to shame, and finally my friend and mentor, Arthur Fisher.

145. I have announced my early retirement as Register of Copyrights of the United States of America, and the success of this Conference is a good deal more than a source of pride to me. Albert Camus said in 1948:

> „Let us suppose that certain individuals resolve that they will consistently oppose to power the force of example; to authority, exhortation; to insult, friendly reasoning; to trickery, simple honour. Let us suppose they refuse all the advantages of present-day society and accept only the obligations that bind them to other men. Let us suppose they devote

themselves to orienting education, the press, and public opinion toward these principles. They would be preparing the future. Who can fail to see the positively dazzling realism of such behaviour?"

146. When I come to look again at this Report in the years to come, and reread Camus' moving words at its end, I will not think first of the accomplishments of this Conference, great as they are. Before anything else I will remember the men and women whose dazzling realism at these Conferences has indeed prepared the future of international copyright.

24 July 1971 Abraham L. Kaminstein

2. Personal views of Abraham L. Kaminstein general Rapporteur, concerning the criteria governing "Developing Countries"

The question of the criteria to be used in determinig what is a "developing country" was first posed at the African Symposium on Copyright held at Brazzaville in 1963. Although since then it has accumulated a large and rich body of literature, the question has no definitive answer. During the Paris Conference the General Rapporteur was invited to formulate his views, and what follows is an attempt to respond to that invitation. This expression of opinion is purely personal. Although it is based in part on the discussions of the question during the Paris Conference, it cannot in any way be regarded as reflecting the views of other delegates or as constituting a part of the General Report of the Conference.

The only criterion for determining whether a country is "developing" or not is whether it is "... regarded as a developing country in conformity with the established practice of the General Assembly of the United Nations ... ". As for this basic criterion, four fairly definite factors have been indicated:

1. The criterion is, at its roots, an objective rather than a subjective one. A State is not able simply to decide for itself whether it wishes to apply Articles V^ter^ and V^quater^; it must, before filing a notification, determine whether it can be regarded as a developing country under United Nations standards.

2. The criterion is based solely on the established *practice* of the United Nations General Assembly. It is not based on economic factors that may underlie this practice, such as industrial facilities, exports, industrial production for internal use, use of mineral and agricultural resources, percentage of population engaged in agrarian work, and monetary conditions, nor is it based on social and cultural factors such as educational facilities, literacy, book production and trade, and film and broadcasting penetration.

3. The criterion is entirely an economic one, since the practices of the United Nations in determining whether a country is developing are, at least in theory, not based on anything other than economic factors.

4. It would be impracticable for any official or body, such as the Director-General, the Executive Board, or the General Conference of Unesco, or the Intergovernmental Copyright Committee, to pronounce on whether a particular Contracting State is a developing country or not. The unreliability of lists of developing countries, and the controversies they provoke when offered, even as general guidelines, are notorious, and it would be unfair and pointless to ask any intergovernmental body to become involved in such a task. It is up to a country to examine the relevant United

Nations practices and to decide as objectively as possible whether or not it qualifies as a developing country under them.

Coming to the question of what „the established practice of the United Nations General Assembly" actually is, we find ourselves on much softer ground. To paraphrase a remark made by the Spanish Delegate at the Paris Conference in another context, instead of having too many questions and no solution, we have a solution and too many questions. Persevering a bit, however, we are able to discover some hard facts to guide us:

1. The Committee on Contributions of the United Nations meets every three years to adopt a table of assessments for member countries. In accordance with resolution 2118 (XX) of the United Nations General Assembly, it is obliged to give "due attention to the developing countries in view of their special economic and financial problems," and its decisions have been based on data as to *per capita* income supplied by the Statistical Office of the United Nations. The most recent report of the Committee (A/8011) was submitted to the General Assembly at its twenty-fifth session in 1970 which adopted resolution 2654 (XXV) concerning the scale of assessments for the apportionment of the expenses of the United Nations for the financial years 1971, 1972, and 1973. Countries given "due attention" in this report, and thus identified as "developing", were those with a *per capita* income of $ 300 or less, based on the national income statistics for the years 1966—1968.

2. The practice with respect to assessments is undoubtedly the best starting point in deciding whether a country is developing, but it cannot be considered determinative. A State may be given temporary relief from its assessment obligations because of internal crisis conditions, and a State may be omitted because of political or other special considerations, or merely because it achieved independence after the period on which the current resolution is based. However, unless the reduced assessments for a United Nations member are based entirely on a temporary emergency situation, a State included in this group should be entitled to be regarded as a developing country under Article V^{bis}.

3. Although the criterion of reduced assessments for United Nations expenses seems more reliable than any other single factor, the Stockholm Conference appears to have adopted an entirely different criterion: that of ecconomic assistance. Indeed, the report of Main Committee II on the Stockholm Protocol refers only to "assistance from the United Nations Development Programme through the United Nations or its Specialized Agencies". The inadequacy of a criterion based solely on economic aid has been widely noted, and this criticism is even stronger if the criterion is limited to aid through the UNDP. The various lists of countries receiving aid through United Nations auspices, including the UNDP and the United Nations Conference on Trade and Development (UNCTAD), include countries that clearly are not developing and exclude others that clearly are.

They also fluctuate annually and are constantly out of date. On the other hand, if a State considers itself a developing country despite the fact that it has not been given special treatment with respect to United Nations assessments, its case would be strengthened if it receives economic aid, related to improving general conditions of national underdevelopment, from the United Nations or any of the agencies connected with it.

4. To summarize, the best criterion is that of United Nations assessments based on *per capita* income, but it cannot be applied automatically. In doubtful or borderline cases, United Nations aid can be considered, and there may be a few special cases where the only realistic criteria are those of common sense and world opinion.

II. Berner Übereinkunft

Generalbericht der Konferenz

vom Generalberichterstatter, Herrn Ousmane Goundiam, erstattet und am 22. Juli 1971 von der Generalversammlung einstimmig angenommen*)

I. Einberufung, Aufgabe und Zusammensetzung der Konferenz

1. Gemäß den Entscheidungen der zuständigen Organe des Berner Verbands hat der Generaldirektor der Weltorganisation für geistiges Eigentum (WIPO) eine diplomatische Konferenz (im folgenden als „die Konferenz" bezeichnet) zur Revision der Berner Übereinkunft zum Schutz von Werken der Literatur und Kunst (im folgenden als „die Übereinkunft" bezeichnet) einberufen. Die Konferenz fand vom 5. bis 24. Juli 1971 in Paris statt. Das Welturheberrechtsabkommen ist an demselben Ort und zu derselben Zeit ebenfalls revidiert worden.

2. Aufgabe der Konferenz war es, einerseits die in der Stockholmer Fassung (1967) der Übereinkunft enthaltenen Vorschriften für Entwicklungsländer zu revidieren, andererseits in den Schlußvorschriften der genannten Fassung die Änderungen vorzunehmen, die sich aus einer solchen Revision ergeben.

3. An den Beratungen der Konferenz beteiligten sich Delegationen der folgenden 48 Verbandsländer der Berner Union: Argentinien, Australien, Belgien, Brasilien, Ceylon, Chile, Dänemark, Deutschland (Bundesrepublik), Elfenbeinküste, Finnland, Frankreich, Gabun, Griechenland, Heiliger Stuhl, Indien, Irland, Israel, Italien, Japan, Jugoslawien, Kamerun, Kanada, Kongo, Libanon, Liechtenstein, Luxemburg, Marokko, Mexiko, Monaco, Niederlande, Niger, Norwegen, Österreich, Pakistan, Portugal, Schweden, Schweiz, Senegal, Spanien, Südafrika, Tschechoslowakei, Tunesien, Türkei, Ungarn, Uruguay, Vereinigtes Königreich, Volksrepublik Kongo, Zypern.

4. Die Delegationen Ungarns und der Tschechoslowakei protestierten dagegen, daß die Deutsche Demokratische Republik nicht zur Teilnahme an der Konferenz eingeladen worden war. Die Delegation Chiles hat den-

---

*) Die Übersetzung besorgten die Verfasser des Beitrages Steup/Bungeroth, siehe unten S. 327.

selben Protest erhoben und außerdem erklärt, daß sie die Beobachter der Republik China nicht als rechtmäßige Vertreter des chinesischen Volkes ansehe. Die Delegation Indiens hat sich der Erklärung angeschlossen.

5. Die Delegationen der folgenden 27 Länder, die Mitglieder der Vereinten Nationen und nicht Verbandsländer der Berner Union sind, haben an den Beratungen der Konferenz als Beobachter teilgenommen: Algerien, Bolivien, China (Republik), Costa Rica, Dominikanische Republik, Ecuador, Guatemala, Irak, Iran, Kenia, Khmer-Republik, Laos, Liberia, Malawi, Malaysia, Mauretanien, Nicaragua, Republik Vietnam, Ruanda, Sudan, Syrien, Tansania, Togo, Tschad, Vereinigte Arabische Republik, Vereinigte Staaten von Amerika, Zentral-Afrikanische Republik.

6. Die WIPO war zunächst durch ihren Generaldirektor Professor G. H. C. Bodenhausen und dann durch ihren Ersten Stellvertretenden Generaldirektor Dr. Arpad Bogsch vertreten.

7. Vier zwischenstaatliche Organisationen (die Internationale Arbeitsorganisation — ILO, die Organisation der Vereinten Nationen für Erziehung, Wissenschaft und Kultur — UNESCO, der Europarat und das Afrikanisch-Madagassische Amt für gewerbliches Eigentum — OAMPI) und 19 internationale nicht — zwischenstaatliche Organisationen hatten Beobachter entsandt.

8. Insgesamt waren nahezu 300 Personen anwesend.

9. Auf Vorschlag der Delegation des Vereinigten Königreichs, den die Delegationen Italiens, Deutschlands (Bundesrepublik), Spaniens und der Elfenbeinküste unterstützten, wurde der Leiter der Delegation Frankreichs, Seine Exzellenz Botschafter Pierre Charpentier, durch Akklamation zum Präsidenten der Konferenz gewählt.

10. Die Konferenz nahm die ihr vorgeschlagene Tagesordnung (Dokument B/DC/1) an.

11. Die Konferenz nahm mit einigen Änderungen den Entwurf der Geschäftsordnung an, der vom Ständigen Ausschuß des Berner Verbands in seiner außerordentlichen Sitzung im September 1970 ausgearbeitet worden war (Dokument B/DC/2). Der endgültige Text der Geschäftsordnung der Konferenz ist im Dokument B/DC/8 mit der Maßgabe enthalten, daß in Artikel 10 das Wort „acht" durch das Wort „neun" zu ersetzen ist.

12. Zu Vizepräsidenten der Konferenz wurden folgende neun Persönlichkeiten gewählt: J. P. Harkins (Australien), Seine Exzellenz Botschafter Everaldo Dayrell de Lima (Brasilien), P. M. D. Fernando (Ceylon), Seine Exzellenz Aleksandar Jelić (Jugoslawien), Léopold Lutété (Kongo), Abderrazak Zerrad (Marokko), Ulf Nordenson (Schweden), Professor Mario M. Pedrazzini (Schweiz), István Timár (Ungarn).

13. Das Amt des Generalberichterstatters wurde dem Leiter der Delegation des Senegal übertragen.

14. Auf Vorschlag der Delegation Indiens, den die Delegationen der Niederlande, Kanadas, Italiens und Frankreichs unterstützten, wurde Professor Eugen Ulmer (Bundesrepublik Deutschland) zum Präsidenten des Hauptausschusses gewählt. Auf Vorschlag der Delegation Spaniens, den die Delegation des Vereinigten Königreichs unterstützte, wurden Seine Exzellenz Botschafter Francisco Cuevas-Cancino (Mexiko) und Herr Abderrazak Zerrad (Marokko) zu Vizepräsidenten des Hauptausschusses gewählt.

15. Auf Vorschlag ihres Präsidenten wählte die Konferenz die Vertreter folgender Länder zu Mitgliedern des Ausschusses zur Prüfung der Vollmachten: Deutschland (Bundesrepublik), Elfenbeinküste, Italien, Japan, Spanien, Tschechoslowakei, Uruguay. Im Verlauf der Konferenz trat der Ausschuß zur Prüfung der Vollmachten unter dem Vorsitz seines Präsidenten, Seiner Exzellenz Botschafter Yoshihiro Nakayama, oder seines Vizepräsidenten, Herrn Bernard Dadié (Elfenbeinküste), zweimal zusammen. Er prüfte die Vollmachten und erstattete der Konferenz über seine Arbeit Bericht (Dokumente B/DC/14 und 30).

16. Die Konferenz wählte auf Vorschlag ihres Präsidenten die Vertreter folgender Länder zu Mitgliedern des Redaktionsausschusses: Argentinien, Frankreich, Indien, Japan, Kanada, Niederlande, Schweden, Tunesien, Vereinigtes Königreich. Herr William Wallace (Vereinigtes Königreich) und Herr Werner Ludwig Haardt (Niederlande) wurden vom Redaktionsausschuß zum Präsidenten bzw. Vizepräsidenten gewählt. Der Redaktionsausschuß trat mehrere Male zusammen, um der revidierten Fassung der Übereinkunft die endgültige Form zu geben. Die Dokumente B/DC/24, 27 und 28 geben die Ergebnisse seiner Arbeit wieder.

17. Herr Claude Masouyé (WIPO) war Generalsekretär der Konferenz und Herr Mihailo Stojanovic (WIPO) stellvertretender Generalsekretär.

II. Prüfung des Entwurfs der Übereinkunft

18. Die Konferenz begann ihre Arbeit in einer Plenarsitzung, in der Grundsatzerklärungen abgegeben wurden; das Plenum entschied, daß der anzunehmende Vertrag alle Vorschriften enthalten solle, gleichgültig, ob sie Gegenstand der Beratungen der Konferenz waren oder nicht. Der neue Vertrag ist somit eine „Neufassung", die als „Pariser Fassung" bezeichnet wird, und nicht eine „Zusatzvereinbarung zur Stockholmer Fassung". (Das Internationale Büro hatte vor der Konferenz Entwürfe sowohl für eine vollständige Neufassung als auch für eine Zusatzvereinbarung vorbereitet.)

19. a) Die Vorschriften, die nicht Gegenstand der Beratungen der Kon-

ferenz waren und die deshalb mit demselben Inhalt und in derselben Form wie in der Stockholmer Fassung von 1967 in die Pariser Fassung eingefügt wurden, sind die allgemeinen materiellen Vorschriften (Artikel 1 bis 20) und die Verwaltungsvorschriften (Artikel 22 bis 26). Allein diese Tatsache beweist, daß die Stockholmer Konferenz in sehr bedeutenden Fragen ein Erfolg war.

b) Obwohl die Pariser Konferenz die besonderen materiellen Vorschriften, die die Stockholmer Konferenz zugunsten der Entwicklungsländer angenommen hatte, revidierte (und bei den Schlußvorschriften die daraus folgenden Änderungen vornahm), wurde allseits anerkannt, daß die Arbeit der Stockholmer Konferenz auch für die die Entwicklungsländer betreffenden Fragen sehr wichtig war und daß die Pariser Konferenz ohne die Arbeit der Stockholmer Konferenz nicht zu der vollen Übereinstimmung hätte kommen können, die sie in diesen Fragen erreicht hat.

20. Um den Wert der in Stockholm erreichten Arbeitsergebnisse zu unterstreichen, beschloß die Konferenz, in der Präambel der Pariser Fassung der Bedeutung dieser Arbeitsergebnisse Anerkennung zu zollen und daran zu erinnern, daß die oben genannten Artikel das Ergebnis der Stockholmer Konferenz und nicht so sehr das der Pariser Konferenz waren.

21. Der größte Teil der weiteren Beratungen der Konferenz fand im Hauptausschuß statt, an dessen Arbeiten sich alle auf der Konferenz vertretenen Länder und Organisationen beteiligen konnten und an denen sie alle teilnahmen. Die Delegationen der Entwicklungsländer haben untereinander mehrere Sitzungen abgehalten. Dies erwies sich als besonders nützlich, um zu gemeinsamen Auffassungen über einige sehr schwierige Probleme zu gelangen.

22. Der Diskussion lagen zugrunde

i) der im Jahre 1970 vom Ständigen Ausschuß des Berner Verbands ausgearbeitete Entwurf (Dokument B/DC/4), der vom Internationalen Büro redaktionell geringfügig geändert worden war (Dokument B/DC/5),

ii) die Stellungnahmen, die die Regierungen und die interessierten Organisationen vor der Konferenz abgegeben hatten (Dokumente B/DC/6 und 7), sowie

iii) eine Reihe von Änderungsvorschlägen, die von verschiedenen Delegationen oder Arbeitsgruppen während der Konferenz vorgelegt wurden (Dokumente B/DC/9 bis 13, B/DC/15 bis 23, B/DC/25, 26 und 31 bis 33).

Es erscheint angebracht, darauf hinzuweisen, daß der vom Ständigen Ausschuß vorgelegte Entwurf seinerseits auf den Arbeitsergebnissen mehrerer vorbereitender Tagungen beruht (siehe Dokumente B/DC/3 und 4), insbesondere der Tagungen in Washington im Jahre 1969 und in Genf im Mai und September 1970.

23. Die Beratungen der Generalversammlung und des Hauptausschusses sind in den Protokollen wiedergegeben. Daher beschränkt sich der Bericht vor allem auf solche Einzelheiten, die zum Verständnis der Absichten der Konferenz bei der Annahme bestimmter Vorschriften von Bedeutung sein können oder deren Aufnahme in den Bericht von der Konferenz beschlossen wurde.

24. Es ist anzumerken, daß mehrere Vorschriften der Pariser Fassung mit den entsprechenden Vorschriften des revidierten Welturheberrechtsabkommens übereinstimmen. Die Revisionskonferenz für das Welturheberrechtsabkommen behandelte diese Vorschriften in der Regel wenige Tage bevor sie auf der Konferenz für die Berner Übereinkunft unter Teilnehmern, die auf beiden Konferenzen weitgehend identisch waren, erörtert wurden. Die Argumente für und gegen bestimmte Vorschriften sowie die Auslegung dieser Vorschriften wurden in vielen Fällen auf der Konferenz für die Berner Übereinkunft nicht wiederholt. Diese Tatsache erklärt die relative Kürze der folgenden Teile dieses Berichts. Die im vorhergehenden Absatz genannten Einzelheiten werden in der Reihenfolge erörtert, in der sie in der Pariser Fassung erscheinen.

Artikel 29bis

25. Die Konferenz nahm von einer Erklärung des Generaldirektors der WIPO Kenntnis, in der er ankündigte, daß er die zuständigen Organe der WIPO auf diesen Artikel aufmerksam machen und sie bitten werde, den Artikel bei der Anwendung des Artikels 14 Abs. 2 der Übereinkunft für die Errichtung der Weltorganisation für geistiges Eigentum zu berücksichtigen.

Artikel 36

26. Es bestand Einverständnis darüber, daß für die Länder, deren Verfassung die unmittelbare Anwendung internationaler Verträge zuläßt, eine besondere Gesetzgebung nicht notwendig ist, um die Vorschriften der Übereinkunft, die ihrer Natur nach einer unmittelbaren Anwendung zugänglich sind, auszuführen.

Anhang

Artikel I Absatz 1

27. Es bestand Einverständnis darüber, daß der Ausdruck „Land, das nach der bestehenden Übung der Generalversammlung der Vereinten Nationen als Entwicklungsland angesehen wird" es nicht erlaubt, eine künftigen Änderungen voraussichtlich nicht unterliegende Liste solcher Länder aufzustellen, nicht nur, weil sich das Entwicklungsstadium bestimmter Länder ändern kann, sondern auch, weil die Übung der Generalversammlung der

Vereinten Nationen insoweit abänderbar ist, als die Kriterien, auf denen diese Übung beruht, ihrerseits geändert werden können. Die Frage, ob für die Zwecke des Anhangs ein bestimmtes Land in einem gegebenen Zeitpunkt als Entwicklungsland anzusehen ist, muß auf der Grundlage der Übung der Generalversammlung, wie sie in dem zur Entscheidung der Frage maßgeblichen Zeitpunkt besteht, entschieden werden.

Artikel I Absatz 6 Buchstabe a)

28. Es bestand Einverständnis darüber, daß diese Vorschrift das Recht eines jeden Landes, die in Artikel 7 Absatz 8 der Übereinkunft vorgesehene Bestimmung über den sogenannten „Schutzfristvergleich" anzuwenden, nicht berührt.

Artikel II Absatz 2

29. Es bestand Einverständnis darüber, daß der Begriff „Angehöriger des Landes" auch juristische Personen einschließlich des Staates selbst, seiner zentralen oder örtlichen Behörden sowie Unternehmen umfaßt, die im Eigentum des Staates oder solcher Behörden stehen.

30. a) Außerdem bestand Einverständnis darüber, daß der Begriff der in einem Land „allgemein gebräuchlichen Sprache" auch Sprachen umfaßt, die nur von einem Teil der gesamten Bevölkerung allgemein gebraucht werden. Daher kann eine solche Sprache eine in einem bestimmten Teil des Landes gebräuchliche Sprache, die Sprache einer ethnischen Gruppe oder eine Sprache sein, die auf bestimmten Gebieten, zum Beispiel in der öffentlichen Verwaltung oder dem Erziehungswesen, allgemein gebräuchlich ist.

b) Es ist anzumerken, daß der genannte Ausdruck in anderen Vorschriften der Pariser Fassung ebenfalls verwendet wird. Er ist in all diesen Vorschriften in dem oben erwähnten Sinne auszulegen.

Artikel II Absatz 4

31. Obgleich die Delegation Indiens erklärte, sie lege den ersten Satz dieses Absatzes dahin aus, daß die Sechs- oder Neunmonatsfrist vor Ablauf der Drei- oder Einjahresfrist beginnen könne (und so beide Arten von Fristen gleichzeitig laufen könnten), wurde allgemein anerkannt, daß die Sechs- oder Neunmonatsfrist nicht gleichzeitig mit der Drei- oder Einjahresfrist laufen könne, da eine Lizenz zur Übersetzung nur nach Ablauf der Drei- oder Einjahresfrist wirksam beantragt werden könne und es Sinn des Wortes „weitere" sei, klarzustellen, daß die Sechs- oder Neunmonatsfrist notwendigerweise der Drei- oder Einjahresfrist folgen müsse.

Artikel II Absatz 6

32. a) Dieser Absatz sieht vor, daß die Übersetzungslizenz erlischt, wenn der Inhaber des Übersetzungsrechts selbst eine Übersetzung veröffentlicht, die bestimmten Bedingungen genügt. Eine dieser Bedingungen ist es, daß

die Übersetzung „im wesentlichen den gleichen Inhalt" haben muß wie die Übersetzung, die auf Grund der Lizenz veröffentlicht worden ist. Es bestand Einverständnis darüber, daß diese Bedingung nicht nur dann erfüllt ist, wenn der Inhalt der vom Rechtsinhaber veröffentlichten Übersetzung identisch oder nahezu identisch mit dem Inhalt der unter der Lizenz herausgegebenen Übersetzung ist, sondern auch dann, wenn die Übersetzung des Rechtsinhabers — wie etwa in dem Fall eines auf den neuesten Stand gebrachten Schulbuches — gewisse Verbesserungen enthält.

b) Außerdem bestand Einverständnis darüber, daß regelmäßig der Inhaber des Übersetzungsrechts, sofern er Kenntnis von der Lizenz hat, den Lizenzinhaber darüber unterrichten soll, daß eine von ihm autorisierte Übersetzung veröffentlicht wird.

Artikel II Absatz 9 Buchstabe a) und b)

33. Es bestand Einverständnis darüber, daß diese Bestimmungen den Artikel 11bis der Übereinkunft in keiner Hinsicht beeinträchtigen oder ändern.

34. Es bestand Einverständnis darüber, daß die Worte in Absatz 9 Buchst. a) Nr. i „das in Übereinstimmung mit den Rechtsvorschriften dieses Landes hergestellt und erworben wurde" bedeuten, daß das Werkstück nach den Rechtsvorschriften dieses Landes nicht ein rechtswidriges Werkstück ist.

Artikel III Absatz 3 Nr. ii

35. Es ist anzumerken, daß der englische Text den Ausdruck „works of fiction, poetry, drama and music" und der französische Text den Ausdruck „œuvres qui appartiennent au domaine de l'imagination, telles que les romans, les œuvres poétiques, dramatiques et musicales" verwendet. Jedoch ist der Unterschied lediglich redaktioneller Art (und außerdem unvermeidbar, weil weder „works of fiction" in der französischen Sprache noch „œuvres qui appartiennent au domaine de l'imagination" in der englischen Sprache durch einen genau übereinstimmenden Ausdruck wiedergegeben werden können), während diese Ausdrücke in der Sache genau dasselbe besagen und insbesondere das Fehlen des Wortes „Roman" im englischen Text nicht bedeutet, daß Romane nicht erfaßt würden, und der Gebrauch des Wortes „Roman" im Französischen nicht bedeutet, daß Werke aus dem Bereich der Phantasie („œuvres appartenant au domaine de l'imagination", „works of fiction"), die kürzer als Romane sind, ausgeschlossen wären.

Artikel III Absatz 7 Buchstabe b)

36. Diese Vorschrift ist bei Vervielfältigungen in audio-visueller Form — das heißt, Festlegungen, die sowohl Bilder als auch Töne enthalten — anwendbar, sofern die audio-visuelle Festlegung selbst ein geschütztes Werk ist oder geschützte Werke enthält. Die Vorschrift läßt die Verbreitung von Vervielfältigungen der Festlegung zu den Zwecken und unter den Bedin-

gungen zu, wie sie in den anderen Vorschriften des Artikels III und den entsprechenden Vorschriften des Artikels IV vorgesehen sind.

Artikel IV Absatz 1

37. Es bestand Einverständnis darüber, daß das an den Rechtsinhaber gerichtete Ersuchen angeben muß, daß — sofern die Erlaubnis versagt wird — auf die Versagung ein Antrag auf Erteilung einer in diesem Anhang vorgesehenen Lizenz gestützt werden kann.

38. Außerdem bestand Einverständnis darüber, daß die in diesem Anhang vorgesehenen Lizenzen nur dann wirksam beantragt werden können, wenn die in Artikel II Absatz 2 Buchstabe a) oder Absatz 3 oder in Artikel III Absatz 3 jeweils vorgeschriebene Frist abgelaufen ist.

Artikel IV Absatz 2

39. Es bestand Einverständnis darüber, daß vor Erteilung einer in den Artikeln II oder III vorgesehenen Lizenz die zuständige Behörde sicherstellen soll, daß es dem Rechtsinhaber möglich ist, Kenntnis vom Lizenzantrag zu erhalten und die ihm angemessen erscheinenden Schritte zu unternehmen.

Artikel IV Absatz 4 Buchstabe a)

40. Aus den Vorschriften des Artikels IV Absatz 4 Buchstabe a), die die Ausfuhr von Werkstücken untersagen und vorsehen, daß die Lizenz nur zur Veröffentlichung im Hoheitsgebiet des Landes berechtigt, in dem die Lizenz beantragt worden ist, folgt, daß diese Bestimmungen als Verbot für den Lizenzinhaber anzusehen sind, Werkstücke außerhalb des Landes, das die Lizenz erteilt, herstellen zu lassen. Jedoch bestand Einverständnis darüber, daß dieses Verbot nicht anwendbar ist, wenn alle folgenden Bedingungen erfüllt sind:

a) Das Land, das die Lizenz erteilt, verfügt in seinem Hoheitsgebiet nicht über die zum Druck oder zur Vervielfältigung erforderliche Ausrüstung, oder die vorhandene Ausrüstung ist aus wirtschaftlichen oder praktischen Gründen zur Herstellung der Werkstücke nicht verwendbar.

b) Das Land, in dem die Vervielfältigung vorgenommen wird, ist Mitglied des Berner Verbands oder Vertragsstaat des Welturheberrechtsabkommens.

c) Alle hergestellten Werkstücke werden dem Lizenzinhaber zur Verbreitung ausschließlich in dessen Land zugesandt; der Vertrag zwischen dem Lizenzinhaber und der Einrichtung, die die Vervielfältigung vornimmt, sieht dies ausdrücklich vor und legt außerdem fest, daß die Einrichtung garantiert, daß die Vervielfältigung nach dem Recht des Landes, in dem sie vorgenommen wird, zulässig ist.

d) Der Lizenzinhaber vergibt den Vervielfältigungsauftrag nicht an ein Unternehmen, das eigens zu dem Zweck errichtet wurde, Vervielfältigungsstücke von Werken herzustellen, für die eine Lizenz nach Artikel II oder III erteilt worden ist.

e) Alle hergestellten Werkstücke tragen den in Artikel IV Absatz 5 vorgesehenen Vermerk.

41. a) Einverständnis bestand ebenfalls darüber, daß die genannten Bedingungen nur auf Werke, die im Druck oder in einer entsprechenden Vervielfältigungsform veröffentlicht worden sind, und auf die Einfügung übersetzter Texte in audio-visuelle Festlegungen anwendbar sind.

b) Ferner bestand Einverständnis darüber, daß diese Vorschriften ein Land, in dem die Vervielfältigung vorgenommen wird, nicht verpflichten, Handlungen zuzulassen, die nach seiner Gesetzgebung Urheberrechtsverletzungen darstellen.

42. Allgemeines Einverständnis bestand darüber, daß die Vorschriften der Artikel II, III und IV weder dem Inhaber der Zwangslizenz die Beauftragung eines Übersetzers in einem anderen Land untersagen noch anderen Zwangslizenznehmern, die zur Veröffentlichung einer Übersetzung in derselben Sprache in anderen Ländern berechtigt sind, verbieten, dieselbe Übersetzung zu benutzen, selbstverständlich vorausgesetzt, daß die Übersetzung nicht bereits veröffentlicht worden ist. Dieselbe Auslegung gilt hinsichtlich der Personen, die mit den vorbereitenden Redaktionsarbeiten betraut sind.

Artikel IV Absatz 4 Buchstabe c) Nr. iii

43. Es bestand Einverständnis darüber, daß der Ausdruck „keinen Erwerbszwecken dienen" nicht bedeutet, daß die öffentliche Stelle kein Entgelt für das Werkstück erheben darf. Der Ausdruck bedeutet lediglich, daß ein etwaiger Preis keinen Gewinn oder finanziellen Vorteil für die Stelle umfassen, sondern ihr lediglich die Deckung ihrer Kosten erlauben darf.

Rapport Général de la Conférence

présenté par M. Ousmane Goundiam, Rapporteur général, et adopté à l'unanimité le 22 juillet 1971 par l'Assemblée plénière

I. Convocation, objet et composition de la Conférence

1. Conformément aux décisions des organes compétents de l'Union de Berne, le Directeur général de l'Organisation Mondiale de la Propriété Intellectuelle (OMPI) a convoqué une Conférence diplomatique (ci-après désignée «la Conférence») de revision de la Convention de Berne pour la protection des œuvres littéraires et artistiques (ci-après désignée «la Convention»). Celle-ci s'est tenue à Paris du 5 au 24 juillet 1971. La Convention universelle sur le droit d'auteur a également été revisée aux mêmes lieu et dates.

2. La Conférence avait pour objet d'une part de reviser les dispositions relatives aux pays en voie de développement contenues dans l'Acte de Stockholm (1967) de la Convention, et d'autre part d'apporter dans les clauses finales dudit Acte les modifications résultant d'une telle revision.

3. Ont participé aux travaux de la Conférence les délégations des 48 pays suivants, membres de l'Union de Berne: Afrique du Sud, Allemagne (République fédérale), Argentine, Australie, Autriche, Belgique, Brésil, Cameroun, Canada, Ceylan, Chili, Chypre, Congo, Côte d'Ivoire, Danemark, Espagne, Finlande, France, Gabon, Grèce, Hongrie, Inde, Irlande, Israël, Italie, Japon, Liban, Liechtenstein, Luxembourg, Maroc, Mexique, Monaco, Niger, Norvège, Pakistan, Pays-Bas, Portugal, République populaire du Congo, Royaume-Uni, Saint-Siège, Sénégal, Suède, Suisse, Tchécoslovaquie, Tunisie, Turquie, Uruguay, Yougoslavie.

4. Les délégations de la Hongrie et de la Tchécoslovaquie ont protesté contre le fait que la République démocratique allemande n'a pas été invitée à prendre part à la Conférence. La délégation du Chili a émis la même protestation et a en outre déclaré qu'elle ne considérait pas les observateurs de la République de Chine comme pouvant représenter valablement le peuple chinois. La délégation de l'Inde s'est associée à cette dernière déclaration.

5. Les délégations des 27 pays suivants, membres des Nations Unies ou d'une ou plusieurs organisations du système des Nations Unies et qui ne sont pas membres de l'Union de Berne, ont participé aux travaux de la Conférence à titre d'observateurs: Algérie, Bolivie, Chine (République de), Costa Rica, Equateur, Etats-Unis d'Amérique, Guatemala, Irak, Iran, Kenya, Laos, Liberia, Malaisie, Malawi, Mauritanie, Nicaragua, République arabe unie, République centrafricaine, République dominicaine, République khmère, République du Viet-Nam, Rwanda, Soudan, Syrie, Tanzanie, Tchad, Togo.

6. L'OMPI était représentée par son Directeur général, le Professeur G. H. C. Bodenhausen, puis par son Premier Vice-Directeur général, Dr Arpad Bogsch.

7. Quatre organisations intergouvernementales (l'Organisation internationale du travail — OIT, l'Organisation des Nations Unies pour l'éducation, la science et la culture — Unesco, le Conseil de l'Europe et l'Office africain et malgache de la propriété industrielle — OAMPI) et dix-neuf organisations internationales non gouvernementales avaient délégué des observateurs.

8. Au total, près de trois cents personnes étaient présentes.

9. Sur proposition de la délégation du Royaume-Uni, appuyée par les délégations de l'Italie, de l'Allemagne (République fédérale), de l'Espagne et de la Côte d'Ivoire, S. Exc. M. l'Ambassadeur Pierre Charpentier, chef de la délégation de la France, a été élu par acclamations Président de la Conférence.

10. La Conférence a adopté le projet d'ordre du jour qui lui était proposé (document B/DC/1).

11. Après y avoir apporté quelques modifications, la Conférence a adopté le projet de règlement intérieur, préparé par le Comité permanent de l'Union de Berne lors de sa session extraordinaire de septembre 1970 (document B/DC/2). Le texte définitif du règlement intérieur de la Conférence figure dans le document B/DC/8, sous réserve qu'à l'article 10 le mot «huit» doit être remplacé par «neuf».

12. Ont été élus Vice-présidents de la Conférence les neuf personnalités suivantes: M. J. P. Harkins (Australie), S. Exc. M. l'Ambassadeur Everaldo Dayrell de Lima (Brésil), M. P. M. D. Fernando (Ceylan), M. Léopold Lutété (Congo), M. István Timár (Hongrie), M. Abderrazak Zerrad (Maroc), M. Ulf Nordenson (Suède), Professeur Mario M. Pedrazzini (Suisse), S. Exc. M. Aleksandar Jelić (Yougoslavie).

13. Le poste de Rapporteur général a été attribué au chef de la délégation du Sénégal.

14. Sur proposition de la délégation de l'Inde, appuyée par les délégations des Pays-Bas, du Canada, de l'Italie et de la France, M. le Professeur Eugen Ulmer (Allemagne (République fédérale)) a été élu Président de la Commission principale. Sur proposition de la délégation de l'Espagne, appuyée par la délégation du Royaume-Uni, S. Exc. M. l'Ambassadeur Francisco Cuevas-Cancino (Mexique) et M. Abderrazak Zerrad (Maroc) ont été élus Vice-présidents de la Commission principale.

15. La Conférence a élu, comme membres du Comité de vérification des pouvoirs, sur proposition de son Président, les représentants des pays suivants: Allemagne (République fédérale), Côte d'Ivoire, Espagne, Italie, Japon, Tchécoslovaquie, Uruguay. Au cours de la Conférence, le Comité

de vérification des pouvoirs s'est réuni à deux reprises, sous la présidence soit de S. Exc. M. l'Ambassadeur Yoshihiro Nakayama (Japon), son Président, soit de M. Bernard Dadié (Côte d'Ivoire), son Vice-président. Il a procédé à la vérification des pouvoirs et fait rapport de ses travaux à la Conférence (documents B/DC/14 et 30).

16. La Conférence a élu, comme membres du Comité de rédaction, sur proposition de son Président, les représentants des pays suivants: Argentine, Canada, France, Inde, Japon, Pays-Bas, Royaume-Uni, Suède, Tunisie. M. William Wallace (Royaume-Uni) et M. Werner Ludwig Haardt (Pays-Bas) ont été élus par le Comité de rédaction respectivement aux postes de Président et de Vice-président. Celui-ci s'est réuni à plusieurs reprises afin de mettre définitivement en forme le texte revisé de la Convention. Les documents B/DC/24, 27 et 28 reflètent les résultats de ses travaux.

17. M. Claude Masouyé (OMPI) était Secrétaire général de la Conférence et M. Mihailo Stojanović (OMPI) Secrétaire général adjoint.

II. Examen du projet de Convention

18. La Conférence a commencé ses travaux en Assemblée plénière, laquelle entendit des déclarations d'ordre général et décida que l'instrument à adopter devait contenir toutes les dispositions qui faisaient ou non l'objet de la Conférence. Ainsi le nouvel instrument est un «Acte», qui sera connu comme étant «l'Acte de Paris», plutôt qu'un Acte «additionnel à l'Acte de Stockholm». (Le Bureau international avait préparé, avant la Conférence, des projets de textes pour un Acte complet en lui-même et pour un Acte additionnel.)

19. a) Les dispositions qui n'ont pas fait l'objet des délibérations de la Conférence et qui ont ainsi été incorporées dans l'Acte de Paris avec exactement le même contenu et la même forme que celui et celle de l'Acte de Stockholm de 1967 sont les dispositions générales sur le fond (articles 1 à 20) et les dispositions administratives (articles 22 à 26). Ce fait apporte par lui-même la preuve que la Conférence de Stockholm avait abouti à un succès sur des points qui sont parmi les plus importants.

b) Bien que la présente Conférence ait revisé les dispositions particulières de fond qui furent adoptées par la Conférence de Stockholm en faveur des pays en voie de développement (et ait apporté dans les clauses finales les modifications en découlant), il fut d'une façon générale reconnu que le travail accompli par la Conférence de Stockholm ne fut pas seulement important pour ce qui avait trait aux questions relatives aux pays en voie de développement, mais aussi indispensable pour le travail de la présente Conférence: en effet, celle-ci, sans la Conférence de Stockholm, n'aurait pu arriver à l'accord unanime qui a été obtenu sur ces questions.

20. De façon à souligner les mérites du travail réalisé en 1967, la Conférence a décidé de reconnaître, dans le préambule de l'Acte de Paris, l'importance de ce travail et de rappeler que les articles indiqués ci-dessus

étaient le résultat de la Conférence de Stockholm plutôt que celui de la présente Conférence.

21. La plupart des autres délibérations de la Conférence ont eu lieu au sein de sa Commission principale, aux travaux de laquelle tous les pays et toutes les organisations représentés à la Conférence avaient le droit de participer et auxquels ils ont tous pris part. Les délégations représentant des pays en voie de développement ont tenu entre elles plusieurs réunions. Celles-ci se révélèrent particulièrement utiles pour arriver à des positions communes sur quelques-uns des problèmes les plus difficiles.

22. La discussion a été basée i) sur le projet de texte préparé par le Comité permanent de l'Union de Berne en 1970 (document B/DC/4) et qui fut légèrement modifié sur des points de pure forme par le Bureau international (document B/DC/5), ii) sur les observations faites avant la Conférence par les gouvernements et les organisations intéressées (documents B/DC/6 et 7) et iii) sur un certain nombre d'amendements présentés durant la Conférence par diverses délégations ou groupes de travail (documents B/DC/9 à 13, B/DC/15 à 23, B/DC/25, 26 et 31 à 33). Il convient de rappeler que le texte préparé par le Comité permanent était, à son tour, basé sur les travaux de plusieurs réunions préparatoires (voir documents B/DC/3 et 4), notamment celles tenues à Washington en 1969 et à Genève en mai et septembre 1970.

23. Les délibérations en Assemblée plénière et en Commission principale sont reflétées dans les procès-verbaux. En conséquence, le présent rapport n'indique surtout que les points qui peuvent être importants pour comprendre quelles furent les intentions de la Conférence lors de l'adoption de certaines dispositions et ceux à propos desquels la Conférence a convenu qu'ils devaient être mentionnés au rapport.

24. Il est à noter que plusieurs dispositions de l'Acte de Paris sont analogues aux dispositions correspondantes de la Convention universelle sur le droit d'auteur telle qu'elle a été revisée. La discussion de ces dispositions a généralement eu lieu dans la Conférence de revision de cette Convention quelques jours seulement avant qu'elles ne fussent examinées par la présente Conférence et discutées entre des participants dont la grande majorité était identique dans les deux Conférences. Les arguments pour ou contre certaines dispositions, ainsi que l'interprétation à donner à celles-ci une fois adoptées, n'ont pas été, dans beaucoup de cas, repris durant la présente Conférence. Ces faits expliquent la brièveté relative des passages ci-après du présent rapport. Les points visés au paragraphe précédent seront passés en revue dans l'ordre dans lequel ils apparaissent dans l'Acte de Paris.

Article 29bis

25. La Conférence a pris note d'une déclaration du Directeur général de l'OMPI dans laquelle il a annoncé qu'il attirerait l'attention des organes

compétents de l'OMPI sur cet article et les inviterait à en tenir compte pour l'application de l'article 14.2) de la Convention instituant l'Organisation Mondiale de la Propriété Intellectuelle.

Article 36

26. Il a été entendu que pour les pays dont la constitution prévoit que des traités peuvent être exécutoires par eux-mêmes aucune législation spéciale n'était nécessaire pour mettre en application celles des dispositions de la Convention qui, par leur nature, sont susceptibles d'une application directe.

Annexe

Article I.1)

27. Il a été entendu que l'expression «pays considéré, conformément à la pratique établie de l'Assemblée générale des Nations Unies, comme un pays en voie de développement» ne permettait pas d'établir une liste de tels pays qui ne serait pas susceptible de modifications dans l'avenir, non seulement parce que le niveau de développement de certains pays peut changer, mais aussi parce que la pratique de l'Assemblée générale peut subir des modifications en ce sens que les critères sur lesquels cette pratique est fondée peuvent eux-mêmes être modifiés. La question de savoir si un pays déterminé est à un moment donné un pays en voie de développement aux fins de l'Annexe devrait être réglée sur la base de la pratique de l'Assemblée générale existant au moment où se pose la question.

Article I.6)a)

28. Il a été entendu que ce sous-alinéa n'altérait pas la faculté dont tout pays peut se prévaloir pour appliquer la règle dite «de la comparaison des délais» inscrite à l'article 7. 8) de la Convention.

Article II.2)

29. Il a été entendu que les termes «ressortissant dudit pays» couvraient aussi des personnes morales, y compris l'Etat lui-même, ses autorités nationales ou locales, et des entreprises qui sont la propriété de l'Etat ou de telles autorités.

30. a) En outre, il a été entendu que la notion d'une «langue d'usage général» dans un pays comprenait également des langues qui sont utilisées généralement par une partie seulement de l'ensemble de la population. Ainsi, une telle langue pourrait être une langue d'usage général dans une région déterminée du pays, la langue d'un groupe ethnique, ou bien une langue utilisée généralement à des fins particulières, par exemple l'administration publique ou l'éducation.

b) Il doit être noté que l'expression en question figure également dans

d'autres dispositions de l'Acte de Paris. Elle doit donc être comprise dans un tel sens dans toutes ces dispositions.

Article II.4)

31. Bien que la délégation de l'Inde ait déclaré qu'elle interprétait la première phrase de cet alinéa comme signifiant que les délais de six ou neuf mois pouvaient commencer à courir avant l'expiration des périodes de trois ou d'une année (et qu'ainsi les deux délais et périodes pouvaient courir simultanément), il a généralement été admis que les délais de six ou neuf mois ne pouvaient pas courir simultanément avec les périodes de trois ou d'une année, puisqu'une demande de licence de traduction ne pouvait être valablement présentée qu'après l'expiration desdites périodes et parce que le sens du mot «supplémentaire» était de faire ressortir clairement que les délais de six ou neuf mois sont nécessairement consécutifs aux périodes de trois ou d'une année.

Article II.6)

32. a) Cet alinéa prévoit que la licence pour traduire prend fin si le titulaire du droit de traduction publie lui-même une traduction répondant à certaines conditions. L'une d'elles est que cette traduction doit avoir «essentiellement le même contenu» que la traduction publiée en vertu de la licence. Il a été entendu que cette condition serait satisfaite non seulement lorsque le contenu de la traduction publiée par le titulaire était identique ou presque à celui de la traduction faite sous licence, mais aussi lorsque la première contenait certaines améliorations comme cela pourrait être le cas si, par exemple, le contenu d'un manuel scolaire était mis à jour.

b) En outre, il a été entendu que le détenteur de la licence devrait être normalement informé par le titulaire du droit de traduction, si celui-ci a eu connaissance d'une telle licence, qu'une traduction autorisée par lui est publiée.

Article II.9)a) et b)

33. Il a été entendu que ces sous-alinéas n'affectent ni ne modifient à aucun égard les dispositions de l'article 11bis de la Convention.

34. Il a été entendu que l'expression «produit et acquis en conformité avec la législation dudit pays» figurant à l'alinéa 9)a)i) signifie que l'exemplaire n'est pas un exemplaire illicite aux termes des lois de ce pays.

Article III.3)ii)

35. Il est à noter que la version anglaise emploie l'expression «*works of fiction, poetry, drama and music*» et la version française «œuvres qui appartiennent au domaine de l'imagination, telles que les romans, les œuvres poétiques, dramatiques et musicales». Mais la différence est purement formelle (elle est d'ailleurs inévitable, parce que «*works of fiction*»

n'a pas en français une expression exactement correspondante et que «œuvres qui appartiennent au domaine de l'imagination» n'a pas non plus en anglais son équivalence exacte) alors que sur le fond cela signifie la même chose et que, notamment, l'absence du mot «roman» en anglais ne veut pas dire que les «*novels*» ne sont pas visées par cette disposition et l'emploi du mot «roman» en français ne signifie pas que des œuvres appartenant au domaine de l'imagination («*works of fixtion*») mais plus courtes que des romans soient exclues.

Article III.7)b)

36. Ce sous-alinéa est applicable lorsque la reproduction est sous forme audio-visuelle — c'est-à-dire une fixation contenant à la fois des images et des sons — et si la fixation audio-visuelle constitue en elle-même une œuvre protégée ou bien contient une œuvre protégée. Il vise à permettre la distribution des reproductions de la fixation aux fins et selon les conditions prévues dans les autres dispositions de l'article III et les dispositions correspondantes de l'article IV.

Article IV.1)

37. Il a été entendu que la demande d'autorisation qui est adressée au titulaire du droit doit indiquer que, si une telle autorisation est refusée, un tel refus pourra être à la base d'une demande de licence aux termes de l'Annexe.

38. En outre, il a été entendu que les licences prévues par l'Annexe ne peuvent être valablement demandées qu'une fois expirée la période visée à l'article II.2)a) ou 3) ou bien à l'article III.3).

Article IV.2)

39. Il a été entendu qu'avant l'octroi d'une licence visée aux articles II ou III l'autorité compétente doit normalement prendre des mesures qui puissent donner au titulaire du droit l'occasion d'être informé de la requête et de pouvoir ainsi agir en conséquence.

Article IV.4)a)

40. Il découle des dispositions de l'article IV.4)a), interdisant l'exportation d'exemplaires et stipulant que la licence ne sera valable que pour l'édition à l'intérieur du territoire du pays où cette licence a été demandée, que ces dispositions sont considérées comme interdisant à un titulaire de licence de faire reproduire des exemplaires à l'extérieur du territoire du pays qui accorde la licence. Cependant, il a été entendu que cette interdiction n'est pas applicable quand les circonstances ci-après sont réunies:

a) le pays qui accorde la licence ne possède pas, à l'intérieur de son territoire, de moyens d'impression ou de reproduction ou, si ces moyens existent, ils ne peuvent, pour des raisons d'ordre économique ou pratique, assurer la reproduction des exemplaires;

b) le pays où s'effectue le travail de reproduction est membre de l'Union de Berne ou partie à la Convention universelle sur le droit d'auteur;

c) tous les exemplaires reproduits sont envoyés au titulaire de la licence pour être distribués exclusivement dans le pays du titulaire; en outre, le contrat entre le titulaire de la licence et l'établissement qui effectue le travail de reproduction le stipule et prévoit, par ailleurs, que l'établissement donne sa garantie que le travail de reproduction est autorisé par la loi dans le pays où il est effectué;

d) le titulaire de la licence ne confie pas le travail de reproduction à un établissement spécialement créé en vue de faire reproduire des exemplaires d'ouvrages pour lesquels une licence a été accordée en vertu de l'article II ou de l'article III; et

e) tous les exemplaires reproduits contiennent la mention prévue à l'article IV.5).

41. a) Il a été également entendu que les conditions qui précèdent s'appliquent seulement aux ouvrages publiés sous forme imprimée ou sous toute autre forme analogue de reproduction et à l'incorporation, dans des matériels audio-visuels, des textes traduits.

b) Il a été également entendu que les dispositions en question n'obligent pas un pays où s'effectue le travail de reproduction à permettre des opérations qui, selon sa législation nationale, constitueraient une atteinte au droit d'auteur.

42. Il a été admis de façon générale qu'aucune disposition des articles II, III et IV n'interdisait au titulaire d'une licence obligatoire d'utiliser un traducteur dans un autre pays, ou à d'autres titulaires de licences obligatoires, autorisés à publier une traduction dans la même langue dans d'autres pays, d'utiliser la même traduction, dans l'hypothèse évidemment où la traduction n'a pas déjà été publiée. La même interprétation s'applique en ce qui concerne les personnes chargées du travail préparatoire de mise au point rédactionnelle.

Article IV.4)c)iii)

43. Il a été entendu que l'expression «aucun caractère lucratif» ne signifiait pas que l'organisme public ne pouvait pas fixer un prix pour chaque exemplaire. Ce qu'elle signifie c'est que le prix, s'il y en a un, ne doit pas comporter un bénéfice quelconque, de nature financière, au profit dudit organisme, mais doit simplement lui permettre de «rentrer dans ses débours».

General Report on the Conference

presented by Mr. Ousmane Goundiam, General Rapporteur, and unanimously adopted on July 22, 1971, by the Plenary Conference

I. Convening, purpose and composition of the Conference

1. In accordance with the decisions of the competent bodies of the Berne Union, the Director General of the World Intellectual Property Organization (WIPO) convened a Diplomatic Conference (hereinafter called "the Conference") for the revision of the Berne Convention for the Protection of Literary and Artistic Works (hereinafter called "the Convention"). This was held at Paris from July 5 to 24, 1971. The Universal Copyright Convention was also revised at the same place and dates.

2. The purpose of the Conference was on the one hand to revise the provisions relating to the developing countries contained in the Stockholm Act (1967) of the Convention, and on the other hand to introduce in the final clauses of the said Act the modifications consequent upon that revision.

3. Delegations of the following 48 countries, members of the Berne Union, participated in the work of the Conference: Argentina, Australia, Austria, Belgium, Brazil, Cameroon, Canada, Ceylon, Chile, Congo, Cyprus, Czechoslovakia, Denmark, Finland, France, Gabon, Germany (Federal Republic), Greece, Holy See, Hungary, India, Ireland, Israel, Italy, Ivory Coast, Japan, Lebanon, Liechtenstein, Luxembourg, Morocco, Mexico, Monaco, Netherlands, Niger, Norway, Pakistan, People's Republic of the Congo, Portugal, Senegal, South Africa, Spain, Sweden, Switzerland, Tunisia, Turkey, United Kingdom, Uruguay, Yugoslavia.

4. The Delegations of Czechoslovakia and Hungary protested against the fact that the German Democratic Republic hat not been invited to take part in the Conference. The Delegation of Chile made the same protest, and also declared that it did not consider the observers of the Republic of China as empowered to represent the people of China. The Delegation of India associated itself with this latter declaration.

5. Delegations of the following 27 States, members of the United Nations or of one or more organizations of the United Nations system but not members of the Berne Union, participated in the work of the Conference as observers: Algeria, Bolivia, Central African Republic, Chad, China (Republic of), Costa Rica, Dominican Republic, Ecuador, Guatemala, Iran, Iraq, Kenya, Khmer Republic, Laos, Liberia, Malawi, Malaysia, Mauritania, Nicaragua, Republic of Viet-Nam, Rwanda, Sudan, Syria, Tanzania, Togo, United Arab Republic, United States of America.

6. WIPO was represented by its Director General, Professor G. H. C. Bo-

denhausen, and subsequently by its First Deputy Director General, Dr. Arpad Bogsch.

7. Four intergovernmental organizations (the International Labour Organisation (ILO), the United Nations Educational, Scientific and Cultural Organization (Unesco), the Council of Europe and the African and Malagasy Industrial Property Office (OAMPI), and nineteen international non-governmental organizations were represented by observers.

8. In total, nearly three hundred persons were present.

9. On the proposal of the Delegation of the United Kingdom, supported by the Delegations of Italy, Germany (Federal Republic), Spain and the Ivory Coast, His Excellency Ambassador Pierre Charpentier, Head of the Delegation of France, was elected President of the Conference by acclamation.

10. The Conference adopted the provisional Agenda submitted to it in document B/DC/1.

11. After introducing some modifications, the Conference adopted the draft Rules of Procedure prepared by the Permanent Committee of the Berne Union at its extraordinary session in September 1970 (document B/DC/2). The final text of the Rules of Procedure of the Conference is contained in document B/DC/8, modified by the substitution of the word "nine" for the word "eight" in Rule 10.

12. The following nine persons were elected Vice-Presidents of the Conference: Mr. J. P. Harkins (Australia), His Excellency Ambassador Everaldo Dayrell de Lima (Brazil), Mr. P. M. D. Fernando (Ceylon), Mr. Léopold Lutété (Congo), Mr. István Timár (Hungary), Mr. Abderrazak Zerrad (Morocco), Mr. Ulf Nordenson (Sweden), Professor Mario M. Pedrazzini (Switzerland), His Excellency Aleksandar Jelić (Jugoslavia).

13. The post of General Rapporteur was assigned to the Head of the Delegation of Senegal.

14. On the proposal of the Delegation of India, supported by the Delegations of the Netherlands, Canada, Italy and France, Professor Eugen Ulmer (Germany (Federal Republic)) was elected Chairman of the Main Commission. On the proposal of the Delegation of Spain, supported by the Delegation of the United Kingdom, His Excellency Ambassador Francisco Cuevas-Cancino (Mexico) and Mr. Abderrazak Zerrad (Morocco) were elected Vice-Chairmen of the Main-Commission.

15. The Conference, on the proposal of the President, elected the representatives of the following countries as members of the Credentials Committee: Czechoslovakia, Germany (Federal Republic), Italy, Ivory Coast, Japan, Spain, Uruguay. During the Conference the Credentials Committee met on several occasions under the chairmanship of His Excellency Ambassador Yoshihiro Nakayama (Japan), its Chairman, or of Mr. Bernard Dadié (Ivory Coast), its Vice-Chairman. It examined the credentials of delegations and reported on its work to the Conference (documents B/DC/14 and 30).

16. The Conference, on the proposal of the President, elected the representatives of the following countries as members of the Drafting Committee: Argentina, Canada, France, India, Japan, Netherlands, Sweden, Tunisia, United Kingdom. The Drafting Committee elected Mr. William Wallace (United Kingdom) and Mr. Werner Ludwig Haardt (Netherlands) as its Chairman and Vice-Chairman respectively. The Drafting Committee held several meetings in order to put the revised text of the Cenvention into final form. Documents B/DC/24, 27 and 28 reflect the results of its work.

17. Mr. Claude Masouyé (WIPO) and Mr. Mihailo Stojanović (WIPO) acted as Secretary General of the Conference and Assistant Secretary General respectively.

II. Consideration of the draft text of the Convention

18. The Conference started its work in a plenary meeting in which general declarations were made. The same meeting decided that the instrument to be adopted should contain both the provisions which were and those which were not the subject of the Conference. Thus the new instrument is an "Act" to be known as "the Paris Act", rather than an Act "additional to the Stockholm Act." (The Inernational Bureau had, before the Conference, prepared drafts of both a self-contained and an additional Act).

19. (a) The provisions which have not been the subject of the Conference and thus are incorporated in the Paris Act with exactly the same content and in exactly the same form as they appear in the 1967 Stockholm Act are the general substantive provisions (Articles 1 to 20) and the administrative provisions (Articles 22 to 26). This fact, in itself, proves that the Stockholm Conference had achieved success on most important points.

(b) Although the present Conference revised the special substantive provisions adopted at the Stockholm Conference concerning developing countries (and made consequential changes in the final clauses), it was generally recognized not only that the work of the Stockholm Conference was very important also as far as the questions concerning developing countries were concerned, but that, without that work, the present Conference could not have achieved the unanimous agreement which it had achieved in respect of those questions.

20. In order to underline the merits of the work accomplished at Stockholm, the Conference decided to express, in the preamble of the Paris Act, recognition of the importance of that work and to recall that the Articles referred to above were the result of the Stockholm, rather than the present, Conference

21. Most of the rest of the discussions of the Conference took place in its Main Commission in which all the countries and all the organizations represented in the Conference had the right to participate and in which they all participated. The delegations representing developing countries held several meetings among themselves. These proved to be particularly

useful in arriving at common positions among such countries on some of the more difficult issues.

22. The discussions were based (i) on the draft text prepared by the Permanent Committee of the Berne Union in 1970 (document B/DC/4) as slightly modified, on purely formal points, by the International Bureau of WIPO (document B/DC/5), (ii) on the observations made before the Conference by governments and by interested organizations (documents B/DC/6 and 7), and (iii) on a number of amendments presented during the Conference by several delegations and working groups (documents B/DC/9 to 13, B/DC/15 to 23, B/DC/25 and 26 and B/DC/31 to 35). It is recalled that the text prepared by the Permanent Committee was, in turn, based on the work of several preparatory meetings, particularly those held in Washington in 1969 and in Geneva in May and September 1970 (see documents B/DC/3 and 4).

23. The discussions in the Plenary and in the Main Commission are reflected in the summary minutes. Consequently, this Report mainly mentions only those points which may be important for understanding the intentions of the Conference in adopting certain provisions and which the Conference agreed should be mentioned in this Report.

24. It is to be noted that several provisions in the Paris Act are similar to corresponding provisions in the Universal Copyright Convention as revised. Discussions on these provisions usually took place in the Revision Conference of that Convention only days before they were discussed in the present Conference, among participants who were to a great extent identical in the two Conferences. Arguments for and against and understandings on such provisions were, in many cases, not repeated in the present Conference. These facts explain the relative brevity of the following passages of this Report. The points referred to in the previous paragraph are considered in the order in which they appear in the Paris Act.

Article 29bis

25. The Conference noted a declaration of the Director General of WIPO to the effect that he would call the attention of the competent bodies of WIPO to this Article and would invite them to note it for the purposes of the application of Article 14(2) of the Convention Establishing the World Intellectual Property Organization.

Article 36

26. It was understood that in countries according to the constitution of which treaties were self-executing no separate legislation was necessary to implement those provisions of the Convention which, by their nature, were susceptible of direct application.

Appendix

Article I(1)

27. It was understood that the expression "country regarded as a developing country in conformity with the established practice of the General

Assembly of the United Nations" did not allow for the drawing up of a list of such countries which would not be susceptible to changes in the future, not only because the stage of development of particular countries may change but also because the practice of the General Assembly may undergo changes in the sense that the criteria on which such practice is based may undergo changes. Whether any country is at any given time a developing country for the purposes of the Appendix would have to be decided on the basis of the practice of the General Assembly prevailing at the time relevant for deciding the question.

Article I(6)(a)

28. It was understood that this subparagraph did not modifiy the right of any country to apply the so-called "comparison of terms" clause contained in Article 7(8).

Article II(2)

29. It was understood that the term "national of such country" also covered legal entities, including the State itself, its national or local authorities, and enterprises owned by the State or such authorities.

30. (a) Furthermore, it was understood that the notion of "a language in general use" in a country included languages in general use by less than the totality of the country's population. Thus, such a language could be a language in general use in a given geographic region of the country, the language of an ethnic group of the population, or a language generally used for particular purposes, such as government administration or education.

(b) It is to be noted that the expression in question also appears in other provisions of the Paris Act. It should be understood in the above sense in all such provisions also.

Article II(4)

31. Although the Delegation of India said that it interpreted the first sentence of this paragraph as meaning that the six or nine months period could start running before the expiration of the three or one year period (and thus the two kinds of periods could run concurrently), is was generally agreed that the six or nine months periods could not run concurrently with the three or one year periods since an application for a license for translation could validly be presented only after the expiration of the three or one year period and because the sense of the world "further" was to bring out clearly that the six or nine months period is necessarily subsequent to the three or one year period.

Article II(6)

32. (a) This paragraph provides that the license to translate terminates if the owner of the right to translate himself publishes a translation satisfying certain conditions. One of them is that the said translation must have "substantially the same content" as the translation which was published under

the license. It was understood that this condition would be satisfied not only when the content of the translation of the owner was identical or almost so to the content of the translation made under a license but also when the former contained certain improvements, as would be the case, for example, when the content of a school book is updated.

(b) It was further understood that the licensee should be given reasonable notice by the owner of the right of translation, of the publication of a translation authorized by him, if the owner of the right is aware of the license.

Article II(9)(a) and (b)

33. It was understood that these subparagraphs do not affect or modify in any respect Article 11bis of the Convention.

34. It was understood that the words "made and acquired in accordance with the laws of the said country" in paragraph (9)(a)(i) mean that the copy must not be an infringing copy according to the laws of that country.

Article III(3)(ii)

35. It was noted that the English text uses the expression "works of fiction, poetry, drama and music" and the French text *"œuvres qui appartiennent au domaine de l'imagination, telles que romans, les œuvres poétiques, dramatiques et musicales,"* but that the difference was merely one of form (unavoidable, because "works of fiction" had no exactly corresponding expression in French, and *"œuvres qui appartiennent au domaine de l'imagination"* had no exactly corresponding expression in English) whereas in substance they meant the same, and, in particular, the absence of the word *„roman"* in English did not mean that novels were not included, and that the use of the word *"roman"* in French did not mean that works of fiction shorter than novels were excluded.

Article III(7)(b)

36. This subparagraph applies when the reproduction is in audio-visual form — that is, a fixation containing both pictures and sound — and whether the audio-visual fixation constitutes itself a protected work or contains a protected work. It allows for the distribution of the reproductions of the fixation for the purposes and under the conditions provided for in the other provisions of Article III and the relevant provisions of Article IV.

Article IV(1)

37. It was understood that the request for authorization addressed to the owner of the right must indicate that, if such authorization is denied, the denial might serve as a basis for applying for a license under the Appendix.

38. Furthermore, it was understood that licenses under the Appendix may validly be applied for only when the applicable period under Article II (2)(a) or (3), or under Article III(3), has expired.

Article IV(2)

39. It was understood that where a license under Articles II or III is to

be granted, the competent authority should take reasonable steps to ensure that the owner of the right has an opportunity to be aware of the application and to take such measures as may seem to him appropriate.

Article IV(4)(a)

40. It follows from the provisions of Article IV (4)(a), prohibiting the export of copies and prescribing that the license shall be valid only for publication in the territory of the country where it has been applied for, that these provisions are considered as prohibiting a licensee from having copies reproduced outside the territory of the country granting the license. However, it was understood that this prohibition does not apply under the following conditions:

(a) the country granting the license has, within its territory, no printing or reproduction facilities, or such facilities exist but are incapable for economic or practical reasons of reproducing the copies;

(b) the country where the work of reproduction is done is a member of the Berne Union or a party to the Universal Copyright Convention;

(c) all copies reproduced are sent, in one or more bulk shipments, to the licensee for distribution exclusively in the licensee's country and the contract between the licensee and the establishment doing the work of reproduction so requires and provides further that the establishment guarantees that the work of reproduction is lawful in the country where it is done;

(d) the licensee does not entrust the work of reproduction to an establishment specially created for the purpose of having copies reproduced of works for which a license has been granted under Article II or Article III; and

(e) all copies reproduced bear a notice in accordance with Article IV(5).

41. (a) It was also understood that the foregoing conditions only apply to works published in printed or analogous forms of reproduction and to the incorporation in audio-visual fixations of translated texts.

(b) It was further understood that these provisions do not require any country in which the copies are reproduced to permit what would otherwise be an infringement of copyright under its law.

42. It was generally accepted that nothing in Articles II, III and IV prohibited a compulsory licensee from employing a translator in another country, or other compulsory licensees, licensed to publish a translation in the same language in other countries, from using the same translation, assuming, of course, that the translation has not already been published. The same interpretation applies with respect to persons entrusted with doing the preparatory editional work.

Article IV(4)(c)(iii)

43. It was understood that the expression "without commercial purpose" did not mean that the public entity could not charge a price for each copy; what it meant was that the price, if any, could not include any profit or financial gain for the entity, but could merely enable it to recover its costs.

DRITTER TEIL. AUFSÄTZE

1. Die Pariser Revisionen der internationalen Urheberrechtsabkommen

Von **Elisabeth Steup**, Ministerialrätin im Bundesministerium der Justiz, und Dr. **Erhard Bungeroth**, Regierungsdirektor im Bundesministerium der Justiz, Bonn

Inhaltsübersicht

A. Einführung

Vom 5. bis 24. Juli 1971 tagten im Hause der UNESCO in Paris die Diplomatischen Konferenzen zur Revision des Welturheberrechtsabkommens (WUA) und der Revidierten Berner Übereinkunft zum Schutz von Werken der Literatur und Kunst (RBÜ). Die aus den Beratungen hervorgegangenen und in der gemeinsamen Schlußsitzung beider Konferenzen am 24. Juli 1971 unterzeichneten neuen Texte der Konventionen enthalten zwei wichtige Gruppen von Neuerungen. Zum einen wurde in den neuen Texten das allgemein geltende Schutzniveau der Konventionen im Vergleich zu den gegenwärtig in Kraft befindlichen Fassungen in verschiedenen Punkten erheblich verbessert[1]). Zum anderen wurden in die Konventionen Sonderbestimmungen eingefügt, die den Entwicklungsländern für Zwecke der Ausbildung und Forschung einen erleichterten Zugang zu urheberrechtlich geschützten Werken gewähren[2]). Mit den entsprechenden Bestimmungen im Anhang der Pariser Fassung der Berner Übereinkunft wird das international umstrittene Stockholmer „Protokoll betreffend die Entwicklungsländer" abgelöst.

B. Vorgeschichte der Pariser Revisionen

I. Die Stockholmer Fassung der Berner Übereinkunft und das Protokoll betreffend die Entwicklungsländer

1. Das Ergebnis von Stockholm

Auf der Stockholmer Konferenz für geistiges Eigentum vom 11. Juni bis 14. Juli 1967 wurde eine revidierte Fassung der Berner Übereinkunft angenommen, die in ihren Artikeln 1 bis 20 den in den früheren Fassungen gewährten Urheberschutz erheblich verbesserte, in dem durch Artikel 21 zum Bestandteil der Übereinkunft erklärten „Protokoll betreffend die Entwicklungsländer" Sonderregelungen zugunsten der Entwicklungsländer traf und in den Artikeln 22 bis 26

---

1) Vgl. dazu im einzelnen Bungeroth, Die Pariser Fassungen des Welturheberrechtsabkommens und der Berner Übereinkunft, unten S. 353 ff.

2) Vgl. dazu im einzelnen Bungeroth, aaO., S. 357 ff.

neue Verwaltungsbestimmungen vorsah, die die Eingliederung der Berner Union in das System der neugegründeten Weltorganisation für geistiges Eigentum ermöglichten[3]). Sonderregelungen für Entwicklungsländer hatten sich als notwendig erwiesen, weil die Entwicklungsländer sich durch das hohe Schutzniveau der Berner Übereinkunft angesichts ihrer schlechten wirtschaftlichen Lage gehindert sahen, in ausreichendem Umfang Zugang zu der insbesondere auf den Gebieten der Ausbildung und Forschung dringend benötigten ausländischen Literatur zu finden, und weil sich deshalb die Gefahr abzeichnete, daß zahlreiche der Berner Union angehörende Entwicklungsländer ihre Mitgliedschaft aufkündigen würden.

2. Das Scheitern des Protokolls

Das Protokoll betreffend die Entwicklungsländer, um dessen Ausgestaltung schon auf der Stockholmer Konferenz hart gerungen worden war, stieß in der Folgezeit in den Industriestaaten auf heftige Ablehnung der Autoren und Verleger und ihrer Verbände. Von den beteiligten Kreisen wurde geltend gemacht, man habe den Entwicklungsländern auf Kosten der Urheber und Verleger zu weitgehende Zugeständnisse gemacht. Infolge dieses weit verbreiteten Widerstands kam es in den meisten Verbandsländern der Berner Union nicht zu einer Ratifizierung der Stockholmer Fassung der Berner Übereinkunft im Ganzen einschließlich des Entwicklungsländerprotokolls, so daß die Stockholmer Fassung insgesamt nicht in Kraft treten konnte[4]); lediglich der gesonderter Annahme zugängliche Teil des Stockholmer Textes, das heißt, die Verwaltungs- und Schlußbestimmungen der Artikel 22 bis 38, blieb davon unberührt und ist am 26. Februar 1970 in Kraft getreten[5]). Das Entwicklungsländerprotokoll ist auf Grund

---

[3]) Die Stockholmer Fassung ist veröffentlicht in Bundesgesetzbl. 1970 II S. 293, 348. Zu ihrem Inhalt und ihrer Vorgeschichte vgl. im einzelnen Roeber (Herausgeber), Das Stockholmer Vertragswerk zum internationalen Urheberrecht (Schriftenreihe der UFITA, Heft 35); desgleichen die Beiträge von Ulmer, Reimer, Schiefler, Albrecht Krieger und Rogge in dem der Stockholmer Konferenz für geistiges Eigentum gewidmeten Heft 12/1967 (S. 425 ff.) von GRUR Int. und die Beiträge zahlreicher Autoren in der Sonder-Doppelnummer LIV—LV der Revue Internationale du Droit d'Auteur (RIDA) sowie Ulmer in NJW 1968 S. 1009.

[4]) Bisher haben von den bisherigen Mitgliedern der Berner Union nur der Senegal, Rumänien und Pakistan die Stockholmer Fassung im Ganzen umfassende Ratifikations- oder Beitrittsurkunden hinterlegt; ferner haben der Tschad, Mauretanien und die DDR ihren Beitritt zur Stockholmer Fassung im Ganzen erklärt. In der Bundesrepublik Deutschland wurde das Ratifizierungsverfahren hinsichtlich der gesamten Stockholmer Fassung einschließlich des Protokolls betreffend die Entwicklungsländer zwar eingeleitet, dann aber ausgesetzt, als sich zeigte, daß im internationalen Bereich neue Lösungen angestrebt wurden.

[5]) Le Droit d'Auteur 1969 S. 236 = Copyright 1969 S. 236; für die Bundesrepublik Deutschland traten die Art. 22 ff. am 19. Sept. 1970 in Kraft (Bundesgesetzbl. II S. 1314).

von Erklärungen nach seinem Artikel 5 in den Beziehungen zwischen Bulgarien, Pakistan, Schweden und Senegal anwendbar[5a]).

3. Krise des internationalen Urheberrechts

Das Scheitern des Protokolls betreffend die Entwicklungsländer blockierte den Weg zu den in den Artikeln 1 bis 20 enthaltenen Verbesserungen des materiellen Urheberschutzes, da die Artikel 1 bis 21 der Stockholmer Fassung nur gemeinsam mit dem Protokoll ratifiziert werden konnten. Überdies sahen die Entwicklungsländer sich in ihren auf das Protokoll gesetzten Hoffnungen enttäuscht und verlangten nunmehr nachdrücklich, daß ihnen durch eine Änderung der in der Zusatzerklärung zu Art. XVII WUA enthaltenen Schutzvorschrift zugunsten der Berner Union die Möglichkeit der Abwanderung zum Welturheberrechtsabkommen eröffnet werde. Darin lag für den internationalen Urheberschutz vor allem deshalb eine nicht zu unterschätzende Gefahr, weil das Welturheberrechtsabkommen von 1952 Mindestanforderungen lediglich hinsichtlich der Schutzdauer und des Übersetzungsrechts aufstellt, im übrigen aber keine Mindestrechte vorschreibt, sondern nur allgemein die Gewährung eines ausreichenden und wirksamen Urheberschutzes verlangt und damit die Ausgestaltung des Schutzes fast völlig in das Ermessen der Vertragsstaaten stellt.

Diese Lage wurde nicht zu Unrecht als Krise des internationalen Urheberrechts bezeichnet[6]).

II. Die Washingtoner Empfehlung

1. Die Einsetzung der Gemeinsamen Studiengruppe

Eine Wende in dieser Krise bahnte sich im Februar 1969 auf einer gemeinsamen Tagung des Ständigen Ausschusses der Berner Union und des Regierungsausschusses des Welturheberrechtsabkommens an[7]). Hier konnte sich die auf eine isolierte Revision der Zusatzerklärung zu Art. XVII WUA gerichtete Tendenz nicht durchsetzen. Der Regierungsausschuß des Welturheberrechtsabkommens[8]) beschloß zwar die Einberufung einer Konferenz zur Revision von Art. XVII

[5a]) Le Droit d'Auteur 1974 S. 11 = Copyright 1974 S. 9.

[6]) Vgl. Ulmer in GRUR Int. 1969 S. 375.

[7]) Offizieller Sitzungsbericht in Le Droit d'Auteur 1969 S. 50 ff. = Copyright 1969 S. 50 ff.

[8]) Offizieller Sitzungsbericht in Le Droit d'Auteur 1969 S. 72 ff. = Copyright 1969 S. 70 ff.

WUA und der Zusatzerklärung und beauftragte einen Unterausschuß mit der Prüfung der damit zusammenhängenden Fragen[9]). Zugleich faßten aber beide Ausschüsse übereinstimmend den Beschluß, eine gemeinsame Studiengruppe für das internationale Urheberrecht zu bilden und mit der Untersuchung aller Probleme der internationalen Beziehungen auf dem Gebiet des Urheberrechts zu beauftragen[10]).

2. Die Washingtoner Tagung

Während der vom Regierungsausschuß des Welturheberrechtsabkommens eingesetzte Unterausschuß[11]) sich auf seiner Tagung im Juni 1969 in Paris entsprechend seinem beschränkten Auftrag lediglich mit der Frage einer Einschränkung von Art. XVII WUA und der Zusatzerklärung zugunsten der Entwicklungsländer befaßte, überprüfte die Gemeinsame Studiengruppe auf ihrer Tagung vom 29. September bis 3. Oktober 1969 in Washington[12]) die Bedürfnisse der Entwicklungsländer und der Industriestaaten auf dem Gebiet des internationalen Urheberrechts sowie die Fragen, die sich aus dem Nebeneinander der beiden internationalen Urheberrechtskonventionen ergeben. An den Beratungen der Gemeinsamen Studiengruppe, die im Gegensatz zu früheren, wegen der scharfen Frontstellung zwischen Entwicklungsländern und Industriestaaten teilweise nicht sehr erfreulichen Diskussionen durchweg im Geiste einer guten internationalen Zusammenarbeit geführt wurden, beteiligten sich 25 Staaten, darunter auf seiten der Industriestaaten insbesondere die Bundesrepublik Deutschland, die USA, Großbritannien, Frankreich und Spanien und auf seiten der Entwicklungsländer insbesondere Indien, Brasilien und Kenia. Der deutschen Delegation kam bei diesen Verhandlungen neben ihren guten Beziehungen zu den Industriestaaten der Umstand zugute, daß die Bundesrepublik Deutschland die Ratifizierung der Stockholmer Fassung einschließlich des Entwicklungsländerprotokolls bereits eingeleitet und damit zum Ausdruck gebracht hatte, daß sie den Bedürfnissen der Entwicklungsländer aufgeschlossen ge-

---

9) Die Entschließung ist veröffentlicht in Le Droit d'Auteur 1969 S. 75 = Copyright 1969 S. 73 sowie in RIDA Nr. LX (1969) S. 185 f.

10) Die gemeinsame Entschließung ist veröffentlicht in Le Droit d'Auteur 1969 S. 52 f. = Copyright 1969 S. 52 f. sowie in RIDA, aaO., S. 187 ff.

11) Offizieller Sitzungsbericht in Le Droit d'Auteur 1969 S. 194 ff. = Copyright 1969 S. 194 ff.; die von diesem Unterausschuß verabschiedete Entschließung ist auch in RIDA Nr. LXII (1969) S. 162 f. abgedruckt.

12) Offizieller Sitzungsbericht in Le Droit d'Auteur 1969 S. 214 ff. = Copyright 1969 S. 214 ff.; Kurzbericht mit den Texten der Beschlüsse der Gemeinsamen Studiengruppe in RIDA Nr. LXIII (1970) S. 240 ff.; vgl. auch die Aufsätze von Ulmer in GRUR Int. 1969 S. 375 ff., von Fernay in RIDA, aaO., S. 86 ff., und von Desbois in RIDA Nr. LXVIII (1971) S. 2 ff.

genüber stand. Das Bemühen der Bundesrepublik Deutschland, den berechtigten Anliegen dieser Länder Rechnung zu tragen und zugleich den im Interesse der Urheber sowohl in Entwicklungsländern als auch in den Industriestaaten notwendigen internationalen Urheberschutz in den Entwicklungsländern zu erhalten, wurde in den Verhandlungen von Entwicklungsländern und Industriestaaten gleichermaßen anerkannt.

Die Zusammenarbeit und der Wille zur Verständigung aller an der Washingtoner Tagung beteiligten Staaten ermöglichte den entscheidenden Durchbruch zur Überwindung der Krise des internationalen Urheberrechts. Auf Grund eines zunächst von den Delegationen Australiens, Deutschlands und Japans eingebrachten und dann in einem Antrag von 13 weiteren Ländern, insbesondere Entwicklungsländern, aufgegriffenen und erweiterten Vorschlags beschloß die Gemeinsame Studiengruppe die sogenannte Washingtoner Empfehlung[13]). Diese Washingtoner Empfehlung sah Revisionen des Welturheberrechtsabkommens und der Berner Übereinkunft vor, wobei die Revisionskonferenzen zur gleichen Zeit und am gleichen Ort abgehalten werden sollten, um eine möglichst enge Abstimmung der Revisionsarbeiten zu ermöglichen.

3. Das Ergebnis von Washington

Im einzelnen schlug die Washingtoner Empfehlung für das Welturheberrechtsabkommen die Aufnahme des Vervielfältigungs-, Sende- und Aufführungsrechts (einschließlich des Vortragsrechts)[14]) als ausdrücklich garantierte Mindestrechte sowie zugunsten der Entwicklungsländer auf deren besondere Bedürfnisse zugeschnittene Sonderregelungen und die Aussetzung der Zusatzerklärung zu Art. XVII vor. Die vorgeschlagene Revision der Berner Übereinkunft sollte nach der Absicht der Washingtoner Empfehlung zu einer Abtrennung des Protokolls betreffend die Entwicklungsländer von der Stockholmer Fassung der Berner Übereinkunft unter der aufschiebenden Bedingung der Ratifikation der revidierten Fassung des Welturheberrechtsabkommens durch die USA, Großbritannien, Frankreich und Spanien führen. Ferner sollte den dem Berner Verband angehörenden Ent-

[13]) Abgedruckt in Le Droit d'Auteur 1969 S. 228 = Copyright 1969 S. 227 sowie in RIDA Nr. LXIII (1970) S. 242 f.

[14]) Im englischen und französischen Text der Empfehlung ist zwar anders als in Art. 11ter RBU der Begriff „public recitation" bzw. „récitation publique" nicht mit erwähnt, die Teilnehmer an den Washingtoner Beratungen gingen jedoch nicht davon aus, daß das Vortragsrecht von den neu zu gewährenden Rechten ausgenommen werden sollte. Die in der Washingtoner Empfehlung verwendeten Bezeichnungen „public performance" und „représentation ou exécution publiques" sind daher in einem weiten, das Vortragsrecht mit umfassenden Sinn zu verstehen.

wicklungsländern gestattet werden, im Verhältnis zu den anderen Verbandsländern die revidierte Fassung des Welturheberrechtsabkommens anzuwenden. Schließlich war eine Befreiung der Entwicklungsländer von der Verpflichtung zur Zahlung der Mitgliedsbeiträge an den Berner Verband vorgesehen. Über die Sonderregelungen, die im Rahmen des Welturheberrechtsabkommens zugunsten der Entwicklungsländer getroffen werden sollten, enthielt die Washingtoner Empfehlung noch keine näheren Angaben. In der Gemeinsamen Studiengruppe bestand jedoch Einvernehmen darüber, daß die Einschränkungen des Urheberschutzes erst auf Grund einer späteren, ins einzelne gehenden Prüfung der Bedürfnisse der Entwicklungsländer näher geregelt werden könnten und daß Inhalt und Umfang der Erleichterungen vom Mindestschutz genauer als im Stockholmer Protokoll umrissen werden sollten.

III. Die Vorbereitung der Revisionskonferenzen

1. Die Arbeit der vorbereitenden Ausschüsse

Der Regierungsausschuß des Welturheberrechtsabkommens und der Ständige Ausschuß des Berner Verbands beschlossen auf ihren Pariser Tagungen im Dezember 1969[15]) einstimmig, die Revision des Welturheberrechtsabkommens und der Berner Übereinkunft entsprechend der Washingtoner Empfehlung vorzubereiten. Zu diesem Zweck setzten sie vorbereitende Ausschüsse ein, die aus jeweils acht Vertragsstaaten des Welturheberrechtsabkommens bzw. Verbandsländern der Berner Union bestanden. Der Ausschuß für das Welturheberrechtsabkommen tagte vom 11. bis 16. Mai 1970 in Paris, der Ausschuß für die Berner Übereinkunft vom 19. bis 21. Mai 1970 in Genf[16]). Die Bundesrepublik Deutschland gehörte dem Ausschuß für die Berner Übereinkunft als Mitglied an und nahm an den Beratungen des Ausschusses für das Welturheberrechtsabkommen als Beobachter teil.

Beiden Ausschüssen gelang es, auf der Grundlage der Washingtoner Empfehlung erste Entwürfe für revidierte Fassungen des Welt-

---

[15]) Sitzungsberichte in Le Droit d'Auteur 1970 S. 21 ff., 30 ff. = Copyright 1970 S. 21 ff., 30 ff.; die von beiden Ausschüssen verabschiedeten Entschließungen sind auch in RIDA Nr. LXIV (1970) S. 191 f., 194 ff. abgedruckt.

[16]) Offizieller Sitzungsbericht des Ausschusses für das Welturheberrechtsabkommen mit dem vom Ausschuß erstellten Revisionsentwurf (Nr. 48 des Berichts) in Le Droit d'Auteur 1970 S. 165 ff. = Copyright 1970 S. 160 ff.; Revisionsentwurf auch in RIDA Nr. LXV (1970) S. 163 ff.; offizieller Sitzungsbericht des Ausschusses für die Berner Übereinkunft mit Revisionsentwurf in Le Droit d'Auteur 1970 S. 149 ff. = Copyright 1970 S. 144 ff.; Revisionsentwurf auch in RIDA, aaO., S. 157 ff.; über die Arbeiten und Ergebnisse beider Ausschüsse berichtet Ulmer in GRUR Int. 1970 S. 167 ff.

urheberrechtsabkommens und der Berner Übereinkunft zu erstellen. Dabei konnte allerdings in verschiedenen Einzelfragen noch keine volle Einigung erzielt werden. Die Entwürfe enthielten daher in mehreren Punkten Alternativvorschläge.

a) Welturheberrechtsabkommen

Der vom Ausschuß für das Welturheberrechtsabkommen ausgearbeitete Entwurf lehnte sich sehr eng an die Washingtoner Empfehlung an. Er enthielt eine neue Bestimmung (Art. IVbis) über die Gewährleistung der in der Washingtoner Empfehlung genannten Mindestrechte und die zulässigen Ausnahmen von diesen Rechten, in drei neuen Artikeln (V^{bis}, V^{ter} und V^{quater}) Sonderregelungen für den von den Entwicklungsländern zu gewährenden Urheberschutz sowie eine Einschränkung der in der Zusatzerklärung zu Art. XVII WUA enthaltenen Schutzvorschrift für den Berner Verband zugunsten der Entwicklungsländer.

Bei dem neuen Artikel IVbis über die in das Abkommen aufzunehmenden Mindestrechte bereitete nur die Umschreibung der zulässigen Ausnahmen größere Schwierigkeiten. Da in diesem Punkt keine Einigung erzielt werden konnte, wurden in den Entwurf zwei Alternativen aufgenommen. Die erste Alternative, die auf einen französischen Vorschlag zurückging, enthielt eine sehr allgemein gehaltene Umschreibung der zulässigen Ausnahmen, die zweite Alternative, die auf einem deutschen Vorschlag beruhte, ging mehr ins einzelne und zeigte die Grenzen der zugelassenen Ausnahmen deutlich auf.

In den neuen Artikeln V^{bis} bis V^{quater} wurde auf der Grundlage eines amerikanischen Vorschlags zugunsten der Entwicklungsländer unter Einschränkung des ausschließlichen Übersetzungs- und Vervielfältigungsrechts die Möglichkeit der Erteilung von Zwangslizenzen durch die zuständigen Behörden der Entwicklungsländer vorgesehen. Dabei bestand bereits Einvernehmen darüber, daß die Erteilung einer Zwangslizenz erst nach Ablauf bestimmter Fristen seit der ersten Veröffentlichung eines Werkes zulässig sein sollte. Über die Länge dieser Fristen und über den Ausschluß des Exports der auf Grund einer Zwangslizenz hergestellten Werkexemplare konnte jedoch noch keine Einigung erzielt werden.

b) Berner Übereinkunft

Der vorbereitende Ausschuß für die Berner Übereinkunft ging bei seinen Genfer Beratungen zwar ebenfalls von der Washingtoner Empfehlung aus, kam dann aber doch — unter Wahrung der Grund-

gedanken der Washingtoner Empfehlung — in verschiedenen Punkten zu abweichenden Vorschlägen.

Die wichtigste Abweichung von der Washingtoner Empfehlung lag darin, daß der von dem vorbereitenden Ausschuß ausgearbeitete Revisionsentwurf zugunsten der Entwicklungsländer nicht die Anwendung der revidierten Fassung des Welturheberrechtsabkommens, sondern die Aufnahme der gleichen Einschränkungen des Übersetzungs- und Vervielfältigungsrechts, wie sie für das Welturheberrechtsabkommen vorgesehen waren, in einen Zusatzakt zur Berner Übereinkunft vorsah. Diese Lösung hat den Vorteil, daß die dem Berner Verband angehörenden Entwicklungsländer zwar die besonders vorgesehenen Einschränkungen des Übersetzungs- und Vervielfältigungsrechts in Anspruch nehmen können, im übrigen aber an das höhere Schutzniveau der Berner Übereinkunft, die insbesondere das Urheberpersönlichkeitsrecht und eine längere Schutzdauer gewährleistet, gebunden bleiben.

Von der Washingtoner Empfehlung wurde in Genf auch insoweit abgewichen, als der Revisionsentwurf nicht mehr nur die Abtrennung des Protokolls betreffend die Entwicklungsländer von der Stockholmer Fassung der Berner Übereinkunft, sondern die Ersetzung des Protokolls durch den in Aussicht genommenen Zusatzakt vorsah. Auch die in Washington geplante Befreiung der Entwicklungsländer von der Beitragspflicht zum Berner Verband wurde aus grundsätzlichen Erwägungen heraus mit Zustimmung der Entwicklungsländer fallen gelassen.

Die in der Washingtoner Empfehlung vorgeschlagene Verbindung zwischen den neuen Fassungen der Berner Übereinkunft und des Welturheberrechtsabkommens wurde der veränderten Konzeption für die Revision der Berner Übereinkunft angepaßt und dabei noch enger ausgestaltet. Der Ausschuß beschloß, daß das Inkrafttreten der Neufassung der Artikel 1 bis 21 der Berner Übereinkunft und des Zusatzakts nicht nur von der Ratifikation des revidierten Welturheberrechtsabkommens durch die USA, Großbritannien, Frankreich und Spanien, sondern auch von dessen Inkrafttreten abhängig sein sollte.

2. Die Arbeiten des Regierungsausschusses des Welturheberrechtsabkommens und des Ständigen Ausschusses der Berner Union

Die von den vorbereitenden Ausschüssen ausgearbeiteten Revisionsentwürfe wurden vom Regierungsausschuß des Welturheber-

rechtsabkommens auf seiner außerordentlichen Sitzung vom 2. bis 11. September 1970 in Paris[17]) und vom Ständigen Ausschuß des Berner Verbands, der in außerordentlicher Sitzung vom 14. bis 18. September 1970 in Genf tagte[18]), noch einmal gründlich überarbeitet[19]). Dabei gelang es, die noch offenen Streitfragen zu klären und von Alternativvorschlägen freie Texte zu erstellen, die als Grundlage für die Arbeiten der vorgesehenen Diplomatischen Konferenzen dienen konnten. Neben der Klärung der noch offenen Punkte wurden zahlreiche Verbesserungen von Einzelheiten der beiden Revisionsentwürfe beschlossen, deren Darstellung hier zu weit führen würde. Im folgenden sollen daher nur die wesentlichen Ergebnisse beider Tagungen dargelegt werden.

a) Welturheberrechtsabkommen

Der Regierungsausschuß des Welturheberrechtsabkommens verbesserte die Vorschrift des Art. IVbis WUA über die neuen Mindestrechte, indem er diese Rechte ausdrücklich auch auf von der Originalform der geschützten Werke erkennbar abgeleitete Formen erstreckte. Hinsichtlich der zulässigen Ausnahmen von diesem Mindestschutz gelang es dagegen nicht, die von der deutschen Delegation bereits in der Sitzung des vorbereitenden Ausschusses vorgeschlagene genauere Formulierung durchzusetzen, weil insbesondere einige Industriestaaten eine zu starke Bindung hinsichtlich der Ausgestaltung ihres innerstaatlichen Rechts vermeiden wollten. Stattdessen wurde die auf einen französischen Vorschlag zurückgehende allgemeinere Umschreibung der zugelassenen Ausnahmen gewählt.

Bei den Ausnahmen vom Übersetzungs- und Vervielfältigungsrecht zugunsten der Entwicklungsländer wurden im wesentlichen die vom vorbereitenden Ausschuß erarbeiteten Regeln übernommen. In der von diesem Ausschuß noch offen gelassenen Frage der Fristen und der Untersagung des Exports der unter einer Zwangslizenz hergestellten Werkexemplare wurde ein Kompromiß gefunden, der den

[17]) Offizieller Sitzungsbericht mit dem vom Regierungsausschuß überarbeiteten Revisionsentwurf in Le Droit d'Auteur 1970 S. 238 ff. = Copyright 1970 S. 223 ff.; der Revisionsentwurf ist außerdem abgedruckt in GRUR Int. 1970 S. 337 ff. (französisch und englisch) sowie in RIDA Nr. LXVI (1970) S. 119 ff. (französisch).

[18]) Offizieller Sitzungsbericht mit dem vom Ständigen Ausschuß überarbeiteten Revisionsentwurf in Le Droit d'Auteur 1970 S. 223 ff. = Copyright 1970 S. 209 ff.; der Revisionsentwurf ist außerdem abgedruckt in GRUR Int. 1970 S. 344 ff. (französisch und englisch) sowie in RIDA, a.a.O., S. 113 ff. (französisch).

[19]) Über die Ergebnisse beider Sitzungen berichten Ulmer in GRUR Int. 1970 S. 329 ff. und Desbois in RIDA Nr. LXVIII (1971) S. 2; vgl. auch den Vortrag Ulmers über die „Revision der Berner Übereinkunft und des Welturheberrechtsabkommens" (veröffentlicht von der Weltorganisation für geistiges Eigentum in „Current Trends in the Field of Intellectual Property", Genf 1971, S. 241 ff.)

Entwicklungsländern zwar in der Fristenfrage entgegenkam, dafür aber ein striktes Exportverbot vorsah und den Grundsatz, daß Zwangslizenzen nur für bestimmte genau umrissene Zwecke zulässig sein sollten, im Gegensatz zum Entwurf des vorbereitenden Ausschusses auch bei Übersetzungslizenzen ausnahmslos durchführte.

b) Berner Übereinkunft

Der Ständige Ausschuß des Berner Verbands übernahm bei der Überarbeitung der für die Entwicklungsländer vorgesehenen Ausnahmen vom Übersetzungs- und Vervielfältigungsrecht weitgehend die Ergebnisse der Beratungen des Regierungsausschusses des Welturheberrechtsabkommens. Die nur für die Berner Übereinkunft erhobene Forderung einzelner Industriestaaten, diese Vergünstigungen nur denjenigen Entwicklungsländern zu gewähren, die dem Berner Verband bereits angehören oder ihm innerhalb einer bestimmten Frist beitreten, lehnte der Ständige Ausschuß ab. Er entschied sich im Interesse einer möglichst weltweiten Geltung der Berner Übereinkunft und damit ihres im Vergleich zum Welturheberrechtsabkommen höheren Schutzniveaus für den unbeschränkten Zugang der Entwicklungsländer zu den Vergünstigungen des vorgesehenen Zusatzaktes.

Der Ständige Ausschuß bezog auf Wunsch der Entwicklungsländer ferner Artikel 30 Abs. 2 Buchstabe b der Berner Übereinkunft in die Sonderregelungen für Entwicklungsländer ein. Nach dieser Bestimmung können der Berner Übereinkunft neu beigetretene Länder erklären, daß das Übersetzungsrecht nach zehn Jahren erlischt, wenn der Inhaber es nicht innerhalb dieser Frist ausgeübt hat. Der Ständige Ausschuß beschloß in Anknüpfung an das Stockholmer Protokoll, daß diese Möglichkeit allen Entwicklungsländern, sowohl neu beitretenden als auch den bereits dem Berner Verband angehörenden, offen stehen soll und daß die Inanspruchnahme dieser Möglichkeit durch ein Entwicklungsland die übrigen Verbandsländer nicht zu der in Artikel 30 Abs. 2 Buchstabe b zugelassenen Anwendung der materiellen Reziprozität berechtigt. Abweichend vom Stockholmer Protokoll wurde jedoch einerseits festgelegt, daß die Entwicklungsländer nur entweder diese Möglichkeit oder die Befugnis zur Erteilung von Übersetzungslizenzen in Anspruch nehmen, nicht aber beides kumulieren dürfen. Andererseits wurde jedem Entwicklungsland gestattet, nach Erreichen des Stadiums eines entwickelten Landes die in Art. 30 Abs. 2 Buchstabe b vorgesehene Erklärung abzugeben, wobei dann allerdings die übrigen Verbandsländer zur Anwendung der materiellen Reziprozität berechtigt sind.

C. Der Verlauf der Pariser Revisionskonferenzen

I. Organisation und äußerer Ablauf

1. Veranstalter und Teilnehmer

Während zu früheren Revisionen der Berner Übereinkunft jeweils die Regierung eines Verbandslandes eingeladen hatte, waren es diesmal die beteiligten internationalen Organisationen, die zu den Revisionskonferenzen einluden. Die UNESCO lud zur Revision des Welturheberrechtsabkommens, die Weltorganisation für geistiges Eigentum zur Revision der Berner Übereinkunft ein[19a]).

Beide Konferenzen fanden vom 5. bis 24. Juli 1971 im Haus der UNESCO in Paris statt. Zu der Konferenz zur Revision des Welturheberrechtsabkommens hatten 45 Mitgliedstaaten[20]) Vertreter sowie 31 Staaten[21]), 3 zwischenstaatliche[22]) und 16 andere internationale Organisationen[23]) Beobachter entsandt. An der Konferenz zur Revision der Berner Übereinkunft nahmen 48 Verbandsländer[24]) als Vollmit-

---

19a) Die Akten der Konferenz zur Revision der Berner Übereinkunft sind von der Weltorganisation für geistiges Eigentum in französischer und englischer Sprache veröffentlicht worden (Genf 1974).

20) Andorra, Argentinien, Australien, Belgien, Brasilien, Chile, Costa Rica, Dänemark, Bundesrepublik Deutschland, Ecuador, Finnland, Frankreich, Griechenland, Großbritannien, Guatemala, Indien, Irland, Israel, Italien, Japan, Jugoslawien, Kambodscha, Kanada, Kenia, Kuba, Libanon, Liberia, Liechtenstein, Mauritius, Mexiko, Monaco, Nicaragua, Niederlande, Norwegen, Österreich, Pakistan, Portugal, Schweden, Schweiz, Spanien, Tschechoslowakei, Tunesien, Ungarn, Vatikanstaat, Vereinigte Staaten von Amerika.

21) Algerien, Bolivien, Bulgarien, Ceylon, Republik China, Dominikanische Republik, Elfenbeinküste, Gabun, Irak, Iran, Kamerun, Kolumbien, Volksrepublik Kongo, Malaysia, Malta, Marokko, Mauretanien, Niger, Senegal, Sowjetunion, Sudan, Syrien, Tansania, Togo, Tschad, Uruguay, Vereinigte Arabische Republik, Republik Vietnam, Zaire, Zentralafrikanische Republik, Zypern. Der Bericht des Generalberichterstatters über die Konferenz zur Revision des Welturheberrechtsabkommen (in diesem Band deutschsprachig auf S. 272 ff. abgedruckt) spricht unter Nr. 6 zutreffend nur von 30 Beobachterdelegationen.

22) Europarat, Internationale Arbeitsorganisation (ILO/OIT), Weltorganisation für geistiges Eigentum (WIPO/OMPI).

23) Alliance internationale de la distribution par fil (AID), Association internationale de l'hôtellerie (AIH), Association internationale pour la protection de la propriété industrielle (AIPPI), Association littéraire et artistique internationale (ALAI), Bureau international des sociétés gérant les droits d'enregistrement et de reproduction mécanique (BIEM), Confédération internationale des sociétés d'auteurs et compositeurs (CISAC), Fédération internationale des associations de distributeurs de films (FIAD), Fédération internationale des associations de producteurs de films (FIAPF), Fédération internationale de l'industrie phonographique (IFPI), Fédération internationale des musiciens (FIM), Fédération internationale des traducteurs (FIT), Internationale Gesellschaft für Urheberrecht (INTERGU), Syndicat international des auteurs (IWG), Union européenne de radiodiffusion (UER/EBU), Union internationale des éditeurs (UIE/IPA), Union des radiodiffusions et télévisions nationales d'Afrique (URTNA).

24) Argentinien, Australien, Belgien, Brasilien, Ceylon, Chile, Dänemark, Bundesrepublik Deutschland, Elfenbeinküste, Finnland, Frankreich, Gabun, Griechenland, Großbritannien, Indien, Irland, Israel, Italien, Japan, Jugoslawien, Kamerun, Kanada, Volksrepublik Kongo, Libanon, Liechtenstein, Luxemburg, Marokko, Mexiko, Monaco, Niederlande, Niger, Norwegen, Österreich, Pakistan, Portugal, Schweden, Schweiz, Senegal, Spanien, Südafrika, Tschechoslowakei, Tunesien, Türkei, Ungarn, Uruguay, Vatikanstaat, Zaire, Zypern.

glieder sowie 27 weitere Staaten[25]), 4 zwischenstaatliche[26]) und 19 andere internationale Organisationen[27]) als Beobachter teil. Die deutsche Delegation auf beiden Konferenzen stand zunächst unter der Leitung von Botschafter *Groepper* und ab 16. Juli unter der Leitung von Botschafter Dr. *von Keller*. Ihr gehörten ferner Professor Dr. Eugen *Ulmer*, Ministerialrätin *Steup*, die Legationsräte Erster Klasse Dr. *Günther* und *von Puttkammer* sowie Staatsanwalt Dr. *Bungeroth* an.

2. Präsidium und Ausschüsse

Am 5. Juli 1971 wurde die Konferenz zur Revision des Welturheberrechtsabkommens vom Generaldirektor der UNESCO, *Maheu*, und die Konferenz zur Revision der Berner Übereinkunft von Professor *Bodenhausen*, dem Generaldirektor der Weltorganisation für geistiges Eigentum, eröffnet. Beide Konferenzen wählten den Leiter der französischen Delegation, Botschafter *Charpentier*, zu ihrem Präsidenten und setzten für die Ausarbeitung der neuen Konventionstexte je einen Hauptausschuß ein, an dessen Beratungen alle auf den Konferenzen vertretenen Delegationen teilnahmen. Zum Vorsitzenden des Hauptausschusses für die Berner Übereinkunft wurde Professor *Ulmer*, zum Vorsitzenden des Hauptausschusses für das Welturheberrechtsabkommen wurde der Leiter der tunesischen Delegation, Rafik *Said*, gewählt. Das Amt des Generalberichterstatters wurde für die Konferenz zur Revision des Welturheberrechtsabkommens dem Register of Copyrights der USA, Abraham *Kaminstein*, und für die Konferenz zur Revision der Berner Übereinkunft dem Leiter der senegalesischen

---

25) Algerien, Bolivien, Republik China, Costa Rica, Dominikanische Republik, Ecuador, Guatemala, Irak, Iran, Kambodscha, Kenia, Laos, Liberia, Malawi, Malaysia, Mauretanien, Nicaragua, Ruanda, Sudan, Syrien, Tansania, Togo, Tschad, Vereinigte Arabische Republik, Vereinigte Staaten von Amerika, Republik Vietnam, Zentralafrikanische Republik.

26) Afrikanisch-Madagassisches Amt für gewerbliches Eigentum (OAMPI), Europarat, Internationale Arbeitsorganisation (ILO/OIT), Organisation der Vereinten Nationen für Erziehung, Wissenschaft und Kultur (UNESCO).

27) Alliance internationale de la distribution par fil (AID), Association internationale de l'hôtellerie (AIH), Association internationale pour la protection de la propriété industrielle (AIPPI), Association littéraire et artistique internationale (ALAI), Bureau international des sociétés gérant les droits d'enregistrement et de reproduction mécanique (BIEM), Confédération internationale des sociétés d'auteurs et compositeurs (CISAC), Fédération internationale des associations de distributeurs de films (FIAD), Fédération internationale des associations de producteurs de films (FIAPF), Fédération internationale des éditeurs de journaux et publications (FIEJ), Fédération internationale de l'industrie phonographique (IFPI), Fédération internationale des musiciens (FIM), Fédération internationale des traducteurs (FIT), Internationale Gesellschaft für Urheberrecht (INTERGU), International Law Assocation (ILA), Syndicat international des auteurs (IWG), Union européenne de radiodiffusion (UER/EBU), Union internationale des éditeurs (UIE/IPA), Union internationale de l'exploitation cinématographique (UIEC), Union des radiodiffusions et télévisions nationales d'Afrique (URTNA).

Delegation, Ousmane *Goundiam, übertragen.* Die von ihnen erstatteten Konferenzberichte sind im vorliegenden Band[28]) abgedruckt.

Beide Hauptausschüsse tagten getrennt und unter Vermeidung zeitlicher Überschneidungen, bildeten aber für die Lösung einer besonders schwierigen Streitfrage eine gemeinsame Arbeitsgruppe. Zunächst begann der Hauptausschuß für das Welturheberrechtsabkommen und danach der Hauptausschuß für die Berner Übereinkunft mit den Beratungen. Das hatte zur Folge, daß der größte Teil der die Sondererleichterungen für Entwicklungsländer betreffenden Streitfragen zunächst im Hauptausschuß für das Welturheberrechtsabkommen erörtert wurde, so daß der Hauptausschuß für die Berner Übereinkunft in verschiedenen Punkten an bereits gefundene Lösungen anknüpfen konnte. Aus diesem Grunde behandelt der Konferenzbericht für das Welturheberrechtsabkommen ausführlich alle Einzelfragen, während der Bericht für die Berner Übereinkunft sich auf wenige wichtige Punkte beschränkt[29]). Daher ist der Bericht für das Welturheberrechtsabkommen, soweit er die in beiden Übereinkünften gleichlautenden Bestimmungen betrifft, auch für die Auslegung der Berner Übereinkunft ergänzend mit heranzuziehen.

Die Revisionskonferenzen setzten außerdem je einen Redaktionsausschuß[30]) ein, denen es oblag, die in den Hauptausschüssen jeweils gefundenen Lösungen in die Texte der Revisionsentwürfe einzuarbeiten. Auch die Redaktionsausschüsse tagten getrennt. Die Verbindung zwischen beiden Redaktionsausschüssen, die im Interesse einer einheitlichen Terminologie bei den inhaltlich gleichen Sonderbestimmungen beider Konventionen zugunsten der Entwicklungsländer erforderlich war, wurde dadurch hergestellt, daß jedem Redaktionsausschuß die in ihm nicht als Vollmitglieder vertretenen Mitglieder des jeweils anderen Redaktionsausschusses als Beobachter angehörten, und daß beide Redaktionsausschüsse den britischen Delegierten, William *Wallace,* zu ihrem Vorsitzenden wählten.

---

[28]) Siehe oben S. 157 ff. und S. 303 ff.

[29]) Darauf weist der Bericht für die Berner Übereinkunft unter Nr. 24 ausdrücklich hin.

[30]) Dem Redaktionsausschuß für das Welturheberrechtsabkommen gehörten außer dem Vorsitzenden des Hauptausschusses, Rafik Said, und dem Generalberichterstatter, Abraham Kaminstein, die Delegationen Argentiniens, Frankreichs, Großbritanniens, Indiens, Japans, Kanadas, Kenias, der Niederlande und Spaniens an; der Redaktionsausschuß für die Berner Übereinkunft umfaßte neben Professor Ulmer als Vorsitzenden des Hauptausschusses und Ousmane Goundiam als Generalberichterstatter die Vertreter Argentiniens, Frankreichs, Großbritanniens, Indiens, Japans, Kanadas, der Niederlande, Schwedens und Tunesiens.

3. Annahme und Zeichnung der revidierten Fassungen

Die von den Hauptausschüssen erarbeiteten Revisionsentwürfe wurden in den Plenarsitzungen der Revisionskonferenzen am 22. und 23. Juli 1971 angenommen. Am 24. Juli 1971 wurde in einer gemeinsamen Schlußsitzung beider Konferenzen das Revidierte Welturheberrechtsabkommen von 26 Staaten[31]) und die Pariser Fassung der Berner Übereinkunft von 28 Staaten[32]) unterzeichnet.

II. Gang der Beratungen

1. Allgemeines

Die Revisionskonferenzen konnten sich bei ihren Beratungen auf die gründliche Vorarbeit stützen, die der Regierungsausschuß des Welturheberrechtsabkommens und der Ständige Ausschuß der Berner Union sowie die von beiden Gremien eingesetzten vorbereitenden Ausschüsse geleistet hatten. Bei den Pariser Beratungen ging es daher im wesentlichen darum, den während der vorbereitenden Arbeiten erreichten Kompromiß zwischen den Schutzinteressen der Urheber und den besonderen Bedürfnissen der Entwicklungsländer in der Substanz zu erhalten, was allerdings Verbesserungen in den Einzelheiten nicht ausschloß. Dieser Kompromiß geriet im Laufe der Beratungen durch verschiedene neue Vorschläge sowohl von seiten der Entwicklungsländer als auch aus dem Kreis der entwickelten Länder mehrmals in Gefahr. In solchen Krisensituationen verlagerten die Verhandlungen sich oft von den Hauptausschüssen auf ad hoc gebildete kleinere Arbeitsgruppen[33]). Daneben traten häufig die Entwicklungsländer zur gesonderten Beratung der zwischen ihnen und den Industriestaaten besonders umstrittenen Punkte zusammen[34]).

---

[31]) Brasilien, Costa Rica, Dänemark, Bundesrepublik Deutschland, Frankreich, Großbritannien, Guatemala, Indien, Israel, Italien, Jugoslawien, Kenia, Libanon, Liberia, Liechtenstein, Mauritius, Mexiko, Monaco, Niederlande, Schweden, Schweiz, Spanien, Tunesien, Ungarn, Vatikanstaat, Vereinigte Staaten von Amerika. Bis zum Ablauf der Zeichnungsfrist von 120 Tagen nach dem 24. Juli 1971 wurde das Revidierte Welturheberrechtsabkommen ferner von Belgien, Finnland, Japan und Norwegen unterzeichnet. Die gleichen Staaten mit Ausnahme von Ungarn und Mauritius, die nur das Zusatzprotokoll 2 unterzeichneten, haben auch beide Zusatzprotokolle unterzeichnet.

[32]) Brasilien, Ceylon, Dänemark, Bundesrepublik Deutschland, Elfenbeinküste, Frankreich, Großbritannien, Indien, Israel, Italien, Jugoslawien, Kamerun, Volksrepublik Kongo, Libanon, Liechtenstein, Luxemburg, Marokko, Mexiko, Monaco, Niederlande, Schweden, Schweiz, Senegal, Spanien, Tunesien, Ungarn, Vatikanstaat, Zypern; bis zum Ablauf der Zeichnungsfrist am 31. Januar 1972 haben ferner Belgien, Finnland, Japan, Norwegen, Österreich, Rumänien und Uruguay die Pariser Fassung der Berner Übereinkunft unterzeichnet; vgl. Le Droit d'Auteur 1972 S. 35 = Copyright 1972 S. 36.

[33]) Vgl. dazu im einzelnen WUA-Konferenzbericht, Nrn. 31, 32.

[34]) Vgl. RBU-Konferenzbericht, Nr. 21, Satz 2 und 3.

Da bei allen Konferenzteilnehmern der Wille, zu einem angemessenen Interessenausgleich und zu einem erfolgreichen Abschluß zu gelangen, und der bereits auf der Washingtoner Tagung der Gemeinsamen Studiengruppe sowie während der weiteren Vorbereitungsarbeiten bewährte Geist des gegenseitigen Verständnisses vorhanden waren, gelang es trotz zeitweiliger Verhandlungskrisen stets, die bereits vorliegenden Kompromißlösungen zu halten oder neue, für alle Beteiligten annehmbare Kompromisse zu finden.

2. Fristen für die Erteilung von Zwangslizenzen

Besondere Schwierigkeiten bereitete ein indischer Antrag, mit dem eine wesentliche Verkürzung der vor der Erteilung von Zwangslizenzen einzuhaltenden Wartefristen angestrebt wurde. Dieser Antrag stieß bei zahlreichen Industriestaaten, insbesondere Großbritannien, den USA und Frankreich, auf heftigen Widerstand und drohte den gesamten Konferenzerfolg zu gefährden[35]). Nach intensiven Bemühungen verschiedener Delegationen gelang es, die indische Delegation zur Zurückziehung ihres Antrages zu bewegen. Danach sah es zunächst so aus, als ob die indische Delegation die revidierten Fassungen beider Übereinkünfte nicht zeichnen würde. Die indische Regierung entschloß sich dann zwar doch zur Zeichnung, ließ aber durch ihre Delegation in der Schlußsitzung beider Konferenzen erklären, daß sie die Neufassungen daraufhin überprüfen werde, ob sie den Bedürfnissen der Entwicklungsländer im allgemeinen und insbesondere Indiens ausreichend gerecht würden, und daß sie sich den Austritt aus beiden Konventionen vorbehalte, sofern dies nicht der Fall sei.

3. Weitere Hauptstreitpunkte

Gefahren für die Substanz des bereits auf den vorbereitenden Konferenzen erarbeiteten Kompromisses gingen auch von Vorschlägen anderer Staaten — Industriestaaten wie Entwicklungsländer — aus. Einerseits legten Großbritannien und Argentinien Vorschläge vor, die auf erhebliche Einschränkungen der den Entwicklungsländern zugestandenen Erleichterungen, insbesondere beim Übersetzungsrecht, abzielten. Großbritannien erhob die Forderung, daß ein der Berner Übereinkunft angehörendes Entwicklungsland, das das Stadium eines entwickelten Landes erreicht, den Zehnjahresvorbehalt des Art. 30 Abs. 2 Buchstabe b RBÜ erst drei Jahre nach dem Erlöschen der Befugnis zur Inanspruchnahme der Sondervergünstigungen für Entwicklungs-

[35]) Vgl. WUA-Konferenzbericht, Nr. 62.

länder in Anspruch nehmen und ihn auch dann auf solche Werke nicht anwenden dürfe, von denen vorher unter einer Zwangslizenz eine Übersetzung erschienen sei. Argentinien verlangte unter anderem, daß Zwangslizenzen nur zugunsten staatlicher oder staatlich anerkannter Forschungs- oder Unterrichtseinrichtungen zulässig sein sollten[36]) und im Falle der Erteilung einer Übersetzungslizenz nicht nur die Herausgabe, sondern auch der Druck der Übersetzung ausschließlich im Erteilungsstaat erfolgen müsse[37]). Diese Vorschläge stießen bei der Mehrzahl der Entwicklungsländer auf strikte Ablehnung. Andererseits versuchten mehrere französischsprachige afrikanische Länder, das Exportverbot, das für die unter einer Zwangslizenz hergestellten Werkstücke vorgesehen war, durch eine Bestimmung aufzubrechen, wonach es erlaubt sein sollte, daß mehrere Entwicklungsländer gleicher Sprache sich zusammentun und eine gemeinsame Zwangslizenz mit der Wirkung erteilen, daß die freie Zirkulation der unter der Lizenz hergestellten Exemplare zwischen den beteiligten Ländern zulässig ist[38]). Hier erhob sich unter den Industriestaaten scharfer Widerspruch, weil das Exportverbot von ihnen während der vorbereitenden Arbeiten für die Pariser Konferenzen ausdrücklich zur conditio sine qua non für die den Entwicklungsländern zugestandenen Erleichterungen erklärt worden war.

Obwohl eine Einigung über diese heiß umstrittenen Vorschläge zeitweise unmöglich schien und das umfassende Kompromißpaket der Vorentwürfe, das sogenannte „Package Deal", auseinanderzubrechen drohte, kam schließlich doch über alle umstrittenen Punkte eine Einigung zustande. Dabei wurde die Frage einer Auflockerung des Exportverbots zugunsten von Entwicklungsländern, die aus technischen oder wirtschaftlichen Gründen die Exemplare einer Zwangslizenzausgabe nicht selbst herstellen können, auf einen deutschen Vermittlungsvorschlag hin dadurch gelöst, daß in beide offiziellen Konferenzberichte eine Erklärung aufgenommen wurde, wonach Lizenznehmer in solchen Ländern die benötigten Werkstücke unter bestimmten Bedingungen auch im Ausland herstellen lassen können[39]). Hinsichtlich der Inanspruchnahme des Zehnjahresvorbehalts der Berner Übereinkunft durch ehemalige Entwicklungsländer begnügte Großbritannien sich mit der Einfügung einer Bestimmung in den Konventionstext, wonach ein solches Land spätestens zwei Jahre vor Erlöschen seiner Be-

---

36) Vgl. WUA-Konferenzbericht, Nr. 73, Satz 4.

37) Vgl. WUA-Konferenzbericht, Nr. 74.

38) Vgl. WUA-Konferenzbericht, Nr. 32.

39) Vgl. WUA-Konferenzbericht, Nrn. 115, 116; RBU-Konferenzbericht, Nrn. 40—42.

fugnis zur Inanspruchnahme der Sondervergünstigungen für Entwicklungsländer erklären muß, daß es den Zehnjahresvorbehalt in Anspruch nehmen werde[40]). Ein anderer umstrittener Punkt, der argentinische Vorschlag, Übersetzungslizenzen nur zugunsten staatlicher oder staatlich zugelassener Unterrichts- oder Forschungseinrichtungen zuzulassen, erledigte sich durch Rücknahme des Antrags.

4. Andere Fragen

Neben den erwähnten Streitpunkten, die im Brennpunkt der Diskussionen standen, hatten die Pariser Revisionskonferenzen sich noch mit zahlreichen anderen, weniger hart umkämpften Fragen zu befassen. Es würde zu weit führen, die Beratungen hier in allen Einzelheiten nachzuzeichnen. Im folgenden werden daher nur einige Punkte von allgemeiner Bedeutung erwähnt.

a) Droit moral

Im Hauptausschuß für die Revision des Welturheberrechtsabkommens stellte Argentinien den Antrag, in den Katalog der grundlegenden Rechte der Urheber auch das droit moral aufzunehmen[41]). So bestechend der Gedanke auch sein mag, im Welturheberrechtsabkommen einen gewissen Mindestschutz der persönlichkeitsrechtlichen Befugnisse des Urhebers zu verankern, so hatte dieser Vorschlag doch angesichts der ablehnenden Haltung insbesondere der USA von vornherein keine Aussicht auf Erfolg. Ein Versuch, das droit moral gegen den Widerstand der USA in das Welturheberrechtsabkommen einzuführen, konnte schon deshalb nicht in Betracht kommen, weil dadurch die Ratifikation des Revidierten Welturheberrechtsabkommens durch die USA und damit zugleich auch das Inkrafttreten der Pariser Fassung der Berner Übereinkunft gefährdet worden wäre.

b) Form der Revision der Berner Übereinkunft und Bezeichnung der neuen Fassung

Die Revision der Berner Übereinkunft hatte nicht die Stockholmer Fassung im ganzen, sondern nur das Protokoll betreffend die Entwicklungsländer und die damit zusammenhängenden Bestimmungen zum Gegenstand. Daraus ergab sich die Frage, ob in Paris lediglich ein Zusatzakt zur Stockholmer Fassung oder ein geschlossener neuer Text der Übereinkunft erstellt werden sollte. Die Weltorganisation für geistiges Eigentum hatte Entwürfe für beide Alternativen vorge-

---

[40]) Art. V Abs. 3 Satz 1 Anh. RBÜ.

[41]) Vgl. WUA-Konferenzbericht, Nr. 42.

legt[42]). Die Konferenz wählte den geschlossenen neuen Text, eine Lösung, die den Vorteil der besseren Übersichtlichkeit für sich hat.

Angesichts der unveränderten Übernahme des größten Teils der Stockholmer Fassung in den Pariser Text schlug die britische Delegation vor, die neue Fassung als „Stockholm/Paris Act" zu bezeichnen. Dieser Vorschlag, dem die Absicht zugrunde lag, die Bedeutung der in Stockholm geleisteten umfassenden Arbeiten zur Verbesserung des internationalen Urheberrechtsschutzes zu unterstreichen, fand zwar keine Mehrheit. Dem berechtigten Anliegen der britischen Delegation wurde aber in der Präambel der Pariser Fassung durch die ausdrückliche Anerkennung der Bedeutung der Stockholmer Arbeitsergebnisse und die Erwähnung der unveränderten Übernahme der Artikel 1 bis 20 und 22 bis 26 der Stockholmer Fassung Rechnung getragen[43]).

c) Verwaltung des Welturheberrechtsabkommens

Ein italienischer Vorschlag im Hauptausschuß für die Revision des Welturheberrechtsabkommens hatte eine Beteiligung der Weltorganisation für geistiges Eigentum an der Verwaltung des Welturheberrechtsabkommens zum Ziel[44]). Dieser Vorschlag sollte neben der tatsächlich schon praktizierten Zusammenarbeit der für die Verwaltung der beiden weltweiten Urheberrechtskonventionen verantwortlichen Organisationen auch eine institutionelle Verbindung schaffen und so im Interesse des internationalen Urheberschutzes einen Dualismus in der Verwaltung der beiden Übereinkünfte verhindern. Der Vertreter der UNESCO trat dem italienischen Vorschlag jedoch entschieden entgegen und konnte dabei darauf verweisen, daß die Zusammenarbeit zwischen der UNESCO und der Weltorganisation für geistiges Eigentum bei der Vorbereitung und Durchführung der Pariser Revisionskonferenzen auch ohne institutionelle Bindungen gut funktioniert hatte[45]). Diese Stellungnahme wurde von zahlreichen Delegationen[46]) energisch unterstützt. Um die Belastung der ohnehin schwierigen Beratungen mit einer weiteren Streitfrage zu vermeiden, beschränkten sich diejenigen Delegationen, die dem italienischen Vorschlag oder jedenfalls seinem Ziel wohlwollend gegenüberstanden, auf allgemein gehaltene Sympathieerklärungen[47]). Italien zog seinen Vorschlag dar-

---

[42]) Vgl. RBÜ-Konferenzbericht, Nr. 18.

[43]) Vgl. dazu auch RBÜ-Konferenzbericht, Nrn. 19, 20.

[44]) Vgl. WUA-Konferenzbericht, Nr. 134.

[45]) Vgl. WUA-Konferenzbericht, Nr. 135.

[46]) Hier traten die Delegationen folgender Staaten besonders hervor: Australien, Belgien, Brasilien, Frankreich, Kanada, Monaco.

[47]) In diesem Sinne äußerten sich die Delegationen der Bundesrepublik Deutschland, Großbritanniens, Israels, Japans, der Niederlande und Spaniens.

aufhin zurück und begnügte sich mit der Erwähnung des Vorschlags im offiziellen Konferenzbericht[48]).

D. Schlußbemerkung

I. Würdigung des Pariser Ergebnisses

1. Allgemeines

Mit der Verabschiedung des Revidierten Welturheberrechtsabkommens und der Pariser Fassung der Berner Übereinkunft wurde ein wesentlicher Schritt zur Überwindung der Krise getan, in die das internationale Urheberrecht durch das Scheitern des Stockholmer Protokolls betreffend die Entwicklungsländer geraten war. Das in Paris ausgehandelte System von Vergünstigungen für die Entwicklungsländer stellt insgesamt einen ausgewogenen Kompromiß dar, der die berechtigten Anliegen der Entwicklungsländer wahrt, ohne den Urhebern und Verlegern unzumutbare Opfer abzuverlangen.

2. Erhaltung der Weltgeltung der Übereinkünfte

Der gegenüber dem Stockholmer Protokoll häufig geäußerte grundsätzliche Einwand, daß es verfehlt sei, Entwicklungshilfe auf kulturellem Gebiet zu Lasten der Autoren und Verleger statt mit Hilfe öffentlicher Mittel zu leisten, wird gelegentlich auch gegenüber dem Pariser Ergebnis erhoben[49]). Dieser Einwand geht jedoch bereits im Ansatzpunkt fehl. Niemand könnte die Entwicklungsländer hindern, aus den internationalen Urheberrechtsübereinkünften auszutreten und alle ausländischen Werke frei zu nutzen. Die Mitgliedschaft der meisten Entwicklungsländer in den Urheberrechtsübereinkünften bringt diesen Ländern ungleich weniger Vorteile als den entwickelten Ländern, weil die Entwicklungsländer im Bereich urheberrechtlich geschützter Werke einen erheblichen Einfuhrüberschuß aufweisen[50]) und weil es ihnen wegen ihrer wirtschaftlichen Lage Schwierigkeiten bereitet, die weitgehend auf entwickelte Länder zugeschnittenen Verpflichtungen der internationalen Urheberrechtsübereinkünfte zu übernehmen. Durch die ungleichen Vertragspflichten für entwickelte Län-

---

[48] Siehe Nr. 135, Satz 7 des WUA-Konferenzberichts; zur Geschichte der Beziehungen zwischen den Vereinigten Internationalen Büros zum Schutz des geistigen Eigentums (BIRPI) und der Weltorganisation für geistiges Eigentum (WIPO/OMPI) auf der einen und der UNESCO auf der anderen Seite sowie zur Zielsetzung des italienischen Vorschlags vgl. de Sanctis, Le Droit d'Auteur 1972 S. 256, 257 = Copyright 1972 S. 256, 257.

[49]) So Fernay in RIDA Nr. LXX (1971) S. 43 und Mentha in UFITA Bd. 61 (1971) S. 1 ff.

[50]) Darauf weist Pedrazzini in UFITA Bd. 63 (1972), S. 32, sowie in Festschrift für Roeber (Schriftenreihe der UFITA, Heft 46), S. 454, mit Recht hin.

der und Entwicklungsländer wird dieser ungleichen Ausgangslage Rechnung getragen und ein Verbleiben der Entwicklungsländer in den Urheberrechtskonventionen ermöglicht[50a]). Da die Urheber und Verleger durch einen Austritt der Entwicklungsländer aus den Urheberrechtsübereinkünften jeden Schutz in diesen Ländern verlören, erscheint es nicht unbillig, ihnen zur Vermeidung dieser sie selbst treffenden Nachteile eine maßvolle Beschränkung ihrer Rechtsstellung in den Entwicklungsländern zuzumuten[51]).

3. Praktische Durchführbarkeit der neuen Regelungen

Die erheblichen Schwierigkeiten, denen sich die Konferenz bei ihrer Aufgabe gegenüber sah, in allen Einzelfragen zwischen den schutzwürdigen Belangen der Urheber und den berechtigten Interessen der Entwicklungsländer einen angemessenen Ausgleich zu finden, haben sich in Umfang und Kompliziertheit der Pariser Regelungen niedergeschlagen. Das Verständnis und die korrekte Anwendung dieser Regelungen wird dadurch zweifellos erschwert. Gleichwohl ist ein Vorschlag Indiens auf der Konferenz zur Revision des Welturheberrechtsabkommens, eine Bestimmung in das Abkommen aufzunehmen, wonach keine unter den Sondervorschriften für Entwicklungsländer guten Glaubens getroffene Maßnahme allein wegen Nichtbeachtung des vorgeschriebenen Verfahrens nichtig sein sollte, mit Recht nicht angenommen worden, weil seine Annahme einer weitgehenden Außerkraftsetzung der mühsam ausgehandelten Rechtsgarantien gleich gekommen wäre[52]). In der Praxis wird sich die Anwendung der

---

[50a]) Bei seiner Kritik an dieser „Rechtsvereinheitlichung" verkennt Majoros (Zeitschrift für Rechtspolitik 1973 S. 66 ff.), daß die internationalen Urheberrechtsübereinkünfte nicht in erster Linie auf Rechtsvereinheitlichung, sondern auf die Herbeiführung eines möglichst weltweiten angemessenen Urheberschutzes gerichtet sind. Diesem Ziel dient die beiden Übereinkünften zugrunde liegende Kombination von Inländerbehandlung und Mindestschutz, die schon ihrer Natur nach nicht verhindern kann, daß der tatsächlich gewährte Urheberschutz in verschiedenen Ländern unterschiedlich hoch ist. Aber auch die Anforderungen an den Mindestschutz wurden im Interesse einer möglichst weiten Ausdehnung des internationalen Urheberschutzes schon früher, soweit erforderlich, elastisch gestaltet (vgl. z. B. Art. 30 Abs. 2 RBÜ sowie die Bestimmungen über die Schutzdauer in Art. 7 Abs. 7 RBÜ und in Art. IV Abs. 2 WUA). Ein Verstoß gegen völkerrechtliche Grundsätze kann — auch wenn die materielle Gegenseitigkeit ausgeschlossen wird — in einer solchen elastischen Vertragsgestaltung entgegen der Ansicht von Majoros nicht gesehen werden; der von ihm genannte Art. 21 der noch nicht in Kraft getretenen Wiener Konvention über das Recht der Verträge vom 23. Mai 1969 (abgedruckt in Zeitschrift für ausländisches öffentliches Recht und Völkerrecht, Bd. 29, 1969, S. 711 ff.) enthält nur dispositives Recht (zur dispositiven Rechtsnatur der Regeln der Vertragskonvention vgl. Schmitt, in GRUR Int. 1970 S. 362).

[51]) Ähnlich Peter, Börsenblatt für den Deutschen Buchhandel — Frankfurter Ausgabe — 1972 S. 322.

[52]) Vgl. WUA-Konferenzbericht, Nr. 101.

Sonderbestimmungen zugunsten der Entwicklungsländer sicherlich trotz einer gewissen Unübersichtlichkeit dieser Bestimmungen einspielen. Die beteiligten zwischenstaatlichen Organisationen — die Weltorganisation für geistiges Eigentum und die UNESCO — leisten den Entwicklungsländern dabei durch die Ausarbeitung eines Mustergesetzes Hilfe[53]). Im übrigen erscheint die Hoffnung berechtigt, daß die Erteilung von Zwangslizenzen sich in den meisten Fällen nicht als notwendig erweisen wird, daß vielmehr in der Regel bereits die Möglichkeit der Erteilung einer Zwangslizenz und die vor der Zwangslizenzerteilung obligatorische Kontaktaufnahme mit dem Rechtsinhaber dazu führen werden, daß vertragliche Lizenzen zu angemessenen Bedingungen zustande kommen[54]).

II. Zukunftsaussichten

Mit der Verabschiedung der in Paris revidierten Konventionstexte durch die Revisionskonferenzen und der Unterzeichnung dieser Texte durch die Mehrzahl der an den Konferenzen teilnehmenden Länder ist ein entscheidender Schritt auf dem Wege zur Überwindung der Krise des internationalen Urheberrechts gelungen. Die Gefahr, die von dem Scheitern des Stockholmer Protokolls ausging, kann zwar erst dann als endgültig gebannt angesehen werden, wenn die neuen Fassungen der beiden Urheberrechtsübereinkünfte für eine große Zahl von Entwicklungsländern und Industriestaaten verbindlich werden. Die bisherige Entwicklung berechtigt jedoch zu einer positiven Beurteilung der Aussichten für eine weltweite Anerkennung der in Paris ausgehandelten Konventionstexte.

---

53) Die ursprüngliche Absicht, unterschiedliche Mustergesetze für Länder mit englischer und französischer Rechtstradition zu erarbeiten, wurde zugunsten des Projekts eines einheitlichen Mustergesetzes für alle Entwicklungsländer aufgegeben. Zum bisherigen Verlauf der Arbeiten vgl. den Bericht über die Tagung eines Sachverständigenausschusses afrikanischer Entwicklungsländer im Oktober 1973 in Abidjan (Le Droit d'Auteur 1973 S. 238 f. = Copyright 1973 S. 230 f.) sowie Nr. 62—77 des Berichts über die gemeinsamen Sitzungen des Exekutivausschusses des Berner Verbands und des Regierungsausschusses des Welturheberrechtsabkommens im Dezember 1973 in Paris (Le Droit d'Auteur 1974 S. 42 f. = Copyright 1974 S. 37 f.).

54) So auch Ulmer in GRUR Int. 1971 S. 429, 435, in Bulletin of the Copyright Society of the USA, Vol. 19, No. 4, S. 264, und in dem in Fußn. 19 erwähnten Vortrag, a.a.O., S. 254; ebenso Peter, a.a.O., S. 321, Pedrazzini in UFITA Bd. 63 (1972) S. 43 und Festschrift für Roeber, 1973, S. 465, sowie de Sanctis, Le Droit d'Auteur 1972 S. 259, 260 = Copyright 1972 S. 260. Diesen Gesichtspunkt hat Hirsch in UFITA Bd. 63 (1972) und Festschrift für Roeber, S. 184 ff., bei seiner Kritik an den Pariser Ergebnissen nicht berücksichtigt. Soweit Hirsch bemängelt, daß die Kompliziertheit der getroffenen Regelungen die Gesetzgeber der Entwicklungsländer vor zu große Schwierigkeiten stelle, muß ihm entgegen gehalten werden, daß das von der Weltorganisation für geistiges Eigentum und der UNESCO vorbereitete Mustergesetz gerade dazu bestimmt ist, diese Schwierigkeiten überwinden zu helfen.

Das revidierte Welturheberrechtsabkommen trat bereits am 10. Juli 1974 für die ersten 12 Vertragsstaaten, darunter die Bundesrepublik Deutschland, in Kraft[55]) und ist inzwischen für 2 weitere Staaten[56]) in Kraft getreten. Die Pariser Fassung der Berner Übereinkunft trat am 10. Oktober 1974 für die ersten 7 Mitgliedstaaten, darunter ebenfalls die Bundesrepublik Deutschland, in vollem Umfang in Kraft[57]) und ist inzwischen für weitere 11 Staaten[58]) ebenfalls in vollem Umfang und für 4 Staaten[59]) hinsichtlich der Verwaltungsvorschriften und Schlußbestimmungen der Artikel 22 bis 38 in Kraft getreten. 3 Staaten[60]) haben die Erklärung nach Art. VI Abs. 1 Nr. ii des Anhangs zur Pariser Fassung der Berner Übereinkunft über die vorzeitige Anwendung der Sonderbestimmungen zugunsten der Entwicklungsländer abgegeben. Insgesamt sind damit bereits 28 Staaten, darunter 12 Entwicklungsländer, durch beide Pariser Konventionstexte oder durch einen dieser Texte gebunden.

Sofern keine unvorhergesehenen Ereignisse eintreten, kann mit einem Anhalten der bisherigen günstigen Entwicklung gerechnet werden. Hier dürfte sich auch weiterhin das vom Geist der Zusammenarbeit und der Kompromißbereitschaft geprägte Pariser Verhandlungsklima vorteilhaft auswirken. Hinzu kommt, daß die Verbände der Urheber und Verleger, die das Stockholmer Protokoll einhellig abgelehnt und dadurch in fast allen Industriestaaten seine Ratifizierung verhindert hatten, gegenüber den Pariser Texten eine sehr viel differenziertere, insgesamt positive Haltung einnehmen und die bedeutenden Verbesserungen, die die Pariser Fassungen im Vergleich

---

55) Zu den ersten 12 Mitgliedern des revidierten Welturheberrechtsabkommens zählen außer der Bundesrepublik Deutschland Algerien, Frankreich, Großbritannien, Jugoslawien, Kamerun, Kenia, Schweden, Senegal, Spanien, Ungarn und die Vereinigten Staaten; vgl. Bundesgesetzbl. 1974 II S. 1309.

56) Norwegen (Bundesgesetzbl. 1975 II S. 28) und Monaco.

57) Zu diesen Staaten zählen außer der Bundesrepublik Deutschland die Elfenbeinküste, Frankreich, Kamerun, Schweden, Spanien und Ungarn; vgl. Bundesgesetzbl. 1974 II S. 1079. Die Verwaltungs- und Schlußbestimmungen der Artikel 22 bis 38 der Pariser Fassung waren für die genannten 7 Staaten schon vorher in Kraft getreten (Bundesgesetzbl. 1974 II S. 165, 311).

58) Monaco (Bundesgesetzbl. 1974 II S. 1294), Bulgarien und Mexiko (Bundesgesetzbl. 1974 II S. 1395), Zaire (Bundesgesetzbl. 1975 II S. 244) sowie Dahome, Brasilien, Luxemburg, Vatikanstadt, Japan, Togo und Niger.

59) Norwegen (Bundesgesetzbl. 1974 II S. 735), Indien und die Niederlande (Bundesgesetzbl. 1975 II S. 244) sowie Südafrika.

60) Bundesrepublik Deutschland und Großbritannien (Bundesgesetzbl. 1974 II S. 165) sowie Norwegen (Bundesgesetzbl. 1974 II S. 735); die Erklärung der Bundesrepublik Deutschland besitzt seit dem Inkrafttreten der Pariser Fassung am 10. Oktober 1974 keine praktische Bedeutung mehr.

zum Stockholmer Protokoll mit sich bringen, durchweg anerkennen[61]). Bei den Entwicklungsländern, insbesondere im Kreise der jungen Staaten Afrikas, dürfte auch der Empfehlung des Verwaltungsrats des Afrikanisch-Madagassischen Amts für gewerbliches Eigentum (OAMPI), die Pariser Fassung der Berner Übereinkunft zu ratifizieren oder ihr beizutreten[62]), erhebliche Bedeutung zukommen.

Von nicht zu unterschätzender Bedeutung für die weitere Entwicklung ist auch der beachtliche Anfangserfolg der Pariser Konventionstexte, der in zahlreichen weiteren Ländern die psychologischen Voraussetzungen für einen Beitritt erheblich verbessern dürfte. Insbesondere für die Entwicklungsländer dürfte der Umstand ins Gewicht fallen, daß ihnen angesichts der Zahl und Bedeutung der durch die Pariser Fassungen bereits gebundenen entwickelten Länder die Sonderbestimmungen beider Fassungen schon heute den Zugang zu dem ganz überwiegenden Teil der für sie wichtigen ausländischen Werke erleichtern. In diesem Zusammenhang kommt dem von der Weltorganisation für geistiges Eigentum und UNESCO vorbereiteten Mustergesetz, das den Entwicklungsländern bei der innerstaatlichen Ausführung der neuen Konventionstexte und insbesondere bei der Anwendung der komplizierten Sonderbestimmungen zugunsten der Entwicklungsländer praktische Hilfe leisten soll, erhöhte Bedeutung zu. Es ist zu hoffen, daß dieses Mustergesetz möglichst bald seine endgültige Fassung finden möge.

Da Indien auf dem Gebiet des internationalen Urheberrechts im Kreise der Entwicklungsländer eine besondere Rolle zukommt, ist die Haltung dieses großen Landes von nicht unerheblicher Bedeutung für die Zukunftsaussichten der Pariser Konventionstexte. Hier könnte der Umstand bedenklich stimmen, daß Indien bisher lediglich die

---

[61]) Vgl. Peter (Börsenverein des Deutschen Buchhandels) a.a.O., S. 320 ff. sowie in NJW 1974 S. 1938; Fernay (Syndicat international des auteurs) in RIDA Nr. LXX (1971) S. 3 ff.; Association littéraire et artistique internationale (ALAI) in Le Droit d'Auteur 1972 S. 172/173 (= Copyright 1972 S. 172/173); Tournier (Société des Auteurs, Compositeurs et Editeurs de Musique — SACEM) in RIDA Nr. LXXIX (1974) S. 481. Auch in den Beiträgen von Wissenschaftlern werden die Pariser Ergebnisse überwiegend positiv beurteilt; vgl. Ulmer in GRUR Int. 1971 S. 423 ff. und in Bulletin of the Copyright Society of the USA, Vol. 19, No. 4, S. 263 ff.; Pedrazzini in UFITA Bd. 63 (1972) S. 29 ff. und in Festschrift für Roeber, S. 451 ff.; de Sanctis in Le Droit d'Auteur 1972 S. 251/252, 259/260 = Copyright 1972 S. 251/252, 259/260; Desbois in RIDA Nr. LXXIX (1974) S. 403, 405. Einseitig negativ urteilen nur Hirsch in UFITA Bd. 63 (1972) S. 49 ff. und in Festschrift für Roeber, S. 173 ff. (wegen der Kompliziertheit der getroffenen Regelungen) sowie Majoros in ZRP 1973 S. 66, 67 (wegen angeblicher Verstöße gegen die Wiener Vertragsrechtskonvention). Kritisch äußert sich Mentha in UFITA Bd. 61 (1971) S. 1 ff. und in Festschrift für Roeber, S. 361 ff.

[62]) Die Empfehlung ist abgedruckt in Le Droit d'Auteur 1972 S. 212 (= Copyright 1972 S. 212).

Artikel 22 bis 38 der Pariser Fassung der Berner Übereinkunft ratifiziert hat. Wenn man jedoch bedenkt, daß Indien in der Pariser Konferenz eine grundsätzliche Überprüfung der Nützlichkeit der weltweiten Urheberrechtskonventionen angekündigt und für den Fall des negativen Ausgangs dieser Prüfung seinen Austritt angedroht hatte[63]), so scheint auch die auf die weniger wichtigen Bestimmungen der Artikel 22 bis 38 der Pariser Fassung beschränkte Ratifikation Indiens zumindest ein Indiz dafür zu sein, daß Indien grundsätzlich entschlossen ist, in den internationalen Urheberrechtsübereinkünften zu verbleiben. Die Tatsache, daß Indien den neuen Konventionstexten noch nicht voll beigetreten ist, könnte dann auf mehr technischen Gründen beruhen. Dabei könnte vielleicht von Bedeutung sein, daß Indien die Fertigstellung des Mustergesetzes für Entwicklungsländer abwarten will, um die zur Ratifizierung notwendige innerstaatliche Gesetzgebung auf der Basis dieses Mustergesetzes vorzubereiten.

Insgesamt erscheint die Hoffnung begründet, daß die Pariser Texte der beiden Urheberrechtskonventionen in nicht allzu ferner Zukunft die weltweite Geltung der bisherigen Texte erreichen oder sogar übertreffen werden.

Résumé

L'étude expose les préparatifs et le déroulement de la double conférence diplomatique au cours de laquelle la Convention universelle sur le droit d'auteur et la Convention de Berne pour la protection des œuvres littéraires et artistiques ont été révisées à Paris en juillet 1971.

Elle présente le résultat de la conférence comme une solution équilibrée entre les intérêts légitimes des auteurs d'assurer la protection de leurs œuvres, et les intérêts tout aussi légitimes des pays en voie de développement d'obtenir des allégements particuliers en faveur de l'enseignement et de la recherche.

Les textes de Paris qui sont déjà entrés en vigueur pour 28 Etats au total paraissent avoir une bonne chance d'être partout acceptés.

P. K. V.

---

[63]) Siehe dazu oben unter C II 2 auf S. 342.

Summary

The article relates the history and course of the dual diplomatic conference at which, in July, 1971, in Paris, the Universal Copyright Convention and the Berne Convention for the Protection of Literary and Artistic Works were revised. The article evaluates the results of the conference as an adequate balance of the justified interests of the authors in the protection of their works, and the equally justified interests of the developing countries in a special regime in favor of education and research. The prospects for worldwide acceptance of the Paris texts, which have already entered into force for 28 States in total, are evaluated positively. *G. C. L.*

2. Die Pariser Fassungen des Welturheberrechtsabkommens und der Berner Übereinkunft

Von Dr. **Erhard Bungeroth**, Regierungsdirektor im Bundesministerium der Justiz, Bonn

Inhaltsübersicht Seite

Das Revidierte Welturheberrechtsabkommen und die Pariser Fassung der Berner Übereinkunft zum Schutz von Werken der Literatur und Kunst enthalten im Vergleich zu den geltenden Texten beider Konventionen sowohl Verbesserungen der allgemein geltenden Bestimmungen über den Urheberschutz als auch besondere Regelungen mit Ausnahmecharakter zugunsten der Entwicklungsländer.

I. Verbesserungen des allgemein vorgeschriebenen Urheberschutzes

1. Welturheberrechtsabkommen

In das Welturheberrechtsabkommen wurde die neue Vorschrift des Art. IVbis eingefügt, der in seinem Absatz 1 neue Mindestrechte der Urheber festlegt und in Absatz 2 die zulässigen Ausnahmen von diesen Mindestrechten umschreibt.

a) Neue Mindestrechte

Das Welturheberrechtsabkommen enthielt bisher lediglich in Art. I die Verpflichtung der Vertragsstaaten zu einem „ausreichenden und wirksamen Schutz der Rechte der Urheber" und in Art. V eine ausdrückliche Regelung des Übersetzungsrechts. Der neue Art. IVbis Abs. 1 Satz 1 verstärkt demgegenüber den Urheberschutz, indem er fest-

legt, daß die Rechte des Urhebers mindestens auch das Vervielfältigungsrecht, das Aufführungsrecht (einschließlich des Vortragsrechts)[1]) und das Senderecht umfassen. Da Art. IVbis Abs. 1 Satz 2 neben der Originalform auch jede von dem ursprünglichen Werk erkennbar abgeleitete Form in den Schutz einbezieht, wird der Urheber im praktischen Ergebnis weitgehend auch gegen Bearbeitungen geschützt.

b) Ausnahmen

Art. IVbis Abs. 2 gestattet den Vertragsstaaten, von den in Abs. 1 vorgeschriebenen Mindestrechten Ausnahmen vorzusehen, „die dem Geist und den Bestimmungen dieses Abkommens nicht widersprechen", wobei jedoch „ein angemessenes Maß an wirksamem Schutz" gewahrt bleiben muß. Wie bereits während der vorbereitenden Arbeiten[2]), so erwies sich auch auf der Pariser Revisionskonferenz eine präzisere Umschreibung der zulässigen Ausnahmen im Text des Abkommens angesichts des Widerstands zahlreicher Delegationen als undurchführbar. Statt dessen gelang es jedoch, die Gefahr einer zu weiten Auslegung der Ausnahmevorschrift durch die Aufnahme einiger Klarstellungen in den offiziellen Konferenzbericht[3]) entgegenzuwirken.

So wird im Konferenzbericht festgestellt, daß die nach Art. IVbis Abs. 2 allgemein zulässigen Ausnahmen nicht so weit gehen dürfen wie die in den Art. V^{ter} und V^{quater} den Entwicklungsländern zugestandenen Erleichterungen. Obwohl dieser Grundsatz sich auch ohne ausdrückliche Erwähnung unschwer aus der Systematik des Abkommens ableiten läßt, behält die Erwähnung im Konferenzbericht als zusätzlicher Hinweis ihren Wert.

Weiter enthält der Konferenzbericht die Feststellung, daß Art. IVbis Abs. 2 kein allgemeines Zwangslizenzsystem zuläßt, wobei als allgemeines Zwangslizenzsystem auch Systeme gelten, die bei bestimmten Werkgattungen Zwangslizenzen für alle Nutzungsarten oder bei allen Werkgattungen Zwangslizenzen für bestimmte Nutzungsarten vorsehen. Der Konferenzbericht nimmt von dieser Feststellung die in Art. V allgemein zugelassenen Übersetzungslizenzen ausdrücklich aus. Darüber hinaus wird man im Hinblick auf Art. 11bis Abs. 2 RBÜ davon ausgehen müssen, daß unter dem Welturheberrechtsabkommen eben-

---

[1]) Der Begriff „public performance" bzw. „représentation ou exécution publiques" in Art. IVbis Abs. 1 geht auf die Washingtoner Empfehlung zurück und ist daher in dem gleichen, das Vortragsrecht mit einschließenden Sinn zu verstehen wie dort (siehe dazu Steup/Bungeroth, im vorliegenden Band, S. 332, Fußn. 14).

[2]) Siehe dazu Steup/Bungeroth, aaO., S. 334 und 336.

[3]) Nr. 46.

so wie unter der Berner Übereinkunft für Funksendungen allgemein die Erteilung von Zwangslizenzen vorgesehen werden darf[4]).

Schließlich versucht der Konferenzbericht, einer weiten Auslegung der Ausnahmevorschrift des Art. IVbis Abs. 2 noch durch einige allgemein gehaltene Ausführungen entgegen zu wirken. Hier erscheint außer dem Hinweis auf Art. 27 Abs. 1 und 2 der Allgemeinen Erklärung der Menschenrechte die Feststellung erwähnenswert, daß Ausnahmen von den grundlegenden Rechten des Urhebers eine vernünftige Grundlage haben müssen und nicht willkürlich angewandt werden dürfen.

2. Berner Übereinkunft

In die Pariser Fassung der Berner Übereinkunft wurden die materiellrechtlichen Bestimmungen der Art. 1 bis 20 der Stockholmer Fassung[4a]) unverändert übernommen. Sie enthalten im Vergleich zu der Brüsseler Fassung der Übereinkunft zahlreiche Verbesserungen, auf die hier nicht im einzelnen eingegangen werden soll, da sie bereits im Anschluß an die Stockholmer Konferenz Gegenstand ausführlicher Darlegungen waren[5]). Die Schwerpunkte dieser Verbesserungen dürften in der Erweiterung des Kreises der durch die Übereinkunft geschützten Urheber (Art. 3, 4), in der generellen Regelung des Vervielfältigungsrechts (Art. 9), in einer weitgehenden Neuregelung des Filmrechts (Art. 14, 14bis), in der Einführung einer Mindestschutzfrist von 50 Jahren für Filmwerke und von 25 Jahren für Werke der Photographie und der angewandten Kunst (Art. 7 Abs. 2 und 4) und in der grundsätzlichen Ausdehnung des Schutzes des Urheberpersönlichkeitsrechts auf die gesamte Dauer des Schutzes der Verwertungsrechte (Art. 6bis Abs. 2) liegen[6]).

---

[4]) Ulmer (GRUR Int. 1971 S. 426) bejaht diese Einschränkung mit der Begründung, es könne nicht angenommen werden, daß das WUA den Rahmen der Ausnahmen enger begrenzen wolle als die RBÜ; ähnlich Desbois, Revue Internationale du Droit d'Auteur (RIDA) Nr. LXXIX (1974) S. 363, 365.

[4a]) Die Stockholmer Fassung vom 14. Juli 1967 ist veröffentlicht in Bundesgesetzblatt 1970 II S. 293, 348.

[5]) Ich verweise insoweit auf Ulmer und Reimer, Die Reform der materiellrechtlichen Bestimmungen der Berner Übereinkunft, in GRUR Int. 1967 S. 431 ff., auf Ulmer, Die Stockholmer Konferenz für geistiges Eigentum, in NJW 1968, 1009 ff., auf Dittrich, Die Stockholmer Fassung der Berner Übereinkunft (Schriftenreihe der INTERGU, Bd. 40), sowie auf die bei Roeber, Das Stockholmer Vertragswerk zum internationalen Urheberrecht (Schriftenreihe der UFITA, Heft 35) veröffentlichten Dokumente und Aufsätze; vgl. neuerdings auch auch Desbois, aaO., S. 327 bis 359.

[6]) Bemerkenswert ist auch die Neuregelung zahlreicher Bestimmungen über die zulässigen Ausnahmen vom Urheberschutz, bei der die Ausnahmen teilweise weiter eingeschränkt und genauer abgegrenzt, zum Teil aber auch — insbesondere durch die Einbeziehung der Funksendung und Drahtübertragung in verschiedene Ausnahmebestimmungen — in ihrem Anwendungsbereich erweitert wurden.

II. Das für Entwicklungsländer geltende System der Zwangslizenzen

Der Schwerpunkt der Regelungen zugunsten der Entwicklungsländer liegt in den inhaltlich weitgehend übereinstimmenden Bestimmungen des Anhangs der Pariser Fassung der Berner Übereinkunft[7]) und der Art. V^{bis} bis V^{quater} des Revidierten Welturheberrechtsabkommens. Diese Bestimmungen erlauben den Entwicklungsländern keine generelle, kraft Gesetzes eintretende Einschränkung der Übersetzungs- und Vervielfältigungsrechte der Urheber. Die Entwicklungsländer sind vielmehr nur berechtigt, durch ihre zuständigen Behörden von Fall zu Fall und erst nach Ablauf bestimmter Fristen nicht ausschließliche und nicht übertragbare Zwangslizenzen für bestimmte privilegierte Verwendungszwecke im Bereich von Ausbildung und Forschung zu erteilen. Im Gegensatz dazu hatte das Stockholmer Protokoll betreffend die Entwicklungsländer noch eine allgemeine Schutzfristverkürzung und generell die Einschränkung des Urheberschutzes zugunsten von Unterricht, Studium und Forschung sowie darüber hinaus die Erteilung von Übersetzungslizenzen ohne jede Beschränkung hinsichtlich des Verwendungszwecks und die Erteilung von Vervielfältigungslizenzen nicht nur für erzieherische, sondern auch für „kulturelle" Zwecke zugelassen.

Die in Paris getroffene Regelung des Systems der Zwangslizenzen beruht auf folgenden Elementen:

1. Gemeinsame Merkmale der Übersetzungs- und Vervielfältigungslizenz

a) Inanspruchnahme durch Entwicklungsländer

Die Befugnis zur Erteilung der Zwangslizenzen steht nur Entwicklungsländern zu, die diese Befugnis in einer Notifikation ausdrücklich in Anspruch genommen haben (Art. V^{bis} Abs. 1 WUA, Art. I Abs. 1 Anh. RBÜ). Diese Notifikation muß im Rahmen des Welturheberrechtsabkommens bei dem Generaldirektor der UNESCO und im Rahmen der Berner Übereinkunft bei dem Generaldirektor der Weltorganisation für geistiges Eigentum hinterlegt werden. Da beide Generaldirektoren verpflichtet sind, allen beteiligten Ländern die eingegangenen Notifikationen mitzuteilen (Art. XXI Abs. 2 WUA, Art. 37 Abs. 5 RBÜ), ist auf diese Weise sicher gestellt, daß die beteiligten Länder stets darüber unterrichtet sind, welche Entwicklungsländer sich des Systems der Zwangslizenzen bedienen.

---

7) Im folgenden werden die Pariser Fassungen beider Übereinkünfte der Einfachheit halber nur mit der Bezeichnung der jeweiligen Übereinkunft zitiert.

Eine verbindliche Entscheidung der Frage, welche Länder im Sinne der beiden Übereinkünfte als Entwicklungsländer gelten sollen, ließ sich weder im Wege einer Umschreibung der für den Begriff „Entwicklungsland" maßgebenden Kriterien noch durch eine Aufzählung der in Betracht kommenden Länder erreichen. Statt dessen verblieb es bei der schon im Stockholmer Protokoll angewandten Verweisung auf die „bestehende Übung der Generalversammlung der Vereinten Nationen" (Art. V^{bis} Abs. 1 WUA, Art. I Abs. 1 Anh. RBÜ). In Grenzfällen kann die Feststellung dieser Übung jedoch möglicherweise Schwierigkeiten bereiten. Am konkretesten tritt die Beurteilung der wirtschaftlichen Lage der Mitgliedsländer durch die Generalversammlung in ihren Beschlüssen zur Bemessung der Mitgliedsbeiträge zutage. Bei der letzten Beitragsfestsetzung hat die Generalversammlung auf Empfehlung der Beitragskommission auf die Lage der Staaten besondere Rücksicht genommen, in denen das durchschnittliche Jahreseinkommen pro Kopf der Bevölkerung 300 Dollar nicht übersteigt. Der Versuch des Generalberichterstatters der Konferenz zur Revision des Welturheberrechtsabkommens, *Kaminstein,* im offiziellen Konferenzbericht hieran anzuknüpfen und dadurch nähere Anhaltspunkte zur Auslegung der getroffenen Regelung zu geben, scheiterte am Widerstand zahlreicher Delegationen, insbesondere aus dem Kreise der Entwicklungsländer, die geltend machten, es müsse auch für die Zukunft allein den Vereinten Nationen überlassen bleiben, darüber zu befinden, nach welchen Kriterien sich die Einstufung eines Landes als Entwicklungsland zu richten habe. Die diesbezüglichen Erläuterungen *Kaminsteins* wurden von der Konferenz daher nicht als Bestandteil des offiziellen Berichts akzeptiert und sind dem Bericht lediglich als persönliche Bemerkungen des Berichterstatters beigefügt[8]).

Den Entwicklungsländern sind die von anderen Staaten abhängigen Gebiete, deren Lage derjenigen eines Entwicklungslandes entspricht, gleich gestellt (Art. V^{bis} Abs. 5 WUA, Art. I Abs. 5 Anh. RBÜ). Für diese Gebiete — hier kommen hauptsächlich die verbliebenen Kolonien einiger europäischer Staaten in Betracht — können die erforderlichen Notifikationen vom jeweiligen Mutterland hinterlegt werden.

Die Inanspruchnahme der Befugnis zur Erteilung von Zwangslizenzen wirkt höchstens für zehn Jahre und kann jeweils um weitere zehn Jahre verlängert werden, wenn eine entsprechende Notifikation frühestens fünfzehn und spätestens drei Monate vor dem Ende der laufenden Zehnjahresfrist hinterlegt wird (Art. V^{bis} Abs. 2 WUA, Art. I

---

[8]) Oben auf S. 205 ff., 255 ff., 300 ff. deutsch, französisch und englisch abgedruckt.

Abs. 2 Anh. RBÜ). Die Zehnjahresfristen laufen konsekutiv vom Inkrafttreten der jeweiligen Übereinkunft an, so daß ein Land, das während einer Zehnjahresfrist die Inanspruchnahme notifiziert, die Befugnis nur bis zum Ende der laufenden Zehnjahresfrist hat und sie dann erneut in Anspruch nehmen muß. Diese Regelung wirkt insbesondere dadurch auf den ersten Blick etwas umständlich, daß sie auf eine Folge von Zehnjahresfristen abstellt, die nicht mit dem Beitritt des jeweiligen Entwicklungslandes, sondern mit dem erstmaligen Inkrafttreten des betreffenden Vertragswerks beginnt. Sie hat jedoch den praktischen Vorteil, daß es in Zukunft feste, vorausberechenbare Zeitpunkte geben wird, zu denen sich entscheidet, welche Entwicklungsländer die von ihnen in Anspruch genommenen Vergünstigungen weiterhin in Anspruch nehmen. Das dürfte es für alle Beteiligten, sowohl die Regierungen als auch die interessierten Kreise, einfacher machen, sich über den Stand der beiden Konventionen auf dem Laufenden zu halten.

Die Befugnis zur Erteilung von Zwangslizenzen darf grundsätzlich nur solange ausgeübt werden, bis der betreffende Staat dem Stadium eines Entwicklungslandes entwachsen ist. Ist dies der Fall, so endet die Befugnis mit dem Ablauf der laufenden Zehnjahresfrist, frühestens jedoch drei Jahre nach dem Zeitpunkt, in dem der Staat die Eigenschaft eines Entwicklungslandes verloren hat (Art. V^{bis} Abs. 3 WUA, Art. I Abs. 3 Anh. RBÜ).

Endet die Befugnis eines Landes zur Erteilung von Zwangslizenzen, so dürfen auch auf Grund bereits erteilter Zwangslizenzen keine neuen Werkexemplare mehr hergestellt werden. Das wird in den Konventionstexten zwar nicht ausdrücklich gesagt, ergibt sich aber im Umkehrschluß aus den Ausnahmebestimmungen, nach denen zu diesem Zeitpunkt bereits auf Grund einer Zwangslizenz hergestellte Werkstücke noch in Verkehr gebracht werden dürfen (Art. V^{bis} Abs. 4 WUA, Art. I Abs. 4 Anh. RBÜ).

b) Ausschluß der materiellen Reziprozität

Die Inanspruchnahme der Befugnis zur Erteilung von Zwangslizenzen durch ein Entwicklungsland hat nicht zur Folge, daß die übrigen der betreffenden Übereinkunft angehörenden Staaten das Prinzip der materiellen Reziprozität anwenden und die Urheberrechte der Angehörigen des Entwicklungslandes ähnlichen Beschränkungen unterwerfen dürften.

Das ist im Anhang zur Pariser Fassung der Berner Übereinkunft in Art. I Abs. 6 Buchst. a ausdrücklich vorgesehen. Dasselbe gilt aber

auch für das Welturheberrechtsabkommen, das eine solche Bestimmung zwar nicht enthält, bei dem der Ausschluß der materiellen Reziprozität sich jedoch aus allgemeinen Grundsätzen ergibt und insbesondere auch für Zwangslizenzen auf Grund des Artikels V gilt. Einem Antrag Schwedens, den Ausschluß der Reziprozität auch im Text des Welturheberrechtsabkommens ausdrücklich festzustellen und dadurch auch in diesem Punkt Übereinstimmung mit dem Anhang der Berner Übereinkunft herzustellen, glaubte die Mehrheit der Delegationen nicht folgen zu sollen, um die allgemeine Geltung des Grundsatzes nicht durch ein mögliches *argumentum e contrario* in Frage zu stellen. Statt dessen wurde im WUA-Konferenzbericht[9]) festgehalten, daß nach der einhelligen Auffassung aller Delegationen auf die Vergünstigungen zugunsten der Entwicklungsländer der Grundsatz der materiellen Reziprozität keine Anwendung findet.

c) Subsidiarität der Zwangslizenz

Durch mehrere Bestimmungen ist sichergestellt, daß die Erteilung von Zwangslizenzen nur als subsidiäres Mittel in Betracht kommt, wenn die Urheber oder ihre Rechtsnachfolger nicht selbst tätig werden.

So dürfen die zuständigen Behörden in den Entwicklungsländern Zwangslizenzen für bestimmte privilegierte Zwecke nur erteilen, wenn bestimmte Fristen seit der Veröffentlichung der Werke verstrichen sind, ohne daß die Werke oder Übersetzungen davon in Verkehr gebracht worden wären (Art. V^{ter} i. V. m. Art. V Abs. 2 WUA, Art. V^{quater} Abs. 1 WUA, Art. II Abs. 2 und Art. III Abs. 2 Anh. RBÜ). Dabei kommt es für die Erteilung einer Vervielfältigungslizenz darauf an, ob die Werkexemplare in dem Entwicklungsland zu einem für vergleichbare Werke dort üblichen Preis in Verkehr gebracht wurden, während umgekehrt jede auch außerhalb dieses Landes veröffentlichte Übersetzung in die in Betracht kommende Sprache ausreicht, um die Erteilung einer Übersetzungslizenz zu verhindern. Der Grund für diese unterschiedliche Ausgestaltung liegt darin, daß eine außerhalb des Entwicklungslands bereits vorhandene Übersetzung Gegenstand einer Vervielfältigungslizenz sein[9a]) und damit auch in diesem Land zugänglich gemacht werden kann.

Dem Fehlen einer Ausgabe des Werks oder einer Übersetzung wird der Fall gleich gestellt, daß Exemplare zwar angeboten wurden,

---

[9]) Nrn. 58, 59.

[9a]) Siehe dazu unten unter II 3 d auf S. 380.

inzwischen aber vergriffen sind, wobei im Rahmen der Vorschriften über die Vervielfältigungslizenz der Möglichkeit nur vorübergehender Lieferungsstockungen dadurch Rechnung getragen wird, daß in Art. V^{quater} Abs. 1 Buchst. b WUA und in Art. III Abs. 2 Buchst. b Anh. RBÜ ausdrücklich darauf abgestellt wird, ob die Werkstücke während eines Zeitraums von mindestens sechs Monaten nicht mehr zum Verkauf standen. Eine weitere Besonderheit der Vorschriften über die Vervielfältigungslizenz liegt darin, daß die Erteilung einer Zwangslizenz nur durch das Angebot von Werkexemplaren in dem betreffenden Entwicklungsland „zu einem Preis, der dem dort für vergleichbare Werke üblichen Preis entspricht", verhindert werden kann.

Zwangslizenzen werden nur auf Antrag eines Angehörigen des betreffenden Entwicklungslandes erteilt. Der Antragsteller muß nachweisen, daß er den Rechtsinhaber vergeblich um die Erteilung einer vertraglichen Lizenz ersucht hat oder ihn trotz gehöriger Bemühungen nicht ausfindig machen konnte (Art. V^{ter} Abs. 1 Buchst. c Satz 1, Art. V^{quater} Abs. 1 Buchst. a Satz 2 WUA, Art. IV Abs. 1 Satz 1 Anh. RBÜ)[9b]). Der Rechtsinhaber muß in dem Gesuch um Erteilung einer vertraglichen Lizenz auf die Möglichkeit der Beantragung einer Zwangslizenz hingewiesen worden sein[10]). Hat der Rechtsinhaber daraufhin eine vertragliche Lizenz zu angemessenen Bedingungen angeboten und der Antragsteller das Angebot ausgeschlagen, so kommt die Erteilung einer Zwangslizenz nicht in Betracht[11]).

Über das Gesuch an den Rechtsinhaber muß der Antragsteller unter der Geltung des Welturheberrechtsabkommens entweder das von der UNESCO auf Grund der Washingtoner Empfehlung errichtete Internationale Informationszentrum für Urheberrecht oder die nationalen oder regionalen Informationszentren unterrichten, die von der Regierung des Landes, in dem der Verleger vermutlich den Mittelpunkt seiner Geschäftstätigkeit hat, dem Generaldirektor der UNESCO notifiziert worden sind (Art. V^{ter} Abs. 1 Buchst. c Satz 2, Art. V^{quater} Abs. 1 Buchst. a Satz 3 WUA). Im Geltungsbereich der Berner Über-

---

9b) Die Berufung auf die Unauffindbarkeit des Rechtsinhabers ist ausgeschlossen, wenn dieser der zuständigen Behörde des Entwicklungslandes eine Liste der Werke übersandt hat, an denen er die Rechte besitzt. So ausdrücklich WUA-Konferenzbericht, Nr. 71, (2), für das Übersetzungsrecht; für das Vervielfältigungsrecht kann nichts anderes gelten.

10) So ausdrücklich RBÜ-Konferenzbericht, Nr. 37; vgl. auch WUA-Konferenzbericht, Nr. 71, (1) und 98.

11) So ausdrücklich WUA-Konferenzbericht, Nr. 87, (4), für die Übersetzungslizenz. Dasselbe ergibt sich für die Vervielfältigungslizenz aus Nr. 94 Satz 2 i. V. m. Nr. 87, (4).

einkunft besteht eine entsprechende Unterrichtungspflicht gegenüber den nationalen oder internationalen Informationszentren, die der Staat des Verlegers dem Generaldirektor der Weltorganisation für geistiges Eigentum notifiziert hat (Art. IV Abs. 1 Satz 2 Anh. RBÜ). Ist der Rechtsinhaber nicht ausfindig zu machen, so hat der Antragsteller eine Abschrift seines Antrags auf Erteilung einer Zwangslizenz dem auf dem Werk angegebenen Verleger und den genannten Informationszentren[12]) zu übersenden (Art. V^{ter} Abs. 1 Buchst. d, Art. V^{quater} Abs. 1 Buchst. d WUA, Art. IV Abs. 2 Anh. RBÜ).

Durch diese Pflichten des Lizenzbewerbers zur vorherigen Kontaktaufnahme und Unterrichtung wird zum einen dafür gesorgt, daß der Rechtsinhaber die Erteilung einer Zwangslizenz durch vertragliche Einigung mit dem Lizenzbewerber verhindern kann. Darüber hinaus kann aber auch ein Rechtsinhaber, der mit dem Lizenzbewerber nicht zu paktieren wünscht, der Erteilung einer Zwangslizenz dadurch zuvorkommen, daß er kurzfristig selbst oder durch einen Dritten — etwa einen Verleger seiner Wahl — Vervielfältigungsstücke seines Werks in dem betreffenden Entwicklungsland auf den Markt bringt oder — auch außerhalb des Entwicklungslandes — eine Übersetzung erscheinen läßt. Um dem Rechtsinhaber diese Möglichkeit offen zu halten, sehen die Bestimmungen über die Erteilung von Übersetzungslizenzen und zum Teil auch die Vorschriften über Vervielfältigungslizenzen vor, daß bestimmte Fristen zwischen dem Gesuch an den Rechtsinhaber um Erteilung einer vertraglichen Lizenz oder (im Falle der Unauffindbarkeit des Rechtsinhabers) der Versendung von Abschriften des Zwangslizenzantrags und der Erteilung der Zwangslizenz liegen müssen[13]) und daß eine Zwangslizenz nicht erteilt werden darf, wenn der Rechtsinhaber selbst oder durch einen Dritten tätig wird (Art. V^{ter} Abs. 2, Art. V^{quater} Abs. 1 Buchst. d Satz 3 und Buchst. e WUA, Art. II Abs. 4, Art. III Abs. 4 Buchst. a bis c Anh. RBÜ). Aber auch in den Fällen, in denen für die Erteilung einer Vervielfältigungslizenz keine solche zusätzliche Frist vorgeschrieben ist, verschafft der Umstand, daß das Erteilungsverfahren in der Regel einige Zeit in Anspruch nehmen wird, dem Rechtsinhaber die Möglichkeit, unter Umständen noch vor der Erteilung einer Zwangslizenz

[12]) Dabei besteht unter dem Welturheberrechtsabkommen die Besonderheit, daß hier in erster Linie ein besonders notifiziertes nationales oder regionales Informationszentrum, und nur, wenn kein solches vorhanden ist, das Internationale Informationszentrum für Urheberrecht unterrichtet werden muß.

[13]) Zu diesen Fristen im einzelnen siehe unten unter II 2 g auf S. 375 und unter II 3 c auf S. 379.

auf dem Markt zu erscheinen und damit die Voraussetzungen für die Erteilung der Zwangslizenz zu beseitigen[14]).

Damit der Rechtsinhaber im Lizenzerteilungsverfahren seine Interessen wahren kann, soll die Erteilungsbehörde ihn über den Antrag unterrichten und ihm Gelegenheit zur Äußerung geben. Wird eine Zwangslizenz erteilt, so soll die Behörde ihn hierüber und über die festgelegten Bedingungen unterrichten. Diese Grundsätze wurden von beiden Revisionskonferenzen als selbstverständlich angesehen und daher in den Konventionstexten nicht ausdrücklich erwähnt. Auf eine deutsche Anregung hin haben sie jedoch in den offiziellen Konferenzberichten Erwähnung gefunden[15]).

Ist es zur Erteilung einer Zwangslizenz gekommen, so hat der Rechtsinhaber auch dadurch die Initiative nicht endgültig verloren. Er kann auch in diesem Fall selbst oder durch Dritte den Markt des Entwicklungslandes beliefern und dadurch die bereits erteilte Zwangslizenz zum Erlöschen bringen, wobei jedoch nicht nur für die Vervielfältigungslizenz, sondern auch für die Übersetzungslizenz ausdrücklich vorgeschrieben ist, daß die Belieferung zu einem Preis erfolgen muß, „der dem für vergleichbare Werke in dem Land üblichen Preis entspricht" (Art. V^{ter} Abs. 6, Art. V^{quater} Abs. 2 Buchst. c WUA, Art. II Abs. 6, Art. III Abs. 6 Anh. RBÜ). In diesem Fall kann der Lizenzinhaber jedoch bei Erlöschen der Lizenz bereits hergestellte Werkstücke weiterhin in Verkehr bringen. Im übrigen wird davon ausgegangen, daß der Rechtsinhaber, wenn er in einem Entwicklungsland

---

[14]) A. M. Pedrazini in UFITA Bd. 63 (1972) S. 39/40 und in Festschrift für Roeber, S. 461/462, der aus der ausdrücklichen Erwähnung der Unzulässigkeit der Lizenzerteilung bei zwischenzeitlichem Tätigwerden des Berechtigten in den Vorschriften über die Zusatzfristen den Umkehrschluß zieht, in Fällen, in denen keine Zusatzfristen vorgeschrieben seien, könne ein zwischenzeitliches Tätigwerden des Berechtigten die Lizenzerteilung nicht mehr verhindern. Dem muß jedoch entgegengehalten werden, daß Grundvoraussetzung für die Erteilung jeder Zwangslizenz das Nichtvorhandensein von Vervielfältigungsstücken des Werkes oder einer Übersetzung davon ist. Diese Voraussetzung muß im Zeitpunkt der Lizenzerteilung gegeben sein. Fehlt sie, so darf keine Lizenz erteilt werden. Der von Pedrazzini gezogene Umkehrschluß erscheint demgegenüber schon deshalb nicht zwingend, weil es in internationalen Verträgen nicht ungewöhnlich ist, das, was ohnehin rechtens ist, zur Verdeutlichung in bestimmten Fällen noch einmal ausdrücklich zu betonen. Im übrigen erschiene im vorliegenden Fall die Erteilung einer Zwangslizenz auch deshalb sinnlos, weil, wie auch Pedrazzini nicht verkennt, eine solche Lizenz bereits im Zeitpunkt ihrer Erteilung wieder hinfällig würde (Art. V^{quater} Abs. 2 Buchst. c WUA, Art. III Abs. 6 Anh. RBÜ).

Aus den gleichen Gründen dürfte auch dem Umstand, daß ein ausdrückliches Verbot der Lizenzerteilung im Falle des zwischenzeitlichen Tätigwerdens des Berechtigten für die Dreimonatsfrist des Art. V^{quater} Abs. 1 Buchst. d Satz 3 WUA im Gegensatz zu der entsprechenden Dreimonatsfrist des Art. III Abs. 4 Buchst. b Anh. RBÜ (siehe hierzu Art. III Abs. 4 Buchst. c) nicht ausgesprochen ist, keine rechtliche Bedeutung zukommen.

[15]) Vgl. WUA-Bericht, Nr. 87, (6) und RBÜ-Bericht, Nr. 39.

nach Erteilung einer Zwangslizenz selbst tätig wird, den Inhaber der Zwangslizenz rechtzeitig informiert[16]).

d) Nichtübertragbarkeit der Zwangslizenz

Zwangslizenzen sind nicht übertragbar (Art. V^{ter} Abs. 9 Satz 1 i. V. m. Art. V Abs. 2 Buchst. e Satz 5 WUA, Art. V^{quater} Abs. 1 Buchst. f Satz 3 WUA, Art. II Abs. 1, Art. III Abs. 1 Anh. RBÜ). Sie können daher weder entgeltlich noch unentgeltlich veräußert werden.

e) Vergütung

Bei der Erteilung einer Zwangslizenz muß zugunsten des Rechtsinhabers eine angemessene Vergütung festgesetzt werden, „die der bei frei vereinbarten Lizenzen zwischen Personen in den betreffenden beiden Ländern üblichen Vergütung entspricht" (Art. V^{ter} Abs. 5, Art. V^{quater} Abs. 2 Buchst. b WUA, Art. IV Abs. 6 Buchst. a Anh. RBÜ). Die Entwicklungsländer sind verpflichtet, dafür zu sorgen, daß die Zahlung und der Transfer dieser Vergütungen sichergestellt werden; bestehen jedoch nationale Devisenbeschränkungen, so haben die zuständigen Behörden der betreffenden Entwicklungsländer alle Anstrengungen zu unternehmen, um mit Hilfe internationaler Einrichtungen die Überweisung der Vergütungen zu ermöglichen. Bei der Bezugnahme auf internationale Einrichtungen dürfte in erster Linie an die UNESCO-Coupons gedacht sein.

f) Exportverbot

Eine Zwangslizenz entfaltet grundsätzlich nur im Erteilungsstaat rechtliche Wirkungen. Sie gilt nur für die Veröffentlichung im Hoheitsgebiet dieses Staates und erstreckt sich nicht auf die Ausfuhr von Werkstücken (Art. V^{ter} Abs. 4 Buchst. a, Art. V^{quater} Abs. 1 Buchst. f Satz 2 WUA, Art. IV Abs. 4 Buchst. a Anh. RBÜ). In diesem Zusammenhang wird auch der Versand von Werkstücken aus einem abhängigen Gebiet in das Mutterland als Ausfuhr angesehen (Art. V^{bis} Abs. 5 Satz 3 WUA, Art. IV Abs. 4 Buchst. b Anh. RBÜ). Im Interesse einer leichteren Überwachung des Exportverbots müssen alle auf Grund einer Zwangslizenz hergestellten Werkstücke einen Vermerk tragen, daß sie nur in dem Land oder Gebiet, auf das sich die Lizenz bezieht, in Verkehr gebracht werden dürfen (Art. V^{ter} Abs. 4 Buchst. b Satz 1, Art. V^{quater} Abs. 2 Buchst. a Satz 1 WUA, Art. IV Abs. 5 Anh. RBÜ).

---

[16]) Im Konferenzbericht über die Revision der Berner Übereinkunft (Nr. 32 Buchst. b), auf den der Konferenzbericht über die Revision des Welturheberrechtsabkommens (Nr. 87, (6), Satz 3) Bezug nimmt, wird ausdrücklich festgestellt, daß dies die einhellige Auffassung der Konferenz war.

Das grundsätzliche Exportverbot ist durch zwei Ausnahmen aufgelockert, die beide jedoch das Verbot in der Substanz nicht in Frage stellen.

Die eine Ausnahme betrifft sowohl die Übersetzungslizenzen als auch die Vervielfältigungslizenzen und ist nicht im Text der in Paris beschlossenen Übereinkünfte, sondern in beiden Konferenzberichten[17]) verankert. Die Berichte gehen zwar von der nach den Konventionstexten nicht unzweifelhaften[18]) Auffassung aus, daß es grundsätzlich unzulässig sei, auf Grund einer Zwangslizenz Werkstücke außerhalb des Erteilungsstaats herstellen zu lassen. Ausnahmsweise dürfen solche Werkstücke jedoch in einem anderen Land, das entweder dem Berner Verband oder dem Welturheberrechtsabkommen angehört und dessen Recht der Vornahme der Vervielfältigung nicht entgegensteht, von einem nicht eigens für Auftragsfertigungen dieser Art gegründeten Unternehmen hergestellt werden, sofern im Erteilungsstaat eine Vervielfältigungsmöglichkeit nicht vorhanden ist oder aus wirtschaftlichen oder technischen Gründen nicht genutzt werden kann und alle in dem anderen Land hergestellten Werkexemplare unmittelbar an den Lizenzinhaber gesandt und erst im Erteilungsstaat verteilt werden. Außerdem müssen alle Werkstücke die nach Art. V^{ter} Abs. 4 Buchst. b, Art. V^{quater} Abs. 2 Buchst. a WUA bzw. nach Art. IV Abs. 5 Anh. RBÜ vorgeschriebenen Vermerke tragen. Im übrigen wird in den Konferenzberichten klargestellt, daß die Einschaltung eines Übersetzers im Ausland oder die gemeinsame Beauftragung eines Übersetzers und die gemeinsame Vergabe vorbereitender redaktioneller Arbeiten an eine Person durch mehrere Zwangslizenzinhaber aus verschiedenen Ländern keinen Verstoß gegen das Exportverbot darstellen.

Als zweite Ausnahme vom Exportverbot wurde für auf Grund einer Zwangslizenz veröffentlichte Übersetzungen unter sehr engen Voraussetzungen eine Versendung an im Ausland lebende Angehörige des Erteilungsstaats zugelassen (Art. V^{ter} Abs. 4 Buchst. c WUA, Art. IV Abs. 4 Buchst. c Anh. RBÜ). Ein solcher Versand ist bei Übersetzungen in die englische, französische oder spanische Sprache von vornherein

---

17) WUA-Bericht, Nrn. 114—116, RBÜ-Bericht, Nrn. 40—42.

18) Die in den Konferenzberichten (aaO.) zitierten Art. V^{ter} Abs. 4 Buchst. a und Art. V^{quater} Abs. 1 Buchst. f WUA bzw. Art. IV Abs. 4 Buchst. a Anh. RBÜ verbieten nur die *Veröffentlichung* einer Zwangslizenzausgabe außerhalb des Erteilungsstaats und untersagen den Export von Lizenzexemplaren *aus dem Erteilungsstaat* in andere Länder; sie regeln dagegen nicht die Frage, wo die Herstellung der Werkstücke stattfinden darf und ob die auf Grund einer Zwangslizenz zu veröffentlichenden Werkstücke aus einem anderen Land — z. B. einem weder durch das WUA noch durch die RBÜ gebundenen Land, in dem sie legal hergestellt werden könnten — *in den Erteilungsstaat* importiert werden dürfen, um dort vom Lizenzinhaber erstmalig veröffentlicht zu werden.

ausgeschlossen. Übersetzungen in andere Sprachen dürfen von staatlichen oder anderen öffentlichen Stellen des Erteilungsstaats der Zwangslizenz an einzelne im Ausland lebende Angehörige dieses Staats oder deren Vereinigungen gesandt werden, sofern zwischen dem versendenden Staat und dem Staat, in dem die Empfänger leben, eine entsprechende Vereinbarung getroffen und diese Vereinbarung dem Generaldirektor der UNESCO bzw. der Weltorganisation für geistiges Eigentum notifiziert worden ist und außerdem weder der Versand der Werkstücke noch ihre etwaige Verteilung an die Empfänger Erwerbszwecken dient.

g) Schutz ideeller Interessen des Urhebers

Mehrere Bestimmungen dienen dem Schutz der ideellen Interessen des Urhebers. So darf keine Zwangslizenz erteilt werden, wenn der Urheber alle Werkstücke aus dem Verkehr gezogen hat (Art. V^{ter} i. V. m. Art. V Abs. 2 Buchst. f WUA, Art. V^{quater} Abs. 2 Buchst. d WUA, Art. II Abs. 8, Art. III Abs. 4 Buchst. d Anh. RBÜ). Auf allen unter einer Zwangslizenz hergestellten und in Verkehr gebrachten Werkstücken ist der Name des Urhebers sowie der Titel des Werks, und zwar bei Übersetzungen zumindest der Originaltitel, anzugeben (Art. V^{ter} i. V. m. Art. V Abs. 2 Buchst. e Satz 1 WUA, Art. V^{quater} Abs. 1 Buchst. f Satz 1 WUA, Art. IV Abs. 3 Anh. RBÜ). Die Staaten, die Zwangslizenzen erteilen, haben außerdem eine getreue Übersetzung des Werks oder eine genaue Wiedergabe der Ausgabe zu gewährleisten (Art. V^{ter} i. V. m. Art. V Abs. 2 Buchst. d WUA, Art. V^{quater} Abs. 1 Buchst. g WUA, Art. IV Abs. 6 Buchst. b Anh. RBÜ).

h) Copyright-Vermerk

Eine Besonderheit des Welturheberrechtsabkommens besteht darin, daß die Vertragsstaaten unter bestimmten Voraussetzungen den Urheberschutz davon abhängig machen dürfen, daß alle Werkstücke den sogenannten „Copyright-Vermerk", das Kennzeichen © in Verbindung mit dem Namen des Rechtsinhabers und der Jahreszahl der ersten Veröffentlichung, tragen (Art. III Abs. 1 WUA). Um zu verhindern, daß dem Rechtsinhaber in dieser Hinsicht durch die unter einer Zwangslizenz veröffentlichten Werkstücke ein Schaden entsteht, ist im Welturheberrechtsabkommen vorgesehen, daß alle Lizenzexemplare den Copyright-Vermerk tragen müssen, sofern der Rechtsinhaber die von ihm selbst autorisierten Werkstücke mit diesem Vermerk versehen hat (Art. V^{ter} Abs. 4 Buchst. b Satz 2, Art. V^{quater} Abs. 2 Buchst. a Satz 2 WUA).

i) Grundsatz der Inländerbehandlung

Die Sondervorschriften beider Konventionen über die Erteilung von Zwangslizenzen entbinden die Entwicklungsländer nicht von der vertraglichen Verpflichtung zur Inländerbehandlung. Ein Entwicklungsland darf daher von diesen Sonderbestimmungen nur Gebrauch machen, wenn es die Erteilung von Zwangslizenzen nicht nur für ausländische Werke, sondern in gleichem Maße auch für die Werke seiner eigenen Staatsangehörigen vorsieht[19]).

2. Die Übersetzungslizenz

a) Betroffene Werke

Die Regelung der für Entwicklungsländer zulässigen Übersetzungslizenzen konnte im Welturheberrechtsabkommen im Gegensatz zur Berner Übereinkunft an eine bereits vorhandene Vorschrift anknüpfen. Diese Vorschrift ist Art. V Abs. 2 WUA, der allen Vertragsstaaten die Befugnis vorbehält, sieben Jahre nach der ersten Veröffentlichung eines Schriftwerks unter bestimmten Voraussetzungen eine Zwangslizenz zur Herstellung und Veröffentlichung einer Übersetzung des Werks zu erteilen. An diese Bestimmung, die durch die Pariser Revision einige Änderungen überwiegend redaktioneller Art[20]) erfahren hat, lehnt sich der neugeschaffene Art. V^{ter} über die für Entwicklungsländer zulässigen Übersetzungslizenzen in seinen Absätzen 1 Buchst. a und 9 verhältnismäßig weitgehend an. Daraus ergibt sich im Vergleich zu der Regelung der Übersetzungslizenz im Anhang zur Berner Übereinkunft neben aufbaumäßigen Unterschieden auch eine gewisse Uneinheitlichkeit in der Umschreibung der Werke, für die eine Übersetzungslizenz erteilt werden kann. Nach Art. II Abs. 1 Anh. RBÜ können Übersetzungslizenzen grundsätzlich nur für Werke erteilt werden, „die im Druck oder in einer entsprechenden Vervielfältigungsform veröffentlicht worden sind". Für die nach Art. V^{ter} WUA zulässigen Zwangslizenzen ist dagegen die Vorschrift des Art. V Abs. 2 WUA maßgeblich, nach der Übersetzungslizenzen an „Schriftwerken" erteilt werden dürfen, wobei sich aus Art. V Abs. 2 Buchst. a WUA ergibt, daß es sich um veröffentlichte Schriftwerke handeln muß.

Hier stellt sich die Frage, ob sich aus den uneinheitlichen Formulierungen auch sachliche Unterschiede hinsichtlich der Reichweite der

---

[19]) So auch Ulmer in GRUR Int. 1971 S. 428 und Tournier in RIDA Nr. LXXIX (1974) S. 481.

[20]) Erwähnenswert erscheint lediglich die Ersetzung des Begriffs „Landessprache" durch den Begriff „in einem Vertragsstaat allgemein gebräuchliche Sprache" in Art. V Abs. 2 WUA. Zur Bedeutung dieser Änderung siehe unten unter II 2 e auf S. 373/374.

Befugnis zur Erteilung von Übersetzungslizenzen ergeben. Der Begriff „Schriftwerk" („writing", „écrit") wird in Art. I WUA im Sinne einer bestimmten Werkgattung verwendet und mit anderen Werkgattungen wie musikalischen und dramatischen Werken sowie Filmwerken in eine Reihe gestellt. Sollte diesem Begriff in Art. V, V^ter WUA die gleiche eingeschränkte Bedeutung zukommen, so ergäbe sich daraus ein nicht unerheblicher Unterschied zu der Regelung des Übersetzungsrechts im Anhang zur Berner Übereinkunft, die keine Werkgattung von der Erteilung von Übersetzungslizenzen ausschließt.

Der Konferenzbericht für das Welturheberrechtsabkommen[21]) nimmt zu dieser Frage nicht eindeutig Stellung. Er beschränkt sich auf die Wiedergabe der nach Ansicht des Berichterstatters überwiegend vertretenen Meinung, wonach der Begriff „Schriftwerk" die Werkgattungen der musikalischen und dramatischen Werke sowie der Filmwerke nicht mit umfaßt[22]), und begnügt sich mit der Feststellung, daß „bei dieser Auslegung"[23]) grundsätzlich nur nichtdramatische Texte Gegenstand einer Übersetzungslizenz sein können. Ferner wird die abweichende Auffassung der Delegation von Kenia berichtet und schließlich mitgeteilt, die Konferenz sei ausdrücklich davon ausgegangen, daß die Textbestandteile musikalischer Kompositionen nicht Gegenstand einer Übersetzungslizenz sein könnten.

Für die Auslegung des Begriffs „Schriftwerke" im Rahmen der Art. V, V^ter WUA sollte m. E. den tragenden Grundgedanken, von denen alle an den Pariser Revisionen des Welturheberrechtsabkommens und der Berner Übereinkunft beteiligten Länder übereinstimmend ausgingen, mehr Bedeutung beigemessen werden als den in diesem Punkt ohnehin nicht sehr präzisen Aussagen des Konferenzberichts. Wichtigstes Ziel der Durchführung der beiden Revisionskonferenzen zur gleichen Zeit und am gleichen Ort war es aber, die den Entwicklungsländern einzuräumende Befugnis zur Erteilung von Zwangslizenzen in beiden Konventionen inhaltlich gleich auszugestalten. Ferner bestand zwischen allen an der Berner Übereinkunft oder dem Welt-

---

[21]) Nr. 87, (1).

[22]) Es gibt aber auch beachtliche Stimmen, die bisher schon die Ansicht vertreten haben, im Rahmen des Art. V WUA umfasse der Begriff „Schriftwerk" alle schriftlich niedergelegten Werke ohne Rücksicht auf die Werkgattung; so Bappert-Wagner, Internationales Urheberrecht, 1956, WUA Art. V Rdnr. 9; Goldbaum, Welturheberrechtsabkommen, 1956, Art. V Anm. 1; Bogsch, The Law of Copyright under the Universal Convention, 3. Aufl. 1968, Part I, Art. V WUA Anm. 3 (S. 60).

[23]) So der englische Text, in dem der entscheidende Satz mit den Worten „Under this interpretation" beginnt. Der französische Text läßt diesen Satzteil weg und erweckt dadurch den Eindruck, der Bericht beziehe in dieser Frage Stellung. Da der Bericht von einem amerikanischen Berichterstatter angefertigt wurde, dürfte dem englischen Text die größere Authentizität zukommen.

urheberrechtsabkommen oder an beiden Übereinkünften beteiligten Ländern stets Einvernehmen über den Grundsatz, daß der Urheberschutz der Berner Übereinkunft umfassender sein sollte als derjenige des Welturheberrechtsabkommens. Beiden Grundgedanken würde eine Regelung widersprechen, durch die das Übersetzungsrecht des Urhebers im Rahmen des Welturheberrechtsabkommens in erheblich geringerem Umfang zugunsten der Entwicklungsländer eingeschränkt würde als im Geltungsbereich der Berner Übereinkunft. Der Ausschluß dramatischer Werke von der Regelung des Art. V^{ter} WUA erschiene auch deshalb sinnwidrig, weil Unterricht und Studium in den Entwicklungsländern, die durch die Zulassung von Übersetzungslizenzen besonders gefördert werden sollen, berühmte Dramen der Weltliteratur ebenso zum Gegenstand haben können wie nichtdramatische Texte.

Daher erscheint es gerechtfertigt, den Begriff „Schriftwerke", dessen Wortsinn bei unbefangener Betrachtung alle Werke umfaßt, die schriftlich niedergelegt sind, im Rahmen der Art. V, V^{ter} WUA weiter auszulegen als im Zusammenhang mit Art. I WUA und ihn auch auf dramatische Werke anzuwenden[23a]). Die Texte von Werken der Vokalmusik wurden auf der Konferenz zur Revision des Welturheberrechtsabkommens zwar unwidersprochen als außerhalb des Anwendungsbereichs des Art. V^{ter} stehend bezeichnet[24]). Diese Beurteilung wurde jedoch mit dem Gedanken, daß die Übersetzung der Textbestandteile eines Werkes der Vokalmusik wegen der engen Verbindung von Musik und Text stets eine über den Charakter einer bloßen Übersetzung hinausgehende und daher durch eine Übersetzungslizenz nicht mehr gedeckte Bearbeitung des Gesamtwerks sei[25]), und nicht mit der Annahme eines von vornherein eingeschränkten Anwendungsbereichs des Begriffs „Schriftwerk" begründet. Sie bedarf im übrigen zumindest insofern einer Einschränkung, als eigenständige, erst nachträglich vertonte Dichtungen ungeachtet ihrer Aufnahme in ein Musikwerk der Erteilung von Übersetzungslizenzen zugänglich sind.

Unter besonderen Voraussetzungen können auch Zwangslizenzen zur Übersetzung des Textes einer audiovisuellen Festlegung erteilt werden[25a]).

[23a]) A.M. Desbois in RIDA Nr. LXXIX (1974) S. 375.

[24]) WUA-Konferenzbericht, Nr. 87, (1), letzter Satz.

[25]) In diesem Sinne äußerten sich die Delegationen der USA, Frankreichs, Kenias und Italiens. Für die Stellungnahme dieser Delegationen dürfte jedoch auch die Erwägung eine Rolle gespielt haben, daß die in Art. V^{quater} Abs. 1 Buchst. c Nr. ii WUA für Vervielfältigungslizenzen an Musikwerken festgelegte lange Frist von 7 Jahren bei Werken der Vokalmusik unter Umständen umgangen werden könnte, wenn für solche Musikwerke die Erteilung von — an viel kürzere Fristen gebundenen — Übersetzungslizenzen zugelassen würde.

[25a]) Siehe dazu unten unter II 2 d.

b) Zweckbestimmung der Lizenz

Übersetzungslizenzen sind sowohl nach Art. V^{ter} Abs. 3 WUA als auch nach Art. II Abs. 5 Anh. RBÜ grundsätzlich nur für Unterrichts-, Studien- oder Forschungszwecke zulässig. Durch diese Abgrenzung wird den dringenden Bedürfnissen der Entwicklungsländer auf den Gebieten der Erziehung und Wissenschaft Rechnung getragen, zugleich aber auch gewährleistet, daß Übersetzungslizenzen nicht für ausschließlich kommerzielle Zwecke erteilt werden dürfen.

Die Grenzen der verwendeten Begriffe mögen nicht restlos scharf sein, dürften im allgemeinen jedoch keine schwerwiegenden Auslegungsschwierigkeiten bereiten. Dagegen hätte eine von Ceylon vorgeschlagene Erweiterung des Katalogs der zulässigen Zwecke um den Begriff der „Kulturförderung" angesichts der Dehnbarkeit dieses Begriffs zu einer unkontrollierbaren Ausweitung des Anwendungsbereichs der Regeln über die Übersetzungslizenz führen können. Es gelang jedoch, Ceylon zur Rücknahme seines Vorschlags zu veranlassen.

Bei der Auslegung des Begriffs „Unterrichts- und Studienzwecke" wird man davon auszugehen haben, daß dieser Begriff nicht nur den Schul- oder Hochschulbereich, sondern jede organisierte Ausbildungs- und Fortbildungsveranstaltung umfaßt. Die Bezeichnung „Forschungszwecke" dürfte dagegen einschränkend auszulegen sein und auf Industrieforschung sowie auf private, kommerziell arbeitende Forschungsinstitutionen keine Anwendung finden. Beide Auslegungsrichtlinien sind im offiziellen Konferenzbericht für das Welturheberrechtsabkommen[26]) ausdrücklich als übereinstimmende Ansicht aller Konferenzteilnehmer festgehalten worden und dürften im Rahmen der Berner Übereinkunft ebenfalls Gültigkeit besitzen[27]).

c) Veröffentlichung der Übersetzung

Die Erteilung einer Übersetzungslizenz berechtigt den Lizenznehmer grundsätzlich nur zur Übersetzung des Werkes und zur Veröffentlichung der Übersetzung (Art. V^{ter} i. V. m. Art. V Abs. 2 Buchst. a WUA; Art. II Abs. 2 Buchst. a Anh. RBÜ). Art. II Abs. 2 Buchst. a des Anhangs zur Berner Übereinkunft legt noch zusätzlich fest, daß die Übersetzung im Druck oder in einer entsprechenden Vervielfälti-

---

[26]) Nr. 73.

[27]) Zur grundsätzlichen Verwertbarkeit des Konferenzberichts über die Revision des Welturheberrechtsabkommens auch für die Auslegung des Anhangs zur Pariser Fassung der Berner Übereinkunft vgl. Steup/Bungeroth, im vorliegenden Band, S. 340.

gungsform veröffentlicht werden muß, während sich für das Welturheberechtsabkommen bereits aus dem engeren Veröffentlichungsbegriff des Art. VI ergibt, daß die Übersetzungslizenz grundsätzlich nur zur Verbreitung von Werkstücken berechtigt, die die Lektüre oder sonstige optische Wahrnehmung des Werkes ermöglichen[27a]).

d) Übersetzungslizenz zugunsten von Sendeunternehmen

Als Ausnahme von diesen Grundsätzen sieht sowohl das Welturheberrechtsabkommen (Art. V^{ter} Abs. 8) als auch der Anhang zur Berner Übereinkunft (Art. II Abs. 9) die Erteilung von Übersetzungslizenzen zugunsten von Sendeunternehmen vor. Diese Bestimmungen, die in den Entwürfen des Regierungsausschusses des Welturheberrechtsabkommens und des Ständigen Ausschusses des Berner Verbands noch nicht vorgesehen waren, gehen auf einen Vorschlag zurück, mit dem die Delegation Kenias während der Pariser Beratungen überraschend hervortrat[27b]) und der von allen Entwicklungsländern nachhaltig unterstützt wurde. Die Aufnahme dieses Vorschlags in die Konventionstexte beruht auf der Erwägung, daß in den Entwicklungsländern angesichts des Mangels an Lehrkräften, Literatur sowie Produktions- und Verteilungseinrichtungen für Literatur wie Verlagen, Druckereien, Buchhandlungen und Bibliotheken dem Rundfunk und Fernsehen für Erziehung, Ausbildung und Weiterbildung oft eine wichtigere Rolle zukommt als gedrucktem Lehrmaterial[27c]). Im einzelnen haben Inhalt und Voraussetzungen der Übersetzungslizenz zugunsten von Sendeanstalten eine Regelung erfahren, die der genannten Erwägung Rechnung trägt, zugleich aber auch einen zu weitgehenden Einbruch in die Rechtsstellung der Urheber vermeidet.

Die Übersetzungslizenz wird einem Sendeunternehmen mit Sitz im Erteilungsstaat der Lizenz lediglich zum Zweck der Herstellung einer für Sendezwecke bestimmten Übersetzung, nicht dagegen für die Funksendung selbst erteilt[28]). Die Zulässigkeit der Sendung richtet sich ausschließlich nach den allgemein geltenden Vorschriften[29])[30]).

[27a]) So auch WUA-Konferenzbericht, Nr. 87, (3), Satz 4.

[27b]) Vgl. WUA-Konferenzbericht, Nr. 82.

[27c]) Vgl. auch WUA-Konferenzbericht, Nr. 82 Satz 3.

[28]) Das wird in beiden Konferenzberichten ausdrücklich festgestellt (WUA-Bericht, Nr. 86; RBU-Bericht, Nr. 33).

[29]) Einschränkungen des Senderechts sind nach Art. 11bis Abs. 2 RBU allgemein — insbesondere auch durch Einführung einer gesetzlichen Lizenz — zulässig, wobei jedoch das Urheberpersönlichkeitsrecht und der Anspruch auf eine angemessene Vergütung gewahrt bleiben müssen. Für das Welturheberrechtsabkommen wird man davon ausgehen müssen, daß unter Art. IVbis Abs. 2 ebenso weitgehende Einschränkungen des Übersetzungsrechts zulässig sind (siehe dazu oben unter I 1 b auf S. 355/356).

Die Lizenz darf nur zur Anfertigung von Übersetzungen erteilt werden, die dazu bestimmt sind, in rechtmäßig ausgestrahlten Rundfunksendungen (Hörfunk und Fernsehen) benutzt zu werden, die ausschließlich dem Unterricht oder der Verbreitung wissenschaftlicher oder technischer Forschungsergebnisse an Sachverständige eines bestimmten Berufes dienen und nur für Empfänger im Erteilungsstaat der Lizenz bestimmt sind. Dabei ist es jedoch unschädlich, wenn die Sendung auch außerhalb des Hoheitsgebiets dieses Staates empfangen werden kann (sogenannter Overspill), solange sie nicht an die ausländischen Empfänger gerichtet ist[31]). Die Übersetzungen dürfen zur Verwendung sowohl in sog. Life-Sendungen als auch in Sendungen, die mit Hilfe rechtmäßig hergestellter ephemerer Aufnahmen[32]) ausgestrahlt werden, bestimmt sein. Gegenstand der Lizenz kann sowohl unter der Berner Übereinkunft als auch unter dem Welturheberrechtsabkommen grundsätzlich nur ein Werk sein, das im Druck oder in einer entsprechenden Vervielfältigungsform veröffentlicht worden ist. Daneben darf jedoch einem Sendeunternehmen auch eine Lizenz zur Übersetzung des Textes einer audiovisuellen Festlegung erteilt werden, sofern diese Festlegung ausschließlich für den Gebrauch im Zusammenhang mit systematischem Unterricht hergestellt und veröffentlicht worden ist. Die Übersetzung darf nur an Hand eines nach dem Recht des Erteilungsstaats der Lizenz rechtmäßig hergestellten und erworbenen Werkexemplars angefertigt werden. Der Gebrauch der Übersetzung darf schließlich keinen Erwerbszwecken dienen. Daraus folgt, daß Übersetzungslizenzen nicht zugunsten privater, auf kommerzieller Basis arbeitender Sendeunternehmen erteilt werden dürfen und daß die Übersetzung nicht für Programme mit Werbeeinblendungen bestimmt sein darf; dagegen hindert der Umstand, daß ein nichtgewerbliches Sendeunternehmen unter anderem auch Werbesendungen durchführt oder von den Empfängern seiner Sendungen Gebühren einzieht, nicht die Erteilung einer Übersetzungslizenz[33]).

---

[30]) Die Frage, ob die allgemein geltenden Vorschriften über zulässige Einschränkungen des Senderechts in gleichem Umfang auch die Sendung des geschützten Werks in Form einer Übersetzung gestatten — was eine besondere Übersetzungslizenz zugunsten von Sendeunternehmen überflüssig machen würde — wurde in Paris nicht aufgeworfen. Diese Frage war noch auf der Stockholmer Konferenz Gegenstand von Meinungsverschiedenheiten (vgl. dazu Ulmer in GRUR Int. 1971 S. 432 mit Nachweisen).

[31]) So ausdrücklich der WUA-Konferenzbericht, Nr. 84, (3).

[32]) Die Zulässigkeit der Herstellung ephemerer Aufnahmen richtet sich ebenso wie die der Sendung selbst ausschließlich nach den allgemeinen Vorschriften (WUA-Bericht, Nr. 86; RBU-Bericht, Nr. 33).

[33]) So ausdrücklich der WUA-Konferenzbericht, Nr. 84, (6).

Nach Art. V^{ter} Abs. 8 Buchst. a Nr. iv WUA und nach Art. II Abs. 9 Buchst. b Anh. RBÜ dürfen Aufnahmen der unter einer Zwangslizenz hergestellten Übersetzung zwischen den Sendeunternehmen des Erteilungsstaats ausgetauscht werden. Das bedeutet lediglich, daß in diesen Fällen dem Austausch der Aufnahmen und der Weitersendung durch ein anderes Unternehmen als den Lizenznehmer das Übersetzungsrecht des Urhebers nicht entgegensteht. Die Frage, ob diese Handlungen im übrigen — insbesondere im Hinblick auf das Senderecht des Urhebers — zulässig sind, richtet sich ebenso wie die Frage nach der Zulässigkeit der vom Lizenznehmer ausgestrahlten Sendungen ausschließlich nach den allgemein geltenden Vorschriften[34]). Für den Fall der unmittelbaren Weitersendung ohne das Hilfsmittel des Austauschs von Bild- oder Tonaufnahmen durch andere Sendeunternehmen im Erteilungsstaat der Übersetzungslizenz enthalten beide Übereinkünfte keine ausdrücklichen Regelungen. Man wird aber annehmen müssen, daß die dargelegten Grundsätze hier entsprechend anzuwenden sind[35]).

e) Allgemein gebräuchliche Sprache

Übersetzungslizenzen dürfen nur zum Zweck der Übertragung eines Werks in eine im Erteilungsstaat „allgemein gebräuchliche Sprache" erteilt werden (Art. V^{ter} i. V. m. Art. V Abs. 2 Buchst. a WUA, Art. II Abs. 2 Buchst. a Anh. RBÜ). Die Verwendung des Begriffs der im Erteilungsstaat „allgemein gebräuchlichen Sprache" anstelle der in Art. V Abs. 2 des Welturheberrechtsabkommens von 1952 und in Art. 30 Abs. 2 Buchst. b der Stockholmer Fassung der Berner Übereinkunft enthaltenen Bezeichnung „Landessprache"[36]) erfolgte auf den Wunsch der Entwicklungsländer hin. Durch diese Formulierung wird sichergestellt, daß Zwangslizenzen zur Übersetzung in jede in dem betreffenden Land oder in einem bestimmten Gebiet oder von einer bestimmten Bevölkerungsgruppe des Landes gesprochene Umgangssprache zulässig sind, auch wenn diese Sprachen keinen offiziellen Status haben[37]). Darüber hinaus wird man davon ausgehen müssen,

---

[34]) Vgl. Ulmer in GRUR Int. 1971 S. 432.

[35]) Vgl. Ulmer, aaO.

[36]) In den französischen und englischen Originaltexten des WUA 1952 einerseits und der RBÜ in der Stockholmer Fassung andererseits sind die Bezeichnungen nicht ganz identisch: In Art. V Abs. 2 WUA war von „la langue nationale ou . . . une des langues nationales" und „the national language or languages" die Rede, während in Art. 30 Abs. 2 Buchst. b RBÜ von „la ou les langues du pays" und „the language or languages of the said country" gesprochen wurde.

[37]) Vgl. RBÜ-Konferenzbericht, Nr. 30; der WUA-Konferenzbericht umschreibt den Begriff der in einem Land allgemein gebräuchlichen Sprache in anderem Zusammenhang im gleichen Sinne (Nr. 63).

daß auch eine nur in bestimmten Bereichen wie Verwaltung oder Erziehungswesen übliche Sprache eine „allgemein gebräuchliche Sprache" sein kann[38]).

f) Hauptfristen

Die Erteilung einer Übersetzungslizenz ist grundsätzlich erst nach Ablauf von drei Jahren seit der ersten Veröffentlichung eines Werkes zulässig (Art. V^{ter} Abs. 1 Buchst. a Satz 1 WUA, Art. II Abs. 2 Buchst. a Anh. RBÜ). Eine Verkürzung dieser Frist auf ein Jahr ist in beiden Übereinkünften für Übersetzungen in Sprachen vorgesehen, die nicht in einem oder mehreren der betreffenden Übereinkunft[39]) angehörenden „entwickelten Länder" allgemein gebräuchlich sind (Art. V^{ter} Abs. 1 Buchst. a Satz 2 WUA, Art. II Abs. 3 Buchst. a Anh. RBÜ). Als „entwickelte Länder" gelten in diesem Zusammenhang alle Staaten, die nicht nach der bestehenden Übung der Generalversammlung der Vereinten Nationen als Entwicklungsländer angesehen werden[40]).

Auch für Zwangslizenzen zur Übersetzung in eine Sprache, die in einem oder mehreren entwickelten Ländern allgemein gebräuchlich ist, kann die einzuhaltende Frist von drei Jahren bis auf ein Jahr verkürzt werden (Art. V^{ter} Abs. 1 Buchst. b WUA, Art. II Abs. 3 Buchst. b Anh. RBÜ). Eine solche Fristverkürzung ist jedoch für die Weltsprachen Englisch, Französisch und Spanisch ausdrücklich ausgeschlossen und setzt im übrigen eine dahingehende Vereinbarung zwischen dem betreffenden Entwicklungsland und allen entwickelten Ländern, in denen die Sprache allgemein gebräuchlich ist, voraus. Solche Vereinbarungen müssen im Rahmen des Welturheberrechtsabkommens dem Generaldirektor der UNESCO und im Rahmen der Berner Übereinkunft dem Generaldirektor der Weltorganisation für geistiges Eigentum notifiziert werden, die ihrerseits alle interessierten Staaten (Art. XXI Abs. 2 WUA) bzw. alle Verbandsländer (Art. 37 Abs. 5 RBÜ) darüber unterrichten. Die Möglichkeit der Fristverkürzung durch besondere Staatenvereinbarung war in den Vorentwürfen, die den Pariser Beratungen zugrunde lagen, noch nicht vorgesehen. Sie beruht auf einem brasilianischen Vorschlag und soll auch denjenigen Entwicklungsländern, in denen die Sprachen ihrer ehemaligen Mutterländer gesprochen werden, die Möglichkeit geben,

---

[38]) So ausdrücklich der RBÜ-Konferenzbericht, Nr. 30.

[39]) In diesem Zusammenhang wird im Rahmen des Welturheberrechtsabkommens auch auf die Länder abgestellt, die nur Vertragsstaaten des Textes von 1952 sind, und im Rahmen der Berner Übereinkunft auf alle „Mitglieder des Verbands" d. h. alle Länder, die auch nur einer der Fassungen der Berner Übereinkunft angehören.

[40]) Vgl. WUA-Konferenzbericht, Nr. 64; zur Bedeutung des Hinweises auf die bestehende Übung der Generalversammlung der Vereinten Nationen siehe oben unter II 1 a auf S. 358.

in den Genuß der Einjahresfrist zu gelangen. Ein Schönheitsfehler dieser Regelung liegt darin, daß auf die Zustimmung der entwickelten Länder, in deren Sprache Übersetzungen auf Grund von Zwangslizenzen hergestellt werden sollen, abgestellt wird, obwohl in erster Linie die Interessen der Autoren aus den Ländern, aus deren Sprachen übersetzt werden soll, berührt werden[41]). Dieser Schönheitsfehler mußte jedoch in Kauf genommen werden, weil nur so eine Kompromißlösung erreichbar war, die wenigstens die für die Urheber besonders wichtigen Weltsprachen Englisch, Französisch und Spanisch von der Möglichkeit der Fristverkürzung ausnahm.

g) Zusatzfristen

Die Erteilung einer Übersetzungslizenz setzt außer dem Ablauf der erwähnten Hauptfristen von drei Jahren bzw. von einem Jahr die Einhaltung „einer weiteren Frist" voraus (Art. V^{ter} Abs. 2 Buchst. a WUA, Art. II Abs. 4 Buchst. a Anh. RBÜ). Bei einer Hauptfrist von drei Jahren beträgt diese Zusatzfrist sechs Monate, bei einer Hauptfrist von einem Jahr verlängert sie sich auf neun Monate. In Fällen, in denen zwar nur eine einjährige Hauptfrist vorgeschrieben ist, aber bereits drei oder mehr Jahre seit der ersten Veröffentlichung des Werkes abgelaufen sind, wird man davon auszugehen haben, daß nicht mehr die neunmonatige, sondern nur noch die sechsmonatige Zusatzfrist eingehalten werden muß[42]).

Die Zusatzfristen beginnen im Regelfall im Rahmen des Welturheberrechtsabkommens im Zeitpunkt des Gesuchs an den Rechtsinhaber um Erlaubnis zur Übersetzung und im Rahmen der Berner Übereinkunft nach Absendung dieses Gesuchs und etwa erforderlicher Benachrichtigungen bestimmter Informationszentren. Ist der Rechtsinhaber oder seine Anschrift unbekannt, so beginnt die Zusatzfrist erst im Zeitpunkt der Versendung der Abschriften des an die zuständige Behörde gerichteten Lizenzantrags an den Verleger und die in Betracht kommenden Informationszentren. Aus dem Umstand, daß es sich bei der Zusatzfrist um eine „weitere Frist" (délai supplémentaire, further delay) handelt, folgt, daß die Zusatzfrist erst nach Ablauf der jeweiligen Hauptfrist beginnen und nicht bereits vor Ablauf der Hauptfrist in Lauf gesetzt werden kann[42a]). Diese Auslegung entspricht der nahezu einhelligen Auffassung aller Konferenzteilnehmer[43]).

---

[41]) So auch Ulmer in GRUR Int. 1971 S. 431.

[42]) So ausdrücklich WUA-Konferenzbericht, Nr. 71, (3).

[42a]) Ebenso Ulmer in GRUR Int. 1971 S. 431 und Desbois in RIDA Nr. LXXIX (1974) S. 383.

[43]) Nur die indische Delegation vertrat die Ansicht, die Zusatzfrist könne bereits während des Laufs der Hauptfrist beginnen; WUA-Konferenzbericht, Nr. 72, RBÜ-Konferenzbericht, Nr. 31.

h) Übersetzungslizenzen zur Weiterübersetzung

Übersetzungslizenzen können auch zur Weiterübersetzung eines bereits in Übersetzung vorliegenden Werks erteilt werden[44]). In diesem Fall setzt die Erteilung einer Zwangslizenz voraus, daß zuvor sowohl der Inhaber des Urheberrechts an der ersten Übersetzung als auch der Inhaber der Rechte an dem Originalwerk um Erteilung einer vertraglichen Lizenz ersucht wurde[45]). Wird eine Zwangslizenz erteilt, so müssen beide Rechtsinhaber eine angemessene Vergütung erhalten[46]).

Die gleichen Grundsätze gelten im übrigen auch für Übersetzungslizenzen an bearbeiteten Werken und anderen Werken, an denen Rechte verschiedener Urheber bestehen[46a]).

i) Werke mit Abbildungen

Nach Art. V^{ter} Abs. 7 WUA und Art. II Abs. 7 Anh. RBÜ können für Werke, die vorwiegend aus Abbildungen bestehen, Lizenzen zur Übersetzung des Textes und zur Vervielfältigung der Abbildungen nur erteilt werden, wenn sowohl die Voraussetzungen der Übersetzungslizenz als auch diejenigen der Vervielfältigungslizenz erfüllt sind. Aus diesen Bestimmungen, die in erster Linie im Hinblick auf Kunstbücher geschaffen wurden, läßt sich im Umkehrschluß folgern, daß für Werke, bei denen der Text die Hauptsache ist und die Abbildungen nur Beiwerk darstellen, lediglich die Voraussetzungen der Übersetzungslizenz erfüllt sein müssen[47]).

k) Ersetzung durch eine Lizenz nach Art. V WUA

Die unter dem Welturheberrechtsabkommen für Entwicklungsländer zulässige Übersetzungslizenz weist die Besonderheit auf, daß sie nach Ablauf von sieben Jahren nach der ersten Veröffentlichung des Originalwerks durch eine Lizenz nach Art. V WUA ersetzt werden kann (Art. V^{ter} Abs. 9 Satz 2 WUA). Diese Regelung beruht auf dem Gedanken, daß es nicht gerechtfertigt wäre, die Entwicklungsländer in

---

[44]) So könnte sich z. B. in Indien das Bedürfnis ergeben, die englische Übersetzung eines deutschen Werks in das Hindi zu übersetzen.

[45]) So ausdrücklich WUA-Konferenzbericht, Nr. 87, (5); a. M. de Sanctis in Le Droit d'Auteur 1972 S. 246, Fußn. 16 (= Copyright 1972 S. 247, Fußn. 16), der es für ausreichend hält, wenn entweder der Urheber des Originalwerks oder der der Übersetzung um Erteilung einer vertraglichen Lizenz gebeten wurde.

[46]) Das wird zwar weder in den Pariser Texten noch in den Konferenzberichten ausdrücklich festgestellt, ergibt sich aber m. E. aus der Natur der Sache.

[46a]) So ausdrücklich WUA-Konferenzbericht, Nr. 87, (5), Satz 2, für das Erfordernis des vorherigen Gesuchs um Gewährung einer vertraglichen Lizenz.

[47]) Ulmer in GRUR Int. 1971 S. 431; Desbois in RIDA Nr. LXXIX (1974) S. 375.

der Ausübung der allen Mitgliedstaaten des Welturheberrechtsabkommens zustehenden Befugnisse nach Art. V WUA zu beschränken.

Die Ablösung einer Lizenz nach Art. V^{ter} WUA durch eine Lizenz nach Art. V WUA hat für den Lizenzinhaber den Vorteil, daß die Beschränkung der Lizenz auf Unterrichts-, Studien- und Forschungszwecke entfällt, daß Exporte nach Art. V Abs. 2 Buchst. e Satz 3 und 4 WUA in weiterem Rahmen zulässig sind und daß der Rechtsinhaber die Lizenz nicht mehr durch die Belieferung des Marktes mit einer eigenen Übersetzung zum Erlöschen bringen kann. Auf der anderen Seite gelten nach Art. V WUA strengere Grundsätze für die Bemessung und den Transfer der Lizenzgebühr als nach Art. V^{ter} WUA[48]).

3. Die Vervielfältigungslizenz

a) Zweckbestimmung der Lizenz

Vervielfältigungslizenzen dürfen nur zur Vervielfältigung und Veröffentlichung einer bestimmten Ausgabe eines Werkes für den Gebrauch im Zusammenhang mit systematischem Unterricht erteilt werden, wobei die Lizenzausgabe zu dem für vergleichbare Werke landesüblichen oder einem niedrigeren Preis angeboten werden muß (Art. V^{quater} Abs. 1 Buchst. a Satz 1 WUA, Art. III Abs. 2 Buchst. a Anh. RBÜ). Für Forschungszwecke können Vervielfältigungslizenzen im Gegensatz zu Übersetzungslizenzen nicht erteilt werden.

Hinsichtlich des Begriffs des systematischen Unterrichts weichen die englischen und französischen Fassungen beider Übereinkünfte in der Wortwahl voneinander ab. Während die englischen Texte von „systematic instructional activities" sprechen, ist in den französischen Texten von „enseignement scolaire et universitaire" die Rede. Auf den Pariser Revisionskonferenzen bestand jedoch Einigkeit darüber, daß mit beiden Bezeichnungen nicht nur der Unterricht an Schulen und Universitäten, sondern auch jede systematische außerschulische Ausbildung gemeint ist[49]).

Vervielfältigungsstücke, die unter einer Zwangslizenz hergestellt wurden, dürfen auch im freien Verkauf angeboten werden. Die zu-

---

[48]) Nach Art. V Abs. 2 Buchst. d muß die Vergütung „internationalen Maßstäben" entsprechen, während Art. V^{ter} Abs. 5 Buchst. a. eine Vergütung genügen läßt, „die der bei frei vereinbarten Lizenzen zwischen Personen in den beiden betreffenden Ländern üblichen Vergütung entspricht". Art. V Abs. 2 Buchst. d verlangt ausnahmslos „Gewährleistung" des Transfers der Vergütung, wogegen Art. V^{ter} Abs. 5 Buchst. b für den Fall nationaler Devisenbeschränkungen lediglich einen Appell an die zuständige Behörde des Erteilungsstaats enthält, „unter Zuhilfenahme internationaler Einrichtungen alles ihr Mögliche zu tun", um den Transfer sicherzustellen.

[49]) Vgl. WUA-Konferenzbericht, Nr. 92.

ständigen Behörden des Erteilungsstaats haben jedoch dafür zu sorgen, daß die Lizenz tatsächlich Zwecken des systematischen Unterrichts dient, und dürfen keine Lizenz erteilen, bei denen diese Ziele nur einen Nebenzweck darstellen[50]).

b) Betroffene Werke; Form der Verwendung

Sowohl unter dem Welturheberrechtsabkommen als auch unter der Berner Übereinkunft dürfen Vervielfältigungslizenzen grundsätzlich nur an Werken erteilt werden, die im Druck oder in einer entsprechenden Vervielfältigungsform veröffentlicht worden sind (Art. V^{quater} Abs. 3 Buchst. a WUA, Art. III Abs. 7 Buchst. a Anh. RBÜ). Der Lizenznehmer seinerseits darf das Werk grundsätzlich ebenfalls nur in einer optisch wahrnehmbaren Form, nicht dagegen in Form von Tonträgern oder audio-visuellen Medien in Verkehr bringen[51]).

Als Ausnahme von diesen Grundsätzen ist die Erteilung von Zwangslizenzen zur audio-visuellen Vervielfältigung rechtmäßig und ausschließlich für den Gebrauch im Zusammenhang mit systematischem Unterricht hergestellter und veröffentlichter audio-visueller Festlegungen, soweit sie selbst geschützte Werke sind oder geschützte Werke enthalten, zulässig (Art. V^{quater} Abs. 3 Buchst. b WUA, Art. III Abs. 7 Buchst. b Anh. RBÜ). Dabei erlaubt die Vervielfältigungslizenz zugleich auch die Übersetzung eines in der audio-visuellen Festlegung enthaltenen Textes in eine im Erteilungsstaat allgemein gebräuchliche Sprache. Mit dieser Ausnahmeregelung soll der besonderen Bedeutung Rechnung getragen werden, die Lehrfilmen und anderen audiovisuellen Lehrmitteln in den Entwicklungsländern insbesondere bei der Unterrichtung von Analphabeten zukommt.

c) Fristen

Die seit der ersten Veröffentlichung einer bestimmten Ausgabe eines Werkes laufenden Fristen, von deren Ablauf die Zulässigkeit einer Vervielfältigungslizenz abhängt (Art. V^{quater} Abs. 1 Buchst. c WUA, Art. III Abs. 3 Anh. RBÜ), sind auf der Grundlage einer Interessenabwägung gestaffelt. Da Werke aus den Bereichen der Naturwissenschaften, Mathematik und Technik schnell veralten, ist für diese Werke im Interesse der Entwicklungsländer eine kurze Frist

---

[50]) So ausdrücklich WUA-Konferenzbericht aaO.

[51]) Das folgt für das Welturheberrechtsabkommen bereits daraus, daß die dem Lizenznehmer gestattete Veröffentlichung nach der allgemeinen Definition des Art. VI nur das Inverkehrbringen von Werkstücken umfaßt, die die Lektüre oder sonstige optische Wahrnehmung des Werkes gestatten. Für die Berner Übereinkunft kann nach dem Sinn der gesamten Regelung nichts anderes gelten.

von drei Jahren vorgesehen. Für Romane, Gedichte, Dramen, Musikwerke und Kunstbücher, die in der Regel über längere Zeit Gültigkeit behalten und sich oft auch nur langsam durchsetzen, wurde im Interesse der Urheber die verhältnismäßig lange Frist von sieben Jahren gewählt. Für alle anderen Werke gilt eine mittlere Frist von fünf Jahren. Da Vervielfältigungslizenzen stets nur für eine bestimmte Ausgabe eines Werkes erteilt werden und die Fristen stets von der ersten Veröffentlichung dieser Ausgabe an berechnet werden (Art. V^{quater} Abs. 1 Buchst. a WUA, Art. III Abs. 2 Buchst. a Anh. RBÜ), gestattet der Ablauf der vorgeschriebenen Fristen seit der Veröffentlichung einer früheren Ausgabe nicht die Erteilung einer Zwangslizenz für eine spätere Ausgabe[52]).

Eine nach drei Jahren erwirkbare Vervielfältigungslizenz darf nur erteilt werden, wenn außer der seit dem Zeitpunkt der ersten Veröffentlichung der zu vervielfältigenden Ausgabe laufenden Dreijahresfrist auch sechs Monate seit dem Gesuch an den Rechtsinhaber um Erteilung einer vertraglichen Lizenz oder, sofern der Rechtsinhaber oder seine Anschrift unbekannt ist, seit dem Zeitpunkt der Versendung der vorgeschriebenen Abschriften des Zwangslizenzantrags abgelaufen sind (Art. V^{quater} Abs. 1 Buchst. e WUA, Art. III Abs. 4 Buchst. a Anh. RBÜ). Da diese Sechsmonatsfrist in beiden Übereinkünften nicht als „weitere" Frist bezeichnet ist, kann sie im Gegensatz zu den Sechs- und Neunmonatsfristen bei der Übersetzungslizenz bereits vor Ablauf der Hauptfrist in Lauf gesetzt werden[53]). Beträgt die für die Erteilung einer Vervielfältigungslizenz einzuhaltende Hauptfrist fünf oder sieben Jahre, so ist die Beachtung einer besonderen Notfrist zugunsten des Rechtsinhabers für den Regelfall nicht vorgeschrieben[53a]). Nur wenn der Rechtsinhaber nicht erreichbar ist, darf eine Übersetzungslizenz nicht vor Ablauf von drei Monaten seit Absendung der vorgeschriebenen Abschriften des Zwangslizenzantrags erteilt werden (Art. V^{quater} Abs. 1 Buchst. d Satz 3 WUA, Art. III Abs. 4 Buchst. b Anh. RBÜ)[54]) [54a]).

---

[52]) Darauf wird im WUA-Konferenzbericht, Nr. 93, ausdrücklich hingewiesen.

[53]) So ausdrücklich WUA-Konferenzbericht, Nrn. 72, 102.

[53a]) Wenn der WUA-Konferenzbericht in Nr. 103 Satz 4 davon spricht, die Sechsmonatsfrist des Art. V^{quater} könne „gleichzeitig mit der grundlegenden Ausschließlichkeitsfrist von drei, fünf oder sieben Jahren laufen", so dürfte die Erwähnung der Fünf- und Siebenjahresfristen auf einem Versehen beruhen.

[54]) Die Dreimonatsfrist ist nur bei Hauptfristen von fünf oder sieben Jahren von Bedeutung. Beträgt die Hauptfrist drei Jahre, so muß die für diesen Fall vorgesehene Sechsmonatsfrist beachtet werden, die bei Unauffindbarkeit des Rechtsinhabers ebenso wie die Dreimonatsfrist im Zeitpunkt der Versendung der Abschriften des Zwangslizenzantrags beginnt. Das wird in Art. III Abs. 4 Buchst. b Anh. RBÜ durch die einleitenden Worte „Sind Lizenzen nach anderen Fristen erwirkbar" ausdrücklich klar

d) Vervielfältigung vorbestehender Übersetzungen

Eine Vervielfältigungslizenz kann grundsätzlich auch zur Vervielfältigung und Veröffentlichung einer bereits vorhandenen Übersetzung eines Werks erteilt werden. Die Erteilung einer Vervielfältigungslizenz ist jedoch unzulässig, wenn die Übersetzung nicht vom Inhaber des Übersetzungsrechts oder mit seiner Erlaubnis veröffentlicht worden ist (Art. V^{quater} Abs. 1 Buchst. h Nr. i WUA, Art. III Abs. 5 Nr. i Anh. RBÜ). Damit ist insbesondere die Erteilung einer Vervielfältigungslizenz an einer auf Grund einer Zwangslizenz hergestellten und veröffentlichten Übersetzung ausgeschlossen[55]).

Übersetzungen, die nicht in einer in dem betreffenden Entwicklungsland allgemein gebräuchlichen Sprache abgefaßt sind, dürfen nicht

---

gestellt, gilt aber ebenso im Rahmen des WUA, da auch dort im Falle der Unauffindbarkeit des Rechtsinhabers die Dreimonatsfrist und die Sechsmonatsfrist im gleichen Zeitpunkt beginnen (Art. V^{quater} Abs. 1 Buchst. d Satz 3 und Buchst. e Nr. i WUA). Unzutreffend daher Nr. 103 Satz 4 des WUA-Konferenzberichts, der davon ausgeht, daß der Dreimonatsfrist neben der Sechsmonatsfrist Bedeutung zukommen könne.

[54a]) Ob die Dreimonatsfrist bereits während der jeweiligen Hauptfrist in Lauf gesetzt werden kann oder aber als echte Zusatzfrist anzusehen ist, hängt davon ab, ob man die Stellung eines Zwangslizenzantrags und damit die Versendung von Abschriften dieses Antrags vor Ablauf der Hauptfrist für zulässig hält. Davon hängt es auch ab, ob die bei dreijähriger Hauptfrist vorgesehene Sechsmonatsfrist auch im Falle der Unauffindbarkeit des Rechtsinhabers bereits vor Ablauf der Hauptfrist in Lauf gesetzt werden kann. Der RBÜ-Konferenzbericht erklärt einen wirksamen Antrag auf Erteilung einer Zwangslizenz vor Ablauf der jeweiligen Hauptfrist nicht nur in Nr. 31 für die Übersetzungslizenz, sondern in Nr. 38 ausdrücklich auch für die Vervielfältigungslizenz für ausgeschlossen. Ob dieser Auslegung gefolgt werden kann, erscheint jedoch zweifelhaft. Sie findet im Wortlaut beider Übereinkünfte keine Stütze. Das Fehlen des im Zusammenhang mit den Zusatzfristen bei der Übersetzungslizenz verwendeten Wortes „weitere" (Art. V^{ter} Abs. 2 Buchst. a WUA, Art. II Abs. 4 Buchst. a Anh. RBÜ) in den Vorschriften über die für Vervielfältigungslizenzen mit dreijähriger Hauptfrist vorgesehene Sechsmonatsfrist spricht im Gegenteil dafür, daß bei der Vervielfältigungslizenz die Sechsmonatsfrist stets gleichzeitig mit der Hauptfrist laufen kann. Für das Welturheberrechtsabkommen betont der WUA-Konferenzbericht an drei Stellen (Nr. 72 Satz 4, Nr. 102 Satz 2 und Nr. 103 Satz 4) ausdrücklich die Möglichkeit gleichzeitigen Fristenlaufs bei der Vervielfältigungslizenz, ohne für den Fall der Unauffindbarkeit des Rechtsinhabers eine Ausnahme von diesem Grundsatz zuzulassen. Angesichts des einhelligen Bestrebens aller an den beiden Revisionskonferenzen Beteiligten, die Sonderbestimmungen des WUA und der RBÜ zugunsten der Entwicklungsländer inhaltlich gleich auszugestalten, kann aber nicht davon ausgegangen werden, daß im Rahmen der RBÜ eine andere Fristenregelung als im WUA getroffen werden sollte. Es liegt daher nahe, in der Formulierung von Nr. 38 des RBÜ-Berichts ein Versehen — Nichtbeachtung des Unterschiedes zwischen den Fristenregelungen des Artikels II und des Artikels III Anh. RBÜ — zu erblicken. Wollte man dagegen der Auslegung der Nr. 38 des RBÜ-Berichts folgen, so würden dadurch bei der Vervielfältigungslizenz unter den von einem Lizenzerteilungsverfahren betroffenen Rechtsinhabern gerade diejenigen begünstigt, die es unterlassen haben, durch ordnungsgemäße Angabe ihres Namens und ihrer Anschrift auf den von ihnen autorisierten Werkstücken dafür zu sorgen, daß ein Lizenzbewerber mit ihnen in Verbindung treten kann. Ulmer (GRUR Int. 1971 S. 434) hält sowohl den Beginn der Sechsmonatsfrist als auch den der Dreimonatsfrist während des Laufs der jeweiligen Hauptfrist für zulässig und geht damit implicite davon aus, daß ein Lizenzantrag bereits vor Ablauf der Hauptfrist wirksam gestellt werden kann; ebenso Desbois in RIDA Nr. LXXIX (1974) S. 393, der die Zulässigkeit des Lizenzantrags vor Ablauf der Hauptfrist ausdrücklich bejaht.

[55]) Vgl. WUA-Konferenzbericht, Nr. 108.

zum Gegenstand einer Vervielfältigungslizenz gemacht werden (Art. V^{quater} Abs. 1 Buchst. h Nr. ii WUA, Art. III Abs. 5 Nr. ii Anh. RBÜ).

Berührt die Erteilung einer Zwangslizenz zur Vervielfältigung und Veröffentlichung einer vorbestehenden Übersetzung sowohl die Rechtsstellung des Urhebers der Übersetzung als auch diejenige des Urhebers des Originalwerks[56]), so muß das der Zwangslizenzerteilung vorausgehende Gesuch um Gewährung einer vertraglichen Lizenz an beide Rechtsinhaber gerichtet werden[57]). Wird eine Zwangslizenz erteilt, so haben beide Rechtsinhaber einen Anspruch auf angemessene Vergütung[57a]). Diese Grundsätze gelten ebenso auch für andere Fälle, in denen die Erteilung einer Zwangslizenz zur Vervielfältigung die Rechte mehrerer Urheber berührt, wie zum Beispiel im Falle der Lizenzerteilung an einem bearbeiteten Werk[58]).

III. Weitere Vergünstigungen für Entwicklungsländer

1. Welturheberrechtsabkommen

Art. XVII WUA und die Zusatzerklärung zu diesem Artikel bestimmen zugunsten der Berner Übereinkunft u. a., daß die Werke, die nach der Berner Übereinkunft als Ursprungsland ein Land haben, das nach dem 1. Januar 1951 aus dem Berner Verband ausgeschieden ist, in den Ländern des Berner Verbands nicht durch das Welturheberrechtsabkommen geschützt werden. Diese Bestimmung, die das Abwandern von Mitgliedern des Berner Verbands zum Welturheberrechtsabkommen verhindern soll, wurde durch den in Paris in die Zusatzerklärung eingefügten Absatz b zugunsten der Entwicklungsländer außer Kraft gesetzt, um denjenigen Entwicklungsländern, die dem höheren Schutzniveau der Berner Übereinkunft nicht mehr genügen zu können glauben, den Übertritt zum Welturheberrechtsabkommen zu ermöglichen[59]).

---

56) Dieser Fall kann immer dann eintreten, wenn der Urheber des Originalwerks dem Urheber der Übersetzung das Übersetzungsrecht nur unter Beschränkungen eingeräumt hat.

57) So ausdrücklich WUA-Konferenzbericht, Nr. 108.

57a) Ebenso wie bei der Übersetzungslizenz (siehe dazu oben unter II 2 h auf S. 376 und Fußn. 46) wird das weder in den Konventionstexten noch in den Konferenzberichten ausdrücklich ausgesprochen, folgt jedoch aus der Natur der Sache.

58) In Nr. 108 des WUA-Konferenzberichts fehlt zwar ein der Nr. 87, (5), Satz 2 entsprechender Hinweis, jedoch wird man die allgemeine Verweisung in Nr. 94 Satz 2 auf die Ausführungen des Berichts zu den einer Übersetzungslizenz vorangehenden verfahrensmäßigen Schritten auch auf Nr. 87, (5), Satz 2 beziehen müssen.

59) Portugal hatte darüber hinaus vorgeschlagen, die Schutzvorschrift zugunsten der Berner Übereinkunft insoweit völlig zu streichen und jedem Land den freien Übertritt von der Berner Übereinkunft zum Welturheberrechtsabkommen zu ermöglichen. Angesichts des Widerspruchs zahlreicher anderer Delegationen zog die portugiesische Delegation diesen Vorschlag zwar zurück, erklärte aber zugleich, Portugal werde sich künftig allen Bemühungen um eine weitere Anhebung des Schutzniveaus der Berner Übereinkunft widersetzen, solange die Schutzvorschrift im Welturheberrechtsabkommen aufrecht erhalten bleibe (vgl. WUA-Bericht, Nr. 139).

In den Genuß dieser Sonderregelung kann jeder Staat gelangen, der nach der bestehenden Übung der Vereinten Nationen als Entwicklungsland angesehen wird und der bei seinem Austritt aus dem Berner Verband beim Generaldirektor der UNESCO eine Notifikation hinterlegt hat, daß er sich als Entwicklungsland betrachtet. Verliert ein solcher Staat später den Status eines Entwicklungslandes, so tritt für ihn die Regel des Absatzes a der Zusatzerklärung zu Art. XVII WUA zu dem Zeitpunkt wieder in Kraft, in dem er die Befugnis verliert, von den Vorteilen der Art. V^{bis} bis V^{quater} Gebrauch zu machen. Von diesem Zeitpunkt an genießen Werke, deren Ursprungsland dieser Staat ist, in den Ländern des Berner Verbands nicht mehr den Schutz des Welturheberrechtsabkommens.

Da einerseits das Schutzniveau des Welturheberrechtsabkommens in Paris nicht unerheblich angehoben wurde und andererseits die Berner Übereinkunft die gleichen Sondervergünstigungen für Entwicklungsländer enthält wie das Welturheberrechtsabkommen, erscheint die Hoffnung berechtigt, daß trotz der Aussetzung der Schutzklausel die dem Berner Verband angehörenden Entwicklungsländer nicht aus dem Verband austreten und nur dem Welturheberrechtsabkommen angehören werden.

2. Berner Übereinkunft

Neben dem System der Zwangslizenzen enthält die Pariser Fassung der Berner Übereinkunft als weitere Vergünstigung für die Entwicklungsländer Sonderbestimmungen über die Inanspruchnahme des das Übersetzungsrecht betreffenden Zehnjahresvorbehalts des Art. 5 Abs. 1 RBÜ in der Fassung der Pariser Zusatzakte vom 4. Mai 1896[60]).

Durch die Pariser Zusatzakte wurde den Verbandsländern die Möglichkeit gegeben, das ausschließliche Übersetzungsrecht des Urhebers zehn Jahre nach der ersten Veröffentlichung des Werkes für jede Sprache erlöschen zu lassen, in der der Urheber während dieses Zeitraums keine Übersetzung entweder selbst oder durch Dritte veröffentlicht hatte. Die späteren Fassungen der Berner Übereinkunft erlaubten den Verbandsländern, die diese Einschränkung in Anspruch genommen hatten, sie aufrecht zu erhalten, und gestatteten neu beitretenden Ländern, sie in Anspruch zu nehmen[60a]). Für neu beitretende

---

60) Reichsgesetzbl. 1897 S. 759.

60a) Berliner Fassung vom 13. November 1908 (Reichsgesetzbl. 1910 S. 965), Art. 25 Abs. 3 Satz 2, Art. 27 Abs. 2; Fassung von Rom vom 2. Juni 1928 (Reichsgesetzbl. 1933 II S. 890), Art. 25 Abs. 3 Satz 2, Art. 27 Abs. 2; Brüsseler Fassung vom 26. Juni 1948 (Bundesgesetzbl. 1965 II S. 1214), Art. 25 Abs. 3 Satz 2, Art. 27 Abs. 2 und Abs. 3 Satz 2; Stockholmer Fassung vom 14. Juli 1967 (Bundesgesetzbl. 1970 II S. 348), Art. 30 Abs. 2.

Länder wurde diese Befugnis jedoch seit der Rom-Fassung auf Übersetzungen in die Landessprache oder in die Landessprachen beschränkt[60b]). Die Stockholmer Fassung (Art. 30 Abs. 2 Buchst. b Satz 2) sah gegenüber Ländern, die die Einschränkung des Übersetzungsrechts in Anspruch nehmen, zusätzlich die Anwendung des Grundsatzes der materiellen Reziprozität vor, während es gegenüber den Verbandsländern, die die Einschränkung bisher schon in Anspruch genommen hatten[60c]), bei der Nichtanwendbarkeit dieses Grundsatzes verblieb. Das Stockholmer Protokoll (Art. I Buchst. b Nr. i) gestattete jedoch allen Entwicklungsländern, d. h. auch denjenigen, die dem Berner Verband bereits angehörten, von dem Zehnjahresvorbehalt aber keinen Gebrauch gemacht hatten, neben der Inanspruchnahme der übrigen ihnen vorbehaltenen Beschränkungen des Übersetzungsrechts auch eine dem Art. 5 Abs. 1 RBÜ in der Fassung der Pariser Zusatzakte entsprechende Einschränkung dieses Rechts, ohne daß die anderen Verbandsländer deshalb zur Anwendung der materiellen Reziprozität berechtigt sein sollten.

Die Pariser Fassung der Berner Übereinkunft übernimmt in Art. 30 Abs. 2 mit einer geringfügigen Abweichung[61]) die allgemein geltenden Regeln der Stockholmer Fassung über die Aufrechterhaltung und über die Neuinanspruchnahme des Zehnjahresvorbehalts. Die Sonderregelung für Entwicklungsländer hat dagegen durch den Ausschluß der kumulativen Inanspruchnahme des Zehnjahresvorbehalts und der Befugnis zur Erteilung von Übersetzungslizenzen eine entscheidende Einschränkung erfahren.

Jedes Entwicklungsland muß sich bei der Ratifikation der Pariser Fassung der Berner Übereinkunft oder beim Beitritt zu dieser Fassung entscheiden, ob es statt der Befugnis zur Erteilung von Übersetzungslizenzen den Zehnjahresvorbehalt in Anspruch nehmen bzw. aufrecht erhalten will (Art. I Abs. 1 Satz 2, Art. V Abs. 1 Buchst. a Anh. RBÜ). Nimmt ein Entwicklungsland den Zehnjahresvorbehalt in Anspruch, so bleibt für die übrigen Verbandsländer ebenso wie im Falle der Inanspruchnahme der Befugnis zur Erteilung von Übersetzungslizenzen die Anwendung des Grundsatzes der materiellen Reziprozität ausgeschlossen (Art. I Abs. 6 Buchst. b Anh. RBÜ). Die einmal getroffene Entscheidung für den Zehnjahresvorbehalt oder für

---

60b) Siehe jeweils Art. 25 Abs. 3 Satz 2 der Fassungen von Rom und Brüssel sowie Art. 30 Abs. 2 Buchst. b Satz 1 der Stockholmer Fassung.

60c) Dazu zählen Island, Japan, Jugoslawien, Mexiko, Thailand und die Türkei; vgl. Le Droit d'Auteur 1974, S. 12 ff. (= Copyright 1974 S. 8 ff.).

61) Auch hier wurde der Begriff „Landessprache" durch die Bezeichnung „in diesem Land allgemein gebräuchliche Sprache" ersetzt.

die Befugnis zur Erteilung von Zwangslizenzen kann später grundsätzlich nicht mehr korrigiert werden (Art. V Abs. 1 Buchst. c und Abs. 2 Anh. RBÜ). Jedes Entwicklungsland kann jedoch — gleichgültig, ob es den Zehnjahresvorbehalt in Anspruch genommen oder die Befugnis zur Erteilung von Übersetzungslizenzen gewählt oder weder das eine noch das andere getan hat — wenn es zum entwickelten Land wird, bis zu zwei Jahren vor dem Zeitpunkt, in dem es nach der Regelung des Art. I Abs. 3 Anh. RBÜ die Befugnis zur Inanspruchnahme der Sondervergünstigungen für Entwicklungsländer verliert, die in Art. 30 Abs. 2 Buchst. b Satz 1 RBÜ vorgesehene Erklärung über die Inanspruchnahme des Zehnjahresvorbehalts abgeben (Art. V Abs. 3 Satz 1 Anh. RBÜ)[62]). Diese Erklärung wird in dem genannten Zeitpunkt wirksam (Art. V Abs. 3 Satz 2 Anh. RBÜ) und hat zur Folge, daß das ehemalige Entwicklungsland von diesem Zeitpunkt an der allgemein geltenden Regelung des Art. 30 Abs. 2 Buchst. b RBÜ unterworfen, das heißt, der Möglichkeit der Anwendung des Grundsatzes der materiellen Reziprozität durch die anderen Verbandsländer ausgesetzt ist.

Ein Entwicklungsland, das erklärt hat, es werde den Zehnjahresvorbehalt in Anspruch nehmen, muß diese Erklärung in dem in Art. I Abs. 2 Anh. RBÜ vorgeschriebenen Rhythmus alle zehn Jahre wiederholen, um ihre Wirkung aufrecht zu erhalten[63]). Wird ein solches

---

[62]) Mit dieser Regelung wird insbesondere der Lage derjenigen Entwicklungsländer Rechnung getragen, auf die während der Zeit, als sie Kolonien europäischer Staaten waren, die Berner Übereinkunft für anwendbar erklärt worden war, und die nach Erlangung der Unabhängigkeit die Fortgeltung der Berner Übereinkunft erklärt hatten, die mithin nie die Möglichkeit besaßen, den Zehnjahresvorbehalt in Anspruch zu nehmen.

[63]) Das folgt daraus, daß Art. I Abs. 2 Buchst. a und b Anh. RBÜ auf „jede Erklärung nach Absatz 1", mithin auch auf die in Art. I Abs. 1 Satz 2 geregelte Inanspruchnahme des Zehnjahresvorbehalts Anwendung findet. In dieser Regelung liegt für die Mehrzahl der Entwicklungsländer keine ungerechtfertigte Benachteiligung. Ein entwickeltes Land, das eine Erklärung nach Art. 30 Abs. 2 Buchst. b RBÜ abgibt, muß diese Erklärung zwar nicht regelmäßig erneuern, ist dafür aber im Gegensatz zu einem Entwicklungsland, das von der Möglichkeit des Art. I Abs. 1 Satz 2 Anh. RBÜ Gebrauch macht, der Anwendung der materiellen Reziprozität durch die anderen Verbandsländer ausgesetzt. Lediglich diejenigen Entwicklungsländer, die bereits bisher den Zehnjahresvorbehalt in Anspruch genommen haben, wären auch ohne die Sonderregelung des Anhangs gemäß Art. 30 Abs. 2 Buchst. a der Anwendung der materiellen Reziprozität nicht ausgesetzt. Für sie würde der Zwang zur regelmäßigen Erneuerung des Zehnjahresvorbehalts eine echte Verschlechterung gegenüber dem bisherigen Zustand und zugleich eine Schlechterstellung im Vergleich zu den entwickelten Ländern bedeuten, die den Vorbehalt bisher schon in Anspruch genommen haben und ihn durch eine einmalige Erklärung zeitlich unbegrenzt aufrechterhalten können. Da mit der Revision der RBÜ eine Verbesserung und keine Verschlechterung der Stellung der Entwicklungsländer angestrebt wurde, stellt sich die Frage, ob für diejenigen Entwicklungsländer, die schon bisher zur Inanspruchnahme des Zehnjahresvorbehalts berechtigt waren, nicht eine Ausnahme von der Notwendigkeit der regelmäßigen Erneuerung der Vorbehaltserklärung gelten muß.

Land zum entwickelten Land, so verliert die Inanspruchnahme des Zehnjahresvorbehalts in dem nach Art. I Abs. 3 Anh. RBÜ maßgebenden Zeitpunkt ihre Wirkung (Art. V Abs. 1 Buchst. b Anh. RBÜ). Das Entwicklungsland kann jedoch, wie bereits dargelegt, bis zu zwei Jahren vor diesem Zeitpunkt die in Art. 30 Abs. 2 Buchst. b Satz 1 RBÜ vorgesehene Erklärung abgeben und sich damit den Zehnjahresvorbehalt erhalten, ist dann aber dem in Art. 30 Abs. 2 Buchst. b Satz 2 vorgesehenen Grundsatz der materiellen Reziprozität unterworfen. Hiervon muß jedoch dann eine Ausnahme gemacht werden, wenn das Entwicklungsland schon früher den Zehnjahresvorbehalt in Anspruch genommen und ihn beim Beitritt zur Pariser Fassung der Berner Übereinkunft aufrecht erhalten hat. In diesem Fall ist der Erklärung des Entwicklungslandes — sofern eine solche Erklärung überhaupt für erforderlich gehalten wird[63a]) —, obwohl Art. V Abs. 3 Satz 1 Anh. RBÜ auf Art. 30 Abs. 2 Buchst. b RBÜ verweist, ausnahmsweise die Wirkung einer Erklärung nach Art. 30 Abs. 2 Buchst. a RBÜ beizulegen, so daß der Grundsatz der materiellen Reziprozität hier nicht zur Anwendung kommen kann[64]).

Hinsichtlich der Sprachen, für die der Zehnjahresvorbehalt Wirkung entfaltet, müssen zwei Fallgestaltungen unterschieden werden. Nimmt ein Entwicklungsland den Zehnjahresvorbehalt erstmalig in Anspruch, so ist dieser Vorbehalt nur für Übersetzungen in Sprachen wirksam, die in dem Entwicklungsland allgemein gebräuchlich sind (Art. V Abs. 1 Buchst. a Nr. ii Anh. RBÜ i. V. m. Art. 30 Abs. 2 Buchst. b Satz 1 RBÜ)[65]). Ein Entwicklungsland, das den Vorbehalt bereits früher in Anspruch genommen hat und ihn nach Art. V Abs. 1 Buchst. a Nr. i Anh. RBÜ aufrecht erhält, unterliegt dagegen gemäß Art. 30 Abs. 2 Buchst. a RBÜ keiner solchen Beschränkung und kann daher das Übersetzungsrecht für Übersetzungen in jede beliebige Sprache einschränken[66]).

[63a]) Für diese Erklärung stellt sich die gleiche Frage wie für die Erklärungen nach Art. I Abs. 2 Buchst. a Satz 2 Anh. RBÜ (siehe dazu oben unter Fußn. 63).

[64]) So auch Ulmer, GRUR Int. 1971 S. 433, der mit Recht darauf hinweist, daß das Entwicklungsland andernfalls schlechter dastünde als ein entwickeltes Land, das den früher erklärten Vorbehalt aufrechterhalten hat.

[65]) Das Stockholmer Protokoll hatte in Art. 1 Buchst. b Nr. i Satz 2 noch einen hinsichtlich der Sprachen keinen Beschränkungen unterworfenen Zehnjahresvorbehalt zugunsten der Entwicklungsländer vorgesehen.

[66]) Wird ein solches Entwicklungsland zum entwickelten Land und erhält es den Zehnjahresvorbehalt gemäß Art. V Abs. 3 Anh. RBÜ weiter aufrecht, so wäre aus der Verweisung in der genannten Bestimmung auf Art. 30 Abs. 2 Buchst. b RBÜ

IV. Verwaltungsbestimmungen, Übergangs- und Schlußvorschriften

1. Welturheberrechtsabkommen

a) Inkrafttreten; grundsätzliches Verhältnis zu dem Abkommen von 1952

Das Revidierte Welturheberrechtsabkommen tritt drei Monate nach der Hinterlegung der ersten zwölf Ratifikations-, Annahme- oder Beitrittsurkunden in Kraft (Art. IX Abs. 1). Von diesem Zeitpunkt an bestehen zwei Fassungen des Welturheberrechtsabkommens nebeneinander. Das Welturheberrechtsabkommen begründet im Gegensatz zur Berner Übereinkunft keinen Staatenverband. Der Gedanke der Einheit der Konvention hat sich hier noch nicht durchgesetzt; die Mehrheit der beteiligten Länder ist vielmehr der Ansicht, daß das Revidierte Welturheberrechtsabkommen im Verhältnis zum Welturheberrechtsabkommen von 1952 eine neue Konvention darstellt. Gleichwohl stehen beide Konventionstexte nicht völlig selbständig nebeneinander, sondern sind durch eine Reihe von Bindegliedern miteinander verklammert[66a]).

b) Doppelwirkung des Beitritts; Schließung des Abkommens von 1952

Eine wichtige Verbindung wird durch Art. IX Abs. 3 des Revidierten Welturheberrechtsabkommens begründet. Nach dieser Vorschrift gilt für einen Staat, der dem Abkommen von 1952 nicht angehört, der Beitritt zu der Konvention von 1971 zugleich als Beitritt zu dem Abkommen von 1952. Nach dem Inkrafttreten der neuen Konvention ist ein isolierter Beitritt zu dem Abkommen von 1952 nicht mehr möglich[66b]).

c) Regierungsausschuß

Ein weiteres Bindeglied stellt der Regierungsausschuß des Welturheberrechtsabkommens dar. Dieses Verwaltungsgremium, das nach dem alten Welturheberrechtsabkommen aus Vertretern von zwölf Mitgliedstaaten besteht, erweitert sich nach Art. XI Abs. 2 der neuen Konvention auf achtzehn Mitglieder, zu denen auch Vertreter von

---

an sich zu folgern, daß es nun den Zehnjahresvorbehalt nur noch für Übersetzungen in die in diesem Land allgemein gebräuchlichen Sprachen in Anspruch nehmen kann. Auch hier dürfte es jedoch ebenso wie bei der Frage der materiellen Reziprozität nicht dem Sinn der Regelung entsprechen, das Entwicklungsland schlechter zu stellen als ein entwickeltes Land, das den früher erklärten Vorbehalt aufrechterhalten hat.

[66a]) Siehe dazu auch de Sanctis in Le Droit d'Auteur 1972 S. 253 = Copyright 1972 S. 253, 254; zum Stand der Meinungen auf der Pariser Konferenz vgl. WUA-Konferenzbericht, Nr. 129.

[66b]) Das ist seit dem 10. Juli 1974 der Fall; vgl. Bundesgesetzbl. 1974 II S. 1309.

Staaten gehören können, die nur dem Abkommen von 1952 angehören. Für die Zusammensetzung des neuen Regierungsausschusses ist die „Beachtung eines angemessenen Ausgleichs der nationalen Interessen auf der Grundlage der geographischen Lage, der Bevölkerung, der Sprachen und des Entwicklungsstadiums" der einzelnen Mitgliedstaaten vorgeschrieben (Art. XI Abs. 3). In der von der Pariser Revisionskonferenz angenommenen Entschließung zu Artikel XI wird festgelegt, daß der neue Regierungsausschuß am Anfang aus Vertretern der zwölf Mitgliedstaaten des Regierungsausschusses des Abkommens von 1952[67]) sowie Algeriens, Australiens, Japans, Jugoslawiens, Mexikos und des Senegal bestehen und daß alle zwei Jahre ein Drittel der Mitglieder von dem Ausschuß selbst neu gewählt werden soll. Angesichts des gemeinsamen Mitgliederbestands beider Ausschüsse wird man davon ausgehen können, daß sie für die praktische Arbeit eine Einheit darstellen, mag auch bei formaljuristischer Betrachtungsweise das Vorhandensein zweier rechtlich selbständiger Ausschüsse zu bejahen sein[68]).

d) Anwendung des Abkommens von 1971 im Verhältnis zu Vertragsstaaten des Abkommens von 1952

Zwischen Vertragsstaaten, von denen nur der eine der neuen Konvention angehört, sind gemäß den allgemeinen Regeln des Völkervertragsrechts die Bestimmungen des alten Abkommens anwendbar (Art. IX Abs. 4 Satz 1). Der Vorschlag des Entwurfs des Regierungsausschusses, auf die Verpflichtungen der Mitglieder der neuen Konvention auch gegenüber Staaten, die nur dem alten Abkommen angehören, mangels gegenteiliger Erklärung eines der jeweils beteiligten Staaten die neue Konvention anzuwenden[68a]), stieß in Paris bei zahlreichen Delegationen auf juristische Bedenken und wurde nicht angenommen. Statt dessen wurde jedoch auf einen deutschen Vorschlag hin vorgesehen, daß jeder Staat, der nur dem Abkommen von 1952 angehört, eine Erklärung abgeben kann, wonach er den Mitgliedstaaten des Abkommens von 1971 die Anwendung dieses Abkommens auf Werke seiner Staatsangehörigen oder auf Werke, die zum erstenmal in seinem Hoheitsgebiet veröffentlicht wurden, gestattet (Art. IX

---

[67]) Diesem Ausschuß gehören zur Zeit folgende Staaten an: Argentinien, Brasilien, Bundesrepublik Deutschland, Frankreich, Ghana, Großbritannien, Indien, Israel, Italien, Spanien, Tunesien, Vereinigte Staaten von Amerika.

[68]) Vgl. dazu auch WUA-Konferenzbericht, Nr. 131.

[68a]) Zu diesem Vorschlag vgl. Ringer in EBU-Review 1972 S. 22 ff. sowie Majoros in UFITA Bd. 62 (1971) S. 146 ff.

Abs. 4 Satz 2)[68b]). Das Hauptziel dieser Regelung liegt darin, den Entwicklungsländern die möglichst baldige Anwendung der für sie geschaffenen Sonderregeln der neuen Konvention auch im Verhältnis zu solchen dem Abkommen von 1952 angehörenden Staaten zu ermöglichen, die längere Zeit für die Ratifikation der neuen Konvention benötigen.

e) Wegfall des Zusatzprotokolls 3

Eine Besonderheit des Welturheberrechtsabkommens von 1952 bestand darin, daß das ihm beigegebene Zusatzprotokoll 3 die Möglichkeit eröffnete, die Wirksamkeit des Beitritts zu diesem Abkommen von dem Beitritt eines anderen, namentlich zu bestimmenden Staates abhängig zu machen. Dieses Protokoll besaß nach dem Beitritt der Vereinigten Staaten zum Welturheberrechtsabkommen keine praktische Bedeutung mehr und wurde daher in Paris nicht erneuert.

2. Berner Übereinkunft

a) Ratifikationen, Beitritte, Inkrafttreten

Verbandsländer der Berner Union können nicht nur Mitglieder der Pariser Fassung der Berner Übereinkunft im Ganzen werden, sondern von ihrer Ratifikation oder ihrem Beitritt die Artikel 1 bis 21 und grundsätzlich auch den Anhang ausnehmen (Art. 28 Abs. 1 Buchst. b). Ein Verbandsland, das von dieser Möglichkeit Gebrauch macht, wird nur durch die Verwaltungsvorschriften und Schlußbestimmungen der Artikel 22 bis 38 gebunden, kann aber die Wirkungen seiner Ratifikation oder seines Beitritts jederzeit durch eine beim Generaldirektor der Weltorganisation für geistiges Eigentum zu hinterlegende Erklärung auf die Art. 1 bis 21 und den Anhang erstrecken (Art. 28 Abs. 1 Buchst. c). Verbandsfremde Länder können der Pariser Fassung nur im Ganzen beitreten (Art. 29 Abs. 1).

Die Artikel 1 bis 21 und der Anhang der Pariser Fassung der Berner Übereinkunft treten drei Monate nach dem Zeitpunkt in Kraft, in dem sowohl mindestens fünf Verbandsländer diese Fassung im Ganzen ratifiziert haben oder ihr im Ganzen beigetreten sind als auch das Revidierte Welturheberrechtsabkommen für Frankreich, Großbritannien, Spanien und die Vereinigten Staaten in Kraft getreten ist (Art. 28 Abs. 2 Buchstabe a). Obwohl es sehr ungewöhnlich ist, das Inkrafttreten eines völkerrechtlichen Vertrages von der Mitgliedschaft

[68b]) Zur Entstehungsgeschichte und Auslegung des Art. IX Abs. 4 vgl. die ausführlichen Anmerkungen des WUA-Konferenzberichts unter Nr. 121—127.

bestimmter Staaten in einem anderen Vertrag abhängig zu machen, wurde dieses Verfahren auf Drängen der Entwicklungsländer angewandt. Die Entwicklungsländer sind aus sprachlichen Gründen auf Werke für Unterricht und Forschung aus den genannten vier Ländern besonders angewiesen und haben daher der Schließung des Stockholmer Protokolls nur unter der Bedingung zugestimmt, daß ihnen durch das Inkrafttreten des Revidierten Welturheberrechtsabkommens für die vier Staaten zumindest der Austritt aus dem Berner Verband und die Regelung des Urheberschutzes auf der Grundlage des Revidierten Welturheberrechtsabkommens ermöglicht wird.

Nach dem Inkrafttreten der Art. 1 bis 21 und des Anhangs werden diese Teile der Pariser Fassung für jedes Verbandsland, das die Pariser Fassung ohne Einschränkung ratifiziert oder ihr ohne Einschränkung beitritt, drei Monate nach dem Zeitpunkt, in dem der Generaldirektor der Weltorganisation für geistiges Eigentum die Hinterlegung der entsprechenden Urkunde notifiziert, oder zu einem in der Urkunde angegebenen späteren Zeitpunkt wirksam (Art. 28 Abs. 2 Buchst. c). Unabhängig von dem Inkrafttreten der Artikel 1 bis 21 und des Anhangs werden die Artikel 22 bis 38 der Pariser Fassung für jedes Verbandsland drei Monate nach der Notifizierung der Hinterlegung seiner Ratifikations- oder Beitrittsurkunde durch den Generaldirektor der Weltorganisation für geistiges Eigentum oder zu einem in der Urkunde etwa angegebenen späteren Zeitpunkt wirksam (Art. 28 Abs. 3).

Für verbandsfremde Länder wird der Beitritt zur Pariser Fassung grundsätzlich drei Monate nach dem Zeitpunkt, in dem der Generaldirektor der Weltorganisation für geistiges Eigentum die Hinterlegung der Beitrittsurkunde notifiziert, oder zu einem in der Urkunde angegebenen späteren Zeitpunkt wirksam (Art. 29 Abs. 2 Buchst. a). Liegt dieser Zeitpunkt vor dem Zeitpunkt des Inkrafttretens der Artikel 1 bis 21 und des Anhangs der Pariser Fassung, so ist dieses Land in der Zwischenzeit statt durch die genannten Bestimmungen durch die Artikel 1 bis 20 der Brüsseler Fassung gebunden (Art. 29 Abs. 2 Buchst. b).

b) Verhältnis zu früheren Fassungen

Anders als bei dem Welturheberrechtsabkommen bilden bei der Berner Übereinkunft die den verschiedenen Fassungen der Konvention angehörenden Länder einen Staatenverband. Die Konvention wird als eine Einheit angesehen und ihre verschiedenen Fassungen gelten nur als besondere „Akte" eines einheitlichen Vertragswerks.

Diese Konzeption führt in der Ausgestaltung der Beziehungen der den verschiedenen Fassungen angehörenden Länder untereinander zu einer Reihe von Besonderheiten.

Der grundsätzliche Ausschluß des Beitritts zu früheren Fassungen der Berner Übereinkunft vom Zeitpunkt des Inkrafttretens der Artikel 1 bis 21 und des Anhangs der Pariser Fassung an (Art. 34 Abs. 1) hat zwar in Artikel IX Abs. 3 Satz 2 des Revidierten Welturheberrechtsabkommens, der einen isolierten Beitritt zu dem Abkommen von 1952 nach dem Inkrafttreten des Revidierten Welturheberrechtsabkommens ausschließt, eine Parallele. Abweichend von der Regelung des Revidierten Welturheberrechtsabkommens (Art. IX Abs. 3 Satz 1) sieht die Pariser Fassung der Berner Übereinkunft jedoch nicht vor, daß der Beitritt zu ihr zugleich als Beitritt zu den früheren Fassungen gilt. Daher können die früheren Fassungen in Zukunft nur noch zwischen den Verbandsländern, die nach wie vor allein diesen Fassungen angehören, und den Verbandsländern, die ihnen bisher bereits angehört haben und dann auch Mitglieder der Pariser Fassung geworden sind, unbeschränkt Anwendung finden (Art. 32 Abs. 1 Satz 2). Für die bisher verbandsfremden Länder, die Mitglied der Pariser Fassung werden, sieht Art. 32 Abs. 2 Satz 1 auch im Verhältnis zu den nur durch die früheren Fassungen gebundenen Verbandsländern die Anwendung der Pariser Fassung vor[69]), eine Regelung, die auf der Grundlage der Konzeption von der Einheit der Berner Übereinkunft mit den allgemeinen Regeln des Völkervertragsrechts vereinbar erscheint. Umgekehrt haben die lediglich den früheren Fassungen angehörenden Verbandsländer in ihrem Verhältnis zu den der Pariser Fassung beitretenden bisher verbandsfremden Ländern die Bestimmungen der jüngsten Fassung der Übereinkunft anzuwenden, durch die sie gebunden sind (Art. 32 Abs. 2 Satz 2 Nr. i). Sie sind dabei aber grundsätzlich befugt, in Fällen, in denen die Pariser Fassung einen geringeren Schutz als die an sich anzuwendende frühere Fassung vorschreibt, den geringeren Schutz zu gewähren (Art. 32 Abs. 2 Satz 2 Nr. ii)[70]).

[68c]) Dieser Zeitpunkt ist der 10. Okt. 1974; vgl. Bundesgesetzbl. 1974 II S. 1079.

[69]) Das gilt jedoch nicht für den Anhang zur Pariser Fassung, der nach Art. 32 Abs. 2 Satz 1 i. V. m. Abs. 3 nur im Verhältnis zu denjenigen ausschließlich durch frühere Fassungen gebundenen Verbandsländern angewandt werden darf, die dies ausdrücklich zugelassen haben.

[70]) Aus dem Vorbehalt des Art. I Abs. 6 des Anhangs in Art. 32 Abs. 2 Satz 2 Nr. ii ergibt sich jedoch, daß ein ausschließlich durch frühere Fassungen der RBÜ gebundenes Verbandsland, das die Anwendung des Anhangs auf Werke, deren Ursprungsland es ist, ausdrücklich zugelassen hat, aus der Inanspruchnahme dieser Befugnis durch ein Entwicklungsland nicht das Recht zur Anwendung der materiellen Reziprozität ableiten kann.

c) Vorzeitige Inanspruchnahme der Sonderbestimmungen für Entwicklungsländer

Eine Besonderheit gilt für die Inanspruchnahme der Sondervergünstigungen für Entwicklungsländer.

Ein Verbandsland kann jederzeit vor dem Eintritt seiner Bindung an die Artikel 1 bis 21 und den Anhang der Pariser Fassung gegenüber dem Generaldirektor der Weltorganisation für geistiges Eigentum erklären, daß es die Anwendung des Anhangs auf Werke zuläßt, deren Ursprungsland es ist (Art. VI Abs. 1 Nr. ii des Anhangs). Eine solche Erklärung hat drei Wirkungen:

Sie bewirkt zum einen, daß jedes Entwicklungsland, das der Pariser Fassung beitritt und die Sonderbestimmungen des Anhangs wirksam in Anspruch nimmt, diese Sonderbestimmungen im Verhältnis zu dem Land anwenden darf, das die Erklärung abgegeben hat (Art. 32 Abs. 3).

Eine Erklärung nach Art. VI Abs. 1 Nr. ii des Anhangs hat darüber hinaus zur Folge, daß jedes Entwicklungsland, das bereits dem Berner Verband angehört, aber noch nicht durch die Artikel 1 bis 21 und den Anhang der Pariser Fassung gebunden ist, sich durch eine Erklärung nach Art. VI Abs. 1 Nr. i des Anhangs die Befugnis verschaffen kann, die Sondervergünstigungen des Anhangs im Verhältnis zu dem Land in Anspruch zu nehmen, das die Erklärung nach Art. VI Abs. 1 Nr. ii abgegeben hat. Diese Möglichkeit der vorzeitigen Anwendung der Sonderbestimmungen für Entwicklungsländer trägt dem Bedürfnis der Entwicklungsländer Rechnung, möglichst bald einen erleichterten Zugang zu den für Zwecke der Ausbildung und Forschung dringend benötigten ausländischen Werken zu erhalten. Eine solche Regelung erwies sich auch deshalb als unabdingbar, weil das Inkrafttreten der Artikel 1 bis 21 und des Anhangs der Pariser Fassung der Berner Übereinkunft von dem vorherigen Inkrafttreten des Revidierten Welturheberrechtsabkommens für Frankreich, Großbritannien, Spanien und die Vereinigten Staaten abhängt und dadurch unter Umständen erheblich verzögert werden kann.

Eine Erklärung nach Art. VI Abs. 1 Nr. ii des Anhangs hat schließlich die Wirkung, daß das Verbandland, das sie abgegeben hat, von einer späteren Ratifikation der Pariser Fassung nicht mehr den Anhang, sondern nur noch die Artikel 1 bis 20 ausnehmen kann (Art. 28 Abs. 1 Buchst. b, 2. Halbsatz). Insofern entfaltet die Abgabe der Erklärung eine nicht nur vorübergehende Bindungswirkung. Dasselbe ten Staaten die neue Konvention anzuwenden[68b]), stieß in Paris bei

eine Erklärung nach Art. VI Abs. 1 Nr. i des Anhangs abgegeben hat[71]).

Ein Entwicklungsland, das eine Erklärung nach Art. VI Abs. 1 Nr. i des Anhangs abgibt, erhält dadurch die Befugnis zur Inanspruchnahme der Sonderbestimmungen des Anhangs nicht nur gegenüber Verbandsländern, die durch den Anhang noch nicht gebunden sind und eine Erklärung nach Art. VI Abs. 1 Nr. ii abgegeben haben. Es kann diese Sonderbestimmungen darüber hinaus auch gegenüber allen Ländern in Anspruch nehmen, die durch die Artikel 1 bis 21 und den Anhang bereits gebunden sind, ohne daß es einer besonderen Erklärung seitens dieser Länder bedürfte. Über den Wortlaut von Art. VI Abs. 1 Nr. i des Anhangs hinaus wird man annehmen müssen, daß das gleiche auch im Verhältnis zu Ländern gilt, die zwar nicht durch die Artikel 1 bis 21, wohl aber durch den Anhang gebunden sind[72]).

d) Mitgliedschaft in der Weltorganisation für geistiges Eigentum

Nach Art. 14 Abs. 2 des Übereinkommens zur Errichtung der Weltorganisation für geistiges Eigentum[73]) setzt die Mitgliedschaft in dieser Organisation die Mitgliedschaft zur Stockholmer Fassung entweder der Pariser Verbandsübereinkunft oder der Berner Übereinkunft oder beider Übereinkünfte voraus. Da mit dem Inkrafttreten der Art. 1 bis 21 und des Anhangs der Pariser Fassung der Berner Übereinkunft die Möglichkeit des Beitritts zu allen früheren Fassungen einschließlich der Stockholmer Fassung entfällt (Art. 34 Abs. 1) und der Beitritt zur Pariser Fassung auch nicht den Beitritt zu den früheren Fassungen in sich schließt, erwies es sich als notwendig, Vorsorge zu treffen, daß der Berner Übereinkunft künftig beitretende Länder Mitglied der Weltorganisation für geistiges Eigentum werden können. Zu diesem Zweck bestimmt Art. 29bis der Pariser Fassung, daß die Ratifikation der Pariser Fassung oder der Beitritt zu ihr für ein Land, das nicht durch die Verwaltungsbestimmungen der Stockholmer Fassung gebunden ist, „einzig und allein zum Zweck der Anwendung des Artikels 14 Absatz 2 des Übereinkommens zur Errichtung der Organisation" als Ratifikation der Verwaltungsbestimmungen der Stockholmer Fassung oder als

[71]) Das folgt daraus, daß Art. 28 Abs. 1 Buchst. b, 2. Halbsatz auf Art. VI Abs. 1 des Anhangs insgesamt und nicht nur auf Art. VI Abs. 1 Nr. ii verweist.

[72]) Ein solcher Fall kann nach Art. 28 Abs. 1 Buchst. b, 2. Halbsatz, eintreten. Während der Pariser Beratungen hat man diese Möglichkeit offenbar übersehen.

[73]) Das Übereinkommen ist veröffentlicht in Bundesgesetzbl. 1970 II S. 293, 295.

Beitritt zu ihnen gelten soll. Ob es juristisch völlig korrekt war, eine solche Fiktion in die Berner Übereinkunft statt in das Übereinkommen über die Weltorganisation für geistiges Eigentum einzufügen, kann zweifelhaft erscheinen[74]). Es ist daher vorgesehen, die Billigung dieser Regelung durch die zuständigen Organe der Weltorganisation für geistiges Eigentum einzuholen[75]).

In Anlehnung an Art. 38 Abs. 2 der Stockholmer Fassung erlaubt Art. 38 Abs. 1 der Pariser Fassung allen Verbandsländern, die weder durch die Pariser Fassung noch durch die Verwaltungsbestimmungen der Stockholmer Fassung gebunden sind und eine entsprechene Notifikation hinterlegen, bis zum 26. April 1975 die in den Verwaltungsbestimmungen der Stockholmer Fassung vorgesehenen Rechte in Anspruch zu nehmen[76]).

Résumé

L'essai expose les modifications apportées à la Convention universelle sur le droit d'auteur et à la Convention de Berne lors des conférences de révision qui se sont tenues à Paris en 1971.

Par rapport aux versions en vigueur, les textes élaborés à Paris apportent des améliorations aux règles générales de protection. En particulier la reconnaissance de nouveaux droits minima à l'article IVbis de la Convention universelle sur le droit d'auteur a une très grande importance.

L'intérêt principal des révisions réside pourtant dans les dispositions particulières prises en faveur des pays en voie de développement. L'essentiell concerne la délivrance de licences de traduction et de reproduction par les autorités compétentes, à des fins d'enseignement et de recherche. Comme ces dispositions ont le même contenu dans chacune des deux conventions, l'auteur les analyse en commun. Il présente d'abord les points par lesquels la licence de traduction et celle de reproduction concordent. Parmi ceux-ci figure le principe que seuls les pays qui, „conformément à la pratique établie de l'Assemblée générale des Nations Unies" sont considérés comme pays en voie de développement ont le droit d'invoquer la faculté de

---

74) Siehe dazu Ulmer in GRUR Int. 1971 S. 425 und Majoros in ZRP 1973, S. 66, Fußn. 8.

75) Siehe RBU-Bericht, Nr. 25.

76) Von dieser Möglichkeit haben der Kamerun und die Volksrepublik Kongo (Le Droit d'Auteur 1973 S. 43 = Copyright 1973 S. 34), Mexiko (Le Droit d'Auteur 1973 S. 206 = Copyright 1973 S. 198) sowie Indien und Uruguay (Le Droit d'Auteur 1973 S. 248 = Copyright 1973 S. 240) Gebrauch gemacht.

délivrer des licences, et que le fait qu'un tel pays invoque cette faculté ne permet pas à un autre pays de faire usage de la réciprocité matérielle. Les deux licences obligatoires sont de plus soumises aux mêmes règles qui doivent assurer qu'une licence n'est accordée que si le titulaire du droit n'approvisionne pas lui-même le marché concerné et si le requérant a auparavant et en vain essayé d'obtenir une licence contractuelle. Enfin l'interdiction de cession, la réglementation de la rémunération au profit du titulaire du droit, le principe de l'interdiction de l'exportation (les exceptions minimes à cette interdiction sont détaillées) et certaines dispositions protégeant les intérêts immatériels des auteurs sont les mêmes pour les deux sortes de licences. Sur d'autres points les deux licences présentent des différences: Les licences de traduction peuvent être accordées à l'usage scolaire, universitaire ou de la recherche, tandis que les licences de reproduction ne le sont qu'à l'usage de l'enseignement scolaire et universitaire. Les licences de traduction peuvent être délivrées un an ou trois ans après la publication de l'œuvre, selon la langue dans laquelle elle doit être traduite, et ces délais sont prolongés de neuf ou six mois par les délais complémentaires prévues pour la préparation de la délivrance de la licence. Pour les licences de reproduction les délais sont de trois, cinq ou sept ans selon la catégorie de l'œuvre à reproduire. Les deux sortes de licences ne donnent droit, en principe, qu'à une publication sous forme imprimée ou sous une autre forme analogue de reproduction. Dans certaines conditions pourtant les organismes de radiodiffusion peuvent également obtenir une licence de traduction à des fins de radiodiffusion; des licences de reproduction peuvent être également accordées dans certains cas pour la reproduction de fixations audio-visuelles.

A côté du système de licences obligatoires le texte révisé de la Convention universelle sur le droit d'auteur prévoit pour les pays en voie de développement une suppression provisoire de la clause de sauvegarde au profit de la Convention de Berne contenue à la lettre (a) de la déclaration annexe relative à l'article XVII. Le texte de Paris de la Convention de Berne élargit l'applicabilité de la faculté de réserve de l'article 30 alinéa 2 sur le droit de traduction à ceux des pays en voie de développement qui sont déjà membres de l'Union de Berne, mais n'ont pas fait cette réserve. Le cumul de l'exercice du droit à cette réserve et du droit à la délivrance de licences de traduction est pourtant exclu pour tous les pays en voie de développement.

Les nouvelles clauses administratives et les nouvelles clauses finales des textes de Paris sont exposées en détail. *P. K. V.*

Summary

The paper presents the changes made in the Universal Copyright Convention and the Berne Convention by the Parisian revisions of 1971.

In relation to the texts in force the Paris texts of both conventions contain some improvements in the general rules of protection. The establishment of new minimum rights in Article IVbis of the Universal Copyright Convention, in particular, is of great importance.

The main point of the revisions, however, is the enactment of special rules for the benefit of the developing countries. The rules for the granting of translation and reproduction licences for purposes of education and research by the competent authorities of the developing countries from the essential part of the special rules. Because these rules are the same in both conventions they are discussed together in this paper. Presented first are those points in which translation and reproduction licences correspond. To them belongs the principle that only those countries which are regarded as developing countries „in conformity with the etablished practice of the General Assembly of the United Nations" are entitled to grant those licenses. The exercise of this right does not give another country the the right to employ material reciprocity. Both types of compulsory licences also have those rules in common which are to make sure that a compulsory license is granted only where the owner of the right does not himself supply the market in question, and where the applicant has previously and unsuccessfully tried to obtain a contractual license. Finally, the prohibition of transfer of the license, the rules concerning compensation to the owner of the right, the fundamental export prohibition (the minor exceptions of this prohibition are dealt with in some detail), and certain rules for the protection of immaterial interests of the author, are equally common to both types of compulsory licenses. In other respects, however. there are differences between translation and reproduction licenses. Translation licenses may be granted for purposes of teaching, scholarship and research, whereas reproduction licenses may be granted merely for the use in connection with systematic instructional activities. Translation licenses may be granted, according to the language into which the work is to be translated, one year or three years after the publication of the work, these terms being extended by additional six- or nine-month-periods for the preparation of the grant of the license. For reproduction licenses the applicable terms

are, according to the kind of the work to be reproduced, three, five or seven years. Both forms of licenses permit, as a rule, to publish the editions produced under the license only in printed or analogous forms of reproduction. However, broadcasting organizations may obtain, on certain conditions, translation licenses for broadcasting purposes; in certain cases, reproduction licenses may also be granted for reproduction of audiovisual fixations.

In addition to the system of compulsory licenses, the Paris text of the Universal Copyright Convention provides developing countries with a limited suspension of the safeguard clause in favor of the Berne Convention contained in paragraph (a) of the Appendix Declaration relating to Article XVII. The Paris text of the Berne Convention extends, as far as developing countries are concerned, the faculty to make certain reservations with respect to the right of translation (Article 30 paragraph 2) to those developing countries who already belong to the Berne Convention, but who have not made the reservation at the time of their accession to the convention. However, a cumulative exercise of this reservation and of the right to grant translation licenses is expressly excluded for all developing countries.

The new administrative and final provisions of the Paris texts of both conventions are described in detail. G. C. L.

3. Das internationale Urheberrecht im Lichte der Pariser Revisionskonferenzen

Von Rechtsanwalt Dr. **Dimitrios S. Oekonomidis**, München/Athen

I. Einleitung

Vom 5. bis 24. Juli 1971 tagten in Paris im Hause der UNESCO die beiden Diplomatischen Konferenzen zur Revision des Welturheberrechtsabkommens und der Revidierten Berner Übereinkunft zum Schutze von Werken der Literatur und der Kunst.

Die neuen Texte der Konventionen wurden in einer gemeinsamen Sitzung der beiden Konferenzen am 24. Juli 1971 unterzeichnet[1][2]. An der Revision des WUA hatten 45 Mitgliedstaaten teilgenommen[3]. 31 weitere Staaten hatten Beobachter entsandt[4]. An der Revision der RBÜ hatten 48 Verbandsländer teilgenommen[5]. 27 weitere Staaten

---

[1]) Folgende Staaten haben das revidierte Welturheberrechtsabkommen unterzeichnet: Brasilien- Costa Rica, Dänemark, die Bundesrepublik Deutschland, Frankreich, Großbritannien, Guatemala, der Heilige Stuhl, Indien, Israel, Italien, Jugoslawien, Kenia, der Libanon, Liberia, Liechtenstein, Mauritius, Mexiko, Monaco, die Niederlande, Schweden, die Schweiz, Spanien, Tunesien, Ungarn und die Vereinigten Staaten von Amerika. Als 27. Staat hat Belgien am 28. Juli unterzeichnet; vgl. hierüber Ulmer, Die Pariser Revisionen der Revidierten Berner Übereinkunft, in GRUR Int. 1971, 423 ff.

[2]) Folgende Staaten haben den Pariser Akt der Berner Übereinkunft unterzeichnet: Brasilien, Ceylon, Dänemark, die Bundesrepublik Deutschland, die Elfenbeinküste, Frankreich, Großbritannien, der Heilige Stuhl, Indien, Israel, Italien, Jugoslawien, Kamerun, der Libanon, Liechtenstein, Luxemburg, Marokko, Mexiko, Monaco, die Niederlande, Schweden, die Schweiz, Senegal, Spanien, Tunesien, Ungarn, die Volksrepublik Kongo und Zypern. Auch hier hat Belgien später, am 10. August, unterzeichnet, vgl. hierzu Ulmer, aaO. S. 423 Anm. 2.

[3]) Dies waren folgende Staaten: Andorra, Argentinien, Australien, Belgien, Brasilien, Chile, Costa Rica, Dänemark, Bundesrepublik Deutschland, Ecuador, Finnland, Frankreich, Griechenland, Großbritannien, Guatemala, Indien, Irland, Israel, Italien, Japan, Jugoslawien, Kambodscha, Kanada, Kenia, Kuba, Libanon, Liberia, Liechtenstein, Mauritius, Mexiko, Monaco, Nicaragua, Niederlande, Norwegen, Österreich, Pakistan, Portugal, Schweden, Schweiz, Spanien, Tschechoslowakei, Tunesien, Ungarn, Vatikanstadt, Vereinigte Staaten von Amerika.

[4]) Diese Staaten waren: Algerien, Bolivien, Bulgarien, Ceylon, Volksrepublik China, Dominikanische Republik, Elfenbeinküste, Gabun, Irak, Iran, Kamerun, Kolumbien, Volksrepublik Kongo, Malaysia, Malta, Marokko, Mauretanien, Niger, Senegal, Sowjetunion, Sudan, Syrien, Tansania, Togo, Tschad, Uruguay, Vereinigte Arabische Republik, Republik Vietnam, Zaire, Zentralafrikanische Republik, Zypern.

[5]) Diese Staaten waren: Argentinien, Australien, Belgien, Brasilien, Ceylon, Chile, Dänemark, Bundesrepublik Deutschland, Elfenbeinküste, Finnland, Frankreich, Gabun, Griechenland, Großbritannien, Indien, Irland, Israel, Italien, Japan, Jugoslawien, Kamerun, Kanada, Volksrepublik Kongo, Libanon, Liechtenstein, Luxemburg, Marokko, Mexiko, Monaco, Niederlande, Niger, Norwegen, Österreich, Pakistan, Portugal, Schweden, Schweiz, Senegal, Spanien, Südafrika, Tschechoslowakei, Tunesien, Türkei, Ungarn, Uruguay, Vatikanstadt, Zaire, Zypern.

entsandten Beobachter[6]). An den Konferenzen nahmen auch zwischenstaatliche und internationale Organisationen teil, bzw. entsandten Beobachter.

Für die RBÜ schließt sich die Pariser Revision der Reihe der Revisionen an, die in Berlin (13. November 1908), Rom (2. Juni 1928), Brüssel (26. Juni 1948), Stockholm (14. Juli 1967) stattgefunden haben. Für das WUA ist dagegen die Pariser Revision die erste Revision, da es am 6. September 1952 in Genf unterzeichnet worden ist.

II. Die internationale urheberrechtliche Regelung vor den Pariser Akten

1. RBÜ

Über die Situation der internationalen Regelung des Urheberrechts nach der Stockholmer Revision der RBÜ und vor den Pariser Akten wurde schon mehrmals eingehend berichtet[7]). Dieser letzteren Revision kam aus verschiedenen Gründen besondere Bedeutung zu: Erstmals waren Verbesserungen des urheberrechtlichen Verbandsschutzes zu verzeichnen. Zusammenfassend ist hier auf die Regelung des Vervielfältigungsrechts mit seinen Ausnahmen zu verweisen[8]), wie auch auf die Regelung der Art. 14bis über die Urheber von Filmwerken[9]). Des weiteren ist an den neuen (nach Stockholm) verbandsrechtlichen Schutz des Urheberpersönlichkeitsrechts auch nach dem Tode des Urhebers mit dem wichtigen Vorbehalt zugunsten des anglo-

---

[6]) Diese Staaten waren: Algerien, Bolivien, Volksrepublik China, Costa Rica, Dominikanische Republik, Ecuador, Guatemala, Irak, Iran, Kambodscha, Kenia, Laos, Liberia, Malawia, Malaysia, Mauretanien, Nicaragua, Ruanda, Sudan, Syrien, Tansania, Togo, Tschad, Vereinigte Arabische Republik, Vereinigte Staaten von Amerika, Republik Vietnam, Zentralafrikanische Republik.

[7]) Vgl. u. a. Ulmer-Beier, Die Stockholmer Konferenz für geistiges Eigentum — Sonderveröffentlichung GRUR Int. 1969; Ulmer, Die Washingtoner Vorschläge für das internationale Urheberrecht, in GRUR Int. 1969, 375 ff., ders., Die Revisionen der Urheberrechtskonventionen im Zeichen der Washingtoner Empfehlung, in GRUR Int. 1970, 167 ff., ders., Die Entwürfe für die Revision des Urheberrechtsabkommens, in GRUR Int. 1970, 329 ff., ders., Die Stockholmer Konferenz für geistiges Eigentum, in NJW 1968, 1009; Desbois, La conference diplomatique de rèvision des conventions de Berne et de Genève, in RIDA LXVIII S. 2 ff.; Oekonomidis, Die internationale Regelung des Filmrechts nach der Stockholmer Konferenz für geistiges Eigentum, in UFITA Bd. 53 (1969) S. 85 ff.; ders., Protokoll betreffend die Entwicklungsländer, UFITA Bd. 55 (1970) S. 43 ff. (beide Aufsätze wurden aufgenommen in Roeber, Das Stockholmer Vertragswerk zum Internationalen Urheberrecht, Heft 35 der Schriftenreihe der UFITA, S. 135 ff.); ders., Die neuen Entwicklung des internationalen Urheberrechts, in UFITA Bd. 60 (1971) S. 3 ff.

[8]) Vgl. Ulmer, Die Stockholmer Konferenz für geistiges Eigentum, aaO. S. 15 ff.

[9]) Vgl. Reimer in: Die Stockholmer Konferenz für geistiges Eigentum, aaO., S. 12; Ulmer in: Die Stockholmer Konferenz für geistiges Eigentum, aaO, S. 20 ff., Oekonomidis, Die internationale Regelung des Filmrechts, in UFITA, aaO. S. 88 ff. = Stockholmer Vertragswerk S. 138 ff.

amerikanischen Rechtskreises zu denken[10]). Ferner stellte die Erweiterung der Anknüpfungspunkte einen sehr guten Fortschritt dar[11]).

Auf dieser Konferenz war indessen auch eine Schutzabschwächung zu registrieren und zwar zugunsten der Gruppe der Entwicklungsländer. Diese Abschwächung zeigt sich im Protokoll für die Entwicklungsländer. Das Protokoll als solches, wie es nach der Stockholmer Revision erstellt wurde, erlangte nie formelle Geltungskraft. Tatsächlich wurde es nicht nur von den betroffenen entwickelten Ländern boykottiert, sondern auch von einigen derjenigen Entwicklungsländer, zu deren Gunsten es angeblich zusammengefaßt worden war[12]). Es hat aber trotzdem große Bedeutung gewonnen, da es einerseits eine Abmachung darstellt, die dem laut gewordenen und offiziellen ausdrücklichen Wunsch der Entwicklungsländer entgegenkam, daß der weltweite Geltungsbereich des Schutzes durch die zwei internationalen Abkommen (RBÜ und WUA) auch auf sie erstreckt werden müsse[13]); andererseits gab dieses Protokoll den Ansporn zur Vorbereitung der allgemeinen Revision dieser internationalen Abkommen, die den internationalen urheberechtlichen Schutz den Notwendigkeiten der heutigen Welt anzupassen versuchte.

Als ein weiterer positiver Punkt der Revision von Stockholm sei hier das besondere Übereinkommen erwähnt[14]), das mit der Weltorganisation für geistiges Eigentum (WIPO/OMPI) mt eigener Rechtspersönlichkeit[15]) errichtet wurde. Das Sekretariat, das Internationale Büro, nahm als Nachfolger des bisherigen gemeinsamen Büros die Verwaltungsaufgaben der PVÜ (Art. 15 PVÜ) und der RBÜ (Art. 24

---

[10]) Für den geschichtlichen Hintergrund, der auch als Rechtfertigung der bei der ersten (Stockholmer) Fassung des Protokolls aufgenommenen Vorbehalte zugunsten der Entwicklungsländer gelten kann, muß hier hinzugefügt werden, daß dabei die Konsequenzen der Ablehnung, ein Stagnieren oder Zurückgehen des Mitgliedstandes der Berner Übereinkunft eine große Rolle gespielt haben. Siehe auch Oekonomidis, Protokoll betreffend die Entwicklungsländer, in UFITA, aaO. S. 43 ff. = Stockholmer Vertragswerk, S. 217 ff.

[11]) So wurde z. B. der bisherige Ausschluß des Verbandsschutzes für erstmals in einem verbandsfremden Lande veröffentlichte Werke eines Verbandsangehörigen abgeschafft; vgl. hierüber Reimer, Die Stockholmer Konferenz für geistiges Eigentum, aaO. S. 8 ff.

[12]) Vgl. Oekonomidis, Protokoll betreffend die Entwicklungsländer, in UFITA aaO. S. 60 ff. = Stockholmer Vertragswerk, S. 234 ff. und ders., Die neuen Entwicklungen des internationalen Urheberrechts, in UFITA, aaO. S. 3 Anm. 3.

[13]) Die Entwicklungsländer versuchten einen Sonderstatus zu erreichen, der ihre Forderungen angesichts ihrer besonderen sozialwirtschaftlichen und kulturellen Lage erfüllen müsse.

[14]) Siehe Übereinkommen zur Errichtung der Weltorganisation für geistiges Eigentum, unterzeichnet in Stockholm am 14. Juni 1967, in: Stockholmer Vertragswerk, S. 76 ff.

[15]) Siehe Art. 12 Abs. 1 des Übereinkommens.

RBÜ) wahr[16]). Dadurch wurde eine Koordination in der Verwaltungsorganisation der Verbände erreicht, auch wenn diese selbständig nebeneinander bestehen.

2. WUA

Eine, wenn auch nur zusammenfassende Erörterung der internationalen urheberrechtlichen Regelung muß auch auf die Entwicklung des Welturheberrechtsabkommens als solchen und auch als Teil der Entwicklung des internationalen Urheberrechts nach der Brüsseler Revision abzielen. Tatsächlich wurde von 1948 bis 1951 der internationale urheberrechtliche Schutz positiv vervollständigt. Neben der RBÜ und unabhängig von ihr wurde das Welturheberrechtsabkommen vom 6. September 1952 abgeschlossen[17]). Es verdankt seine Entstehung dem Bestreben[18]), die Staaten, denen das Schutzniveau der RBÜ zu hoch war, zu einem bestimmten Mindestschutz zu verpflichten. Die Anforderungen des WUA liegen also entsprechend erheblich niedriger als die der RBÜ. Ferner richten sich die Bestimmungen des WUA ausschließlich an die Mitgliedstaaten, deren Staatsangehörigen keine unmittelbaren Rechte gewährt werden[19]).

Demgegenüber werden die Bestimmungen der RBÜ durch Ratifikation oder Verkündung zum innerstaatlichen Recht. Ihre direkt wirkenden Normen finden damit unmittelbar Anwendung: jeder kann sich auf sie berufen; gegebenenfalls wird dadurch sogar ein zeitlich früheres, entgegenstehendes innerstaatliches Recht abgeändert[20]).

Der gleichzeitigen Zugehörigkeit zur RBÜ und dem WUA steht, sofern jeweils die Voraussetzungen erfüllt werden, nichts im Wege. Damit aber die RBÜ nicht durch Abwanderung aus der RBÜ zugunsten des WUA entkräftet wird, wurde beschlossen, daß die Werke, deren Ursprungsland ein bisheriges Verbandsland der RBÜ ist, nach dem Ausscheiden dieses Landes aus der RBÜ (nach dem 1. Januar 1951) in deren Verbandsländern auch nicht durch das WUA geschützt werden[21]).

---

[16]) Siehe Art. 9 des Übereinkommens.

[17]) Art. XVII Abs. 1 WUA, in UFITA Bd. 18 (1954) S. 88 ff., 95.

[18]) Für die Vorgeschichte der Gründung des WUA siehe Desbois, L'évolution du droit d'auteur depuis la conference de Bruxelles, in RIDA 1974, LXXIX S. 299 ff.

[19]) Art. X WUA. Vgl. hierüber Bogsch, The Law of the Copyright under the Universal Convention S. 93 ff.

[20]) Vgl. auch v. Gamm, Die Pariser Revision der Revidierten Berner Übereinkunft und des Welturheberrechtsabkommens, in NJW 1972, 2065.

[21]) Art. XVII Abs. 2 WUA in Verbindung mit der Zusatzerklärung zu Art. XVII WUA.

3. Protokoll betreffend die Entwicklungsländer

Da das Protokoll für die Entwicklungsländer, das als integrierender Bestandteil (Art. 21 RBÜ) mit den materiellrechtlichen Vorschriften der RBÜ (Art. 1 bis 21) verbunden war, nicht ratifiziert wurde[22]), sah man sich bereits kurz nach der Stockholmer Konferenz mit der Tatsache konfrontiert, daß auch diese Vorschriften, also ein großer Teil des Stockholmer Vertragswerkes, nicht in Kraft getreten waren. Dagegen waren die neuen Verwaltungs- und Schlußbestimmungen der RBÜ, welche nach Art. 28 unabhängig von den materiellrechtlichen Bestimmungen und von dem Protokoll der Entwicklungsländer ratifiziert werden konnten, in Kraft getreten[23]).

Diese Blockierung der materiellrechtlichen Vorschriften der Entwicklungsländer, gleichzeitig mit deren Enttäuschung darüber, daß sich ihre Hoffnungen, die sie in das Protokoll gesetzt hatten, nicht erfüllt hatten, führten zu einer Krise im internationalen Urheberrecht. Tatsächlich wurde gleich nach Ausbruch dieser Krise das Verlangen der Entwicklungsländer laut, es sollte ihnen die Möglichkeit gewährt werden, zum Welturheberrechtsabkommen abzuwandern; dies konnte allerdings nur dadurch ermöglicht werden, daß die Schutzvorschrift zugunsten der Berner Übereinkunft, welche in der Zusatzerklärung zu dem Art. XVII WUA einbezogen war, suspendiert würde. Dadurch müßte das internationale Urheberrecht den ihm mit Hilfe der RBÜ-Vorschriften gewährten hohen Schutz vermindert sehen.

4. Revisionsabsichten

Bald nach der Stockholmer Konferenz wurde es den internationalen Gremien, die über den internationalen urheberrechtlichen Schutz befinden müssen, wie auch den interessierten Ländern klar, daß diese Krise beigelegt werden müsse. Eine Revision des WUA und der RBÜ wurde entsprechend bereits im Februar 1969 (Paris) als unvermeidbar erachtet[24]). Eine Revision des WUA sollte in erster Linie auf die Lösung des Junktims zwischen ihm und der RBÜ bzw. auf die Aufhebung der in der Zusatzerklärung zu Art. XVII bei Verlassen der

---

[22]) Nur die DDR, Pakistan, Rumänien und Senegal hatten die Stockholmer Fassung in vollem Umfang ratifiziert. Vgl. auch Oekonomidis, Die neuen Entwicklungen des internationalen Urheberrechts, in UFITA Bd. 60 (1971) S. 3 f. Anm. 3.

[23]) So z. B. die BRD, welche mit Gesetz vom 5. Juni 1970 (BGBl. II 293 = UFITA Bd. 58 [1970] S. 201) der Stockholmer Fassung der RBÜ auch nur mit Ausnahme der Art. 1 bis 21 und des Protokolls betreffend die Entwicklungsländer ratifiziert hat.

[24]) Tagung des Ständigen Ausschusses der Berner Union und des Regierungsausschusses des WUA. Vgl. hierzu Ulmer, Die Washingtoner Vorschläge für das internationale Urheberecht, in GRUR Int. 1969, 375 ff.; Oekonomidis, Die neuen Entwicklungen des internationalen Urheberrechts, aaO. S. 4.

RBÜ angedrohten Sanktion abzielen. Gleichzeitig stand aber auch die Revision der RBÜ zur Debatte, wobei die Abtrennung des Protokolls für die Entwicklungsländer von den materiellrechtlichen Vorschriften der RBÜ Hauptziel sein sollte[25]).

Der nächste wesentliche Schritt war die Einsetzung einer gemeinsamen Gruppe von Vertretern aus 25 Staaten, die in Washington getagt hatte und der sehr konstruktive Ereignisse gelungen war in Zusammenhang mit der Revision der Abkommen, wobei den Wünschen der Entwicklungsländer Rechnung getragen wurde[26]). Diese Kompromißlösung, die als Washingtoner Empfehlung bekannt ist, lieferte, obwohl elastisch umrissen, die Ausgangspunkte für die Revision beider Konventionen.

5. Vorbereitungen der Revisionskonferenzen

Die Vorbereitungen der Revisionskonferenzen war zuerst die Aufgabe der von dem Regierungsausschuß des Welturheberrechtsabkommens und vom Ständigen Ausschuß des Berner Verbands eingesetzten vorbereitenden Ausschüsse. Diesen Ausschüssen gelang es, die ersten Entwürfe für die Revision zu erstellen. Bei diesen Entwürfen wurde die „Washingtoner Empfehlung" berücksichtigt[27]), wobei sich gewisse Abweichungen von dieser als unvermeidlich zeigten. Diese Vorschlags-Entwürfe wurden nochmals vom Regierungsausschuß des WUA[28]) und vom Ständigen Ausschuß des Berner Verbandes[29]) gründlich überarbeitet [30]). Neben der Klärung der noch offenen Fragen wurden mehrere Verbesserungen vorgenommen.

---

[25]) Vgl. hierzu Ulmer, Die Washingtoner Vorschläge für das internationale Urheberrecht, aaO. S. 375 ff.

[26]) Vgl. Steup/Bungeroth, oben S. 331 ff.; Ulmer, Die Revision der Urheberrechtskonventionen im Zeichen der Washingtoner Empfehlungen, in GRUR Int. 1970, 177; Oekonomidis, Die neuen Entwicklungen des internationalen Urheberrechts, aaO. S. 4 f.

[27]) Über diese ersten Entwürfe siehe Ulmer, Die Entwürfe für die Revision des Urheberrechtsabkommens, aaO. S. 330 ff.; Oekonomidis, Die neuen Entwicklungen des internationalen Urheberrechts, aaO. S. 7 ff.

[28]) In seiner außerordentlichen Sitzung vom 2. bis 11. Sept. 1970 in Paris; vgl. hierzu den offiziellen Sitzungsbericht mit dem vom Regierungsausschuß überarbeiteten Revisionsentwurf in GRUR Int. 1970, 337 ff., DdA 1970, 238 ff. = Copyright 1970, 233 ff.

[29]) In seiner außerordentlichen Sitzung vom 14. bis 18. Sept. 1970 in Genf; Vgl. hierzu den offiziellen Sitzungsbericht mit dem vom Ständigen Ausschuß überarbeiteten Revisionsentwurf in GRUR Int. 1970 344 ff., DdA 1970, 223 ff. = Copyright 1970, 209 ff. und aaO. Anm. 27.

[30]) Über diese beiden Sitzungen vgl. Ulmer, Die Revision der Urheberrechtskonventonen im Zeichen der Washingtoner Empfehlung, in GRUR Int. 1970, 167 ff.; Oekonomidis, Die neuen Entwicklungen des internationalen Urheberrechts, aaO. S. 6 Anm. 16 ff.; Desbois, La conference diplomatique des revisions des conventions, in RIDA LXVIII (1971), 2.

Die beiden Entwürfe, die als Ergebnis der beiden Sitzungen hervorgehoben werden können, schlossen folgende Vorschriften ein:

A) Für das WUA:

aa) Neue Mindestrechte wurden in Art. IVbis WUA einbezogen, welche auch auf die von der Originalform der geschützten Werke erkennbar abgeleiteten Formen erstreckt werden sollten.

bb) Eine allgemeine Umschreibung der Ausnahmen vom Übersetzungs- und Vervielfältigungsrecht wurde unternommen. Art. V^{bis} sollte die allgemeine Bestimmung, Art. V^{ter} und V^{quater} sollten die einzelnen Regelungen der Ausnahmen zugunsten der Entwicklungsländer enthalten. In diesen Vorschriften wurde auch über die bestimmten Zwecke, wofür Zwangslizenzen zulässig sein sollten, über die bestimmten Fristen, die dafür abgelaufen sein sollten und über das Exportverbot von unter Zwangslizenzen hergestellten Werksexemplaren befunden.

B) Für die RBÜ

aa) Allgemeine Umschreibung der Ausnahmen vom Übersetzungs- und Vervielfältigungsrecht — wie im Entwurf des WUA.

bb) Unbeschränkter Zugang aller Entwicklungsländer zu den vorgesehenen Vergünstigungen eines Zusatzaktes, welcher die oben angeführten Einschränkungen einschließen würde. Dieser Zusatzakt sollte der RBÜ angeschlossen werden, damit auch die Entwicklungsländer im Berner Verband bleiben und die RBÜ-Fassungen anwenden können und nicht gezwungen sind, der zu revidierenden Fassung des WUA beizutreten.

cc) Art. 30 Abs. 2 Buchst. b wurde in die Sonderregelungen für die Entwicklungsländer einbezogen. Allen Entwicklungsländern, sowohl neu beitretenden als auch den bereits dem Berner Verband angehörenden, steht die Möglichkeit offen zu erklären, daß das Übersetzungsrecht erlischt, wenn der Inhaber es nicht innerhalb einer Frist von zehn Jahren ausgeübt hat. Die Inanspruchnahme dieser Möglichkeit durch ein Entwicklungsland berechtigt nicht die übrigen Verbandsländer zu der in Art. 30 Abs. 2 Buchst. b zugelassenen Anwendung der materiellen Reziprozität. Jedenfalls durften die Entwicklungsländer nur entweder diese Möglichkeit oder die Befugnis zur Erteilung von Übersetzungslizenzen in Anspruch nehmen, nicht aber beides kumulieren. Zusätzlich wurde jedem Entwicklungsland gestattet, nach Erreichen des Stadiums eines entwickelten Landes die in Art. 30 Abs. 2 Buchst. b vorgesehene Erklärung abzugeben;

wobei dann allerdings die übrigen Verbandsländer zur Anwendung der materiellen Reziprozität berechtigt sind.

A) und B): Bemerkung:

Schließlich wurde die enge Verbindung zwischen den neuen Fassungen der RBÜ und des WUA der veränderten Konzeption für die Revision der RBÜ angepaßt und dabei enger ausgestattet. Das Inkrafttreten der Neufassungen der Artikel 1 bis 21 RBÜ und des Zusatzaktes sollte vom Inkrafttreten der revidierten Fassung des WUA abhängig sein.

III. Die Pariser Akte der beiden Konferenzen[31])

A. Pariser Akt der Berner Übereinkunft

1. Aufbau und Gliederung

Dieser Akt ist ein geschlossener, d. h. er bezieht sich auf einen geschlossenen Text, in dem die grundlegenden materiellrechtlichen Vorschriften der Art. 1 bis 20 sowie die Verwaltungsbestimmungen der Art. 22 bis 26 global übernommen sind. Ein solcher geschlossener Text bringt den Vorteil der besseren Übersichtlichkeit und einfachen Anwendung mit sich.

Das Protokoll der Entwicklungsländer und die damit verbundenen Bestimmungen wurden dagegen durch die Pariser Konferenz geändert. Die Neuregelung für die Entwicklungsländer findet sich in einem „Anhang" (Appendix, Annexe), der gemäß Art. 21 integrierender Bestandteil des Pariser Akts ist. Dieser Zusatzakt unterscheidet sich im wesentlichen von dem Protokoll für die Entwicklungsländer dadurch, daß er nur die Möglichkeit zur Einschränkung des Übersetzungs- und des Vervielfältigungsrechts vorgesehen hat. Die Vorschrift des Protokolls zur früheren Anwendung der Begünstigungen durch die Entwicklungsländer wurde auch im neuen Pariser Akt übernommen[32]).

---

[31]) Über den Verlauf der Pariser Revisionskonferenzen, die Veranstalter und die Teilnehmer, das Präsidium der Konferenzen, die Hauptausschüsse ihrer Leitung, ihrer Berichterstatter, über die Redaktionsausschüsse, siehe Steup/Bungeroth, oben S. 338 ff.; Ulmer, Die Revisioen der Urheberrechtsabkommen, in GRUR Int. 424 f.; vgl. dazu im einzelnen WUA-Konferenz-Bericht Nr. 31, 32 und RBÜ-Konferenzbericht Nr. 21 Satz 2 und 3 (= oben S. 164 ff. und S. 306).

[32]) Art. VI des Anhangs (Art. 5 des Stockholmer Protokolls). Diese Vorschrift sollte es ermöglichen, daß durch Erklärungen, die seitens der Entwicklungsländer und der entwickelten Länder gegenüber dem Generaldirektor der Weltorganisation für geistiges Eigentum abgegeben werden, die Entwicklungsländer schon vor der Ratifikation und dem Inkrafttreten des Pariser Akts die Vergünstigungen in Anspruch nehmen können, die in dem Anhang zum Pariser Akt vorgesehen sind.

2. Vorbehalte, Inkrafttreten, Geltungsbereich

Die Verbandsländer können erklären, daß sich ihre Ratifikation oder ihr Beitritt nicht auf die Art. 1 bis 21 und den Anhang bezieht[33]); sie können aber die Auswirkungen ihrer Ratifikation jederzeit durch Hinterlegung einer Erklärung auch auf diese Vorschriften erstrecken. Dagegen können verbandsfremde Länder, die dem Pariser Akt beitreten, die Anwendung der Art. 1 bis 21 und des Anhangs nicht ausschließen[33a]).

In Zusammenhang mit dem Inkrafttreten des Pariser Akts ist zu bemerken[34]), daß Art. 1 bis 21 und der Anhang nur dann in Kraft treten, wenn abgesehen von ihrer vollen Ratifizierung bzw. vom Beitritt von 5 Verbandsländern außerdem das WUA in seiner Pariser Fassung für Frankreich, Spanien, das Vereinigte Königreich von Großbritannien und Nordirland und die Vereinigten Staaten von Amerika verbindlich geworden ist[35]). Nach Inkrafttreten der Art. 1 bis 21 und des Anhangs der Pariser Fassung (womit dann die gesamte Pariser Fassung in Kraft ist), scheidet eine Ratifizierung oder ein Beitritt zur Stockholmer Fassung aus[36]), so daß damit das — nie in Kraft getretene — Stockholmer Protokoll betreffend die Entwicklungsländer endgültig gegenstandslos wird.

Der Geltungsbereich der Art. 1 bis 21 und des Anhangs des Pariser Akts erstreckt sich zunächst über diejenigen Verbandsländer, die ihre Ratifikations- oder Beitrittsurkunden drei Monate vor dem Inkrafttreten hinterlegt haben. Für die später hinterlegenden Verbandsländer werden sie drei Monate nach der Hinterlegungen wirksam, es sei denn, daß in der Ratifikations- oder Beitrittsurkunde ein späterer Zeitpunkt angegeben wird[37]).

---

33) Tatsächlich sind die Art. 22 bis 26 des Pariser Akts (ebenso wie die Übereinkunft zur Errichtung der Weltorganisation für geistiges Eigentum) bereits in Kraft getreten; so sieht der Pariser Akt von der Möglichkeit des Ausschlusses dieser Bestimmungen ab. Siehe oben S. 400 ff.

33a) So Art. 29 RBU. Ihr Beitritt wird drei Monate nach Hinterlegung ihrer Erklärung bzw. zu einem von ihnen bestimmten späteren Zeitpunkt wirksam.

34) Vgl. darüber Ulmer, Die Revisionen des Urheberrechtsabkommens, aaO. S. 425.

35) Vgl. Art. 28 Abs. 2 Buchst. a RBU Pariser Fassung. Die Entwicklungsländer wollten das Inkrafttreten des Pariser Akts davon abhängig machen, daß die Staaten, deren Werke für sie am wichtigsten sind, infolge deren Bindung an das revidierte WUA den Vergünstigungen zustimmen, die darin für sie vorgesehen sind. Interessant bei dieser Bedingung ist, daß das Inkrafttreten von der Zustimmung der Vereinigten Staaten von Amerika abhängig ist, die nicht RBU Verbandsland sind. Das Inkrafttreten dieses Teiles der Fassung datiert drei Monate nach der Erfüllung der oben erwähnten Bedingungen.

36) Vgl. auch Art. 34 Abs. 1 RBU Pariser Fassung.

37) Für das Inkrafttreten der Verwaltungs- und Schlußbestimmungen vgl. Ulmer, Die Revisionen der Urheberrechtsabkommen, a.a.O. S. 425; Bungeroth, oben S. 386 ff.

3. Zusammenhang mit WIPO/OMPI

Im Zusammenhang mit der Mitgliedschaft in der Weltorganisation für geistiges Eigentum mußte man durch eine Fiktion die Bedingung des Art. 14 Abs. 2[38]) des Übereinkommens zur Errichtung der Weltorganisation überwinden. Auf Grund dieser Vorschrift und jener des Art. 34 Abs. 1[39]) und Art. 29bis wird bestimmt, daß für solche Fälle (also für Länder, die nicht durch Art. 22 bis 38 gebunden sind) die Ratifikation oder der Beitritt zum Pariser Akt der Ratifikation oder dem Beitritt zu den Verwaltungsbestimmungen des Stockholmer Aktes gleichsteht.

B. Pariser Akt des Welturheberrechtsabkommens

1. Die materiellen Rechte

Im Text des WUA wurden durch die Pariser Revision grundsätzlich die grundlegenden Rechte der Urheber zur Vervielfältigung, zur öffentlichen Aufführung und zum öffentlichen Vortrag sowie zur Rundfunksendung verankert[40]). Das Übersetzungsrecht wird wie bisher durch Art. V WUA gewährleistet. Die zugunsten der Entwicklungsländer vorgenommenen Ausnahmen betreffen sowohl die Einschränkungen des Übersetzungs- und Vervielfältigungsrechts (Art. V^{bis}, V^{ter} und V^{quater}) wie auch die Suspension der in der Zusatzerklärung zu Art. XVII enthaltenen Schutzklausel für die Berner Union.

2. Zugelassene Ausnahmen

Es gibt keine genaue Umschreibung der zulässigen Ausnahmen, deren Zulassung den Vertragsstaaten gestattet wird. Eine Einschränkung dieser Möglichkeit, daß Staaten solche Ausnahmen vorsehen, bleibt, insoweit solche Ausnahmen nicht in Widerspruch mit dem Geist und den Regeln des Abkommens stehen dürfen. Diese Staaten müssen für die Rechte, für die sie Ausnahmen vorsehen, ein angemessenes Maß an wirksamen Schutz gewähren[41])[42]).

---

[38]) Ein Vertragsstaat kann nur dann Mitglied der Weltorganisation werden, wenn er gleichzeitig oder vorher Vertragspartei des Stockholmer Akts eines oder beider Übereinkünfte war.

[39]) Vgl. oben S. 405.

[40]) Art. IV bis Abs. 1 WUA.

[41]) Wie auch Ulmer hervorhebt (Die Revisionen der Urheberrechtsabkommen, aaO. S. 426) geht aus dem General-Konferenzbericht (Nr. 46) hervor, daß diese Ausnahmen (jene des Art. IV bis Abs. 2 WUA) nicht so weit gehen dürfen, wie in den Art. V^{ter} und V^{quater} den Entwicklungsländern zugestandenen Erleichterungen, wo z. B. ein Generalsystem von Lizenzen zugunsten dieser Länder eingeführt

3. Droit moral

Ein Einbezug auch des droit moral als grundlegendes Recht[43]) konnte trotz Befürwortung verschiedener Länder nicht akzeptiert werden, weil in einigen Ländern (wie z. B. in den USA) eine Anerkennung des droit moral nicht durchzusetzen ist[44]).

4. Inkrafttreten

Das revidierte WUA tritt erst nach der Hinterlegung von zwölf Ratifikations- oder Beitrittsurkunden in Kraft. Für die später hinterlegenden Staaten wird es (auch hier) drei Monate nach der Hinterlegung verbindlich.

5. Zusatzprotokolle

Von den drei Zusatzprotokollen, welche dem Abkommen von 1952 beigefügt wurden, wurden nur die beiden ersten erneuert[45]).

IV. Die Sonderstellung der Entwicklungsländer

A. Allgemeines

1. Begriff „Entwicklungsland"

Die Begünstigungen betreffen alle verbandsangehörigen Entwicklungsländer, jedoch ohne daß dieser Begriff („Entwicklungsland") irgendwo in den revidierten Fassungen der Abkommen näher definiert ist. Wie im Stockholmer Protokoll fällt unter diesen Begriff jedes Land, das nach der bestehenden Praxis der Vereinten Nationen als Entwicklungsland angesehen wird[46]).

wird. Hier wäre an eine Ausnahme zu denken, nämlich an jene des Art. 11 bis Abs. 2 RBÜ, wo den Ländern des Berner Verbands die Einschränkung des Senderechts durch Zwangslizenzen ohne Begrenzung auf bestimmte Werkgattungen gestattet wird. Nach Ulmer (aaO., S. 426) kann nicht angenommen werden, daß das WUA den Rahmen der Ausnahmen enger begrenzt als die RBÜ.

[42]) Im Konferenzbericht wird der Versuch unternommen, eine weitere Auslegung der Ausnahmevorschriften des Art. IV bis Abs. 2 in etwa zu dämpfen; hier wird erwähnt, daß Ausnahmen von grundlegenden Rechten des Urhebers eine vernünftige Grundlage haben müssen und nicht willkürlich angewandt werden.

[43]) Vgl. WUA-Konfrerenzbericht Nr. 42, Steup/Bungeroth, oben S. 344.

[44]) Es könnte die Ratifikation und, entsprechend Art. 28 Abs. 2 RBÜ, auch das Inkrafttreten der RBÜ gefährden.

[45]) Vgl. hierzu Ulmer, Die Revision des Urheberrechtsabkommens, aaO. S. 427.

[46]) Vgl. Art. 1 Abs. 1 Anhang RBÜ; Ulmer, Die Revision der Urheberrechtsabkommen, aaO. S. 426; Oekonomidis, Protokoll betreffend die Entwicklungsländer, in UFITA aaO. S. 49 ff. = Stockholmer Vertragswerk, S. 223 ff.; Bungeroth, oben S. 357 ff. Der Generalberichterstatter der Konferenz zur Revision des WUA, Kaminstein, hatte in seinem offiziellen Bericht nähere Anhaltspunkte zur Bestimmung dieser Länder zu geben versucht; seine Bemühungen wurden lediglich nicht als Bestandteil des offiziellen Berichts akzeptiert, sondern als persönliche Bemerkungen des Berichterstatters (vgl. oben S. 205 ff.). Im Anhang zur RBÜ wird

Wie schon mehrmals betont wurde, dürfen nach der neuen Regel die Entwicklungsländer entweder die Einschränkungen des Übersetzungs- oder des Vervielfältigungsrechts vornehmen, die im Anhang zum Pariser Akt, ebenso wie im revidierten WUA vorgesehen sind, oder aus der RBÜ ausscheiden, sich auf die Zugehörigkeit zum WUA beschränken, ohne daß die in der Zusatzerklärung des Art. XVII WUA vorgesehene Aktion eintritt. Die Suspension der Schutzklausel[47]) ist in der Neufassung der Zusatzerklärung zu Art. XVII vorgesehen[48]).

2. Ende der Begünstigungen

In Anbetracht der Inanspruchnahme der zugunsten der Entwicklungsländer angenommenen Begünstigungen sind bestimmte Regeln sowohl im revidierten WUA als auch in der RBÜ vorgesehen[49]). Wenn ein Staat den Status als Entwicklungsland verloren hat, so kommt eine Erneuerung nicht mehr in Betracht. Dann endet die Befugnis mit Ablauf der laufenden Zehnjahresfrist, oder mit Ablauf einer dreijährigen Frist nach dem Zeitpunkt, zu dem der Staat die Eigenschaft eines Entwicklungslandes verloren hat[50]). Zum Zeitpunkt des Ablaufs dieser Fristen endet auch die Suspension der Schutzklausel für den Berner Verband. Bei nicht erneutem Beitritt eines Landes, das den Status eines Entwicklungslandes verloren hat, wird die Sanktion der Zusatzerklärung zu Art. XVII WUA wieder volle Wirkung erlangen. Den Entwicklungsländern gleichgestellt sind die von anderen Staaten abhängigen Gebiete, deren Lage derjenigen eines Entwicklungslandes entspricht[51]).

3. Ausschluß der materiellen Reziprozität

Die Berufung auf die materielle Reziprozität ist im Anhang zum Pariser Akt ausdrücklich ausgeschlossen[52]); dies gilt ebenso für das

---

davon gesprochen, für jedes Land, das sich auf Grund seiner wirtschaftlichen Lage und seiner sozialen und kulturellen Bedürfnisse nicht in der Lage sieht, alle konventionell anerkannten Rechte zu schützen. Im revidierten WUA fehlt ein ähnlicher Zusatz.

47) Vgl. auch oben S. 6 und Desbois, L'évolution du droit d'auteur depuis la conference de Bruxelles, in RIDA LXXIX, S. 325.

48) Für die entwickelten Länder bleibt sie in vollem Umfange bestehen. Vgl. hierzu Ulmer, Die Revisionen der Urheberrechtsabkommen, aaO. S. 428.

49) Siehe Art. Vbis Abs. 1 WUA, Art. 1 Abs. 1 Anhang zur RBÜ. Vgl. auch Art. XXI Abs. 2 WUA, Art. 37 Abs. 5 RBÜ.

50) Siehe Art. Vbis Abs. 2, 3 WUA, Art. 1 Abs. 2 und 2 Anh. zur RBÜ. Vgl. auch Art. Vbis Abs. 4 WUA, Art. 1 Abs. 4 Anh. zur RBÜ in Zusammenhang mit der Erstellung neuer Werkexemplare nach den angesetzten Fristen.

51) Siehe Art. Vbis Abs. 5 WUA, Art. 1 Abs. 5 Anh. zur RBÜ.

52) Art. II WUA und Art. 1 Abs. 1 Anh. zur RBÜ.

WUA, welches keine Berufung auf die materielle Reziprozität zuläßt, was aber nur aus den allgemeinen Regeln der Abkommen hervorgeht.

4. Grundsatz der Inländerbehandlung

Der Text der Konventionen läßt schließlich keine Zweifel darüber, daß in beiden Abkommen der Grundsatz der Inländerbehandlung unberührt bleibt. Die Entwicklungsländer müssen die gleichen Einschränkungen, welche sie genießen dürfen, auch zu Lasten der Rechte ihrer Angehörigen vorsehen.

B. Das System der Zwangslizenzen zugunsten der Entwicklungsländer

1. Begriff und Inhalt der Regelung

Es handelt sich hier, anders als im Protokoll für die Entwicklungsländer von Stockholm, um ein System von (nicht ausschließlichen und unübertragbaren) Lizenzen, das aber auch dann erst in Frage kommt, wenn der Rechtsinhaber um eine Lizenz vergeblich angegangen worden ist oder nicht ausfindig gemacht wurde, und wenn bestimmte Fristen abgelaufen sind[53]). Die Lizenzen werden auch dann nur für bestimmte Zwecke erteilt werden, und zwar die Vervielfältigungslizenzen nur für Schul- und Hochschulunterrichtszwecke, die Übersetzungslizenzen auch für Zwecke der Forschung. Das Sicherungssystem um diese Lizenzen hat sich zugunsten der Betroffenen weiter gekräftigt auch dadurch, daß der Antrag nur von Angehörigen des betreffenden Entwicklungslandes (darunter sind auch juristische Personen einschließlich solcher des Staates, staatlicher Organisationen und Unternehmungen zu rechnen) gestellt werden kann. Die Befugnis zur Erteilung der Zwangslizenzen steht nur Entwicklungsländern zu, die diese Befugnis in einer Notifikation ausdrücklich in Anspruch genommen haben.

Des weiteren ist der Export der so hergestellten Exemplare grundsätzlich untersagt. Die Zwangslizenz gilt nur für die Veröffentlichung im Hoheitsgebiet des Erteilungsstaates und erstreckt sich nicht auf die Ausfuhr von Werkstücken[54]).

---

[53]) Oekonomidis, Protokoll betreffend die Entwicklungsländer in UFITA S. 50 ff. = Stockholmer Vertragswerk, S. 224 ff.

[53a]) Art. Vbis Abs. 1 WUA, Art. I Abs. 1 zur RBÜ. Durch die dafür nötigen Notifikationen und die Verpflichtung der Generaldirektoren der UNESCO und WIPO, allen beteiligten Ländern die eingegangenen Notifikationen mitzuteilen (Art. XXI Abs. 2 WUA, Art. 37 Abs. 5 RBÜ), ist immer bekannt, welche Länder sich des Systems bedienen.

[54]) Art. Vter Abs. 4 Buchst. a, Art. Vquater Abs. 2 Buchst. f Satz 2 WUA, Art. IV Abs. 4 Buchst. a Anh. zur RBÜ. Als Ausfuhr gilt sogar der Versand von Werk-

Das Werk muß sogar einen Vermerk enthalten, daß die Verbreitung nur in dem Staat zulässig ist, für den die Zwangslizenz erteilt wurde[55]).

2. Bemessung der Vergütung

In Anbetracht der Vergütung, die dem Rechtsinhaber bezahlt werden muß, und ihrer Berechnung wurde versucht, ein Maß zu finden, das üblicherweise bei vertraglicher Lizenzgewährung zwischen Parteien der in Betracht kommenden Länder bezahlt wird[56]). Auch der Transfer der Vergütungen wurde anders als im Protokoll von Stockholm abgesichert.

3. Lizenzangaben

Den urheberpersönlichkeitsrechtlichen Interessen wurde auch bei Lizenzangaben Rechnung getragen, insofern der Name des Urhebers und der Titel des Werkes (bei Übersetzungen sogar der Originaltitel) auf allen auf Grund der Lizenz hergestellten Exemplare anzugeben ist[57]); auch eine genaue Wiedergabe der Ausgabe ist zu gewährleisten[58]). Schließlich ist die Lizenz zu versagen, wenn der Urheber alle Exemplare des Werkes oder der Ausgabe, um deren Vervielfältigung es sich handelt, zurückzieht.

4. Copyright-Vermerk

Im WUA wurde zusätzlich vorgesehen, daß alle Lizenzexemplare den Copyright-Vermerk tragen müssen, sofern der Rechtsinhaber die von ihm selbst autorisierten Werkstücke mit diesem Vermerk versehen hat[59]).

C. Die Übersetzungslizenz[60])

1. Anknüpfungspunkt beim WUA

Vor einer kurzen Darstellung der Übersetzungslizenz muß man — nur für das WUA — an eine bereits vorhandene Vorschrift anknüp-

---

stücken aus einem abhängigen Gebiet zum Mutterland; vgl. Art. V^bis Abs. 5 Satz 3 WUA, Art. IV Abs. 4 Buchst. 5 Anh. zur RBÜ.

55) Art. V^ter Abs. 4 Buchst. b Satz 1, Art. V^quater Abs. 2 Buchst. a Satz 1 WUA, Art. IV Abs. 5 Anh. RBÜ. Für eine Ausnahme von dieser Regel vgl. Ulmer, Die Revisionen der Urheberrechtsabkommen, aaO. S. 429; Bungeroth, oben S. 357; WUA-Konferenzbericht Nr. 114 bis 116, RBÜ-Konferenzbericht Nr. 40 bis 42; siehe unten S. 194 f. und 310 ff.

56) Art. V^ter Abs. 5, Art. V^quater Abs. 2 Buchst. b WUA, Art. IV Abs. 6 Buchst. a Anh. zur RBÜ.

57) Art. V^ter in Verbindung mit Art. V Abs. 2 Buchst. e Satz 1 WUA, Art. V^quater Abs. 1 Buchst. f Satz 1 WUA, Art. IV Abs. 3 Anh. zur RBÜ.

58) Art. V^ter in Verb. mit Art. V Abs. 2 Buchst. d WUA, Art. V^quater Abs. 2 Buchst. g WUA, Art. IV Abs. 6 Buchst. b Anh. zur RBÜ.

59) Art. V^ter Abs. 4 Buchst. b Satz 2, Art. V^quater Abs. 2 Buchst. a Satz 2 WUA.

60) Art. V^ter WUA, Art. II Anhang zur RBÜ.

fen und zwar an jene des Art. V Abs. 2 WUA, welche allen Vertragsstaaten das Recht einräumt, Zwangslizenzen vorzusehen für die Übersetzung in eine Sprache, die in dem Lande im allgemeinen Gebrauch ist[61]), wenn sieben Jahre nach der ersten Veröffentlichung eines Schriftwerkes keine Übersetzung in dieser Sprache erschienen ist. Nach diesen sieben Jahren können also Lizenzen in Verbandsländern auch für Übersetzungen, welche nicht den privilegierten Zwecken dienen, erteilt werden[62])[63]). Der RBÜ war eine solche Lizenz unbekannt[64]).

2. Inhaltliche Regelung

Die Übersetzungslizenz ist also wie folgt geregelt:

aa) Als eine Zwangslizenz besonderer Art[65]) — zumindest für das System des WUA — wird diese zugunsten der Entwicklungsländer vorbehaltene Lizenz gewertet[66]). Die RBÜ, die keine Übersetzungslizenzen bisher anerkannte, sieht im Anhang eine ausführliche Regelung vor.

bb) Nach dem WUA (Art. V^{ter} Abs. 1 Buchst. a in Verbindung mit Art. V Abs. 2 RBÜ) gilt diese Lizenz nur für veröffentlichte Schriftwerke. In der RBÜ heißt es genauer, daß nur Werke, die im Druck oder einem dem Druck verwandten Vervielfältigungsverfahren veröffentlicht wurden, der Zwangslizenz unterliegen[67]).

cc) Die formellen Voraussetzungen der Übersetzungslizenz entsprechen in erster Linie denjenigen des bestehenden Art. V WUA. Der Umfang auch dieser Lizenz bemißt sich nach Art. V Ziff. 2 WUA.

---

[61]) In der Fassung des WUA von 1952 stand statt „allgemein gebräuchliche Sprache" der Ausdruck „Nationalsprache". Vgl. hierzu Ulmer, Die Revisionen der Urheberrechtsabkommen, aaO. S. 430.

[62]) Deren Exemplare können natürlich auch exportiert werden.

[63]) Vgl. auch Art. V^{ter} Abs. 9 WUA.

[64]) Den Entwicklungsländern wird bezüglich des Übersetzungsrechts jedenfalls die Möglichkeit eingeräumt, anstatt der Inanspruchnahme der Zwangslizenzen den traditionellen Zehnjahresvorbehalt zu erklären; vgl. Art. V Anh. zur RBÜ.

[65]) Ulmer ist derjenige, der diese Lizenz als eine für das System des WUA besondere Art bezeichnet hatte, nachdem es schon Übersetzungslizenzen vorsieht; vgl. hierzu Ulmer, Die Revisionen der Urheberrechtsabkommen, aaO. S. 430 und aaO. S. 16.

[66]) Siehe Art. V^{ter} WUA i. V. mit Art. V WUA.

[67]) Für eine weitere Auslegung des Begriffs „Schriftwerke" tritt Bungeroth, oben S. 368 ein. Auch wir vertreten die Meinung, daß der Begriff „Schriftwerke" weit ausgelegt werden sollte. Der Umfang der im WUA eingeschlossenen Einschränkungs-Ausnahmen zugunsten der Entwicklungsländer, wäre sehr begrenzt, wenn eine Übersetzung (eng ausgelegt) nur für Schriftwerke unter den sonstigen Bedingungen genehmigt würde. Große Gebiete von Sprachwerken wären dann ausgeschlossen, Gebiete welche — wie z. B. die dramatischen Werke — große Bedeutung für Unterrichtszwecke in den Entwicklungsländern haben können; a. A. im Wortlaut des Konferenzberichts.

dd) Die Erteilung dieser Lizenzen gewährt das Recht, diese Werke zu übersetzen und die Übersetzung (für die RBÜ) ausdrücklich im Druck oder in einem dem Druck verwandten Vervielfältigungsverfahren zu veröffentlichen[68]).

ee) Die Lizenzen wurden grundsätzlich für Unterrichts-, Studien- und Forschungszwecke zugelassen[69]).

ff) Die Lizenzen wurden nur für die Übersetzungen in einer Sprache erteilt, welche in dem betreffenden Entwicklungsland in Gebrauch ist[70]).

gg) Die Hauptfristen betragen grundsätzlich nicht sieben Jahre wie nach Art. V WUA, sondern drei Jahre nach der ersten Veröffentlichung. Nach dieser Frist kann die Zwangslizenz erteilt werden[71]). Diese Frist kann auf ein Jahr verkürzt werden[72]). Nach Ablauf[73]) der drei- bzw. einjährigen Frist läuft eine sechs- bzw. neunmonatige ergänzende Frist. Wird innerhalb dieser Frist doch eine autorisierte Übersetzung veröffentlicht, so scheidet die Zwangslizenzerteilung aus.

hh) Für vorwiegend aus Abbildungen bestehende Werke bedarf es ferner einer Vervielfältigungslizenz; d. h. es sind sowohl die

---

[68]) Art. II Abs. 1 und 2 Buchst. a Anhang zur RBÜ; für den Begriff der Veröffentlichung nach dem WUA vgl. Art. VI WUA; vgl. auch WUA-Konferenzbericht Nr. 87 (3) Satz 4, oben S. 186. Vgl. auch Ulmer, Die Revisionen der Urheberrechtsabkommen, aaO. S. 430.

[69]) Art. Vter Abs. 2 Buchst. a WUA, Art. II Abs. 5 Anhang zur RBÜ. Die Wendung „Unterrichtszwecke" soll alle Formen des organisierten Unterrichts umfassen, nicht nur jene der Schule als örtlich organisierte Lerngemeinschaft, vielmehr auch die Wissensvermittlung an Erwachsene und zwar durch moderne Methoden. Bezüglich der Forschung wurde gemeint, daß nur die nicht gewerbliche Forschungstätigkeit darunter fallen solle, nicht dagegen die gewerbliche Forschung. Diese Auslegung kann auch nicht geändert werden auf Grund des Art. II Abs. 9 Buchst. a (ii) des Anhangs zur RBÜ, wo über „Verbreitung technischer Forschungsergebnisse" gesprochen wird. Vgl. auch M. Pedrazini, System der Zwangslizenzen in den internationalen Urheberrechtsabkommen, in Festschrift für Georg Roeber, Schriftenreihe der UFITA, Heft 46 (1973) S. 455. Über die Auslegung der Begriffe, insb. „Studienzwecke" (purposes of scholarship) und „Forschung" (research), vgl. auch Konferenzbericht Nr. 73 oben S. 180 f.

[70]) Also nicht mehr unbedingt in der National (Landes) Sprache. Art. Vter i. V. mit Art. V Abs. 2 Buchst. a WUA, Art. II Abs. 2 Buchst. a Anh. zur RBÜ. Vgl. auch RBÜ-Konferenzbericht Nr. 30, unten S. 308; WUA Konferenzbericht Nr. 63, oben S. 177 in bezug auf die frühere Formulierung des Art. V Abs. 2 WUA (Fassung 1952) und des Art. 30 Abs. 2 Buchst. b RBÜ (Stockholmer Fassung) — Landessprache, Vgl. Bungeroth, oben S. 373. Sind in einem Lande mehr als zwei Sprachen im allgemeinen Gebrauch, so kommt es darauf an, ob in einer bestimmten Gegend oder von einem Teil der Bevölkerung eine der Sprachen hauptsächlich gesprochen wird.

[71]) Art. Vter Abs. 1 Buchst. a Satz 1 WUA; Art. II Abs. 2 Buchst. a Anh. zur RBÜ.

[72]) Art. Vter Abs. 1 Buchst. a Satz 2 WUA, Art. II Abs. 3 Buchst. a Anhang zur RBÜ; S. auch Art. Vter Abs. 1 Buchst. b WUA und Art. II Abs. 3 Buchst. b Anh. zur RBÜ. Vgl. hierzu — insbesondere über die Beratungen für eine solche abgekürzte Frist — Ulmer, Die Revisionen der Urheberrechtsabkommen, aaO. S. 431.

[73]) Art. Vter Abs. 2 Buchst. a WUA. Die indische Delegation meinte bei den Be-

Bedingungen für die Übersetzungslizenz erforderlich, wie auch die für die Vervielfältigungslizenz. Die Wiedergabe vereinzelter Abbildungen im Werk ist nur durch die Übersetzungslizenz gedeckt[74]).

ii) Unter einigen Voraussetzungen kann auch dem Sendeunternehmen eine Übersetzungslizenz gewährt werden[75]). Durch eine solche Lizenz wurde dem Anliegen der Entwicklungsländer Rechnung getragen, die Übersetzungsmöglichkeit den Sendeunternehmen zu gewähren, denen angesichts des Mangels an Lehrkräften, an Literatur, sowie Produktions- und Verteilungseinrichtungen für Literatur oft eine führende Rolle in der Erziehung, Ausbildung und Weiterbildung zukommt[76]).

Die Bedingungen einer solchen Lizenz sind fest im Text des revidierten WUA (Art. V^{ter} Abs. 8) und des Anhangs zur RBÜ (Art. II Abs. 9) umschrieben. Zum Verständnis dieser Bestimmungen bemerkt *Ulmer*[77]), daß es sich bei der vorgesehenen Lizenz, die sich ausschließlich auf die Übersetzung bezieht, die zum Zweck der Rundfunksendung vorgenommen wird, nicht um eine Lizenz handelt, die die Sendung in Form einer Übersetzung gestattet.

Die Verwendung der Übersetzung kann mit Zustimmung des Unternehmens, für das die Lizenz erteilt worden ist, auch von anderen Rundfunkunternehmen, die ihre Hauptniederlassung im gleichen Land haben, vorgenommen werden, d. h. dieselbe Sendung kann auch von einem anderen Rundfunkunternehmen benutzt werden, das den gestellten Bedingungen entspricht[78]).

kk) In der Berner Übereinkunft haben die Entwicklungsländer die Wahl, anstelle von Zwangslizenzen zu beanspruchen, den Zehnjahres-

---

ratungen, daß die beiden Fristen nebeneinander laufen können; dagegen wurde in beiden Konferenzberichten deutlich gemacht, daß diese Frist eine ergänzende ist; vgl. Konferenzbericht WUA Nr. 72, Konferenzbericht RBÜ Nr. 31, siehe oben S. 180 f. und 308 f.

[74]) Vgl. Art. V^{ter} Abs. 7 WUA, Art. II Abs. 7 Anh. zur RBÜ.

[75]) Art. V^{ter} Abs. 8 WUA, Art. II Abs. 9 Anhang zur RBÜ. Diese Bestimmungen waren nicht in den Entwürfen des Regierungs- und Ständigen Ausschusses des WUA bzw. RBÜ vorgesehen; vgl. hierzu auch M. Pedrazzini, aaO. S. 461 f.

[76]) In Anbetracht des Senderechts ist eine gesetzliche Lizenz in Art. 11bis Abs. 2 RBÜ vorgesehen. Sinngemäß wäre anzunehmen, daß eine solche Einschränkung des Senderechts (Art. 11 RBÜ), welche unter bestimmten Bedingungen die RBÜ zuläßt, auch von den Vertragstaaten des WUA vorgenommen werden konnte. Es steht jedenfalls fest, daß schon in Stockholm die Meinungen über die Frage geteilt waren, ob die Schranken der Verwertungsrechte (jedenfalls die Zwangs- und die gesetzlichen Lizenzen), die die Konvention gestattet, auch die Möglichkeit der Wiedergabe in der Form einer Übersetzung in sich schließen.

[77]) Die Revisionen der Urheberrechtsabkommen, aaO. S. 432.

[78]) Vgl. Art. V^{ter} Abs. 8 Buchst. a Nr. IV WUA, Art. II Abs. 9 Buchst. b Anh. zur RBÜ; vgl. auch Ulmer, Die Revisionen der Urheberrechtsabkommen, aaO. S. 432.

vorbehalt zu erklären. Sie können also eine Einschränkung des Übersetzungsrechts für den Fall vorsehen, daß nicht innerhalb von zehn Jahren seit der ersten Veröffentlichung des Werks eine Übersetzung in einer Sprache veröffentlicht wird, die in dem Land, das den Vorbehalt erklärt hat, im allgemeinen Gebrauch ist[78a]).

D. Die Vervielfältigungslizenz[79])

1. Begriff

Vervielfältigungslizenzen sind Lizenzen, welche die Vervielfältigung und Veröffentlichung einer bestimmten Ausgabe eines Werkes zu bestimmten Zwecken gestattet. Zusätzliche Bedingung für die Erteilung solcher Lizenzen ist, daß innerhalb einer bestimmten Frist seit der ersten Veröffentlichung dieser Ausgabe vom Inhaber des Vervielfältigungsrechts oder mit seiner Zustimmung in dem betreffenden Entwicklungsland, um den Bedürfnissen der Allgemeinheit oder des Schul- und Hochschulunterrichts zu genügen, Exemplare der Ausgabe zu einem Preis zum Verkauf gestellt wurden, der mit dem landesüblichen Preis entsprechender Werke vergleichbar ist[80]).

2. Inhalt der Regelung

Die Vervielfältigungslizenz ist also wie folgt geregelt:

aa) In Bezug auf die Zwecke wäre zu bemerken, daß entsprechend dem Konferenzbericht des WUA es sich hier nicht nur um einen strengen Gebrauch in Zusammenhang mit „systematischem Unterricht" (in connection with systematic instructional activities) sondern auch um einen Gebrauch handelt, der auch eine außerschulische Erziehung (out of school education) umfaßt[81]). Jedenfalls muß dieser Zweck ein Haupt- und kein Nebenzweck sein. In Zusammenhang mit den Bedürfnissen der „Allgemeinheit" (the general public) ist zu ergänzen, daß diese Bedürfnisse keinen Zweck zur Erteilung einer Lizenz selbst bilden. Die Lizenz wird immer nur zum Zwecke des Unterrichts erteilt, wodurch auch die Bedürfnisse des Publikums befriedigt werden.

[78a]) Siehe Art. 30 Abs. 2 Buchst. b RBU; vgl. auch Ulmer, Die Revisionen der Urheberrechtsabkommen, aaO. S. 433.

[79]) Art. Vquater WUA, Art. III Anh. zur RBU. Der Artikel Vquater entspricht grundsätzlich dem Entwurf des Regierungsausschusses des WUA. Art. III Anh. zur RBU entspricht dem Entwurf des Regierungsausschusses des Ständigen Ausschusses der Berner Union. Vgl. hierzu Oekonomidis, Die neuen Entwicklungen des internationalen Urheberrechts, aaO. S. 9.

[80]) Art. Vquater Abs. 1 Buchst. a Satz 1 WUA, Art. III Abs. 2 Buchst. a des Anhanges zur RBU.

[81]) Vgl. WUA-Konferenzbericht Nr. 92; siehe oben S. 188.

bb) Über die Fristen, die seit der ersten Veröffentlichung verstrichen sein müssen, blieb es bei den Entwürfen des Ausschusses ohne jede Änderung[82]).

Diese Fristen sind auf der Grundlage einer Interessenabwägung gestaffelt und betragen Zeiträume zwischen drei Jahren seit der ersten Veröffentlichung der bestimmten Ausgabe[83]) (für die für die Entwicklungsländer wichtigen Werkgattungen), über fünf Jahre für sonstige Werke, bis zu sieben Jahren für die nicht so wichtigen Werke. Nachfristen sind auch hier vorgesehen und zwar betragen sie sechs Monate für Werke der Naturwissenschaften, Mathematik und Technik und drei Monate für Romane, Gedichte, Dramen, Musikwerke und Kunstbücher und alle anderen Werke[84]). Anders als bei Übersetzungslizenzen können diese Nachfristen schon vor dem Ablauf der Hauptfrist beginnen.[85])

Wie bei der Übersetzungslizenz entfällt auch hier eine Lizenzerteilung, wenn innerhalb der Fristen das fragliche Werk zum landesüblichen Preis angeboten wird.

cc) Vervielfältigungslizenzen für Übersetzungen sind zu versagen, wenn die zu vervielfältigende Übersetzung ohne Zustimmung des Übersetzungsrechtsinhabers vorgenommen wurde und wenn die Übersetzung nicht in einer in dem fraglichen Entwicklungsland allgemein gebräuchlichen Sprache abgefaßt ist[86]).

dd) Vervielfältigungslizenzen werden erteilt für Werke, welche grundsätzlich im Druck oder in einer verwandten Vervielfältigungsform veröffentlicht worden sind[87]). Darunter fallen auch audio-visuelle Festlegungen (dieser Begriff ist anders als jener der audio-visuellen Werke der beiden Entwürfe). Bedingung für die Vervielfältigung solcher Festlegungen ist jedenfalls einerseits, daß der in ihnen enthaltene Text in eine Sprache zu übersetzen ist, die in dem Entwicklungsland, für das die Lizenz erteilt wird, im allgemeinen Gebrauch ist, andererseits, daß sie für den Schul- und Hochschulgebrauch bestimmt ist.

---

[82]) Vgl. Oekonomidis, Die neuen Entwicklungen des internationalen Urheberrechts, aaO. S. 9 f. Siehe Art. Vquater Abs. 1 Buchst. c WUA, Art. III Abs. 3 Anhang zur RBU.

[83]) Art. Vquater Abs. 1 Buchst. a WUA, Art. III Abs. 2 Buchst. a Anh. zur RBU.

[84]) Art. Vquater Abs. 1 Buchst. e und d Satz 3 WUA und Art. III Abs. 4 Buchst. a Anhang zur RBU.

[85]) Vgl. hierüber Bungeroth, oben S. 378.

[86]) Vgl. Art. Vquater Bs. 1 Buchst. h (i) und h (ii) WUA, Art. III Abs. 5 Anh. zur RBU.

[87]) Art. Vquater Abs. 3 WUA, Art. III Abs. 7 Anh. zur RBU.

ee) Die Lizenz erlischt, wenn das Werk nachträglich, entsprechend dem oben Erwähnten, auf dem Markt erscheint; bereits hergestellte Lizenzausgaben dürfen verkauft werden.

V. Ergebnisse der Pariser Revisionen

A. Allgemeines

1. Abgrenzungen für die Behandlung des Themas

Der Versuch, den vorliegenden Beitrag erst mit diesem Kapitel zu beginnen, war bereits zum Scheitern verurteilt, als der Verfasser bemerken mußte, daß die Ergebnisse von Paris fest und sogar direkt mit der Entwicklung des Internationalen Urheberrechts — zumindest des der letzten zwanzig Jahre — verankert und davon verursacht sind. Diese Verankerung könnte noch deutlicher gezeigt werden, wenn der Umfang dieses Beitrages es erlaubt hätte, in seinem ersten Teil auch eine kurze Analyse der wichtigeren einschlägigen Bestimmungen des WUA in seiner Fassung von 1952 und zwar im Vergleich zu denjenigen der RBÜ vorzunehmen. So, und zwar durch die Erörterung der Bestimmungen über die Anknüpfungspunkte, über die Inländerbehandlung, über einfachere Formalitäten, über die Schutzdauer, über das Übersetzungsrecht (in seiner ersten Fassung noch das einzige geschützte Mindestrecht) könnte man noch leichter die Gründe ersehen, weswegen es zu einem tiefen Eingriff in die internationalen Regelungen (insbesondere durch die Revision der zwei Abkommen) des Urheberrechts gekommen war. Wir haben uns jedoch dementsprechend auf die kurze Darstellung der Ursachen und formellen Ergebnisse der Pariser Konferenzen, wie sie zumindest in den neuen Fassungen der RBÜ und des WUA aussehen, beschränkt.

2. Positives Ergebnis

Mit der Verabschiedung der beiden neuen Fassungen des WUA und der RBÜ war ein positives Ergebnis gewonnen für die internationalen Beziehungen in Anbetracht des Schutzes der Urheber. Dieses Ergebnis ist durch einen Interessenausgleich qualifiziert, der sowohl dem bekannten Anliegen der Entwicklungsländer als auch dem Bedürfnis der Urheber und Verleger, nicht geopfert zu werden, Rechnung getragen hat[88]).

Damit die Krise des Urheberrechts endgültig überwunden wird, muß dieser Interessenausgleich auch in Zukunft respektiert werden und sich bewähren; dafür ist es notwendig, daß derselbe gute Wille,

---

[88]) So auch Ulmer, Die Revisionen der Urheberrechtsabkommen, aaO. S. 435.

welcher sich während der Verhandlungen sowohl vor Paris wie auch — und hauptsächlich — in Paris gezeigt hat und welcher trotz starker Verteidigung der eigenen Interessen doch zur Aufrechterhaltung der internationalen Urheberrechtsbeziehungen beigetragen hat, weiter andauert.

Tatsächlich war es ein — eventuell auch geschichtlich bedingtes — Beharren der ideologischen und tatsächlichen Interessen beider Seiten auf nationaler und supranationaler Ebene, welches zu der Krise geführt hat[89]).

3. Diskrepanzen im Schutzniveau

Ursprünglich gab es eine tatsächliche Diskrepanz zwischen der urheberrechtlichen Schutzwirklichkeit auf internationaler Ebene und dem legislativen Unterbau in den Entwicklungsländern, die als entscheidend für das Hervorrufen der Krise bezeichnet werden mag. Letzterer stammt aus der Zeit, als diese Länder noch nicht selbst und unabhängig ihren ganzen legislativen Substrat bestimmen konnten. Mit der Erlangung der selbständigen Bestimmung der Lösung ihrer Probleme zeigt sich die Diskrepanz noch deutlicher auf. Die Länder mußten nun ausländische geistige Produkte schützen, welche für die Steigerung ihres eigenen kulturellen Niveaus notwendig waren. Das bereits vorhandene Schutzniveau aber war für diese Länder unzumutbar geworden; schlimmer noch war, daß durch die Bindung dieser Länder (überwiegend) an die RBÜ jede Möglichkeit ausgeschlossen war, ihren internen Schutz an die eigenen Notwendigkeiten anzupassen.

Der Ausweg aus dieser Situation konnte entweder durch Auflösen der Bindungen zu den internationalen Schutzträgern oder durch Änderung des von diesen Trägern getragenen Schutzes gefunden werden. Die zweite Lösung erschien die leichtere; man hat mit dem WUA begonnen, wobei wiederum das Übergewicht des RBÜ-Abkommens durch die Zusatzerklärung zu Art. XVII WUA genügend markiert wurde[90]), man ging weiter mit dem Stockholmer Protokoll (in der Tat auch ein fehlgeschlagener Versuch, die internationalen Abkommen zu retten) und schloß mit den Pariser Revisionen.

4. Erfolgsvoraussetzungen

Der Erfolg der Lösungen von Paris hängt also eng zusammen mit der Frage, ob tatsächlich die Gründe für die Krise suspendiert sind.

[89]) Vgl. oben S. 401 f. und Oekonomidis, Protokoll betreffend die Entwicklungsländer, in UFITA, aaO. S. 51 ff. = Stockholmer Vertragswerk, S. 221 f.

[90]) Vgl. oben S. 401 f., durch diese Bindung sind große Schwierigkeiten und daher Unzufriedenheit für die Entwicklungsländer entstanden.

Zusätzlich besteht die Frage, ob alle Seiten diese Lösungen akzeptieren werden; eine positive Antwort wird auch zum Erfolg ihrer Durchführung und zur endgültigen Rettung des auf internationale Abkommen gegründeten Schutzes beitragen[91]). Ergebnis dieser Tatsache kann dann die Ratifizierung der geänderten Fassungen sein; diese Ratifizierung von den Großmächten ist sogar auch von formeller Bedeutung für das Inkrafttreten der Abkommen[92]). Die Revisionen hätten dann wohl Erfolg; das Problem der Entwicklungsländer würde gelöst und die Co-Existenz der beiden Abkommen vollkommen gesichert.

5. Kritische Stimmen

Hier muß gesagt werden, daß die Kritik an diesen Lösungen auch nach den Pariser Konferenzen laut blieb. Keiner der Kritiker verneinte zwar, daß die Entwicklungsländer das Recht und die Pflicht hätten, für ihren Aufstieg zu sorgen und ihrer Jugend die besten Lehrmittel und Handbücher zu verschaffen[93]). Sie schlagen aber andere Hilfssysteme dafür vor und nicht eine Entwicklungshilfe, die statt Geld urheberrechtlich geschützte Güter anbietet[94]). Diese Systeme richten sich jedoch nur darauf, einerseits eine Herabsetzung des Niveaus des internationalen urheberrechtlichen Schutzes auszuschließen und andererseits den einzelnen Urhebern keine Opfer zugunsten des — angeblich verständlichen — Anliegens der Entwicklungsländer aufzuzwingen[95]).

Wie man aber der „Krise" im internationalen Urheberrecht begegnen könne, beantworten diese Systeme nicht. Es sieht dagegen so aus, als ob es einigen Kritikern lieber wäre, doch den angedrohten Austritt der Entwicklungsländer zu fordern, um „damit klare Verhältnisse zu schaffen"[96]). Solche klaren Verhältnisse, auf Grund deren eine weitere Zersplitterung des internationalen Schutzes entstünde und

---

[91]) Vgl. hierzu Pedrazzini, System der Zwangslizenzen in den internationalen Urheberrechtsabkommen, S. 451 und unten S. 425.

[92]) Vgl. aaO. S. 405.

[93]) So Mentha, Urheberrecht und Entwicklungsländer, ein Zusatzvorschlag — in Festschrift für Georg Roeber, S. 363 ff.

[94]) Siehe Mentha, aaO. S. 362 f. M. E. erweist sich der Vorschlag des hervorragenden Kenners der Materie, Mentha, die Hilfe — auch eine derartige Entwicklungshilfe — sollte von der Regierung bzw. von der gesamten Bevölkerung — eines „entwickelten" Landes — getragen werden, als richtig. Eine solche Hilfe wird leider aber immer als Wohltätigkeitsgeste von den „Großmächten" angesehen, nicht jedoch als Teil einer Entwicklungspolitik.

[95]) Vgl. hierzu Fernay, Paris ou les aventures d'un „package deal", in RIDA Nr. LXX, S. 41 ff.

[96]) Ernst E. Hirsch, Krise des internationalen Urheberrechts?, in Festschrift für Georg Roeber, S. 184 f.

Urheber und Verleger jeden Schutz in diesen Ländern verlören, sind nicht einfach zu verstehen[97]).

6. Begrenzte Ziele der Pariser Revisionen

Hier wäre zu betonen, daß die Pariser Konferenzen keinen Universalismus des Urheberrechts angestrebt haben. Es ist schon bekannt, daß in Paris kein multilaterales Urheberrechtsabkommen entstanden ist. M. E. hatte die Mehrheit der Teilnehmer kaum etwas ähnliches vor Augen. Eine Verschmelzung der beiden Abkommen, wie sie von manchem wohl gewünscht wurde, erschien als eine zur Zeit illusorische Idee[98]). Insofern kann man auch nicht von einer in Paris gesuchten Vereinheitlichung des Urheberrechts sprechen. Angestrebt wurde immer ein auf internationaler Ebene angemessener Schutz. Einem solchen Schutz dienten auch die beiden Konventionen — in erster Linie mit Hilfe der in ihnen bestehenden Kombination von Inländerbehandlung und Mindestschutz. Diese Kombination konnte nicht verhindern, daß der tatsächlich gewährte Urheberrechtsschutz in verschiedenen Ländern unterschiedlich hoch ist[99]).

B. Das System der neuen Regelung

Verhältnis zu den früheren Konventionsfassungen (WUA, RBÜ)

In Anbetracht des Verhältnisses der Pariser Fassungen der beiden Abkommen zu den früheren Fassungen des WUA und der RBÜ ist folgendes zu bemerken:

a) Nach dem Inkrafttreten der neuen Fassung des WUA[100]) liegt eine neue Konvention vor, welche parallel zu der Fassung von 1952 gilt, zu welcher Bindeglieder bestehen[101]). So gilt z. B. nach Art. IX Abs. 3 WUA für einen Staat, der dem Abkommen von 1952 nicht angehört, der Beitritt zu diesem Abkommen zugleich als Beitritt zu dem Abkommen von 1952. Nach dem Inkrafttreten des Abkommens

97) Vgl. auch Peter, Zum internationalen Urheberrecht, in Börsenblatt für den Deutschen Buchhandel — Frankfurt, Ausg. 1972 S. 322; er betont sogar, daß es nicht unbillig erscheint, Urhebern und Verlegern zur Vermeidung der sie betreffenden Nachteile eine maßvolle Beschränkung ihrer Rechtsstellung in den Entwicklungsländern zuzumuten.

98) Vgl. Ulmer, Die Revisionen der Urheberrechtsabkommen, aaO. S. 434. Der Vorschlag der italienischen Delegation zu einer gemeinsamen Verwaltung der beiden Abkommen blieb auch erfolglos, vgl. De Sanctis, aaO. S. 256 f.

99) Vgl. hierzu Steup/Bungeroth, oben S. 347 ff.

100) Vgl. oben S. 405.

101) Vgl. hierüber Ulmer, Die Revisionen der Urheberrechtsabkommen, aaO. S. 426.

von 1971 kann kein Staat nur dem Abkommen von 1952 beitreten[102]). Für Vertragsstaaten, von denen nur der eine der neuen Konvention beigetreten ist, kommen gemäß Art. IX Abs. 4 WUA die Bestimmungen der alten Konvention zur Anwendung[103]). Zusätzlich wurde in Paris vereinbart, daß die Staaten, die nur dem Abkommen von 1952 angehören, durch eine Notifikation[104]) erklären, daß sie die Anwendung des Abkommens von 1971 auf Werke ihrer Staatsangehörigen oder auf Werke, welche zum ersten Mal in ihrem Hoheitsgebiet veröffentlicht worden sind, durch alle Staaten, die diesem Abkommen angehören, zulassen[104]).

Für die Entwicklungsländer war es wichtig, daß sie Sicherheit darüber erhalten, daß die entwickelten Mitgliedsländer des WUA die Anwendung der Artikel V^{bis}, V^{ter}, V^{quater} WUA auf ihre Werke gestatten werden. Durch die Regelung des Art. IX Abs. 4 (einer der wichtigsten Artikel im WUA) wurde diesen Wünschen nicht im ganzen gefolgt. Durch seine völkerrechtliche Widrigkeit ist z. B. der Vorschlag des Entwurfs[105]) abgelehnt worden, daß für die Verpflichtung der Staaten, die die neue Konvention angenommen haben, soweit keine gegenteilige Erklärung erfolgt, die neue Konvention maßgebend sein solle[106]). Die abgeschlossene Regel des Art. IX Abs. 4 WUA versagt einem Staat, der nur dem Abkommen von 1952 angehört, die Möglichkeit, unter den Vertragsstaaten des Abkommens von 1971 diejenigen auszuwählen, denen er die Anwendung des neuen Abkommens auf seine Werke gestattet. Tatsächlich kann jedoch dieser

---

[102]) Diese Bestimmung stellt sicher, daß zwischen zwei Mitgliedern des WUA stets eine gemeinsame Fassung besteht und die Rechtsgrundlage ihrer gegenseitigen Pflichten auf dem Gebiet des Urheberrechts bildet; vgl. WUA-Konferenzbericht Nr. 120, oben S. 196.

[103]) Dies entspricht einer traditionellen völkerrechtlichen Auffassung. Siehe hierzu Majoros, Die verschiedenen Fassungen der Urheberrechtsabkommen im Lichte der Vertragsrechtskonvention, in UFITA Bd. 72 (1971) S. 123 f. Über den Entwurf-Vorschlag, daß „Genfer" Staaten die Anwendung der Pariser Neufassung ihnen gegenüber dulden müssen, wenn sie keine fristgerechte gegenteilige Erklärung abgegeben haben, eine rein völkerrechtswidrige Lösung, siehe Barbara Ringer, Relationsship two texts of the Universal Copyright Convention, in EBU-Review 1972, S. 22 ff. und Majoros, aaO. S. 121 ff.

[104]) Art. IX Abs. 4 Satz 2 WUA. Vgl. WUA-Konferenzbericht Nr. 121 bis 127, oben S. 196 ff. und de Sanctis, Les revisions de Paris (Juillet 1971) de la Convention Universelle sur le droit d'auteur et de la Convention de Berne, in DdA 1972 S. 252 f.

[105]) Ulmer, Die Entwürfe für die Revision des Urheberrechtsabkommens, in GRUR Int. 1970, 332 f.; Oekonomidis, Die neuen Entwicklungen des internationalen Urheberrechts, aaO. S. 12.

[106]) Diese Regel wäre nicht wegen Verstoßes gegen Art. 36 der noch nicht in Kraft getretenen neuen Vertragskonvention — wie Majoros, aaO. S. 147 f. es betont — rechtswidrig, sondern weil auch diese — durch die alte Fassung des WUA gebundenen Staaten — mangels ausdrücklicher gegenteiliger Erklärung — eine Änderung ihrer Vertragsbeziehungen zu den Staaten hinnehmen müssen, die der neuen Konvention entspricht.

Staat überhaupt die Anwendung der neuen Vorschriften auf seine Werke unterlassen. Er kann aber dann hinsichtlich dieser Werke keinerlei Rechte nach dem Abkommen von 1971 in Anspruch nehmen.

Ein zweites Bindeglied zwischen den beiden Fassungen des WUA ist durch Art. XI über den Regierungsausschuß geschaffen, nach dem es keine zwei Ausschüsse gibt, sondern den einen bereits bestehenden, allerdings erweitert auf achtzehn Staaten, welche sowohl durch die neue wie durch die alte Konvention gebunden sind.

In Hinsicht auf die zwei Fassungen des WUA ist schließlich hinzuzufügen, daß ursprünglich schon — anders als die RBÜ — das WUA keinen Staatenbund darstellte. Es konnte also nicht anders gedacht werden, als daß es sich um zwei Konventionen handelt[107]).

bb) Nach dem Inkrafttreten der Pariser Fassung der RBÜ und des Anhangs zu ihr[108]) wird sie als ein neuer Akt der einheitlichen Berner Übereinkunft angesehen, der die Bezeichnung „Pariser Akt" trägt. Niemand kann daran zweifeln, auch wenn er die materiellrechtlichen (Art. 1 bis 21) und die Verwaltungsbestimmungen (Art. 22 bis 26) unverändert — wie sie nach der Revision von Stockholm abgeschlossen waren — übernommen hat[109]), daß es sich juristisch und formell um einen nachfolgenden Revisionsakt handelt; auch der Stockholmer Akt ist dadurch revidiert[110]). Die Tatsache, daß der Stockholmer Akt nicht (in Anbetracht zumindest der materiellrechtlichen Vorschriften) in Kraft getreten ist, wenn der Pariser Akt unterschrieben wird, stellt ein Sonderproblem dar.

Die den verschiedenen Fassungen der RBÜ[111]) angehörenden Länder bilden — anders als beim WUA — einen Staatenverband[112]). Das Bindeglied, das die Verbindung der gegenseitigen Urheberrechtsschutzgewährung zwischen fassungsfremden Unionsstaaten herstellt, kann in den Anknüpfungspunkten erblickt werden, welche, immer

---

[107]) Vgl. Bogsch, aaO. 3. Aufl. S. 102.

[108]) Über die Einzelheiten und Modalitäten dieses Inkrafttretens vgl. oben S. 407, Ulmer, Die Revisionen der Urheberrechtsabkommen, aaO. S. 424 f. Bungeroth, oben S. 388 f.

[109]) Vgl. oben S. 405 f.

[110]) Es entspricht „moralischen" Gründen, jedenfalls hat es keine juristische Bedeutung, wenn in der Präambel des Pariser Aktes der RBÜ auf die Wichtigkeit der Arbeiten der Stockholmer Revisionskonferenz, sowie darauf, daß die Art. 1 bis 20 und 22 bis 26 unverändert geblieben sind, hingewiesen wird.

[111]) Vgl. oben S. 398; siehe auch Jaubert, L'applicabilité des actes successifs de la Convention d'Union de Berne, in RIDA LVIII S. 5.

[112]) Das Problem der Rechtspersönlichkeit dieses Verbandes war immer umstritten, vgl. Bappert/Wagner, Internationales Urheberrecht, S. 195.

in Zusammenhang mit dem Territorium der Verbandsländer, gebracht werden können.

Entsprechend einer solchen Konzeption sind Sonderregelungen für die Beziehungen zwischen den verschiedenen Fassungen angehörenden Ländern zu verzeichnen:

(1) Grundlegend ist, daß die gegenseitige Inländerbehandlung — ohne daß die verschiedenen Fassungen der Konvention hier eine Rolle spielen dürfen — immer von allen Verbandsländern gewährt werden muß. Verbandsländer sind alle vertragschließenden Teile, die irgendeiner Fassung der RBÜ angehören, alle diejenigen also, welche einem generellen Anknüpfungsmoment (bzw. verschiedenen Anknüpfungspunkten)[113]) entsprechen.

(2) Ähnlich muß auch das Maß der Mindestrechte, geltend für alle Verbandsländer (auch unter der oben angeführten allumfassenden Grundregel) festgesetzt werden[114]).

(3) Probleme werden also folglich bei konkurrierenden Fassungen dann entstehen, wenn dadurch die Bestimmungen über die Gewährung des Inländerbehandlungsschutzes oder der Mindestrechte zu keiner Anwendung oder zu jeweils unterschiedlichen Ergebnissen führen würden.

In der Pariser Fassung der RBÜ werden entsprechend diesen Grundregeln folgende Sonderregelungen getroffen:

(1) Wie schon bekannt, ist nach dem Inkrafttreten der Pariser Fassung der RBÜ samt Anhang zu ihr jeder Beitritt zu oder jede Ratifikation von früheren Fassungen der RBÜ ausgeschlossen[115]).

(2) Trotz dieser Regel sieht dieselbe Fassung der RBÜ jedoch nicht vor, daß der Beitritt zu ihr zugleich als Beitritt zu den früheren Fassungen gilt.

(3) Dementsprechend, aber auch entsprechend der völkerrechtlichen Regeln, können daher die früheren Fassungen in Zukunft nur noch zwischen den Verbandsländern geschlossen werden, die nach wie vor

---

[113]) Es wird hier keine Analyse der verschiedenen Anknüpfungspunkte, die die RBÜ vorsieht, und ihres Begriffs vorgenommen; über die Regelung der Frage in der RBÜ (Stockholmer und Pariser Fassung), im WUA und im deutschen UG siehe Katzenberger, Wechsel der Anknüpfungspunkte im deutschen und internationalen Urheberrecht, in: Rechtsvergleichung — Interessenausgleich und Rechtsfortbildung — Festschrift für Eugen Ulmer zum 70. Geburtstag, in GRUR Int. 274 ff.

[114]) Es wurde schon erwähnt (oben S. 419 f.), daß durch diese Kombination von Inländerbehandlung und Mindestschutz versucht wird, der RBÜ einen weltweit ausgedehnten angemessenen Schutz zu garantieren.

[115]) Art. 34 Abs. 1 RBÜ, Art. IX Abs. 3 WUA.

allein irgendeiner dieser Fassungen, angehören und den Verbandsländern, die ihnen bereits angehört haben und dann auch Mitglieder der Pariser Fassung geworden sind[116]).

(4) Dagegen findet aber zwischen einem verbandsfremden Land, das der neuen Fassung der RBÜ beitritt, und den Verbandsländern, die jeweils irgendeiner früheren Fassung angehören, diese frühere Fassung keine Anwendung (m. E. wäre letzteres das normale), sondern es wird die jüngste Fassung angewandt, die für alle Länder dann bindend ist[117]). Um diese Regel zu mildern, wurde desweiteren beschlossen, daß diese Länder grundsätzlich befugt sind, in Fällen, in denen die Pariser Fassung einen geringeren Schutz bietet, als es die an sich anzuwendende frühere Vorschrift bestimmt, den geringeren Schutz zu gewähren[118]).

Um die Erörterung dieses Fragenkomplexes zu schließen, wäre noch hinzuzufügen, daß ein Verbandsland jederzeit vom Zeitpunkt der Unterzeichnung der Pariser Fassung an, bevor es durch die Artikel 1 bis 21 und den Anhang gebunden ist, verfahrensgemäß[119]) erklären kann, daß es die Anwendung des Anhangs auf Werke zuläßt, deren Ursprungsland es ist[120]). Auf Grund dessen können die Entwicklungsländer, welche der Pariser Fassung und dem Anhang beigetreten sind, diese Sonderbestimmungen auch dem Lande gegenüber, das die Erklärung abgegeben hat, in Anspruch nehmen[121]).

Immer zu ihren Gunsten, haben die Entwicklungsländer, die bereits dem Berner Verband angehören, auch die Möglichkeit, selber sich die Befugnis zu verschaffen, die Begünstigungen des Anhangs dem Land gegenüber in Anspruch zu nehmen, das die oben erwähnte Erklärung abgegeben hat. In Anbetracht der Bestimmung des Art. 28 Abs. 2 Satz a (ii) erwies sich diese Vorschrift als sehr positiv für die Entwicklungsländer, welche dringend auf ausländische Kulturgüter angewiesen sind.

Schließlich hat diese Erklärung von Seiten des Verbandslandes einen Bindungseffekt dadurch, daß es von einer späteren Ratifikation nur die Art. 1 bis 21, nicht mehr den Anhang, ausnehmen kann[122]).

---

[116]) Siehe Art. 32· Abs. 1 Satz 2 RBÜ. Damit diese Regel auch die Vorschriften des Anhangs einbezieht, müssen die ausschließlich durch frühere Fassungen gebundenen Vertragsländer es ausdrücklich zugelassen haben. Siehe hierzu Art. 32 Abs. 2 Satz 1 in Verbindung mit Abs. 3 RBÜ.

[117]) Siehe Art. 32 Abs. 2 Satz 2 Nr. i.

[118]) Vgl. auch oben S. 420.

[119]) Siehe Art. VI Abs. 2 Anhang zur RBÜ.

[120]) Art. VI Abs. 1 (ii) Anhang zur RBÜ.

[121]) Siehe Art. 32 Abs. 3 RBÜ.

[122]) Siehe Art. 28 Abs. 1 Buchst. b, 2. Halbsatz RBÜ.

C. Das System der Zwangslizenzen

1. Bedürfnis der Entwicklungsländer

Dem Bedürfnis der Entwicklungsländer nach größerer Bewegungsfreiheit im urheberrechtlichen Raum glaubten die Teilnehmer der Revisionskonferenzen am besten dadurch entgegenzukommen, wenn sie die Möglichkeit der gesetzlich gewährleisteten Benutzung gegen angemessene Vergütung einführen[123]). Die Lizenz ist immer das geeignetste Mittel, einem anderen Schutz zu gewähren, wo kein Gegenschutz zu erwarten ist.

Neben den Zwangslizenzen (die durch beide internationale Abkommen eingeführt wurden) ist es auch als Erfolg für das internationale Urheberrecht zu verzeichnen, daß heute, anders als in der Fassung von 1952, wo das WUA lediglich nur eine illusorische Generalklausel beinhaltet hatte, welche von einer konkreten Festlegung des Übersetzungsrechts assistiert war, dasselbe Abkommen eine erweiterte Ausführung der Vermögensrechte[124]) des Urhebers auf sein Werk (entweder in der originalen Form oder in der Übersetzung), welche auch geschützt werden müssen, darlegt[125]).

2. Zulassung von Ausnahmen

Daß es den Vertragsstaaten überlassen ist, Ausnahmen für die oben erwähnten Rechte zu erlassen, kann natürlich eine erweiterte Minderung des Urheberrechts mit sich bringen; dadurch dürfte jedenfalls nie der erhoffte Grad an Einschränkungen der Urheberrechte, der nur den Entwicklungsländern (unter den gesetzten Bedingungen) erlaubt ist, erreicht werden[126]).

3. Das Mittel der Zwangslizenzen

Zwangslizenzen[127]) sind im Gebiet des Immaterialgüterrechts seit längerer Zeit bekannt. Wir denken sofort an jene des Patentrechts,

[123]) Vgl. auch M. Pedrazzini, System der Zwangslizenzen in den internationalen Urheberrechtsabkommen, S. 238.

[124]) Auf Grund der heute noch in den USA herrschenden Lage konnte die Konferenz nicht dem Wunsch Argentiniens entgegenkommen, diese Ausführung auch auf des droit moral zu erstrecken; vgl. auch oben S. 407.

[125]) Diesem Muster könnten auch die zukünftigen Landesgesetze zum Schutze des Urheberrechts folgen, wobei durch eine solche Entwicklung das Urheberrecht sehr gut bedient wäre. Demselben Schema sollte auch das von den zwischenstaatlichen Organisationen (WIPO und UNESCO) auszuarbeitenden Mustergesetz entsprechen.

[126]) Vgl. oben S. 406.

[127]) Radojkovic in seiner Abhandlung, Revision des Conventions internationales sur le droit d'auteur, in Il Diritto di Autore 1971, S. 345 ff., bemerkt, daß die Begünstigungen zugunsten der Entwicklungsländer im Rahmen einerseits des WUA als gesetzliche Lizenzen, im Rahmen der RBÜ andererseits als Vorbehalt erscheinen. Radojkovic ergänzt, daß das Institut einer „Lizenz" für die Urheber interessant sei, dagegen das Institut der „Vorbehalte" günstiger für die Benutzer ist.

wobei aber gleichzeitig zu betonen ist, daß solche eine Einschränkung der subjektiven Befugnisse der Erfinder darstellen, welche wegen wirtschaftspolitischer Interessen des betreffenden Landes getroffen wird[128]). Dagegen bezwecken die oben erläuterten Zwangslizenzen des internationalen Urheberrechts eine neue Anordnung des Urheberrechts als Konsequenz der mehrmals erwähnten Versuche, mit rechtlichen Mitteln den Forderungen der Entwicklungsländer entgegenzukommen, ohne dadurch die gewährten Rechte der Urheber zu vernichten. Ob diese neue Anordnung Erfolg haben bzw. zur Bestätigung des urheberrechtlichen Schutzes beitragen wird, wird sich erst in der Zukunft zeigen. In dieser Richtung wird die Art, mit der die Entwicklungsländer die ihnen so gewährten Möglichkeiten ausschöpfen werden, eine große Rolle spielen, also ob sie diese Ausnahme vollkommen ausnutzen werden, oder ob sie dagegen die Grundregel des urheberrechtlichen Schutzes als Ausgangspunkt für ihre Landesgesetzgebung annehmen werden, wobei auch für sie dann die Zwangslizenzen als echte Ausnahmen notwendige Situationen korrigieren können. Die Lizenzen müssen zu einer Stärkung und nicht zur Schmälerung des Grundschutzes beitragen. Diese letztere Bemerkung ist wichtig. Bei der komplizierten Regelung kann ohne erhebliche Schwierigkeiten Raum gefunden werden, wo eine falsche Ausnutzung der gegebenen Möglichkeiten zu mißbräuchlichen Resultaten führen kann. So z. B. bei der Umschreibung der als Voraussetzung für die Erteilung der Lizenzen gesetzten Zwecke, bei Nichtzahlung einer „gerechten" Vergütung, in erster Linie, wenn die Bestimmung einer solchen gerechten Vergütung sehr schwierig ist, bei Nichtüberweisung dieser Vergütung von Seiten der zuständigen Behörden, nicht zuletzt bei Verletzung der ideellen Interessen der Urheber — wenn z. B. keine einwandfreie Übersetzung vorgenommen wird. Andererseits möchten wir hier jedoch ergänzend wiederholen[129]), daß die Lizenzen — als solche — beihelfen können, ausgezeichnete Kontakte herzustellen, auch mit Hilfe der als ausschließliche Voraussetzung für die Erteilung gesetzten Nachforschung, welche einer direkten vertraglichen Vereinbarung dienlich sein könnte[130]). Ich möchte sogar den Ausdruck wagen, daß Art. V^{ter} und V^{quater} einen sanften Druck auf eine solche Kontaktherstellung ausüben könnten.

---

[128]) Vgl. Art. 5 Buchst. a Ziff. 2 PVÜ. M. Pedrazzini, aaO. S. 464, fügt hinzu, daß diese Einschränkungen wegen dieser ihrer Begründung der patentrechtlichen Regelung immanent ist.

[129]) Siehe Oekonomidis, Die neuen Entwicklungen des internationalen Urheberrechts, aaO. S. 25.

[130]) Einen gewissen Optimismus für den Erfolg des Systems berechtigt auch die Auskunft, daß bisher ein sehr vernünftiger Gebrauch der schon vor Paris auf Grund von Art. V WUA gegebenen Lizenzmöglichkeit gemacht worden ist.

D. Anwendung und Praxis der neuen Regelung

Die Umsetzung der abstrakten Rechtsnormen in das konkrete tägliche Sozialleben wäre der erste Schritt für die erfolgreiche Anwendung der Regelungen von Paris; dies hängt allerdings nicht nur von juristischen Konstruktionen oder Formulierungen ab, sondern auch von den alltäglichen (sozialen, politischen u. a.) Vorbehalten. So müssen diese Vorbehalte überwunden werden und einerseits die Staaten, welche auf Grund ihres nationalen Schutzes des Urhebers als führend auf dem Gebiet bezeichnet werden können und sich auch für die Verbreitung ihrer nationalen Sprache interessieren, die Konventionen rasch ratifizieren. Sie dürfen keinesfalls ein Instrument der internationalen Politik werden. Es genügt, daß ein Anklang zu dieser Politik besteht.

Auch die Entwicklungsländer, welche ihre dringenden Bedürfnisse immer wieder vorgetragen haben, müssen schnellstens beitreten. Es hat keinen Sinn, daß die Großmächte ratifizieren (auch für das Inkrafttreten der Sonderregelung des WUA ist das notwendig) und die Entwicklungsländer — bedeutende Abnehmer — dies nicht tun.

Für diese Länder werden viele Rezeptionsprobleme entstehen; diese beziehen sich nicht nur auf die Transformierung des internationalen Rechts zum Landesrecht, sondern auch auf die Möglichkeiten, diese Vorschriften dann innerstaatlich anzuwenden. Es bleibt nichts anderes, als sich — zugunsten in erster Linie dieser Länder aber auch des internationalen Urheberrechts — zu wünschen, daß sie die notwendigen Maßnahmen schon ergriffen haben oder jedenfalls ergreifen werden. Von vorneherein zu wissen, ob diese Länder solche Maßnahmen getroffen haben, um sich einerseits formaljuristisch mit Art. 38 RBÜ und Art. X WUA in Einklang zu finden und andererseits die praktische Durchführung zu ermöglichen, und daß die entwickelten Länder ihre Ratifizierung davon abhängig machen, finden wir unpassend. Es ist ein ganz verschiedenes Problem, ob diese Länder in der Tat fähig sind, die neuen Vorschriften formaljuristisch oder auch von Seiten der praktischen Anwendung her zu ratifizeren[131]).

Wir wollen nicht verneinen, daß es bei den Pariser Fassungen der Konventionen (die in Paris revidierten Teile davon) an Umfang, komplizierten Regeln, schwieriger praktischer Durchführbarkeit, Raum zu Mißbräuchen, Unübersichtlichkeiten u. a. nicht fehlt. Schon mehr-

---

[131]) Wir dürfen jedenfalls nicht aus einzelnen Beispielen allgemeine Regeln ableiten. Diese Länder sind bestimmt in der Lage, die Rezeption in beiden Hinsichten durchzuführen. a. A. Ernst E. Hirsch, aaO. 178 ff.

mals wurde erwähnt, daß dies entstand, weil man dadurch einen Ausgleich zwischen den verschiedensten Interessen zu erreichen versucht. In der Praxis wird — so hoffen wir — die Anwendung der Sonderbestimmungen zugunsten der Entwicklungsländer sicherlich leichter sein als sie aussieht. Man kann hier tatsächlich den Optimismus von Professor Ulmer (einer der Hauptmiturheber dieser Fassungen) und der Mitglieder der deutschen Delegation in Paris (Frau Steup und Herr Bungeroth) spüren, welche die Hilfe der WIPO und der UNESCO für die Entwicklungsländer bei der Durchführung der Regel und ihrer gesetz- und verwaltungsmäßigen Ausrüstung (z. B. durch die Ausarbeitung von Mustergesetzen) mitberücksichtigend, sich hoffnungsvoll zeigen[132]).

E. Schlußbemerkungen

Nachdem wir uns schon vier Jahre nach den Revisionen befinden, wollte ich mich nicht mit Zukunftsaussichten befassen. Leider sind die bisher zu verzeichnenden Tatsachen nicht überwiegend positiv; es besteht jedoch kein Grund, sich vor einer erneuten urheberrechtlichen Krise zu fürchten. Vielmehr gibt es Gründe zu hoffen, daß sich die Ergebnisse bald als vollkommen erfreulich erweisen werden; eine weltweite Anerkennung des Pariser Werks ist nicht mehr fern.

Das Schrifttum[133]), aber auch die verschiedenen Verbände verhielten sich von Anfang an (in ihrer Mehrheit) positiv, jedenfalls waren sie nicht generell ablehnend[134]).

Will man dagegen aus den bisherigen Ratifizierungen Schlüsse ziehen, so gibt es sicherlich keinen Grund zu jubeln.

So haben bisher Frankreich (15. Dezember 1972), Ungarn (15. Dezember 1972), Schweden (20. September 1973), BRD (22. Januar 1974), Kamerun (10. November 1973), Spanien (19. Februar 1974), die Elfenbeinkünste (4. Mai 1974), Monaco (23. November 1974), Bulgarien

---

[132]) Vgl. Ulmer, Die Revisionen der Urheberrechtsabkommen, aaO. S. 435. Steup/Bungeroth, oben S. 348 ff.; vgl. auch Peter, aaO. S. 329.

[133]) Im Schrifttum wurden folgende ablehnende Haltungen verfolgt: Ernst E. Hirsch, aaO., S. 49 ff.; Majoros, aaO. in ZRP 1973, S. 66 ff. und dort insb. Anm. 8, 17, 19. Letzterer behauptet, daß das „Vorbehaltssystem" und auch sonstige Vorschriften beider Abkommen (Art. 21, 28, 29bis RBÜ, Art. XVII WUA, u. a.) dem Völkerrecht und insb. der (noch nicht in Kraft getretenen) Wiener Vertragskonvention zuwiderlaufen.

[134]) Vgl. Peter, aaO. S. 320 ff.; Fernay, aaO. S. 2 ff.; vgl. auch Ziegler, Les conférences de Télevision de la Convention universelle et de la Convention de Berne de Juillet 1971, Int. Aut. Nr. 182 (1971) S. 26 bis 39.

(4. Dezember 1974), Mexiko (17. Dezember 1974), Zaire (31. Januar 1975 die Pariser Fassung der RBÜ ratifiziert[135]).

Bis zum Abschluß der Korrekturen dieses Aufsatzes sind es 16 Länder, die irgendwie durch den Pariser Text der RBÜ gebunden sind; tatsächlich haben Großbritannien, Norwegen (und die BRD) die Erklärung nach Art. VI Abs. 1 Nr. ii des Anhangs zur Pariser Fassung der RBÜ abgegeben. Frankreich (11. September 1972), Ungarn (15. Dezember 1972), Schweden (27. Juni 1973), BRD (28. August 1973), Großbritannien (19. Mai 1972), Kamerun (1. Februar 1973), Algerien (28. August 1973), Jugoslawien, Kenia, Senegal und die Vereinigten Staaten von Amerika (10. März 1974) haben auch das WUA in seiner Pariser Fassung ratifiziert. Ratifiziert haben auch Norwegen (7. August 1974) und Monaco (13. Dezember 1974).

Der Pessimismus wäre also hier zumindest verfrüht. Selbstverständlich ist es nicht erfreulich, daß nicht mehr Entwicklungsländer (insgesamt sind es 8 Entwicklungsländer, welche durch die Pariser Texte beider Konventionen gebunden sind) die Fassungen von Paris ratifiziert haben oder ihnen beigetreten sind, auch wenn man eine Rechtfertigung für eine solche Haltung finden könnte und zwar in der Unsicherheit dieser Länder in Anbetracht der Haltung der entwickelten Länder gerade den Regelungen von Paris gegenüber. Diesen Grund könnte die Tendenz der Industrieländer zu ratifizieren, bald beheben.

Generell haben aber die Entwicklungsländer den neuen Fassungen gegenüber noch starke Vorbehalte, vielleicht weil ihre Ausweitung sich in ihren Kreisen noch nicht vervollständigt hat. Man sollte sich auch an die Drohung Indiens erinnern, welches zwar die Artikel 22 bis 28 des Pariser Aktes der RBÜ ratifiziert, jedoch eine Überprüfung der Nützlichkeit der beiden Konventionen (früher) angekündigt hat.

Es wäre aber doch nicht ganz abwegig zu behaupten, daß es keiner langen Zeit mehr bedarf, damit die Pariser Konventionen auch bei den Entwicklungsländern ein Echo finden. Dann wird bestimmt der Impuls gegeben sein, daß diese Akte die erwünschte weltweite Geltung erreichen werden. Selbstverständlich hilft mir bei einer solchen Behauptung der starke persönliche Wunsch für die Durchsetzung der Konferenzen.

---

[135]) Die Pariser Fassung der RBÜ trat also am 10. Okt. 1974 für die ersten sieben Staaten, die sie ratifiziert haben, in Kraft; inzwischen ist sie für weitere vier Staaten ebenfalls in vollem Umfang und für drei Staaten (Norwegen [13. 6. 1974], Indien und Niederlande [10. 1. 1975] nur hinsichtlich der Verwaltungsvorschriften und Schlußbestimmungen der Artikel 22 bis 38 in Kraft getreten.

Schließlich wollen wir als Grund unseres Optimismus noch einen weiteren vortragen: Der Beitritt der UdSSR zum WUA[136]) wirkt sich zwar nicht auf die Geltung der Pariser Fassungen der RBÜ und des WUA aus. Er kann nur bedeuten, daß, wenn auch nur sehr zögernd, die Hindernisse zu einer weltweiten Geltung des auf multilateraler Grundlage bezogenen Urheberrechts vielleicht nicht verschwinden, man könnte aber sagen, daß sie langsam — aber sehr langsam — verblassen. Und auch dies ist bestimmt schon ein Erfolg.

Résumé

Les deux conférences diplomatiques pour la révision de la Convention universelle sur le droit d'auteur et la Convention de Berne pour la protection des œuvres littéraires et artistiques se sont tenues à Paris, à la maison de l'UNESCO, du 5 au 24 juillet 1971.

Avant de faire l'objet de l'Acte de Paris, la Convention de Berne avait été révisée à Stockholm; lors de cette révision, il avait aussi bien été procédé à des améliorations de la protection unioniste du droit d'auteur, comme la réglementation du droit de reproduction, du droit sur les films, du droit moral de l'auteur, l'élargissement des points de rattachement, qu'à des restrictions à cette protection, par exemple celles en faveur des pays en voie de développement. Le protocole en faveur des pays en voie de développement a fait l'objet d'un boycottage, tant des pays industrialisés que des pays en voie de développement, et n'a pu entrer en vigueur. Déçus, les pays en voie de développement voulaient quitter l'Union de Berne pour adhérer à la Convention universelle avec sa moindre protection.

La Convention universelle est issue du souhait des Etats pour lesquels le niveau de la protection de la Convention de Berne était trop élevé, d'arriver à un certain minimum de protection. Pour que la Convention de Berne ne soit pas affaiblie parce qu'on la fuirait au profit de la Convention universelle, il a été décidé que les œuvres dont le pays d'origine est un pays jusqu'ici partie à la Convention de Berne, après que ce pays aurait quitté l'Union de Berne, ne seraient pas (après le 1. 1. 1951) protégées non plus selon la Convention universelle.

Le blocage des dispositions de droit matériel de la Convention de Berne par la non-ratification du protocole et les incidences de la quasi-interdiction de la disposition j u n c t i m de la déclaration an-

[136]) Über den Beitritt der UdSSR zum Welturheberrechtsabkommen, vgl. Ulmer, in GRUR Int. 1973, 93 ff.; Nordemann, Der Beitritt der Sowjetunion zum WUA, in FILM UND RECHT Nr. 5/1973, S. 211 ff.; Roudakov-Gringolts, L'agence de l'URSS pour les droits d'auteur, in RIDA LVIX S. 1 ff.

nexe à l'article XVII de la Convention universelle ont conduit à une crise internationale en matière de droit d'auteur. Cette crise a eu pour conséquence une révision des deux conventions, préparée tout d'abord à Washington en 1969 par un groupe d'experts, puis par des comités des deux conventions, Union de Berne et Convention universelle. La révision a eu lieu à Paris en 1971 pour les deux conventions.

Les deux Actes de Paris:

Le protocole relatif aux pays en voie de développement de Stockholm a été modifié et remplacé par une annexe à la Convention de Berne. Dans cette annexe, ont été prévues des limitations au droit de traduction et au droit de reproduction. La Convention universelle a été modifiée de sorte que les droits de l'auteur sur la reproduction, la représentation publique et la récitation publique ainsi que sur la radiodiffusion ont été en principe consacrés dans son texte. Il n'y a par ailleurs aucune description précise des exceptions licites qu'il est permis aux Etats contractants d'admettre. En tout cas un niveau raisonnable de protection efficace doit être assuré dans chaque Etat.

La révision des deux conventions a institué une position spéciale en faveur des „pays en voie de développement", fondée sur des limitations des droits de l'auteur, réalisées par des licences obligatoires au profit des nationaux de ces pays. Le système des licences obligatoires comporte certaines règles (contenu, délais, conditions, rémunération, protection des intérêts moraux, fins particulières justifiant seules l'accord de ces licences), l'alternative étant toujours accordée à ces pays de recourir aux exceptions figurant déjà dans le texte de la convention. Des licences pour la traduction ont aussi été prévues pour les organismes de radiodiffusion.

Résultats des révisions effectuées à Paris:

L'adoption des deux nouveaux textes de la Convention universelle et de la Convention de Berne a apporté un résultat positif pour les relations internationales en ce qui concerne la protection des droits de l'auteur. Ce résultat est caractérisé par un compromis entre les intérêts, ayant tenu compte aussi bien des besoins connus des pays en voie de développement que du souhait des auteurs et éditeurs de ne pas être sacrifiés.

Il existait à l'origine une divergence entre la protection telle qu'elle se présente réellement sur le plan international et supranational et la défense opiniâtre des intérêts idéologiques et matériels des deux côtés. Il était possible de sortir de cette situation soit en mettant fin au lien avec les instruments internationaux de la protection,

soit en modifiant la protection assurée par ces instruments. La seconde solution a paru la plus facile et c'est elle qui a été retenue. Le succès de cette solution est étroitement lié à la question de savoir si les raisons de la crise sont effectivement écartées; de plus se pose la question de savoir si les solutions adoptées seront acceptées de toute part. La critique les visant ne s'est pas tue. Les systèmes que l'on avait par ailleurs proposés n'allaient jamais que dans une direction et ne comportaient pas de solution susceptible de satisfaire les deux côtés.

Il doit être dit de façon générale qu'aucun accord multilatéral sur le droit d'auteur n'a pris naissance à Paris. Seule a été recherchée une protection raisonnable à l'échelle internationale. Entre les deux conventions de nombreux liens subsistent.

Application et mise en pratique de la nouvelle réglementation:

Le passage des normes juridiques abstraites dans la vie quotidienne serait le premier pas pour une application positive des règles de Paris; cela ne dépend pas seulement de constructions ou de formules juridiques, mais aussi de réserves sociales, politiques, etc. Ces réserves doivent donc être surmontées aussi rapidement que possible et les Etats de l'une et l'autre catégorie doivent ratifier les conventions. Les conventions ne doivent en aucun cas devenir un instrument de politique internationale.

Les pays en voie de développement de leur côté doivent résoudre les problèmes de réception qui se poseront à eux et de la sorte, à notre avis, les fortes réserves à l'encontre des nouveaux textes devraient se trouver écartées. *Fr. U.*

Summary

From July 5th to 24th, 1971 took place in Paris both diplomatic conferences which dealt with the revision of the Universal Copyright Convention and the revised Berne Convention for the protection of literary and artistic works.

The Berne Convention was already revised in Stockholm before the Paris' Actes. From this revision resulted not only an amelioration of the copyright legislation for the Union protection as for example, the legislation for the right of reproduction, the right of the cinematografic works, the moral-right protection, a certain development of contact-points, but also a decrease of the law's protection, the one toward the developing countries. The Protocol for the developing countries was boycotted both by the Industry and the developed countries themselves and therefore it was unable to become

effective. Disappointed at that fact the developping countries wanted to quit from the RBU and join the UCC even with its deminished protection.

The development of the UCC is due to the efforts of the Nations for which the protection's level by the Berne Union is very high.

In order to protect the couvention of the Berne Union from devaluation because of the constant going away of the Nations towards the UCC, it has been decided that the works performed by nationals of a country no member of the RBU are not protected also in the other countries members of the Union as soon as the former country quits from the Berne Union.

The protection granted from the copyright law was led to an international crisis because of the blockage in the Union's substantial law prescriptions after the protocol's disapproval and because of the quitting of the countries from the RBU after the quasi prohibition of the junctim-Rule of the additional amendment to the Art. XVII UCC.

This crisis resulted to a total revision of the two conventions. This revision has been prepared first by a group of experts (Washington 1969) and then by the commecter from both the RBU and the UCC. It tock place in Paris on 1971, for both the conventions at the same time.

The two Actes of Paris:

The Stockholm's Protocol for the developing countries was altered and then it substituted the RBU through an appendix. By this appendix were provided restrictions in the law for translations and reproductions.

The UCC was to be revised by emboding in its text the fundamental rights of the writer against reproduction, public performance and representation as well as against radio emission. On the other hand there is no exact description of the allowed exceptions that might be granted to the countries members of the convention. At any rate every country must enjoy the necessary minimum of protection.

The developing countries which are based on the restriction of the copyright law assure through the revision of both conventions an exceptional position that may also be attained through compulsory licencies favouring the nationals of these countries. The system of the compulsory licencies is connected to precise rules concerning the content, the dates, the obligations, the protection of the right to the personality precise purposes given by the later licencies etc.

although these countries have also the alternative to make use of the exception already mentioned in the convention's text. Translation licencies for the broadcasting corporations were also permitted.

Results of the Paris Revisions:

The agreement of both the new versions of the UCC and the RBU had a positive result in the international relations of the copyright protection.

This result is characterised by an equilibration of interests as it didn't sacrifise neither the given interests of the developing countries nor the necessity of the writer and editor.

At the beginning a factual discrepancy grew between the two sides objecting the actual protection of the copyright in an international and supranational level and their insisting on idealistic or realistic interests.

An adequtae solution in this situation would be either a total breaking up of the links to the representatives of the international protection or an alternation of the protection offered by those representatives. The second solution was proved easier and therefore followed. The success of this solution is closely connected to the question whether the causes of the crisis can be suspended. On the other hand it has to be examined whether these solutions are accepted by both the two sides. That also grew an object of severe criticism.

All systems proposed ever against that were orientated only towards the one of the two directions and included no adequate solution satisfying the two sides. Generally speaking we have to admit that no multilateral copyright convention was issued by the Paris convention. Only an adequate protection in an international level was tried.

Naturally enough between the two contractions exist many binding points.

Application and Practice of the New Legislation:

The first to be done towards a successful application of the Paris legislation would be the transformation of the abstract law norms into those of the practical and every day social life; and that depends not only on the juridical structure or definitions but also on the still existing old reservations. That's why all these reservations have to be surpassed the soonest possible. At the same time the countries of both the two sides must ratify the conventions.

Any way, the conventions must in no case become an instrument of the international policy. A slight relation to this policy is just enough. As for the sut developing countries they ought to solve the problem of criticism arisen for them although, according to our opinion, the serious reservations towards the new law versions have to be suspended. *I. S.*

VIERTER TEIL. RATIFIZIERUNGEN

I. Internationaler Stand

1. Pariser Revisionsfassung des Welturheberrechtsabkommens am 13. Dezember 1974

Land	Tag des Inkrafttretens des Abkommens	Zusatz-protokolle
Algerien	10. 7. 74	
Bundesrepublik Deutschland	10. 7. 74	1,2
Frankreich	10. 7. 74	1,2
Großbritannien[1])	10. 7. 74	1,2
Jugoslawien	10. 7. 74	
Kamerun	10. 7. 74	
Kenia	10. 7. 74	1,2
Monaco	13. 12. 74	1,2
Norwegen	7. 8. 74	1,2[2])
Schweden	10. 7. 74	1,2
Senegal	10. 7. 74	1,2
Spanien	10. 7. 74	1[3]),2
Ungarn	10. 7. 74	2
Vereinigte Staaten von Amerika[4])	10. 7. 74	1,2

[1]) Der Generaldirektor der UNESCO erhielt am 2. Mai und 6. September 1973 je eine Anzeige der Regierung Großbritanniens, nach denen das Abkommen und beide Zusatzprotokolle mit Wirkung vom 10. Juli 1974 auf die Britischen Jungferninseln, Gibraltar, Grenada, Hongkong, die Insel Man, die Seychellen, St. Helena, Santa Lucia und St. Vincent anwendbar sind.

[2]) Die Zusatzprotokolle 1 und 2 sind für Norwegen erst am 13. August 1974 in Kraft getreten.

[3]) Das Zusatzprotokoll 1 ist für Spanien erst am 16. Oktober 1974 in Kraft getreten.

[3]) Der Generaldirektor der UNESCO erhielt am 18. September 1972 eine Anzeige der Regierung der Vereinigten Staaten von Amerika, nach der das Abkommen und beide Zusatzprotokolle mit Wirkung vom 10. Juli 1974 auf die Amerikanischen Jungferninseln, Guam, die Panamakanal-Zone und Puerto Rico anwendbar sind.

2. Pariser Revisionsfassung der Berner Übereinkunft am 30. April 1975

Land	Tag des Inkrafttretens der Art. 22 bis 38	Tag des Inkrafttretens der Art. 1-21 und des Anhangs	Tag der Hinterlegung d. Erklärung nach Art. VI Abs. 1 Nr. ii des Anhangs
Brasilien	20. 4. 75	20. 4. 75	
Bulgarien[1])	4. 12. 74	4. 12. 74	
Dahome	12. 3. 75	12. 3. 75	
Bundesrepublik Deutschland	22. 1. 74	10. 10. 74	18. 10. 73
Elfenbeinküste	4. 5. 75	10. 10. 74	
Frankreich	15. 12. 72	10. 10. 74	
Großbritannien			27. 9. 71
Indien[1])	10. 1. 75		
Japan[2])	24. 4. 75	24. 4. 75	
Kamerun	10. 11. 73	10. 10. 74	
Luxemburg	20. 4. 75	20. 4. 75	
Mexiko	17. 12. 74	17. 12. 74	
Monaco	23. 11. 74	23. 11. 74	
Niederlande[3])	10. 1. 75		
Norwegen	13. 6. 74		8. 3. 74
Schweden	20. 9. 73	10. 10. 74	
Spanien	19. 2. 74	10. 10. 74	
Südafrika[1])	24. 3. 75		
Togo	30. 4. 75	30. 4. 75	
Ungarn[1])	15. 12. 72	10. 10. 74	
Vatikanstadt	24. 4. 75	24. 4. 75	
Zaire	31. 1. 75	31. 1. 75	

[1]) Vorbehalt nach Art. 33 Abs. 2 hinsichtlich der Zuständigkeit des Internationalen Gerichtshofs.

[2]) Vorbehalt nach Art. 30 Abs. 2 Buchst. a für das Ubersetzungsrecht: An Stelle des Art. 8 der Pariser Fassung gilt Art. 5 der urspünglichen Ubereinkunft von 1886 in der Fassung der Zusatzakte von 1896.

[3]) Die Ratifikation durch die niederländische Regierung erstreckt sich auf Surinam und die Niederländischen Antillen.

II. Bundesrepublik Deutschland

1. Gesetz zu den am 24. Juli 1971 in Paris unterzeichneten Übereinkünften auf dem Gebiet des Urheberrechts.

Vom 17. August 1973

— Bundesgesetzbl. II. S. 1069 —

Der Bundestag hat das folgende Gesetz beschlossen:

Artikel 1

Den folgenden von der Bundesrepublik Deutschland am 24. Juli 1971 in Paris unterzeichneten Übereinkünften wird zugestimmt:

1. der Pariser Fassung der Berner Übereinkunft vom 9. September 1886 zum Schutz von Werken der Literatur und Kunst (bisherige Fassung: Artikel 1 bis 20 Bundesgesetzbl. 1965 II S. 1213; Artikel 22 bis 38 Bundesgesetzbl. 1970 II S. 293, 348);
2. dem revidierten Welturheberrechtsabkommen vom 6. September 1952 (bisherige Fassung: Bundesgesetzbl. 1955 II S. 101) sowie seinen Zusatzprotokollen 1 und 2.

Die Übereinkünfte werden nachstehend veröffentlicht*).

Artikel 2

Die Bundesregierung wird ermächtigt, die in Artikel VI Abs. 1 Ziffer ii des Anhangs zur Pariser Fassung der Berner Übereinkunft zum Schutz von Werken der Literatur und Kunst vorgesehene Erklärung abzugeben.

Artikel 3

§ 133 des Urheberrechtsgesetzes vom 9. September 1965 (Bundesgesetzbl. I S. 1273), zuletzt geändert durch das Gesetz zur Änderung des Urheberrechtsgesetz vom 10. November 1972 (Bundesgesetzblatt I S. 2081), tritt zwei Jahre nach dem Tage außer Kraft, an dem die Pariser Fassung der Berner Übereinkunft zum Schutz von Werken der Literatur und Kunst für die Bundesrepublik Deutschland in Kraft tritt.

Artikel 4

Für die Berechnung der Dauer des Schutzes, den ausländische Staatsangehörige für ihre Werke nach dem revidierten Welturheberrechtsabkommen im Geltungsbereich dieses Gesetzes genießen, sind die Bestimmungen in Artikel IV Abs. 4 bis 6 des revidierten Welturheberrechtsabkommens anzuwenden.

Artikel 5

Dieses Gesetz gilt auch im Land Berlin, sofern das Land Berlin die Anwendung dieses Gesetzes feststellt.

---

*) Im vorliegenden Band S. 5 ff.

Artikel 6

(1) Dieses Gesetz tritt am Tage nach seiner Verkündung in Kraft.

(2) Der Tag, an dem

1. die Pariser Fassung der Berner Übereinkunft zum Schutz von Werken der Literatur und Kunst nach ihrem Artikel 28 für die Bundesrepublik Deutschland in Kraft tritt,
2. das revidierte Welturheberrechtsabkommen nach seinem Artikel IX und die Zusatzprotokolle 1 und 2 zu diesem Abkommen jeweils nach ihrer Ziffer 2 Buchstabe b für die Bundesrepublik Deutschland in Kraft treten,
3. die in Artikel VI Abs. 1 Ziffer ii des Anhangs zur Pariser Fassung der Berner Übereinkunft zum Schutz von Werken der Literatur und Kunst vorgesehene Erklärung nach Artikel VI Abs. 2 dieses Anhangs für die Bundesrepublik Deutschland wirksam wird,

ist im Bundesgesetzblatt bekanntzugeben.

2. Begründung zum Regierungsentwurf des Vertragsgesetzes*)

Zu Artikel 1

Auf die Übereinkünfte findet Artikel 59 Abs. 2 Satz 1 des Grundgesetzes Anwendung, da sie sich auf Gegenstände der Bundesgesetzgebung beziehen.

Zu Artikel 2

In Artikel VI Abs. 1 Ziffer ii des Anhangs zur Pariser Fassung der Berner Übereinkunft zum Schutz von Werken der Literatur und Kunst ist vorgesehen, daß jedes Verbandsland, bevor es durch die Pariser Fassung gebunden ist, die Erklärung abgeben kann, daß es die Anwendung der Vorschriften für Entwicklungsländer auf Werke zuläßt, deren Ursprungsland es ist. Durch diese Vorschrift soll es den Entwicklungsländern im Hinblick auf das dringende Bedürfnis, die für Erziehung und Forschung in diesen Ländern benötigten urheberrechtlich geschützten Werke zu erhalten, ermöglicht werden, die für sie vorgesehenen Sondererleichterungen schon vor Inkrafttreten der neuen Fassung der Übereinkunft gegenüber den Ländern in Anspruch zu nehmen, die dieser Inanspruchnahme zustimmen. Die vorzeitige Anwendung der Vorschriften für Entwicklungsländer erscheint insbesondere deshalb erforderlich, weil die Ratifikation der Pariser Fassung der Übereinkunft wegen anderer, die Entwicklungsländer nicht betreffenden Vorschriften in einer Reihe von Ländern der Ausführung durch die innerstaatliche Gesetzgebung bedarf, so daß mit einem schnellen Inkrafttreten der Neufassung nicht gerechnet werden kann, zumal da das Inkrafttreten nach Artikel 28 der Übereinkunft außerdem noch davon abhängig ist, daß Frankreich, Großbritannien, Spanien und die USA die revidierte Fassung des Welturheberrechtsabkommens ratifizieren. Ohne die vorzeitige Anwendung

*) Bundestagsdrucksache VI/3777 vom 16. Sept. 1972, S. 4; neu eingebracht mit Bundestagsdrucksache 7/274 vom 1. März 1973, S. 6. Art. 4 des Gesetzes wurde erst vom Bundestag eingefügt und ist daher in der Begründung nicht berücksichtigt.

der Vorschriften für Entwicklungsländer bestünde weiterhin die Gefahr, daß diese Länder wegen der Dringlichkeit, das für Erziehung und Forschung benötigte Material zu erhalten, aus den Übereinkünften austreten. Eine solche Entwicklung läge weder im Interesse der deutschen Urheber, die dann jeden Schutz in diesen Ländern verlören, noch im Interesse der internationalen Zusammenarbeit auf dem Gebiet des Urheberrechts. Daher erscheint es der Bundesregierung geboten, daß die Bundesrepublik Deutschland die vorzeitige Anwendung der Sondererleichterungen für Entwicklungsländer auf Werke, deren Ursprungsland sie ist, zuläßt. Artikel 2 des Vertragsgesetzes ermächtigt demgemäß die Bundesregierung zur Abgabe der in Artikel VI Abs. 1 Ziff. ii des Anhangs zur Berner Übereinkunft vorgesehenen Erklärung.

Es kann damit gerechnet werden, daß auch andere Industriestaaten die vorzeitige Anwendung der Vorschriften für Entwicklungsländer zulassen werden; Großbritannien hat die Erklärung über die vorzeitige Anwendung bereits abgegeben.

Zu Artikel 3

Das ausschließliche Recht des Urhebers eines Werkes der Musik, das Werk auf Tonträger aufzunehmen, ist nach dem bisherigen Artikel 13 Abs. 3 der Berner Übereinkunft für die Werke ausgeschlossen, die schon vor Inkrafttreten der Berliner Fassung auf Tonträger aufgenommen worden waren. Diese Ausnahmevorschrift soll nach Artikel 13 Abs. 2 der Pariser Fassung für ein Verbandsland nach Ablauf einer Frist von zwei Jahren nach dem Zeitpunkt außer Kraft treten, in dem dieses Verbandsland durch die Pariser Fassung gebunden wird. § 133 des Urheberrechtsgesetzes, der eine dem früheren Artikel 13 Abs. 3 entsprechende Ausnahmevorschrift für die Bundesrepublik Deutschland vorsieht, muß daher nach Ablauf dieser Frist außer Kraft treten.

Zu Artikel 4*)

Die Übereinkünfte sollen auch auf das Land Berlin Anwendung finden; das Gesetz enthält daher die übliche Berlin-Klausel.

Zu Artikel 5)**

Die Bestimmung des Absatzes 1 entspricht dem Erfordernis des Artikels 82 Abs. 2 des Grundgesetzes.

Nach Absatz 2 ist jeweils der Zeitpunkt, in dem die Übereinkünfte nach den in ihnen vorgesehenen Bestimmungen für die Bundesrepublik Deutschland in Kraft treten, sowie der Zeitpunkt, zu dem die in der Berner Übereinkunft vorgesehene Erklärung über die vorzeitige Anwendung der Vorschriften für Entwicklungsländer für die Bundesrepublik Deutschland wirksam wird, im Bundesgesetzblatt bekanntzugeben.

Schlußbemerkung

Durch die Ausführung des Gesetzes wird der Bund nicht mit Kosten belastet.

---

*) jetzt Art. 5.
**) jetzt Art. 6.

3. Denkschrift zu den Übereinkünften*)

I.

Allgemeiner Teil

Durch die in Paris am 24. Juli 1971 beschlossenen Neufassungen der Berner Übereinkunft und des Welturheberrechtsabkommens werden in erster Linie den Entwicklungsländern, die sich auf Grund ihrer wirtschaftlichen, sozialen und kulturellen Verhältnisse nicht in der Lage sehen, den Urhebern einen dem Urheberrechtsschutz in den Industriestaaten entsprechenden Schutz zu gewähren, Erleichterungen von dem in den Übereinkünften vorgesehenen Mindestschutz gewährt. Außerdem soll in den Ländern, die nicht Entwicklungsländer sind, der Schutz der Urheber unter beiden Übereinkünften verstärkt werden.

Für die Berner Übereinkunft wurde der Versuch, für Entwicklungsländer Erleichterungen vom Mindestschutz vorzusehen, bereits im Jahre 1967 auf der Stockholmer Konferenz unternommen. Diese Konferenz nahm das „Protokoll betreffend die Entwicklungsländer" an, das integrierender Bestandteil der Stockholmer Fassung der Berner Übereinkunft (Bundesgesetzbl. 1970 II S. 293, 348) ist. Das Protokoll stieß jedoch in zahlreichen Industriestaaten auf so erheblichen Widerstand der Urheber, daß seine Ratifizierung durch einen großen Teil dieser Länder nicht möglich war. Besonders kritisiert wurde, daß das Protokoll sich nicht auf die zu Erziehungs- und Forschungszwecken notwendigen Ausnahmen beschränkte und daß bei den Ausnahmen zu Unterrichts-, Studien- und Forschungszwecken verbindliche Vorschriften für ein Zwangslizenzverfahren unter Beteiligung des Urhebers fehlten.

Nach der Stockholmer Konferenz für die Berner Übereinkunft verlangten die Entwicklungsländer auch eine Revision des Welturheberrechtsabkommens, durch die der in diesem Abkommen garantierte Mindestschutz des Übersetzungsrechts dem im Entwicklungsländerprotokoll vorgesehenen Niveau angepaßt und ferner die Möglichkeit geschaffen werden sollte, daß entgegen der Zusatzerklärung zu Artikel XVII des Welturheberrechtsabkommens die Autoren aus Entwicklungsländern in den anderen Ländern Inländerbehandlung nach dem Welturheberrechtsabkommen auch dann beanspruchen können, wenn ihr Heimatland aus der Berner Übereinkunft ausgetreten ist und nur dem Welturheberrechtsabkommen angehört. Die Revisionswünsche der Entwicklungsländer führten zu Verhandlungen, in die auf Drängen der Industriestaaten auch die Frage einer Ersetzung des Stockholmer Entwicklungsländerprotokolls durch eine neue Regelung einbezogen wurde. Angesichts dieser neuen Verhandlungen stellte die Bundesrepublik Deutschland zunächst die Ratifikation des Entwicklungsländerprotokolls zurück.

---

*) Bundestagsdrucksache VI/3777 vom 16. Sept. 1972, S. 70 ff.; neu eingebracht mit Bundestagsdrucksache 7/274 vom 1. März 1973, S. 72 ff.

Die mehrjährigen Verhandlungen, in denen es unter großen Schwierigkeiten gelungen ist, die Frontstellung zwischen Entwicklungsländern und Industriestaaten abzubauen, führten zu einem Kompromiß, in den beide weltweiten Urheberrechtsübereinkünfte einbezogen wurden. Den Entwicklungsländern werden nunmehr unter beiden Übereinkünften gleiche Erleichterungen vom Urheberrechtsschutz gewährt. Außerdem wird ihnen auf ihren nachdrücklich vorgetragenen Wunsch hin die Möglichkeit gegeben, von der Berner Übereinkunft zum Welturheberrechtsabkommen ohne Nachteile für ihre Urheber überzuwechseln. Da aber unter beiden Übereinkünften sachlich völlig gleiche Sonderbestimmungen für Entwicklungsländer gelten, besteht die begründete Hoffnung, daß die dem Berner Verband angehörenden Entwicklungsländer aus diesem Verband nicht austreten werden und die Urheber daher weiterhin insbesondere den Schutz des nur durch die Berner Übereinkunft garantierten Urheberpersönlichkeitsrechts und die längere Schutzfrist dieser Übereinkunft in diesen Ländern genießen werden.

Von besonderer Bedeutung sind die folgenden Punkte der neuen Regelung:

1. **Vorherige Kontaktaufnahme mit dem Rechtsinhaber**

   Einschränkungen des Urheberrechts dürfen erst nach erfolglosem Versuch, vom Rechtsinhaber eine vertragliche Lizenz zu erhalten, und nur im Wege der Zwangslizenz, vor deren Erteilung dem Rechtsinhaber Gelegenheit zur Stellungnahme vor der zuständigen Behörde gegeben wird, vorgenommen werden. Außerdem sind internationale oder nationale Informationszentren zu unterrichten, die von Regierungen der entwickelten Länder benannt werden können. Diese Regelung ist besonders bedeutsam in den Fällen, in denen der Rechtsinhaber unbekannt ist oder nicht erreicht werden kann.

2. **Beschränkung auf Ausbildungszwecke**

   Zwangslizenzen für Übersetzungen dürfen nur für Unterrichts-, Studien- oder Forschungszwecke, Zwangslizenzen für Nachdrucke nur für den Gebrauch im Zusammenhang mit systematischem Unterricht gewährt werden. Bei audio-visuellem Material darf eine Zwangslizenz zur Vervielfältigung und zur Übersetzung des Textes nur erteilt werden, wenn das Material selbst ausschließlich zu Unterrichtszwecken hergestellt ist.

3. **Fristen**

   Zwangslizenzen für Übersetzungen ins Englische, Französische oder Spanische dürfen erst drei Jahre nach Veröffentlichung des Werks erteilt werden, Zwangslizenzen für Übersetzungen in eine Sprache, die nur in Entwicklungsländern gesprochen wird, nach einem Jahr. Für Übersetzungen in alle übrigen Sprachen gilt grundsätzlich die Dreijahresfrist, sofern nicht ein Vertrag zwischen einem Entwicklungsland und allen entwickelten Ländern, in denen die Sprache, in die übersetzt werden soll, allgemein gebräuchlich ist, eine kürzere Frist, jedoch mindestens ein Jahr vorsieht.

Für Zwangslizenzen zur Vervielfältigung beträgt die Frist grundsätzlich fünf Jahre. Jedoch dürfen für Werke aus dem Bereich der Naturwissenschaften, der Mathematik und der Technik Zwangslizenzen schon nach drei Jahren, für schöngeistige Literatur, Kunstbücher und Musikwerke Zwangslizenzen erst nach sieben Jahren erteilt werden.

In allen Fällen, in denen die Frist drei Jahre beträgt, ist die Erteilung der Zwangslizenz außerdem von der Voraussetzung abhängig, daß seit der Unterrichtung des zuständigen nationalen oder internationalen Informationszentrums sechs Monate verstrichen sind. Bei einer Hauptfrist von einem Jahr beträgt diese „Karenzfrist" neun Monate.

4. Vergütung

Dem Inhaber des Urheberrechts ist bei jeder Zwangslizenz eine Vergütung zu zahlen, die der Lizenzgebühr entspricht, die bei vertraglichen Lizenzen zwischen Verlegern in den beiden betroffenen Ländern üblich ist. Die zuständige Behörde des Entwicklungslandes hat alles ihr Mögliche zu tun, um den Transfer der Vergütung in international konvertierbarer Währung, gegebenenfalls mit Hilfe internationaler Einrichtungen, zu bewirken.

5. Exportverbot

Übersetzungen und Vervielfältigungen, die unter einer Zwangslizenz hergestellt worden sind, dürfen grundsätzlich nicht exportiert werden. Jedes Exemplar muß einen Vermerk enthalten, daß der Vertrieb nur in dem Staat, der die Lizenz erteilt hat, erlaubt ist.

6. Erlöschen der Zwangslizenzen bei Veröffentlichung einer autorisierten Auflage

Die Zwangslizenz zur Übersetzung oder Vervielfältigung erlischt, wenn autorisierte Exemplare in dem Entwicklungsland zu einem Preis, der dem für vergleichbare Werke dort üblichen Preis entspricht, verbreitet werden. Der Zwangslizenznehmer darf nur noch die bereits vorhandenen Exemplare in Verkehr bringen, nicht aber neue Exemplare herstellen.

7. Verbesserung des Mindestschutzes

a) In das Welturheberrechtsabkommen werden neben dem bereits geregelten Übersetzungsrecht als neue Mindestrechte das Vervielfältigungsrecht, das Recht der öffentlichen Aufführung und das Senderecht aufgenommen.

b) In die Berner Übereinkunft werden die bereits auf der Stockholmer Konferenz beschlossenen Verbesserungen des Mindestschutzes aufgenommen. Das Entwicklungsländerprotokoll wird durch die neuen Vorschriften für Entwicklungsländer ersetzt.

Die Neufassungen der beiden Übereinkünfte enthalten einen ausgewogenen Ausgleich der Interessen der Urheber und der Bedürfnisse der Entwick-

lungsländer auf dem Gebiet der Erziehung und Forschung. Für die Entwicklungsländer wird wie im Stockholmer Entwicklungsländerprotokoll insbesondere sichergestellt, daß eine Weigerung des Urhebers, vertragliche Lizenzen für die zu Unterrichtszwecken benötigten Werke zu erteilen, eine Übersetzung oder einen Nachdruck der Werke und damit die Versorgung der Schulen, Hochschulen und anderen Bildungseinrichtungen mit Lehrmitteln nicht verhindert. Den Urhebern wird in allen Fällen — auch dort, wo es das Stockholmer Protokoll nicht ausdrücklich vorsah — die Möglichkeit gegeben, Zwangslizenzen durch die Erteilung von vertraglichen Lizenzen zu für Entwicklungsländer angemessenen Bedingungen abzuwenden. Diese Ausgestaltung der neuen Regelung dürfte dazu führen, daß Zwangslizenzen nur in Ausnahmefällen erteilt werden, in aller Regel aber Lizenzverträge, die eine auf den Einzelfall zugeschnittene bessere Berücksichtigung der beiderseitigen Interessen ermöglichen, abgeschlossen werden.

Der Kompromiß hat Aussicht, von allen Mitgliedstaaten der Übereinkommen angenommen zu werden. Von den Industriestaaten hat bereits Großbritannien, das sich nachdrücklich gegen das Stockholmer Entwicklungsländerprotokoll gewandt und es auch nicht unterzeichnet hat, die Erklärung abgegeben, daß es die Anwendung der neuen Vorschriften auf Werke, deren Ursprungsland Großbritannien ist, schon vor der Ratifikation der Verträge zulasse. Andere Industriestaaten bereiten die Ratifikation vor. Auch die Ratifikation durch die Entwicklungsländer kann trotz der zum Teil nicht unerheblichen Abweichungen vom Stockholmer Entwicklungsländerprotokoll erwartet werden. Zwar hat sich Indien trotz Unterzeichnung der Übereinkünfte eine eingehende Prüfung der Neufassungen und für den Fall, daß die Neufassungen den Bedürfnissen Indiens nicht gerecht werden, den Austritt aus den Übereinkünften vorbehalten. Zahlreiche Entwicklungsländer haben aber die Verträge ohne Vorbehalt gezeichnet. Um den Entwicklungsländern die Umsetzung der wegen ihres Kompromißcharakters sehr komplizierten Vorschriften der Pariser Fassungen der Übereinkünfte in nationales Recht zu erleichtern, werden zur Zeit von der Weltorganisation für geistiges Eigentum und der UNESCO Mustergesetze ausgearbeitet; nach Abschluß dieser Arbeiten dürften auch in den Entwicklungsländern die Ratifikationsverfahren eingeleitet werden.

Die Bundesregierung hält eine baldige Ratifizierung der Verträge und die vorzeitige Anwendung der Vorschriften zugunsten der Entwicklungsländer durch die Bundesrepublik Deutschland für geboten. Der Erfolg der Bemühungen um eine angemessene Regelung des Urheberschutzes in den Entwicklungsländern hängt wesentlich davon ab, daß die wichtigsten Industiestaaten den Vorschriften für Entwicklungsländer so bald wie möglich verbindlich zustimmen. Es liegt insbesondere auch im Interesse der deutschen Urheber, wenn durch eine möglichst baldige Ratifikation der Industriestaaten den in mehreren Entwicklungsländern noch immer bestehenden Bestrebungen, angesichts des Scheiterns des Stockholmer Protokolls und der Ungewißheit über das Schicksal des neuen Kompromisses aus den Übereinkommen auszutreten, entgegengewirkt wird.

Darüber hinaus bringt die neue Regelung den Urhebern auch erhebliche Vorteile. In das Welturheberrechtsabkommen, das bisher nur das Übersetzungsrecht als Mindestrecht garantiert, sind drei weitere Mindestrechte, das Vervielfältigungsrecht, das Recht der öffentlichen Aufführung und das Senderecht, aufgenommen worden. Durch diese Regelung wird nicht nur der Schutz in den Industriestaaten verstärkt. Auch in den Entwicklungsländern bedeutet die neue Regelung insoweit — selbst unter Berücksichtigung der besonderen Ausnahmen für diese Länder — eine nicht unerhebliche Verbesserung des Schutzes, da bisher die Gewährung dieser drei Rechte weitgehend in das Ermessen der Vertragsstaaten gestellt war. Bei der Berner Übereinkunft bringt die neue Fassung, soweit sie den Schutz in anderen als Entwicklungsländern betrifft, Verbesserungen gegenüber der für den materiellen Rechtsschutz maßgeblichen Brüsseler Fassung der Übereinkunft. Auch aus diesen Gründen erscheint eine Ratifizierung der Pariser Fassungen der Übereinkünfte geboten.

II.

Besonderer Teil

A. Berner Übereinkunft

Vorbemerkung

Die Artikel 1 bis 20 stimmen wörtlich mit den entsprechenden Vorschriften der insoweit nicht in Kraft getretenen Stockholmer Fassung (Bundesgesetzbl. 1970 II S. 293, 348) überein. Die Artikel 21 bis 38 sind vorwiegend redaktionell geändert. Der Anhang zur Pariser Fassung enthält die Sondervorschriften für Entwicklungsländer, die das Stockholmer Entwicklungsländerprotokoll ersetzen.

Zu Artikel 1

Dieser Artikel ist unverändert geblieben.

Zu Artikel 2

In Absatz 1 ist die Einschränkung, daß choreographische Werke und Pantomimen nur zu schützen sind, wenn deren Bühnenvorgang schriftlich oder auf andere Weise festgelegt ist, gestrichen worden, weil kein sachlicher Grund besteht, diese Werke anders zu behandeln als die übrigen Werke, bei denen der Schutz von einer Festlegung nicht abhängt. Es wurde jedoch ein neuer Absatz 2 eingefügt, nach dem den Verbandsländern allgemein vorbehalten bleibt, Werke nur zu schützen, wenn sie schriftlich, durch Bild- oder Tonträger oder auf sonstige Weise körperlich festgelegt sind.

Nach Absatz 2 Satz 2 der Brüsseler Fassung ist es bisher den Verbandsländern vorbehalten, den Schutz für Übersetzungen offizieller Texte auf dem Gebiet der Gesetzgebung, Verwaltung und Rechtsprechung zu bestimmen.

Da kein sachlicher Grund besteht, den Schutz privater Übersetzungen amtlicher Texte zu beschränken, ist diese Vorschrift geändert worden. Sie bezieht sich jetzt nur noch auf amtliche Übersetzungen dieser Texte. Außerdem ist sie auf diese amtlichen Texte selbst erstreckt worden.

Nach Artikel 2 Abs. 5 der Brüsseler Fassung ist es den Verbandsländern vorbehalten, die Voraussetzungen für den Schutz der Werke der angewandten Kunst und der Geschmacksmuster festzulegen. Für Werke, die im Ursprungsland nur als Geschmacksmuster geschützt sind, kann in den anderen Verbandsländern nur der Schutz beansprucht werden, der in diesen Ländern den Geschmacksmustern gewährt wird. Diese Bestimmung hat teilweise zu der Auslegung geführt, daß Verbandsländer, die keinen Geschmacksmusterschutz kennen, Werke, die im Ursprungsland nur als Geschmacksmuster geschützt sind, überhaupt nicht zu schützen brauchen. Der neue Absatz 7, der im übrigen den bisherigen Absatz 5 unverändert übernimmt, stellt klar, daß in diesem Falle Urheberrechtsschutz zu gewähren ist. Der neue Absatz 8 gibt unverändert den Inhalt des Absatzes 3 des Artikels 9 der Brüsseler Fassung wieder, der aus systematischen Gründen vorgezogen ist.

Zu Artikel 2bis

In diesem Artikel ist lediglich Absatz 2 geändert worden.

Während bisher die Verbandsländer nur bestimmen dürfen, daß Vorträge, Ansprachen, Predigten und ähnliche Werke frei durch die Presse vervielfältigt werden dürfen, können sie nunmehr auch die Rundfunksendung, die Drahtübertragung und die öffentliche Wiedergabe der durch Rundfunk gesendeten Werke dieser Art zulassen. Diese Erweiterung dient der Gleichstellung von Presse und Rundfunk.

Die Bestimmung ist andererseits dadurch eingeschränkt worden, daß die Predigten nicht mehr zu den von der Ausnahmevorschrift betroffenen Werken gehören. Predigten dürfen daher nur noch mit Zustimmung des Urhebers durch die Presse abgedruckt oder in sonstiger Weise wiedergegeben werden.

Außerdem bezieht sich die Bestimmung nur auf öffentlich dargebotene Werke, so daß private Vorträge, Ansprachen usw. nicht unter die Ausnahmevorschrift fallen.

Eine weitere Einschränkung besteht darin, daß die Benutzung nur zulässig ist, wenn sie durch den Informationszweck gerechtfertigt ist.

Eine dem Artikel 2bis Abs. 2 entsprechende Bestimmung findet sich in § 48 des deutschen Urheberrechtsgesetzes; sie steht mit der Neufassung im Einklang.

Zu den Artikeln 3 bis 6

In den Artikeln 3 bis 6 sind die bisher in den Artikeln 4 bis 6 enthaltenen Bestimmungen darüber, welche Werke den Schutz nach der Überein-

kunft genießen und welches Land Ursprungsland für ein Werk ist, systematisch neu geordnet worden. Dabei wurden außerdem folgende sachliche Änderungen vorgenommen:

Nach Artikel 4 Abs. 1 der Brüsseler Fassung genießen die verbandsangehörigen Urheber keinen Schutz für ihre Werke, die sie zum erstenmal in einem Nichtverbandsland veröffentlicht haben. Nach dem neuen Artikel 3 Abs. 1 Buchst. a genießen sie den Schutz für alle ihre Werke unabhängig davon, wo sie ihr Werk zum erstenmal veröffentlicht haben. Neu ist auch die Bestimmung in Artikel 3 Abs. 2, nach der die Urheber, die keinem Verbandsland angehören, jedoch ihren gewöhnlichen Aufenthalt in einem Verbandsland haben, den Urhebern gleichgestellt werden, die diesem Land angehören.

In dem neuen Artikel 3 Abs. 3 ist die Begriffsbestimmung für veröffentlichte Werke geringfügig geändert worden. Während nach Artikel 4 Abs. 4 der Brüsseler Fassung hierunter die Werke zu verstehen sind, die in genügender Anzahl zur Verfügung des Publikums gestellt sind, gelten nunmehr die Werke als veröffentlicht, die mit Zustimmung ihrer Urheber je nach der Natur des Werkes in einer Weise der Öffentlichkeit zur Verfügung gestellt sind, die deren normalen Bedarf befriedigt.

Nach dem neuen Artikel 4 werden zwei Gruppen von Urhebern in den Schutz der Übereinkunft einbezogen, auch wenn sie nicht Angehörige eines Verbandslandes sind:

a) die Urheber von Filmwerken, deren Hersteller seinen Sitz oder seinen gewöhnlichen Aufenthalt in einem Verbandsland hat und

b) die Urheber von Werken der Baukunst, die in einem Verbandsland errichtet sind, und die Urheber von solchen Werken der graphischen und plastischen Künste, die Bestandteile eines in einem Verbandsland gelegenen Grundstücks sind.

Schließlich ist in Artikel 5 Abs. 4 Buchst. c Ziff. i) die neue Bestimmung enthalten, daß für Filmwerke das Verbandsland Ursprungsland ist, in dem der Hersteller seinen Sitz oder seinen gewöhnlichen Aufenthalt hat.

Zu Artikel 6bis

In Artikel 6bis ist nur der zweite Absatz geändert worden. Während nach der Brüsseler Fassung der Schutz der Persönlichkeitsrechte des Urhebers nur bis zu seinem Tode zwingend vorgeschrieben ist, bleiben nach der neuen Fassung des Absatzes 2 diese Rechte auch nach seinem Tode wenigstens bis zum Erlöschen der vermögensrechtlichen Befugnisse in Kraft. Jedoch können die Verbandsländer, die nach ihren Rechtsvorschriften im Zeitpunkt der Ratifikation dieser Fassung der Übereinkunft oder des Beitritts zu ihr die Persönlichkeitsrechte des Urhebers nach seinem Tode nicht oder nur teilweise schützen, diesen Rechtszustand aufrecht erhalten. Nach deutschem Recht ist das Persönlichkeitsrecht des Urhebers bis zum Erlöschen seiner vermögensrechtlichen Befugnisse geschützt.

Zu Artikel 7

Absatz 1, nach dem der durch die Übereinkunft gewährte Schutz das Leben des Urhebers und 50 Jahre nach seinem Tode umfaßt, ist unverändert geblieben. Jedoch ist in dem neuen Absatz 6 klargestellt, daß die Verbandsländer befugt sind, eine längere Schutzdauer zu gewähren. Nach deutschem Recht erlischt das Urheberrecht erst 70 Jahre nach dem Tode des Urhebers (vgl. § 64 des Urheberrechtsgesetzes).

Abweichend vom bisherigen Absatz 3 ist für Filmwerke, Werke der Photographie und Werke der angewandten Kunst, für die bisher eine Mindestschutzfrist nicht festgesetzt ist, in den Absätzen 2 und 4 eine solche Frist vorgesehen. Das deutsche Urheberrechtsgesetz enthält keine besonderen Bestimmungen über die Schutzdauer für Filmwerke und Werke der angewandten Kunst. Dagegen ist für Werke der Photographie in § 68 des Urheberrechtsgesetzes eine dem Absatz 4 entsprechende Schutzfrist von 25 Jahren vorgesehen.

Absatz 3 entspricht dem bisherigen Absatz 4, jedoch ist durch den Schlußsatz klargestellt, daß die Verbandsländer nicht gehalten sind, anonyme Werke zu schützen, bei denen aller Grund zu der Annahme besteht, daß ihr Urheber seit 50 Jahren tot ist.

Der neue Absatz 7 ermöglicht es Verbandsländern, die noch durch die Rom-Fassung der Berner Übereinkunft gebunden sind und im Zeitpunkt der Unterzeichnung der vorliegenden Fassung kürzere Schutzfristen als in dieser Fassung vorgesehen ist, gewähren, diese kürzeren Schutzfristen beizubehalten.

Zu Artikel 7bis

Dieser Artikel ist sachlich nicht geändert worden.

Zu Artikel 8

Auch dieser Artikel ist unverändert geblieben.

Zu Artikel 9

Absatz 1 der Brüsseler Fassung sieht nur für bestimmte Werke ein ausschließliches Vervielfältigungsrecht des Urhebers vor. Der neue Absatz 1 erweitert dieses Vervielfältigungsrecht auf alle Werke der Literatur und Kunst. Der neue Absatz 2 läßt Ausnahmen vom Vervielfältigungsrecht zu, die aber weder zu einer Beeinträchtigung der normalen Auswertung des Werkes noch zu einer unzumutbaren Verletzung der berechtigten Interessen des Urhebers führen dürfen. Man kann hierbei davon ausgehen, daß in den Fällen, in denen die Vervielfältigung nur gegen Zahlung einer angemessenen Vergütung an den Urheber gestattet wird, eine solche unzumutbare Verletzung nicht vorliegt. Das deutsche Urheberrechtsgesetz enthält eine Reihe von Ausnahmen vom Vervielfältigungsrecht, die sich jedoch im Rahmen dieser Bestimmung halten (vgl. z. B. §§ 45, 53, 54 und 56 bis 60).

Der bisherige Absatz 2 erscheint jetzt in Artikel 10bis Abs. 1.

Der bisherige Absatz 3 ist aus Gründen der Systematik unverändert in Artikel 2 Abs. 8 übernommen worden.

Zu Artikel 10

Absatz 1, der bisher nur Zitate aus Zeitungs- und Zeitschriftenartikeln erlaubt, ist auf alle Arten von Werken erstreckt worden. Außerdem ist er dadurch sachlich eingeschränkt worden, daß Zitate nur aus solchen Werken zulässig sein sollen, die der Öffentlichkeit bereits erlaubterweise zugänglich gemacht worden sind, und nur dann, wenn sie anständigen Gepflogenheiten entsprechen und in ihrem Umfang durch den Zweck gerechtfertigt sind.

Absatz 2 ist gleichfalls geändert worden. Die Ausnahmevorschrift ist dadurch erweitert worden, daß die Benutzung von Werken der Literatur zu Zwecken des Unterrichts nicht nur für Veröffentlichungen, sondern auch für Rundfunksendungen, sowie für Ton- und Bildaufnahmen zulässig ist. Andererseits ist die Benutzung nur noch zur Veranschaulichung des Unterrichts und nicht mehr allgemein für Veröffentlichungen, die für den Unterricht bestimmt oder wissenschaftlicher Natur sind, zulässig. Die Benutzung muß außerdem den anständigen Gepflogenheiten entsprechen. Die in Artikel 10 Abs. 2 der Brüsseler Fassung enthaltene Ausnahme für Chrestomathien ist ganz beseitigt.

Die entsprechenden Ausnahmebestimmungen finden sich in §§ 46, 47 und 51 des deutschen Urheberrechtsgesetzes. Sie stehen mit der neuen Regelung im Einklang.

Absatz 3 ist unverändert geblieben.

Zu Artikel 10bis

Die in Absatz 1 vorgesehene Ausnahmebestimmung ist bisher schon in Artikel 9 Abs. 2 enthalten. Sie ist jedoch dahin erweitert worden, daß Artikel über Tagesfragen wirtschaftlicher, politischer oder religiöser Natur nicht nur durch die Presse vervielfältigt, sondern auch durch Rundfunk gesendet und mittels Draht an die Öffentlichkeit übertragen werden dürfen. Außerdem bezieht sie sich nicht nur auf Presseartikel, sondern auch auf durch Rundfunk gesendete Werke gleicher Art. Eine entsprechende Ausnahmebestimmung ist in § 49 des deutschen Urheberrechtsgesetzes enthalten.

Die Bestimmung in Absatz 2, die dem bisherigen Artikel 10bis entspricht, ist in mehreren Punkten geändert worden. Es dürfen anläßlich der Berichterstattung über Tagesereignisse nicht nur kurze Bruchstücke, sondern auch ganze Werke der Literatur oder Kunst wiedergegeben werden, wenn sie im Verlauf der Ereignisse sichtbar oder hörbar werden; jedoch ist die Wiedergabe nur in dem Umfange zulässig, der durch den verfolgten Informa-

tionszweck gerechtfertigt ist. Andererseits dürfen die Werke nicht nur durch Photographie, Kinematographie und Rundfunk, sondern auch durch Übertragung mittels Draht der Öffentlichkeit zugänglich gemacht werden. Eine entsprechende Ausnahmebestimmung ist in § 50 des deutschen Urheberrechtsgesetzes enthalten.

Zu Artikel 11

Artikel 11 ist sachlich nicht geändert worden. Absatz 1 letzter Satz und Absatz 3 sind als überflüssig gestrichen worden.

Im deutschen Urheberrechtsgesetz ist dem Urheber das ausschließliche Recht der öffentlichen Aufführung seines Werkes durch § 15 Abs. 2 Nr. 1 vorbehalten.

Zu Artikel 11bis

Dieser Artikel ist unverändert.

Zu Artikel 11ter

Artikel 11ter ist dem Artikel 11 aus systematischen Gründen angepaßt worden, ohne daß damit eine sachliche Änderung verbunden ist.

Zu Artikel 12

Dieser Artikel ist unverändert geblieben.

Zu Artikel 13

Absatz 1 ist gestrichen worden, weil die entsprechenden Rechte des Urhebers bereits in den Artikeln 9 Abs. 1 und Artikel 11 Abs. 1 Nr. 1 vorgesehen sind.

Absatz 1 der vorliegenden Fassung entspricht dem bisherigen Absatz 2 mit der Maßgabe, daß die Bestimmung auch auf die Texte von Werken der Musik erweitert worden ist.

Nach dem bisherigen Absatz 3 dürfen Werke der Musik, die vor dem Inkrafttreten der Berliner Fassung der Übereinkunft erlaubterweise auf Tonträger übertragen worden waren, ohne Einwilligung der Urheber weiter auf Tonträger aufgenommen werden. Diese Ausnahmebestimmung soll nach dem neuen Absatz 2 außer Kraft treten. Im deutschen Urheberrechtsgesetz ist eine entsprechende Bestimmung in § 133 enthalten, die nunmehr zwei Jahre nach dem Zeitpunkt außer Kraft treten soll, zu dem diese Fassung der Berner Übereinkunft für die Bundesrepublik Deutschland in Kraft tritt (vgl. Artikel 3 des Entwurfs des Vertragsgesetzes).

Der bisherige Absatz 4 — jetzt Absatz 3 — ist nicht geändert worden.

Zu Artikel 14

Dieser Artikel ist im wesentlichen nur redaktionell geändert worden. Lediglich in Absatz 1 Nr. 2 ist das ausschließliche Recht des Urhebers, die Verwertung des Filmwerks zu erlauben, auf die öffentliche Übertragung des Filmwerkes mittels Draht erweitert worden.

Der bisherige Absatz 2 ist in den neuen Artikel 14bis als Absatz 1 übernommen worden, während der bisherige Absatz 5 gestrichen worden ist, weil die Gleichstellung von Filmwerken mit den Werken, die durch ein der Kinematographie ähnliches Verfahren erzielt worden sind, jetzt in Artikel 2 Abs. 1 geregelt ist.

Zu Artikel 14bis

Absatz 1 entspricht dem früheren Absatz 2 des Artikels 14.

Absatz 2 Buchst. a stellt es den Verbandsländern frei zu bestimmen, wer als Urheber des Filmwerkes anzusehen ist. Im deutschen Urheberrechtsgesetz ist diese Frage nicht ausdrücklich geregelt, es ergibt sich aber aus der allgemeinen Bestimmung des § 7 des Urheberrechtsgesetzes, daß als Urheber diejenigen anzusehen sind, die die geistigen Schöpfer des Filmwerkes sind.

Die neue Regelung in Absatz 2 Buchst. b bis d und Absatz 3 soll dem Produzenten eines Filmwerkes die ungestörte Auswertung des Filmwerkes ermöglichen. Wenn die Urheber des Filmwerkes seiner Herstellung zugestimmt haben, können sie sich mangels gegenteiliger Vereinbarung seiner Verwertung nicht widersetzen.

Entsprechende Bestimmungen sind auch in den §§ 88 und 89 des deutschen Urheberrechtsgesetzes enthalten. Die in Absatz 2 Buchst. c erwähnte Schriftform ist nach deutschem Recht nicht vorgesehen. Die Bestimmungen in §§ 88 und 89 sind auf alle in Absatz 3 des Artikels 14bis genannten Urheber anwendbar.

Zu Artikel 14ter

Dieser Artikel enthält unverändert den bisherigen Artikel 14bis.

Zu Artikel 15

Absatz 1 ist unverändert geblieben.

Der neue Absatz 2 regelt die Frage, wer als Hersteller des Filmwerkes anzusehen ist, in entpsrechender Weise wie in Absatz 1 Satz 1.

In Absatz 3 ist der frühere Absatz 2 unverändert übernommen worden.

Der neue Absatz 4 bezieht sich im wesentlichen auf sogenannte folkloristische Werke. Diese Werke sind häufig nicht erschienen und ihre Urheber unbekannt. Die neue Bestimmung soll die Möglichkeit schaffen, daß die Rechte des unbekannten Urhebers durch eine besondere Behörde wahrgenommen werden.

Zu den Artikeln 16 bis 20

Diese Artikel sind unverändert geblieben.

Zu Artikel 21 bis 38

Diese Bestimmungen entsprechen den Artikeln 21 bis 38 der insoweit in Kraft befindlichen Stockholmer Fassung der Übereinkunft. Die Änderungen sind fast ausschließlich redaktioneller Art. Sie beruhen einerseits darauf, daß das Protokoll betreffend die Entwicklungsländer durch die im Anhang zur Pariser Fassung der Übereinkunft enthaltenen Vorschriften für Entwicklungsländer ersetzt wird. Andererseits war zu berücksichtigen, daß zwischen der Stockholmer und der Pariser Konferenz die Organisationsnormen der Stockholmer Fassung (Artikel 22 bis 38) in Kraft getreten sind und daher eine redaktionelle Änderung erforderlich war. Darüber hinaus mußte sichergestellt werden, daß die Annahme der Pariser Fassung der Übereinkunft ebenso wie die Annahme der Stockholmer Fassung es ermöglicht, Mitglied der Weltorganisation für geistiges Eigentum zu werden. Daher sieht Artikel 29bis der Pariser Fassung vor, daß die Ratifikation oder der Beitritt zur Pariser Fassung zugleich als Ratifikation oder Beitritt zu den Organisationsnormen der Stockholmer Fassung gilt, deren Annahme gemäß Artikel 14 Abs. 2 des Übereinkommens zur Errichtung der Weltorganisation für geistiges Eigentum (Bundesgesetzbl. II 1970 S. 293) Voraussetzung für die Mitgliedschaft in dieser Organisation ist.

Nicht lediglich redaktioneller Natur sind folgende neue Vorschriften:

1. Artikel 28 Abs. 2 Buchst. a Ziff. ii macht das Inkrafttreten der Pariser Fassung der Übereinkunft davon abhängig, daß Frankreich, Großbritannien, Spanien und die USA das in Paris revidierte Welturheberrechtsabkommen ratifiziert haben. Diese Vorschrift beruht auf einem nachdrücklich vorgetragenen Wunsch aller an der Konferenz beteiligten Entwicklungsländer, die aus sprachlichen Gründen auf Unterrichtswerke aus diesen vier Ländern besonders angewiesen sind. Sie haben daher der Schließung des Stockholmer Protokolls nur unter der Bedingung zugestimmt, daß ihnen durch eine Ratifikation des revidierten Welturheberrechtsabkommens durch die vier Staaten zumindest die Möglichkeit des Austritts aus der Berner Übereinkunft und die Regelung des Urheberrechtsschutzes auf der Grundlage des revidierten Welturheberrechtsabkommens ermöglicht wird (vgl. unten z. B. Welturheberrechtsabkommen, Artikel XVII). Die Industriestaaten haben dem Wunsch der Entwicklungsländer als Teil des Kompromisses zugestimmt, obwohl die Regelung insoweit ungewöhnlich ist, als das Inkrafttreten der Neufassung der Berner Übereinkunft von der Ratifikation eines anderen Abkommens durch einen Staat (USA), der nicht Mitglied des Berner Verbands ist, abhängig gemacht wird.
2. In Artikel 30 ist der Begriff „Landessprache" durch die auch in den Vorschriften für Entwicklungsländer verwendete genauere Formulierung „eine in dem Land allgemein gebräuchliche Sprache" ersetzt worden.
3. In Artikel 31 wird auf Wunsch mehrerer Mitgliedstaaten durch einen neuen Absatz 4 klargestellt, daß die Annahme dieses Artikels nicht die

stillschweigende Anerkennung des Kolonialstatus eines Gebiets bedeutet, für das das Mutterland eine Erstreckungserklärung abgegeben hat.

4. Im Hinblick auf die weite Verbreitung der arabischen Sprache ist in Artikel 37 zusätzlich ein amtlicher arabischer Text des Abkommens vorgesehen.

Zum Anhang der Berner Übereinkunft

Zu Artikel I

Dieser Artikel bestimmt, welche Länder die im Anhang geregelten Befugnisse in Anspruch nehmen können, und regelt die formellen Voraussetzungen und die Dauer der Inanspruchnahme. Die Inanspruchnahme gilt jeweils nur für zehn Jahre, um die Entwicklungsländer in regelmäßigen Zeitabständen zu der Prüfung zu veranlassen, ob sie die Erleichterungen noch benötigen. Außerdem ist ausdrücklich ausgeschlossen worden, daß Industriestaaten den Urhebern aus Entwicklungsländern, die die Erleichterungen in Anspruch nehmen, Schutz nur nach Maßgabe der Gegenseitigkeit gewähren, da es unberechtigt erscheint, diese Urheber gegenüber Urhebern aus Industriestaaten nur deshalb zu benachteiligen, weil ihr Heimatland als Entwicklungsland noch nicht in der Lage ist, vollen Urheberschutz zu gewähren.

Zu Artikel II

Dieser Artikel regelt die Erleichterungen für Entwicklungsländer hinsichtlich des Übersetzungsrechts.

Zwangslizenzen zur Übersetzung eines Werkes dürfen nur dann vergeben werden, wenn keine vom Autor gebilligte Übersetzung in der betreffenden Sprache veröffentlicht worden ist. Liegt eine solche Übersetzung vor, kommt nur ein Nachdruck dieser Übersetzung nach den Vorschriften des Artikels III in Betracht. Durch diese Regelung, die es ermöglicht, durch Veröffentlichung einer autorisierten Übersetzung die Erteilung einer Zwangslizenz zur Übersetzung des Werks abzuwenden, wird den Interessen des Urhebers soweit wie möglich Rechnung getragen. Die Interessen der Entwicklungsländer werden nicht beeinträchtigt, da eine Zwangslizenz zum Nachdruck der autorisierten Übersetzung zulässig ist, sofern die Voraussetzungen des Artikels III erfüllt sind.

Zwangslizenzen dürfen nur für die Übersetzung von Werken in eine in dem Entwicklungsland allgemein gebräuchliche Sprache vergeben werden (Absatz 2 a). Diese Formulierung, die die verschiedenen in den Übereinkommen bisher verwendeten Formulierungen ersetzt, soll klarstellen, daß Übersetzungen in alle in Erziehung und Forschung benutzten Umgangssprachen erfaßt werden, gleichgültig, ob diese Sprachen einen offiziellen Status haben oder nicht. Die mit der Veröffentlichung des Originalwerks beginnende Frist, die vor der Erteilung der Zwangslizenz abgelaufen sein muß, ist entsprechend den Interessen der Urheber bei Übersetzungen in

Sprachen, die nicht ausschließlich in Entwicklungsländern gesprochen werden, länger als bei den nur in Entwicklungsländern gesprochenen Sprachen (Absatz 2 a und 3 a). Um die Schwierigkeiten für die Länder auszuräumen, die wie z. B. Brasilien in ihren Ausbildungs- und Forschungsstätten ausschließlich die Sprache des ehemaligen Mutterlandes verwenden, ist außerdem vorgesehen, daß eine Fristverkürzung bis zu der für Sprachen der Entwicklungsländer vorgesehenen Mindestzeit in einem Abkommen des interessierten Entwicklungslandes mit allen entwickelten Ländern zulässig ist, in denen die Sprache allgemein gebräuchlich ist. Diese Möglichkeit besteht jedoch nicht für Übersetzungen in die englische, französische und spanische Sprache (Absatz 3 Buchst. b), weil bei den wichtigsten drei Weltsprachen der Urheber ein besonderes Interesse daran hat, eine längere Zeit für die Herausgabe einer Übersetzung und die Vorbereitung ihres Vertriebs in allen in Betracht kommenden Ländern zu haben.

Um dem Urheber, dessen Werk unter einer Zwangslizenz übersetzt werden soll, die Möglichkeit zu geben, einen Verleger seiner Wahl mit der Herausgabe einer Übersetzung auf Grund einer vertraglichen Lizenz zu betrauen und so die Zwangslizenz abzuwenden, sieht die Übereinkunft Karenzfristen vor, die von der Unterrichtung des Urhebers an laufen (Absatz 4).

Die Erteilung einer Zwangslizenz zur Übersetzung eines Werkes ist nur zu „Unterrichts-, Studien- und Forschungszwecken zulässig" (Absatz 5). Diese Abgrenzung stellt im Interesse des Urhebers sicher, daß der Schutz des Übersetzungsrechts für ausschließlich kommerzielle Zwecke auch künftig nicht eingeschränkt werden darf, trägt aber andererseits den Bedürfnissen der Entwicklungsländer hinreichend Rechnung, da alle Unterrichtsarten für jede Altersstufe und jedes Fach sowie die Forschung umfaßt werden.

Bringt der Urheber nach Erteilung der Zwangslizenz eine eigene Übersetzung zu angemessenen Bedingungen in dem Entwicklungsland auf den Markt, endet die Zwangslizenz mit der Folge, daß keine neuen Auflagen der unter dieser Lizenz erschienenen Übersetzung hergestellt werden dürfen, sondern nur die bereits hergestellten Exemplare ausverkauft werden dürfen (Absatz 6). Durch diese Regelung wird sichergestellt, daß der Vertrieb einer vom Urheber autorisierten Übersetzung soweit wie möglich nicht beeinträchtigt wird.

Absatz 7 soll insbesondere verhindern, daß die längeren Fristen für Nachdrucke umgangen werden. Absatz 8, der sich schon aus dem für Entwicklungsländer nicht aufgehobenen Schutz des Urheberpersönlichkeitsrechts ergibt, hat nur klarstellende Bedeutung.

Eine Zwangslizenz zur Übersetzung eines als Buch erschienenen Werkes oder des Textes von audio-visuellem Material kann unter ähnlichen Voraussetzungen auch für Rundfunkanstalten erteilt werden (Absatz 9), da der Unterricht durch Funk und Fernsehen in den Entwicklungsländern zunehmend an Bedeutung gewinnt. Aufnahmen dieser Übersetzungen dürfen un-

ter den Rundfunkanstalten des Entwicklungslands ausgetauscht werden, um Entwicklungsländern, in denen regionale Rundfunkanstalten jeweils für bestimmte Gebiete senden, eine Unterrichtung der Bevölkerung in allen Landesteilen zu ermöglichen.

Zu Artikel III

Dieser Artikel regelt die Erleichterungen für Entwicklungsländer hinsichtlich des Vervielfältigungsrechts.

Zwangslizenzen zur Vervielfältigung dürfen nur erteilt werden, wenn die Ausgabe des Werkes nicht zu einem Preis erhältlich ist, der dem in dem Entwicklungsland üblichen Preis für Werke dieser Art entspricht (Absatz 2). Im Interesse der Entwicklungsländer ist auf die Ausgabe und nicht auf das Werk als solches abgestellt worden, damit bei Büchern, die in einer verbesserten Ausgabe erschienen sind, diese Ausgabe in den Entwicklungsländern für den Unterricht auch dann zur Verfügung steht, wenn die frühere Ausgabe noch erhältlich ist.

Da die nicht autorisierte Vervielfältigung des Werkes, die angesichts der einfachen modernen Vervielfältigungsverfahren leicht und ohne große Kosten möglich ist, für den Urheber des Werkes größere Nachteile als eine Übersetzung mit sich bringen kann, ist die Erteilung von Zwangslizenzen zur Vervielfältigung auf solche Werke beschränkt worden, die bei der Erteilung systematischen Unterrichts — d. h. vor allem bei der Unterrichtung in Schulen oder Universitäten, aber auch bei einer lehrplanmäßig aufgebauten Erwachsenenbildung — benötigt werden. Dadurch werden aber die Interessen der Entwicklungsländer nicht unzumutbar beeinträchtigt. Für die Forschung reicht in aller Regel die nach dem Urheberrecht dieser Länder zulässige Anfertigung von einzelnen Ablichtungen aus. Das gleiche dürfte bei Unterrichtstätigkeiten gelten, die nicht nach einem Lehrplan systematisch aufgebaut sind.

Die von Veröffentlichung an laufenden Fristen (Absatz 3) sind auf der Grundlage einer Interessenabwägung gestaffelt worden. Bei naturwissenschaftlichen Werken und Werken aus dem Bereich der Mathematik und der Technik, die angesichts der schnellen Entwicklung der Wissenschaft auf diesen Gebieten schnell veralten, ist im Interesse der Entwicklungsländer eine kurze Frist, bei schöngeistigen Werken, die über lange Zeit Gültigkeit behalten und die sich oft auch nur langsam durchsetzen, im Interesse der Urheber eine lange Frist vorgesehen worden.

Die Regelung über die Karenzfristen (Absatz 4) und über die Möglichkeit des Urhebers, durch eine eigene Veröffentlichung sein ausschließliches Recht wieder herzustellen (Absatz 6), entsprechen der in Artikel II für Übersetzungen vorgesehenen Regelung.

Ein besonderes Problem ergab sich für den Nachdruck von Übersetzungen eines geschützten Werkes. Übersetzungen, die auf Grund einer Zwangs-

lizenz hergestellt sind, dürfen nach Artikel IV nicht exportiert werden. Das Exportverbot wäre wirkungslos, wenn eine in einem Entwicklungsland hergestellte Übersetzung in anderen Entwicklungsländern nachgedruckt werden könnte. Aus diesem Grunde schließt Absatz 5 die Erteilung einer Zwangslizenz zum Nachdruck einer vom Rechtsinhaber nicht autorisierten Übersetzung aus. Im Generalbericht der Konferenz ist aber im Interesse der Entwicklungsländer ausdrücklich klargestellt worden, daß mehrere Entwicklungsländer gemeinsam eine Übersetzung herstellen und drucken lassen können, sofern alle für eines der Entwicklungsländer bestimmten Exemplare gesammelt dem Lizenznehmer im Bestimmungsland zugesandt werden und den Vermerk tragen, daß der Vertrieb nur in dem jeweiligen Bestimmungsland zulässig ist. Durch diese Regelung wird einerseits dem berechtigten Interesse der Entwicklungsländer gleicher Sprache, durch eine zentrale Herstellung von Schulbüchern die Kosten zu senken, Rechnung getragen, andererseits aber auch im Interesse des Urhebers eine Kontrolle des Exportverbots ermöglicht.

Absatz 7 gestattet die Vervielfältigung audio-visuellen Materials. Für die Entwicklungsländer sind insbesondere bei der Unterrichtung von Analphabeten Lehrfilme von besonderer Bedeutung. Aus diesem Grunde soll es den Entwicklungsländern möglich sein, unter denselben Voraussetzungen wie bei den Schulbüchern, auch audio-visuelles Lehrmaterial zu vervielfältigen. Die Vervielfältigung von audio-visuellem Material ist jedoch im Gegensatz zu Büchern auf solches Material beschränkt, das selbst zu Unterrichtszwecken hergestellt wurde. Diese Beschränkung, die die Interessen der Entwicklungsländer nicht beeinträchtigt, erschien zum Schutz der Hersteller von Spielfilmen erforderlich, da diese Filme oftmals auch zu Unterrichtszwecken verwendbar sind und daher ohne die Beschränkung Kopien der Filme unter einer Zwangslizenz hergestellt werden könnten, die Verwendung der Kopien in Lichtspieltheatern zu Unterhaltungszwecken aber nicht wirksam verhindert werden könnte.

Zu Artikel IV

Durch die Vorschriften der Absätze 1 und 2 wird sichergestellt, daß der Rechtsinhaber vor Erteilung der Zwangslizenz Kenntnis von der beabsichtigten Veröffentlichung seines Werkes erhält und die Zwangslizenz durch Erteilung einer vertraglichen Lizenz abwenden kann. Im Generalbericht der Konferenz ist außerdem ausdrücklich festgehalten, daß auch die Behörde nach Einleitung des Zwangslizenzverfahrens dem Rechtsinhaber Gelegenheit zur Stellungnahme gibt. Von einer Regelung des Anhörungsrechts im Vertrag selbst ist deshalb abgesehen worden, weil dieses Recht sich aus allgemeinen Rechtsgrundsätzen bereits ergibt und deshalb auch in Artikel V des Welturheberrechtsabkommens, der Zwangslizenzen für alle Staaten und nicht nur Entwicklungsländer vorsieht, nicht ausdrücklich geregelt ist.

Absatz 3 regelt die sich aus dem Urheberpersönlichkeitsrecht ergebende Pflicht, Autor und Titel des Werkes auf den unter einer Zwangslizenz herausgegebenen Werkstücken anzugeben.

Absatz 4 sieht ein Exportverbot für Werkstücke vor, die auf Grund einer Zwangslizenz hergestellt worden sind. Ohne ein solches Exportverbot besteht die Gefahr, daß die nicht autorisierten Exemplare auch in entwickelte Länder oder in solche Entwicklungsländer eingeführt werden, in denen der Urheber selbst ein Werk veröffentlicht hat und der Urheber in jedem Einfuhrland gegen den den Absatz der autorisierten Ausgabe schädigenden Vertrieb vorgehen muß und nicht schon die Ausfuhr zentral unterbinden kann. Für die Entwicklungsländer bedeutet das Exportverbot keine unzumutbare Beschränkung, weil jedes dieser Länder bei Vorliegen der Voraussetzungen für eine Zwangslizenz eine solche Lizenz selbst erteilen kann. Für die Entwicklungsländer, die nicht über die notwendige Ausrüstung zum Druck von Büchern verfügen, stellt außerdem der Generalbericht der Konferenz klar, daß das Exportverbot den Druck in einem anderen Verbandsland oder einem Mitgliedsland des Welturheberrechtsabkommens nicht ausschließt, sofern das Entwicklungsland eine Zwangslizenz erteilt hat und alle in dem anderen Land hergestellten Exemplare dem Lizenznehmer im Entwicklungsland zugesandt werden.

Auf Wunsch der Entwicklungsländer ist zudem vorgesehen worden, daß staatliche Stellen eines Entwicklungslandes in die Sprache dieses Landes übersetzte Lehrbücher eigenen Staatsangehörigen im Ausland oder Einrichtungen, die diese Staatsangehörigen unterrichten, zusenden dürfen, um eine Erziehung der Staatsangehörigen in der Muttersprache zu ermöglichen.

Zur Absicherung des Exportverbots müssen alle unter der Zwangslizenz hergestellten Exemplare einen Vermerk über das zulässige Verbreitungsgebiet tragen (Absatz 5). Auf diese Weise können Exemplare, die entgegen dem Exportverbot ausgeführt worden sind, im Einfuhrland festgestellt und ihr Weitervertrieb unterbunden werden.

Die Vergütung, die dem Urheber bei Erteilung einer Zwangslizenz zu entrichten ist, richtet sich nach den Maßstäben, die im Lizenzverkehr zwischen dem Land des Urhebers und dem Entwicklungsland üblich sind. Gegenüber dem Stockholmer Protokoll, das für die Vergütung nur Angemessenheit forderte, enthält diese neue Regelung eine sicherere Beurteilungsgrundlage für die Höhe der Vergütung. Wie im Stockholmer Protokoll konnte von den Entwicklungsländern angesichts ihrer Devisenlage nicht ausnahmslos der Transfer der Vergütung verlangt werden. Die neue Regelung enthält aber ausdrücklich die Verpflichtung für die Entwicklungsländer, alles ihnen Mögliche zu tun, um den Transfer, gegebenenfalls mit Hilfe internationaler Einrichtungen, z. B. durch Verwendung von UNESCO-Coupons, zu bewirken.

Zu Artikel V

Nach Artikel 30 Abs. 2 b der Übereinkunft kann jeder der Übereinkunft neu beitretende Staat den Vorbehalt machen, daß er das Übersetzungsrecht nur nach Maßgabe der Pariser Fassung von 1896, d. h. nur für die Dauer von 10 Jahren nach Veröffentlichung des Werkes schützt. Der Vorbehalt kann nur beim Beitritt und nicht später erklärt werden. Er kann aber, wenn

er zu einer früheren Fassung der Übereinkunft erklärt worden ist, bei Ratifizierung der späteren Fassung aufrechterhalten werden.

Durch Artikel V wird zunächst Entwicklungsländern, die bei ihrem Beitritt den Vorbehalt nach Artikel 30 erklärt haben, die Möglichkeit eröffnet, weiterhin beim zehnjährigen Schutz des Übersetzungsrechts zu bleiben, statt die für Entwicklungsländer vorgesehenen Erleichterungen in Anspruch zu nehmen. Ferner wird aber auch den Entwicklungsländern, die den Vorbehalt nach Artikel 30 nicht in Anspruch genommen, sondern die Übereinkunft in demselben Umfang wie das ehemalige Mutterland weiter angewendet haben, die Wahlmöglichkeit zwischen dem zehnjährigen Schutz des Übersetzungsrechts und den Erleichterungen nach Artikel II gegeben. Eine Kumulierung beider Möglichkeiten, die nach dem Stockholmer Entwicklungsprotokoll zulässig war, ist ausgeschlossen.

Dafür ist aber auf Wunsch der Entwicklungsländer außerdem vorgesehen worden, daß sie dann, wenn ihre Entwicklung so weit fortgeschritten ist, daß sie die Sondererleichterungen für Entwicklungsländer verlieren, wie ein neu beitretendes entwickeltes Land die Möglichkeit haben, den Vorbehalt nach Artikel 30 einzulegen. Zum Schutz der Urheber muß der Vorbehalt spätestens zwei Jahre vor seinem Inkrafttreten erklärt und so dem Urheber die Möglichkeit gegeben werden, durch die Veröffentlichung einer Übersetzung innerhalb der Zweijahresfrist das Übersetzungsrecht für die volle Schutzfrist aufrechtzuerhalten.

Zu Artikel VI

Diese Vorschrift regelt die Anwendung der Vorschriften für Entwicklungsländer vor Inkrafttreten der neuen Fassung der Übereinkunft. Angesichts des dringenden Bedarfs der Entwicklungsländer an Unterrichtsmaterial soll die Anwendung der Erleichterungen vom Urheberrechtsschutz nicht von dem Inkrafttreten der neuen Fassung der Übereinkunft abhängig, sondern im Verhältnis zwischen solchen Staaten, die mit der vorzeitigen Anwendung einverstanden sind, sofort möglich sein.

B. Welturheberrechtsabkommen

Zu Artikel I bis IV

Diese Vorschriften sind nur redaktionell geändert.

Zu Artikel IVbis

Das Welturheberrechtsabkommen enthielt bisher nur die Verpflichtung zu einem „ausreichenden und wirksamen Schutz der Rechte der Urheber" (Artikel I) und eine ausdrückliche Regelung des Übersetzungsrechts des Urhebers (Artikel V). Danach war es weitgehend den Vertragsstaaten überlassen, welche Rechte sie dem Urheber neben dem Übersetzungsrecht gewährten. Die neue Vorschrift des Artikels IVbis konkretisiert die Ver-

pflichtung des Artikels I dahin, daß der Schutz neben dem Übersetzungsrecht mindestens das Vervielfältigungsrecht, das Aufführungsrecht, das das Recht zum öffentlichen Vortrag einschließt, und das Senderecht umfassen muß. Im Rahmen dieser Rechte ist nunmehr außerdem auch das Bearbeitungsrecht geschützt, da die drei neuen Mindestrechte sich nach Absatz 1 Satz 2 nicht nur auf die ursprüngliche Form des Werks, sondern auch auf jede erkennbar von dem ursprünglichen Werk abgeleitete Form beziehen.

Absatz 2 enthält eine generell gefaßte Vorschrift für Ausnahmen von den Mindestrechten. Versuche, die zulässigen Ausnahmen zu konkretisieren, scheiterten angesichts der unterschiedlichen Rechtssysteme der dem Welturheberrechtsabkommen angehörenden Staaten. Im Generalbericht der Konferenz wurde jedoch ausdrücklich darauf hingewiesen, daß nach Artikel IVbis Abs. 2 ein allgemeines Zwangslizenzsystem, wie es unter den Sondervorschriften für Entwicklungsländer vorgesehen ist, nicht zulässig ist und daß die Ausnahmen nicht so weitgehend wie die für Entwicklungsländer und nicht willkürlich sein dürfen.

Zu Artikel V

Die Vorschriften sind nur redaktionell geändert. Jedoch wurde auch hier auf Wunsch der Entwicklungsländer statt der Formulierung „Landessprache" die Formulierung „in dem Staat allgemein gebräuchliche Sprache" verwendet, um die Anwendung der Vorschrift auch für Übersetzungen in die Sprache des ehemaligen Mutterlandes zu ermöglichen, wenn diese in dem Entwicklungsland noch allgemein gebräuchlich ist, aber nicht mehr den Charakter einer Landessprache hat.

Zu Artikel V^{bis} bis V^{quater}

Diese Vorschriften entsprechen den Vorschriften der Artikel I bis IV des Anhangs zur Pariser Fassung der Berner Übereinkunft, auf deren Begründung verwiesen wird. Unterschiedliche Formulierungen beruhen einerseits darauf, daß das Welturheberrechtsabkommen im Gegensatz zur Berner Übereinkunft beim Übersetzungsrecht bereits ein allgemeines Zwangslizenzsystem in Artikel V vorsieht, an das die Vorschriften für Entwicklungsländer angepaßt wurden, andererseits darauf, daß der Begriff der Veröffentlichung im Welturheberrechtsabkommen enger als in der Berner Übereinkunft ist. Sachlich stimmen die Regelungen für Entwicklungsländer in beiden Übereinkommen völlig überein. Auf einen ausdrücklichen Ausschluß der Anwendung der Gegenseitigkeit gegenüber Urhebern aus Entwicklungsländern (vgl. Artikel I des Anhangs zur Berner Übereinkunft) konnte beim Welturheberrechtsabkommen verzichtet werden, da auch Artikel V dieses Abkommens, auf dem die Vorschriften für Entwicklungsländer aufbauen, nach allgemeiner Ansicht die Anwendung der Gegenseitigkeit nicht zuläßt, obwohl auch diese Vorschrift keine ausdrückliche Bestimmung darüber enthält.

Zu Artikel VI bis VIII

Diese Vorschriften sind nur redaktionell geändert.

Zu Artikel IX

Absatz 1 und 2 entsprechen im wesentlichen dem bisherigen Text; Absatz 1 Satz 2 des früheren Textes, der nur für das erstmalige Inkrafttreten des Welturheberrechtsabkommens von Bedeutung war, konnte im revidierten Text entfallen.

Zusätzlich aufgenommen wurden in Absatz 3 und 4 Vorschriften über das Verhältnis des revidierten Abkommens zum ursprünglichen Abkommen. Um eine Anwendung der Vorschriften für Entwicklungsländer auch gegenüber solchen entwickelten Ländern zu ermöglichen, bei denen das Ratifikationsverfahren längere Zeit in Anspruch nimmt, ist vorgesehen, daß diese Länder die Anwendung der neuen Fassung zulassen können, bevor sie durch diese Fassung gebunden sind. Diese Erklärung wird im Gegensatz zu der in Artikel VI Abs. 1 Ziffer ii des Anhangs zur Berner Übereinkunft aber frühestens bei Inkrafttreten der revidierten Fassung wirksam. Da die deutsche Ratifikationsurkunde so bald wie möglich hinterlegt werden soll und daher die Bundesrepublik Deutschland zu den zwölf Staaten gehören wird, die bei Inkrafttreten der Neufassung durch diese Fassung gebunden werden, kommt für die Bundesrepublik Deutschland eine Erklärung nach Absatz 4 Satz 2 nicht in Betracht.

Zu Artikel X

Die Änderung in Absatz 2 stellt klar, daß innerstaatliche Ausführungsvorschriften zu dem Abkommen oder auf Grund des Abkommens notwendige Änderungen des innerstaatlichen Rechts erst bei Inkrafttreten des Abkommens für diesen Staat und nicht schon bei der Hinterlegung der Ratifikationsurkunde in Kraft gesetzt werden müssen.

Zu Artikel XI und der Entschließung zu Artikel XI

Da das Welturheberrechtsabkommen inzwischen 60 Mitglieder, darunter zahlreiche Entwicklungsländer, hat und außerdem für die Erfüllung der Aufgaben des Ausschusses nicht nur eine angemessene Vertretung der verschiedenen Teile der Welt, sondern auch eine Berücksichtigung des unterschiedlichen Entwicklungsstandes der Mitgliedsländer und der verschiedenen Sprachen notwendig erscheint, soll der Regierungsausschuß künftig aus achtzehn statt aus zwölf Mitgliedern bestehen. Die sechs neuen Mitglieder des Ausschusses sind bereits auf der Konferenz bestimmt worden (Nr. 1 der Entschließung), damit bei Inkrafttreten des revidierten Abkommens ein arbeitsfähiger, nach den Kriterien des Artikels XI Abs. 3 gebildeter Ausschuß zur Verfügung steht, der sowohl das Abkommen von 1952 als auch das revidierte Abkommen verwaltet.

Zu Artikel XII bis XVI

Diese Vorschriften sind in der Sache unverändert geblieben. Wie bei der Berner Übereinkunft ist auch beim Welturheberrechtsabkommen ein amtlicher arabischer Text vorgesehen (Artikel XVI Abs. 3).

Zu Artikel XVII und der Zusatzerklärung zu diesem Artikel

Artikel XVII und seine Zusatzerklärung stellen sicher, daß Länder, die den Berner Verband verlassen, nicht auf Grund der im Welturheberrechtsabkommen enthaltenen Vorschriften über die Inländerbehandlung in den anderen Ländern des Berner Verbandes weiterhin den durch die Berner Übereinkunft gesicherten hohen Schutz in Anspruch nehmen können. Diese Vorschriften zur Sicherung der Berner Übereinkunft werden von den Entwicklungsländern als unangemessen angesehen, die als Kolonien auf Grund von Erklärungen der Mutterländer in den Anwendungsbereich der Berner Übereinkunft einbezogen wurden und im Interesse der internationalen Zusammenarbeit als unabhängige Länder Erklärungen über die Weiteranwendung abgegeben haben, den hohen Schutzstandard der Berner Übereinkunft aber zunehmend als unvereinbar mit ihren Bedürfnissen auf dem Gebiet der Erziehung und Forschung empfinden. Obwohl nunmehr auch die Berner Übereinkunft den besonderen Bedürfnissen der Entwicklungsländer Rechnung trägt, haben sie die Forderung nach einer Aussetzung der Vorschriften zur Sicherung der Berner Übereinkunft insbesondere wegen der Befürchtung aufrechterhalten, daß einzelne wichtige Länder des Berner Verbandes die Sondervorschriften für Entwicklungsländer nur im Rahmen des Welturheberrechtsabkommens, nicht aber im Rahmen der Berner Übereinkunft mit ihrem traditionell hohen Schutzstandard ratifizieren könnten. Aus diesem Grunde sieht die geänderte Zusatzerklärung zu Artkel XVII vor, daß für Entwicklungsländer die Vorschriften zur Sicherung der Berner Union so lange ausgesetzt werden, als sie nach der Übung der Generalversammlung der Vereinten Nationen Entwicklungsländerstatus haben.

Zu Artikel XVIII bis XXI und den Zusatzprotokollen zu dem Abkommen

Die Bestimmungen der Artikel XVIII bis XXI und der Zusatzprotokolle 1 und 2 sind sachlich nicht geändert worden. Das Zusatzprotokoll 3 über die bedingte Ratifikation oder den bedingten Beitritt, das nur für das erstmalige Inkrafttreten des Welturheberrechtsabkommens von Bedeutung war, konnte beim revidierten Abkommen ersatzlos entfallen.

4. Bericht und Antrag des Rechtsausschusses (6. Ausschuß) des Deutschen Bundestages

zu dem von der Bundesregierung eingebrachten Entwurf eines Gesetzes zu den am 24. Juli 1971 in Paris unterzeichneten Übereinkünften auf dem Gebiet des Urheberrechts

Vom 7. Juni 1973*)

Vorblatt

A. Problem

Die Berner Übereinkunft zum Schutz von Werken der Literatur und Kunst sowie das Welturheberrechtsabkommen mit ihrem Mindestschutz für Urheber erlaubten es bisher den Entwicklungsländern nicht, Werke aus den Industriestaaten zu erleichterten Bedingungen für Unterricht, Studium und Forschung zu verwenden. Das Stockholmer Protokoll betreffend die Entwicklungsländer vom Jahre 1967 sollte durch Ergänzung der Berner Übereinkunft einen Ausgleich der Interessen schaffen, konnte jedoch wegen des Widerstands der Urheber in vielen Industriestaaten nicht ratifiziert werden.

B. Lösung

Die am 24. Juli 1971 in Paris unterzeichneten Übereinkünfte, deren hier vorliegendes Vertragsgesetz der Rechtsausschuss einmütig billigt, suchen durch Revision sowohl der Berner Übereinkunft als auch des Welturheberrechtsabkommens einen neuen Ausgleich zwischen den Interessen der Entwicklungsländer an einer erleichterten Nutzung urheberrechtlich geschützter Werke für Ausbildungs- und Forschungszwecke einerseits und den Interessen der Urheber andererseits. Im Gegensatz zum Stockholmer Protokoll beschränken sich die Pariser Übereinkünfte auf ein Zwangslizenzverfahren, an dem auch der Urheber beteiligt wird. Der Rechtsausschuß empfiehlt die Einfügung eines neuen Artikels 3 a in das Vertragsgesetz, der den Schutz ausländischer Werke auf die Dauer des Schutzes im Heimatstaat des Urhebers zeitlich begrenzt.

C. Alternativen

zum Gesetzentwurf wurden im Rechtsausschuß nicht erörtert.

D. Kosten

keine

A. Bericht der Abgeordneten Thürk und Frau Däubler-Gmelin

I.

Der Deutsche Bundestag hat in seiner 21. Sitzung am 16. März 1973 den Gesetzentwurf dem Rechtsausschuß federführend und dem Ausschuß für Bil-

*) Bundestagsdrucksache 7/715 vom 7. Juni 1973, S. 1 ff.

dung und Wissenschaft sowie dem Ausschuß für wirtschaftliche Zusammenarbeit mitberatend überwiesen.

Der Rechtsausschuß hat die Vorlage in seiner 14. Sitzung am 6. Juni 1973 in Kenntnis der Stellungnahmen der mitberatenden Ausschüsse vom 16. und 25. Mai 1973 beraten und empfiehlt einstimmig, den Gesetzentwurf unter Einfügung eines Artikels 3 a anzunehmen.

II.

Die am 24. Juli 1971 in Paris unterzeichneten Übereinkünfte revidieren die Berner Übereinkunft vom 9. September 1886 zum Schutz von Werken der Literatur und Kunst sowie das Welturheberrechtsabkommen vom 6. September 1952. Die Neufassungen beider Übereinkommen enthalten neben Verbesserungen des allgemein vorgeschriebenen Urheberschutzes in erster Linie Sonderregelungen zugunsten der Entwicklungsländer, die diesen einen erleichterten Zugriff auf urheberrechtlich geschützte Werke, jedoch nur zur Nutzung für Ausbildungs- und Forschungszwecke, gestatten.

Im Gegensatz zum „Protokoll betreffend die Entwicklungsländer" der Stockholmer Konferenz des Jahres 1967, das wegen des Widerstands von Urhebern und Verlegern in den Industriestaaten nicht angenommen worden ist, gestatten die Pariser Fassungen der Berner Übereinkunft und des Welturheberrechtsabkommens den Entwicklungsländern keine unmittelbar kraft Gesetzes eintretenden Beschränkungen des Urheberschutzes, sondern lediglich die Erteilung von Zwangslizenzen zur Übersetzung und zur Vervielfältigung im Einzelfall, und zwar unter der Bedingung, daß

— keine vom Autor gebilligte Ausgabe des Werks in dem betreffenden Entwicklungsland veröffentlicht worden ist,

— der Autor vorher vergeblich um eine vertragliche Lizenz gebeten worden ist bzw., falls der Autor unbekannt oder nicht erreichbar ist, ein nationales oder internationales Informationszentrum benachrichtigt worden ist,

— die Übersetzung ausschließlich für Unterrichts-, Studien- oder Forschungszwecke bzw. die Vervielfältigung ausschließlich für Unterrichtszwecke bestimmt ist,

— bestimmte Fristen seit der ersten Veröffentlichung des Werkes verstrichen sind,

— dem Autor eine „angemessene Vergütung, die der bei frei vereinbarten Lizenzen zwischen Personen in den beiden betreffenden Ländern üblichen Vergütung entspricht", gezahlt wird,

— solche unter einer Zwangslizenz hergestellten Übersetzungen und Vervielfältigungen grundsätzlich nicht exportiert werden,

— die Zwangslizenz erlischt, wenn autorisierte Exemplare in dem Entwicklungsland zu einem für vergleichbare Werke dort üblichen Preis verbreitet werden.

Die in beiden Neufassungen vorgesehenen Erleichterungen zugunsten der Entwicklungsländer stellen nach Auffassung des Rechtsaussusses einen vertretbaren Kompromiß zwischen den berechtigten Interessen der Urheber am Schutz ihrer Werke und den ebenfalls berechtigten Interessen der Entwicklungsländer an Sondererleichterungen zugunsten von Unterricht, Studium und Forschung dar. Diese Erleichterungen sind angesichts der besonderen Lage der Entwicklungsländer sowohl im Interesse der Förderung des kulturellen und wirtschaftlichen Fortschritts dieser Länder als auch im Interesse der Aufrechterhaltung eines weltweiten internationalen Urheberschutzes notwendig und gerechtfertigt. Dies wird auch von den Verbänden der Urheber und Verleger anerkannt.

III.

Der Rechtsausschuß billigt einmütig den Entwurf des Vertragsgesetzes zu den Pariser Übereinkünften. Angesichts des dringenden Bedürfnisses der Entwicklungsländer nach einem erleichterten Zugang zu urheberrechtlich geschützten Werken hält der Ausschuß eine rasche Verabschiedung des Gesetzentwurfs für geboten. Aus demselben Grunde befürwortet er auch die in Artikel 2 des Entwurfs enthaltene Ermächtigung für die Bundesregierung, die in Artikel VI Abs. 1 Ziff. ii des Anhangs zur Pariser Fassung der Berner Übereinkunft vorgesehene Erklärung über die vorzeitige Anwendbarkeit der Sonderbestimmungen zugunsten der Entwicklungsländer abzugeben.

Der Rechtsausschuß billigt ebenfalls einmütig die vom Ausschuß für Bildung und Wissenschaft empfohlene Ergänzung des Gesetzentwurfs durch einen neuen Artikel 3 a. Diese Vorschrift sieht vor, daß die Dauer des Schutzes, den ausländische Staatsangehörige nach dem revidierten Welturheberrechtsabkommen genießen, in Abweichung vom Grundsatz der Inländerbehandlung auf die im jeweiligen Ursprungsland für Werke der betreffenden Art festgelegte Schutzdauer begrenzt wird. Diese Vorschrift entspricht dem Artikel 2 a des Vertragsgesetzes zum Welturheberrechtsabkommen, der durch § 140 des Urheberrechtsgesetzes vom 9. September 1965 (BGBl. I S. 1237) in das Vertragsgesetz eingefügt worden ist.

B. Antrag des Ausschusses

Der Bundestag wolle beschließen,

den Gesetzentwurf — Drucksache 7/274 — mit der Maßgabe anzunehmen, daß hinter Artikel 3 folgender Artikel 3 a eingefügt wird:

„Artikel 3 a

Für die Berechnung der Dauer des Schutzes, den ausländische Staatsangehörige für ihre Werke nach dem revidierten Welturheberrechtsabkommen im Geltungsbereich dieses Gesetzes genießen, sind die Bestimmungen in Artikel IV Abs. 4 bis 6 des revidierten Welturheberrechtsabkommens anzuwenden."

FSC
www.fsc.org
MIX
Papier | Fördert
gute Waldnutzung
FSC® C083411

Kolibri 360 GmbH
Ferdinand-Jühlke-Straße 7
99095 Erfurt, Deutschland
produktsicherheit@kolibri360.de